醴陵年鉴

LILING YEARBOOK

(2015)

醴陵市人民政府　主办
醴陵市档案史志局　编

方志出版社
Publishing House of Local Records

图书在版编目（CIP）数据

醴陵年鉴. 2015 / 醴陵市档案史志局编. -- 北京 : 方志出版社，2015.12
ISBN 978-7-5144-1815-6

Ⅰ. ①醴… Ⅱ. ①醴… Ⅲ. ①醴陵市—2015—年鉴
Ⅳ. ①Z526.43

中国版本图书馆CIP数据核字（2015）第291936号

醴 陵 年 鉴 （2015）

编　　者：醴陵市档案史志局
责任编辑：齐　笑
出 版 人：冀祥德
出 版 者：方志出版社
地址　北京市朝阳区潘家园东里9号（国家方志馆4层）
邮编　100021
网址　http://www.fzph.org
发　　行：方志出版社发行中心
电话：（010）67110500
经　　销：各地新华书店
印　　刷：湖南省越来越好印务有限公司　☏ 0731-84453344
开　　本：889×1194　1/16
印　　张：25.5
字　　数：707千字
版　　次：2015年12月第1版　2015年12月第1次印刷
印　　数：001～800册
ISBN 978-7-5144-1815-6　定　价：228.00元

醴陵年鉴编辑委员会

醴陵年鉴编辑部

总　　编	杨月香
副 总 编	杨水生
执行编辑	兰　芳
执行副编辑	韩芳子
责任编辑	
特　　载	兰　芳
概　　述	兰　芳
大 事 记	罗秀媛
中国共产党醴陵市委员会	刘　玲
醴陵市人大常委会	刘　玲
醴陵市人民政府	刘　玲
政协醴陵市委员会	刘　玲
民主党派	刘　玲
群众团体	刘　玲
武　　装	岑燕莉
法　　治	岑燕莉
综合经济与管理	邱家财　李卫东
农　　业	岑燕莉
工　　业	邱家财
贸易·旅游	罗秀媛
城建·环保	李卫东
交通·邮政·通信	晏才进
财政·税务	晏才进
金融·保险	晏才进
民政·社保	李卫东　邱家财
科技·教育	李卫东
文化·体育·传媒	王　珏
卫生·计生	韩芳子　李卫东
区·街道·乡镇	廖际标　罗秀媛
人　　物	杨水生
荣 誉 谱	廖际标
文件选登	杨水生
市党政军及各部门单位负责人名录	刘　玲
彩图摄影与编辑	邱家财　兰　芳
审　　稿	杨月香
校　　对	韩芳子　罗秀媛

编辑说明

一、《醴陵年鉴》是由醴陵市人民政府主办、市档案史志局编纂的一部综合性、纪实性、史料性的大型年刊，创刊于1987年，2015年卷是第二十九部。本年鉴系统翔实地记载了2014年醴陵政治、经济、文化和社会生活等方面的情况和重要事件，汇集了较全面的信息资料，储存了可靠史料。

二、《醴陵年鉴》2015年卷采用分类编辑法，以条目为主要记事形式，基本结构为类目、分目、条目3个层次，个别分目下设子目。根据全市政治、经济、社会发展等实际情况，《醴陵年鉴》2015年卷在篇目结构上有部分调整，共设特载、概述、大事记、中国共产党醴陵市委员会、醴陵市人大常委会、醴陵市人民政府、政协醴陵市委员会、民主党派、群众团体、武装、法治、综合经济与管理、农业、工业、贸易·旅游、城建·环保、交通·邮政·通信、财政·税务、金融·保险、民政·社保、科技·教育、文化·体育·传媒、卫生·计生、区·街道·乡镇、人物、荣誉谱、文件选登、市党政军及各部门单位负责人名录28个类目，有180个分目、915个条目、70万字。全书有彩版114幅、照片约800张，有表格25个（文件选登中的表格未列入全书表格编号）。

三、本卷资料由全市各单位提供，经单位负责人审核，由年鉴编辑部编辑、审校。在采编过程中，力求内容真实，注重资料性、实用性和可读性。卷中主要数据以《醴陵市2014年国民经济和社会发展统计公报》为准（其中人口数以市公安局年报为准），公报中不涉及的数据以各单位上报数据为准，个别数据因统计口径不一致可能存在差异，读者在阅读、引用时需注意鉴别。部分数据总数和分数因四舍五入，末位存在细微差异属正常情况。卷中数据增减比率在未注明的情况下均为与上年同期比较值。文中未特别注明的“省”“市”分别为“湖南省”“醴陵市”。

四、本卷“市党政军及各部门单位负责人名录”类目中所列名录均由市委组织部提供，部分驻醴单位负责人名录由单位提供，均以2014年12月31日任职为准。

五、书中彩版照片以2014年为主，个别采用2015年内容。彩版第一、二页所刊市委、人大、政府、政协主要领导成员照片均为本书出版印刷前的在任领导。

六、本卷的编辑出版得到全市各级、各部门和有关单位大力支持，广大撰稿人员为此付出辛勤的劳动，在此一并致以诚挚的谢意。由于编辑时间和编辑人员水平有限，疏漏、错误之处在所难免，敬请广大读者批评指正。

目　录

特　载

概　述

大事记

中国共产党醴陵市委员会

醴陵市人大常委会

醴陵市人民政府

政协醴陵市委员会

民 主 党 派

群 众 团 体

武　　装

法　　治

农 业

工 业

贸易·旅游

城建·环保

交通·邮政·通信

财 政·税 务

金 融·保 险

民 政 · 社 保

科 技·教 育

文化·体育·传媒

卫 生·计 生

区·街道·乡镇

人　物

荣　誉　谱

文　件　选　登

市党政军及各部门单位负责人名录

彩　版

中共醴陵市委常委

ZHONG GONG LI LING SHI WEI CHANG WEI

上排左起：市委书记周晓理，市委副书记、市长康月林，市委副书记刘海宾，市委常委、常务副市长邹志超，市委常委、副市长廖宏力

下排左起：市委常委、政法委书记黎平，市委常委、纪委书记易文星，市委常委、人武部部长李云星，市委常委、宣传部部长曾毅鹏，市委常委、市委秘书长贺小玲，市委常委、组织部部长、统战部部长刘华章

醴陵市人大常委会主任、副主任

LI LING SHI REN DA CHANG WEI HUI ZHU REN FU ZHU REN

左起：主任、党组书记李理，副主任、党组成员刘跃峰，副主任、党组成员李亿平，副主任（兼）乔德良，副主任、党组成员翁菊清，副主任、党组成员汤乐田

醴陵市人民政府市长、副市长
LI LING SHI REN MIN ZHENG FU SHI ZHANG FU SHI ZHANG

上排左起：市委副书记、市长康月林，市委常委、常务副市长邹志超，市委常委、副市长廖宏力
下排左起：副市长李忆湘，副市长李荣佳，副市长、公安局局长颜文明，副市长廖胜云

政协醴陵市委员会主席、副主席
ZHENG XIE LI LING SHI WEI YUAN HUI ZHU XI FU ZHU XI

左起：党组书记、主席杨龙，党组副书记、副主席陈建军，党组成员、副主席易磊，副主席（兼）唐青柏，副主席（兼）钟富强

醴陵市人大常委会

市人大常委会主任　李　理

市第十五届人大第三次会议

全国人大常委会法律委员会副主任、法工委主任李适时一行到醴陵调研

听取长庆示范区工作情况汇报

《中华人民共和国环境保护法》执法检查动员会

官庄水厂建设调研

市人大机关开展党的群众路线教育实践活动

政协醴陵市委员会

市政协主席　杨　龙

市政协第十三届委员会正副主席、秘书长合影

市政协第十三届第三次会议

市政协第十三届第四次常委会议

市政协民主监督员会议

市政协领导考察陶瓷企业

中共醴陵市纪律检查委员会
醴陵市监察局

班子成员集中学习

省纪委领导到醴陵纪检监察部门开展转职能、转方式、转作风工作调研

株洲市纪委领导到醴陵调研“三转”工作

市委常委、市纪委书记易文星深入企业督查安全生产

市纪检监察干部参加省纪委组织的业务培训

查办纠错问责小组探讨处理案件

纪检监察干部参观株洲市“桥头堡”反腐倡廉教育基地

湖南醴陵

党工委书记　江曙明

管委会主任　郭向晖

领导班子专题民主生活会

醴陵旗滨玻璃召开产业项目建设工作现场汇报会

2014年，湖南醴陵经济开发区共实现技工贸总收入298.7亿元，完成工业增加值106.4亿元，实现高新技术产值78.4亿元，累计完成固定资产投资24.7亿元，上缴税金19.7亿元。在省产业园区建设领导小组办公室发布的园区发展综合评价通报中，湖南醴陵经济开发区成为株洲市非国家级园区唯一一家跻身全省前20名的，在株洲市2014年园区工作考核中被评为一类单位。开发区按照“产城一体”理念，积极与中规院上海分院对接《醴陵市城北片区战略规划及经开区控规与城市设计》编制工作。新规划紧密结合株醴新城建设和全市“一心六组团、一城三片区、一环三纵横”的城市空间布局，对全区发展进行了科学定位。

经 济 开 发 区

市委书记周晓理在党工委书记江曙明陪同下考察时代金属制造有限公司

赴株洲市荷塘区金山工业园学习考察

中层以上干部考察旗滨玻璃产业项目建设

党工委书记江曙明考察姜村小学

办公大楼

时代金属制造有限公司轨道交通部件生产基地开工仪式

中 共 醴 陵 市

市委书记周晓理一行到陶瓷企业调研

市领导赴浏阳市调研花炮产业

市委办正副主任合影

中共醴陵市委第十一届八次全体（扩大）会议

中国陶瓷艺术大展暨首届湖南（醴陵）陶瓷博览会工作动员大会

委办公室

全市党政办公室系统“三高”竞赛活动动员大会暨业务工作培训会议

全省创新创业先进典型事迹巡回报告团到醴作报告

《廉洁自律准则》《纪律处分条例》知识抢答赛

市委办选调工作人员面试现场

市委办党的群众路线教育实践活动总结会

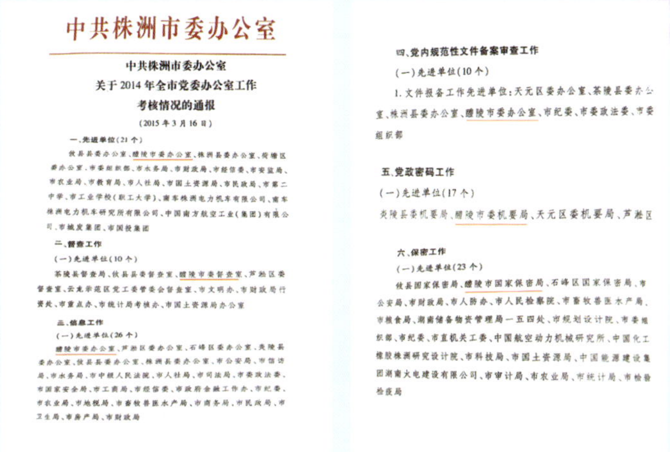

中共株洲市委办公室

中共株洲市委办公室
关于2014年全市党委办公室工作
考核情况的通报
（2015年3月16日）

一、先进单位(21个)

攸县县委办公室、醴陵市委办公室、株洲县委办公室、荷塘区委办公室、市委组织部、市水务局、市财政局、市经信委、市安监局、市农业局、市教育局、市人社局、市国土资源局、市民政局、市第二中学、市工业学校(职工大学)、南车株洲电力机车有限公司、南车株洲电力机车研究所有限公司、中国南方航空工业(集团)有限公司、市城发集团、市国投集团

二、督查工作

(一)先进单位(10个)

茶陵县督查局、攸县县委督查室、醴陵市委督查室、芦淞区委督查室、云龙示范区党工委管委会督查室、市文明办、市财政局行资处、市重点办、市统计局考核办、市国土资源局办公室

三、信息工作

(一)先进单位(26个)

醴陵市委办公室、芦淞区委办公室、石峰区委办公室、炎陵县委办公室、攸县县委办公室、株洲县委办公室、市公安局、市信访局、市水务局、市中级人民法院、市人社局、市司法局、市委政法委、市国家安全局、市工商局、市经信委、市政府金融工作办、市纪委、市农业局、市地税局、市畜牧兽医水产局、市商务局、市民政局、市卫生局、市房产局、市财政局

四、党内规范性文件备案审查工作

(一)先进单位(10个)

1. 文件报备工作先进单位：天元区委办公室、茶陵县委办公室、株洲县委办公室、醴陵市委办公室、市纪委、市委政法委、市委组织部

五、党政密码工作

(一)先进单位(17个)

炎陵县委机要局、醴陵市委机要局、天元区委机要局、芦淞区

六、保密工作

(一)先进单位(23个)

攸县国家保密局、醴陵市国家保密局、石峰区国家保密局、市公安局、市财政局、市人防办、市人民检察院、市畜牧兽医水产局、市粮食局、湖南储备物资管理局一五四处、市规划设计院、市委组织部、市纪委、市直机关工委、中国航空动力机械研究所、中国化工橡胶株洲研究设计院、市科技局、市国土资源局、中国能源建设集团湖南火电建设有限公司、市审计局、市农业局、市统计局、市检验检疫局

中共醴陵市委政法委

市政法委领导到黄泥坳派出所督查清查行动

推进依法治市专题培训

综治工作安排布置会

政法工作走访座谈

“两打三治”工作会

湘赣边境区域综治维稳联动联防战略合作会议

醴陵市人民法院

院领导班子学习十八届四中全会精神

执行兑现大会现场

法官向宪法宣誓

为残疾人做调解工作

党风廉政建设和反腐败工作电视电话会议

审理原市招投标管理局局长漆某某受贿、滥用职权、串通投标案

送法律进校园

院干警篮球比赛

入村开展巡回审判

醴陵市人民检察院

株洲市人民检察院全体班子成员和醴陵市委、市政府领导分别接见从北京载誉归来的王友武检察长

院领导班子

党的群众路线教育实践活动动员大会

宪法日宣誓

检务公开大厅一角

检察院干部开展义务植树活动

中共醴陵市委党校

校领导班子

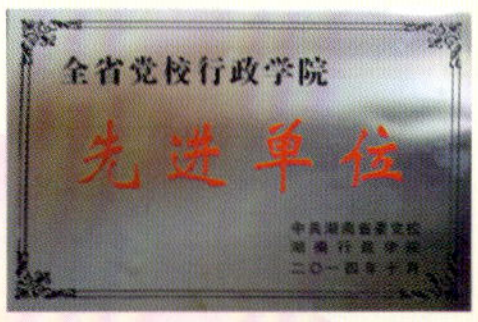

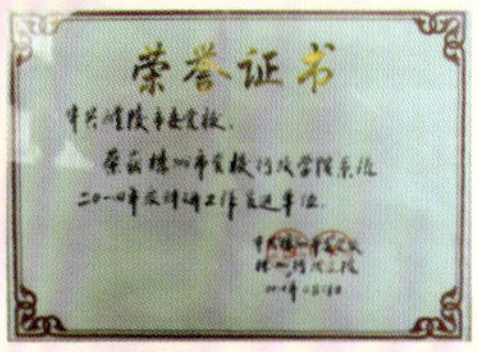

中共海南省委党校领导到校调研考察

中共株洲市委党校校长聂方红到醴陵考察

干部教育工作领导小组会议

市委书记周晓理在“新创业，新醴陵”专题研讨班授课

2014年校刊和科研成果

中青班学员参加军训

醴 陵 市

副市长、市公安局局长颜文明慰问巡逻执勤民警

局领导到富里镇开展走访帮扶活动

全市公安工作情况介绍会

局机关干部深入开展群众工作日活动

在渌江中学开展“校警共建创平安”活动

公　安　局

开展防暴恐演练

开展集中销毁电游赌博机和返还赃物活动

局机关开展乒乓球比赛

城区巡防工作改革正式启动

醴陵市人民

市政府办领导班子成员合影

市政府机关党的群众路线教育实践活动民主生活会

深入开展“连心解困”大走访活动

政府办公室

成功组织全市经济工作会议

市政府办机关青年参加趣味运动会

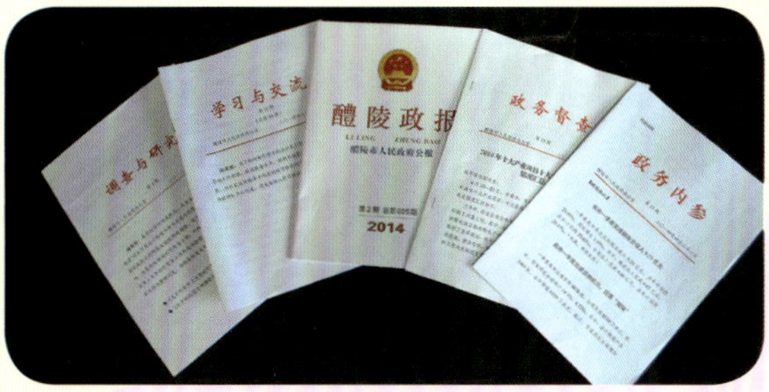

市政府办编印的内部刊物

市政府办组队参加全市机关篮球赛

醴陵市总工会

领导班子民主生活会

全国总工会经济技术部副部长寇微莉到醴陵调研

市总工会第十六届委员会第二次全体会议暨工资集体协商“春季要约行动”启动仪式

开展“情系职工送清凉”活动

“五彩醴陵”大型公益交友活动

广场舞比赛

送温暖活动

金秋助学活动

醴陵市司法局

局　长　杨　鹏

局领导班子

市领导深入司法宣传现场

全市司法行政工作会

株洲市县处级领导干部学法用法考试醴陵考点

湘赣边界矛盾纠纷联防联调工作座谈会

为企业配备法律顾问工作座谈会

醴 陵 市 国

党组书记、局　长　陈　佳

局机关升旗仪式

株洲市人大副主任鲁立彬一行到局进行档案执法调研

办证服务大厅一角

株洲市国土资源局党组到局听取工作汇报

株洲市国土资源局执法支队到大障瑞丰烟花鞭炮厂现场查处违法行为

土 资 源 局

“6·25”土地日黄獭嘴镇宣传现场

沈潭镇土地整治项目掠影

株洲市国土资源局党组书记、局长何安国一行到醴考察矿山现场

局机关干部参加徒步活动

全市国土资源工作会议

醴陵市

局党组书记、局长　王志强

局领导班子

省财政厅厅长郑建新在市委书记周晓理陪同下考察醴陵财政工作，并在考察过程中挥毫泼墨

醴陵市举行“中国梦 • 财政情”湖南省书法美术摄影精品巡展

2014 年，市财政部门紧扣“新创业，新醴陵”的战略目标，通过抓收入、提质量、保支付、促发展，保持了财政运行的平稳态势。全市累计完成公共财政预算总收入 38.43 亿元，增长 5.54%。其中，一般公共财政预算收入为 28.67 亿元，增长 3.17%；完成税收收入 19.54 亿元，增长 14.57%，高于株洲平均增幅 2.1 个百分点，占公共财政预算总收入的 50.83%，比上年提高 4 个百分点；一般公共财政预算收入中税收收入占比为 34.09%，比上年提高 3.76 个百分点，以上两项税收占比增幅在株洲市十县市区中均排名第三，为醴陵在省小康社会考核、株洲转型升级考核中加分最多的项目。全市完成公共财政预算支出 49.55 亿元，比上年增加 2.97 亿元，增长 6.38%。其中民生支出 34.81 亿元，占财政总支出的 70.26%。年内，市财政工作得到省、株洲市的充分肯定，继续保持“湖南省文明单位”，获评湖南省“乡村财政财务精细化管理工作先进单位”“国外贷款管理工作先进单位”等称号，在株洲市县、市、区财政局工作目标管理考核中获“一类单位”。市国库管理局获评“株洲市青年文明号”“株洲市文明窗口”。

财 政 局

局机关举办“新创业、新醴陵”专题学习班

机关党员干部为清水江乡添福敬老院送去慰问物资

建党 94 周年庆祝表彰大会

组织机关党员集中学习新党章

乡镇财政所财务赛账

组织年轻干部开展素质拓展训练

醴陵市经济和信息化局

省委书记徐守盛到醴调研旗滨玻璃建设项目

副省长黄兰香到醴陵调研产业特色县工作

局班子成员召开党的群众路线教育实践活动会议

举办清华总裁培训班

景德镇市陶瓷界同仁到醴陵考察陶瓷产业

组织局党员干部在党员活动日参观李立三故居

醴陵市住房和城乡建设局

党组书记、局长　凌　伟

省住建厅厅长蒋益民到醴陵考察

住房和城乡建设工作会议

党风廉政建设教育活动

瓷城夜景一隅

新建的白兔潭镇玄武大道

飞速发展的城市建设

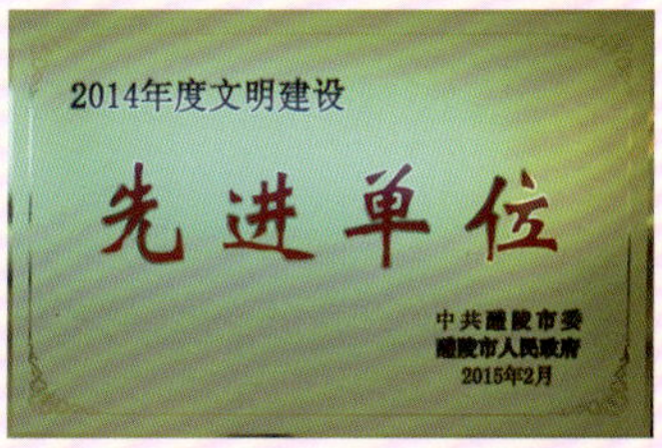

醴陵市审计局

局　长　丁全生

局机关办公大楼

局机关干部述职述廉

推广“五问工作法”动员会

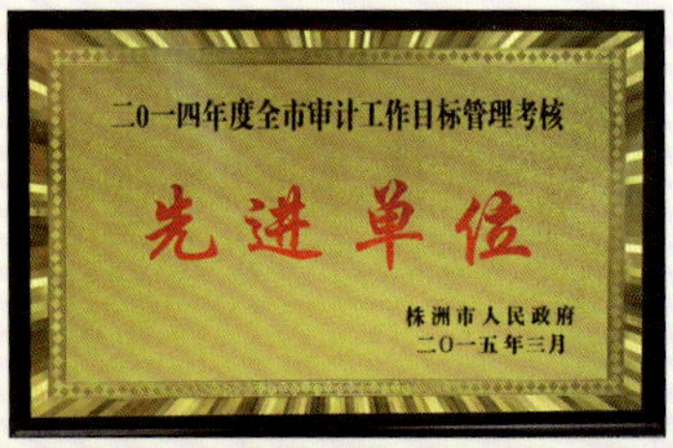

局长丁全生陪同副市长廖宏力到基层调研

与兄弟县市开展审计业务交流

醴陵市民政局

民政部救灾司司长庞陈敏，省民政厅副厅长杨明波到醴陵考察洪灾情况

局机关干部开展“连心解困”大走访活动

《社会救助暂行办法》宣传活动

在“9·30”全国首个“烈士纪念日”，全市举行公祭活动

开展以“放飞中国梦，快乐我成长”为主题的“六一”儿童节庆祝活动

浦口镇新街 43033092 号投注站一彩民喜中福彩 650 万元大奖

在“6·22”儿童慈善日，局党员干部在官庄乡与留守儿童开展互动游戏

醴陵市公安局交通警察大队

大队长、政委　刘建文

省公安厅交管局局长唐国栋到醴陵交警队考察

市四大家领导考察“数字交通”建设

全市公安交通管理暨瓷博会交通安保动员大会

与巡特警联合开展夜间武装巡查

除夕夜执勤

女警护学

醴陵市科学技术局

局　长　李忠业

局领导班子

慰问环卫工人

民主生活会

局机关学教活动

工作布置会

消费与安全科技宣传

醴陵市文化体育广电新闻出版局

局　长　易小龙

市委常委、宣传部长曾毅鹏与株洲专家参观 2015 年“欢乐潇湘，五彩醴陵”暨“纪念抗战胜利 70 周年”群众美术、书法、摄影展

“中国醴陵，瓷彩天下”瓷韵天使大赛

乡村文化站、图书室

全省青少年游泳锦标赛在新建的市体育馆举行

市五彩艺术团赴法国巴黎参加世界排舞联赛荣获三项金奖

投入使用的市体育馆

醴陵市卫生局

省卫生厅工会主任孙向明到醴陵调研卫生工作

组织全市卫生系统干部赴兄弟县市学习交流

组织卫生系统干部到株洲桥头堡廉政警示教育基地学习

对公共卫生场所开展卫生监督检查

党的群众路线教育实践活动动员大会

阳三社区义诊

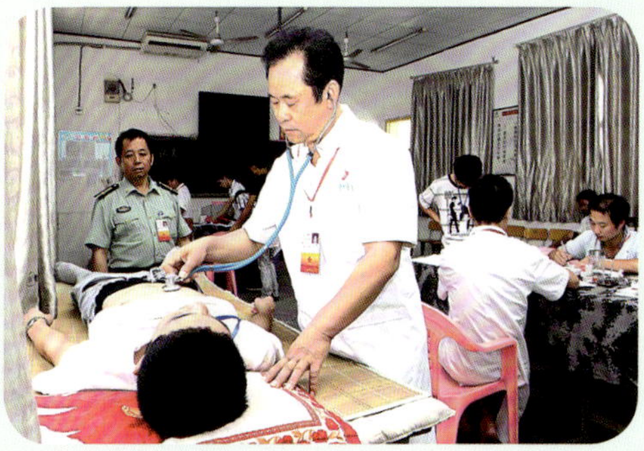
征兵体检

醴陵市商务局

局　长　吴均成

省商务厅领导到醴陵调研

醴陵组团参加 115 届广交会

局机关干部开展“连心解困”大走访活动

整治非法加油站点

安全生产宣传活动

白板肉销售执法检查

局机关干部参观反腐倡廉教育基地

节前开展超市食品检查

特　　载

在市委十一届八次全体（扩大）会议上的讲话

（2015 年 1 月 16 日）

中共醴陵市委书记　周晓理

同志们：

这次会议的任务是，贯彻落实中央、省委经济工作会议和株洲市委十一届八次全会暨市委经济工作会议精神，总结 2014 年工作，部署 2015 年任务。下面，我代表市委常委会讲四点意见。

一、2014 年工作回顾

2014 年是极不平凡、颇具波折而经过全市上下共同努力最终取得重大胜利的一年。我们紧紧围绕“新创业、新醴陵，打造发展升级版，建好湖南东大门”的工作主题，保持定力，顶住压力，精准发力，经济社会呈现了稳中有进、进中显优的良好局面。

经济发展稳中有升。主要指标平稳增长。实现 GDP488.2 亿元，增长 10.3%；完成财政总收入 38.4 亿元、税收收入 19.5 亿元，分别增长 5.5%、14.6%，税占比达到 50.8%，比 2013 年增加 4 个百分点；固定资产投资 304.3 亿元，增长 23.2%；社会消费品零售总额 144 亿元，增长 12.7%；城、乡居民人均可支配收入分别达 28636 元、19092 元，分别增长 9.4% 和 11.2%，县域经济基本竞争力位居全国百强 84 位。经济质量不断优化。实现工业总产值 879.4 亿元；陶瓷、花炮两大产业产值分别达 489.8 亿元、174.8 亿元；经开区技工贸总收入达 298.7 亿元，增长 24.4%，全省排名由第 43 位跃升到第 20 位。粮食生产实现“十一连丰”，连续六年获评“全国粮食生产先进县（市）”。发展后劲明显增强。开工重点项目 50 个，完成投资 52 亿元；引进项目 48 个，合同引资 128 亿元，渌江新城启动建设，醴陵・世界陶瓷艺术城即将运营，旗滨玻璃项目三条生产线投产，沪昆高铁醴陵东站建成通车。成功发行地方债券 10 亿元，成为全省第一家成功发债的县（市）。

城乡建设变化有样。从规划入手，构建“一城三片区”（醴陵城区，老城区、经开区、长庆示范区）、“一心六组团”（以市区为中心，在市区打造以陶瓷产业、汽配产业及电子信息等新型产业为支撑的城市组团；以花炮产业园为重心，在东部打造以花炮产业为支撑的集镇组团；以旗滨玻璃为重心，在东南部打造以玻璃产业为支撑的集镇组团；以船湾服饰产业为重心，在南部打造以服饰产业为支撑的集镇组团；在西部打造以现代农业为支撑的集镇组团；以株醴新城为重心，在西北部打造长株潭产业转移承接地组团，形成长株潭都市圈的卫星城；以“枫林印象”“黄乡居民”“官庄山水”为重点，在北部打造以旅游产业为支撑的集镇组团）、“一环三纵横”（建设城市环线，协助省、株洲市完成 320 国道提质改造、333 省道建设，完善 106 国道）的发展格局，城市空间进一步拓展。实施“两改六化”（改造道路、市场，绿化、亮化、洁化、美化、数字化、文化）工程，拆围 5000 多米，增绿 6 万平方米，城市门户升级改造、城区道路提质改造稳步推进，数字化工程进展顺利，美化、亮化工作也逐步启动；加强城市管理，大力开展城乡同治，城乡环境进一步改善，在株洲五县市城市管理考核中排名第一。玉瓷路一期、长庆大道建成通车，北乡旅游环线建设提速，333 省道城市环线项目启动建设，基础设施进一步夯实。

民生事业发展有度。按照“守住底线、突出重点、完善制度、引导舆论”的要求，民生事业有新发展。全市民生支出 35 亿元，占财政支出比重达 70%。83 项实事任务全部完成，实现了社保政策全覆盖、卫生惠民全落实、合格学校全建成。财政预算增加 1000 万元支持教育事业的发展，教育事业屡创佳绩，高考二本以上（含二本）上线率居株洲地区首位，陶瓷烟花职业学校获评“全国教育系统先进集体”，教育督导体制改革“醴陵模式”在全国推介。社保体系更为完善，9 大险种参保人数达 90 万人。医疗服务体系更为健全，初步实现“小病不出乡，大病不出市”。

计生工作保持“全省模范单位”。档案史志、老龄、残联等工作都有新的进步。

社会管理创新有为。全面设立社会工作部，选派32名机关干部下乡任职，确定每月20、21日为群众工作日，构建长效机制。创新社会管理与信访维稳、重点工程、项目建设等紧密结合，变群众“上访”为干部“下访”，对于老百姓反映的问题坚持“个性问题个别解决，共性问题研究解决，体制问题反映解决”原则，收集问题6.1万余个，销号4.5万余个，民调满意率上升37位，列全省84位。以“连心解困”大走访为抓手的网格化社会治理成为常态，党群、干群关系明显改善。《湖南日报》、新华社大力推介醴陵做法，国防科大将其列入优秀教学案例。法治环境不断优化，市检察院获评“全国模范检察院”。

群众路线教育扎实有效。按照“照镜子、正衣冠、洗洗澡、治治病”的总体要求，以整风精神在全市广大党员干部中深入开展好群众路线教育实践活动，大力反“四风”（形式主义、官僚主义、享乐主义和奢靡之风）、治“四风”，坚持问题导向，回应群众期盼，制定并完成53项“四风”突出问题专项整治工作，建立健全了46项制度，整改了群众迫切希望改进的27个问题，办结了交办的为环卫工人提供免费午餐等13项任务；清退在编不在岗842人，其中“吃空饷”（机关事业单位在编在职人员违规领取工资、津贴、补贴等待遇或由单位违规缴纳社会保险费，离休、退休、退职人员及失踪、死亡或宣告死亡人员家属、遗属或他人直接或间接从单位、财政或社保经办机构违规领取工资、津贴、补贴、补助费、离退休费、退职生活费或养老金等待遇）人员140人；清理腾退办公用房9400平方米并统一安排调剂，《中国纪检监察报》《湖南日报》进行专题报道，边整边改边见效做法在株洲推介。实现了审批项目、审批时限、考核评比、奖励项目、领导小组、公务支出“六个压减”，权力进笼，收费有单，减税扩面，政务服务提速提质。

党的建设全面有力。健全“三重一大”（重大问题决策、重要干部任免、重大项目投资决策，大额资金使用）议事规则、任前公示制、常委会票决制等，坚持以制度管人管事管权。坚持“不让实干的人白干，不让流汗的人流泪，不让吃苦的人吃亏”的用人原则和“三结合三为主”（集中考察与常态考察相结合，以常态考察为主；日常工作与重点工作考察相结合，以重点工作考察为主；年度工作考核与年底政绩考核相结合，以政绩考核为主）的考察机制，激发干部队伍活力。开展向王爱国同志学习活动，得到省、市认同并召开高规格、大规模的会议予以推介。干训经验在《全国干部教育通讯》得到宣传，“优、提、促”（优环境、提效能、促升级）活动工作考核获评全市第一。调整社区经费保障机制，整顿转化39个软弱涣散基层党组织，圆满完成356个村（居）党组织换届工作。思想宣传、统一战线、党管武装等工作开展得有声有色，工会、共青团、妇联等人民团体作用得到充分发挥，全市上下团结干事、狠抓落实的氛围日益浓厚。

回首过去的一年，我们深刻体会到：多难兴邦，越是复杂时期越要团结一致。面对“5·25”特大洪灾、“9·22”南阳烟花爆炸事故等突如其来的考验，我们上下一心，团结一致，汇聚起了攻坚克难、奋力前行的强大合力，战胜了各种困难。只要始终保持这种同舟共济的凝聚力、越是艰险越向前的精气神，“新创业、新醴陵，打造发展升级版，建好湖南东大门”的征程就一定会所向披靡。爬坡过坎，越是困难时期越要坚定信心。面对复杂多变的宏观形势、持续增大的下行压力、“三期叠加”的现实困难，我们以坚定的信心稳增长、调结构、促改革、惠民生，化解了一个个不期而遇的风险，破解了一道道横亘于前的难题。实践证明，啃硬骨头不可怕，涉险滩亦不足畏，只要我们有冒的勇气、闯的劲头，有一往无前的必胜信心，就没有翻不过的山、越不过的坎。冷静应对，越是特殊时期越要保持定力。进入发展任务转型期、速度调整期、机遇叠加期、矛盾多发期、后劲积蓄期，我们在战略上保持定力，在战术上主动作为，放下急于求成的功利心，拿出功成不必在我任的大胸怀，坚定不移走好走稳自己的路，对方向坚定，对纷扰淡定，从而积蓄了发展后劲，提升了必胜信心。

当然，我们也要清醒看到不足，主要是：大项目、好项目还不多，投资增长乏力、后劲不足；新增长点特别是产业增长点培育尚不成熟；发展环境还不够优；安全生产形势不容乐观。对此，必须高度重视，认真解决。

二、明确2015年的工作指导思想和重点

经济发展进入新常态，是中央对经济时局作出的重大战略判断。新常态带来新要求、新目标，更有新机遇。战略布局“洗牌”彰显新机遇，“三个支撑带”（东北老工业基地、中西部沿长江区域、西南中南腹地三大新的经济支撑带）战略给醴陵带来更多投资机会、项目布局和市场空间；改革红利“释放”催生新机遇，市场对资源配置的决定性作用更为突出，全民创新创业激情充分迸发，发展动力更为强劲；内生动力“叠加”孕育新机遇，“三一”格局（一城三片区、一心六组团、一环三纵横）不断深入人心，渌江新城正式启动开发，旅游环线已悄然成形，发展进入高铁时代，为招商引资提供了巨大潜力和现实基础。

基于对形势的分析，市委明确2015年全市工作的指导思想是：全面贯彻党的十八大、十八届三中、四中全会和中央、省委、株洲市委经济工作会议精神，主动适应经济新常态，全面推进“招商引资年”“改革攻坚年”“项目建设年”“安全保障年”四大活动，拉开“一城三片区”“一心六组团”“一环三纵横”建设，全力改善民生，全面加强党的建设，确保“十二五”圆满收官，为“十三五”改革发展稳定奠定坚实基础。

——**招商引资年。**以规划为引领，用机制来激励，

抢抓机遇，抢占先机，利用一切可以利用的资源，调动一切可以调动的力量，采取一切可以采取的措施，大招商，招大商，掀起招商引资的强劲热潮。

——改革攻坚年。坚持改革向纵深挺进，着力推进企业改制、投融资体制改革、行政审批改革、项目建设体制机制改革、城市管理体制改革等各项改革，稳妥推进机构改革，真正让市场在资源配置中起决定性作用，实现由“要素红利”向“改革红利”转变。

——项目建设年。破解项目建设的瓶颈，健全项目建设的机制，优化项目建设的环境，确保谋划项目有眼光，签约项目能开工，在建项目快投产，投产项目速达效，不断提高项目履约率、开工率、投产率和达产率。

——安全保障年。把教训当反面教材，把要求当工作要旨，坚决用铁的手腕抓、铁的规章促、铁的纪律管，以壮士断腕的勇气和背水一战的决心，采取断然措施全面强化安全生产工作，坚决遏制较大以上安全事故的发生，维护来之不易的安定团结局面。

工作要求是“稳抢快跑”。稳，即稳增长、稳底线、稳民生、稳大局；抢，即抢机遇、抢进度、抢人才、抢市场；快，即面对新要求，反应快、应对快，面对新竞争，项目落地快、推进建设快；跑，即加强上下协调，内联外调，跑项目、跑资金、跑政策。

工作目标是“11533”，即GDP增长10%，财政总收入增长10%以上，融资50亿元以上，税收占财政收入的比重提高3个百分点左右，固定资产投资增长30%左右。

三、2015年工作部署

2015年是我市陶瓷产品“扁豆双禽瓶”获巴拿马万国博览会金质奖章的100周年，也是我市撤县建市的30周年，还是“十二五”规划实施的收官之年。时期相当特殊，意义至关重要。新的一年，全市上下要以更加理性的心态、更加务实的作风、更加高昂的激情、更加团结的氛围，推动各项工作落到实处。

（一）坚持项目主导，增强发展动力

加大力度推进。紧扣策划包装，加快汽车城、商贸城、碧桂园高档住宅、动力锂电池、中联天地6.67千公顷油茶基地等在谈项目进度，签约落地一批项目；紧抓关键环节，做好渌江古城文化休闲带一江两岸开发、醴陵窑考古遗址公园、湘东铁路电气化改造等前期工作，切实储备一批项目；紧跟政策动向，围绕新型城镇化、农业产业化、基础设施建设，向上争取一批项目；紧握市场脉搏，围绕玻璃新材、装备制造、智能电网、陶瓷新材料，对外引进一批项目；紧盯投资热点，围绕陶瓷、花炮传统产业，着力开发一批配套项目。要倒排工期，挂图作战，尽快开工安泰健康产业城、仙岳山文化旅游景区开发、建筑轻钢构件生产基地、中国·醴陵花炮大市场等签约项目，加快推进时代金属轨道交通生产基地、光通讯产业基地、智能配电网设备等产业项目，城市环线333省道、旅游环线等基础设施项目，渌江书院、“枫林印象”“官庄山水”“黄乡民居”“沩山古窑”等休闲旅游项目，投产达效旗滨玻璃扩能、升华科技技改、陶瓷艺术城、高铁连接线、旗滨大道等项目，配合做好娄醴高速、莲易公路改扩建、东城大道、长株攸快速公路等项目的相关工作，以项目大建设促进大发展。

加紧破解瓶颈。坚持“资源资产化、资产资本化、资本证券化”，做实做强融资平台，力争渌江集团5年内总资产达200亿元以上，净资产达100亿元以上；积极推广股权投资、特许经营、PPP等模式，做好中票、短融发行工作，推行土地收益权拍卖，破解资金瓶颈。落实“权力下放、任务下沉、力量下移、利益下得”的建设体制，制定“奖随人走”的奖励机制，推行农民福利计划，破解征地拆迁瓶颈。大力整顿“圈而不用”“多占少用”现象，统筹利用闲置厂房，破解土地瓶颈。立足于培，着力于引，致力于用，培育一批善于市场融资、精于项目策划、善于资本运作、擅长招商引资的人才队伍，破解人才瓶颈。

加强环境优化。强化“你投资，我服务；你发财，我发展”的理念，推行跟踪服务零距离、生产经营零干扰、处理问题零缺位、破坏项目建设行为零容忍的“四零”工作法（跟踪服务零距离、生产经营零干扰、处理问题零缺席、破坏项目建设行为零容忍的工作方法），打造最佳投资环境。树立“以项目论英雄、以项目看水平、以项目看干部”的导向，改进项目考核办法，完善项目奖惩措施，凝聚项目建设合力。坚持项目建设“一把手工程”不动摇，落实领导负责制、部门跟踪服务制和一线工作法，做到“项目推进到哪里，服务就延伸到哪里”。推行相关职能部门进驻项目制度，强力整治“五霸五强”（厂霸、村霸、街霸、路霸、市场霸，强装、强卸、强买、强卖、强揽工程），从严从快打击阻碍项目建设的行为，营造风清气正的发展环境。

（二）坚持改革创新，突出市场主导

要纵深推进改革。稳步推进驻醴株洲市属国有企业改革，加强政策研究，细化方案步骤，争取政策资金支持，力争早日完成。深入推进投融资体制改革，盘活存量资产资源，做新做活金融产品，探索“全方位、宽领域、多层次”的合作共赢路径，建立健全投资、融资、偿债“三位一体”的管控体系。持续深化行政审批制度改革，制定公布“权力清单”“责任清单”“负面清单”，做到法无授权不可为、法定责任必须为。坚持“运作市场化、作业精细化、管理网格化、考核常态化”，全面推进城市管理体制改革，探索市场化经营体制，创新环卫体制和渣土管理机制，构建信息化城市管理模式。稳妥推进政府机构改革和事业单位分类改革，按时完成改革任务。

要全面扩大开放。顺应高铁时代的全面到来，积极对接“一带一部”（东部沿海地区和中西部地区过渡带、长江开放经济带和沿海开放经济带结合部）、长江经济带开放战略，借助瓷博会、烟花节、广交会、

湘商大会等平台，加快企业“走出去”“引进来”步伐。要加强多层次区域协作，推进湘赣边际合作示范区建设，打造长株潭产业转移基地，构建株醴发展轴，拓展开放新空间。要大力吸纳沿海劳动密集型产业向醴陵转移，争取开通醴陵至深圳盐田港烟花鞭炮出口通道，保持出口持续较快增长，提高经济外向度。

（三）坚持转型升级，推动产业提升

做大做强工业。坚持工业强市不动摇，全面落实“工业十条”（《醴陵市工业强市十条政策》），推动工业经济总量扩张、结构优化、质量提升。要转型升级传统产业，陶瓷产业要着力打造产品研发、产品展示、产品交易、产品检测、员工培训5大公共服务平台，形成全国日用瓷、电瓷、陶瓷酒瓶包装、工程瓷、艺术瓷5个生产基地，达到1000亿元的规模；今年重点是举全市之力办好中国陶瓷艺术大展暨首届湖南（醴陵）陶瓷博览会，打响“中国醴陵、瓷彩天下”的城市名片；花炮产业要坚持“扶优扶强、退乱退弱、并小并散”，加速兼并重组、改造升级，确保企业数量在本届政府任期内减至300家以下。要大力发展玻璃新材、装备制造、智能电网、陶瓷新材料等新兴产业，重点抓好玻璃产业园建设，力争引进2家以上配套企业，年缴税收突破1亿元。按照“以产兴城、以城托产、产城一体、产城融合”的思路，理顺园区管理体制，突出片区开发、工业地产开发和商业土地开发，提升园区承载吸纳、优质服务和滚动发展能力。

发展现代农业。实施粮食产能工程，办好4个基地，巩固5个核心示范片，确保“全国粮食生产先进县”地位。按照“依法、自愿、有偿”的原则加快土地流转和山地流转，培育壮大农业经营主体，大力推进品牌建设，实现规模化种植、公司化经营、品牌化宣传。加快西乡片现代农业组团发展，打造优势特色农业产业集聚区、高效生态农业示范区、休闲创意农业发展先行区。继续封山育林，切实抓好“山体防裸、山林防火、‘三边’防丑”，打造“绿色生态醴陵”。

提高三产比率。按照“发展提速、比重提高、层次提升”的要求，整体提升生产、生活性服务业发展水平。围绕产业升级，大力发展商贸、房地产、现代物流、工业设计、电子商务、总部经济、会展经济等产业。着眼培育新的消费热点，积极发展养老康体、休闲旅游、社区服务、体育文化等产业，推动现代服务业向更高水平迈进。要健全鼓励消费的政策，释放消费活力，让醴陵消费留在醴陵，让外地消费涌向醴陵，力争第三产业比重3－5年内提高到30%以上。

（四）坚持两轮驱动，加快新城建设

开发渌江新城。紧扣“推动城市转型升级的综合服务中心、汇聚多样功能的产城融合示范平台、展现山水文化特质的魅力宜居新城”的目标，高起点定位、高标准规划、高质量建设，将渌江新城打造成新的城市政治经济文化中心。要把新城建设作为“重大战役”来打，全力以赴，通力合作，勇挑重担，确保新城建设高水平、大力度、快节奏、无障碍。要把征地拆迁、控违拆违作为“重点工作”来抓，组建村级股份公司，先行实施农民福利计划，推动村民变股东、农民成股民，保障农民长远利益，赢得群众真心支持。要把市民服务中心、新城新天地、珊田安置区、核心区道路环线等项目作为“重要节点”来建，构筑新城骨架。

构建集镇组团。完善《“一心六组团”发展战略概念性规划》，做好村镇、村庄规划编制，以规划统领组团发展，当前重点是抓好“两城一片区”建设。依托花炮大市场，推动烟花鞭炮企业向东乡片集聚，建设东部花炮城；依托服饰产业园，突出产业链招商，打造南部服饰城；依托“枫林印象”“官庄山水”“黄乡民居”“沩山古窑”项目，全面推进旅游环线建设，构建“醴北人家”生态旅游休闲片区。要突出以点带面，抓好白兔潭、霞阳（根据《醴陵市城市总体规划（2010－2020）》，仙霞镇和新阳乡合并为霞阳镇）、东富3个镇级市建设，带动片区发展，打造一批特色鲜明、颇具实力的工业强镇、商贸重镇、文化古镇、旅游名镇。

提升城市品位。坚持“以水为源、以绿为美、以文为魂、以人为本”的理念，持续推进“两改六化”和城市门户改造，全力创建全国卫生城市、全国交通模范城市、省级文明城市。加快城市主色调、城市书吧、“城市家具”的设计建设，推进李畋中路、醴泉路、小街小巷“三个提质改造工程”，抓好供水排水、污水处理、垃圾处理等基础设施建设，大力开展市容市貌、交通秩序、“五小”行业（小餐饮店、小食品经营及加工单位、小理发美容店、小旅店、小歌舞厅）整治，做精做美汽车港湾，稳步推进广告下架，打造宜居城市。

（五）坚持以人为本，发展民生事业

促进就业创业。精准发力做好就业工作，大力推进全民创新创业，扶持高校毕业生创业，吸引优秀人才返乡创业，将就业压力变成人才推动力。围绕两大传统产业，加强职业技能培训，推行“订单”“定向”培训模式，提高职业培训质量。加强政府公共就业服务，加大就业困难人员帮扶力度，为劳动者提供及时便捷的服务。

加强社会保障。实施社会保险人员全覆盖工程，稳步推进社保扩面征缴，提升城乡低保保障水平，做到应保尽保。推进大病保险试点，合理调整新农合起付线，努力实现参合农民基本药物费用全免。启动养老保险并轨改革，落实多层次养老保障政策，突出企业养老保险扩面，确保城乡居民社会养老保险参保率稳定在90%以上。推进公租房和廉租房并轨改革，抓好棚户区改造，注重“引”与“推”相结合，促进房地产业健康快速发展，确保市场不冷、价格不跌、品质不降。

繁荣社会事业。适度优化农村小学布局，提升教育装备水平，重点向农村、边远地区配置教育资源，让贫困家庭的孩子都能接受公平的有质量的教育。统筹推进公立医院改革，创建标准化乡村医疗机构，推行乡村卫生一体化管理，推动基本公共卫生服务逐步均等化。保护利用好文物资源，推进李立三故居申报国家AAAA级景区。

（六）坚持底线思维，推进依法治市

坚守工作底线。要坚守安全生产底线，坚决落实“三化引领”（规模化、品牌化、机械化引领）、“三法强疗”（对发生一般事故的企业，实行“放血疗法”，责令其限期整改，并顶格处罚；对明察暗访中发现企业一次问题的挂牌督办，一个问题连续出现两次的强制关闭退出，实行“休克疗法”；对发生较大事故的企业，实行“突然消亡法”，即吊销其安全生产许可证，禁止其再涉足烟花爆竹产业）、“三个一律”（一律落实“党政同责、一岗双责、齐抓共管”的安全生产责任体系；一律落实“一票否决”，加大安全生产指标考核权重，实行安全生产和重大安全事故风险的“一票否决”；一律落实“一查到底”，对落实停产整顿不到位的企业所在乡镇、街道，党政主要领导和分管副职一律先行免职），坚决遏制较大以上安全事故发生；坚守综治维稳底线，确保社会和谐稳定；坚守计划生育底线，稳定低生育水平；坚守国土管理底线，保住耕地红线，确保占补平衡；坚守生态环保底线，确保不欠新账，逐步偿还老账。在底线工作上，市委态度坚决、旗帜鲜明，那就是奖优罚劣、严格兑现，凡获全省先进的，对单位和负责人实行重奖；凡被黄牌警告的，对单位主要负责人进行调整；凡被一票否决的，对单位主要负责人立即免职。

创新社会治理。持续深入开展“连心解困”大走访活动，广泛动员社会力量，依靠社会中介组织，构建党委统揽、政府牵头、社会动员、群众参与的网格化社会管理格局。不断完善网格管理、挂号销号、公开评议等制度，确保联系服务群众工作制度化、常态化、长效化。

建设法治醴陵。要把法治贯穿于经济、政治、文化、社会、生态建设各领域，切实保障发展列车在法治轨道上有序有效行进。深入推进依法行政，突出依法用权、依法治官，规划和约束权力的运行，建设法治政府；深入推进公正司法，努力让人民群众在每一个司法案件上都感受到公平正义，提高司法公信力；深入推进全民守法，完善立体化社会治安防控体系，依法打击违法犯罪活动，传递法治理念，传导法治精神，使全市人民都成为社会主义法治的忠实崇尚者、自觉遵守者、坚定捍卫者，加快创建“法治示范市”。

加强党对法治工作的领导。完善党委依法决策机制，健全党委领导依法治市的制度和工作机制，把党的领导贯彻到全面推进依法治市的全过程。要完善考核体系，把法治建设成效作为衡量各级领导班子和领导干部工作实绩的重要内容。要切实加强法治工作队伍尤其是政法队伍建设，建立执法人员法治素养考评制度，打造一支忠于党、忠于国家、忠于人民、忠于法律的法治工作队伍。

四、全面加强党的建设

秉持“行大道凝聚人心，靠机制激发活力”的理念，按照“党要管党、从严治党”的要求，全面加强党的建设。

选好干部强班子。“新创业、新醴陵”关键在干部、在班子。要按照“信念坚定、为民服务、勤政务实、敢于担当、清正廉洁”的要求，造就一批德能正其身、才能胜其任、绩能服其众的领导干部，配备一批团结协作、善于创新、充满活力的领导班子。要继续坚持“三不”原则（不让实干的白干、不让吃苦的吃亏、不让流汗的流泪），大力提拔重用“十类人才”（谋划发展有思路、开拓创新有实效、推进项目有业绩、稳定安全有办法、忠职担责有勇气、攻坚克难有突破、务实干事有激情、扎根基层有耐心、不事张扬有贡献、团结协作有胸怀），以良好的用人导向，激发创业激情，凝聚工作合力。各级领导干部和领导班子要心中有党、心中有民、心中有责、心中有戒，在涉及重大原则问题上要立场坚定、态度坚决，党中央提倡的坚决响应，党中央决定的坚决照办，党中央禁止的坚决杜绝。

夯实基层强基础。基础不牢、地动山摇。抓基层，就要重视基层。统筹推进各领域基层党的建设，严格落实党委（党组）书记抓基层党建工作的第一责任。加强社区居委会建设，强化综合服务功能，让群众居住有舒适感、出行有安全感、生活有方便感。抓基层，就要信任基层。放心给权力，大胆压担子，让广大基层干部敞开思路谋事，放开手脚干事，一门心思成事。抓基层，就要关心基层。基层干部工作辛苦、条件艰苦、生活清苦，要完善村（居）干部退养保障机制，推动村、社区干部保险扩面，让他们“在岗有奔头、干得有劲头、退后有想头”。

严管严治树形象。廉洁形象，关乎党的存亡，关乎事业成败。各级领导干部要正确行使权力，依法用权、秉公用权、廉洁用权，做到心有所畏、言有所戒、行有所止。要严格制度，加快纪检监察机关“三转”（转职能、转方式、转作风），健全惩防体系，形成让干部不敢腐、不能腐、不想腐的工作机制。要严格监督，强化对职能部门在重点工程、重点岗位、重点环节履职情况的监督，强化监督执纪问责，加大“点穴式”巡查力度，促使主体责任和监督责任落实；坚持明察暗访，推进正风肃纪，重点解决好群众身边的腐败问题。要严格惩处，坚持“老虎”“苍蝇”一起打，大案小案一起查，始终保持反腐败的高压态势，对违反党纪国法者严肃处理，让腐败分子没有藏身之地。

强化落实改作风。发展问题就是落实问题。当前，影响我们工作、阻碍醴陵发展的一个重要原因，就是工作不落实。不落实就落后，不落实就落空，不落实就落伍。各级各部门要牢固树立“作风建设永远在路上”的理念，始终践行群众路线，立说立行，即行即改，善始善终，久久为功。要有“功成不必在我”的境界，像接力赛一样，一棒一棒接着干下去。要有踏石留印、抓铁有痕的韧劲，积极寻找克服困难的具体对策。绝不能只想当官不想干事，只想揽权不想担责，只想出彩不想出力。绝不能干一年、两年、三年还是涛声依旧，每年都是重复昨天的故事！

同志们，新常态展示新前景，新常态呼唤新作为。让我们团结奋进，携手前行，着力推进“新创业、新醴陵”建设，为打造发展升级版，建好湖南东大门而努力奋斗！

醴陵市人大常委会工作报告

——在醴陵市第十五届人民代表大会第四次会议上
（2015 年 2 月 5 日）

市人大常委会主任　李　理

各位代表：

我受市人大常委会的委托，向大会报告工作，请予审议。

2014 年，在中共醴陵市委的正确领导下，市人大常委会围绕“打造发展升级版，建好湖南东大门”发展主题，坚持以科学发展观为指导，认真履行宪法和法律赋予的各项职责，共举行常委会会议 9 次，主任会议 32 次，听取和审议“一府两院”工作报告 27 项，作出决议、决定和审议意见 30 项，较好地完成了市十五届人大三次会议确定的各项任务。

一、担履职之责，全力贯彻市委决策部署

坚持党的领导，把支持发展、服务发展、促进发展作为人大工作聚焦点，全力推动市委决策部署贯彻落实。

科学决定重大事项。为推动“溯江而上，向东发展”战略稳步实施，作出了《关于批准长庆示范区土地一级开发项目（一期）融资有关事项议案的决定》《关于批准设立醴陵市长庆街道的决定》。为解决资金瓶颈问题，作出《关于批准醴陵大道两厢土地储备项目贷款议案的决定》《关于批准渌江水利治理防洪基础设施（二期）建设项目融资有关事项议案的决定》等 21 项决定，抓住融资的“窗口期”，赢得融资主动，有力支持了重点工程项目建设。为防范债务风险，听取财政、国有资产管理工作情况汇报，支持市人民政府整合政府性投融资平台，组建渌江投资控股集团有限公司，有效地推动融资平台改革。为积极应对经济下行压力，听取计划、预算执行情况和审计工作情况报告，提出加快产业发展，调优产业结构，提高财税质量，增强发展后劲的建议，客观、理性、实事求是地作出了批准决算、调整预算等决定，促进了全市经济健康协调发展。为切实推进绿色生态醴陵建设，再次作出了《关于批准实施第二轮封山育林的决定》，要求市人民政府加强领导，明确重点，切实实施好第二轮封山育林，力争五年初见成效，十年大见成效，不断改善我市生态环境质量。

激情服务中心工作。着力推动“一城三片区”“一心六组团”“一环三纵横”等市委重大决策部署的贯彻落实，就“产业发展、两改六化、渌江新城建设”等工作积极开展视察调研，听取情况汇报，督促政府及相关部门认真落实，推动了相关工作的开展。高度关注旗滨玻璃项目建设，多次查看现场，听取专家意见，常委会第 9 次会议听取了市人民政府关于旗滨项目建设工作情况汇报，提出了强化监管、保护环境、加快建设的审议意见，回应了社会对于旗滨玻璃项目环境保护方面的关切，凝聚了共识，得到了市人民政府积极响应。目前旗滨玻璃三条生产线均已投产，运转良好。积极应对突发事件，有效做好了联系点“5・25”抗洪救灾和灾后重建工作。应对“9・22”爆炸事故，人大常委会勇挑重担，充分发挥代表联系群众的天然优势，与基层及基层人大代表一起快速妥善处置了事故善后工作，确保了社会大局平稳可控。在全市花炮行业“真停、真查、真改”的基础上，主任会议还就“9・22”事故和花炮企业复产工作专门听取全市安全生产工作情况汇报，要求吸取教训，提振信心，敢于担当，规范执法，强力监管，稳定安全形势。切实做好沪昆高铁城区连接线及高铁广场建设、长庆大道、鞋业制造、湘东绿色农产品加工基地、龙楚学校、333 省道、醴建路等重点工程项目的联系、协调和服务工作，及时解决工程建设中存在的困难和问题。高铁连接线项目已近尾声，东互通项目正在启动，用三个多月抢建站前广场，为高铁在醴陵东站顺利停靠运行奠定了基础；醴建路项目是启动多年的难题工程，今年终于顺利完成征拆工作，12 月份实现了通车。

依法任免工作人员。坚持党管干部原则和人大依法任免干部相结合，依法任免国家机关工作人员。进一步规范任前了解、法律考试、任前发言、民主表决等程序，人事任免工作更加透明和规范。2014 年依法任免国家机关工作人员 34 人次，及时补选和接受株洲人大代表辞职 6 人次，依法审查代表辞职补选、资格终止 22 人次。坚持司法为民，拓宽公众参与司法平台，根据人民陪审员“倍增计划”，依法任命 137 名人民陪审员，强化对人民陪审员的培训，其责

任感和使命感明显增强。组织人事意图的圆满实现，为我市经济社会发展升级提供了有力的人才支撑。

二、循法律之规，大力推进民主法治建设

将保障宪法和法律的正确实施与推动民主法治建设作为首要职责，加强对“一府两院”的法律监督和工作监督。

以保障法律实施为重点，开展执法检查。常委会根据法律的规定、上级的部署、群众的意见，积极组织了《中华人民共和国审计法》《中华人民共和国职业教育法》《中华人民共和国大气污染防治法》《中华人民共和国未成年人保护法》《全民健身条例》等法律法规贯彻执行情况的检查，有效推动了国家法律法规在我市的贯彻实施。今年根据群众路线教育实践活动的要求，常委会还立行立改，充分发挥人大职能作用，认真开展了《中华人民共和国环境保护法》综合执法检查。从4月份开始，常委会组织5个执法检查组，市、乡两级人大联动，召开座谈会30多场，发放调查问卷900多份，走访调查基层干部、企业主、群众近2000人，检查过程中，把“听、看、查、究”有机结合，力求“听得全、看得细、查得实、究得严”，直面问题，让事实说话，撰写了专题调查报告，摄制了电视专题片《不让青山绿水成回忆》。5月，常委会第11次会议专题听取和审议了市人民政府关于贯彻执行《中华人民共和国环境保护法》的情况汇报，提出了整改要求，形成了审议意见。市人民政府认真认领意见，成立了畜禽养殖和水污染防治领导小组，安排了专项经费，明确了部门责任，采取了相关措施，启动了污水处理厂二期建设，开展了畜禽养殖和湘江水污染防治工作。11月，为跟踪问效，人大常委会首次运用专题询问形式，针对执法检查中发现、人民群众十分关切的畜禽养殖、水源污染、生活污染、工业污染、生态破坏等5大类41项问题开展了询问，市人民政府5个职能部门主要负责人到会应询，听取意见，诚恳作答，谈整改，作承诺，取得较好效果，有关工作还将进一步得到落实。这次执法检查，获得了上下一致肯定。

以促进公平正义为重点，加强司法监督。公正是法治的生命线。常委会深入贯彻依法治国精神，切实加强对司法活动的监督，督促司法部门公正司法。针对群众关注、社会关切的“执行难”问题，常委会专题听取和审议了法院执行工作情况汇报，提出进一步优化执行工作环境、加大执行工作力度、提升工作水平的建议意见，法院积极采纳建议，建立了执行工作联席会议制度，执行效率明显提高。为有效解决涉诉特困群体的实际困难，市人民政府把司法救助基金列入了预算。深入开展人大代表听审评议法院庭审案件活动，组织各级代表60余人次，听审评议法院民商事、刑事案件5件，增进了代表对法院工作的理解与支持，进一步提高了法院审判工作的透明度。听取我市检察院自侦工作情况汇报，要求结合当前反腐形势，不断加大反贪污贿赂及渎职侵权工作力度。听取公安执法规范化建设工作汇报，要求进一步规范公安执法行为，切实提升人民群众的公共安全感。公安部门加强了对干警的教育监管和作风建设，规范了执法办案中收费、罚款、涉案款物处置行为，实现了违法违纪零投诉。加强规范性文件备案审查制度和能力建设，对市人民政府及相关部门报送备案的22件规范性文件进行了登记、备案和审查，有效维护了法制统一。组织参与全国人大法工委开展的公民姓名权、省人大农业委开展的《中华人民共和国动物防疫法办法》（修订草案）立法调研，积极建言献策，为全国人大、省人大立法提供了有价值的参考。积极组织参与株洲人大“双十优”活动，评选优秀审判员、优秀检察员，进一步提升了我市法检两院司法队伍的素质和良好形象。

以推进依法行政为重点，切实加强工作监督。为维护城乡规划的严肃性、连续性、稳定性，认真听取和审议《市人大常委会关于加强镇（乡）、村庄规划建设管理的决定》执行情况，审议并出台了《关于对城市总体规划实施过程中进行修改变更的监督意见》，督促市人民政府严格执行城市总体规划，切实提高规划管理的法治化水平，促进城乡建设有序推进。积极参与对“四街两区”查违控违拆违工作的明察暗访和考评监督，督促街道办事处、两区及职能部门积极履职，为有效遏制违法建设作出了努力。维护群众权益，化解社会矛盾，强化信访监督，积极做好涉法涉诉信访工作。全年接待群众来访66批283人次，一批群众反响强烈的实际问题得到了较好解决。

三、承百姓之盼，倾力关注民计民生民利

以改善民生、维护民利为着力点，加大监督力度，力促各项民生政策的执行和惠民政策的落实，积极推动社会事业发展。

强化食品安全监督。食品安全关系人民群众身体健康和生命安全。常委会连续三年聚焦“舌尖上的安全”，关注基层呼声，抽查检测平台，查看检测记录，听取食品监管部门汇报，形成专门意见和建议，督促政府进一步深化改革，加大投入，夯实基础，提高检测能力，打造醴陵食品安全品牌。深入开展“农产品质量安全行”活动，围绕农产品溯源体系建设、绿色无公害种植基地建设、畜禽养殖污染防治等问题开展专项检查、专题考察活动，督促相关部门切实增强安全责任意识，全面提升监管水平。职能部门积极作为，开展生猪屠宰、农产品水产品、学校食堂食品及校园周边食品安全等专项整治，排查781家，下达责令整改通知书109份，立案29起，有效地打击了食品安全领域的违法行为，保障了人民群众的饮食安全。

强化社会事业监督。围绕提高文化“软实力”，听取文化文物工作情况汇报，提出打造“瓷城文化”

品牌，以醴陵·世界陶瓷艺术城为平台，以湖南首届陶瓷博览会为契机，促进醴陵文化整体发展等建议。围绕提升核心竞争力，听取科技创新和高新技术产业发展以及《中华人民共和国专利法》贯彻实施情况汇报，建议市人民政府切实加大科技创新、人才培育引进和引导扶持企业的力度。围绕农村医疗卫生服务体系建设，深入开展“三湘农民健康行”活动，督村卫生室面貌变“新”，促乡村医生能力变“强”，农村医疗条件不断改善。

强化住房保障监管。针对住房公积金覆盖面不足、使用率不高等问题，听取和审议了住房公积金中心管理运行情况汇报，要求抓住全面提高公积金缴存比例的机遇，创造性地开展工作，进一步强化监管，防范风险，在确保资金安全的前提下，努力提高覆盖率，适当降低贷款门槛，切实缓解缴存人员购房的实际困难，发挥住房公积金的资金杠杆作用，拉动房地产健康有序发展。关注廉租房和经适房建设，开展视察调研活动，督促政府进一步加大建设力度，保证工程质量，公平公正分房，有效地缓解低收入群众住房困难问题。

四、聚代表之智，着力发挥代表主体作用

始终将代表作为人大工作的基础和依托，不断创新代表工作方法，丰富代表活动载体，增强代表工作活力，充分发挥代表主体作用。

加强学习培训，提高履职能力。在坚持定期为代表订阅《中国人大》《人民之友》等刊物和资料的基础上，重点做好代表培训工作。十五届人大三次会议期间，组织全市300多名人大代表围绕“怎么当好一名人大代表”“怎样写出高质量的议案和建议”进行了集中培训，得到代表们一致好评，大会期间共收到95件建议，建议数量为历次大会之最。创新代表知情知政渠道，首次尝试运用政情通报会形式向代表通报市人民政府一年来的工作情况和来年的工作思路，增加了代表对市情民情的了解，提升了代表的责任感和履职能力。坚持常委会议邀请代表列席制度，在专题询问时将询问权、审议权、投票权延伸至与会代表，代表们认真询问，积极审议，庄严投票，激发了代表履职热情。

强化建议督办，确保履职实效。为解决代表建议办理重答复、轻落实现象，常委会按照“高规格交办、全过程督办、严标准评办”的原则，不断改进代表建议督办和办理工作。常委会主任会议成员对《花炮产业转型升级的建议》等10件重点建议进行了认真督办，有力促进了代表建议的解决。通过悉心督办，代表建议办结率、满意率为100%，实际问题解决率明显提高。做好驻醴上级代表出席国、省、株洲市人大会议的服务工作，召开座谈会，促进部门与代表的交流互动，引导代表精心履职，积极宣传推介醴陵，为醴陵的发展鼓与呼。一年来，共提出建议30件，如闭会期间，钟宏代表提出的《关于支持醴陵东互通东移重建的建议》，得到省直多个部门的高度重视，下发了行政许可书。

创新活动平台，拓展履职形式。积极创建“代表联系群众工作室”，延伸代表履职平台，强化了代表“连心解困”力度，丰富了代表活动内容。工作室与人大代表“连心解困”大走访活动相结合，实行代表信息公示、定期坐班接待、问题分类答复等制度，运转规范有序。据统计，活动以来，全市各级代表共走访联系群众8176户，经会商交办，有效解决了一批涉及基层群众切身利益的问题。实现了全覆盖，网格化，代表小组活动形式更加多样，内容更加丰富，成效更加明显。代表们围绕重点工程建设、实体经济发展、电瓷产业发展、社会保障体系、中小企业融资、城乡综合整治等主题提出了一批有价值、有针对性的意见和建议，为各级党委政府决策提供了有价值参考。

五、强自身之能，努力提高人大工作水平

主动适应新形势新任务新要求，以提高依法履职能力和工作水平为重点，切实加强常委会及机关自身建设。

加强作风建设，切实抓好教育实践活动。按照市委统一部署，深入开展党的群众路线教育实践活动，为常委会履职行权提供了更加坚强有力的作风保证。精心组织学习。通过集中学、个人学、看影片、写心得、上党课等多种方式开展学习，认真学习贯彻党的十八大、十八届三中、四中全会，习近平总书记系列讲话精神。组织机关干部到禁毒基地、耿氏公祠、烈士陵园等教育基地接受精神洗礼。密切联系群众。结合“连心解困”大走访活动深入教育实践活动联系点蹲点问计、谈心交流，召开20余场座谈会，走访基层村组，倾听群众呼声，化解疑难问题。全力整治“四风”。收集各方面意见，撰写对照检查材料，召开专题民主生活会，深入开展批评与自我批评，辣味十足，归纳查摆各类问题20条，制定了改进调查研究等20项主要整改措施，开展16项“四风”问题专项整治，一批“四风”问题得到有效解决。推进建章立制。加强人大常委会制度建设，修改完善《代表建议、批评和意见办理办法》《公车管理和使用制度》等规章制度15项，为常委会创新工作方式、拓展履职渠道提供了制度保障。

加强宣传交流，不断扩大人大工作影响。充分利用报纸、电视、网络等新闻媒体，做好代表大会、常委会会议和代表视察等重大活动的宣传报道。为纪念人民代表大会制度成立60周年，还组建专门班子，通过在《今日醴陵》开辟专栏，向《株洲人大》、省人大《人民之友》杂志投稿，宣传推介我市各级人大及代表的典型事迹。一年来，对67名积极履行职责、建言献策、关心群众的优秀人大代表进行了全方位、多角度、深层次的宣传报道，展示了“一名代表、一面旗帜”的苏先禾代表、“一分耕耘、一分收获”

的李红霞代表等一批新时期人大代表履职有为的新风采，全国人大代表黄小玲的事迹入选《中国人大年鉴》。加强与上级人大以及其他县市区人大的沟通与交流，组织、协调、接待全国人大、省人大、株洲人大及兄弟县市来客22批200多人次，扩大了醴陵及人大工作的影响。

加强联系指导，切实提高基层人大工作水平。 常委会积极联系、指导和支持乡镇（街道）人大工作，通过执法检查、专题视察、召开基层人大工作会议、指导乡镇依法有序开好人代会和做好选举工作等方式，加强与基层人大的上下互动和联系，了解工作情况，交流工作经验，积极推进基层民主政治建设。各乡镇（街道）人大依法履职，服务大局，关注民生，各项工作呈现许多新亮点。如大障人大组织代表开展"阳光低保"清查行动，对"七站八所"开展工作评议；板杉人大组织代表对洗砂行为开展调研，推进打击非法洗砂专项整治行动，均取得实效。

各位代表，在过去一年的工作实践中，我们深深地体会到：做好人大工作，使命光荣，责任重大。只有始终坚持党的领导，才能保持人大工作正确的政治方向；只有始终坚持依法履职行权，人大工作才能更有作为；只有始终坚持以人为本，才能维护好最广大人民群众的根本利益；只有始终坚持尊重代表主体地位，才能充分发挥代表的作用；只有始终重视自身建设，才能不断推动人大工作的创新发展。

一年来，常委会所做的工作和取得的成绩，是市委正确领导，常委会组成人员和全体代表共同努力的结果，离不开"一府两院"的积极配合和大力支持，更离不开全市人民以及各方面的大力支持。在此，我谨代表市人大常委会表示衷心的感谢！

在肯定工作的同时，我们也清醒地认识到，工作中还存在一些不足。主要是：监督工作回应人民群众重大关切还不够及时，审议水平有待进一步提升；讨论决定重大事项的机制还需要探索和完善；与代表和人民群众联系还不够密切，汇集民意的渠道还不够宽，代表主体作用有待进一步发挥。这些都需要我们在今后的工作中很好研究，切实加以改进。

六、行法定之权，努力做好2015年人大工作

各位代表，党的十八届四中全会对人大工作提出了新要求，市委十一届八次全会明确了2015年工作新方向，常委会要全面贯彻落实党的十八大、十八届三中和四中全会精神，坚持党的领导、人民当家做主和依法治国有机统一，切实履行宪法和法律赋予的职权，充分发挥地方国家权力机关的作用，全面推进"招商引资年""改革攻坚年""项目建设年""安全保障年"四大活动，为实现依法治市和"新创业，新醴陵"目标而努力奋斗！常委会将着重做好以下几项工作：

（一）坚持党的领导，深入贯彻十八届四中全会精神。 党的十八届四中全会作出了《中共中央关于全面推进依法治国若干重大问题的决定》，我们要坚决贯彻中央、省委、株洲市委和醴陵市委关于依法治国的各项决策部署，坚定不移地做依法治国的参与者、推动者和实践者。要始终坚持党的领导、人民当家做主和依法治国的有机统一，善于把体现党的主张与顺应人民意愿有机统一于人大工作的实践，把实现"新创业、新醴陵"目标，促进社会和谐，忠实代表人民利益作为人大工作的出发点和落脚点，切实履行宪法和法律赋予的各项职权。要模范带头遵守法律，严格依法办事，加大对宪法和法律实施的监督力度，切实保障宪法和法律在我市的有效贯彻实施。重点开展《中华人民共和国食品安全法》为主要内容的综合执法检查。认真开展《中华人民共和国禁毒法》《中华人民共和国气象法》《中华人民共和国森林法》《中华人民共和国人防法》等法律法规执行情况的检查。监督和支持法治政府建设，以规范和约束公权力为重点，加强对权力的制约和监督，让依法执政成为必然。监督与支持"两院"推进审判检察工作创新和改革，确保依法独立公正行使审判权和检察权。加强对司法活动的监督，继续加强规范性文件备案审查工作，创新和深化人大代表听审评议法院庭审案件活动，积极开展案件评查监督，支持和保障人民群众参与司法，依靠人民推进公正司法，努力让人民群众在每一个司法案件中都感受到公平正义。

（二）坚持服务大局，依法科学决定重大事项。 要始终坚持把人大工作融入全市工作大局，紧紧抓住事关醴陵长远、可持续发展的重大决策、重点项目、重要工作，多做全局性、前瞻性的思考和谋划，多做系统性、针对性的论证和调研；要主动适应经济社会发展的新常态，积极助推"招商引资年""改革攻坚年""项目建设年""安全保障年"四大活动，深入调研，认真论证，审慎决定事关经济社会发展全局的重大事项，通过法定程序落实市委的重大决策意图，凝聚全市人民的力量与共识；要适时就渌江新城建设、重要融资项目、城市发展规划编制、调整预算等作出决议、决定，从法律支撑与制度保障层面，着力推动全市经济与社会实现又好又快发展。

（三）坚持民生为重，切实增强人大监督实效。 要不断丰富和发展人大监督的形式与途径，在增强监督工作的权威性、透明度、公信力，加强监督成果运用和问效问责等方面下功夫、图突破、求实效。今年将根据十八届三中、四中全会的精神和监督法的要求，探索和出台《市人大常委会专题询问办法》，选择人大代表、人民群众关心的问题，对政府有关部门工作情况进行专题询问，特别是要对政府相关部门落实审计整改情况开展跟踪询问。听取产业发展、财政、融资、公路建设、道路交通安全、城市管理、公共卫生服务体系建设、职业教育、教育安全、矿产资源管理、农业综合开发、民族宗教、盐务管理等关系国计民生的专项工作报告。坚持常规监督与刚性监督并重，强化事前、事中、事后监督，对政

府落实《〈中华人民共和国环境保护法〉审议意见》、官庄二水厂建设审议意见和《关于加强镇（乡）、村庄规划建设管理的决定》贯彻实施情况开展跟踪监督。适时就市级预算收支与执行情况、重点工程项目、重要民生保障等重点支出的资金和使用情况、政府负债情况等进行审查，进一步加强财政预算监督，增强预算编制的科学性和预算执行的严肃性。继续深入开展“环保世纪行”“农民健康行”“农产品质量安全行”“民族团结进步行”“公正司法行”活动，更加结合实际，突出重点、注重实效。

（四）坚持代表为要，充分发挥代表主体作用。人大代表是人民代表大会的主体，要切实尊重和维护代表的主体地位，充分发挥代表主体作用。坚持常委会组成人员走访代表制度，切实加强常委会与代表、代表与人民群众的联系。进一步完善代表履职平台，推进代表联系群众工作室建设，建立和完善代表述职、辞职、考核、履职登记以及约谈、劝退等约束机制，促使代表积极履职，努力为人民代言解困。进一步扩大代表对常委会工作的参与度，邀请更多的代表列席常委会会议、参加执法检查、专项工作询问与评议等活动。加强和改进代表建议办理工作，严格跟踪督办代表建议，切实提高代表建议所提问题解决率。要加强代表培训，改进代表活动组织方式，增强代表活动实效，着力提高代表履职能力。

（五）坚持与时俱进，努力提升人大工作水平。要巩固群众路线教育实践活动成果，切实加强队伍、制度、机关建设，进一步提高人大常委会履职能力。切实加强队伍建设。进一步抓好对常委会组成人员和机关工作人员的教育培训，注重人文关怀，切实提高常委会组成人员的履职水平，着力增强人大干部干事创业的激情与动力。完善规章制度。从组织制度、运行机制、议事程序、工作制度等方面进行探索和创新，促进常委会各项工作的制度化、规范化、程序化，以制度建设保障和促进人大工作的创新和发展。加强常委会机关建设。加强人大制度理论研究和新闻宣传工作，广泛宣传人大代表依法履行职权的新成效、“一府两院”接受监督、依法行政、公正司法的好典型，努力为人大工作营造良好的外部环境与内部氛围；加强和改进人大信访工作，尽力督促解决人民群众的正当诉求，切实为人民群众排忧解难；加强对基层人大工作的联系与指导，努力开创全市人大工作新局面。

各位代表：让我们在市委的坚强领导下，深入学习贯彻十八届四中全会精神，忠实履行宪法和法律赋予的职责，以崭新的风貌、务实的作风、科学的方法，奋发进取，开拓创新，为开创我市人大工作新局面，打造发展升级版，建好湖南东大门而努力奋斗！

政府工作报告

——在醴陵市第十五届人民代表大会第四次会议上
（2015年2月4日）

市人民政府市长　蔡周良

各位代表：

现在，我代表市人民政府向大会报告工作，请予审议，并请市政协各位委员和其他列席同志提出意见。

一、2014年工作回顾

2014年，是醴陵发展负重前行、团结奋进的一年，也是稳中有进、进中见好的一年。面对经济下行的较大压力和改革发展稳定的繁重任务，我们在市委的正确领导下，在市人大、市政协的监督支持下，认真贯彻落实党的十八届三中、四中全会精神，紧紧围绕“新创业、新醴陵，打造发展升级版，建好湖南东大门”的工作主题，实现了经济社会的持续稳步发展。县域经济基本竞争力在全国百强排名上升到第84位。全年实现GDP488.2亿元，增长10.3%；完成公共财政总收入38.4亿元、税收收入19.5亿元，分别增长5.5%、14.6%，税收占公共财政总收入的比重达50.8%，比上年提高4个百分点；完成固定资产投资304.3亿元，增长23.2%；实现社会消费品零售总额144亿元，增长12.7%；实现外贸出口总额10.1亿美元，增长10.5%；城、乡居民人均可支配收入分别达28636元、19092元，增长9.4%、11.2%。

（一）坚定不移抓产业，转型升级初显成效。

工业经济提质增效。实现工业增加值299.5亿元，增长11%，其中规模工业增加值267亿元，增长11.4%。充分发挥全省首批特色县域经济重点县政策杠杆效应，带动投入60亿元；稳步推进标准化泥釉模配置中心等一大批项目建设，陶瓷产业转型升级步伐加快。严格执行烟花爆竹第三轮行政许可，共发放许可证299家，全市90%的鞭炮企业实现机械化生产，推动了烟花爆竹产业标准化、机械化安全发展。陶瓷、烟花爆竹产业产值分别达489.8亿元、174.8亿元。持续壮大园区经济，经开区实现技工贸总收入达298.7亿元，增长24.4%，综合实力在全省排名由第43位跃升到第20位。高新技术产业加快发展，增加值达33.3亿元，增长24.8%。

现代农业稳步发展。完成农业增加值45.1亿元，增长4.5%。粮食播种面积达71.94千公顷，总产量达51.2万吨，连续六年荣获“全国粮食生产先进县（市）”。农业产业化水平进一步提升，经济作物种植面积21.53千公顷；出栏生猪119.4万头，规模化养殖比重达73%；流转耕地16.8千公顷，流转率达45.4%。全市各类农民合作社达751家。油茶产业初具规模，金鼎、金桥、恒盛等龙头企业不断发展壮大，金桥油茶、西乡油茶农民专业合作社获评“全国供销社示范社”。成功创建全国“平安农机”示范县(市)。

第三产业来势向好。实现三产增加值122.5亿元，增长11.3%。全市金融机构存贷款余额分别达217.3亿元、122.4亿元，增长15.2%、14.3%，存贷比达56.3%，名列株洲市第一。醴陵农村商业银行成功组建，中信银行醴陵支行正式开业。参展春秋两季广交会，成交金额1亿美元。新批进出口企业18家，进出口企业总数达226家。物流企业发展到28家。成功举办湘赣两省“千人游醴”大型旅游推介活动。成功举办第五届房交会，成交金额11.2亿元；房地产业实现销售产值20.3亿元，增长30.7%。

（二）创新机制促改革，发展活力有效释放。

推进县乡财政管理体制改革和行政审批制度改革，精简审批事项45项，全面启动乡镇（街道）便民服务中心建设。大力推进投融资体制改革，完善投融资体制机制，整合5家国有平台公司，组建渌江投资控股集团。扎实推进项目建设体制改革，权力下放、任务下沉、力量下移、利益下得，调动基层干事积极性。实施城市管理体制改革，清扫保洁、园林绿化等城市管理事务逐步推向市场。稳妥实施农村经济体制改革，启动农村土地承包经营权确权登记颁证试点工作。

（三）全力以赴抓项目，发展后劲持续增强。

招商引资成效明显。着眼完善产业链条，推行“招商+经营”模式，实施定向、定位、定点招商，引进中国·醴陵花炮大市场等项目48个，合同引资128亿元。9个株洲市级重点招商履约项目已有7个开工建设。智能电网及电子信息产业园、“枫林印象”“黄乡民居”“官庄山水”等项目完成策划并对外招商。

项目建设稳步推进。大力开展“项目建设年”活动，全年开工重点项目50个，完成投资52亿元。旗滨玻璃三条生产线建成投产。沪昆高铁醴陵段及醴陵东站、岳汝高速连接线一期建成通车。旗滨大道一期、333省道外环线东富段修复工程基本完工。醴陵·世界陶瓷艺术城顺利完工。经开区12.3万平方米标准厂房基本建成，2万平方米公租房二期启动建设。升华科技锂电池正极材料扩产项目即将投产。时代金属轨道交通部件生产基地等项目稳步推进。

生产要素保障有力。强化司法保障，严格依法征拆，完成征地189.87万平方米，征拆面积8.6万平方米。推进政银企合作，对接签约项目9个，总金额9亿元。发行企业债券10亿元，成为全省第一家成功发债的县级市。拓宽融资渠道，全年平台公司融资到位39.5亿元。举办11场人才招聘会，缓解了企业用工荒。煤、电、油、气、运等要素保障有力。

（四）建管并举优环境，城乡面貌日益改善。

城乡规划进一步优化。按照“一城三片区”“一心六组团”“一环三纵横”的发展格局，进一步优化城市交通、景观、文化等空间布局规划。高品质完成了渌江新城城市设计，优化了经开区控制性详细规划。加快了北乡片区休闲旅游、西乡片区现代农业组团和服饰产业园等规划编制。以区域为基础，以产业为纽带，推进“集镇组团”和“中心村”发展，完成24个镇（乡）总体规划、镇（乡）域村镇布局规划和44个中心村的规划编制工作。严格查违控违，全年共拆除违法建设1.1万平方米。

城乡建设进一步加强。加快城市扩容，启动渌江新城建设。公安业务大楼竣工，新武装部大楼主体工程完工。城乡路网日趋完善，长庆大道、玉瓷路一期和醴建路建成通车，阳三路升级改造顺利完成，体育路即将竣工；大神线、333省道新关至渌江大道段改造完成，北乡旅游线路路基工程基本完工。集镇建设步伐加快，白兔潭镇入选全国重点镇。完成农村公路建设114千米和村组连通公路150千米，新建改造危桥31座，启动滩下渡改桥建设，建成农村客运招呼站20个。完成重点水库除险加固13座、中小河流治理23千米、水土流失治理1185公顷，新建集中供水工程9处，解决8.1万人饮水不安全问题。

城乡环境进一步改善。以“两改六化”和城市门户升级改造为抓手，力促城市提质。城区5个门户升级改造一期工程基本完工。太一市场等5个城区农贸市场完成改造升级。大力拆墙透绿、见缝插绿、拆围补绿，城区拆围5000米，新增、改造绿地面积近30万平方米。整顿规范城市户外广告，城区立柱广告有序下架。完成玉瓷路、凤凰大道及城区重要建筑物亮化工程。“数字醴陵”一期工程即将完工。污水处理厂二期、垃圾处理场二期启动建设。全面抓好植树造林、封山育林和防火护林，森林覆盖率达54.9%。加强饮用水源地保护，渌江流域生态水平不断提升，官庄湖获批国家湿地公园建设试点。深入开展农村环境综合整治和美丽乡村建设，浦口镇成功创建株洲市第一个省级卫生镇，栗山坝镇东岗村、板杉乡擂鼓桥村获评省美丽乡村示范村。大力节能减排，万元GDP能耗下降3.5%，主要污染物总量减排达标，全年城市空气优质天数达343天。

（五）以人为本惠民生，各项事业协调发展。

坚持不懈地增进民生福祉，全市民生支出34.8亿元，支出比重达70.3%，圆满完成省、株洲市及本级实事任务。

保障水平逐步提高。新增城镇就业8116人，零就业家庭动态援助率达100%。9大社保险种参保人数达90万人，被征地农民、城区环卫工人等群体已全面参保或工资提标。加快推进社会养老服务体系建设，启动基本养老服务补贴发放工作。城乡低保对象月人均补助分别提高到265元、107元。五保分散、集中月供养标准分别达280元、450元。新改扩建敬老院3所。新改扩建廉租住房396套、公共租赁住房768套，改造农村危房600户。加强烈士褒扬工作，烈士陵园获评“全国文明优抚事业单位”。

社会事业加快发展。提前一年完成教育基础设施“三年攻坚计划”；高考二本以上上线率居株洲市首位，提前两年实现“进二争一”目标；陶瓷烟花职业技术学校获评“全国教育系统先进集体”；教育督导体制改革“醴陵模式”在全国推介。建立《醴陵市科技计划项目库》，组织企业申报国家、省级科技项目34个。醴陵陈扬龙釉下五彩瓷艺术中心获评国家级非物质文化遗产生产性保护示范基地。《舞动瓷城》获全国排舞大赛总冠军。李立三故居获评“全国爱国主义教育基地”。基本药物制度等工作稳步实施。食品药品安全专项整治深入推进，群众饮食用药安全得到有效保障。计生优质服务水平不断提升，“单独二孩”、城镇独生子女父母奖励制度等工作有条不紊，蝉联“全国计生优质服务先进单位”。

社会大局保持稳定。全面实行网格化社会治理，深入开展“连心解困”大走访活动。沉着应对“5·25”特大洪灾和“9·22”安全生产事故等各种考验，汇聚起攻坚克难、奋力前行的强大合力。全面开展烟花爆竹安全生产综合整治行动，真停、真改、真打、真整治，安全生产基础进一步夯实。严格落实信访责任制，实行群众工作日制度，妥善解决一批群众合理诉求。组织开展“亮剑2号”等系列专项行动，严厉打击违法犯罪活动，连续9年实现“命案必破”工作目标，人民群众安全感进一步增强。

（六）多措并举转作风，自身建设得到提升。

始终坚持市委领导，自觉接受人大法律监督、政协民主监督和社会监督，规范权力运行。办理人大代表建议97件、政协委员提案103件，办结率100%，满意率达99%以上。深入开展党的群众路线教育实践活动，大力整治“四风”，全年“三公经费”（政府部门人员因公出国（境）经费、公务车购置及运行费、公务招待费）支出下降 45.9%，精简会议、文件 20% 以上，精简市级议事协调机构 439 个，清理腾退办公用房 9400 平方米并统一安排调剂，一般公务用车的购置审批和楼堂馆所的新批新建全面停止，清理在编不在岗、“吃空饷”人员 982 人。认真处理市长热线、市长信箱中的群众咨询、建议和投诉 354 件，办结率 100%。大力开展“环境优化年”活动，政风行风建设不断加强。强化社区经费保障机制，圆满完成全市 356 个村委会换届工作，获评“全省第九次村委会换届选举工作先进单位”。认真开展“六五”普法教育，全面推行政务、村（居）务、厂务和校务公开。严格落实党风廉政建设责任制和廉洁从政有关规定，加强行政监察和审计监督，从源头上遏制腐败。

与此同时，妇女儿童、老龄、残联、机构编制、外事侨务、对台、宗教、广播电视、文化执法、招投标、档案、史志、质监、海关、检验检疫、供销、物价、国防、人防、民兵预备役、烟草、通信、移民、水文、气象等工作均取得新进步。

各位代表，过去一年取得的成绩来之不易，这是市委正确领导的结果，是市人大、市政协监督支持的结果，是全市百万人民团结拼搏的结果。在此，我代表市人民政府，向全市广大干部群众，向各位人大代表、政协委员，向各民主党派、工商联、无党派人士、各人民团体，向驻醴部队、武警官兵，向所有关心支持醴陵发展的各界朋友，表示衷心的感谢和崇高的敬意!

总结成绩的同时，我们也清醒地看到，醴陵经济社会发展还存在一些亟待解决的困难和问题。一是实现经济平稳增长任务艰巨，受宏观环境和“9·22”安全生产事故影响，部分指标增幅未能达到年初预期目标。企业生产面临较多困难，成本高、融资难、招工难的问题仍然比较突出。二是转型升级任重道远，传统产业提升还有一个发展的过程，新的经济增长点尚不成熟，稳增长与调结构矛盾突出，适应新常态的办法和措施还不够多。三是项目建设有待加强，建设和投资不足的问题仍比较突出，大项目、好项目还不多。四是一些基层基础工作存在薄弱环节，安全生产形势不容乐观，社会保障体系不够完善，信访维稳压力还很大。五是政府服务和干部队伍作风有待进一步改进，发展环境不够优。对此，我们将高度重视，采取有力措施，切实予以解决。

二、2015 年总体思路和工作目标

2015 年，是全面深化改革的关键之年，也是全面完成“十二五”规划的决战之年，更是做好“十三五”规划的谋划之年。世界经济形势复杂多变，国内经济已进入“中高速、优结构、转动力、多挑战”的新常态。就我市来说，当前主要面临三个方面的矛盾：一是经济下行压力增大与扩大经济总量、提升发展质量的矛盾；二是传统产业急需转型与新兴产业成长缓慢的矛盾；三是资金、土地等要素外部约束加大与内部需求增加的矛盾。面对新常态，我们既要正视困难和挑战，又要看到希望和机遇：一是改革红利不断释放。我市作为国家自主创新示范区、国家新型城镇化综合试点城市的重要组成部分，行政审批、投融资、土地制度、财税制度、户籍制度等方面的改革会不断地激发市场活力。二是政策效应逐渐显现。为了稳增长、调结构，中央、省和株洲市相继出台了财税、货币、区域和产业发展等方面的政策，我市“工业十条”和特色县域经济重点县等政策，也将为发展带来诸多利好。三是区位优势持续发力。我市处于“一带一部”交汇点、“湖南东大门”最前沿、长株潭城市群核心区，“三高三铁”（“三高”即沪昆高速、岳汝高速、莲株公路;“三铁”即沪昆高铁、浙赣复线、醴茶铁路）交通格局初步形成，区位优势日趋明显，县域百强地位更加巩固。这都将为我们在分享“三个支撑带”政策、承接产业转移中，带来更多投资机会、项目布局和市场空间。我们必须坚定信心，锐意进取，适应新常态，拓展新思维，激发新动力，奋力开创醴陵发展新局面。

2015 年政府工作的指导思想是：全面贯彻落实党的十八大、十八届三中、四中全会和中央、省委、省政府、株洲市委、市政府及醴陵市委的决策部署，坚持稳中求进的总基调，按照“稳抢快跑”的总要求，主动适应经济新常态，加快转型升级，突出招商引资、改革深化、项目攻坚、安全保障四大重点，拉开“一城三片区”“一心六组团”“一环三纵横”建设，不断改善民生，建设人民满意政府，努力完成“十二五”目标任务，为“十三五”改革发展稳定奠定坚实基础。

全年经济社会发展的主要目标是：GDP 增长 10%，公共财政总收入增长 10% 以上，融资 50 亿元以上，税收占公共财政总收入的比重提高 3 个百分点左右，固定资产投资增长 30% 左右（即“11533”目标）；社会消费品零售总额增长 12.5% 以上；城镇居民人均可支配收入增长 9.5% 以上；农村居民人均可支配收入增长 11% 以上；各项事业都有新的发展。

与此同时，我们将集中力量抓好十大产业项目、十大基础设施项目和“民生 80”工程。（附件略）

三、2015 年主要任务

围绕全年目标要求，我们将毫不动摇坚持以经济建设为中心，牢牢把握“五个第一”，即把培育产业作为第一任务，把改革创新作为第一动力，把项目建设作为第一抓手，把优化环境作为第一责任，把改善民生作为第一追求，重点抓好以下五个方面的工作。

（一）坚持转型升级，争创发展新优势。坚持新型工业化第一推动力，按照“新旧并举、二三协调、城乡联动”的理念，着力构建“5+X”（扶持壮大陶瓷、烟花爆竹、玻璃、汽车零配件、服饰五大产业集群，引进培育新兴产业）多极支撑的产业体系。

加速推进新型工业化。全面实施《醴陵市工业

强市实施意见》和《醴陵市工业强市十条政策》，推进“5123”工程（力争用5－8年时间，培育年主营业务收入过10亿企业10家、过5亿企业20家、过亿元企业300家），力争工业总产值突破千亿大关。推进传统产业高新化、品牌化。抓住陶瓷、烟花爆竹产业产品研发、市场开拓、品牌提升、人才引进等关键环节，全力支持产品走出去，提高产品国内外市场占有率和竞争力。把握特色县域经济重点县的政策利好，进一步完善陶瓷产业发展规划，重点抓好“1155”工程（从2010年到2020年，通过10年努力，达到1000亿元的陶瓷产业总产值，打造产品研发、产品展示、产品交易、产品检测、员工培训5大平台，形成全国日用瓷、电瓷、陶瓷酒瓶包装、工程瓷、艺术瓷5个生产基地），充分发挥华联、华鑫等龙头企业的带动作用，推动陶瓷产业转型升级。着力推进醴陵国际陶瓷商贸城、标准化泥釉模二期、正阳精密光纤通信等项目，大力推进产业公共服务平台建设，抓好湖南陶瓷技师学院、国家级电瓷检测中心建设，举办好中国陶瓷艺术大展暨首届湖南（醴陵）陶瓷博览会。坚持“四化两型”（针对烟花爆竹产业提出的，“四化”即布局集约化、设备机械化、生产标准化、管理信息化；“两型”即安全型、环保型）之路，做好烟花爆竹产业发展规划。抢抓国家大力推进烟花爆竹行业退出非主产区的政策机遇，制定优惠政策，面向全国招商引资。以烟花爆竹企业行政许可和安全标准化建设为抓手，支持鼓励企业兼并重组、改造升级，打造一批规模大、实力强、品牌响的烟花爆竹企业集团，确保企业数量在本届政府任期内整合到300家以内。加强烟花爆竹新机械、新材料、新产品的研发应用，推进中国·醴陵花炮大市场等项目建设，筹备第一届中国醴陵花炮艺术节（博览会），提升产业竞争力。推进新兴产业多元化、规模化。加快旗滨玻璃项目建设，确保年内五条生产线全部投产，打造全国节能光伏玻璃生产基地。研究制定玻璃产业发展规划，以旗滨玻璃为龙头，引进培育相关配套产业，加快形成玻璃产业集群。完成时代金属轨道交通部件生产基地一期、升华科技技改扩能项目，推进节能环保型智能电网设备（三电、华鑫、阳东）、恒茂电子通信产品等项目建设。抓好战略性新兴产业的引进和培育，重点扶持交通装备、电子信息、陶瓷新材料等新兴产业做大做强。顺应高铁时代的全面到来，对接“一带一部”战略，积极发展开放型经济。推进园区发展专业化、集约化。按照“以产兴城、以城托产、产城一体、产城融合”的理念，加快经开区开发建设，力争创建国家新型工业化产业示范基地和国家级经开区。重点抓好20万平方米标准厂房、公租房二期等建设。以湘赣开放合作试验区建设为契机，加快9平方千米东富工业园开发，抓好征地拆迁和安置区建设，完成旗滨大道二期路基工程。提升汽配企业生产能力和效益，加快汽配园发展。对接株洲千亿服饰产业集群，做好服饰产业发展规划，整合船湾职业服饰资源，打造集研发设计、生产加工、辅料供应、展示销售等于一体的船湾职业服饰产业园区。鼓励乡镇集约使用土地，引进创办企业，统筹抓好乡镇工业小区建设。充分发挥协会、商会的桥梁纽带作用，进一步加强行业自律，推动行业健康发展。

加快发展现代农业。实施粮食产能工程，办好4个基地，巩固5个核心示范片，推进水稻生产全程机械化，稳固全国粮食生产先进地位。加快耕地、山地流转，抓好6.67千公顷油茶生产及加工基地（金鼎、中天）等项目建设。坚持规模化、产业化、机械化、特色化，依托“公司＋农户＋基地”等市场模式，培育壮大农业经营主体，打造1－2家上规模、有影响的农产品加工龙头企业，打响“清泥湾”“旺侬”等一批特色品牌。强化农产品质量安全监管，积极申报农产品地理标志。着力加强农民职业培训，培养新型农民。加快西乡片现代农业组团发展，打造优势特色农业产业集聚区、高效生态农业示范区、休闲创意农业发展先行区。发展壮大村级集体经济，支持有条件的村组建村级股份公司，因地制宜发展物业经济、服务经济、资源经济，提高村级组织服务能力。

培育壮大现代服务业。坚持政府、协会、企业联动策划包装，精心系统设计制作醴陵城市形象口号、城市形象标识（Logo）和城市宣传片，在高端主流媒体、省内外及市内重要交通节点、商业中心，整体推介醴陵，打响城市品牌。完成旅游发展总体规划，整合工业、人文、自然、红色等旅游资源，挖掘历史文化内涵，突出山水人文特色，梳理打造醴陵城郊“两日游”精品线路。启动“一江两岸”（“一江”即渌江；“两岸”即渌江南北两岸200米范围，南岸总长度3063米，北岸总长度2882米，两岸用地面积127公顷）规划，抓好渌江书院修缮保护工作，加快仙岳山文化景区等项目建设。依托“枫林印象”“官庄山水”“黄乡民居”“沩山古窑”项目，全面推进旅游环线建设，构建“醴北人家”生态旅游休闲片区。力争李立三故居、醴陵·世界陶瓷艺术城申创国家AAAA级景区。抓好旅游名镇、名村申报工作，创建一批星级乡村旅游区（点）。大力发展跨境电子商务和农村电子商务，支持华联亿嘉、彩天等电子商务企业做大做强。抓好百城千镇县乡流通再造工程。加快推进陶瓷、烟花爆竹、汽贸、家居建材等专业大市场建设，建设城市商业综合体，培育新的消费增长点。加快发展现代物流，推进醴陵至深圳盐田港烟花爆竹出口通道开通工作，争取国家B型保税物流中心（陶瓷、花炮）项目立项。完善促进住房消费的政策，积极引进品质高、实力强、影响大的房地产开发公司进驻醴陵，坚持规模片区整体联动开发，力促房地产市场平稳健康发展。以社区居家养老服务为重点，引导社会力量参与健康和养老服务业，探索形式多样的养老服务模式，支持建设医护合一的养老机构。积极发展金融服务、物联网、总部经济等新兴服务业态。

（二）坚持项目主导，打造发展新引擎。牢固树立“抓项目就是抓发展”的理念，大力开展“招商引资年”“项目攻坚年”活动，以项目的推进，带动资金的投入，拉动经济的发展。

大力抓好招商引资。紧盯国内外优势企业，承接引进一批带动性强、竞争力大的大项目、好项目。精心策划包装储备项目，完善重点招商项目库。围绕陶瓷、烟花爆竹、服饰等产业，主攻产业链中高端项目、升级项目、填平补齐项目的招引。认真研究国家“十三五”鼓励类产业目录和我省产业政策导向，抓好新型玻璃、交通装备、新材料等战略性新兴产业招商。加快生活性和生产性服务业项目招商，引进总部经济、电子商务、现代物流项目。围绕渌江新城开发，抓好名人文化园、学校、医院等项目招商。

全力推进项目建设。坚持“一个项目、一名领导、一套班子、一抓到底”，扎实开展征地拆迁清零、城市配套清欠、重点工程清项“三清行动”，推动项目建设。完善城乡征地拆迁、安置政策和工作体制机制，依法强力推进征拆工作。大力整顿土地“圈而不用”“多占少用”现象，统筹利用闲置厂房，盘活土地存量。完成沪昆高铁（醴陵）连接线等项目建设。抓好渌江新城、莲株公路改扩建、官庄水厂、公交车站（南站、西站）、醴陵国际汽车文化贸易城、城市环线333省道老关至铁河口（醴陵）段公路、渌江防洪堤和醴炎长输管道燃气工程等项目建设。启动湘东铁路电气化改造和厦渝高铁等项目的前期工作。

着力整治发展环境。推行“四零”工作法，完善项目考核办法，推行相关职能部门进驻项目制度，打造优质投资环境。开展优化环境集中攻坚行动，严厉打击整治“五霸五强”，严肃查处一批破坏经济发展环境的典型案件，公开曝光那些充当幕后保护伞、违规插手项目建设、向企业索拿卡要等损害经济发展环境的公职人员和村组（社区）党员干部，努力实现发展环境的根本好转。实施中小微企业成长工程，鼓励全民创业兴业，在全社会形成尊重企业家、关心创业者、支持实干家的浓厚氛围。

（三）坚持改革创新，增强发展新动力。大力开展“改革深化年”活动，以更大的勇气和智慧深化改革。

全面推进经济体制改革。深化投融资体制改革。强化投资管理，对政府所有投资项目进行全面梳理，按照轻重缓急，实行分类管理，突出重点，有保有压，做到量力而行、尽力而为、聚力而成。加强政府债务管理，进一步规范政府性债务举借、使用、偿还行为，完善债务风险预警机制，严控债务增量，优化债务存量，防范债务风险。推动渌江投资控股集团和高新公司建立现代企业制度，做大规模，做优质量，做强实力，力争5年内总资产规模分别达200亿元和100亿元以上。支持渌江投资控股集团组建融资担保公司，缓解中小微企业融资难问题。放宽市场准入，推行PPP模式，鼓励社会资本参与公共领域建设。深化财税体制改革。贯彻实施新《预算法》，完善全口径政府预算管理，建立跨年度预算平衡机制。全面推进预算绩效管理，加强专项资金绩效评价，提高财政支出绩效。全面实行预算公开，推进29家市直部门决算公开。加强信息管税，严堵税收漏洞，打造综合治税信息平台。整合特色县域经济重点县等相关财政产业发展资金，重点采取贷款贴息和股权投资等形式，支持产业公共服务平台和骨干龙头企业发展，形成循环滚动利用的资金扶持机制，放大财政资金的杠杆效应。深化农村综合改革。稳妥推进土地承包经营权、农村集体建设用地使用权、宅基地确权颁证工作。探索通过租赁农村集体土地等方式创办企业，扩能增产。深入实施集体土地上房屋抵押贷款办法，盘活农村金融市场。深化商事制度改革。全面推行工商登记前置审批制度，探索“三证合一”（工商营业执照、组织机构代码证和税务登记证三个证件合并成一个）登记制度，实行电子版营业执照。深化企业改革改制。稳步推进10家驻醴株洲市属国有企业改制工作，支持非公有制企业参与国有企业改革。

稳妥推进行政管理体制改革。推进政府机构改革和事业单位分类改革。完成政府职能转变和机构改革工作，稳步推进大部门制度改革，进一步规范机构设置和职责整合力度，理顺职责关系。推进事业单位分类改革。推进行政审批制度改革。进一步加大简政放权力度，加强对全市行政审批事项的集中管理，简化审批程序，提高审批效率。推进城市建管体制改革。坚持运作市场化、作业精细化、管理网格化、考核常态化，将市容市貌、查违控违等权责有序下放，建立目标清晰、权责明确、事权匹配、运转协调、配合有力的城市管理体制。探索建立业主单位做项目、职能部门强监管的城市建设体制。

统筹推进社会事业改革。逐步建立购买服务机制，推动公共服务社会化、市场化。稳步推进教育督导体制改革，调整优化农村中小学（教学点）布局，完善中心学校管理体制。深化公立医院改革，完善法人治理结构；鼓励社会力量办医，探索形成市场多方参与的办医模式。鼓励社会力量参与公共文化服务体系建设。

（四）坚持城乡统筹，构建发展新格局。以国家新型城镇化综合试点为重大机遇，坚持城镇带动、城乡联动，创新城乡发展机制，促进城乡共同繁荣。

强化“两轮”驱动，加快城镇发展。坚持新型工业化和新型城镇化两轮驱动，实行“三规合一”（国民经济和社会发展规划、城市总体规划、土地利用规划“三规”之间相互对接，统筹推进），做好《“一心六组团”发展战略概念性规划》等规划，完善规划体系，实现城区控规全覆盖、市域村庄规划全覆盖。启动东城大道建设，推进莲株公路改扩建工程，建设“株醴新城”，拓宽湖南“东大门”。全面开发渌江新城，完成一期路网（含向阳路延伸至经开区）建设，推动市民服务中心、新城新天地、珊田安置区等项目，打造新的城市政治经济文化中心。完成李畋中路建设和小街小巷提质改造“三年行动计划”。启动五彩广场建设和醴泉路升级改造。加快城市书吧、“城市家具”的设计建设，完善城市无障碍通行、休闲娱乐等公共设施建设，加强市政地下管网建设改造，提升城市功能。制定实施城镇带动优惠扶持政策，推动乡镇分片区组团发展。突出抓好白兔潭、东富、船湾、石亭等重点小城镇和北乡旅游片区建设，打造一批工业强镇、商贸重镇、文化古镇、旅游名镇。

精细城市管理，提升城市品位。坚持“以水为源，以绿为美，以文为魂，以人为本”的理念，继续实施“两改六化”和城市门户升级改造工程，做好迎接省级卫生城市复检工作，加快创建全国卫生城市、全国交通模范城市、省级文明城市。坚决查处违法违章建设行为，维护城市核心利益。做好城市综合交通体系规划，完善城市公交设施。实施城市交通堵点畅通工程，启动城区停车场和人行桥建设，强化交通秩序整治。进一步加强新时期全民爱国卫生运动，强化市容市貌和绿化管理，规范户外广告经营管理，稳步推进大型立柱广告下架，抓好渣土、夜市、“五小”行业、“六乱”（乱搭乱建、乱堆乱放、乱设摊点、乱拉乱挂、乱贴乱画、乱扔乱吐）等整治。依托“数字城管”平台，提升城市管理水平。

突出强基固本，夯实农村基础。加强农村水利设施建设，推进病险水库除险加固、中小河流治理、大型灌区节水续建、水土保持等工作。启动县乡道路提质改造，推进农村公路养护体制改革。完成村组连通公路150千米，改造危桥20座，启动3座渡改桥建设，完成滩下渡改桥主体工程，建好15个农村客运招呼站。支持乡村自主建设农村道路模式，加大边远乡村道路基础设施建设投入力度。实施农村道路交通安全设施“三年行动计划”，全力开展涉路安全隐患治理工作，加速推进县乡道路安保项目建设。推进农村电网改造和高音喇叭村村通工程，抓好农村通讯、供水、燃气等公共服务设施建设。

（五）坚持改善民生，共享发展新成果。实施民生“80工程”，全力办好民生实事，让发展成果更多更公平地惠及全市人民。

加强社会保障。全力做好就业促进工作，以创业带动就业，新增城镇就业8000人、农村劳动力转移就业4500人。实施社会保险全覆盖工程，启动全民参保登记工作，推动社会保险扩面征缴。推进城乡居民基本养老保险制度并轨实施，探索商业补充工伤保险新模式，新增企业养老保险参保人数1800人，完善医疗保险“总量预算”和“目标管理”相结合的管理模式，确保城镇基本医疗、生育保险参保率稳定在99%以上。继续实施社会救助“阳光行动”，建立健全低收入家庭经济状况核对体系，提高救助管理水平。新改扩建农村敬老院3所。全面实施重度残疾人护理补贴制度。提高独生子女伤残家庭扶助标准。健全保障性住房管理机制，加快推进棚户区（城中村）改造和公共租赁住房建设，新增公共租赁住房1410套，完成城市棚户区改造1030户。

发展社会事业。加快建设教育强市，确保以优异的成绩迎接湖南省第三轮教育督导评估；加强校车管理改革及投入；将高中教师绩效工资全额纳入财政预算；建好260所学校的“三通两平台”（宽带网络校校通、优质资源班班通、网络学习空间人人通，建设教育资源公共服务平台、教育管理公共服务平台），提质改造50所薄弱学校，启动四中、二中学生住宿楼建设，完成一中南校门提质改造和北校门环境整治；深化产教融合、校企合作，加快湖南陶瓷技师学院和醴陵陶瓷烟花职业技术学校的发展步伐。出台《醴陵市陶瓷行业知识产权保护暂行办法》，加强知识产权保护。推进基本公共卫生服务逐步均等化，完善基本药物制度，鼓励民营资本进入健康服务领域。实现新农合参合率达95%以上，统筹地区政策范围内住院补偿率达70%以上。广泛发动群众参与全民健身运动，举办首届全民运动会。切实维护残疾人和妇女儿童权益，继续做好老龄、民族宗教、广播电视、对台、志愿者服务等工作。

创新社会管理。深化网格化社会治理，提高预防和处置突发事件能力。以“安全保障年”活动为抓手，坚决落实“三化引领”“三法强疗”“三个一律”，加强制度建设、技防建设、队伍建设、协会建设，进一步强化企业主体责任，提升烟花爆竹产业安全生产水平。在省政府督导组的精心指导下，坚持“有非必打，除非务尽”，重奖举报非法生产者，保持“打非治违”的高压态势。统筹抓好矿山、交通、劳动密集型企业、人员密集场所、校车管理等重点行业、重点领域的安全监管、隐患排查和专项整治，开展安全生产示范乡镇创建活动，确保安全形势平稳可控。推进“治超”专项行动，确保道路安全畅通。强化食品药品安全监管，确保“舌尖上的安全”。创新计生服务机制，保持全省先进地位。深入开展“连心解困”大走访活动，实现联系服务群众工作制度化。健全信访维稳机制，促进信访维稳工作规范化、实效化。全力防范和打击非法集资，防范金融风险。全面完成“数字醴陵”建设，强化网络舆情和公共应急管理，严厉打击违法犯罪活动，确保社会和谐稳定。统筹推进国防、人防、民兵预备役、武警和消防等工作。

改善生态环境。以“两型社会”建设为引领，贯彻实施新《中华人民共和国环境保护法》。深入推进湘江流域保护治理“一号重点工程”，强化渌江、铁河流域治理，加强水污染防治和生态保护。对官庄、望仙桥等水库实行最严格的水资源管理制度。完成污水处理厂二期、垃圾处理场二期工程，启动东富工业园污水处理厂建设。抓好大气污染治理，推广使用清洁能源，对重点镇和主干道周边燃煤企业实行窑炉改造，坚决拆除一批烟囱，改善大气环境质量。

加强畜禽养殖、生活废水和垃圾的综合治理，严控农村面源污染，提升农村环境综合整治水平。加强陶瓷废弃品、尾矿、垃圾等废弃物综合利用，大力发展循环经济。严厉打击和整治非法采矿行为。深入开展全民义务植树活动，实施为期15年的第二轮封山育林，推进退耕还林、“三边造林”（道路两边、河流水库岸边、城市周边造林）和生态“三防”工程（山体防裸、山林防火、“三边”防丑），建设“绿色生态醴陵”。

同时，立足醴陵发展实际，深入研究经济新常态下的新形势、新任务，精准提出发展目标，精心策划包装项目，科学编制“十三五”规划，争取一批事关发展、事关民生的重大项目进入国家笼子。

四、着力建设人民满意政府

坚持以人为本、执政为民，推动政府服务朝更加规范有序、高效便民、公开透明的方向发展，努力建设人民满意政府。

坚持依法行政。始终坚持市委的正确领导，自觉接受人大及其常委会的监督，积极支持政协参政议政，优质高效办理人大代表建议和政协委员提案，广泛听取社会各界的意见和建议。树立正确的政绩观，遵循经济、自然、社会“三大规律”，不为解一时之需牺牲长远利益，不为应一时之急透支长期潜力。健全依法决策机制，严格按照公众参与、专家论证、风险评估、合法性审查、集体讨论决定等重大行政决策的法定程序，推进政府决策科学化、民主化、法治化。全面落实行政执法责任制，推行行政综合执法，健全行政裁量权基准制度，依法惩处各类违法行为，切实维护人民群众的合法利益。加快法治醴陵建设，努力创建“法治示范市”。

坚持高效施政。充分发扬“钉钉子”精神，一步一个脚印，一环紧扣一环，大力倡导敢于担当、雷厉风行、真抓实干的工作作风。强化责任落实，加强政务督查、绩效评估，实施“末端问效”，使决策有跟进措施，部署有实际行动，安排有及时反馈，工作有全面落实，进一步提高执行力和公信力。提升行政服务水平，强化标准化审批，加强事中、事后监管。加大行政问责力度，坚决防止和克服行政慢作为、不作为和乱作为，发现一起，查处一起。

坚持为民理政。牢固树立群众观念，倾听群众呼声，在服务群众、服务基层、服务企业上多想办法、多办实事、多担责任，把更多的精力财力放到社会管理、公共服务和改善民生上，通过一件件实事的办理、一件件难事的解决，赢得群众更多的信任、更大的支持。切实优化政务环境，全面出台“权力清单”“责任清单”“负面清单”三个清单，为群众提供优质公共服务。进一步理清政府与市场、社会的边界，把政府职能切实转变到提升公共服务、创造良好环境上来。完善在职和离任村干部报酬待遇正常增长机制，全力保障基层干部的正常福利待遇，不断夯实基层基础。

坚持廉洁从政。巩固党的群众路线教育实践活动成果，推进作风建设常态化和长效化。严格落实党风廉政建设责任制，扎实推进惩治和预防腐败体系建设。倡导工作简练、生活简单、关系简洁的“三简”作风，厉行节约、勤俭办事，降低行政成本。强化重要岗位、关键环节的监督制约，加强对建设工程招投标、经营性土地招拍挂、产权交易、资源配置、政府采购等重点领域的管理和监督，加大审计和审计结果的运用力度，强化行政监察，坚决防止和纠正损害群众利益的不正之风。坚持用制度管人管事管钱，切实把权力关进制度的笼子，以清正廉洁的形象取信于民，以克己奉公的佳绩回报社会。

各位代表，时代赋予重任，实干成就梦想。让我们在市委的坚强领导下，紧紧团结和依靠全市人民，万众一心，求真务实，为推进“新创业、新醴陵，打造发展升级版，建好湖南东大门”而努力奋斗！

政协醴陵市常务委员会工作报告

——在政协醴陵市第十三届委员会第四次会议上
（2015 年 2 月 3 日）

市政协主席　杨　龙

各位委员，同志们：

我受政协醴陵市第十三届委员会常务委员会委托，向大会报告工作。请各位委员审议，并请列席会议的同志提出意见和建议。

2014 年工作回顾

一年来，在中共醴陵市委的正确领导下，市政协深入贯彻落实党的十八大和十八届四中全会精神，切实发挥协调关系、汇聚力量、建言献策、服务大局的作用，积极履职、力求实效，为打造“醴陵发展升级版、建好湖南东大门”，助推全市经济社会又好又快发展做出了积极贡献。

一、主动作为，协商建言有成效

坚持把助推发展作为履行职能的第一要务，充分利用政协人才荟萃、联系广泛、渠道畅通的优势，紧紧围绕醴陵的发展、民生和工作大局协商建言。

1. 围绕官庄水源保护和旅游产业发展进行调研

开展官庄水源保护调研。为加强对官庄水源的保护，保证广大醴陵百姓的饮水安全，市政协组建调研组，于 2014 年 3 月至 8 月，先后多次深入官庄村组、企业调研收集第一手资料，走访有关职能部门和单位了解情况，聘请专业人士对水库多个水样的水质进行了检测，在反复研讨和多方论证的基础上，形成了《官庄水源保护刻不容缓》的调研报告。调研组认为：官庄水库是醴陵的第一水源，对醴陵的长远发展意义十分重大，水源保护迫在眉睫，亟须相关部门下决心、下大力气进行保护。

开展旅游产业调研。为充分开发好现有旅游资源，在转型升级中实现旅游大突破，做好旅游大文章，推进旅游大发展，从 4 月起，市政协成立专题调研组，在上届政协工作成果的基础上，对醴陵旅游产业发展现状和存在的问题进行了调研，形成了《关于发展醴陵旅游产业的调研报告》。调研组认为：一定要抢抓国家发展旅游产业的大好机遇，规划好产业发展蓝图，打造好龙头景区，持之以恒发展旅游产业，将醴陵由旅游资源富市打造成旅游经济强市。

以上两个调研报告经市政协主席会议多次协商讨论，并送交市委市政府主要领导审阅。

2. 围绕烟花爆竹产业安全与发展提出主席会议建议案

2014 年，醴陵烟花爆竹产业遭受重创，不但敲响了全市烟花爆竹安全生产的警钟，同时也敲响了烟花爆竹产业发展的警钟。为了解产业发展中存在的问题，提振产业发展信心，11 月上旬，市政协组织花炮界委员进行座谈，对醴陵花炮主产区进行走访调研，听取相关职能部门和有关乡镇负责人的情况汇报。市政协主席会议对收集到的信息进行了认真的研究和协商，认为：

烟花爆竹产业是醴陵人千百年来赖以生存的支柱产业，在当前和今后相当长一段时间内不可替代；

制约和影响醴陵烟花爆竹产业发展的原因有很多，但最主要在于全社会对该产业普遍缺乏信心，在于我们对该产业缺乏切实可行和持之以恒的政策扶持；

全市上下一定要认清该产业对醴陵百姓民生、经济发展、社会稳定等方面的重要性，要本着对人民负责、对历史负责的态度，发展好烟花爆竹产业。注重产业发展与注重生产安全同等重要。

会议提出了一些有助于整改复产的具体建议，形成了主席会议建议案，并提交市委市政府的主要领导作为决策参考，助推了我市烟花爆竹产业的整改复产。

3. 围绕全市重大事项开展政治协商

我们不断探索协商民主的方法，拓展协商形式，积极开展政治协商活动，对促进我市民主政治建设发挥了重要作用。一年来，市政协始终把市委市政府的中心工作作为协商的重点。十三届三次会议期间，委员们就“一府两院”工作报告进行了认真的协商讨论，并通过大会发言、小组讨论、提交提案等形式，就教育、文化、卫生、社会保障等民生大计问题议政建言，提出了许多建设性的意见和建议。在全会闭会期间，充分利用常委会议和主席会议等形式，重点对陶瓷艺术城的建设等市委市政府的重大部署和主要工作进行了协商，并提出了政协主席会议建言，为市委市政府科学决策提供了依据。

二、多措并举，民主监督有突破

1. 集中委派民主监督员创新民主监督方式

为适应新形势新任务对加强和改进人民政协工作提出的新要求，根据政协章程和上级有关文件精神，按照“统一管理、协调服务、监督到位不越位、积极建言促发展”的要求，市政协出台了《关于委派政协委员担任民主监督员的实施办法》，统一选派政协委员担任市直有关单位、部门的民主监督员，实现了民主监督由“被邀监督”变“派出监督”，由“单个监督”变“集体监督”的转变。

5 月份，市政协集中委派 10 个民主监督小组共 50 名民主监督员，分别对教育局、环保局等 10 个职能部门开展民主监督。一年来，各民主监督小组积极开展工作，监督有关部门履行职能、兑现社会承诺情况，监督检查政协建议案、提案，以及其他意见建议在受派单位的办理落实情况等，增强了民主监督的主动性和组织性，提高了民主监督的实效。如驻公安局民主监督小组就 120 等特殊车辆的规范运行提出了监督意见；驻民政局民主监督小组就城乡低保不透明等现象提出了监督意见，助推了“阳光救助”的实施。

2. 通过提案办理开展民主监督

提案是政协履行民主监督职能的一种重要形式。我们充分利用这个载体，如实反映社情民意。十三届三次会议以来，19 个委员活动小组共提出 103 件提案（其中集体提案 42 件），立案 91 件。这些提案大多数涉及全市中心工作和人民群众关心的热点、难点问题，针对性强，质量较高，建议明确，受到市委市政府及有关部门的高度重视和采纳。

一年来，我们坚持提高质量、务求实效的原则，及时召开提案交办会，把提案提交相关单位承办，努力通过信函催办、电话查办、走访督办等形式加强提案的督办工作。为进一步提高一些重点提案的办理质量，专门组织有关人员，邀请市委督查室、市政府督查科、市直有关单位开展联合督办，引起了社会各界的关注和有关部门的重视。如教育组提出的《关于深化普及醴陵文化的建议》，市委党校、广播电视台和文体广新局发挥各自的优势，办实提案。市委党校在干训班全面开设醴陵文化课程，广播电视台在多个栏目推出瓷城文化系列报道，文体广新局逐步完善书院文化教育复原工程；委员提出的《关于健身器材也要“健身”》提案，城管局安排了专门工作人员负责维修管理城区公共健身器材，并于 7 月底完成责任区域内全部健身器材的更换修复工作，赢得市民一致好评。

3. 建立网络办公系统创新提案监督途径

为更好地收集社情民意、更好地履行民主监督职能，今年，市政协正式开通了委员提案网上提交和办理系统。今后，政协提案办理将逐步实现网上受理、网上交办、网上答复、网上反馈。委员可以不受时间限制提交提案，通过该平台对党委、政府及政协工作提出意见建议，反映界别呼声诉求，反映社情民意。提案网上办公系统的建立，既能节省提案办理时间，又为委员客观实际地评价承办单位的办理态度和办理结果提供方便，为委员更好履职提供了新的载体。

4. 委员考察助推重点工程建设

12 月份，市政协组织部分委员对北部旅游线路建设情况进行了视察。北部旅游线路在五个月内就完成了全线路基成形，工程是充分调动乡、村以及当地群众积极性的结果，既节约了投资，又提高了效率。线路的建成，将有力助推“官庄山水”“枫林印象”“黄乡民居”“沩山古窑”等旅游项目的开发，有利于带动北乡片贫困山区经济的发展。委员们一致认为，这种以乡、村负责项目建设、交通部门负责技术指导的模式值得肯定和推广。

三、注重特色，委员活动有亮点

1. 小组活动突出界别特色

注重把发挥界别作用、彰显界别特色作为政协履行职能的着力点。各小组以专委会为依托，积极开展形式多样、各具特色的界别活动。如医卫组围绕中医传承与发展赴广东省中医院学习，农林组围绕新农村建设情况赴省内多地考察，社科一组围绕小区管理赴广州等地调研，经济二组和经济三组围绕花炮产业的转型升级进行座谈，教育组紧紧围绕学前教育和职业教育开展活动等。通过各具特色的界别小组活动，加强了委员间的联系，提高了委员的履职能力。

2. 考察学习增强发展意识

发展是永恒的主题。政协委员只有通过不断的学习，更新观念，才能跟上时代前进的步伐。为此：市政协邀请了省政协经科委主任、中南大学商学院教授吴金明同志对我国的经济形势进行了深入浅出的讲解，让委员了解国际国内的经济发展形势；组织全体委员对本市的优秀企业进行考察，组织经济界的委员赴长沙高新区火炬城金荣集团考察，学习市内外大型现代企业的管理制度和转型发展的经验；为委员编订资料，及时将全市和政协的重大活动、重要会议向委员传递，拓宽委员知情明政渠道等。通过学习考察，有效增强了委员的发展意识和现代企业管理经验。

3. 发挥优势做表率

一年来，政协各组成单位和政协委员，积极发挥自身优势，在本职工作和扶贫济困等方面起到了带头和表率作用。如：非公经济政协委员积极通过“同心教育基金”等途径进行慈善助学；从事文艺工作的委员组织三十多位中老年人参加全国“舞动中国—排舞联赛”比赛，使醴陵第一次获得该类比赛的全国一等奖；从事广告行业的委员利用微信等新兴媒体，建立“微醴陵”宣传推介醴陵等。我们的委员在本职工作中作出了表率，在社会公益事业中弘扬了真善美，传递了社会正能量，获得了社会的肯定。

四、改进作风，服务水平有提升

深入开展党的群众路线教育实践活动。按照市委的统一要求，积极开展党的群众路线教育实践活动，严格执行中央八项规定、省委九条规定和株洲、醴陵市委若干规定，建立健全各项工作制度，注重精简程序，改进会风文风，不断提升工作水平。通过开展教育实践活动，规范了公车管理使用，整改了办公用房，严控“三公”经费，机关工作作风不断改善。

深入基层办实事。市政协班子成员和机关干部深入基层调研，了解实情、听取意见，积极为群众办实事。在开展的“七个一”活动中，市政协领导班子做了大量的“帮、扶、建”工作，得到了群众的欢迎。在“连心解困・大走访”活动中，市政协广大委员和机关干部帮助贫困家庭申请农村低保，帮助贫困学生联系助学资金，帮助山区村组联系通讯部门建立信号基站等，解决了一系列具体的民生实际问题。

一年来，按照中共醴陵市委的统一安排和要求，市政协班子成员和部分机关干部积极参与北部旅游专线、官庄水厂、仙岳山文化景区、莲株高速公路工程、“状元洲”一江两岸老城区改造和中国・醴陵花炮大市场等全市重点项目建设，尽心尽责地协调相关职能部门帮助解决项目建设中遇到的困难和问题，为推进市委市政府重大决策部署和全市中心工作的有效落实发挥了积极作用。

各位委员、各位同志，一年来，市政协工作取得了一些成绩，这是中共醴陵市委正确领导的结果，是市人大、市政府以及各方面大力支持的结果，是广大政协委员团结奋斗的结果。在此，我谨代表市政协常委会向关心支持政协工作的单位和个人表示衷心的感谢！

在看到成绩的同时，我们也清醒地认识到，工作中还存在一些不足。比如民主监督的实效性有待进一步强化；参政议政的成果有待进一步转化；部分委员履职的主动性有待进一步提高；机关的“制度化、规范化、程序化”建设仍需大力加强。我们真诚希望广大政协委员和社会各界对常委会工作提出宝贵意见和建议，共同把政协各项工作做得更好。

2015 年工作设想

2015 年是全面完成“十二五”规划的收官之年，是全面深化改革的关键之年，也是全面推进依法治国的开局之年。今年，市政协工作的总体要求是：坚持以中国特色社会主义理论为指导，全面贯彻落实十八大、十八届三中、四中全会精神，牢牢把握团结和民主两大主题，紧扣市委提出的“新创业、新醴陵”的总目标，认真履行政治协商、民主监督、参政议政职能，不断提高政协工作科学化水平，为打造醴陵发展升级版、建好湖南东大门贡献智慧和力量。

一、深入学习，凝聚发展正能量

学习贯彻十八届四中全会精神和习近平总书记在庆祝人民政协成立 65 周年大会上的讲话精神、俞正声主席在庆祝人民政协成立 65 周年理论研讨会上的讲话精神，是政协当前和今后一个时期的首要任务。要通过各种行之有效的载体，组织常委、委员和机关干部深入学习，把学习贯彻讲话精神与凝聚政治共识相结合，与谋划醴陵发展相结合，与政协履职尽责相结合，切实把思想认识统一到讲话精神上来，把智慧力量凝聚到实现市委确定的各项任务上来。

二、突出重点，提高政治协商水平

当前我市正处于大转型、大建设、大发展的关键时期，加强政治协商不仅是实现人民民主的应有之义，也是保证决策科学性、正确性的必然要求。

今年，我们将认真贯彻执行 2014 年下发的《政协湖南省委员会关于政治协商、民主监督、参政议政的规定(试行)》和《中共醴陵市委“三重一大”事项集体决策办法(试行)》等有关文件精神，继续坚持定期不定期就全市经济运行和社会发展、项目建设、民生工程的实施以及市委、市政府提交协商的规划、报告和重大方针政策的制定实施、重要人事安排等问题，在听取情况通报的基础上，开展多层次的协商讨论活动，为党政决策提供参考。

三、加大力度，增强民主监督实效

人民政协的民主监督是中国特色社会主义权力运行制约和监督体系的重要组成部分。履行好民主监督职能，对于坚持和发展社会主义民主、促进党的执政能力的提高，有着十分重要的意义。

新的一年，我们将积极探索履行民主监督职能的新形式、新途径，努力拓宽工作领域，通过专题视察、提案、社情民意信息等行之有效的方式，开展经常性的民主监督，切实增强监督实效。

坚持并不断完善集中委派民主监督员机制，改善民主监督员“不敢于监督、不善于监督、不注重实效”的状况，积极鼓励支持监督员参加有关执法执纪、作风效能、公开办事等方面的民主监督。

转化大会发言和调研报告成果。2014 年市政协的两个调研报告和本次全会的四个发言，凝聚了政协机关干部和广大政协委员的心血，提出的建议具备一定的可操作性。今年，我们将不断完善大会发言和调研报告成果转化机制，由市政协主席、副主席牵头督办，确保调研报告和大会发言成果及时转化，推动委员意见建议得到有效落实。

主动加强与新闻媒体合作，把政协的民主监督与舆论监督有机结合，提高民主监督的影响力。

四、集思广益，发挥参政议政作用

要按照科学发展观的要求，围绕经济转型升级、社会建设、文化建设、生态文明建设等重点工作，沉下心、俯下身，察民情、访民意，认真分析研究，汇集各方智慧，不断提高参政议政水平。

按照“党政所需、群众所盼、政协所能”的要求精心选择调研课题，使选题与中心工作同向、与阶段重点衔接、与现实需求吻合。深入开展民间融资、文化旅游等重点课题调研，为市委市政府提出切实可行的意见建议。力争政协的每一个调研成果都是精品，都能进入市委市政府的决策程序，为市委市政府科学决策、民主决策提供有效服务。

围绕群众普遍关心的教育、医疗、住房、物价、食品安全、收入分配、社会保障等民生问题，开展调研视察、反映社情民意，为提高人民幸福指数和构建和谐社会贡献力量。不断创新提案工作思路和机制，多渠道收集和反映不同阶层、不同群体的意见建议和利益诉求，努力为党政部门及时解决有关问题发挥作用。

五、强基固本，全面加强自身建设

注重发挥委员主体作用。发挥委员的主体作用，是搞好政协工作，提高整体工作水平的基础和关键。市政协将继续通过举办学习培训班，提高委员整体素质和知情议政能力；组织委员有针对性地开展对外交流考察，开阔委员视野，丰富委员实践内容；围绕民心、民意、民生开展好界别活动，活跃界别活动形式，完善界别活动机制，确保界别活动经常有序地开展。

加强政协机关建设。加强专委会的建设，不断提高调查研究的能力和水平，促其提出更专业、有效的建议。大力抓好政协宣传工作，展示政协成就，传播政协经验，树立政协形象，扩大政协影响。发挥文史资料“存史、资政、团结、育人”的功能，搭建班子，确定课题，启动文史征集有关工作。

庆祝醴陵市政协成立60周年。醴陵政协成立于1955年6月，是我国最早的县级政协组织之一，团结了大批国内外军政、经济、教育等各方面精英人士为醴陵的经济社会建设作出了不可磨灭的贡献。今年，我们将通过举办座谈会和书画展等形式庆祝醴陵市政协成立60周年。

各位委员，同志们，人民政协事业承载希望，肩负重任，前程远大，大有可为。让我们高举中国特色社会主义伟大旗帜，紧密团结在以习近平同志为总书记的党中央周围，在中共醴陵市委的正确领导下，以饱满的精神和奋发有为的状态，锐意进取，迎难而上，以更加高昂的激情、更加科学的方法、更加务实的作风，为全面推进“新创业、新醴陵”，开创政协工作新局面而努力奋斗！

概　述

人口区划

【概况】2014年年末，全市户籍人口为107.32万人，其中农业人口92.13万人、非农业人口15.19万人。总人口中，男性54.87万人、女性52.46万人，男女性别比为1.0459 ： 1；人口自然增长率3.13‰。年末常住人口为96.72万人，其中城镇人口51.16万人、农村人口45.56万人；按常住人口比例计算，城市化率为52.9%。

2014年区、街道、乡镇、村（居）委会人口区划一览

表1

区、街道、乡镇	总面积（平方千米）	户籍人口（人）	政府驻地	所辖建制村、社区
经济开发区		19372		华塘、石子岭、姜村、石塅、土株岭、横店
长庆示范区		18491		珊田、马脑、黄沙、钟鼓、山峰、庄埠、清潭
来龙门街道（2个村、7个居委会）	24.68	57241	烈士塔三塘33号	东岸、上洲、文庙、胜利、北门、狮子坡、马放塘、四塘、丁家坊
黄泥坳街道（1个村、5个居委会）	33.8	33104	国光社区居委会龙凤路3号	老龙井、姜湾、车顿桥、国光、八里庵、五里牌
阳三石街道（6个村、3个居委会）	23	41547	县阳路96号	泉湖、立三、阳东、企石、东门塘、玉屏山、向阳、阳三石、渌江
西山街道（9个村、4个居委会）	39	42440	左权南路174号	石成金、石门口、万宜、碧山、河西、江源、滴水井、五里墩、枫树塘、南门、财源塔、碧山、书院
南桥镇（15个村、1个居委会）	98.74	45823	南桥集镇	东塘、星火、潼塘、将塘、新树、星湖、清水、太坪、南桥、凤形、裕民、明南、石溪、洪源、花麦、南园
富里镇（10个村、1个居委会）	46.2	39436	海棠居委会 93号	华埠、塘坊、车上、利群、富里、长庆、麻石、柏大、荷田、双江、海棠
白兔潭镇（10个村、2个居委会）	48	38221	文化路	田心、佘溪、洣塘、湖下、黄甲、栎塘、泉沅、峤岭、蛇青、山水、金牛、白市
浦口镇（15个村、2个居委会）	58	44119	官山居委会	李洲、保丰、三铺、天符、荣坪、河泉、山塘、花椒、冷水、碧泉、贯古、茅坪、仙石、东方、合水、官山、大桥

续表 1－1

区、街道、乡镇	总面积（平方千米）	户籍人口（人）	政府驻地	所辖建制村、社区
王坊镇（10个村、2个居委会）	48.1	32982	联盟村	联　盟、王　坊、荷花垅、灌　冲、温　泉、大屏山、石　山、泮　川、渌　石、杨　林、桥　头、三角坪
王仙镇（10个村、3个居委会）	74	33762	王仙村张家组	司　徒、香　水、石　艳、三　狮、李　山、马　桥、书　堂、观　口、王　仙、双　江、中　心、新　民、瓷泥矿
东堡乡（14个村）	101	23641	东堡村黄土坳组	竹　湖、樟　塅、东　堡、土埠桥、新　安、大塘坳、望仙桥、沩　山、漏水坪、大　林、老鸦山、泉　源、赤　竹、东　坑
东富镇（24个村、1个居委会）	101	50673	四杨居委会岔路口1号	东　富、芷　泉、小洞塘、石坝上、北　冲、西　林、凤仪塘、立　新、包　冲、同　桥、楚东桥、新　莲、龙源冲、花　木、石里浦、伏　垅、荆　潭、建　新、横　烟、黄土坝、狮　湾、莲石塘、森　冲、潭　湾、四　杨
孙家湾乡（6个村）	52.3	22972	龙虎湾村樟树组	观　前、李家山、孙家湾、西　岸、龙虎湾、文家湾
泗汾镇（12个村、3个居委会）	64.6	41336	车站居委会人民路8号	符　田、淇　田、茶埠塘、双　塘、石　虎、何家垅、枧　上、石　湾、泗　汾、陈家垅、茂　田、经　堂、车　站、农　场、林　田
沈潭镇（12个村、3个居委会）	53.8	29352	坪里居委会东街8号	美田桥、双　垅、荆　仙、鳌　仙、柞　市、三星里、沈　潭、新　田、江　口、夏　星、庞　龙、新　塘、星　湖、坪　里、马坡里
清水江乡（9个村）	53	25629	东山村桥头组	增加滩、国强富、清水江、杨木垱、荆　村、界　陂、龙　塘、东　山、文　山
船湾镇（8个村、2个居委会）	68.3	27791	金子坪居委会镇府东路1号	玉　堂、星　桥、乐　家、大　界、丽　山、台　前、船　湾、狮　力、四　方、金子坪
大障镇（16个村、2个居委会）	108	52765	大障居委会庆贺路	东　江、双　桥、江边铺、罗夹口、柴　冲、新　联、盐　山、湾　富、申　明、汪家垅、马　恋、西　林、斋　江、弹子坑、汪家桥、陶家垅、大　障、白　果
贺家桥镇（9个村、2个居委会）	62.4	24072	贺市村	妙　泉、琥　玛、新　台、水口山、寺　冲、贺　市、档梓山、洪　罗、七　星、云　岩、明　月
嘉树乡（12个村）	65	25537	嘉树村	罗　儒、杉　仙、枫　林、嘉　树、荷　树、荆　林、乌　石、玉　茶、里　都、井　冲、新大塘、渗　泉
栗山坝镇（12个村、3个居委会）	101	36801	茶山社区居委会	冷　水、南　塘、梅　筱、上　湖、东　岗、双　滂、南　源、大石桥、茶　溪、石均塘、长　马、营　田、栗　山、龙　井、茶　山
神福港镇（9个村、2个居委会）	65.02	30021	神福港居委会	铁河口、枫树山、汤家坪、西塘坪、大西垅、转　步、筱　溪、龙　虎、下三洲、长沙岭、神福港
石亭镇（12个村、1个居委会）	106.7	40136	石亭居委会	妙　泉、上　保、长　岭、高　冲、永　红、樟　树、长　塘、渔潭洲、苏家垅、石塘岭、聂　湖、花　溪、石　亭

续表 1－2

区、街道、乡镇	总面积（平方千米）	户籍人口（人）	政府驻地	所辖建制村、社区
均楚镇（17 个村、2 个居委会）	166.7	43162	金山居委会	军　山、大垅洲、赵公岭、李婆塘、岱兴桥、周　坊、殷家冲、樟　桥、老　湾、青　山、潘家冲、马家垅、荷叶坝、长岭坳、日新桥、黄　田、黄　谷、金　山、均楚桥
板杉乡（19 个村）	102	43489	长坡口	长坡口、土珠岭、杨家湾、大石桥、竹花山、上平冲、夏　坪、红　光、耿　境、流碧桥、唐家冲、擂鼓桥、八步桥、大屋垅、枫树桥、寨　下、古　城、东冲铺、黄　塘
仙霞镇（9 个村、1 个居委会）	58.7	22614	莫家咀居委会	狮形岭、清安铺、油　田、篾织街、仙　霞、杉仙店、赵高塅、玉潘鞥、东江冲、莫家咀
新阳乡（10 个村）	63.4	25510	新阳村窑下组	荷　塘、陈家湾、青　泥、鱼梁桥、石　羊、楠竹山、花　桥、湖　潭、新　阳、将　军
黄獭嘴镇（10 个村、2 个居委会）	50.76	24536	黄獭嘴居委会	金　鸡、隆兴坳、狮形山、台　洲、大　湾、双　井、杨家垅、蕉　源、株抱樟、樟仙岭、黄獭嘴、社　冲
枫林市乡（9 个村）	50.5	18371	五石村新铺组	唐家坳、五　石、枫林市、白眉冲、马家冲、黄　村、蒋家桥、肖家冲、太阳桥
官庄乡（14 个村）	203	18525	大坝村潭湾组	长　连、大　坝、新　桥、鹅　颈、小横江、利　川、大横江、桃　花、大阳坑、小阳坑、潭　塘、大口坪、瓦子坪、半边山

说明：经济开发区和长庆示范区不属于行政区，所辖村为托管，故无行政区域面积；表中人口数为市公安局年报的户籍人口数。

（兰　芳）

气候特点与气象灾害

【气候特征】 2014 年，全市年平均气温为 18.6℃，低于上年平均值 0.4℃；年降水量为 1755.7 毫米，较常年偏多 277.1 毫米；日照时数为 1400.4 小时，较常年偏少 167.5 小时，年内平均气温高、光照少、降水少，属于正常偏暖年。

气温　全年平均气温 18.6℃，低于上年平均气温 0.4℃。冬季平均气温 7.3℃，较历年偏高 0.5℃。春季平均气温 18.5℃，较历年偏高 1.7℃。夏季平均气温 27.4℃，较常年偏高 0.6℃。秋季平均气温 20.6℃，较常年偏高 2.0℃。气温的年内变化除 2 月、7 月、12 月为负距平外，其余各月气温为正距平；其中 1 月平均气温偏高 3.3℃。

降雨　全年总降水量为 1755.7 毫米，较常年偏多 277.1 毫米，较上年偏多 607.9 毫米，属于偏多年份。2 月、3 月、5 月、7 月、11 月降水量较常年同期偏多以外，其余各月均偏少，5 月降水量为 464.6 毫米，较常年同期偏少 252.1 毫米；5 月出现 3 次暴雨过程，降水量分别为 98.4 毫米（4 日）、63.7 毫米（17 日）和 109.6 毫米（25 日）。冬季降水量为 163.0 毫米，较常年偏少 66.7 毫米。春季降水量为 834.5 毫米，较常年偏多 265.6 毫米。夏季降水量为 552.7 毫米，较常年偏多 100.9 毫米。秋季降水量为 211.7 毫米，较常年偏少 16.5 毫米。

日照　全年日照时数为 1400.4 小时，较常年偏少 167.5 小时，较上年偏少 464.2 小时。除 1 月、9 月、10 月日照时数偏多外，其余各月均偏少，数历年来罕见，特别是 11 月偏少 70.6 小时。冬季日照时数为 268.5 小时，较常年偏多 29.6 小时；春季日照时数为 235.4 小时，较常年偏少 59.9 小时；夏季日照时数为 416.8 小时，较常年偏少 191.1 小时；秋季日照时数为 439.5 小时，较常年偏多 13.7 小时。

【主要气候事件及影响】 低温雨雪冰冻 2014 年，全市冬季平均积雪日数 2 天、冰冻日数 2 天，主要雨雪冰冻天气过程以 2 月 18 － 19 日最强。

雾霾　冬季大雾日数 3 天，霾日数 4 天。雾霾现象频繁对交通、人体健康都造成一定影响，冬季由大雾引发的交通事故较历年有所增多。

暴雨洪涝　2014 年春季，全市范围内共出现 3 次暴雨过程，分别为 5 月 3 日、5 月 16 日、5 月 24 日，最强降水时段主要集中在 5 月下旬。据市民政局统计，春季强降水引发的灾害共造成全市受灾人口23万人，紧急转移安置5.3万人，农作物受灾面积33.46千公顷，成灾面积4.49千公顷，绝收面积1.35千公顷，倒房58户、152间，严重损房95户、298间，直接经济损失9611万元。

雷暴灾害与持续天气不利影响 2014年春季，全市共出现雷暴15次，未出现大风冰雹等灾害天气。4月16－24日连续日降水量≥0.1毫米，达到轻度连阴雨天气。

高温热害 全年平均高温日数33天。7月平均气温为28.8℃，较常年同期偏低0.2℃。最高气温≥35℃的有33天，≥37℃有5天。7月28日－8月2日，全市出现一轮高温热浪天气，最长高温时间达6天，出现轻度高温热害。（李 蕾）

国民经济和社会发展

2014年，醴陵市面对经济下行的较大压力和自身发展转型的双重挑战，紧紧围绕“新创业，新醴陵”“打造发展升级版，建好湖南东大门”的工作主题，保持定力，顶住压力，精准发力，实现了经济社会的持续稳步发展。县域经济基本竞争力在全国百强排名上升到第84位。

一、综 合

2014年，实现地区生产总值488.2亿元，增长10.3%。分产业看：第一产业实现增加值45.1亿元，增长4.5%；第二产业实现增加值320.6亿元，增长10.7%；第三产业实现增加值122.5亿元，增长11.3%。三次产业结构由上年的9.4：66.3：24.3调整为9.2：65.7：25.1。三次产业对经济增长的贡献率依次为8%、59.3%和32.7%，分别拉动经济增长0.8个百分点、6.1个百分点和3.4个百分点。按常住人口计算，人均地区生产总值50474元。

2014年全市国民经济整体情况

表2

指标名称	计量单位	绝对数（现价）	同比增长（%）
地区生产总值	亿元	488.2	10.3
第一产业	亿元	45.1	4.5
第二产业	亿元	320.6	10.7
工业	亿元	299.5	11
建筑业	亿元	21.2	6.5
第三产业	亿元	122.5	11.3
交通运输、仓储和邮政业	亿元	13.9	0.6
批发和零售业	亿元	20.0	8.8
住宿和餐饮业	亿元	6.5	6.4
金融业	亿元	3.8	13.4
房地产业	亿元	14.8	6.1
营利性服务业	亿元	19.2	16.9
非营利性服务业	亿元	44.3	16.3

二、农 业

2014年，实现农林牧渔业总产值63.1亿元，增长4.5%（按可比价计算）。其中农业产值30.5亿元，增长3.7%；林业产值3.9亿元，增长10.3%；牧业产值23.8亿元，增长3.9%；渔业产值2.8亿元，增长8.1%；农林牧渔服务业产值2.1亿元，增长9%。

2014年，全市农作物播种面积为101.22千公顷，增长1.3%，其中粮食作物种植71.94千公顷，增长0.4%。粮食总产量达51.2万吨，其中稻谷50.5万吨。全市种粮大户、规模经营组织达1660个，流转耕地16.8千公顷，占耕地总量的45%。

2014年，全市肉类总产量11.2万吨，增长14.4%；水产品产量2.4万吨，增长3.02%。出栏肉猪119.4万头，增加6.4万头；出栏羊35.1万头，增加1.7万头；出笼家禽696.58万羽，同比减少20.14万羽。

2014年年末，全市拥有农机总动力83.02万千瓦，增长7.5%。全面机插面积14.87千公顷，水稻生产综合机械化水平达75.5%。完成农村公路建设114千米和村组连通公路150千米，新建改造危桥31座，启动滩下渡改桥建设，建成农村客运招呼站20个。完成重点水库除险加固13座、中小河流治理23千米、水土流失治理1185公顷，新建集中供水工程16处，解决8.1万人饮水不安全问题。

三、工　业

2014年，全市完成工业总产值879.4亿元，增长11.7%，实现工业增加值299.5亿元，增长11%。其中，规模以上工业企业512家，完成产值762.9亿元、增长12.2 %，实现增加值267亿元、增长11.4%。工业经济拉动GDP增长6.8个百分点，对经济增长贡献率达66.4%。

工业增加值占地区生产总值比重为61.3%，下降0.7个百分点；工业企业实缴税金8.9亿元，下降9.9%；规模工业企业全部资产利税率为29.6%；园区规模工业增加值占全部规模工业增加值比重为38.6%；万元规模工业增加值能耗降低14.9%；高新技术产品增加值占工业增加值比重为12.5 %；工业固定资产投资总额238亿元，增长23.3%。

2014年，陶瓷、花炮两大传统支柱产业分别完成产值489.8亿元、174.8亿元，增长15.4%和2.2%。生产日用陶瓷78.8亿件，增长13.5%；工业陶瓷107.6万吨，增长13.6%；花炮4532万箱，下降7.1%。

四、建筑业、房地产业和固定资产投资

2014年，全市建筑业实现增加值21.2亿元，增长6.5%。具有资质等级的总承包和专业承包建筑企业27家、劳务分包企业16家，完成产值45.8亿元、下降3.2%；建筑房屋施工面积247.5万平方米、下降6.5%，房屋竣工面积204.8万平方米、增长6.1% 。

2014年年末，全市拥有房地产开发企业44家，完成房地产开发投资21.4亿元、下降1.1%；商品房施工面积200.4万平方米、增长16.2%，竣工面积50.2万平方米、增长54.7%；销售面积50.1万平方米、增长10.2%，实现销售额20.3亿元、增长30.7%，其中住宅销售额16.4亿元，增长21.6%。

2014年，全市完成固定资产投资304.3亿元，增长23.2%。完成工业投资238亿元，增长23.3%；其中技术改造投资220.1亿元，增长24%。完成基础设施投资33.8亿元，增长18%。

五、交通运输和邮电通信业

2014年，全市交通运输、仓储和邮政业实现增加值13.9亿元，增长0.6 %。客运量2730.7万人次、增长5.4%，货运量1764万吨、增长2%；旅客周转量11.4亿人千米、增长4.4%，货物周转量20.4亿吨千米、增长0.9%。

完成邮电业务总量7亿元，增长4.9%。年末有固定电话用户14.9万户、下降7.5%，移动电话用户69.9万户、增长3.1%，互联网用户9.5万户、增长9.3%。

六、内外贸易和市场物价

2014年，完成社会消费品零售总额144亿元，增长12.7%。分地域看，城镇消费品零售额129.8亿元、增长12.7%，农村消费品零售额14.2亿元、增长13.5%；分行业看，批发和零售业零售额127.7亿元、增长12.7%，住宿和餐饮业零售额16.3亿元、增长12.9%。

全年新批自营进出口企业18家，年末拥有自营进出口权的企业226家。春秋两届广交会共签订出口合同10150万美元。全市外贸出口总额10.1亿美元，增长10.5%；海关企业自营进出口货物总额3.6亿美元，增长15.2%。

七、旅游、招商引资

2014年，全市实现旅游总收入21亿元，增长17.3%，旅游外汇收入352.95万美元。旅游总人数296.92万人次，增长16.3%；其中国内游客296.12万人次，国外游客0.80万人次。

全年实际到位外资1.44亿美元，增长11.6%；内联引资33.4亿元，增长21.8%。

八、财政和金融

2014年，全市完成财政总收入38.4亿元，增长5.5%。其中上划收入7.9亿元，增长10%；地方一般预算收入28.7亿元，增长3.2%。完成税收收入19.5亿元，占财政总收入比重为50.8%。公共财政预算支出53.73亿元，增长6.38%，其中一般公共服务支出8.6亿元，增长1.9%，教育支出7亿元，增长11.6%。

2014年年末，全市金融机构各项存款余额217.3亿元，比年初增加28.7亿元，增长15.2%；其中城乡居民储蓄余额171.1亿元，比年初增加18.4亿元，增长12%。各项贷款余额122.4亿元，比年初增加15.3亿元，增长14.3%。金融机构年末存贷比为56.3%。

九、节能降耗、环境保护和安全生产

2014年，全市单位GDP能耗为0.776吨标准煤/万元，下降3.5%，万元规模工业增加值能耗下降14.9%。

2014年，全市二氧化硫、化学需氧量、氨氮、氮氧化物削减率分别下降3.25%、0.53%、0.46%、0.97%，工业“三废”处理率100%；全年空气质量优良天数343天，优良率达94%。

2014年，全市发生各类安全生产事故116起，死亡18人，受伤203人。其中，烟花爆竹企业发生伤亡事故1起，死亡14人，受伤33人；道路交通事故发生115起，死亡4人，受伤170人。

十、科技、教育

2014年，全市申请专利916件，授权专利579件，其中发明专利73件；科技计划项目立项申请27项，科学技术经费本级支出3949万元。年末拥有高新技术企业41家，完成高新技术产品产值95.4亿元。

2014年，全市共有各级各类中、小学校267所，其中小学213所（含教学点），初中44所，高中9所（其中普高5所、中职4所）、特殊教育学校1所，在校学生102860人。有公、民办幼儿园436所（含小学附属幼儿园、学前班），在园幼儿36495人。有在编中小学、幼儿园公办教师6055人。2014年全市高考上线率为99.4%；其中二本以上上线人数为1584人、上线率为54.1%；一本上线人数429人、上线率为14.7%。全市小学入学率为100%，辍学率为0，升入市内初中学校升学率为96.67%；初中入学率为99.61%，辍学率为0.4%，升学率为97.2%。

十一、文化、体育、卫生

2014年年末，全市广播电视有线数字用户12.02万户，广播综合覆盖率为99.6%，电视综合覆盖率为100%。

广播电视台主办《醴陵新闻》280期、《零距离播报》96期、出版《今日醴陵》报100期；完成制作播出《瓷城环线》《法治视点》《瓷城房产》等专题节目150期；完成自采新闻稿件近4000条。举办大型文化体育活动24场次，送戏下乡140场，送电影下乡4092场；结合乡镇综合文化站建设开展“一周一乐、半月一赛”系列活动218场次；市文化馆、图书馆、博物馆、纪念馆和乡镇综合文化站全部实现免费开放。

2014年年末，全市拥有各级各类医疗卫生机构715个，其中，驻醴医疗卫生单位2个、市直医疗卫生单位7个、民营医疗卫生机构7个、乡镇卫生院26个、卫生院分院7个、街道社区卫生服务中心4个、村卫生室571个、诊所73个、厂矿和企事业单位医务室18个。有执业（助理）医师1878人，执业护士1658人，每千人口拥有医生1.8人、护士1.6人；有全科医生30人，村卫生室人员633人，基层公卫专（兼）职专干259人，其中妇幼专干38人、防疫专干48人。有编制床位3687张，每千人口拥有3.8张。全市新型农村参合农民82.4万人，参合率98.51%；累计补助24.78万人次，补助金额2.9亿元，统筹地区政策范围内补偿率75.03%。

十二、人口、人民生活、社会保障

2014年年末，全市户籍人口为107.32万人，其中农业人口92.13万人、非农业人口15.19万人。总人口中，男性54.87万人，女性52.46万人，男女性别比为1.0459∶1，人口自然增长率3.13‰。年末常住人口为96.72万人，其中城镇人口51.16万人、农村人口45.56万人。按常住人口比例计算，城市化率为52.9%。

2014年，全市城乡居民人均可支配收入23912元。其中，城镇居民人均可支配收入28636元，同比增加2460元，增长9.4%；农民人均可支配收入19092元，增加1923元，增长11.2%。城镇居民人均生活消费性支出17576元，其中食品支出5667元；农民人均生活消费性支出12265元，其中食品支出为3604元。

2014年，全市新增城镇就业8116人，新增农村劳动力转移就业4523人，城镇人口登记失业率控制在3.4%以内。“五大保险”（养老保险、失业保险、医疗保险、工伤保险、生育保险）参保人数达90万人次，支付各种待遇9.03亿元；新型农村社会养老保险参保率92.5%。城镇零就业家庭动态就业援助率100%。发放城乡低保资金1.08亿元，惠及4.9万余人。新改扩建农村敬老院3所，五保对象集中供养率41%。完成农村危房改造600户，新建廉租房396套，新增公共租赁住房768套，廉租住房租赁补贴7012户，解决近2万人住房困难问题。

1. 本公报中部分数据为初步统计数，正式统计数据以《醴陵市统计年鉴（2014）》为准。

2. 地区生产总值（GDP）、各产业增加值绝对数按现价计算，增长速度按可比价计算。

3. 本公报中增长均为同比增长数。

（丁祥军）

大 事 记

2014 年

1 月

5 日　湖南省爱卫会通报全省城市卫生暗访检查结果。在全省 16 个受检的县级城市中，醴陵市综合得分排名第一。

7 日　中信银行长沙分行行长陆金根一行到醴陵考察投融资环境。

是日　湖南省政府办公厅副巡视员石慧农率省绩效评估验收组到醴陵，检查验收为民办实事工作情况，并对 2013 年工作进行绩效评估。

16 日　湖南省政协原副主席、省教育基金会常务副理事长王汀明一行到醴陵慰问教师代表。

21 日　中共醴陵市委十一届六次全体（扩大）会议暨市委经济工作会议召开。

27 日　中央电视台七套“聚焦三农”栏目播出醴陵花炮产业专题片——《烟花爆竹变形记》。

2 月

14 日　市人武部政治委员调整命令会议召开，徐兆纯被任命为市人武部政委。

21 日　湖南省经信委副主任殷林波率湖南省特色办评估组到醴陵，评估 2013 年“特色县域经济重点县”工作。

25 — 27 日　政协醴陵市第十三届委员会第三次会议召开。

26 — 28 日　醴陵市第十五届人民代表大会第三次会议召开。

是月　党的群众路线教育实践活动在全市铺开，活动领导小组向全市 108 个单位派驻 19 个督导组。

3 月

4 日　全市“乡村最美共产党员”评选揭晓。清水江乡添福敬老院院长瞿志英、孙家湾乡孙家湾村党支部书记叶志钢等 10 人入选。

是日　湖南省公安厅党委委员、副厅长阳红光一行到醴陵，调研公安工作和新农村建设情况。

5 日　全市召开经济工作会议。会上，市委书记周晓理强调要大力强化工业强市、城镇带动和环境保障“三大战略”的支撑作用，推动全市经济又好又快发展。

12 日　全市安全生产工作会议召开，邀请湖南省安监局副局长李大剑到会作报告。

14 日　湖南省发改委副主任王亮方一行到醴陵检查重金属污染综合整治项目进展情况。

17 日　全市 28 家机关单位和 21 家企业启动“拆围透绿”工作。

18 日　醴陵市被授予省级金融安全区达标单位。

25 日　醴陵召开规划评审会，对《醴陵市主干道绿化提质及单位拆围透绿设计方案》《醴陵市亮化提质设计方案》和《醴陵市城市主干道提质改造设计方案》进行评审。

4 月

9 日　中共醴陵市委组织 800 多名党员干部进行为期三天的“党的群众路线教育实践活动”集中学习。省委党校常务副校长徐晨光、株洲市委派驻醴陵督导组组长历铁夫等分别授课。

19 日　著名书法家李铎先生回到家乡醴陵，为“李铎图书馆”“李铎农民书法培训班”、新阳乡中心学校、醴陵一中等捐款。

21 日　中共株洲市委下发《关于开展向王爱国同志学习活动的决定》，号召各单位结合党的群众路线教育实践活动，广泛开展向王爱国学习的活动。

22 日　湖南省人大常委会副主任刘莲玉到醴陵督查《中华人民共和国专利法》实施情况。

是日　第四届“感动株洲”十大人物候选人出炉，醴陵市王爱国、潘尧生入围。

23 日　在全国检察机关第八次“双先”表彰会上，醴陵市人民检察院被授予“全国模范检察院”称号，并记集体一等功。

23 — 27 日　在第 115 届广交会上，醴陵有 50 家企业参展，实际成交 3.37 亿元，比上年增长 11.7%。

24 日　醴陵市全面铺开农村贫困户识别和建档立卡工作。

是日　湖南省委督导组组长、省文联主席谭仲池到醴陵督查指导党的群众路线教育实践活动。

29日 全国人大法工委主任李适时、民法室主任贾东明在湖南省人大法工委主任肖迪明、株洲市委书记贺安杰、株洲市人大常委会主任刘力量等陪同下，到醴陵进行公民姓名权立法专题调研。

5月

4日 新华社、《中国财经报》、湖南日报、湖南卫视、红网等媒体记者组成联合采访团到醴陵，就湖南省第一轮特色县域经济重点县建设情况进行专题采访。

14日 长沙海关关长黎对贞到醴陵调研海关工作。

20日 中共湖南省委常委、湖南省军区政委李有新到醴陵督导国防后备力量建设工作。

21－23日 中共湖南省委副书记孙金龙，省委常委、长株潭"两型社会"建设综合配套改革试验区工作委员会书记张文雄一行到醴陵调研全面建成小康社会推进工作。

24日 全国人大常委会原副委员长、中国关工委主任顾秀莲，湖南省人大常委会原副主任、省关工委主任沈瑞庭等一行到醴陵考察"春苗营养厨房"工作。

24日晚至25日 全市普降暴雨，导致26个乡镇、4个街道、经济开发区和长庆示范区均不同程度受灾。全市农作物受灾面积达9.24公顷，损坏灌溉设施478处，受灾人口达23万人，直接经济损失9600万元。26日，湖南省人民政府副省长张硕辅到醴陵视察灾情，指导抗灾救灾工作。

27日 国家民政部救灾司司长庞陈敏一行到醴陵考察"5·25"洪灾情况，并指导灾后重建工作。

29日 中共湖南省委常委、统战部部长李微微一行到醴陵，进行"为非公有制企业解难题、办实事"专题调研。

是月 陈扬龙釉下五彩瓷艺术中心获评国家级非物质文化遗产生产性保护示范基地。

6月

13日 杨得志将军之子、南京军区联勤部部长杨建华率全国红军小学建设工程理事会有关成员到醴陵，对姜湾小学挂牌"左权红军小学"相关事宜进行实地考察。

16－22日 在2014年湖南(上海)投资贸易洽谈周上，全市有仙岳山旅游景区开发、MB-2新型绿色环保建筑轻钢构件生产、百城千镇县乡流通改造、中国·醴陵现代农贸商城、枫林印象旅游开发、安泰健康产业城6个项目签约，合同引资101.5亿元。

18日 海峡两岸关系协会常务副会长、中台办原常务副主任郑立中，湖南省委台办主任冯波等一行到醴陵，考察陶瓷产业。

19日 株洲市委书记贺安杰深入旗滨玻璃、元创机械、升华科技、标准厂房基地等醴陵重点企业及项目现场，了解醴陵产业发展现状。

7月

4日 海南省委党校副校长王平等一行6人，到醴陵调研县级党校科学发展工作。

14日 株洲市醴陵旗滨玻璃产业项目第一条生产线正式投入生产。

15日 醴陵市城乡规划委员会规划方案评审会评审通过《醴陵市渌江新城城市设计方案》。

17－18日 中央电视台中视科华文化产业发展中心主任孙国明、亚非拉国际交流协会秘书长尹健权一行到醴陵考察陶瓷文化产业。

19－20日 腾讯开放平台兼移动平台副总经理侯晓楠一行到醴陵考察。

22－23日 清华大学特聘教授、中国首批职业经理人潘亦藩应邀到醴陵讲课，全市300名企业家和市政府部分经济管理部门负责人参加听课。

31日 市委十一届七次全体（扩大）会议召开，市委书记周晓理作《坚持"两轮驱动"，全面完成全年目标任务》工作报告。

8月

1日 株洲市委书记贺安杰到醴陵调研对接株洲项目的规划建设情况。

是日 耿飚将军之女、南昌大学公共管理学院院长耿焱回到故乡——黄獭嘴镇严家冲村，参观"耿传公祠"。

25－26日 中共湖南省委书记、省人大常委会主任徐守盛，省委常委、秘书长韩永文，株洲市委副书记、市长毛腾飞等一行到醴陵调研产业发展和项目建设情况。在考察醴陵·世界陶瓷艺术城建设情况时，省委书记、省人大常委会主任徐守盛表示，支持醴陵市举办"中国陶瓷艺术大展暨首届湖南（醴陵）陶瓷博览会"，并同意首届瓷博会以"湖南"冠名。

28日 全国政协委员、新华联集团董事局主席傅军一行回到家乡醴陵考察。

9月

4日 湖南省特色制造产业发展座谈会在醴陵召开，湖南省人民政府副省长黄兰香参加会议并实地考察醴陵·世界陶瓷艺术城和湖南华联瓷业股份有限公司。

是日 湖南省人民政府副省长张剑飞试乘沪昆高铁"和谐号"检测车抵达醴陵东站，调研建设情况，了解正式通车前的各项准备工作。

9日 醴陵市陶瓷烟花职业技术学校被授予"全国教育系统先进集体"称号，校长郭米红赴京领奖。

10日 湖南省人大常委会委员、环资委副主任委员姜玉泉率队到醴陵调研大气污染防治工作。

22日　农业部农机化司司长李伟国率督查组到醴陵考察农机安全生产工作。

是日　醴陵市浦口镇保丰村南阳出口花炮厂发生一起爆炸事故，共造成14人死亡，33人受伤。事故发生后，中共湖南省委书记、省人大常委会主任徐守盛立即作出批示，要求组织专门力量全力以赴抢救伤员，做好死亡人员善后及家属安抚工作，调查原因，及时准确公开信息。9月23日上午，省委副书记、省长杜家毫赶赴事故现场，指导救援处置工作。

23日　中共湖南省委宣传部副部长杨金鸢率调研组一行到醴陵，调研重点项目建设情况和陶瓷产业发展现状。

25日　“李立三红军学校”“左权红军小学”“杨得志红军小学”“茶陵苏维埃红军小学”授旗授牌仪式在醴陵举行。全国人大常委会原副委员长、中国关心下一代工作委员会主任、全国红军小学建设工程理事会荣誉理事长顾秀莲为4所红军学校授校旗。醴陵渌江中学被授予“李立三红军学校”，姜湾小学被授予“左权红军小学”。

是日　国家林业局湿地保护管理中心巡视员程良带领专家组到醴陵考察评估官庄湿地公园。

30日　全国首个烈士纪念日，全市各界代表在醴陵烈士陵园举行烈士公祭仪式。

是日　湖南省人民政府批复同意由株洲市人民政府及有关单位作为联合主办单位，在醴陵市举办“中国陶瓷艺术大展暨首届湖南（醴陵）陶瓷博览会”。

10月

17日　在《2014中国中小城市绿皮书》发布会暨第十届中国中小城市科学发展高峰论坛上，醴陵市在“2014年中国中小城市综合实力百强县市”和“2014年度中国最具投资潜力中小城市百强县”排名分别位居第91和79位，均较上届提升5个位次。

是日　全市安全生产综合整治动员大会在醴陵大剧院召开，会议宣布从2014年10月中旬到2015年10月底，对全市的烟花爆竹安全生产开展综合整治。

是日　共青团中央书记处常务书记、全国青联主席贺军科到醴陵调研“关爱生命万里行”活动开展情况。

19日　湖南省人大常委会副主任陈君文率工作组到醴陵，开展《大气污染防治法》执法检查。

28日　纪念醴陵籍著名作家、教育家袁昌英诞辰120周年座谈会暨《醴陵的孔雀袁昌英》新书首发式在醴陵举行。

11月

4日　湖南省“扎根基层优秀人才”评选揭晓，醴陵市泗汾镇农技推广站农艺师廖作中，水口山国有林场场长、支部书记李汉华获奖。

14－16日　醴陵市举办第五届房交会，房交会期间共成交一、二手商品房2212套，成交额达11.15亿元。

25日　湖南省司法厅党组成员、副厅长刘道龙与江西省司法厅副巡视员简明龙一行，在湘赣两省交界的醴陵和萍乡湘东区开展“湘赣边界联防联调工作”调研。

是日　耿飚长女、华夏文化遗产基金会会长耿莹回醴陵考察。

是日　第二届全国日用陶瓷标准化技术委员会在醴陵成立。

28日　渌江新城项目建设启动，长庆大道竣工通车，株洲时代金属制造有限公司轨道交通部件生产基地项目开工。

12月

2日　湖南醴陵农村商业银行股份有限公司成立，这标志着醴陵农村信用合作联社成功改制为一家商业银行。

4日　醴陵市举行以“弘扬宪法精神，建设法治醴陵”为主题的国家宪法日宣传活动。

是日　湖南省公安厅新闻发布会在醴陵举行。会议通报：醴陵公安民警辗转湘、粤、滇、赣四省，成功破获公安部“2014－470号”目标案件，摧毁一个跨省武装贩毒团伙，抓获涉案嫌疑人23名、收缴毒品麻古1546.42克、海洛因672克、冰毒220.93克，缴获仿制64式手枪1把、子弹4发。

11日　湖南省人民政府副省长、秘书长戴道晋到醴陵调研指导安全生产工作。

17日　湖南省政协主席陈求发到醴陵调研县域经济发展情况。

18－19日　首届湘赣边区域开放合作交流会在浏阳召开，市委书记周晓理率代表团出席会议。　（罗秀媛）

中国共产党醴陵市委员会

【概况】 2014年，中共醴陵市委紧紧围绕“新创业、新醴陵，打造发展升级版，建好湖南东大门”的工作主题，保持定力，顶住压力，精准发力，经济社会呈现稳中有进、进中显优的良好局面。

经济发展稳中有升。主要指标平稳增长。实现GDP488.2亿元，增长10.3%；完成财政总收入38.4亿元、税收收入19.5亿元，分别增长5.5%、14.6%，税占比达到50.8%，比2013年增加4个百分点；固定资产投资304.3亿元，增长23.2%；社会消费品零售总额144亿元，增长12.7%；城、乡居民人均可支配收入分别达28636元、19092元，分别增长9.4%和11.2%，县域经济基本竞争力位居全国百强84位。经济质量不断优化。实现工业总产值879.4亿元；陶瓷、花炮两大产业产值分别达490亿元、175亿元；经开区技工贸总收入达298.7亿元，增长24.4%，全省排名由第43位跃升到第20位。粮食生产实现“十一连丰”，连续六年获评“全国粮食生产先进县(市)”。发展后劲明显增强。开工重点项目50个，完成投资52亿元；引进项目48个，合同引资128亿元，渌江新城启动建设，醴陵·世界陶瓷艺术城即将运营，旗滨玻璃项目3条生产线投产，沪昆高铁醴陵东站建成通车。成功发行地方债券10亿元，成为全省第一家成功发债的县(市)。

城乡建设变化有样。从规划入手，构建“一城三片区”“一心六组团”“一环三纵横”的发展格局，城市空间进一步拓展。实施“两改六化”工程，拆围5000多米，增绿6万平方米，城市门户升级改造、城区道路提质改造稳步推进，数字化工程进展顺利，美化、亮化工作也逐步启动；加强城市管理，大力开展城乡同治，城乡环境进一步改善，在株洲五县市城市管理考核中排名第一。玉瓷路一期、长庆大道建成通车，北乡旅游环线建设提速，333省道城市环线项目启动建设，基础设施进一步夯实。

民生事业发展有度。按照“守住底线、突出重点、完善制度、引导舆论”的要求，民生事业有新发展。全市民生支出35亿元，占财政支出比重达70%。83项实事任务全部完成，实现社保政策全覆盖、卫生惠民全落实、合格学校全建成。财政预算增加1000万元支持教育事业的发展，教育事业屡创佳绩，高考二本以上(含二本)上线率居株洲地区首位，陶瓷烟花职业学校获评“全国教育系统先进集体”，教育督导体制改革“醴陵模式”在全国推介。社保体系更为完善，9大险种参保人数达90万人。医疗服务体系更为健全，初步实现“小病不出乡，大病不出市”。计生工作保持“全省模范单位”。档案史志、老龄、残联等工作都有新的进步。

社会管理创新有为。全面设立社会工作部，选派32名机关干部下乡任职，确定每月20、21日为群众工作日，构建长效机制。创新社会管理与信访维稳、重点工程、项目建设等紧密结合，变群众“上访”为干部“下访”，对于老百姓反映的问题坚持“个性问题个别解决，共性问题研究解决，体制问题反映解决”原则，收集问题6.1万余个，销号4.5万余个，民调满意率上升37位，列全省84位。以“连心解困”大走访为抓手的网格化社会治理成为常态，党群、干群关系明显改善。《湖南日报》、新华社大力推介醴陵做法，国防科大将其列入优秀教学案例。法治环境不断优化，市检察院获评“全国模范检察院”。

群众路线教育扎实有效。按照“照镜子、正衣冠、洗洗澡、治治病”的总体要求，以整风精神在全市广大党员干部中深入开展好群众路线教育实践活动，大力反“四风”、治“四风”，坚持问题导向，回应群众期盼，制定并完成53项“四风”突出问题专项整治工作，建立健全46项制度，整改群众迫切希望改进的27个问题，办结交办的为环卫工人提供免费午餐等13项任务；清退在编不在岗842人，其中“吃空饷”人员140人；清理腾退办公用房9400平方米并统一安排调剂，《中国纪检监察报》《湖南日报》进行专题报道，边整边改边见效做法在株洲推介。实现审批项目、审批时限、考核评比、奖励项目、领导小组、公务支出“六个压减”，权力进笼，收费有单，减税扩面，政务服务提速提质。

党的建设全面有力。健全"三重一大"议事规则、任前公示制、常委会票决制等，坚持以制度管人管事管权。坚持"不让实干的人白干，不让流汗的人流泪，不让吃苦的人吃亏"的用人原则和"三结合三为主"的考察机制，激发干部队伍活力。开展向王爱国同志学习活动，得到省、株洲市认同并召开高规格、大规模的会议予以推介。干训经验在《全国干部教育通讯》得到宣传，"优、提、促"活动工作考核获评株洲市第一。调整社区经费保障机制，整顿转化39个软弱涣散基层党组织，圆满完成356个村（居）党组织换届工作。思想宣传、统一战线、党管武装等工作开展得有声有色，工会、共青团、妇联等人民团体作用得到充分发挥，全市上下团结干事、狠抓落实的氛围日益浓厚。

【市委十一届六次全体（扩大）会议】 1月21日，市委十一届六次全体（扩大）会议在醴陵大剧院召开。会议提出全年及今后相当长一段时期全市经济工作的总体要求，即紧扣"新创业新醴陵"的总目标，按照稳中求进、进中求优的总基调，大力强化工业强市、城镇带动、环境保障"三大战略支撑"，突出市场融资，突出征地拆迁，突出项目建设，突出社会管理，全面拉开"一城三片区""一心六组团""一环三纵横"建设，统筹推进城乡发展，切实保障民生民利，全面加强党的建设，打造发展升级版，建好湖南东大门。市委书记周晓理作题为《新创业、新醴陵，打造发展升级版，建好湖南东大门》的工作报告。全面总结了全市2013年的工作成绩，客观分析了存在的困难和问题。提出了长期工作要求和全年工作目标，着力抓好的六项重点工作：深化改革创新，激活发展原动力。要协调推进改革，要努力扩大开放，要壮大民营经济。突出产业振兴，强化发展总支撑。要推进工业强市，要发展现代农业，要提升现代服务业，要抓好项目建设。凸显城镇带动，打造发展新引擎。要做实平台公司，要启动新城开发，要坚持组团发展，要提升城市品位。推进社会事业，注重发展大民生。要努力建设一个劳有所得、学有所教、病有所医、住有所居、老有所养、弱有所护的社会。优化环境保障，唱响发展好声音。在守好安全生产、计划生育、社会综治、国土工作"四条底线"的同时，着力营造稳定有序的社会环境、廉洁高效的政务环境、平安祥和的治安环境、和谐友好的人文环境、开放宜业的发展环境、低碳环保的生态环境。创新社会管理，确保社会善治理。继续深入开展"连心解困"大走访活动，要建立机构确保有处理事，要充实人员确保有人办事，要保障经费确保有钱做事，要健全机制确保有章管事。

【市委十一届七次全体（扩大）会议】 7月31日，市委十一届七次全体（扩大）会议在醴陵大剧院召开。市委书记周晓理作题为《坚持"两轮驱动"，全面完成全年目标任务》的工作报告。报告认真总结了上半年的工作成绩，主要表现为项目建设势头强劲、产业振兴稳步推进、城市提质成效明显、社会管理亮点纷呈、党的建设全面加强，并客观分析了当前面临的困难和问题。提出了要把握的工作原则，即坚持两轮驱动，坚持道制合一，坚持实干兴邦，坚持市场引导。报告对下半年工作进行了安排部署。抓规划落地，要抓紧控规修订，要加大宣传解读，要推进规划实施。抓项目建设。要激活园区托项目、要大力招商引项目、要征地拆迁落项目、要倾心服务帮项目。抓资本运作。做实做强平台，拓宽融资渠道，创新投资模式。抓深化改革。要创新征地拆迁模式，要创新项目建设体制，要创新城市管理体制，要深化行政审批制度改革。抓环境保障。要优化服务环境，要优化法治环境，要优化项目建设环境，要优化生产环境，要优化舆论环境。同时，深入开展"连心解困"大走访活动，持续推进社会管理创新。加快全面小康建设，着力保障改善民生。抓教育实践活动。要按照标准改，要兑现承诺改，要雷厉风行改，要整章建制改，确保活动善始善终、善作善成。抓党的建设。要激发队伍活力，要夯实基层强基础，要大力反腐倡廉。

【经济工作会议】 3月5日，全市经济工作暨创建工作会议在醴陵大剧院举行。会议的主要任务是，贯彻落实市委十一届六次全会以及两会的会议精神，总结2013年工作，部署2014年经济工作。市委书记周晓理作报告。提出大力强化三大战略支撑，推动经济稳中求进，进中求优。大力强化工业强市。要从长计议，科学做好产业发展规划；要大力引进工业产业项目；要着力打造产业发展的公共平台；全力建好园区，提高对项目的承载能力。大力强化城镇带动。要旗帜鲜明地做好区域定位；要坚定不移地走市场化道路；要积极制定政策引导；要大力推进户籍制度改革。大力强化环境保障。必须要有高效的政务环境；必须要有公平的政策环境；必须要有激情的干事环境。报告指出，要加强对经济工作的领导。要坚持德才兼备的用人导向；要坚持奖罚分明的激励导向；要坚持领导示范的行动导向。（罗　千）

纪检监察工作

【概况】 2014年，中国共产党醴陵市纪律检查委员会（醴陵市监察局）内设办公室、宣教室、党风廉政建设室等10个股室，辖四个派出纪工委（监察分局）、10个派驻纪检组。有编制数73名，其中行政编制69名、工勤编制2名；年末有在编人员53人。年内，全市各级纪检监察组织坚决贯彻市委的决策部署，维护党纪国法权威，持续纠正“四风”，有力惩治腐败，强化权力监督，全市党风廉政建设和反腐败工作取得新成效。

【作风建设】 市纪检监察机关牵头组织协调“四风”专项整治工作。全市共清理腾退调剂办公用房面积9400平方米，为财政节约资金180余万元。公开拍卖超标（编）车辆53台，并将近300万元处置金全部上缴国库。清理在编不在岗842人，其中“吃空饷”人员140人。开展暗访53次，发现各类问题36起，处理责任人40人。查处参与赌博的党员干部8人，纪律处分8人。全市“三公经费”同期下降45.87%。在醴陵电视台、《今日醴陵》报等新闻媒体开设“四风曝光台”“整改进行时”和“晒整改成绩单”专栏，曝光“四风”突出问题24起。全市“四风”整治工作得到上级纪委的充分肯定，《中国纪检监察报》《湖南日报》和《株洲日报》等媒体对此予以报道，株洲市各县市区纷纷效仿醴陵做法。

【案件查办】 全市各级纪检监察组织坚持依法依纪、安全文明办案，规范纪律审查措施，完善案件检查监督管理制度。全年共受理群众信访举报189件，同比增长99%；立案80起，同比增长70%；结案93起，同比增长90%。清结历年积案17起；党纪处分63人，政纪处分32人。

【机制创新】 年内，“纪检监察派出（驻）机构统一管理规范化运行机制建设”项目顺利实施，该项目的实施，规范了派出（驻）机构运行，提高了工作效率，并在株洲市纪检监察工作考核中获得优秀。开展投诉处理，全年“优提促”专项活动共受理投诉34件，做到件件投诉有回音，件件举报有回复，投诉人满意率为100%。“优提促”专项活动在株洲市纪检监察工作考核中名列全市第一。

【队伍建设】 一是加强干部学习。全年开展业务辅导讲座28场次，在全省率先组织全市纪检监察系统干部赴省纪委开展封闭式业务培训。二是改进工作作风。在认真开展以“与百姓连心，为百姓解困”为主题的大走访活动的同时，纪委班子成员利用休息时间走访了58户纪检监察干部家庭，了解干部家庭生活状况，解决干部实际困难。推行“五问工作法”（本周做了什么工作？采取了什么工作措施？有什么工作成效？有哪些不足之处？下周工作有什么计划？），纪检监察干部想干事、能干事、干成事的氛围日趋形成。三是强化内部监督。实行乡镇（街道、区）纪（工）委书记向市纪委常委会报告工作制度。建立完善纪检监察干部内部监督管理制度，7名纪检监察干部受到党纪处分和组织处理。（阳水雄）

市委办公室工作

【政研工作】 2014年，市委政研室完成120余篇、近50万字的文稿起草任务，文稿使用率达90%，领导基本满意，党员干部充分肯定。其中，向李适时、顾秀莲、孙金龙、李微微、张文雄、贺安杰等中央、省市领导到醴陵的考察汇报材料，取得上级领导及有关部门对醴陵的高度重视和大力支持；市委十一届六次、七次全会报告，人大、政协讲话稿，群众路线教育实践活动动员大会等重要文稿，在全市产生较好反响，达到凝聚共识、激发斗志、促进工作的目的；组织、参与各类调研18次，推出有价值的调研报告9篇。抓好全面小康和深化改革两项重要工作的日常协调服务，乡镇财税体制、项目建设体制、事业单位改革等改革工作有序推进，全面小康建设的各项监测指标均有提升，实现程度由66.2%提升到70%。（张　勇）

【综调工作】 2014年，市委综调工作就集体土地抵押贷款、项目建设、开发区体制机制等一系列问题，深入开展调查研究，撰写5篇调研报告，促使一批好的意见和建议进入市委的决策视野。在《株洲日报》等株洲市级以上报刊媒体发表署名文章4篇。抓好理论政策宣传，为报纸、电视等新闻媒体撰写评论文章42篇，审核把关各类报道175条，牵头制作城市形象宣传片，编发《市委通报》9期、《醴陵通讯》2期、《领导参阅》2期。（罗　千）

【信息工作】 全年累计编辑《醴陵信息》22期，向上级党委办公室报送信息900余条，其中《湖南省醴陵市开发红色文化资源，全力打造爱国主义教育基地》被中央办公厅单条采用（中办专报2014年4月），信息采用率连续三年位居株洲市第一、全省前十，获评2014年度“湖南省党委信息工作先进单位”，在“2014年湖南省党委系统信息竞赛活动”中获嘉奖。（李炳徽）

【督查工作】 2014年，市委督查工作紧紧围绕市委、市政府重大决策和重大工作部署、市委主要领导的批示件、市委常委会、市委协调会议定的重大事项，通过分解立项、跟踪督查、明察暗访等手段，抓好落实、推动执行。督查“环境优化年”各项工作的落实情况，促进全市发展环境持续好转。全年对领导交办事项和批示件建立台账，并实行预安销号制度，共落实办理书记交办事项151件；完成株洲市以上领导批示件、交办件7件，落实办理书记批示件96件，落实秘书长批示件8件，督查处理化解信访案件5件，编发《督查专报》22期，做到“批必查、查必果、果必复”。（刘铁华）

【保密工作】 2014年，市委保密局加强对全市各单位保密工作的管理，全面提升保密工作科学化水平。完成全国保密普查工作。加强对全市45家核心和重点涉密单位的管理，确保国家秘密的安全。联合公安等部门对全市100多个单位网络系统安全保密情况进行专项检查，加大对国土、规划测绘成果的保密专项检查。做好国家秘密载体的定点销毁和涉密计算机及移动存储介质定点维护工作。抓好保密教育，全年培训干部4000多人次，培训新录用公务员及事业单位招聘人员110名。利用单位电子显示屏、保密工作QQ群等宣传平台，全方位重点宣传《保密法实施条例》的重要内容。积极参加全国“保密情”书法比赛，1人获优胜奖；参加株洲市的“两识”（学习保密常识，增强保密意识）知识竞赛，获组织奖。年末，市保密局获评“湖南省保密工作先进单位”称号。

（叶　红）

【综合协调工作】 2014年，市委办落实市委、市人大、市政府、市政协四大家秘书长联席会议制度，加强各部委办之间的横向联系，畅通合作渠道，为领导集中精力想大事、议大事、办实事创造有利条件。组织市委六次、七次全会、党务工作会、市委经济工作务虚会等20余次重要会议，组织祭祖大典、旗滨玻璃项目首条生产线点火现场会等重大活动20余次，累计接待来宾20批次，其中省部级以上重宾13批次。

（潘　良）

【机关工委工作】 2014年，市直机关工委主办一期市直机关入党积极分子培训班，培训人员达196人；严格执行“控制数量，提高质量，优化结构，慎重发展”的党员发展工作方针，全年共新发展党员16人，比上年减少47%；全年共审批转正对象36人；指导并审批机关党组织换届改选6个；深入开展党的群众路线教育实践活动，积极走访基层党员和联系点企业、群众，认真组织和参与在职党员进社区和“连心解困”大走访活动。（胡修文）

组织工作

【概况】 2014年，全市继续推行市级领导“七个一”联系活动（联系一个乡镇、街道，一个村、社区，联系一个或一批重点项目，联系一家企业，联系一个“三创”点，联系一所学校，帮扶一户特困户），市级领导深入联系点调研指导530余次，帮助联系点解决实际问题2000多件，协调落实帮扶资金7000余万元。圆满完成村“两委”换届选举工作，并以此为契机深入推进软弱涣散基层党组织整顿工作。截至年末，全市各村级支部全部整顿到位，343个村党组织新调整党组织书记119名、占34.69%，并对所有基层党组织书记分级分类进行轮训，重点打造40个市级和32个乡级基层党建示范点。新发展党员440名，建立和完善党员退出机制。深化在职党员进社区活动，组建楼栋党小组301个，创建示范点4个，组建党员志愿者服务队200多支，开展活动287场次，服务社区达3万余人次。突出党代表作用，市、县、乡三级1600余名党代表积极参与“连心解困”大走访活动和全市经济社会发展的调研讨论。11月28日，在省委组织部举办的全省党代表工作研究班上，醴陵市以《积极搭建平台，提升党代表履职能力》为题作典型发言。

【基层党建】 2014年，市委组织部组织召开党（工）委书记履行基层党建工作责任述职评议会，全面落实党建责任。制定出台、严格落实“九条意见”（《关于切实加强村级党组织和村干部队伍建设的意见》），实现“三个率先”：率先建立村级转移支付逐年增长、分类拨付机制，村、社区支付金额分别增至10万元、22万元；率先建立村干部养老保险补贴机制，完善退养保障机制；率先出台《民主评议党员制度、严肃处置不合格党员的意见》，明确20种不合格党员的情形，共处置不合格党员34名。

【干部管理】 2014年，市委组织部认真开展“三超两乱”专项治理工作，消化超职数配备科级领导干部38名、科级非领导职务干部15名。反馈领导干部考察情况，对43名作用发挥不够、表现较差的干部进行提醒谈话。出台《市直机关事业单位中层干部交流管理实施办法》，选派32名市直机关干部到乡镇（街道）挂职。充分发挥党校主阵地作用，分6期举办“新创业·新醴陵”专题研讨班，组织开展《干部教育分级分类培训问题研究》，并制定干部教育培训的《分类大纲》。出版地方干训教材《醴陵文化十讲》。全年共开展培训主体班8个22期，培训人数2300人次。市委常委、组织部部长刘湘林的署名文章《湖南醴陵基层干部培训突出主题办短班》在中组部主办的《全国干部教育通讯》2014年第一期发表。海南省委组织部、海南省委党校专程到醴陵调研县级党校科学发展。省委组织部就领导干部推动改革能力培训到醴陵进行专题调研。

【人才工作】 2014年，全市认真落实“株洲万名人才计划”，共申报各类人才培养对象474人，人才培养项目93个，核心专家73人，领军人才7人。获株洲批复支助人才培养项目6个，认定核心专家17人，入选株洲市领军人才2人。邀请清华大学专家到醴陵开展《企业战略管理》培训，全市300名企业家和部分经济管理部门负责人参加学习。积极开展全国农村实用人才认定试点县工作，认定农村实用人才4237人，认定新型职业农民400名。泗汾农科站站长廖作中、水口山林场场长李汉华2名基层工作者获全省“扎根基层优秀人才”称号。在醴陵电视台开辟“株洲市核心专家·瓷城娇子”专栏，对17名株洲市级核心专家进行集中宣传报道。

【绩效考核】 一是考核工作常态化。出台实施新的考核办法，增加2次常态考核。通过常态考核和集中考核相结合，使考核工作贯穿全年，考核指挥棒的作用发挥更加有力。二是考核过程规范化。结合上级指标任务，突出单位主要职能，紧扣中心实施目标设置。规范考核流程，要求评分责任单位和考核组科学制定细则，严格实施评分。三是考核结果精细化。根据职能职责分工，将领导班子划分为7个类别，将领导干部细分为12个系列。按比例和最终得分强制生成三类、四类领导班子和领导干部。经市委常委会研究决定，2014年全市共评定一类领导班子36个，二类96个，三类2个；一类领导干部185人，二类519人，三类15人，四类10人。

【教育实践活动】 集中力量抓好群众路线教育实践活动，精心组织全市动员大会、集中学习、专题讨论、总结大会等各类重要会议，起草印发文件73个、简报36期。加强对108个活动单位的903名党员领导干部和1450个党组织的44439名共产党员的督促指导。对各单位上报的各类方案、报告严格把关审核。深入开展整改落实"回头看"，抓好13项督办工作整改，下达督办函35个。

【大走访活动】2014年，全市"连心解困"大走访活动开展得有声有色，新华社头版刊发醴陵网格化管理的做法，以醴陵大走访活动为原型的案例入选中国专业学位教学案例中心。《湖南日报》先后两次在头版重点介绍醴陵市基层党建工作经验。在全省党代表工作研究班上，醴陵市以《积极搭建平台，提升党代表履职能力》为题作典型发言。

【自身建设】 2014年，市委组织部履行好双重职责，既牵头组织好教育实践活动，又带头深入开展好活动，机关作风得到切实转变。开通"醴陵组工"微信公众号，架起党群干群"连心桥"。开展"粽叶乡情·话家常"活动，部领导分别带领机关干部深入孙家湾乡孙家湾村、龙虎湾村、李家山村，与党员群众共度佳节、共话家常、共商发展。7月1日，部班子成员慰问一线环卫工人，并以工作餐的形式邀请30名一线环卫工人代表共进晚餐，以特殊方式庆祝建党93周年。开展"四走四树"（走伟人故里，树奉献精神；走田间地头，树亲民情怀；走产业前沿，树谋划观念；走项目一线，树发展意识）社会实践活动，进一步树立谋划发展意识、亲民情怀、奉献精神。针对大走访责任网格反映的涉及铁路部门的水利问题，积极对接南昌铁路局萍乡工务段，带领群众代表多次上门协调，争取对方重视解决问题。 （蔡海丽）

宣传工作

【概况】 2014年，醴陵市共向中央级媒体发稿28条，其中中央电视台16条、《光明日报》6条（头版头条1条）、《经济日报》1条、《半月谈》1条、新华社3条、《中国纪检监察报》1条。向湖南省级主要媒体发稿共199条，其中电视媒体播发87条、纸质媒体刊发112条。向株洲市级主要媒体发稿共579条，其中《株洲日报》刊发476条（头版62条，头版头条9条），株洲电视台播发103条。全年发行《人民日报》954份，《湖南日报》3394份，《株洲日报》5337份，《求是》455份，《光明日报》170份，《经济日报》154份，《新华每日电讯》361份，《中国日报》11份，《新湘评论》2183份。

【学习型党组织建设】 2014年，市委理论学习中心组集中（扩大）学习7次、14天，参学率达92%以上，系统学习党的十八届三中全会精神、全国两会精神、习近平总书记系列重要讲话精神、党的十八届四中全会精神等。组织市委党校、教育局、卫生局、计生局等8个单位的理论骨干，成立3个小分队，深入街道（乡镇）、村组、社区、企业、学校、医院等地，开展"三中全会在醴陵"微宣讲活动50余场，听众1万余人次。年内，市委理论学习中心组成员完成调研文章50余篇，在各级各类刊物发表10余篇，市委书记周晓理亲自撰写的理论文章《坚持"六真三实"确保活动实效》在《湘组研究》第4期刊发，《新形势下如何做好群众工作》在《株洲日报》4月26日刊登。

【网宣管理】 2014年，市网宣办运营醴陵新闻网、醴陵政务网、醴陵手机报，醴陵新闻网共上传各类新闻稿件1.3万余篇，向红网等网站推送稿件500余篇，网站注册用户1.3万余个。醴陵政务网上传各类政务信息1000余条，公开重要通知、公示300余篇。以"醴陵发布"为新媒体平台，传播党和政府的权威声音，年末该微博有粉丝1.1万余人，单条微博平均阅读量在5000次以上，回复网友问政留言50余批次，论坛留言20余批次，微博留言20余条。年内，共下发《涉醴舆情处置情况通报》8期，编发《涉醴舆情》30期，《舆情专报》17期，下发舆情处置函80件，处置一般舆情100余件。收到株洲舆情交办函71件，回复处置71件；有网评员130余人，已累计完成网络评论任务53批次。

【釉下彩瓷走进泰国】 2014年12月，"湖南文化走进泰国"活动在曼谷举行，醴陵釉下彩瓷作为"湘字号"文化产品——湘瓷代表出展，选出的43件（套）湘瓷作品均为国家级陶瓷艺术大师和湖南省陶瓷艺术大师的精品力作，展示醴陵釉下彩瓷老中青三代艺术家的传承和创新，代表当代釉下五彩瓷的最高艺术水平，当地多家媒体对醴陵瓷进行专题采访，引起泰国社会各界的广泛关注。

【典型宣传】 2014年，全市重点推介市环境保护局原局长王爱国为党的群众路线忠实践行者、新时期焦裕禄式好党员好干部的典型事迹，引起《光明日报》《株洲日报》等主流媒体的高度关注。《光明日报》4月4日头版头条刊发长篇通讯《降龙局长——追记湖南省醴陵市环保局局长王爱国》，4月6日、9日，连续推出《“降龙局长”》后续报道《清明节醴陵群众自发缅怀“降龙局长”》《“降龙局长”的遗嘱——妻子文珍瑜心中的王爱国》等多篇报道，并先后被全国50多家媒体转载。4月21日，中共株洲市委下发《关于开展向王爱国同志学习活动的决定》。7月11日，由株洲市委宣传部、株洲市委党的群众路线教育实践活动办公室、醴陵市委联合举办的“王爱国同志先进事迹报告会”在株洲市委礼堂举行。7月17日晚，市各级、各部门和单位机关干部组织收看醴陵电视台播出的《王爱国同志先进事迹报告会》录像。

【志愿服务】 2014年，全市在学校、医院、城市交通要道等人群密集的公共场所，建设130个“学雷锋志愿服务岗”，悬挂统一标识，配置便民伞、医药箱等学雷锋志愿服务活动的常用设施。在春节、端午、中秋、重阳等传统节日期间，组织志愿者走访慰问孤寡老人、留守儿童、贫困户、空巢老人、残疾人士共3000余人次。市文明办、市妇联、市邮政局联合组织“传递彩虹邮包，情暖留守儿童”大型公益活动，共为孩子们准备了2000份“彩虹邮包”，通过邮寄或现场捐赠的形式送到留守儿童手中。

【文明创建】 2014年，孙家湾乡被评为第四届全国文明村镇；市教育局、市电力局、长庆示范区珊田村分别获评2014年省文明单位、省文明村镇。在国庆期间开展“快乐国庆、文明旅游”活动。年内，组织开展醴陵市第二届“道德模范”巡讲活动，共巡讲30场次。“降龙局长”王爱国、“诚信老爹”潘尧生获评第四届“感动株洲十大人物”；“降龙局长”王爱国、“平民英雄”朱光喜获评株洲市第三届道德模范。在中国文明网“我推荐，我评议身边好人”活动中，先后有“降龙局长”王爱国、“美德少年”何建林、“诚信老爹”潘尧生入榜推介，其中潘尧生获中国好人榜“身边好人”称号。

【未成年人道德建设】 2014年，完成28所乡村学校少年宫和2所城市学校少年宫建设，实现乡村学校少年宫全覆盖计划，成功申报中央资金项目乡村学校少年宫2个。组织开展清明节期间“网上祭英烈”活动，全市约有5万余名中小学生参加；“六一”期间开展美德少年评选，船湾镇玉堂小学学生何建林入选“全国百名美德少年”，获评“株洲美德少年”“株洲好人”；“七一”期间开展优秀童谣作品征集和“童心向党”歌咏活动，《燕子找家》获评省优秀童谣作品征集评选二等奖；“十一”期间开展“向国旗敬礼”活动。

【核心价值观宣传】 2014年，市直各单位、驻醴各单位举办“社会主义核心价值观”专题宣传栏，各街道、乡镇、社区、行政村利用宣传栏、文化活动室、农家书屋等阵地进行宣传，分仁德、孝德、诚德、爱德4个板块，全市共评选出道德模范以及先进个人共计150人。 （瞿利娟）

统战工作

【党派工作】 2014年，市委统战部完善中共市委常委和有关部门同各民主党派、工商联、党外代表人士对口联系制度，推行定期政情通报制度，建立党外代表人士直接向市委提建议制度，为各民主党派提供全新便捷的政治参与渠道。围绕培养“五型”干部（学习型、思考型、民主型、创新型、实干型）的目标，建立党外人士信息库，加强党外代表人士的考察、培训和选拔，年末，全市有副科级以上党外干部达60名，其中副处级以上6名。组织各民主党派学习领会中共醴陵市委“新创业、新醴陵”构想，统一思想，凝聚共识。12月，醴陵市首次召开党风廉政建设情况通报会，市政协、各民主党派、工商联及无党派人士听取有关情况通报，坦诚建言献策，统一思想，增进团结。全年各民主党派通过调研，先后撰写《关于农村饮水安全的思考》《关于促进北乡旅游产业发展的思考》《关于农村公路养护的思考》等调研报告，在市“两会”上提交建议、提案26件，为党委决策提供有益参考。

【“同心工程”】 2014年，市委统战部认真抓好“四同创建”（以“同心园区”“同心项目”“同心社区”“同心乡村”为主要内容的示范创建），开展6个“同心工程”（“同心园区”1个、“同心项目”2个、“同心社区”2个、“同心乡村”1个）活动，打造服务发展载体。“同心乡村”——泗汾镇泗汾村与非公经济知名企业金荣集团建立长期合作关系，确立“湘东旅游第一村”的发展目标，投资5000万元建设金湖湾度假村，被评“省级同心乡村”，成为全省33个首批授予的省级同心项目之一，也是株洲市唯一获评的“同心项目”。省委统战部“同心会客室”第三季《回得去的家乡》摄制组专程到泗汾村进行拍摄宣传和大力推介。“同心项目”升华科技在九三学社的帮助下，与多所高校结成对子，致力锂电池正极材料磷酸铁锂等新材料的研发、生产和销售，已申请4项国家发明专利，年销售额达1.1亿元。旗滨玻璃作为“同心项目”，已投产3条生产线，5条生产线全部投产后，年产值可达50亿元。

【非公经济】 2014年，全市有各类非公经济组织3.9万户，各类非公中小工业企业近1500家，其中，规模工业企业482家，全年完成增加值210亿元。组织非公企业参加培训、展会和论坛活动12次。市工商联组建“同心教育基金”，首期募集善款30余万元，支持教育事业发展。

【对台工作】 2014年，市委统战部积极筹办台资工业园，做好在醴台企、台商服务工作，定期走访台商、台企，协调解决相关问题。全年在醴台资企业总产值2.85亿元，实现税收1400万元。共接待到醴陵寻亲、祭祖、访友、考察的台属台胞百余人次，均做到全程陪同、精心安排、贴心服务，并赠送《醴陵风物吟》和《醴陵投资手册》等地方资料。

【民族宗教】 2014年，市委统战部加强藏族、维吾尔族等到醴陵经商的少数民族的管理服务，妥善化解影响民族团结的矛盾和纠纷6起，帮助少数民族解决生产经营、医疗保障、子女就学、社会救助等实际问题。按照保护合法、制止非法、抵御渗透、打击犯罪的原则，依法管理宗教事务，妥善解决云岩寺拖欠多年工程款、笔圣寺山体滑坡等历史遗留问题，有序推进老祖殿重建、护国寺四方菩萨像整改和补报、基督教堂异地重建等工作，佛、道、耶三教和谐共处。全年省佛慈基金会、醴陵市佛教界、仙岳山护国寺、仙岳禅寺共为贫困学子、“5·25”洪灾受灾家庭、枫林市乡敬老院等捐助善款近30万元。

【爱心帮扶】 2014年，组织统战成员捐款1.83万元，慰问走访困难户、病残户、特困学生、90岁以上老人、五保户等。开展“同心走基层——关爱教育”送教下乡活动，并为学校捐赠价值5.7万元的教学设施设备。（熊　敏）

机构编制

【概况】 截至2014年12月31日，全市市直党政群机关共有机构59个，其中党委组成部门8个、部门管理机构1个、议事协调机构的办事机构1个；政府系统工作部门26个（含监察局、民族宗教事务局）；人大机构7个；政协系统机构5个；民主党派机构2个；群众团体系统机构7个；检察院机构1个；法院机构1个。有乡镇、街道区划数30个，其中乡8个、镇18个、街道4个。全市共有行政编制2445名，实有2162人。全市共有事业单位608个、编制15355名、实有10346人，其中全额拨款机构519个、编制12287名、实有8318人，差额补贴机构50个、编制2582名、实有1621人，经费自筹机构39个、编制486名、实有407人。

【机构撤销、设立、挂牌、更名和调整】 2014年5月，设立市人民法院未成年人案件审判庭。6月，市社区矫正办公室由市司法局下属机构调整为内设股级行政机构，更名为社区矫正股。7月，市城市管理行政执法局内设的人事教育股更名为“人事股”、监督考评股更名为“督察考评室”、市容管理股更名为“市容市貌管理股”、法制宣传股更名为“法制股”、财务装备股更名为“后勤装备股”；撤销市城市管理行政执法局内设的公用事业股、综合事务管理科、创建办公室；新设市城市管理行政执法局宣教股、行政审批股和城市管理研究室。8月，市国土测绘队更名为市国土资源测绘院；市农业局等37家单位通过新设、合并、更名、挂牌等方式设立行政审批股。11月，市人力资源和社会保障局内设机构由11个调整为10个：办公室（加挂信访维稳股、行政审批股牌子）、计划财务股、基金监督股、信息中心、劳动关系股、劳动人事争议仲裁院、工伤认定股、公务员管理办公室（加挂军官转业安置股牌子）、事业单位人事管理股、工资福利股。（何岳祥）

党校工作

【概况】 2014年，中共醴陵市委党校（以下简称“市委党校”）内设办公室、教研室、干部教育培训办公室和总务室4个股室，是全市干部教育培训中心和会议中心，年干训能力达4000人。有在职在岗教职工16人，其中14人为专兼职教师；研究生学历3人，其余均为本科学历。年内，市委党校坚持以“为醴陵经济社会发展提供人才保障和智力支撑”为目标，以开展“党的群众路线教育实践活动”为抓手，谋干训创新、育科研品牌、严机关管理、优后勤保障，各项工作稳中有进，进中创优。连续四年获评“株洲市党校行政学院系统科研工作先进单位”，2014年获评“湖南省县级党校行政学校先进单位”，并顺利通过株洲市园林式单位验收。

【干训工作】 2014年，市委党校共举办“新创业、新醴陵”专题研讨班、干部执行力提升培训班、中青年干部素质提升班、政府投融资运行研讨班等主体班共14期（2119人次），非主体班26期，全年各类培训轮训达5118人次。学员到课率为98%，学员评估教学优良率、结业考试考核优良率均为100%。为切实增强培训效果，提升培训质量，市委党校不断拓宽思路，强化措施。一方面，将校内教师和精品课程“送出去”。加大师资培训力度，分期分批选送10人次参加省委党校师资班、十八届四中全会精神解读研修班和中青班学习，提高自身能力素质；科学分解教学任务，选送《躬身践行党的群众路线》等精品课程到近50个基层党组织，受训人数达5000人次。另一方面，将外聘教师“请进来”。

精选一批政治素质高、工作能力强、授课水平高的县处级领导、科局一把手、高校教师和先进模范人物作为干部教育培训的兼职教师。全年共有6名县级领导、28名科局一把手、5名企业界知名人士、6名优秀村书记及18名上级党校（高校）教授到校授课。

【教学科研】 2014年，市委党校开展《醴陵市陶瓷产业升级发展》课题调研。结项省级课题《城乡一体化背景下醴陵现代农业发展研究》，省级课题《醴陵现代产业体系建设与新型城镇化建设动态匹配研究》、市级课题《加快文化创意产业发展 促进醴陵经济转型升级》获立项。出台《关于教学科研工作的奖励办法》，激发教职员工的参与热情。全年市委党校教研人员共参加各级各类理论研讨会11篇次，获省级二等奖2篇次，三等奖2篇次，株洲市级一等奖1篇次、二等奖1篇次、三等奖3篇次，其中有2篇在省级刊物公开发表。组织编写乡土特色教材《醴陵文化十讲》；编辑校刊《醴陵党校》，打造转化平台，推荐调研成果。

【效能建设】 2014年，市委党校为加强制度建设和作风建设，进一步充实和完善《中共醴陵市委党校管理制度汇编》，新增《公务用车管理制度》《公务接待管理制度》，完善《考勤管理制度》《内部考核管理制度》《财务管理制度》等。按照《党政机关办公用房建设标准》，腾退4间办公室，保证无办公用房超标。按照《党政机关厉行节约反对浪费条例》，进一步规范市委党校办公用品的采购、管理和使用，建设节约型机关。制定校园文明公约，规范教职工的日常行为。9月，市委党校通过株洲市园林式单位的验收。全面提升服务质量，为每期干训班学员搞好就餐、住宿、饮用水等方面的优质服务，完成好市委、市政府交办的视频会议室会场服务工作，全年共完成106次电视电话会等会场服务。

【党建帮扶】 2014年，市委党校以党的群众路线教育实践活动和“连心解困”大走访工作为切入点，推进党建工作深入发展。全年共组织集中学习14次，专题讲座7次，集中观看专题教育片3次，开展学习讨论会3次。面向全体机关干部和社会群众，征求意见和建议70条。针对存在的问题深刻剖析，制定整改方案，落实整改措施，确保活动实效。在“连心解困”大走访活动中，14名走访干部主要负责石亭镇长塘、樟树、永红3个村的走访工作，共排查安全隐患11起，了解群众诉求61个，积极参与森林防火和抗洪工作，向村民发放《农村经济发展状况调查问卷》120余份，在校刊《醴陵党校》连续3期开辟“百姓心声”“话题纵横”等专栏，及时反映走访动态。全年为石亭镇、阳三石街道解决各种帮扶慰问资金共16.31万元，扶贫解困，促进地区经济发展。

（王茹辉）

老干部工作

【概况】 2014年，市委老干部局结合党的群众路线教育实践活动，深入开展走访慰问，认真落实老干部的政治待遇和生活待遇，为老干部办实事、解难事，被评为“全省老干部宣传工作先进单位”。全市归口管理的离退休干部共243人。182名离休干部中行政编制47人、事业编制67人、企业编制62人（含接收株洲市属以上企业离休干部13人）、外地回醴安置的离休干部6人，平均年龄在85岁以上；享受副县级以上待遇的退休干部61人。全市有“506”老干部（1949年10月1日－1950年6月30日享受供给制的退休干部）42人。

【落实政治待遇】 1月22日，市委、市政府组织召开老干部政情通报会，邀请曾任副县以上实职的离退休老领导参加，通报发展情况，听取发展良策。5月14日，市委、市政府结合党的群众路线教育实践活动，召开老干部座谈会，听取老领导老干部的意见和建议。6月9日，市委、市政府组织20多名曾任副县实职的离退休老领导考察株洲、醴陵城市建设。在国庆前夕，由市主要领导带队组织部分离退休老干部，参观醴陵东站高铁站、渌江新城规划项目、旗滨玻璃项目等市重点项目。全年共组织老干部参观考察2次，开展老干部专题座谈5次，各小组集中学习10余次，为老同志订阅多种报纸杂志和依法治国等多种辅助读物。开展“奏响主旋律、传递正能量”的主题实践活动。为庆祝新中国成立65周年，开展收集印证老干部光辉历史的纪念章活动，共收集到20余件具有历史价值的物品，参加株洲市“永恒记忆，光辉历程”主题展览，3位老干部接受《株洲日报》和株洲电视台的专题采访报道。

【落实生活待遇】 按照株组〔2014〕16号文件精神，提高离休干部护理费的标准，并及时与相关部门沟通协调，做好补发工作。投入近5万元，全面修缮西山老干宿舍。年内对服务管理的200多位老干部进行全覆盖的走访慰问；春节期间，对50余名家住外地、农村和有特殊困难的老干部进行走访慰问，为老干部或家属送去慰问金和慰问品。为部分老干部解决住房、轮椅、子女就业等实际问题，对瘫痪、家庭困难的离退休干部进行特殊慰问帮扶。

【自身建设】 深入开展党的群众路线教育实践活动，较好地完成学习教育，深入查摆问题，扎实推进整改落实。做好“连心解困”大走访活动。严格执行“大走访”群众工作日制度，每月在孙家湾乡李家山村坐班2天，帮助村民答疑解惑20余件。与电力局、交通局等部门协调，解决李家山村电力和道路建设问题，支持孙家湾乡、村两级各类建设帮扶资金10万元。（李春玲）

醴陵市人大常委会

【市第十五届人大三次会议】 2月26－28日，市第十五届人大三次会议在醴陵大剧院举行。会议听取和审议了市人民政府市长蔡周良所作的《政府工作报告》、市发展和改革局局长徐辉所作的《关于醴陵市2013年国民经济和社会发展计划执行情况及2014年计划草案的报告》、市财政局局长陈建球所作的《醴陵市2013年财政预算执行情况和2014年财政预算草案的报告》、市人大常委会主任李理所作的《醴陵市人民代表大会常务委员会工作报告》、市人民法院院长高建明所作的《醴陵市人民法院工作报告》和市人民检察院检察长王友武所作的《醴陵市人民检察院工作报告》。通过有关决议决定。

【市十五届人大常委会第八至十五次会议】 市十五届人大常委会第8次会议于1月23日在市人大常委会议室举行。会议审议通过了市人民政府《关于提请审议调整2013年地区生产总值预期目标的议案》《关于提请审议调整2013年财政收支预算的议案》，并作出决定；审议通过了市人民政府《关于提请审议醴陵市教育局采用融资租赁方式解决教育建设资金的议案》《关于提请审议醴陵市第一中学、第四中学向中信银行株洲支行申请短期资金的议案》《关于提请审议醴陵市国有企事业单位融资租赁有关事项的议案》《关于提请审议醴陵市城投公司醴陵大道部分路段融资租赁项目资金方案的议案》等4项议案，并作出决定；听取了《关于召开市十五届人大三次会议有关事项的汇报》；审议并原则通过了各项工作报告，提交大会审议；作出了《关于召开醴陵市第十五届人民代表大会第三次会议的决定》；原则通过了市人大常委会2014年工作要点，报请市委批转。

市十五届人大常委会第9次会议于3月31日在市人大常委会议室举行。会议向市人民政府交办了市十五届人大三次会议代表所提建议、批评、意见；全国人大代表黄小玲向常委会组成人员传达了第十二届全国人大二次会议精神；听取审议了市住房公积金管理运行情况汇报；审议通过了市人民政府《关于提请审议醴陵大道两厢土地储备项目贷款的议案》，并作出决定；听取审议了市人民政府关于旗滨玻璃项目建设情况汇报；决定任命张水良为市人大常委会农业工作委员会主任，陈治平为市人大常委会任免联络工作委员会主任，王志强为市财政局局长，李子平为市人事局局长，凌伟为市住建局局长，张国文为市环保局局长，丁辉为市水务局局长，邹柏柯为市卫生局局长，丁全生为市审计局局长，朱卫兵为市统计局局长，彭均为市人民法院执行裁判庭庭长，刘昊为市人民法院民事审判二庭副庭长，王宝元为市人民法院立案庭副庭长，余向阳为市人民法院执行庭副庭长，叶敏洁为市人民法院刑事审判庭副庭长，谢斌为市人民法院审判员、民事审判一庭副庭长，易凯为市人民法院审判员、白兔潭人民法庭副庭长，何成为市人民法院审判员；免去陈治平的市人大常委会农业工作委员会职务，张国文的市住建局局长职务，丁全生的市统计局局长职务，陈建球的市财政局局长职务，丁际秋的市人事局局长职务，宋水良的市水务局局长职务，周承进的市卫生局局长职务，欧阳启明的市审计局局长职务，李志和的市人民法院刑事审判庭副庭长职务，刘昊的市人民法院立案庭副庭长职务，王宝元的市人民法院白兔潭人民法庭副庭长职务，余向阳的市人民法院板杉人民法庭副庭长职务。会议还学习了历铁夫关于群众路线教育实践活动的讲话精神。

市十五届人大常委会第10次会议于4月21日在市人大常委会议室举行。会议审议通过了市人民政府《关于提请审议采用融资租赁方式解决醴陵市第一中学和醴陵市第四中学建设资金的议案》，并作出决定；免去了周旺炎的市国土资源局局长职务。

市十五届人大常委会第11次会议于5月30日在市人大常委会议室举行。会议听取审议了市人民法院执行工作情况汇报；审议通过了市人民政府《关于提请审议公交（客运）站场建设项目融资有关事项的议案》，并作出决定；听取审议了市人大常委会《中华人民共和国环境保护法》执法检查情况汇报；决定任命陈佳为市国土资源局局长。

市十五届人大常委会第12次会议于6月30日在市人大常委会议室举行。会议决定任命李志和为市人民法院未成年人案件审判庭庭长，赖庆如为市人民法院未成年人案件审判庭副庭长；任命陶维寿等107人为人民陪审员。

市十五届人大常委会第13次会议于7月30日在市人大常委会议室举行。会议听取审议了《2014年上半年国民经济和社会发展计划执行情况报告》《2013年市本级财政总决算情况及2014年上半年财政预算执行情况报告》《2013年度财政预算执行和其他财政收支的审计工作报告》；根据市人大常委会财经委的调查报告，作出了《关于批准醴陵市2013年财政总决算的决定》；听取审议了市人民政府农村环境卫生综合整治工作情况汇报。

市十五届人大常委会第14次会议于10月11日在市人大常委会议室举行。会议听取审议了市人民政府《关于市十五届人大三次会议代表建议办理情况汇报》和市人大常委会联工委《关于市十五届人大三次会议代表建议、批评和意见办理情况的调查报告》；听取审议了市人民政府《关于镇（乡）、村庄规划建设管理的决定》贯彻执行情况汇报；免去了刘新华的市人民政府副市长职务，接受了何细珠辞去市十五届人大常委会委员职务，接受了何细珠、陈建球、李国赐辞去株洲市十四届人民代表大会代表职务，接受了罗立新、王志强、凌伟、唐飞、尹亦文、樊光群、漆振洪、易勇、陈林辞去市十五届人民代表大会代表职务。

市十五届人大常委会第15次会议于11月27日在市人大常委会议室举行。会议听取了《关于代表异动情况和补选代表的代表资格审查报告》；审议通过了《关于提请补选株洲市第十四届人民代表大会代表的议案》，同意补选陈治平、王志强、凌光武为株洲市第十四届人民代表大会代表；听取审议了市人民政府《关于提请审议实施第二轮封山育林的议案》《关于提请审议设立醴陵市长庆街道的议案》，并做出决定；审议通过了市人大常委会《关于对城市总体规划实施过程中进行修改变更的监督意见》；会议还对市人民政府《〈中华人民共和国环境保护法〉审议意见》办理落实情况进行了专题询问。

【工作监督】 食品安全监督。常委会连续三年聚焦“舌尖上的安全”，关注基层呼声，抽查检测平台，查看检测记录，听取食品监管部门汇报，形成专门意见和建议，督促政府进一步深化改革，加大投入，夯实基础，提高检测能力，打造醴陵食品安全品牌。深入开展“农产品质量安全行”活动，围绕农产品溯源体系建设、绿色无公害种植基地建设、畜禽养殖污染防治等问题开展专项检查、专题考察。职能部门开展生猪屠宰、农产品水产品、学校食堂食品及校园周边食品安全等专项整治，排查781家，下达责令整改通知书109份，立案29起，有效地打击了食品安全领域的违法行为。社会事业监督。听取文化文物工作情况汇报，提出打造“瓷城文化”品牌，以醴陵·世界陶瓷艺术城为平台，以湖南首届陶瓷博览会为契机，促进醴陵文化整体发展等建议。听取科技创新和高新技术产业发展，以及《中华人民共和国专利法》贯彻实施情况汇报。围绕农村医疗卫生服务体系建设，深入开展“三湘农民健康行”活动，农村医疗条件不断改善。住房保障监管。针对住房公积金覆盖面不足、使用率不高等问题，听取和审议了住房公积金中心管理运行情况汇报，要求抓住全面提高公积金缴存比例的机遇，创造性地开展工作，进一步强化监管，防范风险，在确保资金安全的前提下，努力提高覆盖率，适当降低贷款门槛，切实缓解缴存人员购房的实际困难，发挥住房公积金的资金杠杆作用，拉动房地产健康有序发展。关注廉租房和经适房建设，开展视察调研活动，督促政府进一步加大建设力度，保证工程质量，公平公正分房，有效缓解低收入群众住房困难问题。

【法律监督】 针对群众关注的“执行难”问题，常委会专题听取和审议了法院执行工作情况汇报，提出进一步优化执行工作环境、加大执行工作力度、提升工作水平的建议意见，法院积极采纳建议，建立了执行工作联席会议制度，执行效率明显提高。为有效解决涉诉特困群体的实际困难，市人民政府把司法救助基金列入了预算。深入开展人大代表听审评议法院庭审案件活动，组织各级代表60余人次，听审评议法院民商事、刑事案件5件。听取市检察院自侦工作情况汇报，要求结合反腐形势，不断加大反贪污贿赂及渎职侵权工作力度。听取公安执法规范化建设工作汇报，要求进一步规范公安执法行为，切实提升人民群众的公共安全感。公安部门加强对干警的教育监管和作风建设，规范执法办案中收费、罚款、涉案款物处置行为，实现违法违纪零投诉。加强规范性文件备案审查制度和能力建设，对市人民政府及相关部门报送备案的22件规范性文件进行登记、备案和审查，维护法制统一。组织参与全国人大法工委开展的公民姓名权、省人大农业委开展的《中华人民共和国动物防疫法》办法（修订草案）立法调研。组织参与株洲人大“双十优”活动，评选优秀审判员、优秀检察员。听取和审议《市人大常委会关于加强镇（乡）、村庄规划建设管理的决定》执行情况，审议并出台了《关于对城市总体规划实施过程中进行修改变更的监督意见》，督促市人民政府严格执行城市总体规划，切实提高规划管理的法制化水平，促进城乡建设有序推进。参与对“四街两区”（来龙门、阳三石、西山、黄泥坳四个街道和经开区、长庆示范区）查违控违拆违工作的明察暗访和考评监督，督促各街道办事处、两区及职能部门积极履职。做好涉法涉诉信访工作，全年接待群众来访66批283人次，一些群众反映的实际问题得到较好解决。

【执法检查】 2014年，市人大常委会组织《中华人民共和国审计法》《中华人民共和国职业教育法》《中华人民共和国大气污染防治法》《中华人民共和国未成年人保护法》《全民健身条例》等法律法规贯彻执行情况的检查。《中华人民共和国环境保护法》综合执法检查过程中，市、乡两级人大联动，组织5个执法检查组，召开座谈会30多场，发放调查问卷900多份，走访调查基层干部、企业主、群众近2000人，撰写专题调查报告，摄制电视专题片《不让青山绿水成回忆》。5月，常委会第11次会议专题听取和审议了市人民政府关于贯彻执行《中华人民共和国环境保护法》的情况汇报，提出了整改要求，形成了审议意见。市人民政府成立畜禽养殖和水污染防治领导小组，安排专项经费，明确部门责任，启动污水处理厂二期建设，开展畜禽养殖和湘江水污染防治工作。11月，为跟踪问效，市人大常委会首次运用专题询问形式，针对执法检查中发现且人民群众十分关切的畜禽养殖、水源污染、生活污染、工业污染、生态破坏等5大类41项问题开展询问，市人民政府5个职能部门主要负责人到会应询。

【代表工作】 市十五届人大三次会议期间，组织全市300多名人大代表围绕“怎么当好人大代表”“怎样写出高质量的议案和建议”进行集中培训。本次大会期间共收到95件建议，数量为历次大会之最。首次尝试运用政情通报会形式向代表通报市人民政府一年来的工作情况和来年的工作思路，坚持常委会议邀请代表列席制度，在专题询问时将询问权、审议权、投票权延伸至与会代表。为解决代表建议办理重答复、轻落实现象，常委会按照“高规格交办、全过程督办、严标准评办”的原则，不断改进代表建议督办和办理工作。常委会主任会议成员对《花炮产业转型升级的建议》等10件重点建议认真督办，实际问题解决率明显提高。代表们围绕重点工程建设、实体经济发展、电瓷产业发展、社会保障体系、中小企业融资、城乡综合整治等提出有针对性的意见和建议，为各级党委政府决策提供参考。做好驻醴上级代表出席国、省、株洲市人大会议的服务工作，引导代表精心履职，积极宣传推介醴陵，全年共提出建议30件。省人大代表钟宏提出的《关于支持醴陵东互通东移重建的建议》，得到省直多个部门高度重视，并下发行政许可书。创建“代表联系群众工作室”，延伸代表履职平台。工作室与人大代表“连心解困”大走访活动相结合，实行代表信息公示、定期坐班接待、问题分类答复等制度，全市各级代表共走访联系群众8176户，解决一批涉及群众切身利益的问题。

【决定重大事项】 2014年，全市人大常委会作出《关于批准长庆示范区土地一级开发项目（一期）融资有关事项议案的决定》《关于批准设立醴陵市长庆街道的决定》。为解决资金瓶颈，作出《关于批准醴陵大道两厢土地储备项目贷款议案的决定》《关于批准渌江水利治理防洪基础设施（二期）建设项目融资有关事项议案的决定》等21项决定，有力支持了重点工程项目建设。为防范债务风险，听取财政、国有资产管理工作情况汇报，支持市人民政府整合政府性投融资平台，组建渌江投资控股集团有限公司，有效推动融资平台改革。为积极应对经济下行压力，听取计划、预算执行情况和审计工作情况报告，提出加快产业发展、调优产业结构、提高财税质量、增强发展后劲的建议，实事求是地作出批准决算、调整预算等决定。为切实推进绿色生态醴陵建设，再次作出《关于批准实施第二轮封山育林的决定》，力争五年初见成效，十年大见成效，不断改善全市生态环境质量。

【人事任免】 2014年，市人大常委会依法任免国家机关工作人员34人次，接受株洲市级人大代表辞职和补选6人次，审查代表辞职补选、资格终止22人次。依法任命137名人民陪审员。

（张新琪）

醴陵市人民政府

【概况】 2014年，全市围绕“新创业、新醴陵，打造发展升级版，建好湖南东大门”的工作主题，实现了经济社会的持续稳步发展。县域经济基本竞争力在全国百强排名上升到第84位。全年实现GDP488.2亿元，增长10.3%；完成公共财政总收入38.4亿元、税收收入19.5亿元，分别增长5.5%、14.6%，税收占公共财政总收入的比重达50.8%，比上年提高4个百分点；完成固定资产投资304.3亿元，增长23.2%；实现社会消费品零售总额144亿元，增长12.7%；实现外贸出口总额10.1亿美元，增长10.5%；城、乡居民人均可支配收入分别达28636元、19092元，增长9.4%、11.2%。

【产业发展】 2014年，全市实现工业增加值299.5亿元，增长11%，其中规模工业增加值267亿元，增长11.4%。充分发挥全省首批特色县域经济重点县政策杠杆效应，带动投入60亿元；稳步推进标准化泥釉模配置中心等一大批项目建设，陶瓷产业转型升级步伐加快。严格执行烟花爆竹第三轮行政许可，共发放许可证299家，全市90%的鞭炮企业实现机械化生产，推动了烟花爆竹产业标准化、机械化安全发展。陶瓷、烟花爆竹产业产值分别达490亿元、175亿元。持续壮大园区经济，经开区实现技工贸总收入达298.7亿元，增长24.4%，综合实力在全省排名第20位。高新技术产业加快发展，增加值达33.3亿元，增长24.8%。全市完成农业增加值45.1亿元，增长4.5%。粮食播种面积达71.94千公顷，总产量达51.2万吨。农业产业化水平进一步提升，经济作物种植面积21.53千公顷；出栏生猪119.4万头，规模化养殖比重达73%；流转耕地16.8千公顷，流转率达45.4%。全市各类农民合作社达751家。油茶产业初具规模，金鼎等龙头企业不断发展壮大。实现三产增加值122.5亿元，增长11.3%。全市金融机构存贷款余额分别达217.3亿元、122.4亿元，增长15.2%、14.3%。醴陵农村商业银行成功组建，中信银行醴陵支行正式开业。参展春秋两季广交会，成交金额1亿美元。新批进出口企业18家。物流企业发展到28家。成功举办湘赣两省“千人游醴”大型旅游推介活动和第五届房交会。

【体制改革】 推进县乡财政管理体制改革和行政审批制度改革，精简审批事项45项，全面启动乡镇（街道）便民服务中心建设。大力推进投融资体制改革，完善投融资体制机制，整合5家国有平台公司，组建渌江投资控股集团。扎实推进项目建设体制改革，调动基层干事积极性。实施城市管理体制改革，清扫保洁、园林绿化等城市管理事务逐步推向市场。稳妥实施农村经济体制改革，启动农村土地承包经营权确权登记颁证试点工作。

【招商引资】 着眼完善产业链条，推行“招商+经营”模式，实施定向、定位、定点招商，引进中国·醴陵花炮大市场等项目48个，合同引资128亿元。9个株洲市级重点招商履约项目已有7个开工建设。智能电网及电子信息产业园、“枫林印象”“黄乡民居”“官庄山水”等项目完成策划并对外招商。

【项目建设】 开展“项目建设年”活动，全年开工重点项目50个，完成投资52亿元。旗滨玻璃3条生产线建成投产。沪昆高铁醴陵段及醴陵东站、岳汝高速连接线一期建成通车。旗滨大道一期、省道333外环线东富段修复工程基本完工。醴陵·世界陶瓷艺术城顺利完工。经开区12.3万平方米标准厂房基本建成。升华科技锂电池正极材料扩产项目即将投产。时代金属轨道交通部件生产基地等项目稳步推进。

【要素保障】 强化司法保障，严格依法征拆，完成征地189.87万平方米，征拆面积8.6万平方米。推进政银企合作，对接签约项目9个，总金额9亿元。发行企业债券10亿元，成为全省第一家成功发债的县级市。拓宽融资渠道，全年平台公司融资到位39.5亿元。举办11场人才招聘会，缓解企业用工荒。煤、电、油、气、运等要素保障有力。

【城乡建设】 城乡规划进一步优化。按照“一城三片区”“一心六组团”“一环三纵横”的发展格局，进一步优化城市交通、景观、文化等空间布局规划。高品质完成渌江新城城市设计，优化经开区控制性详细规划。加快北乡片区休闲旅游、西乡片区现代农业组团和服饰产业园等规划编制。以区域为基础，以产业为纽带，推进“集镇组团”和“中心村”发展，完成24个镇（乡）总体规划、镇（乡）域村镇布局规划和44个中心村的规划编制工作。严格查违控违，全年共拆除违法建设1.1万平方米。城乡建设进一步加强。加快城市扩容，启动渌江新城建设。城乡路网日趋完善，长庆大道、玉瓷路一期和醴建路建成通车，阳三路升级改造顺利完成，体育路即将竣工；大神线、省道333新关至渌江大道段改造完成，北乡旅游线路路基工程基本完工。集镇建设步伐加快，白兔潭镇入选全国重点镇。完成农村公路建设114千米和村组连通公路150千米，新建改造危桥31座，启动滩下渡改桥建设，建成农村客运招呼站20个。完成重点水库除险加固13座、中小河流治理23千米、水土流失治理1185公顷，新建集中供水工程9处，解决8.1万人饮水不安全问题。城乡环境进一步改善。以“两改六化”和城市门户升级改造为抓手，力促城市提质。城区5个门户升级改造一期工程基本完工。太一市场等5个城区农贸市场完成改造升级。城区拆围5000米，新增、改造绿地面积近30万平方米。整顿规范城市户外广告，城区立柱广告有序下架。完成玉瓷路、凤凰大道及城区重要建筑物亮化工程。“数字醴陵”一期工程即将完工。全面抓好植树造林、封山育林和防火护林，森林覆盖率达54.9%。加强饮用水源地保护，渌江流域生态水平不断提升，官庄湖获批国家湿地公园建设试点。深入开展农村环境综合整治和美丽乡村建设。大力节能减排，万元GDP能耗下降3.5%，主要污染物总量减排达标，全年城市空气优质天数达343天。

【社会事业】 2014年，全市民生支出34.8亿元，支出比重达70.3%，圆满完成省、株洲市及本级实事任务。新增城镇就业8116人，零就业家庭动态援助率达100%。九大社保险种参保人数达90万人，被征地农民、城区环卫工人等群体已全面参保或工资提标。加快推进社会养老服务体系建设，启动基本养老服务补贴发放工作。城乡低保对象月人均补助分别提高到265元、107元。五保分散、集中月供养标准分别达280元、450元。新改扩建敬老院3所。新改扩建廉租住房396套、公共租赁住房768套，改造农村危房600户。提前一年完成教育基础设施“三年攻坚计划”；高考二本以上上线率居株洲市首位，提前两年实现“进二争一”目标；陶瓷烟花职业技术学校获评“全国教育系统先进集体”；教育督导体制改革“醴陵模式”在全国推介。建立《醴陵市科技计划项目库》，组织企业申报国家、省级科技项目34个。李立三故居获评“全国爱国主义教育基地”。基本药物制度等工作稳步实施。食品药品安全专项整治深入推进。计生优质服务水平不断提升，蝉联“全国计生优质服务先进单位”。

【安全维稳】 全面实行网格化社会治理，深入开展“连心解困”大走访活动。沉着应对“5·25”特大洪灾和“9·22”安全生产事故等各种考验。全面开展烟花爆竹安全生产综合整治行动。严格落实信访责任制，实行群众工作日制度，妥善解决一批群众合理诉求。严厉打击违法犯罪活动，人民群众安全感进一步增强。

（易汝青）

【市政府常务会议】 2014年，市人民政府共召开17次市政府常务会议。

1月28日，研究分类推进事业单位改革、实施乡镇财政国库集中收付制度改革、对有关干部政纪处分、聘任市政府工作顾问等有关问题。

2月20日，研究《2014年政府工作报告（送审稿）》《醴陵市2013年国民经济和社会发展计划执行情况与2014年国民经济和社会发展计划草案的报告（送审稿）》《醴陵市2013年财政预算执行情况和2014年财政预算草案的报告（送审稿）》、醴陵市2014年财政收支预算（草案）、全市经济工作会议方案、中储粮醴陵购销公司资产权属、2013年度安全生产工作和计生工作考核评估情况等有关问题。

3月14日，研究2014年《政府工作报告》指标任务、重点工作及十大产业项目、十大基础工程、十大民生实事的责任分解有关问题；研究新世纪陶瓷产业园申请享受产业扶持优惠政策有关问题。

4月29日，研究醴陵市行政审批制度改革工作、贯彻执行《湖南省人民防空工程建设与维护管理规定》、醴陵市集体土地上房屋拆迁安置、市政府领导成员分工等有关问题。

5月8日，研究深化全市投融资管理体制改革、全市重金属污染耕地修复治理和种植结构调整、创建国家卫生城市工作、东富工业园污水处理工程、加强禁毒工作等有关问题。

5月28日，研究“5·25”洪灾后生产自救和灾后重建工作有关问题。

6月9日，研究2014年度全市绩效考核工作目标制定、全市行政审批事项清理工作、创建国家交通管理模范城市、烟花爆竹安全生产攻坚工作、聘任市政府工作顾问、城市门户升级改造和“两改六化”工作等有关问题。

7月3日，研究全市财政预决算公开工作、开展全市农村土地承包经营权确权登记颁证试点工作、城镇基准地价更新工作、全市第二次土地调查主要数据成果公布和应用、城市规划区涉农户口管理办法、泉湖体育馆部分项目造价调整、“5·25”抗洪救灾总结大会方案等有关问题。

7月22日，研究给予全市机关事业单位部分工作人员记功有关问题；研究高铁站广场及高铁连接线建设、“碧山大厦项目”“玉瓷路整体开发（玉瓷铭城项目）”“旺亿国际家居建材城项目”3个项目有关问题；研究加强全市近期安全生产工作有关问题。

9月9日，研究全市事业单位分类工作有关问题；研究垃圾无害化处理场二期工程建设有关问题；研究全市畜禽养殖禁养区、限养区、适养区划分和畜禽养殖污染防治及水资源污染防治专项整治工作有关问题；研究市农村信用合作联社资产更名、加快全市中小学项目建设、加强沩山窑管理、进一步规范征地拆迁和房屋征收工作、加强城市规划区范围内村级预留地管理、促进全市房地产业持续健康发展、开通7路公交线路、组建渌江投资控股集团有限公司等有关问题。

9月25日，深刻反思“9·22”重大火药爆炸事故，进一步安排部署应急救援工作，专题研究安全生产工作措施。

9月29日，研究市政府领导分工调整、做好当前安全生产工作和国庆节期间工作有关问题。

10月14日，研究向中信银行股份有限公司株洲醴陵支行(以下简称中信银行）申请25000万元贷款有关问题。

10月21日，研究醴陵·世界陶瓷艺术城项目资金安排、2014年全市乡镇（街道）便民服务中心建设、文化路商业街项目、举办市第五届房交会、落实省人大大气污染防治执法检查反馈意见整改工作、开展稳增长促改革调结构惠民生政策措施跟踪审计、非居民用天然气价格调整、2014年特色县域经济重点县专项资金分配拨付、加强农村道路交通安全管理工作、市政府领导分工调整等有关问题。

11月10日，研究发行2014年中小企业私募债、醴陵市同发展小额贷款有限责任公司（筹）和醴陵鑫银小额贷款有限责任公司（筹）申请筹建工作、支持烟花爆竹企业发展有关政策措施、实施第二轮封山育林、设立长庆街道、文化路商业街项目、启动污水处理厂二期建设工作、醴陵市湘江保护和治理有关工作、城市管理工作等有关问题。

12月10日，研究《醴陵市工业强市实施意见》和《醴陵市工业强市十条政策》、全市五类涉军人员公益性岗位开发及管理、市烟花爆竹安全监管机构合署办公、成立深圳市醴陵商会、沪昆高铁建设协调工作先进名单等有关问题。

12月25日，认真传达学习戴道晋在醴陵考察重要讲话精神和全省打击烟花爆竹非法生产储存运输经营燃放紧急视频会议精神；研究2014年财政收支预算调整及2015年财政预算改革重点、市中医院住院综合大楼项目建设有关问题。

【市政府专题会议】 2014年，市人民政府共召开市政府专题会议33次。

主要研究事项：醴陵大道二期沪昆高速醴陵东互通项目建设招投标工作有关问题，西山街道办事处河西村山体滑坡隐患治理有关问题，县道鹅美线、符新线和大神线公路改造有关问题，启动整体收购姜湾小学新校工作有关问题，湖南港鹏实业有限公司扩建用地交付使用有关问题，企石村储备用地项目、华塘医院用地项目、旗滨商住配套项目和土地矿产交易中心项目有关问题，沪昆高铁连接线（醴陵大道二期）沪昆高速东互通改扩建工程招投标有关问题，醴陵市公交（客运）站场建设项目有关问题，深圳市恒凯通电子科技有限公司项目有关问题，污水处理厂环保安全防护区域内房屋拆迁安置有关问题，启动安置房建设有关问题，渌江大道绿化提质项目部分苗木结算价格调整有关问题，银山御园项目内排水箱涵建设有关问题，莲易大道改扩建工程建设有关问题，夯实投融资公司资产有关问题，东风综合商务区办理房屋产权登记手续有关问题，桔园路（焦厂段）及鸭塘路、新天世纪商住小区、玉屏山农贸市场及深塘路等3个项目有关问题，醴陵数字化项目建设有关问题，枫林市乡枫林市村环线道路改建项目建设有关问题，东富工业园项目建设有关问题，加快渌江新城渌江集团综合大楼等13个项目前期建设报批征地拆迁工作有关问题，土地矿产交易市场和阳三粮库旧城改造2个项目征地拆迁和房屋征收工作有关问题，湘运汽车站（老站）搬迁工作有关问题，渌江新城市民服务中心等4个前期建设项目征地拆迁工作有关问题，耕地占补平衡工作有关问题，耿氏公路项目违法用地处理有关问题，醴陵市垃圾处理场二期工程有关问题，沪昆高速K1004+356M涵洞安全隐患整改工作有关问题，西山街道办事处河西村山体滑坡隐患治理有关问题，引进冷链储运全程监测热敏标签项目有关问题，醴陵市污水处理厂二期改扩建工程建设有关问题，株洲市移交的10家企业改革有关问题，文化商业广场地下商铺办理产权证等有关问题。 （殷　维）

【“市长热线”办理】 2014年，“市长热线23512345”共接到市民来电1200多个，反映问题集中在噪音污染、环境污染、征地拆迁、田土山岭纠纷、河道采砂、农村环境整治等方面，办结率达100%，市民对事件办理情况的满意率在97%以上。全面做好株洲市“市长热线12345”和市长信箱交付的涉及醴陵方面的咨询、建议和投诉354件，办结率达100%，满意率达96%以上，为广大市民和群众解决了一些实际困难和问题。 （吴集兴）

【政务监督】 2014年，市政府办紧紧围绕市委、市政府重大决策部署、市政府常务会议议定事项、群众关心的热点、难点问题，以及市长批示件、领导批示信息等开展各类督查活动，重点对《政府工作报告》确定的十大产业项目、十大基础工程和十大民生实事等中心工作，以及市政府常务会议、办公会议、专题会议议定的事项进行跟踪督查。认真承办株洲市政府督察室交办或专办的查办件，办理书记、市长批示件39件，其他主要领导批示件14件，组织和参与重要工作督查44次，内容涉及重点项目、安全生产、建议提案办理、粮食生产、森林防火、防汛、维稳、创文创卫、为民办实事等工作。对株洲市政府“市长信箱”转来的信件采取转办、交办、呈办等方式，及时处理并回复株洲市“市长信箱”反映问题。全年办理答复信件290封，及时答复反馈率100%。全年编发《政务督查》15期、《督查专报》12期。

【综合信息调研】 2014年，市政府办主要围绕转型升级、城乡建设等领域，深入乡镇、龙头企业，走访相关部门，广泛开展调研，撰写《关于加快全市旅游产业发展的调研报告》《关于对第116届广交会全市企业参展情况的调研思考》《五一假期调研》等调研报告。在中央党校《打造县域经济升级版》《湖南日报》等党报党刊上发表市长署名文章2篇。全年共撰写《政府工作报告》和大会报告、领导讲话、典型发言、专项汇报等文稿材料320余篇；负责审核把关市政府主要领导新闻稿件180余篇，在省、株洲市主要新闻媒体发表新闻稿件30余篇，按时、按质向株洲报送相关材料。全年上报株洲政务信息1277篇，政务信息采用量排名前列；上报株洲市政府门户网站信息1289条，被网站《县市区动态》栏目采用421条，在各县市区中排名前列。全年编发《调研与研究》7期、《政务参考》8期、《学习与交流》18期。（易汝青）

【电子政务建设】 2014年，市政府办严格按照国务院、省、株洲市的相关要求，进一步加强政府门户网站建设和管理。全年上传各类政务信息1200余条，公开重要通知公示400余篇，发布《醴陵市人民政府2013年政府信息公开工作年度报告》，开设“2014年政府信息公开情况专栏”，汇总展示行政权力运行、财政资金、公共资源配置、公共服务、公共监管等重点领域的信息，先后在百姓呼声、本地论坛和微博等政民互动平台上，回复网友问政留言50余批次，论坛留言20余批次，微博留言20余条。同时，以微博“醴陵发布”为新媒体平台，传播党和政府的权威声音，年末该微博已有粉丝1.1万余人，单条微博的平均阅读量在5000次以上。积极加强网上政务服务和电子监察工作，全年共受理13435件审批事项，办结13404件审批事项，办结率99.77%。并通过醴陵市政务服务虚拟大厅将办事结果实时向社会公布。（肖　晶）

城市创建

【国家卫生城市创建】 2014年，全市从以下几方面着手，深入推进创建工作。一是充分发挥电视、广播、报社等新闻媒体刊播“健康相约”“创卫科普园地”专栏，及时进行卫生和控烟禁烟知识宣传；市疾控中心和城区社区卫生服务中心等单位结合“世界卫生日”“世界无烟日”主题，开展结核病防治、全国儿童预防接种、职业病防治等宣传活动；全市刊出健康教育宣传栏560期，设置不锈钢固定宣传牌280块，举办健康知识讲座260场，免费义诊5000多人次，发放宣传资料20万份。二是起草《醴陵市创建国家卫生城市工作规划》、出台《醴陵市2014－2016年创建国家卫生城市工作实施方案》。三是在乡村道路两侧种植香樟、桂花、杜英、水杉4万余株，完成乡村道路绿化约200千米，共计投入资金超过180万元。四是对全市小街小巷破损路面进行摸底，并一一实地察看破损情况后，进行照片取证筛查，实时督促指导城区10座农贸市场的新建改造，参与新建和改造农贸市场及便民菜店的验收工作。五是重点对城区小餐饮店和农家乐的食品安全与卫生进行督查整改。六是配合株洲市爱卫办对浦口镇创建省级卫生镇的调研，指导浦口镇开展创建工作，12月该镇顺利通过“湖南省卫生镇”考核验收。七是通过创建举报电话，共受理群众来电、来信、来访25人次，即时答复10件，下发督办书整改落实5件，电话交办和协调会解决10件，完成市领导督办重点难点问题3件。

【湘江流域保护和治理】 2014年，为保护和治理境内湘江流域，全市采取了一系列行之有效的举措。一是依法拆除或关闭饮用水水源保护区的排污口，启动污水处理厂二期工程，增设望仙桥水库、渌江三刀石2个水质监测点，按月发布《醴陵市水资源质量状况通报》。二是编制完成《湖南省醴陵市佳村河项目区2014年生态清洁小流域建设实施方案报告》，完成中小河流治理项目4个，完成农村安全饮水工程8个。三是依法打击河道管理范围内洗砂和乱建、乱采、乱排、乱围、乱占、乱弃等行为，累计完成造林面积3500公顷，增加湿地保护面积3382.5公顷。四是对重金属污染企业进行综合整治，对全市4个涉重金属中小企业产业结构调整项目进行现场验收。淘汰、关闭和搬迁污染企业11家，其中2家企业搬迁、8家企业关闭、1家企业淘汰。五是完成全程承包服务面积16.67千公顷，减少化学农药用量16.25吨。完成绿色防控示范面积共1333.33公顷。六是实施测土配方施肥面积66.8千公顷，覆盖村数369个，涉及农户23.56万户。在核心示范区和粮食高产创建示范片中测土配方专用肥推广使用率100%。七是制定《关于划定畜禽养殖禁养区的通知》，分乡镇设立禁养区、限养区和适养区，共利用生猪标准化规模养殖场（小区）建设资金、生猪调出大县奖励资金和规模猪场粪污治理资金等合计 783 万元。全部用于沼气池、沉淀池、化尸池、堆粪池、氧化塘等排污设施建设。

（鄢向宇）

人事工作

【概况】 2014 年，醴陵市人事局内设办公室、公务员管理办公室、事业单位人事管理股、工资福利股 4 个股室，人才服务（干部考试培训）中心、绩效评估委员会办公室 2 个直属事业单位，有机关工作人员 18 人。

【干部管理】 2014 年，出台《醴陵市人事工作管理暂行规定》，并在广泛调研基础上起草《市直机关事业单位中层干部交流工作实施意见》。做好机关事业单位工作人员年度考核奖惩工作，评定记三等功 327 人。办理辞职 56 人，调出 31 人，调入醴籍在外就职公安民警 12 名，交流机关事业单位干部 34 名；安置军转干部 3 名、退役士兵专业士官 39 名。承办提请市人大常委会决定的人事任免 3 项，市人民政府决定的人事任免 9 项。做好 2014 年公务员考录计划申报、考察和分配等各项工作，新录用公务员 9 名，选派 4 名新录用公务员到信访部门跟班学习；公开招考 126 名事业单位工作人员，事业单位公开招聘率达 100%；完成 330 名教师公开招聘工作。全年申报各系列职称评审 555 人，有 70 人取得中高级工艺美术大师任职资格。

【工资福利】 2014 年，共为 650 人办理增加遗属补助，办理抚恤及遗属困难补助 110 例。完成全市机关事业单位基本工资普调工作，兑现全市事业单位岗位工资 1.5 万人。办理退休手续 320 人、核实认定工伤 5 起。

【人才服务与培训】 2014 年，市人事局完成“株洲市万名人才计划”人才培养项目计划申报的汇总工作。办理人事代理 171 人，档案托管 352 人。在全市陶瓷企业中开展专业技术人员职称调查摸底登记工作，组织 5 名株洲市学术带头人考核和 17 名株洲市核心专家评选工作，人事人才网络平台免费为创业人员发布广告；派遣 6 名机关年轻干部担任人力资源管理联络员，到 3 家陶瓷烟花企业办点。完成两批次 300 余人的专技人员公需科目培训，开展 131 名初任公务员、新进事业单位人员培训，牵头组织 50 名市直机关中层干部培训。

【实事考核】 2014 年，全市共承担 83 项、100 个为民办实事考核指标，其中省级实事考核指标 24 项、25 个，株洲市实事考核指标 42 项、54 个，本级实事指标 17 项、21 个。年底各项指标均全面完成。

【专项清理】 2014 年，全市共清理出在编不在岗人员 842 人，其中“吃空饷”140 人。经各单位整改自纠，有 143 人办理上岗、辞职、退休等相关手续。5 月，699 名在编不在岗人员中有 446 人回岗上班，63 人办理辞职，190 人办理调出、借调、退休等手续。195 名“吃空饷”人员中停发或核减工资 140 人，回岗上班 50 人，办理退休 5 人。

【“连心解困”大走访】 2014 年，市人事局大走访活动网格责任片区为阳三石街道玉屏山、东门塘 2 个村，307 户村民。参与走访机关党员干部 11 人，集中回访 18 个工作日，走访村民 288 户，收集问题 50 余个，解决问题 50 余个。群众工作日共接访来访群众 30 余人次，现场当即解决问题 20 余起。

（官昌罗）

信访工作

【概况】 2014 年，全市信访工作围绕“新创业、新醴陵，打造发展升级版，建好湖南东大门”发展目标，进一步畅通信访渠道，加大市级领导接访、下访力度，确保全年尤其是全国两会、十八届四中全会、APEC 会议特护期间进京“零上访”“零登记”的工作目标。全年共受理上访 865 批、4599 人次，批次下降 15%。受理群众来信 154 件，与上年持平。办理国家信访局交办的信访案件 1 件，省委书记交办的信访案件 5 件，办结率 100%。市信访局在绩效考核中连续三年被评为全市一类单位。

【信访维稳】 2014 年，继续坚持每天两名市级领导到信访局现场坐班接访，基本做到有访必接、随访随接，更加方便群众直接向市级领导反映诉求、解决实际问题。全年市级领导处理信访突出问题 168 件，共接待群众 275 批、2145 人次。做好各级两会和十八届四中全会、APEC 会议特护期间重点排查，共排查出矛盾纠纷 65 件、重点对象 124 人，全部按照“五包一”的要求进行责任分解，确保特护期间全市信访形势平稳可控。根据上级要求，选派人员多次进京维稳值班、驻长值班，协调理顺关系，接待、劝返赴省进京上访群众，处置群众反映的信访问题。

【基础建设】 出台《加强信访维稳工作的意见》，明确各级领导干部工作职责，进一步完善信访维稳工作中的源头防范、信息预警、接访处访、问题化解、督查交办、应急处突、考核奖惩、责任追究等长效机制。完善信访联席会议制度。每月基本召开一次信访联席会议，协调会商解决信访突出问题。对信访工作实行每月通报，越级集体上访情况进行专题通报，共下发通报 16 起。实行季度考核与年终考核相结合，将进京非访、集体越级访和积案化解等列入重点考核项目。建立信访听证制度，聘请 42 名信访听证员，并进行专题培训。

（邓阳炯）

政务服务

【概况】 2014年，醴陵市政务中心服务大厅集中审批、办证项目2068件，收取规费5240.5万元，即办件办结率达100%，按时办结率达100%，群众满意率达99.8%。

【政务公开】 2014年，市政府门户网站首页上设有《2014年政府信息公开情况专栏》，将全市政府工作信息汇总展示。利用市长信箱、市长热线、百姓呼声、本地论坛、微博等互动平台的方式，多维度、多层次进行政务公告、政策宣传和政民互动，让不同层次的群众通过不同渠道获取信息。年内，醴陵新闻网共上传各类新闻稿件1.2万余篇，向红网等权威网站推送优秀稿件500余篇，网站注册用户达1.3万余个。醴陵政务网上传各类政务信息1200余条，公开重要通知公示400余篇，年初发布《醴陵市人民政府2013年政府信息公开工作年度报告》。“12345”市长热线共受理群众来电354件，来电办结率达100%。在百姓呼声、本地论坛和微博等政民互动平台上，共回复网友问政留言50余批次，论坛留言20余批次，微博留言20余条。同时，以微博“醴陵发布”为新媒体平台，传播党和政府的权威声音，年末该微博已有粉丝1.1万余人，单条微博的平均阅读量在5000次以上。共编发《醴陵政报》4期，专门用于公开市政府文件、市政府办公室文件以及重要人事任免；编发《涉醴舆情》28期，《舆情专报》17期，回应公众关注热点或重大舆情221次。

【乡镇（街道）服务中心建设】 2014年年末，全市有18个乡镇（街道）已建成便民服务中心，有2个乡镇正在进行便民服务中心场所改造、建设，其余乡镇（街道）均已制定具体建设方案，力争在2015年8月份前全面完成乡镇（街道）便民服务中心建设任务，形成功能完善、覆盖全面、内容丰富、服务便捷、管理规范、高效廉洁的基层政务服务体系。

（肖　晶）

档案史志

【概况】 2014年，醴陵市档案史志局内设办公室、档案馆、业务法规股（行政审批股）、党史资料征集编研办公室和年鉴编辑办公室，有在职干部16人。市综合档案馆有馆藏档案17万余卷（册）、资料近4万册，共8大门类；设立全宗单位259个，已进馆全宗单位192个。

【档案整理和接收】 2014年，市档案史志局指导市地税局、富里镇等36个单位，整理档案近3万盒（卷）、20余万件；为湖电、新华联、高新公司讲授档案法规业务课。开展家庭建档、家规家训征集活动。截至年末，阳三石街道、石亭镇、贺家桥镇等14家单位完成家庭建档工作；征集到醴陵邹氏、朱氏等家族的家规家训20余条。接收受灾严重的市新型农村合作医疗管理办公室的近3万盒档案进馆。组织人员对农业局1973年－2002年的460盒、3000余件档案进行规范化整理，并接收进馆。配合有关部门恢复重建国光集团群力瓷厂被火烧毁档案。

【档案保护与利用】 2014年，市档案史志局加强档案信息平台建设，投资近10万元建立档案馆信息化平台。全年共受理查阅事项150余件，办结率100%；接待查阅利用档案人员200余人次，调阅档案3000余卷次。剪辑《湖南日报》《株洲日报》中反映醴陵情况的简讯、报道150余篇；整理各类进馆资料40余种、200余本（册），报纸12种、60本。继续开展抢救国家重点档案工作，裱糊抢救200余件（张）重点档案。

【党史宣传与编研】 继续做好地方党史进党校工作，醴陵党史被列入市委党校教育培训的一门重要课程，安排专门教师讲授。参加湘鄂赣三省党史研究室在平江举办的“第三届湘鄂赣苏区论坛”，并向大会提供《醴陵苏区对全国苏区建议的历史贡献》《论醴陵在湘鄂赣苏区革命建设中的开创先行》等论文。认真抓好党史“三亲”（亲历、亲见、亲闻）文章的撰稿征集工作，征集老干部撰写的回忆文章5篇，向上级党史部门组织编辑出版的报刊、书籍投稿。为做好中华人民共和国成立以来党和国家领导人视察株洲纪实（醴陵篇）的征编工作，撰写高质量纪实文章17篇，征集珍贵照片42帧。

【年鉴编纂】 《醴陵年鉴》2014年卷是自创刊以来的第28部，全书共有72万余字，设特载、概述、大事记等30个类目，有200个分目、1005个条目，有彩版142幅、照片约1000张。

【重建国光集团职工档案】 2010年5月30日，醴陵红官窑股份有限公司展厅楼发生火灾，导致放在该展厅二楼的国光集团所属群力瓷厂1464份职工档案（其中在职职工712份，退休职工752份）基本被烧毁，影响职工退休、工资调整、供养亲属救济等一系列问题，有8名职工因档案未恢复而办不了退休手续，多次联名上访。2013年年底，根据地、市两级政府有关领导批示，按照市政府《关于国光集团所属群力档案烧毁有关问题协调会议纪要》的要求，由市档案史志局牵头，联合市人事局、劳动和社会保障局和改制办，组织国光集团群力瓷厂留守小组成员广泛收集、查找相关资料。2014年，“国光集团所属群力瓷厂在职职工档案清查情况表”和2000套建档资料制作完成，712份在职职工人事档案重建并获株洲市社保局、株洲市档案局审查认可。（王　珏）

政协醴陵市委员会

【市政协十三届三次会议】 2014年2月25日—27日，市政协十三届三次全体委员会议在醴陵大剧院召开。会议听取审议市政协主席杨龙代表十三届委员会常务委员会所作的工作报告，市政协副主席易磊代表市政协十三届委员会常务委员会作十三届二次会议以来提案工作报告，听取了市政协委员彭毅、陶海良等的大会发言。全体政协委员列席了醴陵市第十五届人民代表大会第三次会议，听取“一府两院”工作报告。

【市政协第三次常委会议】 2014年2月16日，市政协十三届第三次常委（扩大）会议召开，中共醴陵市委常委、常务副市长向平通报了2013年全市经济社会发展情况；市城管委书记、市政府秘书长谢圣才通报了2013年政协提案办理情况；协商通过了《关于召开政协醴陵市第十三届委员会第三次会议的决定（草案）》等有关文件，协商通过了张建辉等7名政协委员的辞免决定，增补了彭香荣等12名市政协委员。

【市政协第四次常委会议】 2014年8月13日，市政协十三届第四次常委（扩大）会议召开，中共醴陵市委常委、常务副市长向平代表市政府通报了2014年上半年全市经济社会发展情况；协商通过了委员张水良辞免决定；市政协主席杨龙总结了市政协上半年工作并对下半年工作进行了部署。

【参政议政】 2014年3—8月，市政协组成调研组，分别就官庄水库水源保护、发展旅游产业问题开展专题调研，在深入实地考察调研的基础上，形成了《官庄水源保护刻不容缓》《关于发展醴陵旅游产业》两个调研报告。9月，为重振全市花炮产业发展信心，市政协在充分调研的基础上，向市委市政府提出主席建议案，就助推全市花炮产业的整改恢复和发展提出主张，供市委、市政府决策参考。

【民主监督】 4月，市政协出台《关于委派政协委员担任民主监督员的实施办法》。5月，首次集中选派50名政协委员组成10个民主监督小组，分别对市教育局等10个职能部门开展民主监督。年内，各民主监督小组积极开展工作，向受派单位提出许多意见和建议。如驻公安局民主监督小组就120等特殊牌照车辆的规范运行提出监督意见；驻民政局民主监督小组就城乡低保不透明等现象提出监督意见，助推“阳光救助”的实施。

【督办提案】 为进一步提高提案的办理质量，市政协针对十三届三次会议以来委员们提出的涉及全市中心工作和人民群众关心的热点、难点等重点提案，组织有关人员，并邀请市委督查室、市政府督查科、市直有关单位一道开展联合督办，引起社会各界的关注及有关部门的高度重视。如教育组提出的《关于深化普及醴陵文化的建议》，市委党校、广播电视台和文体广新局发挥各自的优势，办实提案。市委党校在干训班全面开设醴陵文化课程，广播电视台在多个栏目推出瓷城文化系列报道，文体广新局逐步完善书院文化教育复原工程。委员提出的《关于健身器材也要“健身”》提案，城管局安排了专门工作人员负责管理维修城区公共健身器材，并于7月底完成责任区域内全部健身器材的更换修复工作，赢得市民好评。

【委员活动】 2014年，市政协邀请省政协经科委主任、中南大学商学院教授吴金明到醴陵为全市政协委员授课，进行专题知识讲座。市政协组织委员到优秀企业学习交流，赴长沙金荣集团进行考察，了解学习现代企业管理经验，开阔视野，提高政协委员履职能力。年内，各界别小组积极开展形式多样、各具特色的小组活动，加强委员间的联系，更好地发挥界别小组的作用。

【自身建设】 2014年，市政协按照市委的统一要求，积极开展党的群众路线教育实践活动，严格执行中央八项规定、省委九条规定和株洲、醴陵市委若干规定，建立健全各项工作制度，注重精简办事程序，改进会风文风，不断提升工作水平。通过开展教育实践活动，规范公车管理使用，整改办公用房，严控“三公”经费，机关工作作风不断改善。市政协班子成员和机关干部深入基层调研，了解实情、听取意见，积极为群众办实事。在“七个一”活动中，市政协领导班子做了大量的“帮、扶、建”工作。在“连心解困·大走访”活动中，市政协委员和机关干部深入基层和农户，帮助贫困家庭和贫困学生申请农村低保、帮助联系助学资金，帮助山区村组联系通讯部门建立信号基站等，协助解决民生实际问题。（颜自立）

民主党派

中国国民党革命委员会醴陵市委员会

【概况】 2014年，中国国民党革命委员会醴陵市委员会（以下简称“民革醴陵市委”）下设8个支部，有党员179人。党员中有省人大代表1人、株洲市政协委员1人、市人大代表3人、市政协委员19人。年内发展6名新党员，其中3名教育工作者、1名副主任医师、2名政府机关干部。易凯、姚丹等15位党员参加株洲市委党校、醴陵市委党校举办的干部培训。李忆湘、雷向军被评为民革株洲市、民革湖南省优秀党员。

【参政议政】 2014年，民革醴陵市委完善《民革醴陵市委基层支部和党员考核办法》《参政议政工作考核奖励办法》《支部工作手册》，使参政议政工作走向规范化、制度化。围绕“新创业·新醴陵”的总目标，广泛开展调研，写出《关于发展醴陵旅游产业的调研报告》《醴陵市城乡低保工作问题及对策》《醴陵市土特产及其经营状况调查与发展对策建议》《醴陵农村饮水安全情况调研报告》等调研材料。党员中的人大代表、政协委员在三级“两会”上提交建议与提案20件。组织开展走访台资企业和台属企业活动，彭慈英等党员到台湾考察并看望台湾老兵严菊高。 （杨 颖）

中国民主同盟醴陵市总支委员会

【概况】 2014年，中国民主同盟醴陵市总支委员会（以下简称“总支”）有3个支部，有盟员38名（男盟员27人，女盟员11人）。其中，有副高以上职称16人，中级职称13人；有教师13人，陶瓷工艺美术师及研究员12人，医卫工作者5人，政府公务员2人，企业家3人，律师1人；有县区以上人大代表1人、政协委员7人，副科级以上实职3人。年内，总支选派吴碧川等6位盟员参加市委党校党外干部培训班学习，推荐熊建荣参加株洲市委党校党外干部培训班培训。总支副主委瞿孝林被评为省、市两级优秀盟务工作者，盟员宋喧被评为株洲市优秀盟员。

【参政议政】 2014年，总支围绕醴陵经济社会发展开展多次专题调研活动，写出《醴陵市陶瓷职业技术人才的培养》《关于醴陵市民办(基础)教育的调研报告》等。着手打造特色服务品牌——“民盟心理健康帮扶中心”，成立社会公益帮扶机构，与地方政府、政法机关、教育机构联系，做好未成年人心理健康辅导、亚健康心理帮扶、少年犯罪疏导、灾后心理干预等工作。

（刘醴湘）

中国民主促进会醴陵总支委员会

【概况】 2014年，中国民主促进会醴陵总支委员会（以下简称“总支”）共有会员59人，其中株洲市人大代表、政协委员各1人、醴陵市政协委员8人，新吸收3位会员。总支被评为民进省委先进基层组织，蓝秀被评为民进湖南省委先进个人，田春燕被评为民进湖南省优秀会员。

【参政议政】 2014年，总支共组织以教育、“同心社区”建设等为主题的调研22次，对12所学校进行16次调研，撰写《关于加强我市中小学信息化建设工作的建议》《关于加强城市噪声污染综合整治的建议》《关于解决农村中小学生就近入学的建议》等提案和调研报告20篇（个）。8月，选派李全球、刘育艳等7名会员，参加市委统战部组织的“新创业·新醴陵”专题研讨班培训。每季度组织总支和下属3个支部负责人进行理论学习，提高骨干会员的政治思想觉悟、政治理论水平和参政议政能力。

【社会服务】 2014年，总支组织市实验小学骨干教师到黄獭嘴镇中心小学、湘西矮寨民族小学开展送教下乡活动。总支委员漆志红长期致力于公益慈善事业，捐钱修路，帮扶孤寡老人、贫困学生，2014年共捐款达6.78万元。总支在泗汾镇创建的“泗汾同心村”获省级先进“同心村”。

（李全球）

九三学社株洲市委员会醴陵市工作委员会

【概况】 截至2014年年末，九三学社株洲市委员会醴陵市工作委员会（以下简称“工委”）共有3个支社，40名社员，均为本科以上学历（其中1人为博士研究生），其中高级职称24人、中级职称16人。社员中有株洲市政协委员1人，醴陵市人大常委1人、市人大代表3人、市政协委员9人；有中国陶瓷艺术大师1人，湖南省陶瓷艺术大师6人。年内新发展社员4人；12月28日，工委三支社成立。社员中有1人参加九三学社湖南省骨干社员培训班，6人参加九三学社株洲市委骨干社员培训班，11人参加醴陵市委统战部“新创业·新醴陵”培训班。

【参政议政】 2014年，工委根据全市经济社会发展的实际，围绕森林防火、网络舆情、中职学生礼仪素养、城市物业管理和农村畜禽养殖污染等主题，形成高质量的调研报告5篇。工委人大代表和政协委员充分利用两会舞台，提交集体或个人议案，积极为市产业发展、城乡创建等民生热难点问题献计献策。

【社会服务】 在“同心走基层，真情访黄乡”活动中，根据黄獭嘴镇双井中心小学位置偏僻、教学设备欠缺等实际困难，社员付笑成、李莉捐赠电子广播设备和音乐、体育教学设备，价值共4.5万元。在株洲市“同心工程”创建活动中，协助九三学社株洲市委对接湖南升华科技有限公司，为企业发展提供支持和帮助，对接姜湾社区，组织社员捐款4000元，慰问贫困市民。（黄向阳）

市工商业联合会

【概况】 2014年，醴陵市工商业联合会（以下简称“市工商联”）有团体和个人会员542个（其中团体会员12家，覆盖企业1267家）。市工商联（总商会）设主席（会长）1人，党组书记1人，专职副主席2人，兼职副主席21人，秘书长1人，常务委员26人，副会长10人，执委71人；有机关工作人员7人，内设办公室、会员部、经济联络部、宣传培训部。1月14日，市工商业联合会第十四次会员代表大会召开，选举产生市工商联新一届的执常委班子。

【慈善事业】 2014年8月，市工商联组织成立全市首个冠名慈善基金的“同心教育基金”，首次募捐活动募集善款30.3万元。捐资6.6万元为大障镇申明小学更新300套课桌，挖深水井1口。资助曾雨露、卢君等42位贫困学生学费6.65万元。

【企业服务】 2014年，市工商联共组织会员参加9次报告（宣讲）会，组织100多名非公企业委员参加由市政协举办的第十三届委员会第二期委员学习培训，组织非公企业家赴湘潭市岳塘区、昆明市湖南株洲商会进行考察交流，并与湘东区工商联、麻阳苗族自治县工商联缔结为友好商会。参与调处劳动争议纠纷案件77起。全市工商联界别的政协委员和非公有制经济人士中的人大代表向两会提交各类提案和建议案4件，为非公经济发展建言献策。（陈姗姗）

群众团体

市总工会

【概况】 2014年，市总工会内设经济法律保障部、基层工作部、财务部、办公室和市困难职工帮扶中心，下辖市职工学校、市工人文化宫两个事业单位，有在编人员13人。年末，市总工会被评为2014年度“株洲市工会工作先进单位”。

【劳动竞赛】 5月，市总工会联合市委人才办、市劳动和社会保障局等单位举办株洲市“技能天下”职业技能电视大赛陶瓷专场比赛，共有来自全市18家规模陶瓷企业的技术职工和省陶瓷技师学院、市陶瓷职业技术学校的师生共计103人，参加陶瓷成型工和陶瓷装饰工的技能竞赛。获奖选手被授予“株洲市技术能手”“五一劳动奖章”称号，并由劳动部门核发技师以上证书。全市500多家企业争相开展各种形式的岗位练兵和劳动竞赛等活动。

【职工培训】 2014年，利用省技师学院、陶瓷烟花职业技术学校、职工学校等5个教育培训基地，积极开展劳动力转移、失地农民就业、高级技能、烟花爆竹取证等培训，培训职工1.5万人。10月22日，全国总工会经济技术部副部长寇微莉一行到醴陵调研、指导农民工技能素质提升工作。市总工会先后组织2批企业女职工参加株洲市总工会举办的女职工心理咨询师讲座，并结合集中面授和远程网络培训方式，鼓励职工参加心理咨询师自学和考试，培养企业工会干部成为心理咨询方面的专业人才。

【职工文体活动】 2014年，市总工会通过广泛开展职工文体活动，引导职工提高综合素质，激发创业活力。联合市委宣传部、市文体广新局、篮球协会、书法协会等举办多次规模较大、职工喜闻乐见的文体活动，如“欢乐潇湘·五彩醴陵”大型群众文化活动、“登仙山圣境，爱五彩醴陵”登山比赛活动、“通达杯”羽毛球比赛、健身广场舞比赛、机关篮球比赛和“第三届职工书法大赛”等，参与职工数近万人。组织职工参加株洲市“中国梦·劳动美·我与改革创新”职工演讲比赛，获总决赛二等奖；主办为期一个月的市“五彩新城·爱在醴陵”大型公益交友活动，为110多名来自全市教育、卫生、交警等系统和企业的未婚男女青年打造交友平台。

【推荐慰问劳模】 市国税局党组书记、局长肖国平被省总工会授予“湖南省五一劳动奖章”称号，推荐市地税局税政法规科副科长廖晓春作为2014年度“株洲市劳动模范”候选人。全面完成160名三级劳模、先进工作者、“五一劳动奖章”获得者电脑建档工作，对困难劳模的低收入补助近32万元已基本到位；走访慰问男80岁、女75岁以上的劳模；“五一”“十一”前后，组织71名三级劳模免费体检，组织28名劳模和一线职工外出疗休养。

【组织建设核查】 2014年，市总工会用时两个多月，对全市各级基层工会组织的建设现状进行一次普查。全市2014年前已建基层工会组织833个，会员总数11.07万人。其中，党政机关工会99个，包括乡镇(街道)工会30个，长庆示范区、经开区工会各1个，行业、市直机关工会67个，会员总数6008人；事业单位工会99个，会员总数9662人；企业工会635个，包括国有企业工会29个，私营企业工会596个，外资、三资企业工会10个，会员总数95029人。全年新增工会组织100家，新增会员人数3711人。年末，全市基层工会组织数达933个，会员总数11.44万人。

【民主管理】 2014年，全市29家国有企业单位已经全部建立厂务公开制度，推行率达100%，涵盖职工7600人；事业单位建制99家，涵盖职工9014人；已建工会非公企业实行厂务公开的有473家，其中规模以上的非公企业230家，涵盖职工6.06万人。全市128家国有企业和事业单位已全部建立职工（代表）大会制度，推行率达100%。已建工会非公企业单独建制企业有431家，推行率达86%；其中，规模以上的非公企业229家，涵盖职工6.01万人。

【工资集体协商】 截至2014年11月底，全市共有589家企业签订工资集体协议，覆盖职工近5万人。其中，签订区域性工资集体协商协议31份，单独签订企业工资集体协商协议30份，工资集体协商建制率达92.8%。通过工资集体协商签订协议，全市不同行业、不同规模、不同性质的企业职工人均工资同比增长6.8%。

【劳动争议调处】 2014年，工会部门办理42件困难职工劳动纠纷案件，追回拖欠农民工工资40多万元。接待职工来信来访12人次，参与仲裁立案107起，结案103起，其中调解22起、裁决59起，涉案金额达430.2万元。

【职工帮扶】 依托市困难职工帮扶中心，市总工会开展两节送温暖活动，为全市371名困难职工发放慰问金21.25万元；发放医疗互助补助金13批，获补助职工人数554人次，补助金总额为95.15万元，对其中患特大疾病的职工给予2000元至5000元不等的大病补助。为神福港镇、市环卫处等单位的600多名困难女职工赠送互助保障金；有442名困难职工和困难农民工子女获180.1万元的助学款。 （郭 媛）

共青团醴陵市委

【概况】 2014年，共青团醴陵市委（以下简称“团市委”）在服务大局中加快发展，在服务青年中提升形象，在服务社会中汇集力量，为实现“新创业、新醴陵”的目标做出积极贡献。10月14－19日，团中央书记处常务书记贺军科到醴陵开展基层联系点调研活动时，对全市共青团工作给予充分肯定。年内，团市委在团中央大学生志愿服务西部计划绩效考核中获优秀等次，并获“株洲市优秀青年志愿集体”等称号。市工商局经济检查大队被评为株洲市“青年文明号”集体，市交通运输局办证大厅等3家单位被评为醴陵市“青年文明号”集体；有2人被评为株洲市“青年岗位能手”，10人被评为市“青年岗位能手”。

【青少年思想道德教育】 2014年，团市委以团队活动、重要节庆日活动、“我的中国梦”青少年主题教育和学习实践社会主义核心价值观教育为主体，促进青少年思想道德教育。开展“清明祭扫、缅怀革命先烈”“邦和东郡杯”青少年书法大赛、“迎端午敬老爱老”“赢得力量”青少年素质训练营暑期体验等活动，调动青少年的积极性和创造性，引导他们“知行统一”。开展“庆祝新中国65华诞，青春践行核心价值观”主题活动，举行“新青年、新创业、我的醴陵梦”演讲比赛，引导团员青年坚定理想信念，立足岗位建功；组织开展“陶润杯”携手瓷城·浪漫人生单身青年联谊会、“健康青春、新青年、新醴陵”机关青年趣味运动会等活动，提高青年参与共青团活动的积极性和对共青团组织的认同度。以“做一个有道德的人”为主题，引导未成年人树立正确的价值理念；以“十八岁成人仪式”为主题深化马克思主义者培养工程，培养高中和中职学生坚定理想信念；以首个全国公祭日为契机，加强青少年学生爱国主义教育。以树典型、抓示范为主要目标，召开“醴陵市纪念五·四运动95周年表彰大会”，推树一批先进集体和个人，11家单位团、队组织获株洲市级以上荣誉，有31人次获株洲市级以上荣誉，典型带动激励青少年勇担青春责任。

【青年就业创业】 一是引导就业创业观念。依托中职学校培训基地、“以创业培训、创业指导交流”为核心，举办了22场次授课培训和专题讲座，传播就业创业理念、传授就业创业技能、提供就业创业指导。二是搭建就业平台。联合市人才办、劳动和社会保障局等举办“醴陵中职学校2014届毕业生供需见面会”。中职学校应届毕业生招聘会汇集包括海尔集团、华联集团、旗滨玻璃在内的217家单位，共有1936个就业岗位，前来任聘的学生达1280人，有1031人达成就业意向。三是加强青年典型培养工作。选推4位创业典型参加省、株洲市青年创业就业项目比赛，成绩优异，为其中残疾创业青年邹卫明争取5万元创业基金；选推2名代表参加团省委联合北大在京举办的青年创业培训班学习，拓宽创业青年视野。四是开展就业创业维权活动。积极配合工商、税务等职能部门，向青年创业者宣传介绍创办企业流程，为他们创办企业提供方便快捷服务；开展法制宣传活动，提高青年在就业创业过程中依法维权的意识和能力，引导失业、返乡青年合理、合法表达愿望和诉求。

【希望工程】 2014年，团市委通过希望工程“一元捐”、母亲节爱心义卖、“芙蓉学子”“国酒茅台·国之栋梁”、希望工程“扶苗圆梦”祝福会等多形式的活动，拓宽筹资渠道，使各种救助方式与最需要救助的贫困青少年结合，以便随时为他们提供帮助。全年共筹集资金43万元，帮助280名青少年。

【志愿者服务】 2014年，团市委按照“政府支持、共青团承办、社会化运作”的工作思路，组织发动5000多人次参与“关爱留守儿童，放飞希望梦想”“志愿周末——一起学雷锋，共建新醴陵”“建设共青团林”植树、“5·25”抗洪救灾、“6·26国际禁毒日”宣传等青年志愿者主题活动，使争做志愿者成为醴陵青年的精神时尚。关心40名在醴陵西部志愿者的学习、工作和生活，协调处理好他们在工作生活学习上遇到的困难和问题。

【青少年维权】 2014年，团市委把维护青少年合法权益融入社会管理创新工作，履行预防青少年违法犯罪专项组成员单位职责。全市设立市、乡镇（街道）、村（社区）三级预防组织机构，继续实行未成年人违法犯罪月报制度，加强对重点群体的建档帮扶工作。积极开展“共青团与人大代表、政协委员面对面”活动，发挥人大代表、政协委员在维护青少年合法权益方面的积极作用，形成《如何加强青少年心理健康教育》的政协提案；组织经司法行政机关认可的热心青少年事务人员，4次参与刑事案件办理，维护未成年人合法权益；突出法制宣传教育，开展法制讲座100场，发放法制宣传资料3000余份，举办中学生禁毒知识抢答赛。2013年11月至2014年10月份，全市18岁以下青少年犯罪数为4人，重新犯罪率为零，全市6－25岁的青少年犯罪人数52人，总犯罪人数为507人。未成年人犯罪占总犯罪人数的0.78%，青少年犯罪占总人数的10.26%，低于前三年6－25岁青少年犯罪率平均值，且全市未发生青少年团伙恶性犯罪事件。

【组织建设】 2014年，全市共有135个一级团组织、219家“两新”团组织（新经济和新社会组织中的团组织），有共青团员4.7万人。团市委利用村支两委换届契机，召开各乡镇、街道团（工）委书记座谈会，部署村级团组织换届工作，助推符合条件的村团组织负责人通过法定程序进入两委班子。向全市26个乡镇、4个街道及两区（经济开发区、示范区）发放“团建”工作包（一本团章、一面团旗、一个团徽、一枚团组织印章、一本团工作手册）和制度牌，推动基层团的各项工作走向制度化、规范化、科学化。加强“两新”团组织建设工作，新增22家“两新”团组织。重视团干部学习培训，年初向市委申请将团干培训纳入全市干部培训计划。7月，举办团干培训班，对基层团干部、少先队辅导员共计110人进行系统培训，并选送10多位团队干部参加上级团委培训，提高团队干部开展群众工作的能力和业务工作水平。

【宣传工作】 2014年，团市委充分发挥团属媒介、社会传媒和新媒体的作用，多角度、多侧面地反映全市共青团工作。有6篇稿件在中国共青团网刊发，24篇在湖南青年在线刊发，44篇在株洲青年在线刊发，在醴陵电视台播出新闻20条，在《今日醴陵》等报纸上刊发各类稿件19篇；开展4次调研活动，撰写调研报告4篇。完善5个团属QQ群、1个微博的管理，建立1个微信平台，打造强势青年信息平台，把团的声音与信息及时传递给青少年。

【群众路线教育实践活动】 2014年，团市委严格按照群众路线教育实践活动要求，把学习作为开展活动的重要基础贯穿全程，共集中学习13次。赴李立三故居、耿传公祠和检察院反腐倡廉中心开展现场教学；通过走访座谈、问卷调查等征求各方面的意见建议34条，其中“四风”方面的意见共30条。在此基础上，认真透彻地查摆问题、剖析“病根”，撰写对照检查材料，分析原因，提出整改措施并认真整改落实。

【“连心解困”大走访】 2014年，团市委深入联系点新阳乡开展“连心解困”大走访活动。1月，为荷塘小学留守儿童送去价值1万多元生活学习用品。6月，赴青泥小学慰问留守儿童，为他们带去5000多元体育用品、文具、课外书籍等，并陪孩子们表演节目和做游戏，给孩子们送去精神和物质上的慰问。8月，走访贫困学生，为10名小学生和5名应届高中毕业生发放助学资金3万元。12月，带领40多名学生赴新阳乡石羊村敬老院慰问五保老人，为他们送去精彩节目和价值5000元的生活物资。（彭任任）

市妇女联合会

【概况】 2014年，醴陵市妇女联合会（以下简称“市妇联”）本着“党政所急，妇女所需，妇联所能”的工作原则，深入开展“巾帼建功”“巾帼关爱”“巾帼维权”“巾帼成才”四大行动，各项工作取得显著成效。获评全省妇联系统宣传工作先进单位。

【巾帼建功】 深化“双学双比”活动。农之源生态农业发展有限公司成功创建省级“巾帼农业科技示范基地”，雅博农业生态园被评为株洲市“巾帼科技示范基地”，市公交公司和市劳动和社会保障局企业养老保险股分别被授予省级和株洲市级“巾帼文明岗”；板杉乡土株岭村支部书记付足平、大障镇盐山村村民周小云等一批女性被授予株洲市“农村科技致富女能手”，市恒达烟花有限公司总经理李艳平获评株洲市“三八红旗手”。搭建“巾帼建功”平台。在清水江乡界陂村、阳三石街道渌江社区等“妇女之家”流动举办手工编织技能培训班；在板杉乡竹花山村等“妇女之家”举办家政服务培训。开展征集妇女优秀手工编制作品活动，选送34件作品参加“株洲市妇女手工作品展”，东堡乡樟塅村文艳群的根雕作品在展览中获“优秀作品奖”，市妇联获优秀组织奖。联合市劳动和社会保障局开展“春风送岗位”活动，提供岗位平台3000个，帮助1200名妇女成功就业；争取市农村返乡创业妇女重新纳入小额担保贷款范围，自2014年11月份重新启动以来，共推荐90余名妇女申报小额担保贷款；醴泉窑艺陶瓷有限公司获评第四批全国“女大学生创业实践基地”。

【巾帼关爱】 关爱弱势妇女。关注农村“两癌”（宫颈癌和乳腺癌）妇女生产生活情况，完善全市“两癌”妇女信息库，争取“贫困母亲两癌救助”专项公益金69万余元。关爱特殊儿童。举办“冬暖童心”“寄亲情，享健康，圆梦想，为成长加油”“传递彩虹邮包，情暖留守儿童”“关爱孤儿·点亮未来”等主题活动，为1300名儿童送去近40万元慰问物资。关爱儿童成长。引进“国医启蒙教育”公益项目，共有240多名孩子参加免费培训；启动《心理素质在留守儿童服务体系建设中的作用》课题研究，“乐观达人”心理健康活动在清水江乡已开展6期，选送8名铁肩中学学生参加株洲市“梦想达人”寒假成长体验营；联合四塘等社区开展励志教育演讲，举办礼仪、心理健康、家庭教育等专题讲座。碧山社区、四塘社区、北门社区、渌江社区成功获评“株洲市示范社区家长学校”。

【巾帼维权】 加大宣传力度。开展“坚持男女平等基本国策，维护妇女儿童合法权益”“走群众路线，为妇儿服务”等三八妇女维权周活动，开展“6·26”禁毒宣传，以及“‘蓝结行动’禁毒宣传进社区暨签名活动”，进行多种形式的法制、禁毒宣传。完善维权体系。自联合中医院成立全市首个家庭暴力伤情鉴定中心以来，共为12名妇女进行家庭暴力伤情鉴定；成立法律、心理咨询室，特别聘请4位法律、心理方面的专业人士，以每个星期定时定点或预约的形式接待群众来信来访，为妇女儿童解决心理困惑、维护合法权益；联合市司法局、民政局成立婚姻家庭纠纷调解委员会，开展婚姻家庭、亲子教育等问题调解。提高维权实效。2014年，市妇联共接待群众来信来访110起，全部做到有访有答复，无一起投诉事件，切实帮助女性同胞解决维权困惑，有效化解矛盾纠纷。

【巾帼成才】 助力女性成长成才。组织妇女工作者、社区家长学校负责人，以及农业科技示范基地女法人50余人赴株洲县松西子社区，交流学习；在市委党校举办“新创业新醴陵”第五期女干部研讨班，共有41名优秀女性参加了为期6天的学习；选派5批、13名妇女干部代表参加省、株洲市培训和学习；开办茶艺培训班，邀请茶艺大师分享茶知识、茶文化，助力提升女性魅力。联合省妇干校开展主题为“醴陵市女干部现状分析”的调研，实事求是地反映全市女干部发展现状，提出助推女干部发展的建议意见。营造和谐家庭氛围。在2014年度“寻找最美家庭”活动评选中，全市有200余个家庭踊跃参与，其中有1个家庭荣获株洲市“最美家庭”优秀奖，2个家庭获株洲市“最美家庭”提名奖。还有6个先进家庭典型分别获株洲市“文明家庭”“爱粮节粮家庭”“两型示范家庭”等称号。搭建坚强阵地平台。沈潭镇江口村、黄獭嘴镇株抱樟村成功创建株洲市级“示范妇女儿童之家”，清水江乡界陂村获省级“示范妇女儿童之家”称号。做实基层党建帮扶。结合大走访，市妇联干部深入党建帮扶点走访群众318户，帮助贫困学子解决学费、调解纠纷矛盾等问题20余个。通过多种主题活动帮助贫困妇女、弱势儿童，多方筹集资金支持基层基础设施建设。打造团结务实队伍。以开展党的群众教育实践活动为契机，狠抓机关作风建设。建立完善目标管理考核、机关公务接待、公务用车等工作机制，领导班子率先垂范，严格带头遵守执行。推进“学习型”机关建设，加强干部能力提升，定期组织机关干部政治理论学习，开展读书、文体、职业培训等活动，鼓励妇联干部学习考证，倡导妇联干部学习心理咨询、婚姻家庭咨询和礼仪督导等相关知识内容，提高服务水平。

（刘　练）

市残疾人联合会

【概况】 2014年，醴陵市残疾人联合会（以下简称“市残联”）内设办公室、康复办、教育就业办、宣传文体办，辖市残疾人劳动就业服务所、残疾人辅助器具服务站、残疾人权益维护中心3个二级机构，现有在职人员10人；主要负责全市残疾人康复，残疾人辅助器具供应，残疾人就业培训，残疾预防，扶贫开发等工作。全年共办理残疾人证1710人，补发证68人，审核不符合办证人员54人。核定2013年度残疾人机动轮椅车燃油补贴对象301名，发放燃油补贴78260元。接待来信来访150件次，全部办结，无一起集体访、越级访、重复访事件发生。在全省第九届残运会上，市选送的5名残疾人运动员共夺得金牌6块、银牌4块。

【为民办实事】 2014年，市残联承办两项省为民办实事项目（贫困残疾人家庭无障碍设施和抢救性康复贫困残疾儿童项目）及两项株洲市“民生100工程”项目（免费培训残疾人和为残疾人提供辅助器具适配服务项目）。共投入资金16万多元，对全市20户贫困残疾人家庭实施无障碍改造。完成向省、株洲市输送45名残疾儿童康复训练任务，为3名残疾儿童安装人工耳蜗；投入资金13万多元，免费举办3期残疾人实用技术培训班和1期残疾人职业技能培训班，共培训残疾人130名，均培训合格并颁发结业证书；为160人次残疾人配发辅助器具，其中轮椅60台，方便和改善残疾人日常生活。

【康复工作】 2014年，完成城区4个社区康复示范站建设工作，向每个站投入资金5000元并配发价值1.5万元的康复器材；在黄獭嘴镇建立乡（镇）残疾人辅助器具服务示范站。同时，枫林市乡、富里镇、孙家湾乡、阳三石街道残联4个单位通过省残联“乡镇（街道）残疾人工作规范化建设”验收达标。为300名贫困精神病残疾人提供服药补贴，对20名贫困重症精神病人提供住院补助；举办一期盲人定向行走培训班，培训盲人84人；为低视力残疾人适配助视器等辅具90件；为贫困重度残疾人适配轮椅等辅具12件；为就学就业残疾人辅具适配1人；假肢和矫形器适配安装44件；为15名听力残疾人适配成人助听器。

【培训就业】 2014年，市残联年审企业28家，财政代扣税务代征残保金260万元，推荐20位残疾人就业。做好“残疾人就业和职业培训状况实名制数据录入工作”，共录入8000多人次。选送12名选手参加株洲市“残疾人职业技能选拔赛”，2人获一等奖，1人获二等奖；选送4人参加省残联举办的“残疾人职业技能竞赛”，分别获一、二等奖。投入帮扶资金20万元，对神福港镇大塘残疾人扶贫基地开展规范化建设，帮扶残疾人15户；开展“2014年湖南省残疾人创业扶持项目”，投入资金21万元，帮扶20名残疾人；通过市老年科学技术工作者协会重点扶持4户残疾人发展养殖业；投入资金40万元，通过“以奖代扶”的形式对全市50户具有一定规模的残疾人自主创业户和种养殖专业户进行帮扶；推荐“顺飞盲人按摩店”申报省、株洲市残联规范店。组织24名残疾人参加远程教育培训；选送2名残疾人到省特教中专就读；为7名残疾人大学生及贫困残疾人家庭大学生子女向株洲市残联申报资助。清水江乡残疾人托养服务所规范化建设通过省、株洲市验收，争取项目资金35万元。核定2014年居家托养服务对象170名，共发放托养资金13.6万元。

【帮扶工作】 春节期间，市直各单位走访慰问残疾人321名，发放慰问金12.84万元。在第24次全国助残日活动期间，全市129家市直单位走访慰问特困残疾人507户，发放慰问金20.28万元。选定贺家桥镇水口山村为2014年度“连千村帮万户”项目村，共向该村投入帮扶资金5万元，其中结对帮扶该村20户残疾人，每户给予1000元资助资金；开展党组织结对帮扶工作，帮扶残疾人14户，每户给予1000元扶持。

（王　怀）

武　装

市人民武装部

【概况】 2014年，醴陵市武装工作按照“突出三个重点，建强三支队伍，打牢建设发展基础，为推进‘新创业，新醴陵，打造发展升级版，建好湖南东大门’提供坚强保障”的总体思路，迎难而上，主动作为，战备训练效果明显，年度训练考核成绩突出，征兵任务圆满完成，后装综合保障坚强有力，安全稳定局面进一步牢固，抢险救灾、扶贫帮困等参建参治活动取得新突破。年内，被省军区评为“全面建设先进单位”，被军分区评为“军事训练先进单位”“安全管理先进单位”“新闻报道先进单位”。

【思想政治建设】 一是扎实开展党的群众路线教育实践活动。以查找问题为导向，研究制定具体实施方案，严格贯彻整风精神，突出边学边改。重点解决作风纪律、公车使用、财经管理、廉洁自律4个方面的问题。年内，在各级各类中央、省、株洲市级报刊媒体刊稿21篇，情景剧《娘的心愿》在省组织的文艺汇报演出中获三等奖。二是班子建设有新成效。部党委按照年初确定的工作目标，围绕“团结和谐、风清气正、坚强有力、奋发有为”要求，着力加强班子自身建设，努力塑造“政治强、素质高、作风实、廉政明”的良好形象，形成坚强有力的领导核心。三是精心筹划主题教育活动。组织干部、职工和专武干部参加“牢记强军目标、献身强军实践”和“讲党性、守党规、严党纪”专题教育活动，参观先农坛、李立三故居和耿传公祠等爱国主义教育基地。梳理主题教育需要重点解决的问题，找准教育突破口。

【战备训练】 2014年，市人民武装部紧贴军事斗争准备和醴陵实际，扎实有序推进军事工作。4月，组织舟桥分队演练，展示市抗洪抢险分队的应急能力，受到《湖南日报》、湖南都市频道、湖南教育频道等媒体的重点报道。投资增购冲锋舟、风力灭火机、维稳设备等应急装备，市应急连装备建设水平大幅提升，各乡镇基层武装部和民兵应急分队建设全部实现规范化要求。完成民兵训练任务，重点抓民兵应急分队的非战争军事行动训练和演练，组织民兵参加森林扑火、治安巡防等战备执勤活动。完成新兵征集任务，并利用一周时间，对新兵所在的部队进行回访，主动与部队的军务部门和新训单位及时沟通与协调，了解新兵的生活和思想动态，通过部队、武装部、家庭三位一体地做工作，实现了“零退兵”目标。　（黎　建）

预备役部队

【思想政治建设】 2014年，湖南预备役驻醴陵部队（以下简称“部队”）以党的群众路线教育实践活动为契机，加强思想政治建设和作风建设。对照团下发的基层政治教育计划，结合营队实际，制定年度政治教育计划，使广大预备役官兵系统的学习和了解预备役部队性质、地位和作用，认清了战备形势和所肩负的历史使命。活动中，部队官兵参加学习积极认真，剖析问题实事求是，整改措施切实可行，现役干部中有2人入选团十佳对照检查材料。

【军事训练】 2014年，部队坚持以军事训练为中心，以遂行多样化军事任务为牵引，较好完成各项军事训练任务。3月，部队组织新入队人员进行为期7天的严格正规训练，使新入队人员掌握基本的军事技能。4－5月，现役营连长参加全省预备役部队现役营连长集训，其中谢金波被评为“优胜个人”。6月中旬，在市渌江河开展为期5天的舟桥骨干训练，从实战需要出发，突出技能练习和心理素质考验，提高抢险分队官兵的能力素质水平。6－7月，营连长安排60余人参加省军区组织的“湘江－2014”演习，极大地提高预任预编官兵遂行多样化军事任务的能力。9月，组织18名预任预编官兵参加炮兵实弹射击集训和战术演习，取得实弹射击首发命中、发发命中的好成绩。10－11月，现役干部参加团组织的迎考集训并接受师考核组的考核，成绩均在合格以上。

【军地融合】 2014年，部队以打牢组织基础为重点，深入细致地开展组织调整工作，进一步加强营队的基础建设。一是扎实进行预任干部、预编士兵和预征装备的调整。按照师团组织调整工作的指示精神和有关要求，展开组织调整调查摸底工作，通过认真细致地走访、调查摸底、征求意见、人员筛选、整理归档，更新了全营的组织编配。全年共调整预任干部4人、预编士兵68人，调整后全营退伍率达68.9%，专业对口率达89.4%，在位率达95%。二是进一步加强营连部硬件建设。共投入近30万元提升硬件建设，营部和一连配备了全新的战备物资器材和非战争军事行动器材，为营、连部更新宣传橱窗和各项标语制度标牌。三是进一步完善了营连部的软件建设。在营连部设置兵员信息栏，更换预编官兵档案，为每名预编官兵建立信息全面的档案资料。各种软件资料与试点单位进行对接，严格按照试点单位的标准进行整理和规范。（旷忠元）

武警醴陵市中队

【概况】 2014年，武警株洲支队醴陵市中队（以下简称“中队”）围绕国防和军队建设的主线，狠抓以执勤处突为中心的各项任务，大力加强部队全面建设，严格落实党支部委员集体学习制度，在中队全体党员中积极开展专题教育，班子理论水平进一步提高。严格落实《军队基层建设纲要》《基层正规化管理规定》和《军队党支部工作条例》等，全年撰写论文30篇，读书心得64篇，在武警局域网上刊稿80余篇，部分论文、文章在《解放军日报》《人民武警报》和《株洲日报》上发表。

【思想政治教育】 2014年，中队围绕党在新形势下的强军目标，以“永远做党和人民的忠诚卫士”为主题开展教育活动，突出红色文化育人，组织学习《为人民服务》《纪念白求恩》和《愚公移山》等教育影片，进一步坚定官兵的理想信念。开展捐资助学、义务献血、义务劳动、植树造林等公益活动，进一步融洽警政警民关系。

【执勤训练】 2014年，中队执勤训练水平稳步提升。严格参照正规化执勤等级评定体系，开展专勤专训。训练中，重点抓好执勤检查鉴定、执勤情况分析研究和目标单位走访，与看守所联合开展思想共建、队伍共管、安全共保活动，确保看守执勤目标绝对安全。加强战术训练同时，不断提高处理突发事件能力，在春节、“五一”和“十一”战备期间，担负城市武装巡逻任务，各项任务均圆满完成。（陈　龙）

市公安消防大队

【概况】 2014年，醴陵市公安消防大队（以下简称“大队”）紧密围绕消防工作中心，落实工作责任，认真抓好执勤战备、执法监督和部队全面建设工作，实现火灾形势和部队管理两个稳定的工作目标。全年接警出动304次，其中火警203次、救援救助101次，出动车辆499台次、警力3419人次。

【火灾防控】 2014年，全市社会化消防工作有新进展。一是消防安全责任制全面落实。市委、市政府和公安机关将消防工作纳入任期责任目标和年度工作计划，纳入社会治安综合治理考评内容，通过层层签订消防安全责任状，逐级落实消防安全责任制。二是重大火灾隐患整治推进顺利。市政府挂牌督办2处重大火灾隐患单位，年内已督改1处。三是火灾隐患大排查大整治工作成效明显。全年大队共检查各类场所、单位1054家次，发现火灾隐患或违法行为690处，督促整改659处，下发责令改正通知书484份、行政处罚决定书68份、临时查封决定书7份，责令“三停”（停止施工、停止使用、停产停业）单位13家，罚款61.43万元。

【消防宣传】 一是加强日常消防宣传。大队与嘉茂银座商城、新街口广场、新太阳国际大酒店等商户负责人联系沟通，利用大商场户外电子屏，播放消防宣传公益片和标语。特别是在人流量大的时段加大消防宣传的力度，形成覆盖效果。二是强化消防知识培训。深入全市各乡镇（街道）和企事业单位开展消防安全宣传与培训活动，为广大群众讲解日常火灾的预防、灭火器正确使用方法及火场逃生自救等方面的消防知识。三是积极开展各类主题宣传活动。利用“5·12”防灾减灾宣传、安全生产月消防安全知识宣传、“119”宣传月等活动，发放消防宣传资料3000余份，提高全市人民的消防安全意识。

【自身建设】 2014年，大队坚持以“练为战”为指导思想，全力打造现代化消防铁军队伍。深入开展执勤岗位练兵、等级战斗员达标活动，把主要精力放在“六熟悉”（熟悉消防队责任区的交通道路、水源情况，责任区内重点单位的分类、数量及分布情况，责任区内主要灾害事故处置的对策及基本程序，责任区内重点单位建筑物使用及重点部位情况，重点单位内部的消防设施情况，重点单位的消防组织及其灭火救援任务分工情况）和实战演练上。全年制定完善重点单位灭火救援预案50份，熟悉单位105家，实地演练120余次。研究制订训练计划和业务考核办法，不定时开展日常实战化模拟训练，大队领导定期对战士的业务技能进行抽查，有效增强队伍综合素质和战斗力。大队在基层基础建设中突出强化软、硬件设施的配套建设，先后投入100余万元对大队窗口、执勤训练库、健身房、营区网吧进行升级改造。为进一步落实从优待警的有关要求，大队安排经费为全体官兵进行健康体检，安

排在作战训练中受伤的官兵及时医治。（阳程明　张雅婷）

市人民防空办公室

【概况】 2014年，醴陵市人民防空办公室（以下简称“市人防办”）内设综合股、工程股、行政审批股，下辖市人防指挥信息保障中心；有在职干部9人、退休干部4人。全年坚持“长期准备、重点建设、平战结合”的人防建设方针，突出抓好指挥通信、工程建设、宣传教育业务工作，认真开展党的群众路线教育实践活动、“连心解困”大走访、机关建设、建整扶贫、优化环境等工作。

【指挥通信】 2014年，市人防办不断加强指挥通信能力建设。一是指挥通信体系不断完善。在抓好现有指挥通信体系日常维护的基础上，投入40余万元建设人防指挥通信视频会议系统，成功并入省、株洲市、县（市、区）三级网络；新装防空警报器数台。二是训练演练工作不断加强。5月，参加株洲地区人防系统机动指挥车省内跨区拉练活动；11月，依法组织鸣放防空警报器，警报鸣响率、完好率及覆盖率均达100%；结合警报试鸣在部分社区、企事业单位、城区中学开展人防应急疏散演练活动。三是城市防空袭方案修订工作全面完成。年内方案的图表修改、文字校稿等后期扫尾工作结束，并付印成册。

【工程建设】 2014年，人防工程建设坚持与城市建设、经济建设融合发展，年内编制出台《醴陵市人防工程建设规划》，审批民用建筑人防易地建设报建项目6个，人防“结建”项目报建立项1个，“结建”项目竣工验收1个，在建“结建”项目1个，综合“结建”率达100%。

【宣传教育】 一是以“一令一文件”（省政府令270号和湘价费〔2014〕60号文件）为重点内容，通过悬挂横幅、布置展牌、发放资料、街头设点等形式，在主要街道举办集中宣传活动。二是以《居安思危、备战人防》人防首部科教片为载体，开展人防专项宣教活动。10月下旬，该科教片在市电视台综合频道上映，并向市委党校、城区6所初级中学、19个社区发放光碟并组织播放。制作人防法规宣传短片在市电视台黄金时间播出，每半个月进行一次内容更新。三是继续抓好人防知识“五进”（进机关、进学校、进社区、进企业、进媒体）工作。定期向市委、人大、政府、政协和人武部领导及相关单位赠阅《中国人民防空》《湖南人防》杂志及法规文件，面向企业、社区、学校开展专题授课、摆放版报、设点咨询、发放资料、张挂横幅等宣教活动。全年共制作版报26块、横幅100条、印制发放宣传资料4万份（册）。（江华林）

法　治

政法委及综治

【概况】 2014年，全市政法综治工作以维护社会大局稳定、创新社会治理、严格公正执法、服务经济建设为着力点，扎实推进平安醴陵、法治醴陵和过硬队伍建设，为全市经济社会又好又快发展提供司法保障，创造了和谐稳定的社会环境。在2014年全省128个县市区社会管理综合治理民意调查中排名第84位，比上年前进37位。

【社会维稳】 2014年，共调解较大矛盾纠纷1382起，调处成功1363起，妥善解决信访突出问题168件。开展对“全能神”“法轮功”等邪教人员摸排、打击及反宣币（印有反动宣传言论的纸币）收缴行动，捣毁“全能神”邪教组织聚会点1个，抓获“全能神”邪教人员4人，收缴反宣币200余张。共化解涉及生产经营及项目建设领域的矛盾纠纷800余起，查办相关案件43起，刑事打击28人，治安拘留42人，立案侦查贪污贿赂、渎职侵权等职务犯罪案件12件，为企业和个人挽回经济损失1亿余元，为全市经济社会发展提供有力保障。

【平安创建】 开展平安乡镇、平安家庭、平安校园等多种形式的平安创建活动，向全市每家每户发放《平安醴陵·公民安全防范手册》合计31万册；坚持专群结合，新设治安岗亭3处，实行巡特警“屯警街面”，提高见警率和处警速度。部分乡镇或村居组建专业或义务巡防队，企事业单位强化治安保卫主体责任，单位、小区、居民落实人防物防技防措施，使群防群治优势得到体现。加强对刑满释放人员、社区矫正人员的管理、教育和帮扶工作，安置率和帮教率均为100%。在2014年的全省民意调查中，群众对全市平安创建的评价由上半年的63名提升至下半年的第26名。

【法治建设】 2014年，组织实施“六五”普法宣传，开展各类宣传22场次，发放资料4万余份，展出展板80余块。组织开展案件评查活动，评查案件53起，对瑕疵案件点评整改到位，促进政法机关执法办案水平进一步提高。深入开展执法质量考评，狠抓执法办案区域使用，开展涉案财务管理检查工作，进一步规范执法行为。

【队伍建设】 2014年，全市政法系统深入开展党的群众路线教育实践活动，按照市委网格化管理要求，认真开展“连心解困”大走访活动。政法各家结合工作职能，回访管理服务对象、案件当事人或其家属，宣传法律政策，帮助解决困难，消除他们的抵触和对立情绪，争取他们对政法工作的理解和支持。强化纪律作风建设，健全公务接待、办公用房、公车使用等制度，聘请执法执纪监督员，自觉接受社会监督。在2014年全省民调中，群众对政法队伍评价由上年的125位上升到65位。　　（李颖军）

【见义勇为】 2014年，全市在“平安醴陵”创建过程中，涌现出一批以实际行动维护社会正义和治安，捍卫国家和人民利益的见义勇为先进典型，产生良好的社会影响，弘扬了社会正能量。谢童雨等3人被市人民政府授予“醴陵市见义勇为先进个人”称号。

谢童雨，男，1990年3月出生，中共党员，醴陵市富里镇华埠村人，现为栗山坝镇大学生村官。付春，男，1990年2月出生，醴陵市新阳乡青泥村人，2013年12月部队退役，现为神福港派出所茶山警务室辅警。

2014年7月2日下午3时许，谢童雨、付春与栗山坝镇政府几名干部到该镇营田村余家山组处理一起邻里纠纷。突闻不远处传来惊慌的求救声，谢童雨、付春2人赶去后发现河里有人溺水。在这万分危急的时刻，谢童雨不顾自己刚做完近视眼矫正手术，下水有可能会造成术后感染的危险，和付春一起纵身跳进水流湍急的河里。几经搜寻，终将1名10岁左右的小孩从水底捞出。上岸后，发现小孩已经没有自主呼吸和脉搏，谢童雨立即帮助小孩做胸外按压、清理其口中泛酸的积水和其他异物，付春对小孩进行人工呼吸。无奈小孩溺水窒息时间过长，经赶到的医生确认，已无任何生命体征。

邹仔鑫，男，1999年10月出生，醴陵市泗汾镇泗汾村人，现为孙家湾中学初三学生。

2014年9月15日下午3时许，

邹仔鑫和几名孩子在河边玩耍，邹仔鑫因不会游泳留在岸边，其他3人都下水了。由于河水比较湍急，突然一个漩涡，将水里面的3名孩子吸了进去，眼看就要被淹没，邹仔鑫顾不上自己不会游泳，纵身跳入水中救人。水中孩子的拼命挣扎，将邹仔鑫拖向水中央，水一下就淹过了他的头部，情况非常危急。邹仔鑫没有放弃，费尽力气，将两个孩子托出水面，推向岸边，随即又往水中去救第三个孩子，奋力追了十几米后，因水流太急，自己筋疲力尽，孩子被河水越冲越远，邹仔鑫只好爬上岸来。上岸后，邹仔鑫跑到几百米外向村民求救，等赶到事发现场时，水中的那名孩子已经不见踪迹，直到第二天才将那名孩子的遗体打捞上来。

（周文锋）

市公安局

【概况】 2014年，醴陵市公安工作围绕“管理创新”这一主线，突出抓好五件事：一是保住稳定。全市未发生造成重大影响的涉稳案（事）件，未发生“大恶丑”治安事件，全市刑事发案率同比下降8%，连续9年实现“命案必破”工作目标，年度内侦破公安部目标案件3起。二是抓好整治。滚动推出“扫黄禁赌缉毒保畅”行动、“亮剑2号行动”等一系列严打整治专项行动，有效解决治安突出问题。三是激发活力。进一步完善干部政绩考核、单位绩效评估和民警绩效考核等“三位一体”评价激励体系，创新干部任用机制，激发队伍活力。四是提升形象。在全省民调中，上半年民警队伍形象排名第64位，下半年排名第32位，全年排名第45位（较上年前进78位）。五是打下基础。市公安局办公新楼建设工程全面完工，总投资约4100万元的“数字醴陵”工程（包含平安城市、智能交通、数字城管）建设基本完成，软硬件建设均上新台阶。

【维稳保安】 2014年，市公安局坚持源头治理与末端管控相结合，落实维稳责任，按照网格划分，推进全警大走访，从源头预防和减少信访维稳问题。全年获取省厅关注的重大情报10条，编发《国保情报》86期，收集各类情报信息1399条；化解调处矛盾纠纷583起，化解劝返各类进京上访127人次；组织开展为期4个月的集中整治重点项目及周边治安环境专项行动，联系走访63个重点项目，排查收集各类情报信息95条，依法查办相关案件43起，严厉打击处理违法犯罪嫌疑人70人。

【侦破打击】 2014年，共立刑事案件3323起，破案876起（含年前案180起），移送起诉犯罪嫌疑人730人，查处治安案件950起、违法人员1830人。成功侦破“8·13”卜某某系列抢劫、盗窃、强奸杀人案、公安部“2014－470号”毒品目标案以及“8·11”跨区域拐卖妇女儿童案等一批大要案件，命案侦破、打黑除恶战果排名株洲市公安机关前列，并获单项奖励。深入推进三级防控网络建设，治安防控能力明显增强，8类恶性案件（杀人、放火、爆炸、投放危险物质、故意伤害致人重伤、抢劫、强奸、绑架）发案率同比下降20.7%，抢劫、抢夺、盗窃案同比分别下降25.6%、29.8%、2.9%。

【基础建设】 大力推动警力下沉、协辅警配备，增拨基层派出所和实战单位经费219.25万元，完成15个派出所执法办案区和看守所讯问室的检修和升级改造，中央转移支付到位率和基本业务配备装备率均达100%。全市新建监控摄像头563个，新建治安卡口10个。通过研判、临控抓获各类违法犯罪人员37人，协助破案55起。

【队伍建设】 2014年，全市公安系统扎实开展党的群众路线教育实践活动，完成11个方面、32项“四风”突出问题专项整治工作，建立健全制度21项；积极推进“健康警队”建设，定期开展活动，民警参与率达90%以上；公开选拔14名中层副职干部，大力推进选树先进典型工作，全年共有28个单位、67名民警立功受奖，涌现出一大批先进典型。（曾湘纯）

典型案例

【破获“1·20”故意杀人案】 2014年1月20日，石亭镇苏家垅村的河堤坝上发现一具裸体无头女尸。接警后，刑侦大队对现场进行了勘查走访。通过对现场遗留物品、痕迹分析以及围绕死者生前社会关系展开的调查，确定苏某某（男，50岁，株洲市人）有重大作案嫌疑。1月24日凌晨，刑侦大队民警在株洲市荷塘区新华西路795号海达宾馆内将犯罪嫌疑人苏某某抓获归案，经审讯得知，嫌疑人是一株洲摩托车司机，1月17日，被害人在株洲城区搭乘其摩托车的过程中，被嫌疑人骗至其住所实施强奸，被害人反抗强烈，嫌疑人遂将其杀害，后分尸并抛尸河中。3月27日，犯罪嫌疑人苏某某被移送起诉。

【破获“1·23”销售伪劣产品案】 2013年年初，市公安局网安大队通过网络巡查发现跨区域销售假烟的案件线索，涉案金额达20余万元。经过近一年的侦查，查清漆某某、汤某等销售假烟团伙的基本情况。2014年1月23日，市公安局网安大队与治安大队组成联合专案组，在醴陵、长沙、株洲等地将涉嫌销售假烟的漆某某、汤某、黄某、廖某某、文某某等抓获，当场扣押“芙蓉王”等假烟600余条。经查，嫌疑人文梁羽从福建省购入假烟，通过物流公司发至醴陵、株洲等地后再组织销售，涉案价值百余万元。4月17日，犯罪嫌疑人汤某等6人已被移送起诉。

【破获“2·14”生产、销售有毒、有害食品案】 2014年2月14日，市公安局治安大队联合城区四所和浦口、王仙、大障、黄獭嘴、均楚、神福港、泗汾派出所破获1起生产、销售有毒、有害食品案。经查，犯罪嫌疑人严某某、文某某、黎某某等20人，从贵州省贵阳市乌当区植物生产调节剂厂购进AB粉（水）剂（主要成分6-苄基腺嘌呤、赤霉素），在自有或租用的小作坊内添加于豆芽生产过程中，然后将这些“毒豆芽”销往早餐店、夜市摊等需求量大的地方或自行零售，2月24日，严谷良等20名犯罪嫌疑人已全部移送起诉。

【破获沪昆高速醴陵服务区系列盗窃燃油案】 2013年以来，沪昆高速醴陵服务区内盗窃货车燃油案件高发，给过往司机造成很大损失。板杉派出所结合服务区近两年的盗油案特点、服务区视频监控以及对服务区的摸排走访，初步认定这一系列盗油案是团伙作案，同时摸清该团伙的行动规律。2014年6月11日、12日，经过两天两晚的连续作战，板杉派出所先后在株洲、攸县等地将3名犯罪嫌疑人抓获归案。经查，2013年至今，犯罪嫌疑人易某某（男，32岁，攸县人）、易某某（男，32岁，攸县人）、黄某（男，27岁，攸县人）先后在株洲地区及沪昆高速、京珠高速沿线服务区疯狂作案7起，涉案金额达10多万元。同时该团伙还有负责销赃的成员，经分析研判，确定其身份后，于6月26日在攸县将负责销赃的犯罪嫌疑人颜某某（男，51岁，攸县人）抓获。犯罪嫌疑人易某某、易某某、黄某已于7月9日依法逮捕，颜某某被依法取保候审。

【破获朱某某、郑某某等人拐卖儿童案】 2014年5月5日，市公安局接到报警：在沪昆高速金鱼石省际卡口的1辆客车上，发现2名疑似拐卖儿童的人员。接警后，刑侦大队迅速展开侦查。经查，犯罪嫌疑人朱某某和郑某某2人系夫妻关系，均为云南省文山州广南县人，该2人从2013年6月至今先后运送5名婴儿（4女1男）从云南省文山州广南县至浙江省德清县贩卖，婴儿均系上线严某某从文山州收购，每次贩运朱某某、郑某某获利1万元左右。在浙江、云南两省公安机关的大力协助下，刑侦大队根据犯罪嫌疑人朱某某等2人交代的案件情况，结合手中掌握的线索，获取其他几名犯罪嫌疑人分别在浙江省长兴县、云南省广南县活动频繁的信息。刑侦大队民警远赴浙江长兴和云南广南两地开展调查取证和抓捕等工作。在此期间，民警先后将涉嫌“5·5”拐卖儿童案的犯罪嫌疑人严某某、闫某某、严某某、罗某某、陈某某、陶某某、金某某共7人抓获归案。经审讯，该7人对其与朱某某等人结伙拐卖婴儿的犯罪事实供认不讳。8月11日，犯罪嫌疑人朱某某等7人被移送起诉。

【破获卜某某系列强奸杀人案】 2014年8月13日凌晨，市板杉乡长坡口村向阳组发生一起强奸杀人案。市公安局刑侦大队成立专案组，在全局范围内抽调100余名精干警力分别负责入户摸排、现场勘查、视频侦查等工作。经过缜密的现场勘查和调查访问，专案组初步掌握犯罪嫌疑人的体貌特征和活动轨迹，并迅速对重点人员进行摸底排查。经连日奋战，专案组发现市石亭镇苏家垅村村民卜某某有重大作案嫌疑。8月19日8时许，专案组民警在市汽车东站将犯罪嫌疑人卜某某抓获归案。在专案组的强大审讯攻势下，犯罪嫌疑人卜某某交代2001年至今先后在市东富镇、仙霞镇、东堡乡等地作案42起的犯罪事实，其中包括“2001·10·26黄某被强奸案”“2005·08·26张某某被强奸案”“2014·03·02李某某被入室抢劫案”“2014·03·22瞿某被强奸案”“2014·08·13强奸杀人案”等系列入室盗窃、抢劫、强奸杀人案。犯罪嫌疑人卜某某于9月25日被依法逮捕。

【侦破“2014-470”部督贩毒团伙案】 2014年3月至11月，在省、株洲市公安机关的指挥协调下，市公安局专案组历经10个月，转战湖南、广东、云南、江西4省，侦破公安部“2014-470号”毒品目标案件，成功摧毁1个网络层级达到六级的跨省武装贩毒团伙。抓获邓某某、蔡某某等涉嫌贩卖毒品的犯罪嫌疑人19人。11月3日，18人被依法逮捕，另外1人移交广东警方处理，行政拘留12人；共收缴麻古1546.42克、海洛因672克、冰毒220.93克，缴获仿制64式手枪1把、子弹4发、毒资7万余元、涉案汽车3台。

【破获彭某某开设赌场案】 2014年初，市公安局网安大队在工作中发现：醴陵有人通过地下六合彩网站“宝成网”进行六合彩赌博活动，网站登录地址为醴陵南桥镇大坪村铁炉冲组36号，经侦查发现网站系彭某某与其弟弟彭某某2人共同接单投注，累计金额达200多万元。经过8个多月的调查，发现此地下六合彩网站在醴陵共有3名总代理，19名会员，累计涉案金额数千万元。9月，市公安局成立近40人的专案组，跨域上海、广东深圳、汕头、广州、湖北等地，破获涉案价值将近2亿元的地下六合彩网站赌博案，冻结涉案资金1200余万元。抓获彭某某、韩某某等违法犯罪嫌疑人33人，其中11人于11月移送起诉。（曾湘纯）

市公安局交通警察大队

【概况】 2014年年末，全市道路通行里程3181.8千米，注册登记机动车142706辆、驾驶人153486人。市公安局交通警察大队（以下简称“大队”）有在岗民警87人，交通协管员95人；内设16个二级机构和部门，分别是车辆管理所、办公室、政工监督室、科技所、道路交通事故救助基金管理中心和安宣、事故、法制等11个中队，其中车辆管理所为副科级机构。年内，全市上报交通事故发案136起，死亡18人，伤197人，发案数同比下降4.9%，死亡人数持平，伤人数下降1%，上报道路交通事故死亡人数少于株洲市下达的20人的控制指标。

【春运安全】 2014年，大队强化组织部署、源头监管、路面管控和重点宣教，确保春运期间道路交通安全。春运期间，全市上报道路交通事故发案7起，死亡1人，伤10人，直接经济损失0.28万元；与上年同比发案数少14起，死亡人数少1人，伤人数少18人。

【宣传教育】 2014年，大队突出"道路交通安全法10周年"的宣传主题，不断拓展交通安全宣传的深度和广度。组织开展集中宣传活动36次，开展"五进"（进企业、进学校、进单位、进社区、进家庭）宣传1452场，上交通安全课526堂，制作宣传板报484块，发放宣传资料17.5万份。

【安全整治】 2014年，大队排查督促治理道路交通安全隐患47处，排查企事业单位安全隐患19起、校车安全隐患115起。对全市纳入重点管理的车辆及驾驶人档案进行集中清查、补充和完善，确保对重点车辆、驾驶人情况明了、心中有数。结合全市实际，组织开展农村面包车、环卫车、危化品运输车、校车、货车交通安全专项整治，张贴面包车荷载提示牌5100份。对389起危化品运输行为进行电话联系和走访，落实实时动态监管；检查环卫处垃圾运输车76辆次，园林作业车6辆次。查处重点车辆交通违法行为3100余起，其中农村面包车866起、环卫车3起、危化品运输车3起、校车217起、"黑校车"14辆、酒驾83起、涉嫌"飙车"车辆17台。

【疏堵保畅】 2014年，以市综治委"百日行动"为依托，建立健全道路交通秩序管理综合治理机制，大力实施城乡统筹战略，将交通秩序管理重心由偏重城市向城乡同步转变。改革勤务制度，充实城区警力，积极应对机动车"井喷式"增长带来的影响，有效保障全市城乡道路基本畅通。派出工作组，深入王仙、浦口、白兔潭、泗汾、孙家湾等乡镇，优化集镇交通组织方案，完善交通基础设施、组建专门管理力量，建立起农村集镇现代交通管理方法体系；组织开展106国道醴陵南段、东乡片王仙、白兔潭交通环境综合治理等专项行动。10月29日，市人民政府组织召开全市第一次农村道路交通安全工作会议，农村道路交通安全管理责任得到进一步强化和落实。全年城区继续实现重大节假日交通秩序"零堵塞"，农村道路交通拥堵警情下降28.5%。

【设施建设】 2014年，大队全面落实"数字醴陵"的总体战略部署，建立立体、互动式现代化城市智能交通综合管理服务体系。11月11日，"数字醴陵"一期工程项目正式签约。全年新划交通标线8237.8平方米、补划交通标线6543.03平方米，更新、新设交通标牌405块，新设交通信号灯1处，完善指路标牌体系和旅游区指引系统。以《湖南省停车场管理办法》为抓手，在改造后的小街小巷全部施划交通标线，设置路内临时停车泊位，缓解城区"停车难"现象。

【治理乱源】 2014年，结合"创交模"需要，邀请省畅通工程专家组到醴陵调研指导，组织开展"百日行动""夏季攻势""道路交通安全隐患大排查大整治交通秩序集中整治"等专项行动，从严查处酒驾、超速、超员、无牌无证等严重交通违法行为和机动车乱停乱放、摩托车非法加装遮阳伞、货车闯禁区等可见交通违法行为。全年开展秩序整治67次，查处交通违法行为64099起，扣留机动车1709台，治安拘留61人。

【维护稳定】 2014年，大队在上级有关部门的统一指挥下，处置"9·22"爆炸事故等维稳处突任务12次，侦破交通肇事逃逸案件3起。交通事故"三调联动"（人民调解、行政调解、司法调解）运转顺畅，全年调解一般以上交通事故损害赔偿案件397件，其中行政调解47件、人民调解132件、司法调解87件、司法判决131件。交通事故救助基金实施救助74起，救助金额104.2万元。

【规范执法】 深入推进"执法攻坚年"活动，创新执法随岗培训机制，利用"平安株洲"大教育契机，每周开展执法培训，通过邀请执法专干领学、外请专家授课等方式、严肃培训考核奖惩等手段，努力提高民警执法能力和办案水平。全体民警均按要求参加执法资格考试，3人通过首批中级执法资格考试。严格落实办案责任制和执法过错追究制，组织执法考核12次，编发执法考核通报12期。全年立刑案20起，刑拘11人，移诉30人，治安拘留61人。

【助推发展】 以"助推发展升级十二条"为抓手，全力服务"项目建设年""环境优化年"系列活动，对旗滨玻璃、城市门户改造、"两改六化"等重点企业、重点项目建设安排专门力量开展对口服务，自上年8月起，连续17个月安排专门力量驻守旗滨项目，做好周边交通秩序维护工作。对省道333线、莲易公路维修改造等重点工程建设提前介入，先期制定交通管制、分流等预案，施工重点环节期间派出民警现场指挥疏导，确保重点工程施工与道路畅通两不误。周密组织各类交通保卫和交通秩序维护 78 次，特别是圆满完成“5·24”“9·25”任务，坚持外松内紧，做到现场不清场、线路不封控，形式自然缓和，确保警卫对象在醴陵交通的绝对安全。

【优质服务】 2014 年，深入推进“连心解困”大走访活动，深入乡镇开展走访帮扶 12 次，走访群众 3000 余户，帮助解决专业问题 166 个。走访慰问困难群众 33 户，发放慰问金 2.2 万元，全年，捐款捐物总计 30 万元。依托社区警务室、“流动车管所”“农村交管站”等平台，进一步优化“一站式办理”“一窗口办结”和“一对一”“点对点”服务模式，减少群众排队等候、往返奔波。全年共办理机动车注册登记 19580 辆，考证 4703 人，驾驶证审验 3751 人。积极推行检测机构周末不休息制度，方便市民办理检车手续。1 — 10 月共检测汽车 18394 辆、摩托车 1482 辆，11 月起核发检验合格标志 1124 张。检测机构顺利完成改制脱钩工作，振兴车辆检测服务有限公司整体移交市国有资产管理局。

（张　勇）

市人民检察院

【概况】 2014 年，醴陵市人民检察院内设办公室、政工科、监察室、反贪污贿赂局等 16 个科（室、局），有在编在岗干警 75 人。4 月，市人民检察院被最高人民检察院和人力资源社会保障部授予“全国模范检察院”称号。

【职务犯罪预防】 2014 年，共开展预防调查 2 次，发出检察建议 9 份，开展警示教育 43 次，有 1600 余人次接受职务犯罪预防警示宣传教育；受理行贿档案查询 800 余次。重点突出工程建设项目招投标环节的专项预防，以检察建议的形式，向招投标局建言献策，协助其完善 20 余项管理制度；探索创新行贿犯罪档案查询工作方式，推出电话预约、前台预约以及即时办理 3 种查询服务手段；认真落实株洲市检察院关于检企共建职务犯罪预防机制的决策部署，领导班子带头走访 10 家烟花鞭炮、陶瓷、服装等龙头企业，与企业共商企业职务犯罪预防难题，共收集整理 10 条意见。

【职务犯罪侦查】 2014 年，依法立案侦查各类职务犯罪案件 15 件 19 人；其中立案查办贪污贿赂案件 12 件 12 人，渎职侵权案件 3 件 7 人。重点查办株洲市芦淞区地税系统贪贿系列案、“9·22”爆炸事故背后安监局原副局长王某某等 5 名国家工作人员玩忽职守案等。

【刑事检察】 2014 年，批准逮捕各类刑事犯罪嫌疑人 338 人，提起公诉 587 人，参与打击制售“毒豆芽”犯罪系列专项行动，批准逮捕生产销售有毒有害食品犯罪 2 件 19 人，依法惩治利用互联网侵害公民个人信息犯罪 3 件 6 人。依法对犯罪情节轻微、积极达成和解且符合法定情形的刑事案件决定不批准逮捕 85 人、不起诉 150 人。依法监督侦查机关刑事立案侦查活动，对应当立案而未立案的监督立案 5 件 5 人，对不应当立案而立案的监督撤案 1 件 1 人；追捕 6 人、追诉漏罪 5 件、追诉 3 人，向法院提请刑事抗诉 1 件。

【未成年人刑事检察】 2014 年，共受理提请批准逮捕案件 8 件 13 人，审查逮捕 7 件 10 人，不批准逮捕 1 人，附条件逮捕 1 件 1 人；受理审查起诉案件 19 件 28 人，经审查提起公诉 9 件 13 人，不起诉 9 件 13 人，附条件不起诉 1 件 1 人，侦查监督纠正违法案件 1 件 1 人。健全对涉罪未成年人的心理疏导机制，推广使用心理咨询、心理干预、心理疏导和心理矫正套餐，对案后有罪不诉的未成年人建立帮教档案，联合家长、学校，以及基层组织力量，构建帮教常态体系，跟踪帮教 10 名涉案未成年人，促成 4 名涉案未成年人重返校园。

【控告申诉检察】 2014 年，努力克服“两法两规”实施对信访工作激增带来的困难，健全“12309”举报电话、网上信访、来信、来访“四位一体”信访工作机制，借助检察机关统一业务应用系统，实现信访案件网上分流、网上转办、网上督办，进一步有力地推进信访维稳工作，积极化解社会矛盾。全年共受理来信来访 50 件次，其中举报线索 20 件、控告申诉和其他信访案件 30 件，完成初核线索 4 件，移送立案 1 件，办理刑事申诉案件 7 件，奖励举报有功人员 3 名，共发放奖金 5000 元，申请救助刑事被害人 3 人。市人民检察院再次获评“全国检察机关文明接待示范窗口”称号。

【民事行政检察】 2014 年，依法办理各类支持起诉案件 18 件，督促履职 2 件，协助株洲市检察院办理民事诉讼监督案件 3 件，执行监督案件线索 1 件，诉讼监督案件 1 件，替国家挽回损失 32 万元。

【监所检察】 2014 年，组织开展对职务犯罪、金融犯罪、涉黑犯罪等案件的刑罚执行专项检查活动，对刑罚执行和监管活动中的违法情况提出纠正意见 12 份、发出检察建议 25 份。严格审查暂予监外执行提请案件 10 件，不同意暂予监外执行 7 件，成功办理全市首例监督监外执行罪犯撤销缓刑案件。对在押人员进行羁押必要性审查案件 10 件，办理强制医疗案件 1 件。

【法警工作】 2014 年，共出警 1190 次、执行押解 27 次，送达

醴陵市统计局

党组书记、局长　朱卫兵

局领导班子

株洲市统计局领导到醴陵调研投资项目

“稳增长、促过半”专题调研座谈会

党风廉政建设主题学习教育会

醴陵、攸县两地统计工作交流

株洲市统计局领导到醴陵调研考察旗滨玻璃

醴　陵　市

省委教育工委书记、省教育厅厅长王柯敏到姜湾小学考察

市委书记周晓理亲自主持名校长讲学及名优教师表彰大会

市委书记周晓理到学校看望教师

市长康月林等到江源小学看望师生

全国模范教师官庄中心学校刘荣福老师在辅导学生

全国职业教育先进个人陶瓷烟花职业技术学校校长郭米红在实训工厂与学生交流

来龙门街道东岸小学

黄泥坳街道姜湾小学

教 育 局

渌江中学网络录播室

南门中学物理实验室

南桥中学学生在学生综合实践基地劳动

醴陵四中学生表演“千手观音”

江源小学国学经典诵读

王仙镇公办中心幼儿园

醴陵市第十九届中小学生田径运动会开幕式

醴 陵 市

局　长　易拔山

省农业委副主任兰定国到醴考察经济作物生产情况

全国土壤肥料试验现场会在醴陵召开

醴陵市农业局承担着市农业行政执法、科技推广、农作物生产、农业市场信息服务、农业产业化和农产品质量安全监督管理等职能。局机关在编人员104人，平均年龄48岁，本科学历26人，专科学历33人，中专学历34人，其中正高职称1人，副高职称17人，中级职称40人。基层服务体系农技人员共96人，其中事业编制30人，公益性岗位人员66人，平均年龄46岁，本科学历9人，专科学历33人，中专学历43人，其中中级职称18人。

全市农业农村工作调度会

农业局

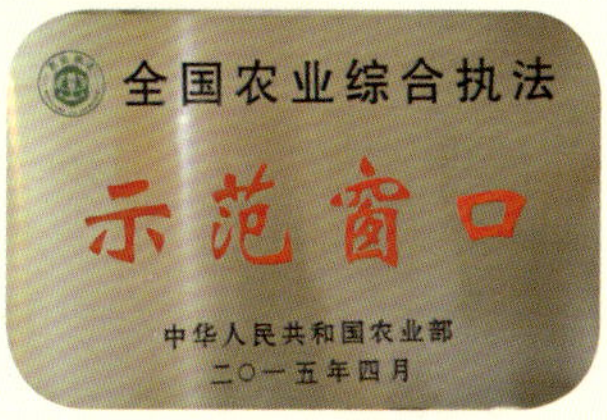

全省纠正损害涉农利益行为专项整治督查意见交换会在醴陵召开

水稻高产创建基地

水稻丰收在望

办公大楼

醴陵市交

局领导班子专题民主生活会

局领导到枫林市乡走访调研

水上安全知识培训会

开展“连心解困”大走访活动

参与向阳社区灾后清淤工作

通运输局

醴陵东站（高铁站）

农村招呼站建设

乡村道路硬化

整治出租车经营行为

新修的枫林市乡村道

跨越岳汝高速的沪昆高铁线

醴 陵 市

局 长 张有余

局领导班子

醴陵市创建国家森林城市工作调度会

省林业厅副厅长吴彦承到醴陵调研森林防火

全市农业农村工作调度会

全市防火护林培训大会

林 业 局

省财政厅、林业厅领导到醴陵调研

株洲市林业局领导到醴调研油茶产业

湖南省中联天地开发项目工作调度会

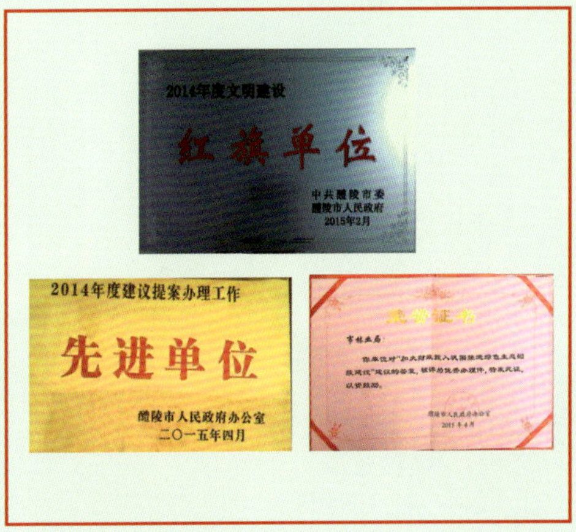

世行项目国家检查组到醴陵督查

国家检查组到官庄考察评估国家湿地公园项目

醴 陵 市

局 长 丁 辉

开展党的群众路线教育实践活动

水利系统财务检查

水利系统“五问工作法”推进会暨党风廉政建设工作会议

参观醴陵烈士纪念碑

水 利 局

鸭塘水库大坝硬化

清水江河流治理项目“雷诺格宾护岸”

Zai Jian Shui Chang

在建水厂 掠影 LUE YING

■ 东堡自来水厂工程简介

东堡自来水厂由湖南博世科华亿环境工程有限公司设计，湖南省醴陵市泰华建设工程有限公司承建，湖南天福项目管理有限公司监理。水厂位于醴陵市东堡乡新庵村，以望仙桥水库水为水源，通过2.2公里输水管道自流到水厂，厂内净化消毒处理后，出厂增压，通过配水管网输送至各用水户。厂内水处理构筑物有：管道混合器、水力循环澄清池、无阀滤池、清水池、加氯加药间、配电间、水质化验室等，设计最大供水量为2000 m³/d。

工程于2014年11月开工建设，建成后解决了东堡乡东堡、土埠桥、新庵、大林、棉塅、漏水坪、竹湖、东堡中学、东堡小学、大林小学等7个村（居委会）3所学校16356人的饮水不安全问题。项目分两年实施，2015年总投资535.27万元（中央317.98万、省73.0万、其他为市县及自筹资金），2015年总投资202.66万元（中央122.0万元、省27.0万元、其他为市县及自筹资金），两年共计投资737.93万元（中央440万元、省100.0万元），目前已完成主管网16.9公里，入户3100户，入户率80%，日供水量达1200吨/天。

① 进厂大门
② 全景图
③ 办公楼
④ 加压泵房
⑤ 配电间
⑥ 施工现场

·9· ·10·

东堡自来水厂

郭家冲水库建设

Zai Jian Shui Chang

在建水厂 掠影 LUE YING

■ 嘉树自来水厂工程简介

嘉树乡自来水厂2014年11月开工建设，2015年2月10日开始运行，由株洲市水利水电勘测设计院设计，湖南省醴陵市泰华建设工程有限公司承建，益阳八百里工程建设监理有限公司监理，水厂位于醴陵市嘉树乡乌石村，距离铁河700米，厂区占地4亩，以铁河水为水源，经取水泵站输送到水厂，厂内净化消毒处理后，出厂增压，通过配水管网输送至各用水户，厂内水处理构筑物有：管道混合器、水力循环澄清池、无阀滤池、清水池、加氯加药间、配电间、加压泵房、水质检测室等，设计最大日供水量为1500m³

工程实施过程中严格实行“四制”（法人制、招投标制、监理制、合同制），精心施工，规范管理，建成后解决嘉树乡漆塘、罗岱、嘉树、荷树、荆林、乌石、枫林等7个村16743人的饮水不安全问题，项目分两年实施，2014年总投资438.86万元（其中中央260.71万、省60.68万、市县配套73.02万元、其他44.45万元），主要用于建设水厂和水质检测室，铺设主管网3.5公里；2015年总投资299.20万元（其中中央179.52万、省41.59万、市县配套50.18万元、其他27.91万元），铺设主管网24公里，目前日供水量已经达到1000吨/天，到户3200户，入户率达80%。

① 厂区
② 重力无阀滤池
③ 管道安装现场
④ 水力循环澄清池
⑤ 施工现场

·7· ·8·

嘉树自来水厂

醴陵市人口和

局　长　李冬汉

全市计划生育工作大会

省卫计委副主任张义昌到长庆示范区马脑村调研村级问责机制

“世界人口日”宣传活动

“全国计生协会集中活动日”宣传

党的群众路线教育实践活动动员大会

计划生育局

党的群众路线教育实践活动专题讲座

举行公祭烈士活动

走访慰问

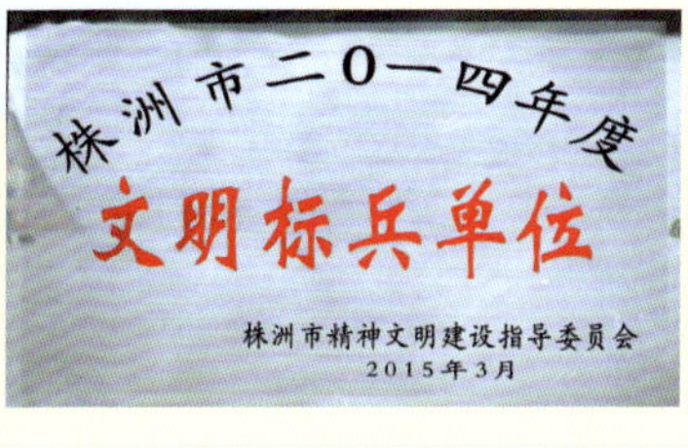

醴陵市劳动

党组书记、局　长　徐德军

局领导班子合影

局领导班子专题民主生活会

窗口单位作风建设经验交流

组织技能人才参加株洲市人才技能大赛

和社会保障局

校企供需见面招聘会

宣讲社保政策

“连心解困”大走访活动

办理退休手续

醴陵市安全生产监督管理局

局　长　田安平

全市安全生产大会

安全知识培训

事故应急救援现场演练

局领导深入企业指导安全生产

企业安全管理人员座谈会

中共醴陵市委农村工作部
醴陵市人民政府农村工作办公室

全省坚决纠正损害涉农利益行为专项整治督查意见交换会在醴陵召开

株洲社会公益组织到醴陵开展帮扶活动

省经管局董成森局长一行到醴督查为民办实事工作

流碧桥村土地确权现场指界

市委书记周晓理陪同省新农村处处长史明清到枫林市乡枫林市村指导新农村建设工作

能源办工作人员耐心指导用户安装高效生物质炉灶

党的群众路线教育实践活动动员会

机关干部参加义务植树活动

醴陵市信访局

局领导班子

2014年，全市信访工作围绕“新创业、新醴陵，打造发展升级版，建好湖南东大门”发展目标，进一步畅通信访渠道，加大市级领导接访、下访力度，确保全年尤其是全国“两会”、十八届四中全会、APEC会议特护期间进京“零上访”“零登记”的工作目标。全年共受理上访865批、4599人次，受理群众来信154件，来信来访稳步下降。办理国家信访局交办的信访案件1件，省委书记交办的信访案件5件，办结率100%。市信访局在绩效考核中连续三年被评为全市一类单位。

全局机关工作人员

市委常委会研究信访工作

市政府常务会议专题听取信访工作情况汇报

市联席会议安排部署特护期信访维稳工作

醴陵市人民防空办公室

党组书记、主任宋水良深入人防工程现场检查

领导班子民主生活会

参观检察院廉政文化长廊，接受警示教育

警报试鸣疏散演练活动

“防灾减灾日”人防街头宣传

防空防灾应急疏散演练

醴陵市房

局　长　黎平华

市第五届房地产交易会启动仪式

市第五届房地产交易展示会现场

党的群众路线教育实践活动动员会

李畋中路棚户区改造安置房

产管理局

上级领导到醴陵考察保障性住房项目

株洲市房产管理局领导到醴陵考察

局机关干部参观革命烈士纪念馆

党的群众路线教育实践活动座谈会

职工座谈会

开展送爱心活动

醴陵市畜牧

局　长　张先华

局领导班子合影

省畜牧水产局领导到醴陵验收畜禽水产品质量安全监管示范县创建工作

省人大领导到醴陵就《动物防疫法》实施办法（草案）进行调研座谈

2014年，醴陵市畜牧兽医水产局内设7个股室，辖5个正股级事业单位，有机关干部职工58人，有乡镇动物防疫员150人。年内全市实现畜牧业产值22.1亿元，渔业产值2.4亿元。局获湖南省重大动物疫病防控工作目标管理考核优胜单位、省养殖业目标管理先进单位、省畜禽水产品质量安全监管示范县和株洲市重大动物疫病防控工作红旗单位、株洲市畜禽水产品质量安全监管工作红旗单位等称号。

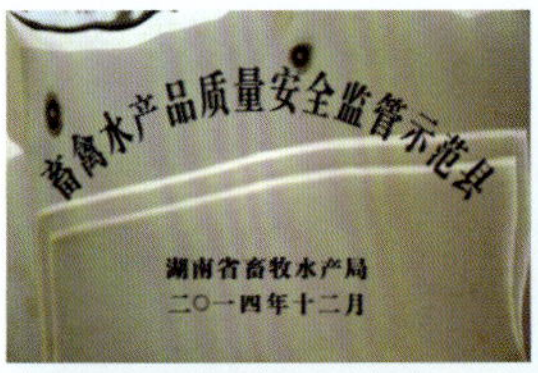

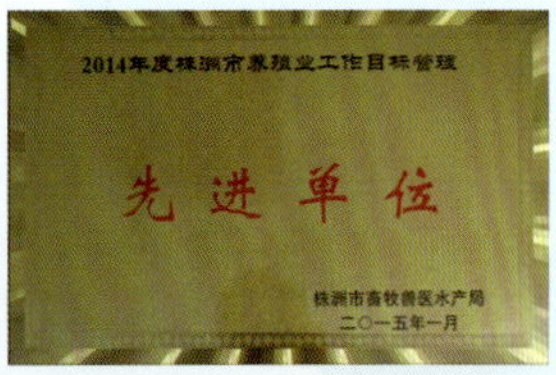

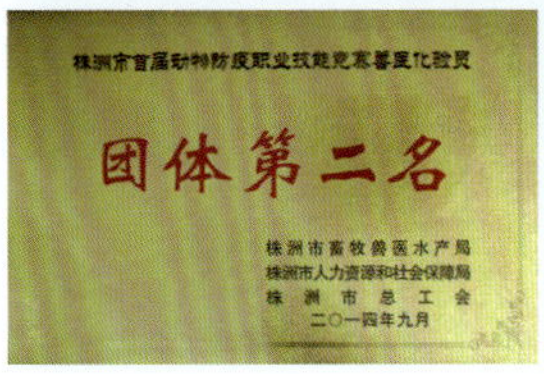

兽医水产局

全市兽药经营标准化培训

接受湖南省、株洲市畜牧局年终考核检查

畜牧水产科技下乡活动

局领导到王仙畜牧站调研

集中销毁假劣兽药

鱼类人工增殖放流活动

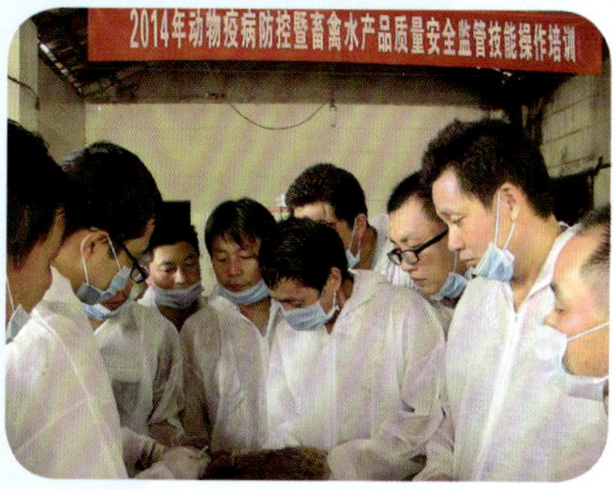

动物防疫培训现场观摩

醴陵市农业机械管理局

局　长　何春伟

“五问工作法”推进会

农机收割现场

农机经营

机械化插秧现场

稻谷烘干设备

法律文书689次，开展个案安全督查850次。认真贯彻《醴陵市人民检察院大厅值班制度》，每天派警巡查一楼大厅和办案工作区，保障机关和办案安全。全年无办案安全事故、执法过错、违法违纪行为。

【检察技术】 2014年，共受理各类检察技术案件282件、结案300件，结案率和准确率100%。其中，法医文证审查94件，提供文证审查意见书94份；法医检验鉴定10件，建议提请重新伤情鉴定1件；同步录音录像175件，提供视听资料175份，技术协助案件3件。年内，全新升级案件信息查询、检务公开查询系统和在线交流系统三大平台，全面更新电脑网络布局，彻底检查全部硬件设备；配合高检院、省院、株洲市院召开电视电话会议及调试26次，办理600余件次技术协助服务事项。

【信息调研】 2014年，共刊发各类综合信息65篇，其中被最高检采用2篇、省检院采用30篇，被株洲、醴陵市党政刊物、株洲市检察院共采用33篇；发表调研文章24篇，其中《人民检察（湖南版）》刊发3篇、综合类法学期刊刊发21篇；有宣传稿件427篇，其中在《法制日报》《检察日报》《湖南日报》《法制周报》等主流纸质媒体共刊发95篇，同时紧扣执法办案，组织开展“记民情、写日记”活动，共发表民情日记29篇。2014年，连续第十年获评“株洲市检察机关新闻宣传工作先进单位”。

【检务公开】 2014年，对社会反响大、人民群众反映强烈的疑难复杂案件，邀请评议员参与现场见证、公开听证或公开评议共37次；开通运行案件信息公开系统，全年共公布140余起案件基本信息，发布重要案件信息1条，公开终结性法律文书14份。检务公开工作经验在2014年召开的全省检察长会议和检察工作改革推进会上作典型推介。

【队伍建设】 2014年，市检察院深入开展党的群众路线教育实践活动，始终深学细照笃行，广泛征求人大代表、政协委员和社会各界的意见建议，深刻查摆“四风”和执法作风方面的问题18个，建立完善各项制度措施19项，解决群众反映强烈突出的问题3个。组织开展“正理念、强素质、护形象”专项教育活动，认真查摆近3年来的瑕疵案件，全面查找队伍管理和执法办案中不文明、不规范、不公正问题，共查出执法办案和管理方面的漏洞15个，并全面加以整改；进一步加强领导班子素能建设，正、副检察长直接主办典型或有重大影响的案件共计23件；进一步加强法律监督能力建设和执法监督制约，广泛开展岗位练兵、业务竞赛活动，全年共选派干警参加各类培训100人次，主动邀请人大代表、政协委员、人民监督员参与、评议、监督检查工作30次，到庭观摩评议2次，参与检察开放日活动2次。

（唐　芳）

市人民法院

【概况】 2014年，醴陵市人民法院设刑事审判庭、政工科、办公室、监察室、司法警察大队、审判管理办公室等16个部门和板杉、茶山、泗汾、白兔潭4个人民法庭，有在编在岗干警108人。全年共受理各类案件4798件，审执结4370件，同比分别上升50.69%和52%，审执结标的2.1亿元，法官人均结案68.28件，进入全省法院办案先进行列，法官整体形象在全省民调排名较上年前移57位。吴中东被评为株洲市第三届“司法为民好法官”，16名干警分别被省高院和株洲中院评为先进个人、岗位标兵。

【刑事审判】 2014年，市人民法院坚持宽严相济惩罚犯罪。全年审结刑事案件478件，对610名被告人作出有罪判决，其中被判处5年以上有期徒刑34人。积极参与“扫黄禁赌缉毒保畅”“打非治违”等专项行动，重拳出击严打“黄、赌、毒”、非法制造爆炸物、非法采矿等危害人民群众安居环境的犯罪案件；重点打击故意伤害、“两抢一盗”等严重危害社会治安的犯罪，增强群众安全感；严厉惩处生产销售有毒有害食品犯罪，高质量审理公安部挂牌督办的颜某某等18人生产、销售“毒豆芽”系列案，保障群众健康安全；依法惩治贪污贿赂、渎职侵权等职务犯罪，促进反腐败斗争深入开展。

【民商审判】 2014年，市人民法院突出化解矛盾促发展。全年审结民商事案件2351件，同比增长19.22%。深入推动“三调联动”，切实规范调解程序，全力化解社会矛盾，调撤结案1445件，调撤率达61.45%。民事审判注重定纷止争、化解矛盾，审结民事案件1995件。加大对涉及工资、工伤的劳动争议案件、道路交通事故损害赔偿案件、追索赡养费、抚养费、医疗费等涉民生案件的审理力度，体现司法对民生的关注和对弱势群体利益的保护。商事审判注重保护诚信、规范秩序，审结商事纠纷案件356件。着重突出对买卖合同、建设工程、租赁、运输、加工承揽等商业交易中因业务往来、资金融通等引发的纠纷，维护市场稳定，促进经济发展。

【行政审判】 2014年，市人民法院着重对具体行政行为的合法性审查，促进行政机关规范执法。积极探索行政诉讼庭外协调和解处理，努力化解行政争议，审结的57件行政诉讼案件中，经调解撤诉46件。大力开展非诉执行工作，依法执结征收社会抚养费、强制拆迁房屋等非诉执行案件295件。注重司法与行政良性互动，调研分析近两年来的行政诉讼案件，就如何进一步提高依法行政水平，防范和处理行政争议向有关单位提出司法建议17条，促进依法行政。

【执行工作】 2014年，市人民法院注重高效联动，依法维护法律权威。共执结各类执行案件1481件，为历年来最高，执结标的7230万元。强化执行措施，严格实行“五查一搜”（查银行、查房管土地登记、查工商登记、查车管部门登记、查账本、搜办公场所或住宅），完善执行快速反应机制，全年出动执行人员2658人次；强化执行合力，完善司法查控信息系统建设，加强与公安、国土、房产、工商、税务、金融等部门的联动协作，共查控相关信息12985条，及时查控存款余额3264.71万元、车辆56台、房屋173套；强化执行威慑，积极创新反规避执行机制，加大对拒不执行判决裁定行为的刑事打击力度，建立失信被执行人信息库，严格落实限制出国出境和限制高消费制度，通过媒体先后曝光“老赖”36人次，发布限制出境、限制高消费令30人次。

【司法服务】 一是服务重点工程建设。紧紧围绕市委重要决策部署，积极为“一城三片区、一心六组团、一环三纵横”的推进提供司法保障。出台《充分发挥非诉执行职能服务市重点工程建设的实施意见》，积极为旗滨玻璃生活区、高铁连接线贯通、李畋中路、渌江新城等重点工程排阻清障。共派出警力1500余人次，办结征地拆迁案件98件，腾退房屋执行案件12件。强制执行周某某拒不腾退租赁房屋等严重影响重点工程建设的案件3件。二是服务经济健康发展。努力从司法角度促进和保障全市经济发展、金融安全。审执结金融纠纷案件302件，为市农村信用社成功转制成农村商业银行提供法律支持；规范民间资本流通，妥善处理民间借贷纠纷，依法保障合法债权，全年共审结民间借贷案件625件，涉案标的额1100万元；建立涉重大工程项目、重点企业案件审执“绿色通道”，审慎处理重大涉企案件，审结涉企案件312件，标的额1.2亿元。三是服务社会综合治理。坚持“教育、感化、挽救”方针，通过“庭校共建”、聘请专业心理咨询师进行心理干预、参与未成年被告人社区矫正等有效措施，为青少年健康成长营造良好法治环境；完善领导包案、部门负责、多方参与、专人承办的涉诉信访化解机制，开通视频接访和网上申诉平台，共接待信访群众450人次，处理来信来访185件，实现进京上访零登记；积极推动非监禁刑适用社区矫正的有效衔接，及时向社区矫正机构移送矫正对象259人，市人民法院被评为全省社区矫正先进单位；大力开展法治宣传，举行“法院开放日”、街道集镇设点普法、“进校园讲法”等各类普法宣传22次，通过媒体刊发司法宣传报道452篇。

【公正司法】 一是深化司法公开，以公开提公信。以深入开展“司法公开推进年”为契机，着力打造审判流程、裁判文书和执行信息三大公开平台；启用“阳光司法”短信平台，探索人民法院与当事人实时互动新模式，及时发布案件流程节点等信息5812条，接受群众反馈信息352条；利用微博、微信等新媒体工具，发布原创微博240条、微信订阅号90期，并对庭审活动全程同步录音录像，以图文、微博等方式直播庭审8场；完善人民陪审员管理模式，新增人民陪审员107名，普通程序案件陪审率达100%。二是严格审判管理，以优质提公信。严格遵循司法规律，完善《工作绩效考核办法》，适时调整考核指标，增强绩效考核的科学性、公开性；不断创新管理方式，制定《审执流程管理细则》，强化节点实时监控，促进审判管理的精细化、规范化；严格落实“让审理者裁判、由裁判者负责”的要求，探索实行办案质量终身负责制和错案责任倒查问责制，保证法官裁判的独立性、公正性；开展庭审观摩和裁判文书“双评查”，抓好庭审和文书这两个关键环节，确保每一起案件在查明事实的基础上裁判有理有据；围绕法定审限内结案、均衡结案和质量跟踪，构建科学合理的审判质量标准体系，不断提升审执质效。三是推进信息化建设，以高效提公信。全面应用“数字法院”系统，加强审限监管，强化对审限延长、中止、扣除以及程序变更的信息化管理，杜绝无故延长审限现象；加强信息化建设和应用，积极推行远程视频庭审，切实推进案件信息数据库、数字法庭建设，全面实现网上公文办理、文件传输、信息发布、后勤管理等办公数字化，进一步提高工作效率，节约司法资源。

【司法为民】 2014年，市人民法院把人民群众的司法需求作为各项工作的出发点和落脚点。一是前移司法问需于民。变“坐堂接访”为“主动回访”，按照株洲中院的部署开展“千案大回访”活动，随机抽取近2年审结且生效的案件，针对办案作风、公正效率、司法廉洁3个方面开展回访。共回访各类案件156件，回访当事人232人，收集各类意见建议62条，密切群众联系，加强司法服务群众的针对性。坚持主动上门问需求，开展“送法进厂区”活动，增强主动服务意识，走访各类企业165家。二是创新举措便民利民。建立全员导诉制度，加强诉讼指导，严格工作流程、司法礼仪和服务规范，最大限度为群众参与诉讼提供优质服务。进一步完善窗口服务建设，逐步建成集立案、收费、排期、咨询、调解、接访等功能于一体的诉讼服务中心，推行远程立案、小额诉讼一审终审、诉前调解等措施，努力让司法贴近群众。全年共接待群众8950人次，进行诉讼指导420人次，法律咨询759人次。大力推行巡回审判，开设巡回法庭、假日法庭156次，当场调解145件，最大限度方便群众诉讼。三是优化服务关注民生。建立涉民生案件专项审执“快车道”，对涉及劳动就业、社会保障、教育、医疗、婚姻家庭、人身损害赔偿案件，坚持快立、快审、快执原则，依法公正、高效保障和改善民生。全年共审执结涉民生案件185件，兑现执行标的400多万元。关注弱势群体，为老、弱、病、残、孕等群体开辟诉讼“直通车”，对劳动争议及追索抚育费、抚养费和赡养费等案件优先立案并免收诉讼费，为经济确有困难的当事人依法发放司法救助金近40万元，缓减免诉讼费70万元，传递司法关怀和温暖。

【队伍建设】 2014年，市人民法院围绕打造一支“信念坚定、执法为民、敢于担当、清正廉洁”的法院队伍，努力提高职业素养，不断提升司法能力，切实优化司法作风，树塑队伍新形象。一是抓思想提素质，强化政治担当。以开展党的群众路线教育实践活动为抓手，严格做好“规定动作”，积极探索“自选动作”，教育引导干警牢固树立社会主义法治理念。强化班子建设，严格落实《班子成员尽职尽责十条规定》，认真开展“四个一”活动，以身作则，率先垂范，召开党组中心组学习12次，班子成员主讲专题讲座10场，机关干部集中学习16次。坚持正面引路，积极推荐典型，激发队伍活力，营造“学先进、赶先进、争先进”的良好氛围。吴中东被评为株洲市第三届“司法为民好法官”，16名干警分别被省高院和株洲中院评为先进个人、岗位标兵。二是抓业务强技能，强化业务担当。针对不同业务特点，狠抓岗位练兵和技能培训。组织全院干警参加株洲中院“法院大讲堂”学习12次，派出干警45人次参加上级法院各类业务培训，举办司法警察业务技能、体能集训8次，开展新进人员及书记员审判绩效工作培训和数字法院运行培训6次，干警的综合素质和业务能力显著提升。叶敏洁、易凯等7名干警的结案数位居全省前列，被省高院通报表扬。三是抓监督转作风，强化责任担当。强化司法巡查、审务督察，设立廉政监督员，积极开展明察暗访和纪律作风督查。制定《关于规范法官与律师相互关系的规定》和《关于法官外出办案的有关规定》，严格工作纪律，进一步规范执法行为，优化司法作风。自觉接受人大监督，健全代表、委员联络机制，主动邀请人大代表、政协委员监督案件审判、执行和观摩庭审12场163人次。

（匡小珊）

市司法局

【概况】 2014年，醴陵市司法局机关内设办公室、人事教育股、宣传教育股等9个职能股室，有干部职工34人；下辖30个基层司法所、5个律师事务所、4个基层法律服务所、2个司法鉴定所。全市有注册执业律师44人，法律服务工作者23人。年末被湖南省司法厅记集体三等功。

【法治宣传】 2014年，市司法局组织机关干部、律师、法律服务工作者深入基层开展集中宣传、法治讲座、法律咨询等活动。结合“百日整治”行动、“3·15”“6·26”“12·4”等重要时间节点，扎实开展法治宣传教育。“12·4”首个国家宪法日，组织在嘉茂广场开展大型主题宣传活动。全年共开展各类宣传36场次，发放宣传资料4万余份，展出展板80余块次。在《今日醴陵》《法治视点》等栏目多次开展专题法治宣传，宣讲法律知识，编印发放普法宣传资料近4万份。积极组织开展干部学法用法考试，进一步提升各级领导干部法治思维和依法执政、依法行政、依法办事的能力。

【人民调解】 2014年，在继续做好婚姻、家庭、邻里、房屋宅基地、生产经营、损害赔偿等常见性、多发性纠纷调解的同时，积极适应经济社会发展的新任务新要求，围绕社会热点、难点纠纷的调解，促进民生问题解决，密切党群干群关系。认真做好矛盾纠纷预防工作，推动人民调解组织向专业化、社会化方向发展，健全矛盾纠纷排查机制，及时掌握有可能引发矛盾的苗头和隐患。努力提高人民调解工作质量，进一步加强人民调解工作法制化、规范化建设。完善网络，充实力量，进一步加强人民调解组织及人民调解员队伍建设。全年共排查调处各类矛盾纠纷1495件，调处成功率保持在99.6%以上，未出现因调解不及时而引发民转刑、群众性上访、群体性械斗事件。针对湘赣边界矛盾纠纷调处，积极构筑省际“边界和谐平安网络”。成功开展“湘赣边界联防联调工作”调研采访活动，《法制日报》《湖南日报》、湖南卫视、《株洲日报》等主流媒体对市边界纠纷联防联调工作进行典型报道，获湖南省司法厅等的一致认同。

【安置帮教】 切实加强和规范刑释解教人员安置帮教工作，建立健全安置帮教工作长效机制，深化“三帮一促”（帮助思想教育转化、帮助培训安置就业、帮助解决实际困难，促使其成为守法公民）主题帮教活动。截至2014年年底，全市共有刑释解教在册人员1024名，安置率和帮教率均为100%，重新犯罪率为1%，落实低保1人。

【社区矫正】 以“社区矫正规范化建设年”活动为载体，着力推行分类管理、分类教育，努力提升监管能力和执法水平。截至

2014年年底，全市共有在册社区矫正对象612人，解除矫正1133人，累计接收1745人，有效防止社区矫正对象脱管、漏管，重新犯罪。

【法律援助】 2014年，全市法律援助工作被纳入株洲市“民生100”工程，任务数为265件。法律援助中心实际承办各类援助案件308件，其中刑事案件76件、民事案件166件、劳动仲裁34件、行政案件4件、执行案件28件，为受援人挽回经济损失270万余元，完成率116%；提供法律咨询258人次。

【法律服务】 2014年，市司法局加强对律师行业的管理，积极引进优秀专业人才，提升法律服务队伍的整体素质，不断提升市法律服务行业的综合竞争力。全市律师共办理案件1174件，担任法律顾问275家。引导律师、公证、基层法律服务等法律服务机构进一步延伸法律服务领域，不断拓展服务的空间和层次。公证处共办理各类公证1193件，其中涉外及涉台港澳473件，未出现错证假证瑕疵证。（焦　玉）

综合经济与管理

发展和改革

【概况】 2014年，醴陵市发展和改革局注重加强经济运行分析，及时研究分析经济运行中的热点、难点问题，逐月分季做好经济运行的监测和分析研究，抢抓机遇，加强与国家、省、株洲市发改委等上级部门的衔接，加大争资引项工作力度。全年争取项目资金8566万元。确定株洲市重点工程项目共22个，其中重点履约项目9个、重点建设项目13个（含前期工作项目2个、新开工项目3个、续建项目8个），涉及产业发展、基础设施、民生民利和社会保障4大类，年内计划投资40.8亿元，到年底超额完成年度目标任务。圆满完成年度巩固退耕还林成果项目，项目建设质量优，效益好。（张　乐）

国土资源管理

【概况】 2014年，醴陵市国土资源局内设办公室、档案室、信息中心、人教股等14个行政股室，辖17个下属二级机构，其中13个副科级单位（含11个国土资源中心所、分局）和4个股级单位。年内，市国土资源局努力适应、积极应对经济发展新常态，切实履行国土资源“保发展、保资源、保民生”的职责，努力提升国土资源保障和服务水平，各项工作取得新成绩。全年累计招拍挂出让土地20宗，面积32.4公顷，总价款3.83亿元，完成国土纯收入2.5亿元；共批回项目44宗，总面积174.4公顷；存量储备土地332.13公顷，融资签约6.5亿元，为城市建设提供资金保障。

【耕地保护】 2014年，共实施农村土地开发复垦项目32个，建设规模229.87公顷，新增耕地193.53公顷。年内建设占用耕地项目35个，占用耕地面积78.87公顷，全部按“先补后占”完成补充任务，连续15年实现耕地占补平衡。根据土地利用变更调查统计，全市有耕地面积5.25万公顷，基本农田4.45万公顷，基本农田保护率85%，均高于上级下达的控制指标。

【矿产资源管理】 2014年，金矿勘查实现重大突破，官庄乡桃花冲发现一处中型金矿床，金矿石量近10吨。全面清理过期矿权，吊销11家逾期不办理延续及注销登记手续矿山企业的“采矿权许可证”。严厉打击非法开采行为，共开展集中整治行动30余次，立案查处非法采矿案件8宗，向公安机关移送非法采矿案件3宗，刑事拘留2人，炸毁或关闭非法矿井6口，拆除工棚10个，拆毁非法采矿设备12台，与乡镇政府联合行动暂扣非法开采设备（挖机）10余台，有效规范矿产资源开发秩序。

【行政效能管理】 抓好行政审批制度改革。增设行政审批股，全面清理行政审批事项，行政审批时限在法定期限内提速1/3，认真梳理市级行政许可和非行政许可项目，分别压缩为7项和2项。加强信息化建设。以“金土工程”电子政务为载体，实现网上办公及省、株洲市、县、乡四级联网审批。村民建房审批和宅基地发证电子政务系统建设全面完成，年内共启用28类流程，受理各类业务近8000个。完善各类数据库建设，将各类数据库集中储存和管理，促进“一张图”和“数字国土”建设和应用。

【节约用地】 2014年，开展低价出让土地使用权与矿业权专项清理工作，进一步规范土地矿产市场。全面清理闲置土地。全市涉嫌闲置土地企业12家，涉及14个地块，面积10.88公顷，及时下达《闲置土地认定通知书》。完善地价管理体系。10月28日，公布实施城镇新一轮基准地价更新成果。与上一轮基准地价相比，新一轮基准地价商业用地、住宅用地、工业用地价格分别平均增长18%、28%、10%。严格规范供地。围绕构建土地市场动态监管平台，如实填报土地供应、土地开发利用数据。全市2010－2014年的供地率均高于上级下达的标准。按上级统一部署，启动城市建设用地节约集约利用评价工作。

【安全维稳】 2014年，市国土资源局及时受理“12336”国土资源举报热线、领导信箱及政府信息公开申请，及时化解各类矛盾纠纷。全年共受理各类信访案件48件，其中国家信访局交办件1

件、省级交办件14件，全部按期办结。积极开展坚决纠正征地拆迁中损害群众利益行为专项整治行动，集中清理拖欠征地补偿安置费用、违规征占土地等侵害农民合法权益等问题，及时跟进调查介入，进行立案查处。认真做好地质灾害防治工作。实现地质灾害连续15年“零伤亡”。申报地质灾害治理项目和应急处置项目6个，完成西山街道办事处河西村滑坡地质灾害治理工程应急处置，并成功申报为省级项目。

【基础工作】 2014年，全市共审批村民建房1166户，开展年内动态巡查1000余次，发现并制止违法用地行为200余起，立案查处违法案件160宗，结案率100%。全市土地矿产卫片执法检查违法占用耕地比例为8.84%，顺利通过各级的检查验收。农村集体土地所有权确权登记发证工作顺利通过外业预检，及时开展并完成4个乡镇的数据库的建设工作。积极开展农村宅基地及集体建设用地使用权登记发证试点，利用相关软件按规定建立农村地籍数据库。测绘管理系统投入运行，完成2300多公顷的测量任务。档案管理不断规范，收集资料4353份（宗），整理入库各类档案4497卷，扫描、录入8.6万条，提供档案查询1300余人次。

【队伍建设】 2014年，市国土资源局认真开展党的群众路线教育实践活动，促干部队伍建设。局党组成员深刻剖析“四风”中存在的问题及产生的思想根源，针对存在的问题提出有效的整改措施，班子凝聚力和战斗力明显增强。出台《醴陵市城市规划区范围内征地拆迁预留地管理办法》《醴陵市农村村民建房管理暂行办法》《醴陵市集体土地上房屋拆迁安置方案》和《关于进一步规范征地拆迁程序推进阳光拆迁有关规定的通知》，进一步规范土地管理秩序，改进征地模式。出台全局性的工作制度46项，加强效能管理。对各股室、部门负责人进行岗位调整，并对违反制度的人和事坚决予以处理，干部职工工作热情空前高涨。

（赵　强　王爱丽）

物价管理

【概况】 2014年，醴陵市物价局内设办公室、价格收费管理股、价格认证中心、价格监测中心、价格监督检查局、价格调节基金征收管理办公室，有在职干部职工25人。全市物价工作以保持价格总水平基本稳定为要务，以促进经济平稳较快增长为重点，以规范市场价格行为为抓手，进一步清费治乱减负，整顿和规范市场价格秩序，为全市经济社会发展营造了良好的价格环境。

【价格调控】 2014年，市物价局加强价格调控监管，确保市场价格稳定。一方面，密切关注居民生活必需品价格。对大米、食用油、蔬菜、生猪等农产品价格及时采价，做好价格监测预警工作，并通过对监测数据进行总量分类预测，认真分析市场价格变化的原因和趋势。全年共向醴陵市委、市政府及上级物价部门报送主要商品价格信息、市场巡视报告、农资价格报告及价格综合分析材料490余篇。另一方面，推进农产品直销店建设工作。会同商务、财政、农业等部门，联合推进农产品直销店建设，全市城区已有5家单位通过审核验收，挂牌成为农产品直销店。全年完成价格调节基金征收1136万元，投放价格调节基金377.5万元，用于扶持“菜篮子”工程，政府价格调节基金用于保障蔬菜的生产、供应、流通和价格稳定的比例达33.2%。

【价格监管】 积极开展节假日市场价格巡查、“发展环境优化年”收费专项检查、涉农价费等专项检查。共立案查处各类价格违法案件7起，没收上缴财政56.6万余元；受理“12358”价格举报49件、咨询38件，通过投诉举报清退消费者1.23万元，罚款2300元。为促进价格监管，加强价费定调工作，出台了春秋两季教育收费文件，规范教育收费行为。组织召开新能源公交车票价定价听证会，调整市非居民用天然气价格听证会。市物价局通过认真广泛征求用气企业意见，经株洲市物价局批准，采用存量气和增量气加权综合作价方案对全市非居民用天然气销售价格进行调整。调价后，全市非居民用天然气价格低于长株潭三市非居民用天然气价格，每年为全市工业用气企业减轻负担4000余万元。重新核定市农村客运班线票价标准，对全市行政事业性收费和服务价格进行了年度检审。全市“行政事业性收费许可证”应检71本、实检71本，“服务价格登记证”应检216本、实检216本；共取缔“服务价格登记证”60本，“行政事业性收费许可证”14本。

【价格服务】 2014年，市物价局把价格服务作为物价工作的基础，在服务中拓展工作领域，提升工作层次。一是强化价格认证工作。及时准确完成公、检、法各类价格鉴定139件，鉴定总额187余万元；完成其他行政机关及企事业单位价格鉴定、非税财物价格认证24件，涉及金额162.9万元；完成岳汝高速、金杏美域小区、五彩新城一期等重点工程炮损、震损、桩损认证结论3份，共涉及75户居民房屋损失，认证金额达49.5万元。积极开展涉税二手房交易价格免费认定工作，全年共做出涉税二手房交易价格认定30起，认定金额达1127.1万元。二是抓好成本调查监审工作。完成“第一季度生猪养殖成本调查”“农户存粮情况调查”“农资购买情况调查”等23项成本调查任务，撰写并上报调研报告9篇。加大成本监审力度，全年共完成涉及教育、保障性住房、交通等领域的定调价成本监审13个，出具相应的成本监审报告13个，核减成本3802万元，为价格定调提供真实、可信的成本资料。

【队伍建设】 2014年，市物价局派出20人次参加省、株洲市相关业务培训，提高干部业务水平。在党的群众路线教育活动中，机关干部认真查摆问题，开展批评和自我批评，“四风”问题得到有效遏制。扎实开展“大走访”活动，重点走访孙家湾乡观前村、西岸村共38个组，走访群众600余户，广泛收集群众意见和建议并认真协助解决。加强党风廉政建设，签订《党风廉政建设责任制责任书》，把廉政考核成果作为干部评优评先、选拔任用、奖励惩处的重要依据。（胡小兵）

审计管理

【概况】 2014年，醴陵市审计局内设办公室和法制、财政金融审计、行政事业审计、基建外资审计5个股室和经济责任审计科、重点建设项目审计中心；年末有在职人员26人，人事代理人员6人，另外聘用专职审计人员3人。全年共完成财政预算执行审计、财政财务收支审计及经济责任审计等项目37个，提交审计报告和专项审计调查报告37份；完成工程预、结算审计项目198个，出具工程预、结算审计报告198份；查出管理不规范资金48337万元，提出审计建议72条；审定工程造价金额4.3亿元，核减工程支出1589.6万元；取消工程结算项目1个（并入其他项目一同结算），涉及金额328.4万元；向市监察机关移送案件线索3起，涉及3人；发出审计整改函1份；通过审计上缴财政资金279万元、向税务机关缴纳税费213万元；完成市委、市政府临时交办的审计任务6项；为部门争资引项提供公证性审计报告12份。

【财政审计】 2014年，在同级财政审计中，构建大财政审计理念，结合开展专项资金审计、行业审计。除审计市财政局、地税局等具体组织预算执行的部门外，还对全市生猪专项资金管理使用情况进行审计。重点关注财税法规执行情况、人大批准的预算执行情况、预算中重点支出安排情况等，并对财政收入结构、政府负债情况、专项资金管理和非税收入管理等各方面进行重点调查分析。通过审计，查出管理不规范金额1.77亿元，查处骗取生猪保险资金的违法行为，并分析问题产生的原因，提出改进意见。

【经济责任审计】 2014年，共完成领导干部任期经济责任审计项目24个，其中乡镇8个、市直单位16个。通过审计，发现部分领导干部任职期间所在单位内部控制制度不健全，在财务管理上存在挤占挪用专项资金、应缴未缴税费、乱收费、越权罚款等方面的违纪违规问题，共查处各类违纪违规金额7989万元，界定领导干部应负主管责任金额946万元，应负领导责任金额7043万元。处罚上缴财政资金78.2万元，向税务部门缴纳税费198万元；责令归还原资金渠道605.1万元，其中从个人手中扣回42.7万元；向市监察局移送案件线索3起，涉及金额57.4万元；发出审计整改函1份，提出审计建议56条。

【投资项目审计】 2014年，进一步理顺政府投资审计体制。根据《醴陵市政府投资项目审计监督办法》，政府投资项目审计由“抽审制”改为“必审制”，进一步强化审计监督职能，实现政府投资项目结算审计全覆盖，确立以审计机关的审计结论作为结算付款依据的政府投资项目审计体制。全年共完成结算审计项目158个，审核建设资金1.63亿元，审定1.53亿元，核减工程支出963万元；其中一审项目1个、核减工程支出848万元，取消工程结算项目1个（并入其他项目一同结算），涉及金额328.4万元。选择性地开展重点项目进行全程跟踪审计，对城区四大门户景观提质改造工程、旗滨玻璃项目基础设施配套工程等12个项目进行跟踪审计。向被审计单位提出审计整改建议20余条，减少不合理开支4200余万元，建立在建项目档案。

【内部审计】 2014年，全市有内审机构9个，共完成审计项目64项，查出损失浪费资金960万元，促进增收节支1576万元，纠正违规违纪资金524万元，提出合理化建议和意见43条。

【党建工作】 2014年，市审计局以开展党的群众路线教育活动为契机，紧紧围绕“为民务实清廉”主题，坚持“以抓好党建带审计、以狠抓廉政护审计、以加强团结树审计、以树立正气促审计”的工作原则，不断加强党员干部政治思想教育、党风廉政建设和党建帮扶等工作。全年发展新党员2名，先后选送10余名干部参加相关业务培训和技术认证考试。深入开展“与百姓连心，为百姓解困”大走访活动，共走访群众775户，新收集问题12个，解决和答复问题59个。向联系点拨付帮扶资金7万元，为帮扶单位向外争取资金7万元。（凌志良）

统计管理

【概况】 2014年，醴陵市统计局内设综合核算股、工业能源股、贸易投资服务业股、法规股、办公室，下设乡镇（街道）经济发展考核办、社会经济调查中心、普查中心、数据管理中心（加挂“醴陵市产业调查队”）；全局核准编制31人，有在职人员31人。年内，全市812家联网直报单位的月报、季报、年报等数据报送率、直报率、验收率、审核率均达100%。全市新增“四上企业”（规模以上工业企业、资质以内建筑房地产企业、限额以上批零住宿餐饮企业、限额以上服务业企业)72家，比计划目标多22家；其中工业35家，批发零售、住宿餐饮业23家，房地产业4家，服务业10家。1－11月工商注册新增单位808家，超额完成“个转企”（个体转企业）任务。市统计局获评省“第三次全国经济普查先进单位”“《中国信息报》宣传工作先进单位”、株洲市“统计工作红旗单位”等。在株洲市统计局年度综合考核中，有16个专业和专项工作跻身优秀等级，10项工作考评第一，综合考评分数名列株洲各县市区前茅。

【经济普查】 醴陵市全国第三次经济普查工作于2013年启动，普查标准时间为2013年12月31日。2014年，市统计局广泛动员全社会力量，积极优化组织模式、畅通数据收集渠道、大力运用信息化手段，全面完成普查登记、复查、审核、检查、验收、汇总和事后质量抽查等一系列工作，成功上报法人及产业活动单位6643户，个体经营户57619户，摸清全市经济活动单位的“家底”，并顺利通过省统计局的事后质量抽检验收，获评湖南省“经济普查工作先进集体”称号。

【规范化建设】 2014年，市统计局投入资金115万元，启动民意调查中心建设，重点进行机房改造，增添信息化软、硬件设施，建立健全网络安全制度，信息化水平及安全防护级别全面提高。继续在“配强政府统计、巩固乡镇统计、落实部门统计、做实企业统计、明确村级统计、完善住户统计”6个层面不断创新举措，力促全市各部门、乡镇（街道）、企业的统计建设达到“四个100%”（制度上墙、台账建立、人员持证、装备达标均100%）。年内，阳三石街道、枫林市乡统计站被省统计局授牌认定为第三批“全省统计业务工作规范化建设先进单位”。

【法治建设】 2014年，市统计局认真实施《统计“六五”普法规划》，紧扣《关于开展统计弄虚作假行为专项整治工作实施方案》要求，将统计普法宣传送上门。全年累计发放《中华人民共和国统计法》及《普查条例》宣传单4000余份、《普查告知书》6000余份，设立大幅宣传栏20余处。建立健全查处机制和统计数据质量约谈机制，联合相关部门对30家单位开展统计执法检查，有效遏制统计上的弄虚作假行为的发生。

【教育培训】 2014年，市统计局认真落实统计人员持证上岗规定，组织188名统计从业人员报名参加全省统计从业资格考试，有180人取得从业资格。组织68名统计在岗人员参加网上继续教育培训，考试结业率为100%。局机关3名专业人员获得中级统计师证。积极参加株洲市局组织的“三年提能”培训行动，选派7名机关干部赴上海复旦大学进行为期一周的专业强化培训。

【统计服务】 2014年，醴陵在“全国百强”中再次前进两名，名列第86位；主动担纲株洲经济发展升级重点考核基础工作，促醴陵在株洲地区排名首位；承担省、株洲市政绩考核、新型工业化考核、为民办实事评估及全面建成小康监测、“两型社会”监测等9项考核任务，为巩固醴陵在株洲市、省级经济强县地位提供坚实的统计保障；定期开展对全市国民经济和社会发展情况的统计分析，共发布统计月卡12期、领导专报10期、月度经济形势分析10期、统计公报1份、统计年鉴1本、各类统计分析50余篇，完成株洲市重点课题5篇，动态信息110余篇，被各级媒体、政府部门采用的课题、分析、信息达50余篇。

【党建工作】 以党的群众路线教育实践活动为契机，继续深入开展“连心解困”大走访和“一线企业走访调研”两大活动，努力做到向基层学、向群众学、向企业学。年内，机关干部携手基层统计站走访“四上”企业、重点项目单位500家，上门看望慰问特困家庭50户，对接帮扶资金10万元。结合党风廉政建设要求，大力改进会风、文风，完善《机关管理制度》，加大效能督查力度，以党风廉政建设成效保障和促进统计改革发展。年内全局干部无一例违纪违规现象。

（贺中云）

社会经济调查

【概况】 2014年，国家统计局醴陵调查队（以下简称“醴陵调查队”）内设业务股、专项调查股和办公室，有在职干部职工8人、退休2人。醴陵调查队以“六个一”（瞄准一个工作目标、夯实一个工作基础、完善一个激励机制、突出一个工作重点、开展一个教育活动、营造一个工作氛围）工作思路为主线，统筹安排，上下协作，全面完成各项调查任务。年内，在湖南国调队系统县级国调队综合考核中获二等奖，住户调查等10项单项考核分获一、二、三等奖。

【调查档案规范化建设】 2014年，醴陵调查队把档案管理达标升级作为全年的一项重点任务来抓。为解决机关办公用房不足而无法单设档案室的现状，长期租用档案库房1间，并添置文件柜、除湿机、空调等硬件设备。在市档案史志局指导下，组织人手整理自1984年建队以来的所有统计资料、分析材料、财务报表以及文书档案等档案资料，为申报“湖南省一级档案室”奠定基础。

【第三次全国经济普查个体经营户抽样调查】 2014年，在第三次全国经济普查个体经营户的抽样调查工作中，醴陵调查队承担22个普查小区、2404户个体经营户调查任务。为确保调查质量，醴陵调查队成立专项工作领导小组，分片包点，落实责任。为确保数据质量，实行辅助调查员、调查员、分管领导、队长四级审核制度。醴陵调查队获评“湖南省第三次全国经济普查先进集体”。

【住户调查样本轮换】 2014年，醴陵调查队严格执行国家统计调查制度，认真抓好价格、畜禽监测、退耕还林、农民工监测、小微企业、批零住餐业等各项常规调查工作。一是勤督促，在每次项目上报前一个星期，调查员通过电话通知辅助调查员前往调查网点进行实地查看，做好记录，再收集数据。二是勤回访，对于调查数据有疑问的地方，调查员直接与调查户取得联系，询问情况，进行核实。三是勤检查，利用住户调查收账页、农产量调查搞测产的机会对所有常规调查项目进行抽查，对源头数据进行现场核对，保证数据的真实性。10月，住户调查样本轮换工作顺利完成。

2014年醴陵市住户收支与生活状况调查主要指标

表3

主要指标	单位	总计	城镇	农村
一、基本情况				
1. 调查户数	户	124	66	58
2. 常住人口	人	467	245	222
3. 劳动力人数	人	330	176	154
4. 耐用消费品拥有情况				
洗衣机	台	131	72	59
电冰箱（柜）	台	125	68	57
空 调	台	153	104	49
热水器	台	67	49	18
摩托车	辆	135	52	83
家用汽车	辆	18	12	6
固定电话	线	65	42	23
移动电话	部	351	183	168
彩 电	台	189	106	83
家用计算机	台	83	50	33
二、居民收入情况				
可支配收入	元	23912	28636	19092
（1）工资性收入	元	10538	11868	9182
（2）经营净收入	元	7285	8100	6453
其中：第一产业经营净收入	元	1100	1394	800
第二产业经营净收入	元	2262	1150	3397
第三产业经营净收入	元	3922	5556	2255
（3）财产净收入	元	1608	2772	419

续表 3－1

主要指标	单位	总计	城镇	农村
（4）转移净收入	元	4481	5896	3037
三、居民支出情况				
消费支出	元	14947	17576	12265
1. 食品烟酒	元	4646	5667	3604
2. 衣着	元	1063	1312	809
3. 居住	元	3362	3660	3058
4. 生活用品及服务	元	1211	1443	975
5. 交通通信	元	1678	2189	1158
6. 教育文化娱乐	元	1789	2188	1381
7. 医疗保健	元	816	638	998
8. 其他用品和服务	元	382	480	281

（谢　薇）

工商行政管理

【概况】 2014年，醴陵市工商行政管理局设办公室、政策法规股、财务基建股、个体劳动者私营企业协会、经济检查大队、12315申诉举报中心、消费者委员会等19个内设机构和注册登记分局1个分局，辖白兔潭、王仙、八里坳、大障、泗汾、茶山岭、均楚、板杉、官庄、中心、阳三石、城区市场12个基层工商所。截至2014年年底，全系统共有干部职工270人，其中在职人员185人。年内，市工商局先后被评为株洲市“文明建设先进单位”，醴陵市“纪检监察工作先进单位”“连心解困”大走访活动先进单位。

【工商登记改革】 2014年，市工商局突出简政放权，优化市场主体发展政务政策环境。一是进一步提高审批效率，最大限度地减少行政审批环节，压缩时限，优化审批程序。二是降低企业准入“门槛”，全面开展注册资本登记制度改革。三是清理工商登记前置审批事项，减少工商登记前置审批事项，提高市场准入效率。四是深化政务公开，实行网上办理名称预先核准、下载业务表格及示范文本等便民措施。严格执行免征注册登记费的有关规定，主动强化园区对接，开辟大学生就业绿色通道、产业升级绿色通道，加快推进“个转企”及“小升规”工作，大力推进全民创业。截至年末，全市共有个体户23822户，各类企业5179家，其中农民专业合作社702家，分别增长13.1%、21.7%、51.6%。总体上看，新增企业具有投资额大、注册资本高等特点，新型产业明显增多。

【商标战略】 2014年，市工商局大力帮扶企业走品牌经营之路。向市政府提交《关于尽快启动使用“醴陵陶瓷”“醴陵花炮”等地理证明标志商标的建议》。到全市800多家陶瓷、花炮企业走访服务，收集企业商标资料，建立商标档案，为企业和个人免费查询商标600余件，指导企业新注册商标30余件。积极引导企业新申请、续评省著名商标。年末，全市有省著名商标59件、驰名商标10件，位居全省县级市前列。大力整治虚假违法广告，加强户外广告巡查，强化广告监测，立案查处违法广告6件。

【个私经济】 2014年，市工商局加强服务能力建设，促进个体私营经济发展。一是积极搭建银企合作平台，帮助企业解决融资难题，为72家企业办理股权出质登记手续，帮助企业融资32420万元；通过指导企业办理动产抵押27起，抵押物价值9314万元，融资7511万元；通过与银行对接，为千余户个私会员解决周转资金近1亿元。二是结合群众路线教育实践活动，加强非公经济组织党建、团建工作，由个私协会推荐参选的个私业主代表赵石毛被评为醴陵市诚实守信道德模范，由个私协会推荐参选的湖南省新世纪陶瓷有限公司营销部被团省委评为2012－2013年度省级“青年文明号”。三是倡导企业文明诚信经营，树立良好社会形象。开展“守合同重信用”企业评选活动，分别推选出33家、17家企业参加省级和株洲市2013年

“守合同重信用”企业的评选，推荐4家企业参加国家级“守合同重信用”企业的评选。开展2012－2013年度“消费维权先进单位”“消费者信得过单位”的评选活动，分别评选出17家和22家。大力倡导热心公益之风，多次组织开展慰问特困会员、学雷锋献爱心、捐资助学等公益活动。

【市场监管】 2014年，市工商局严厉查处各类扰乱市场秩序的违法违规行为。开展节日市场、流通环节豆芽菜质量安全、校园及周边食品等各类专项整治工作，检查各类食品经营户1838户，下达责令改正通知书17份，查办食品违法案件66起。在“红盾护农”行动中，指导农资经营者严格落实“两账两票、一书一卡”（进货台账、发票，销货台账、发票，承诺书、信誉卡）等制度，共抽检31种农资产品，立案查处涉农案件2起、成品油案件1起。在打击假冒伪劣专项行动中，下架15种无3C强制认证标识的儿童玩具；查获无合格证、无产品使用说明书、无生产厂家、无保修卡的各类数码电子产品185台（个），总计货值约4万余元；查获104块假冒“万象”牌商标的板材产品，总计货值为1.84万元。在开展打击传销集中行动中，与公安机关配合对城区人员集中的地方经常排查、集中打击，出动执法人员45人次，劝返遣散传销人员5人，创建无传销社区、乡镇2个，录入信息系统传销人员1人。扎实开展烟草市场整治，注重强化部门协作，大力开展烟草制品打假知识宣传，共出动执法人员325人次，执法车辆70台次，检查烟草经营户2489户，取缔无证经营户56户。

【消费者权益保护】 2014年，市工商局紧紧围绕“新消法，新权益，新责任”，组织开展“3·15”系列宣传活动，发放宣传资料8万余份，出动宣传车38辆，制作展板37块，在全市城乡悬挂横幅100余条，接受各类咨询1627人次，受理投诉62起，义务修理23户，获得群众广泛好评。“12315”申诉举报中心共受理消费者申诉180起、举报30起，处理208起，调解率达98%，为消费者挽回经济损失7万余元；消费者委员会接待来访来电咨询4010人次，受理消费者投诉1002件，为消费者解决988件，解决率为98.6%，为消费者挽回经济损失50.2万元。

【党建工作】 2014年，市工商局党组重点抓好党的群众路线教育实践活动和“连心解困”大走访活动。通过开展党的群众路线教育实践活动，全局各类会议活动同比减少15%以上，发文数量下降52.4%，公务招待费下降16%，清退多余办公用房200多平方米。在专题民主生活会和组织生活会上，共提出整改意见120多条，并逐一整改落实。认真组织“连心解困”大走访活动，全局26名走访干部走访群众944户，发放民情联系卡812张，收集建议、问题309件，为农民解决实际问题。（*唐超群*）

市场管理

【概况】 2014年，醴陵市市场服务中心（以下简称“中心”）辖湘东摩托车大市场、阳三石农贸市场、新市场龙盛商业街和黄獭嘴、仙霞镇2个农村农贸市场；有在职干部职工18人，其中在编干部11人。全年实现市场管理收入134.75万元，为年计划任务的112.29%，比上年增加18.07万元，增长5.72%；上缴非税调控资金30.6万元；引资争项605万元，超出年度计划任务105万元。为干部职工足额缴纳社会统筹保险“三金”（医疗、失业、养老保险金）及住房公积金共计27.55万元；支付党建帮扶资金8万元；落实社区“创卫”扶持指导资金4.2万元；投入市场改造资金80万元。

【市场管理】 2014年，中心紧扣安全发展红线，加强对市场的日常监管，每月对农贸市场进行1次全面清洗，开展2次以上的督促检查，确保市场无消防食品安全事故发生。全年组织机关干部、部分经营户代表开展2次专题教育培训，出版4期健康教育宣传专栏，组织开展消防演练，逐步完善市场监管应急预案。同时加强对市场经营户日常行为的监督管理。为改善市场环境，中心多渠道筹资80万元，完成湘东摩托车市场、阳三石农贸市场、新市场龙盛商业街公厕和黄獭嘴市场的广场地面砖、卷闸门、下水道、晴雨棚等基础设施的提质改造。

【引资争项】 2014年，中心依托市场平台，深入走访商户、部门，广泛收集境内外客商信息。6月，与市来龙门街道办事处联合成功引进长沙投资人在市文化步行街开办“东大门小商品市场”。该项目总投资3200余万元，实际引进资金605万元，项目占地8000平方米，有从业人员400人，主营小百货、小商品，年营业额达3000万元以上。

【党建工作】 2014年，中心重点做好了“连心解困”大走访和党的群众路线教育实践活动。8名走访干部对仙霞镇狮形岭、油田、清安铺3个村中的285户村民进行了回访。在群众工作日期间，坐班干部共收集共性问题69个，一一给予答复处理。在8月开展的挂号销号回访月活动中，中心走访干部通过上门入户，将53个挂号问题全部办结销号。中心共拨付5万元用于仙霞镇组道硬化和水利设施修缮，为当地学校捐赠价值4000元的电器设备。自党的群众路线教育实践活动开展以来，中心党员干部紧扣“为民务实清廉”活动主题，共查找“四风”问题18个，已整改落实17个。

全年两次组织中心全体党员干部开展以“清除白色垃圾，还渌江河原貌”为主题的党日活动。

（卢明耀）

食品安全

【概况】 醴陵市食品安全委员会办公室（简称“市食安办”）为市人民政府食品安全工作综合协调机构，内设综合宣传股、督导考评股2个股室，2014年末有工作人员5人，归口市人民政府办公室管理。

【机制建设】 2014年，市食安办出台《醴陵市2014年食品安全工作要点》《醴陵市2014年食品安全综合整治工作方案》等文件，制定《醴陵市2014年食品安全考核考评办法》和《醴陵市食品安全责任制和责任追究制》。将食品安全和农产品质量安全纳入各乡镇街道、部门年度绩效考核和领导干部综合考核重要内容，对发生重大食品安全事故的实行一票否决。

【队伍建设】 2014年，全市各个乡镇、街道建立食品安全监管站，配备专职监管员32名、村级信息员398名。全年培训食品安全专干、监管员、信息员1371人次，培训食品从业人员8700余人次，培训率达95%以上。

【学校食堂改造】 2014年，全市投入资金700万元，新建11所学校食堂，年末有9所完工、2所在建；投入资金约70万元，维修改造5所学校食堂；投资100万元，对10所学校实施“春苗营养计划”。

【风险监测】 制定并实施《醴陵市2014年食品、农产品安全风险监测实施方案》，重点将粮食、蔬菜、肉、乳、婴幼儿食品、非法添加物、腊制品、豆制品、米粉等品种进行监测，加强食品和食用农产品安全风险评估，及时发布警示信息，为食品和农产品风险评估、风险预警、食品安全标准制（修）定和采取有针对性的控制措施提供科学依据。按照《醴陵市食品安全事故应急预案》，组织开展食品安全事故应急演练，提升各环节应急处置能力。成功处置均楚高桥中学学生食物中毒等突发事件，积极主动回应社会媒体关切的热点难点问题。

【食品安全监管】 全年共抽检食品41472批次，合格41408批次，合格率为99.85%。组织专项整治行动35次，出动执法人员9000多人次，执法车辆1100多台次，检查种植、养殖、食品生产、流通、餐饮单位3200多家，取缔无证无照食品经营户32家，没收假冒伪劣和过期食品1230千克，查扣涉案酒类商品265瓶，取缔食品生产小作坊12家，收缴问题猪肉773千克，无害化处理动物331头（羽、只）、动物产品820.9千克。办理食品安全行政案件105起，处罚金额26.66万元，破获食品药品安全刑事案件4起。其中破获的省部级挂牌督办毒豆芽案件共抓获犯罪嫌疑人18名、起诉犯罪嫌疑人26人，市人民法院对该案件进行公开审判，被告人文某等18人分别获有期徒刑1年、10个月、半年、4个月并处罚金。

（刘智泉）

食品药品监管

【概况】 2014年，市食品药品监督管理局（以下简称“市食药监局”）内设办公室、餐饮保健食品化妆品监督股、药品监督股、稽查股、医疗器械股，下辖食品药品检验所1个副科级全额拨款事业单位；有在职干部职工17人，退休职工4人。市食药监局围绕人民群众反映强烈的食品药品安全突出问题，强化监管，严厉整治，全年未发生食品药品安全事故。查获的利用互联网非法销售特殊药品案被评为湖南省“食品药品稽查打假十大典型案件”，查获的利用互联网交易方式直接向公众销售处方药案被列为株洲市“2014年食品药品十大典型案例”之一。

【“四品一械”监管】 2014年，全市“四品一械”（餐饮服务食品、保健食品、药品、化妆品、医疗器械）安全监管有新进展。一是标准化监管。严格执行新版药品经营质量管理规范（GSP）标准，对达不到GSP认证条件和许可证换证标准的药品经营企业一律不予换证，对达不到标准的企业引导退出经营。年内，全市有110家符合标准的药品经营企业通过新版GSP认证，10家企业自愿注销。获新版GSP认证的药品零售企业，软、硬件均得到全面提升。二是科学化监管。新换发证的药品零售企业均配置计算机、视频设施，实现由电脑和药品管理软件全面管理，药品效期、库存等实现电脑预警，连锁药品零售企业实现执业药师远程审方；对1200家餐饮服务食品、保健食品企业建立了电子监管档案，实现了对食品药品安全的全面信息化和自动化监管。三是制度化监管。对“四品一械”生产经营企业推行“四化”监管机制，做到监管记录档案化、索证索票制度化、进销台账规范化、示范企业带动化，实现食品药品来源可溯、流向可追、质量可控、责任可查。

【稽查打假】 2014年，全市食品药品市场整治有新成效。一是着力解决食品药品安全方面反映突出的问题。3－8月，市食药监局牵头组织工商局、技术监督局、畜牧水产局等7个相关单位成立15个专项整治小组，对全市药品经营企业、保健食品经营户、医疗机构、餐饮服务企业开展专项整治，共检查食品经营企业730户次，食品生产企业24家次，餐饮服务单位356家，药械经营单位35家，医疗机构78家，立案35起。查处非法生产毒豆芽黑作坊18处，现场查获“毒豆芽”近千斤、添加剂及工具若干，抓获刘某、龙某等嫌疑人18名。开展药品专项整治行动，查处的“非药品京都念慈庵川贝枇杷膏冒充药品案”已立为刑事案件处理，刑事拘留、取保候审各一人。查获一起利用互联网交易方式直接向公众销售处方药案，该案例被列为株洲市2014年食品药品典型案例。二是大力开展药品流通领域专项整治。以处方药品、特殊药品、中药饮片、基本药物为重点，对非法渠道购进药品、销售假劣药品、未凭处方销售处方药、无证经营药品等违法行为进行重点打击。共检查药品零售企业372家，责令整改236家，当场行政处罚145家，立案查处14家，其中查处假劣药品案件4起。三是深入开展学校食堂及学校周边食品安全专项整治工作。4月和9月分别开展春、秋两季学校食堂及周边专项整治，对全市所有学校、幼儿园食堂及周边餐饮食品安全进行拉网式检查。重点对学校食堂食品安全责任制度、两证情况、卫生情况、索证索票制度、食品添加剂采购和使用管理制度等项目进行检查，共出动执法人员1102人次，检查学校食堂551家，下达责令改正通知书170份，对2家存在违法行为的学校进行立案查处。四是积极开展保健食品专项整治。共检查保健食品经营企业265家、化妆品经营企业35家，出动执法人员700人次。五是大力开展餐饮服务环节食品专项检查。共检查餐饮服务单位1126家，抽检食品30批次，对存在违法行为的3家餐饮单位进行立案查处。六是加强医疗器械专项整治。集中4个月时间在全市开展医疗器械专项行动整治，重点整治医疗器械注册、生产、流通和使用环节存在的突出问题，共检查单位45家，下达责令整改35家，立案8起。

【应急管理】 2014年，市食药监局针对央视“3·15”晚会曝光的部分企业未经保健食品许可，使用普通食品许可证违法生产经营儿童鱼肝油的问题，在全市范围内开展儿童鱼肝油类产品专项执法检查，共检查4家超市、2家药品批发企业、30家药店，未发现问题儿童鱼肝油类产品。5月，联合工商、质监对全市豆芽生产经营单位进行全面清查，检查豆芽经营户8户，抽取4个豆芽菜样品，经检验全部合格。7月，针对上海福喜食品事件，及时对全市的肯德基、麦当劳、华莱士等快餐店进行排查，未发现有上海福喜食品有限公司提供的食品原料。对省、株洲市局通报的钙铁锌硒维生素高钙片、破壁灵芝孢子粉等假冒伪劣保健食品和严重违法广告药品，第一时间开展市场清查，确保市场安全。为推进药械不良反应监测，全市卫生院和市直医疗机构全部开通药品不良反应监测端口，实现网上实时监测，进一步提高监测报告质量水平，共监测药品不良反应670例，医疗器械不良事件270例。

【食品药品安全宣教】 2014年，市食药监局持续推进食品药品宣传培训工作。召开药品零售企业GSP宣贯培训班、《医疗器械监督管理条例》宣贯培训班、药品不良反应培训班、学校食堂管理人员培训班等，共培训食品药品从业人员1100人次。开展“3·15”“食品安全宣传周”“药品安全用药月”等宣传活动，促进食品药品安全进社区、进学校、进企业，开展真假药品对比鉴别，进一步提高群众识别能力和维权意识，共发放宣传单8000余份，展出宣传板报26块。

（黄晓敏　罗　彦）

质量技术监督

【概况】 2014年，醴陵市质量技术监督局内设办公室、人事计财股、质量股（地保办）、稽查大队、计量股、监督管理股、标准情报所、特种设备安全监察股、食品安全监督管理股9个股室，辖质量监督检验及计量检定所1个事业单位。年末，市质量技术监督局获湖南省“质监系统党风廉政建设先进集体”“组织机构代码工作先进单位”等称号。

【能力建设】 2014年，市质量技术监督局进一步改作风、优环境、加强服务能力建设。一是窗口服务能力有提升。办证大厅扩大至100余平方米，增设电子公示栏、电脑、扫描仪等设备，窗口被评为湖南省“组织机构代码文明服务窗口”。二是检验检测能力有提升。计量测试所加大技术机构投入，投资50多万元筹建“医用三源”等7项计量检测检定项目。6月，计量测试所顺利完成五年一次的机构考核，检测行为进一步规范，检测能力不断提升。

【行政执法】 2014年，市质量技术监督局共查处各类行政违法案件64件；其中涉及食品、特种设备安全的案件24件，占37.5%，大案、要案18件，占28.1%。同时加强纵向和横向联合执法，与公安机关联合办案，与省局稽查总队协作，移送违法案件2件，严厉打击制售假冒伪劣和不合格产品行为。

【质量监管】 2014年，为做好全市生产领域产品质量监管工作，采取日常巡查、监督抽查和执法检查三管齐下的监管模式，共开展生产领域产品质量日常巡查2000余次；抽检各类产品1402批次，定检计划完成率达100%，其中食品305批次，合格率98%；电瓷117批次，合格率99%；日用陶瓷180批次，合格率97%；烟花鞭炮453批次，合格率93.82%；鞭炮机械34批次，合格率100%；服装72批次，合格率86.2%；纸箱101批次，合格率89.1%；其他产品140批次。

市质量技术监督局注重服务企业，成功申报“湖南名牌”产品9个，占全省总量的4.45%，申报成功率首次达100%；完成全国企业质量信用档案数据库建设的信息采集任务，上报数据326条；对34家五彩瓷生产企业开展“釉下五彩瓷器”地理标志使用企业年度审查。向市政府提交《关于请求市政府启动“醴陵鞭炮”地理标志产品保护申报工作的请示》，获政府批准。

【特种设备安全监察】 2014年，全市新增压力管道3万余米，电梯120台，锅炉10台，起重机械40台，压力容器80台。为保证安全，采取加强日常管理与严厉打击违法行为并举的方式抓特种设备管理工作。一是做好日常监管工作，共受理压力管道开工告知156份，为77家电梯、锅炉等特种设备使用单位办理告知监察，对全市102家使用单位开展日常巡查，协助850家使用单位完成年检，培训各类特设作业人员60人，与特种设备使用单位签订《安全责任状》246份。二是加大特种设备“打非治违”力度，开展“锅炉”等专项整治。打非治违过程中共作出现场检查笔录102份，下达安全监察指令37份，其中立案处理14家。电梯专项整治过程中，对全市7个较大小区200余台电梯进行检查，对存在安全隐患的电梯下达安全监察指令要求改正，对维保不到位的维保公司进行查处。

【食品安全监管】 2014年，全市有食品生产加工单位155家，其中企业66家、小作坊89家。为加强监管，市质量技术监督局采取如下措施：一是及时开展食品生产领域巡查、定检和监督抽查，共巡查食品企业240家次，抽检食品305批次，合格率98%；与食品企业及小作坊100%签订食品质量生产安全承诺书。二是开展专项整治，重点对腊制品等5类食品进行了专项整治，共巡查食品获证企业和小作坊54家，监督抽查腊制品等5类产品52批次，查处无证小作坊21家。三是充分发挥食品生产安全执法作用，加强食品生产监管工作，共检查企业（含小作坊）160家，依法立案查处8家，取缔无证小作坊12家，没收、销毁问题食品500余千克。四是积极帮助、指导55家食品生产加工企业合理布置车间、设备，建立化验室及生产许可证换发工作。

【计量工作】 2014年，共检定各类计量器具1.17万台（件）。强检计量标准受检率达100%，在用强检计量器具受检率达99.3%；培训技术人员12人次，修改《质量手册》等体系文件；开展“诚信计量进市场”“放心计量进加油站”等惠民活动，共检查计量器具1425台（件），检定计量器具1299台（件）。开展在用燃油加油机专项监督检查，共检查加油站62家，检查在用加油机396台，受检率达100%；开展定量包装商品监管，抽查与百姓密切相关的23家生产企业和3家流通企业28批次定量包装商品，净含量合格率为89.3%。

【信息工作】 2014年，共受理组织机构代码业务4985家，其中新增证书1485家、换证617家、变更319家、年检2349家、注销215家；办理标准化新增备案110家，标准实施证书年检610家，企业标准备案15项，采用国外、国际先进标准2项；利用1个月时间办理全市个转企、小升规企业组织机构代码证408家。年内，市质量技术监督局获“湖南省组织机构代码文明窗口”称号。

【党建工作】 2014年，市质量技术监督局立足党的群众路线教育实践活动和“连心解困”大走访，促进党员干部队伍建设。为深入开展党的群众路线教育实践活动，局党组成立领导小组，制定下发活动方案，发放“四风”意见征求表252份，收集意见188条。开好了领导班子专题民主生活会。针对查找的问题，制定整改措施105项，在整改过程中，落实具体措施26项，民主评议满意率100%。“连心解困”大走访工作在上年基础上进一步巩固，局成立由11名干部组成的“大走访”工作小组，坚持做好每月“群众接待日”工作。走访干部认真收集、解决各类问题8件，投资5万元用于为民办实事3件，发放慰问金3600元，走访低保家庭85户。（周　娜）

安全生产监管

【概况】 2014年，醴陵市安全生产监督管理工作牢固树立“以人为本、安全发展”的理念，严格监管、全面落实责任，着力推进隐患排查治理、安全生产大检查、“打非治违”、专项整治等工作，强化“网络化”管理，不断深化重点行业和领域的专项整治，安全生产形势一度平稳可控。年内，全市共发生各类生产安全事故116起，死亡18人，受伤203人，直接经济损失856.2万元，与上年同期相比，事故起数下降17.7%，死亡人数增长100%，受伤人数下降1.0%，直接经济损失增长240%，全市全年发生一起重大安全生产事故。

【监管整治】 2014年，市安全生产监督管理局狠抓高危企业整改和隐患排查，强化烟花爆竹综合整治，深化“打非治违”，维护安全秩序。一是积极开展隐患排查工作。全面推行高危企业隐患排查自查自改自报制度，企业隐患自查自改各类安全隐患3891处，整改到位3806处，整改率97.82%。二是持续开展安全大检查大整治。共检查生产经营单位1854家，排查整改安全隐患1890处，责令停产停业整顿272家，处罚金额110余万元。三是扎实推进烟花爆竹安全生产攻坚战。

积极探索烟花爆竹企业的兼并重组、整合提升方案，年底将全市烟花爆竹企业数量缩减至350家。严厉打击未许可工区、许可证到期企业、关闭企业非法生产行为和有证企业“三超一改”（超人员、超药量、超范围，擅自改变工房用途）、转包分包等违法生产行为。四是深化“打非治违”专项整治。建立安全监管“五包一”（1名安监局办点干部、1名乡镇安监站人员、1名乡镇办点干部、1名村级干部和管辖区电工共5人包一个企业）制度，全力抓好隐患治理。共排查出各类安全隐患3784处，整改到位3736处，整改率98.73%。建立责任片区网格化实名负责制和挂号销号制度，从3月开始发布打非工作信息月报，构建全覆盖的打非工作体系，共打击取缔非法生产户300余处，刑事拘留23人，行政拘留105人。

【宣传培训】 2014年，市安全生产监督管理局采取以下措施开展宣传培训工作。一是设立“安全在线”专栏宣传。建立手机短信平台，发送各类安全信息110万余条，在人员集中场所、高危企业设置宣传牌。二是开展以“强化红线意识、推动安全发展”为主题的安全生产月活动。共发放安全资料6万余份、制作安全知识宣传展板70余块，出动宣传车辆20余台。三是深化开展全员免费安全培训。组织开展“三项岗位”人员取证培训和高危企业全员安全培训，共培训各类人员1.5万余人。在高温停产期间，组织6家机械和装药机生产厂家技术人员分18期对全市所有爆竹机械和装药机生产线的2810名操作人员开展免费安全培训。

【制度建设】 2014年，全市安全监管工作从基层基础着手，注重源头预防。一是鼓励高危行业机械化生产。全力推进科技兴安工程建设，矿山企业100%实现机械铲装岩石。所有爆竹生产线已提前一年全部实现机械化生产，安装和药装药机486台，烟花生产线组盆串引、药物混合等工序全部实现机械化作业。二是严把行政许可关。以第三轮行政许可为契机，督促企业加大安全投入，改善安全条件，规范安全管理，推动烟花爆竹企业整合提质，促产业转型升级。全年共投入整改资金10亿余元，拆建工房5万余栋，有299家烟花爆竹企业通过第三轮行政许可。三是开展标准化建设。把安全标准化与行政许可有机结合。全市通过二级标准化评审煤矿企业1家，三级标准化评审企业354家。四是全面推行安全生产责任保险。为将“四防”（防火、防雷、防爆、防静电）工作落到实处，在全市高危行业积极引进保险机制，推行安全生产责任保险。年末，全市参保企业316家，投保金额达384万元。

【队伍建设】 2014年，全市32个区、街道、乡镇单独设立安全生产监督管理站，改临聘公益性岗位为全额拨款事业单位岗位，明确全额事业编制95名。整合公安危爆大队和市安监局安全生产执法大队职能，组建市烟花爆竹安全监察大队。加强安监队伍作风建设。一方面加大执法力度，按照严查、严管、严办、严惩原则，严管重罚，督促企业落实主体责任。共立案查处违章生产企业60余家，处罚金额160余万元，所立案件全部在法律规定时限内100%结案。另一方面规范权力运行，建立健全党风廉政建设各项规章制度，转变干部作风，提高履职能力。 （侯良容）

烟花爆竹质量监督检测

【概况】 2014年，农业部烟花爆竹质量监督检验测试中心（醴陵）（以下简称“中心”）共检验烟花爆竹出厂产品670万箱。结合第三轮行政许可换证，对在许可范围内的企业完成省质监局定期监督检验计划任务720个批次，为政府及时提供行业质量动态信息。共接受委托检验样品329个，其中山东、四川、广西等地样品33个。与山东省、四川省、衡阳市、平江县等7个地方的安监和公安部门建立技术服务合作关系。

【服务平台建设】 截至2014年年末，共提供检测检验服务1000次，超出上年10%，服务范围拓宽到邻近县市和广西、山东等省。开展培训服务3次，为200多家企业和机构提供培训服务620人次；其中企业标准培训2次，培训企业200家、600人次，检测检验人员技术培训1次，培训广西安科院职工20人次。组织60家花炮企业和交通银行、渣打银行开展融资对接服务1次。年内，产业窗口服务平台已为3000户次企业、1.5万人次提供各类服务7179次，服务满意率达96%。12月，烟花爆竹检测检验与物证分析平台通过国家安监总局安全生产科技支撑平台专家评审组评审，该平台是一个对生产安全事故具备预防和控制、调查与分析、提升企业安全生产技术装备水平等功能的公共技术支撑平台。

【防静电设施抽查】 受国家安全监管总局委托，2014年10月26日至11月10日期间，先后对江西、陕西两省的70家生产企业的防静电设施进行抽检。重点抽查爆竹、组合烟花、礼花弹、黑火药、引线5类生产企业的涉药机械、涉药工作台面和涉药工具、器具，为安全监管提供第一手数据，促进烟花爆竹生产企业完善导静电设施，及时消除安全隐患。 （邹　澜）

招标投标管理

【概况】 2014年，全市共完成各类工程招标投标和政府采购项目179宗，交易总金额达14.45亿元，剔除财政评审拦价因素，共节约财政资金 2950.01 万元。其中建设工程开标 97 次，交易金额 13.06 亿元，节约财政资金 1851.94 万元；政府采购开标 82 次，交易金额 1.39 亿元，节约财政资金 1098.07 万元。

【招投标监管】 2014 年，市招投标管理局推行五项新举措，全力提升招投标监管水平。一是增设招标文件复审制。对招标文件实行监管股室与分管领导两审签名负责制，严格按标准范本执行，不让增设不合理附加条件的招标公告、文件过关。二是推行投标人资格后审制。实行报名“零门槛”无数量限制、资格后审制度，强化评标专家动态管理，扩大招标采购评委库容。三是控制拦标价上限。工程项目竣工验收结算以审计审定结论为准，防止招标价虚高和结算价大幅度超过预算价的问题发生，大大提高了政府资金的使用效率。四是严格项目经理身份认定审查制。购置高拍仪等先进设备对项目经理进行严格的身份认定，防止弄虚作假，冒名顶替，确保项目经理从投标报名到项目施工全程参与。五是加强执法稽查管理。4 月成立执法稽查股，配备 2 名工作人员，制定《醴陵市建设工程标后约谈及履约检查管理办法（试行）》。深入开展标后履约检查，切实加大日常执法稽查和标后履约检查力度，共开展标后现场履约检查 4 批次，涉及项目 26 个，重点打击规避招标、未招先建、假借资质、违法转包、违规分包等违法违规行为。全年共查处未招先建项目 24 个，经济处罚 38.6 万元，招投标市场秩序和标后履约秩序明显好转。

【能力建设】 2014 年，市招标投标管理局对交易中心进行微调改造，设置全方位监控室，实行音像同步记录，存档备查。10 名机关干部主动走访 54 家相关单位，送达致全市项目业主公开信 258 份，分别召集代理公司代表、评委代表、招标人和投标人代表召开 3 次座谈会，全面了解和掌握建筑市场现状及企业人员信息。印制《服务指南》1000 套，为服务对象提供办事指导，为招投标人提供高效、便捷服务。（汤　慧）

农　业

综　述

【概况】2014年全市粮食播种面积达71.94千公顷，总产51.2万吨，连续六年获“全国粮食生产先进县（市）”称号。养殖业持续健康发展，畜禽水产品产供销总体平稳，养殖业总产值达22.1亿元。蔬菜、经济作物播种面积分别达13.67千公顷、8.47千公顷，实现总产值10.1亿元。农产品加工企业达521家，实现总产值30.1亿元。规模经营奖励扶持制度不断完善，新增农民合作社238家、家庭农场11家，全市各类农民合作组织达751家，云霄山农民专业合作社成功创建“省级示范社”。农村居民人均可支配收入达19092元，增长11.2%。实现农业总产值63.1亿元、农业增加值45.08亿元，均增长4.5%。成功创建全国“平安农机”示范县（市），农机综合作业水平达72.5%。

【基础建设】2014年，投资近2.1亿元，整修、新建大小水利工程1万处，解决农村80708人饮水不安全问题。严格实行封山育林，森林覆盖率达54.99%；完成中小河流治理23千米、水土流失治理面积1185公顷；官庄湖国家湿地公园获批国家湿地公园建设试点。加快重金属污染耕地修复工作，开展“VIP”试点5个。浦口镇获评株洲地区第一个省级卫生镇，栗山坝镇东岗村、板杉乡擂鼓桥村成功创建全省美丽乡村示范村。

【民生服务】2014年，共发放各类救助保障金1.4亿元、各类优抚对象定期抚恤补助金5000余万元；新改扩建敬老院3所。农产品质量监管不断加强，农产品质量合格率达99.8%。成功战胜和处置“5・25”洪灾、小反刍兽疫、森林火灾等自然灾害和突发事件。村委换届顺利完成，获评“全省第九次村委会换届选举工作先进县”称号。纠正惠民政策不落实和缩水走样专项行动取得实效，各项惠农政策全面落实，强农惠农资金管理规范有序，农民负担监管到位，未发生一起涉农恶性事件和群体性事件。开展社会救助“阳光行动”，通过政策、评议、名单“三公开”，清退不符合条件低保对象2859人，资金65.7万元。升级改版“醴陵阳光三农网”，获评全省“阳光三农网”建设先进称号。

【农村能源建设】2014年，全市新增农村沼气用户581户、高效生物质炉灶用户819户，分别为省“为民办实事”年度计划任务的116%、117%。安装太阳能路灯237盏，农村太阳能热水器用户新增122户。吉泰、农之源2个大型沼气利用项目基本建成，协力生猪合作社的大型项目获得立案批准。农村清洁能源建设工作成功推进，每年可为用户增收节支290余万元，减少二氧化硫排放44吨，二氧化碳排放3576吨，相当于封山育林600公顷，并且沼气、沼肥在经济作物种植、水稻和蔬菜种植等方面得到综合利用，每年可增收节支50余万元，产生良好环保效益和经济效益。

【扶贫开发】2014年，全市扶贫开发工作以全面完成贫困户建档立卡为重点，逐步实施精准扶贫。将全市36753名农村贫困人口信息录入国家信息库。开展“金秋助学，关爱生命”活动，积极争取株洲市社会扶贫项目，为15户贫困家庭申请社会扶贫资金。扶贫办对近40户贫困户家庭、危房改造对象、大病患者、贫困学子给予资金扶持。全年争取国家扶贫资金219万元，通过对全市贫困村进行调研和项目对接，认真选准20多个产业开发和基础设施建设项目实施重点扶持帮助，并积极组织产业扶贫培训。

【新农村建设】2014年，全面贯彻“美丽乡村”理念，以“人居环境整治”为抓手，全力推进新农村建设。重点抓好“15321”工程（着力打造1个省委省政府为民办实事新农村建设示范村，全力抓好5个湖南省“美丽乡村”建设，继续支持3个新农村省级示范村发展，扎实推进20个人居环境整治村庄，整体指导建设好1个新农村示范片），枫林市村作为省级新农村创建示范村，争取多方支持，全年投入资金464万元，拓宽硬化道路4.3千米，新装路灯187盏，完善农田整治105公顷，扩建村级活动中心120平方米，添置环境卫生设施，拆除空心破败房及危旧土围墙。5个美丽乡村示范村建设卓有成效。栗山坝镇东岗村、板杉乡擂鼓桥村通过省级美丽乡村验收。

孙家湾等3个省级示范村巩固提高，继续扎实开展农村环境综合整治，20个人居环境重点整治村效果明显。

【农民负担监管】 把纠正损害涉农利益行为列入“四风”专项整治内容。开展以推进惠农政策公开，落实惠农政策一卡通发放，以解决农民建房乱收费问题为重点的专项整治。对危房改造资金、生态效益林补助资金、教育收费等项目进行专项检查，对专项整治中发现的问题，下发交办函分解交由有关单位限期办理。为集中资金办好农村公益事业，减轻农民负担，尽量规避村级新增债务，严格实行筹资筹劳上限控制，同时调减项目，提高补助资金标准。全市申报、审批、立项167项，跨村连片项目1个，涉及12个村，其中道路建设项目122个村、水利建设项目39个村、路灯亮化项目17个村、饮水工程项目1个村。顺利完成第八届村级财务清查和村级组织成员任期经济责任审计，制定《醴陵市村账乡代理暂行管理办法》，全面推行村账乡代理制度，彻底扭转农村村级财务管理混乱的局面，村级财务管理工作走上制度化、规范化轨道。

【土地流转】 2014年，全市总流转土地面积16.78千公顷，流转率45.4%，高于全省平均水平15个百分点。年内，土地流转规模在3.33公顷以上的大户有1195个，流转面积为9.67千公顷。其中流转3.33－6.67公顷的665个，流转6.67－33.33公顷的504个，流转33.33公顷以上的26个。

（廖　莉）

农业综合开发

【概况】 2014年，醴陵市农业综合开发办公室内设综合股、土地治理项目股和产业化项目股，有干部职工13人，其中领导职数4人、专业技术人员5人。年内，市农业综合开发办以实施农业综合开发项目为依托，积极争取项目和资金，加大农业综合开发投入力度和项目管理，取得较好成效。

【土地治理】 2014年，市农业综合开发办致力于将沈潭镇高标准农田示范建设项目打造成全省优良优质工程，结合新农村建设的要求，将小渠道做优、大渠道做美、整个项目区做亮。项目招标后，组织人员对项目的施工工艺、施工要点及工艺创新进行培训。组织项目技术人员和施工队伍20余人赴岳阳市君山区学习机械化施工工艺和管理水平。

【农业产业化项目】 2014年，全市农业产业化实施项目共2个，分别为古林油茶66.67公顷丰产林新建项目和吉泰禽业4万套蛋种鸡繁育扩建项目，共计投资210万元，9月底顺利通过由财政和农发办联合组织的验收。成功申报2015年产业化项目5个，项目财政总投资420万元。

（张水良）

种植业

【概况】 2014年，市政府出台《醴陵市2014年粮食生产工作意见》（醴办〔2014〕6号），明确“三个一”工作目标（总面积100万亩、总产量10亿斤、总产值10亿元以上），强化“五大体系”建设（行政推动体系、高产创建体系、规模种粮体系、社会服务体系、灾害治理体系），全市农作物种植再创丰收。全年全市农作物种植面积为101.22千公顷，增长1.3%；其中粮食播种面积达71.94千公顷，总产51.2万吨，其中稻谷50.5万吨。醴陵市再获“全国粮食生产先进县”称号。

【蔬菜种植】 2014年，全市选定浦口镇茅坪、李洲村，白兔潭镇湖下村、神福港镇下三洲村作为蔬菜基地提质增效项目建设点，总计种植面积53.33公顷。白兔潭镇湖下村成功申报2014年蔬菜标准化创建项目，开展基地建设与生产技术培训及试验示范工作。引进辣椒、茄子、黄瓜、丝瓜等10个品种进行试验示范，推广使用高效低毒低残留新农药品种2个。年内，全市蔬菜播种面积13.67千公顷（其中设施栽培面积4.53千公顷），增加200公顷，总产量49万吨，产值7亿元。其中商品蔬菜播种面积6.33千公顷，产值4.5亿元。

【经济作物】 2014年，全市经济作物种植面积逾8.47千公顷，总产值过3亿元，规模和产值均比上年有所增加；完成葡萄、早熟梨果实套袋面积86.67公顷，葡萄种植总面积333.33公顷。翠云峰毛尖绿茶和云霄山白茶系列品种，综合产值明显提升。西瓜年生产面积3000余公顷，产值超亿元。黄桃、无籽石榴、红心蜜柚、蓝莓等新品种为全市经济作物发展注入新活力。

【行政执法】 2014年，全市累计出动行政执法车辆195台次，出动执法人数390人次，抽取肥料样本25批次、水稻杂交种子样品45批次、农药样品38个；立案查处案件10起，为农民挽回经济损失165万元。市农业局农业行政执法大队成功创建株洲市级“依法办事示范窗口单位”，两个案卷被评为“全省农业行政执法优秀案卷”。

【农业标准化】 2014年年末，全市已建立部省级标准化水稻、蔬菜示范基地5个，株洲市标准化水稻、蔬菜和经济作物示范基地10个，诚信示范农业投入品店50个。完成无公害农产品文审资料5份38个产品，送1份12个产品到省绿办审查。无公害农产品复查换证16个（有效期3年），复查换证达100%，通过认定的“三品”（无公害农产品、绿色食品和有机农产品）生产面积150公顷。全年共完成例行监测任务3.17万批次，其中不合格47批次，合格率为99.8%；节假日期间抽检样品792批次，合格率100%；共出具农产品例行监测报告包括春节特刊、高考特刊共16期880份。协助上级完成390批次样品抽检。全年开展2次农产品质量安全监管和农药监管专项工作检查，督查40个农产品生产基地或大户、20个农业投入品店和20个高毒农药定点经营店、10个农产品质量安全监管检测站。开展豆芽、转基因大米、水稻和早稻催枯4次专项监督抽查。

【科技服务】 2014年，共发送农业技术服务短信110万条，编印《农业技术简报》16期。接受农民和农技人员技术咨询680人次，为农民解决技术难题720多次。完成技术鉴定1次。协助推广水稻机械化全程育插秧等先进技术10项次、新品种10多个。抓好有害生物治理，强化对突发性病虫害的监测与防控，防治病虫鼠害427.13千公顷，同比减少121.47千公顷，挽回稻谷损失10.85万吨。

【科技示范】 2014年，对遴选出的700名水稻种植科技示范户和100名蔬菜种植科技示范户进行大力扶持，对每户科技示范户指导次数不低于15次，发放技术明白纸不少于10份，确保主导品种和主推技术在科技示范户推广应用率达100%，增产10%以上、在辐射户中推广应用率达90%以上、增产5%以上。建立大障镇陶家垅村水稻高产高效栽培示范基地、孙家湾乡龙虎村水稻新品种展示基地和富里镇车上村蔬菜生产示范基地。建设泗汾、神福港和均楚等15个双季超级稻整体推进示范乡镇，板杉乡大屋垅和清水江乡文山等150个重点示范村，累计推广超级稻57.13千公顷，占双季稻播种面积的85.68%，完成全年双季超级稻示范推广85%以上的目标任务。借助阳光工程、新型职业农民培训等科技培训资源，举办超级稻高产栽培技术培训班100余期，培训农户2.51万人次，培育新型职业农民2015户，发展种粮大户625个，家庭农场175个。醴陵市成为全国新型职业农民培育示范县。

【项目建设】 2014年，先后申报市现代农业综合产业园、农产品质量检测机构资质认证补助、农业科技成果应用示范工程、双季双超示范推广整体推进县项目等财政专项项目28个，申请项目资金共计1176万元。完成农技服务体系耕地质量监测区域站项目和2011新增粮食产能田间工程项目并通过上级验收，年内已投入使用；重点抓好测土配方施肥项目的实施，全市共推广测土配方施肥面积68.27千公顷（其中早稻28.33千公顷；晚稻31.80千公顷；蔬菜等其他作物8.13千公顷）。应用测土配方施肥的作物与习惯施肥相比，肥料利用率平均提高3%以上，共节省化肥2210吨（其中早稻节肥998.75吨，晚稻节肥963.54吨，蔬菜节肥247.66吨），每公顷平均节约成本192元，总计节省成本1310.7万元，增加产值7000万元以上，两项合计节本增收达8000万元。此外，继续抓好基层农技推广体系改革与建设示范县、农村清洁工程、农作物病虫害专业化统防统治、中央财政测土配方施肥、经作特色农作物等一批老项目。

【耕地修复】 2014年，全市有6.13千公顷耕地被上级列为重金属污染修复试点范围，并根据污染程度不同分别采取治理措施。一是对污染严重的耕地进行种植结构调整，面积共计572.27公顷。其中均楚镇549.33公顷，王仙镇22.93公顷。二是对重金属轻、中污染耕地区域开展修复治理，面积共计5.55千公顷。运用VIP+N（低镉品种〔Variety〕+合理灌溉〔Irrigation〕+调节酸碱度〔pH〕+辅助措施〔N〕）先进技术开展5个VIP试点，建立低镉水稻品种对比示范33.33公顷；强化适用低镉积累品种筛选工作，在均楚镇建立玉米、花生、油菜、水稻品种筛选试验田15丘450个小区，筛选适合湖南种植的低镉积累品种；建立施用生石灰定位效果监测点5个；建立水稻低镉品种繁育基地100公顷，花卉苗木基地66.67公顷。

【企业培育】 2014年，全市新增农业产业化市级龙头企业3家（醴陵大众农业发展有限公司、醴陵市协力生猪养殖专业合作社、湖南泽域美景生态农业股份有限公司），省级农业产业化龙头企业2家（湖南湘洲食品有限公司、湖南金巢食品有限公司），年末有市级龙头企业13家、农产品加工企业521家。共完成销售收入25.9亿元，增长16.1%；实现增加值6.4亿元，增长18.5%；完成利润0.23亿元，增长21.1%；上缴税金0.12亿元，增长20%；建有基地18.67千公顷，带动农户3.02万户，提供就业岗位1.5万个。

【品牌创建】 2014年，全市共有无公害农产品认证83个、认证绿色食品2个，拥有注册商标13个，引进油茶、蔬菜、水果等优质高产新品种10多个。农业企业在各级农产品展示展销活动中获金奖4个、银奖及其他奖项4个。农产品品牌——“青泥湾”“旺侬”被评为省著名商标，“辣的爽”“仙都”“指上美”逐渐成为区域性知名度较高的品牌。

【休闲农业】 2014年，全市休闲农业企业达36家，比上年增加2家，其中省五星级休闲农庄1家、省四星级3家、市五星级1家、市四星级1家，接待游客56.2万人次，实现营业收入0.62亿元。抓好《休闲农庄建设规范》的贯彻实施，指导休闲农庄按照标准搞好新项目的建设与老农庄的提质改造，提高管理水平，做好星级农庄评定。组织休闲企业学习《休闲企业评定标准》，更新发展理念，组织、指导市官庄太阳岛农庄、市茶缘山庄成功创建省四星级休闲农庄。

【自身建设】 2014年，市农业局结合群众路线教育实践活动，狠抓干部作风建设。着力查找在“四风”方面的突出问题，开展专项治理，按要求处置10台公务用车，将办公楼4楼腾空交农办作办公用房。下拨神福港镇帮扶资金50余万元，为神福港镇转步村修建长达840米的“连心渠”，连通长沙岭居委会两组的“连心桥”。认真落实“一岗双责制”“目标责任制”和“分级负责制”，确保党风廉政建设责任制落到实处。（曾飞鹏）

林　业

【概况】 2014年，醴陵市林业局内设办公室、计财股、政工股、造林绿化股、法制股，有9个林业中心站、森林资源管理保护站（野保森防站）、生态公益林管理站、林场森工管理站等21个二级机构，辖森林公安局、绿化委员会办公室、山林纠纷调处办公室、林业综合执法大队4个副科级单位；有直接从事林业工作人员300余人。

【造林绿化】 2014年，全市共完成营造林总面积3.33千公顷，任务完成率100%；其中“三边”造林666.67公顷，油茶造林800公顷，一般面上造林1.87千公顷。完成低效林改造4千公顷；完成中幼林抚育间伐3.67千公顷；完成中央财政森林抚育项目733公顷、退耕还林工程配套荒山造林100公顷、世行贷款项目1.33千公顷（其中新造1000公顷）、中央财政造林补贴项目666.67公顷。新开辟船湾和石亭2处油茶造林新基地，引进中联天地科技有限公司投资开发6.67千公顷油茶和萍乡玉泉生态有限公司投资建设6.67千公顷工业原料用材基地。

【资源增长】 2014年，全市林地面积达126.47千公顷，林地保有量100%；森林覆盖率达54.99%，年增长率为0.31%；活立木蓄积量达256.2万立方米，年增长率为5.1%。

【林业管护】 2014年，全市森林火灾受害面积继续控制在1‰以内，火案查处率达100%；主要森林病虫害检测率达100%，无公害防治率达90%，成灾率为2.3‰，各项指标均达到上级要求。全年共接到破坏森林资源报警273起，其中立刑案57起，破获28起，打击处理28人，刑事拘留17人，逮捕7人；查处治安案件92起，治安拘留62人，行政罚款30人；查处林业行政案件98起，林业行政处罚102人；查处野外用火92人，其中行政拘留62人、行政处罚30人；查处火案18起，刑事打击7人。

【封山育林】 严格木材采伐管理，全年共采伐森林抚育、村民建房自用材、森林火灾等林木0.24万立方米，出材0.14万立方米，远在1.99万立方米指标数之下。狠抓林地管理工作，严格实行征占用林地申报、审批制度，林地使用许可证制度和征占用林地补偿制度。11月10日，经市人民政府第26次常务会议研究决定，在全市实施为期15年第二轮封山育林，决定于11月27日市人大常委会第15次会议审议通过。

【创建工作】 2014年，以官庄水库和渌江、潭塘江、桃花江和小横江的部分江段为主体，含水库和河流第一层山脊内的部分生态公益林地等周边区域，积极申报官庄湖国家湿地公园。6月5日，《湖南醴陵官庄国家湿地公园总体规划（2014－2021）》通过省级审批。12月31日，国家林业局正式发文同意官庄湖湿地公园开展国家湿地公园试点工作。全面完成株洲创建国家森林城市交给的各项工作任务，指导乡镇（街道）创建绿色村庄和绿色乡镇，创建绿色村庄34个村、株洲市绿色乡镇4个。

【林业产业】 为金鼎、金桥、中联天地等公司做好林地流转等服务工作。扶持农民进行林下种植、养殖、森林旅游等生态链综合开发，积极申报省级林下经济示范基地，其中市金鼎生态农业科技开发有限公司已申报成功。重点帮扶金桥、大丰、古林等7个林业专业合作社和金鼎、康鑫等4家林业龙头企业。推进龙头企业、造林大户参加森林保险，鼓励和引导散户林农、小型林业经营者参与森林保险。全市森林保险33余千公顷，保险金额2亿多元，交纳保费94.5万元。（张钢林）

水　利

【概况】 2014年，全市水利系统有在职人员258人，其中干部58人、工人195人；水利水电技术人员18人，其中高级工程师1人，工程师8人，助理工程师9人。局机关有在职工作人员67人，其中行政编16人（改非5人）、事业编38人（机关事业编22人中内退2人、乡镇水利站编16人）、人事代理2人、水管所公益性岗位编10人、纪委派驻1人。机关内设办公室、政工人事股、计财股、水建办、建管股、工管股、水政水资源股等16个股室；下辖防汛办（副科级）、水土保持站（副科级）、水政监察大队、抗旱服务队、水利水电技术服务中心、河道站6个二级机构；有官庄灌区醴陵管理处（副科级）、酒埠江灌区醴陵管理所（副科级）、望仙桥和雪峰山水库管理所等大、中型水库管理单位共7个。全市主要水系有渌水、铁水、澄潭江、清水江、大障河、磨子石河六大水系，长5千米以上或者集雨面积10千米以上的河流有57条，全长914.13千米。全市已有水利工程4万余处，各类水库207座，其中大型水库1座、中型水库5座、小(1)型水库14座、小(2)型水库187座；山平塘31215口；河溪坝1131座。机电排灌设施1670处，总功率17986千瓦；总蓄、引、提水量为4.97亿立方米，有效灌溉面积32.31千公顷，旱涝保收面积32.31千公顷。

【防汛工作】 2014年，市防汛指挥部开展3次防汛安全大检查，对全市范围内水库、河道堤防、塘坝、涵闸、泵站、500千瓦以上电站等各类水利工程进行纵到底、横到边的深入细致检查，共查出险情隐患120处，并制定相应的处置措施，限时排险。同时加强物资储备力度，补充7个水库灌区管理所和渌江中下游仙霞、新阳、神福港、石亭4个乡镇防汛物资，全市防汛物资储备点总共达13处，基本形成覆盖全市的防汛物资应急体系。对全市6个河流自动水位站、17个水库自动水位雨量站、21个自动水位站及部分乡镇广播主站和广播分站进行维护和检修，保证设备正常运转和使用；及时掌握雨情、水情，并通过防汛短信平台及时进行发布，汛期发送预警信息4万余条。5月24日，全市普降暴雨，11个乡镇的降雨量达100毫米以上，暴雨损坏灌溉设施渠道478处，损坏水闸26座，毁损塘坝1450座，损坏堤防15处1800米，受灾人口达23万人。灾后投入资金200万元，抢修破损水利设施1560多处、河堤7000多米，渠道3万余米。

【农村饮水安全】 2014年，全市农村饮水安全项目解决80708人饮水不安全问题，新建集中供水工程9处，其中规模较大的千吨万人工程有南桥镇潼塘自来水厂管网延伸、东堡乡自来水厂新建工程、嘉树乡自来水厂新建工程3处。其他为单村、联村、续建、管网延伸工程等。年内新建的集中供水工程均已完成主体工程，完成中央、省级投资2881万元。

【水库除险】 2014年，全面完成张家冲等13座重点小（2）型水库除险加固工程项目法人验收，结算资料已通过财政评审中心审查。4月，完成大燕、大塘等21座小型病险水库消险处理任务，对船湾、清水江、麻石3座水闸进行安全鉴定和初步设计；年内中央投资1770万元的东泥冲水库等5座小（1）型及6座小（2）型病险水库除险加固主体工程已全部完成。

【河流治理】 2014年，铁河嘉树—孙家湾段治理工程项目中央总投资2052万元，综合治理河段长度13.57千米。铁河清水江段治理工程项目中央总投资1200万元，综合治理9.79千米。两处治理河段已全部完工。

【“五小”工程】 2014年，继续加大“五小”水利工程建设力度，坚持“政府引导、农民为主、民办公助、先建后补”的原则，开展“以奖代补”工作。全年验收完工的“五小”水利工程920处，完成投资5300万元，下拨奖补资金1800万元。新建、整修、清淤、防渗小山塘7000多口，更新改造小机埠109处；疏浚整治小渠道460千米；防渗支、毛、斗渠285千米；新建、整修小河坝235处。其中15个省级财政奖补资金项目已全部通过株洲市验收。栗山坝镇东岗村自筹资金80余万元，衬砌灌溉渠道5000多米；富里镇麻石村组织群众集资投劳衬砌渠道3千米，获水利局补助8万元。完成官庄灌区续建配套和节水改造项目，获中央投资1250万元；完成酒埠江灌区续建配套10千米渠道防渗及附属建筑物建设，获中央投资2500万元；完成周坊灌区续建配套与节水改造工程，获中央投资800万元。

【水土保持】 2014年，全面完成新阳河老区项目建设，完成水土流失治理面积1185公顷；封禁治理1062公顷；种草1公顷；配套建设小型水利水保工程86处。开展水土保持执法监督检查，检查范围涉及30家机砖厂，19家矿山企业和2011年至2014年开发建设项目和部级、省级审批重点建设项目。共下达补报水土保持方案通知、规费催缴通知、敦促履行通知、整改通知31件，办结27件，办结率90%。全年共征收规费73万元。

【水资源管理】 2014年，实行严格水资源管理制度，牢牢把握水资源管理“三条红线”，强化水资源论证，严格审批取水许可证发证，建立取水许可证年度审验制度。增设望仙桥水库、渌江三刀石2个水质监测点，按月发布《醴陵市水资源质量状况通报》。下达缴费和装表通知书40多份，先后查处高峰陶瓷制造有限公司、湘成陶瓷制造有限公司、山河洗砂场等违法取水行为。确保万元工业增加值用水量控制在53立方米，水功能区水质达标率达80%，超额完成52万元的年度考核收费目标。

【河道整治】 对所有滞留在河道内的采砂船只建立详细的台账，对南桥、富里、白兔潭等地存在的用挖掘机、铲车在河道内非法采砂行为进行5次集中整治，扣押非法作业设备13台，有效遏制非法采砂行为抬头趋势。完成市河道砂石开采权有偿出让前期工作。重点加强洗砂场的管理和查处。对全市所有洗砂场下达整改通知，对整改不到位的洗砂场进行强行停工，洗砂场滥排乱放的现象得到遏制。市河道采砂专项整治工作以“免检”的方式通过省级验收。

【自身建设】 2014年，市水利局结合党的群众路线教育实践活动和“连心解困”大走访活动，深入推进干部作风建设，促进全市水利事业健康和谐发展。全年共收集群众反映强烈的突出问题共22个，均获得圆满解决。组织资金25万元，对酒埠江北干渠泗汾段、嘉树段和栗山坝段因年久失修、垮塌淤塞严重河段进行维修清淤，恢复周边农田灌溉；投入资金15万元，在黄獭嘴镇新修水渠860米，解决全村近150公顷农田灌溉问题；筹资15万元，解决均楚镇黄谷村白蚁冲组饮水困难问题。全年发放困难户、残疾人、老党员等慰问款1.06万元。加强作风建设监管，先后组织机关作风督查22次，并对7个基层水管所定期进行作风督查。全年开展办公用房清理，严格公车和公务接待管理，共清退办公用房99.2平方米，节约公务用车费用26万元，减少公务接待开支近50万元。（何春雪）

农机

【概况】 2014年，醴陵市农业机械管理局内设办公室、人事教育股、财务审计股、管理股、科教质量股等7个股室，辖市农机公司、农机技术管理总站、农机技术推广培训中心、农机安全监理所和32个农机站；全系统有干部职工119人（不含离退休、农机公司人员）。全市拥有农业机械13.53万台（套）、总动力84.41万千瓦。完成机耕面积66.21千公顷、机收面积65.55千公顷、机插面积14.87千公顷，全市农机综合作业水平达72.5%，农机化服务收入达5.26亿元。年内，醴陵市被农业部、国家安全监管总局授予“全国平安农机示范县（区、市）”称号，市农机局被评为湖南省“农机化工作先进单位”。

【农机管理】 2014年，重点抓好水稻育插秧机械化技术推广和油菜机械化推广工作，醴陵市再获省“水稻机械化育插秧示范市（县）”称号，承担全省油菜机械化生产示范项目，成功申报农业部“水稻机械化生产示范”项目。全市完成机插面积14.87千公顷，推广插秧机91台，建成油菜机械化推广示范面积74.77公顷。根据省政府实施“百千万”工程的要求，全年扶持建成15家现代农机合作社；开展农机打假护农活动，查处“三无”农机产品10余台件。全年发放农机购置补贴资金1604万元，补贴各类机具5034台（套），直接受益农户达1743户，拉动农村消费近5400万元。年末，市农机局获评“湖南省农机购置补贴工作先进单位”。

【农机安全监理】 2014年共出动安全宣传车53台次，组织驾驶员警示教育会32场次，编写宣传板报4次，悬挂宣传横幅16幅，发放农机安全宣传手册2000余份，发放农机安全生产宣传材料2820余份。严把农机上户、年检、驾驶员技术培训和考试关，共办理新增牌证机具185台，考试合格驾驶员142人。全年共检验拖拉机3586台，检验收割机1427台，年检率达86%；组织农机安全生产执法检查132次，出动检查执法人员612车次，检查农业机械2519台次，纠正违章352次，查处安全隐患211次，责令整改211次，有效遏制农机重特大事故的发生。农机安全互助保险工作成效显著，共发展农机互助保险会员1570名，续保会员281人，兑付权益分配9390元，互助保险会费57.32万元，成绩位居全省前列。市农机局获评“湖南省农机安全生产目标管理先进单位”。

【农机培训】 2014年，市农机推广培训中心不断探索农机培训模式，将日常培训与新型职业农民培训相结合，普通培训与重点培训相结合，课堂培训与现场培训相结合。全年共培训各类农机操作人员2055人，其中农机技术人员355人次、农机驾驶操作人员1700人次，取得良好社会效果。（王　为）

养殖业

【概况】 2014年，醴陵市畜牧兽医水产局内设7个股室，下辖5个全额拨款正股级事业单位，有干部职工58人，全市27个基层动物防疫站有乡镇动物防疫员150人。年内，全市共出栏生猪119.41万头，出栏牛1.46万头，出栏羊35.05万只，出笼家禽696.58万羽，蛋产品总量1.12万吨，肉类总产量11.2万吨，水产品总量2.39万吨。全年实现畜牧业产值23.8亿元，渔业产值2.8亿元。年末，获湖南省“重大动物疫病防控工作目标管理考核优胜单位”“养殖业工作目标管理先进单位”，株洲市“重大动物疫病防控工作红旗单位”和“畜禽水产品质量安全监管工作红旗单位”等称号。

【动物防疫】 2014年，建立和落实重大动物疫病防控工作责任制，突出强制免疫。全年使用猪瘟疫苗115万头份，高致病性猪蓝耳苗81万头份，猪口蹄疫疫苗160万毫升，牛羊口蹄疫疫苗20万毫升，高致病性禽流感疫苗115万毫升，小反刍兽疫疫苗13万头份，应免畜禽均达到“五个百分百”和“五个不漏”目标。做好H7N9流感和小反刍兽疫的防控。安排人员到市场进行巡查，向活禽批发经销商和山羊经营户发放H7N9流感防控知识问答宣传单、小反刍兽疫防控知识宣传单和检疫监管事项告知书共计1700份，检查家禽经营户25户、山羊经营户28户，制作监督检查意见书、监督检查记录60份，签订承诺书60份，在太一市场建立家禽消毒和休市制度。对板杉、东堡、泗汾、沈潭4个乡镇的6个羊场进行调查，采取强制措施隔离封存5户，扑杀并监督无害化处置病羊276只，有效控制小反刍兽疫的扩散和暴发。沈潭镇、石亭镇动物防疫站分别获株洲市“十佳动物防疫站”，吴礼军获株洲市“十佳乡镇动物防疫员”，喻志孟、殷希浩获株洲市“十佳乡镇动物检疫员”。

【质量监管】 一是开展养殖业投入品和农资打假专项整治行动。执法人员共检查规模养殖场276个、兽药店37家、饲料经营店48家、饲料生产厂4个，共没收假劣兽药、人用药品4300多盒（包）、没收过期饲料27包；其中立案查处经营假劣兽药案7起、经营过期饲料案1起，没收违法所得及罚款共13415元。9月16日，在神福港镇汤家坪村集中销毁假劣兽药2100多盒（包）。二是开展“瘦肉精”等违禁药物专项整治。全市动物产地检疫和生猪定点屠宰检疫均进行“瘦肉精”等违禁药物的同步检测，据统计，2014年全市动物产地检疫和生猪定点屠宰检疫用“瘦肉精”快速检测卡检测生猪尿样18453个，检测结果均为阴性。27个乡镇（城区）站对辖区规模场于5月和9月各开展1次“瘦肉精”等违禁药物排查工作，共排查596家生猪养殖场、33家黑山羊养殖场、1家肉牛养殖场，未发现“瘦肉精”等违禁药物。三是开展水产品禁用药物和有毒有害物质专项整治。全年共检查鱼药、鱼饲料经营企业和水产品规模养殖场（户）14家，检查水产健康养殖小区2个、鱼苗生产场12家，未发现违法经营或使用“孔雀石绿”“硝基呋喃”等违禁添加物的情况。醴陵市创建省级畜禽水产品质量安全监管示范县活动于11月4日顺利通过省考核组验收，陈小明获株洲市“十佳基层畜禽水产品质量监管员”。

【渔政管理】 2014年，市渔政站加大对渌江河和官庄水库等重要水源地的渔政执法力度，并开展鱼类人工增殖放流活动，有效保护水资源的生态平衡。在沿渌江河的城区、神福、石亭等地段竖立关于“严禁电鱼、炸鱼、毒鱼”不锈钢宣传牌6块；在南桥、官庄等20多个乡镇范围内的河堤、水坝、桥梁、水库等地方喷刷“严禁电鱼、炸鱼、毒鱼”宣传标语105条。在渌江河开展电鱼专项整治行动16次，立案处理电鱼案2件，当场处罚1起，收缴皮划艇1艘，电鱼设备2套，背垮式电鱼设备1套，拆除电鱼设备11套，收缴销毁鱼雷1个；组织人员对城区11家渔具店进行检查，对4家有电瓶设备的店主进行警告、责令整改。4月下旬至5月上旬对全市98艘渔业船舶进行核查、信息录入，发放“告捕捞渔民一封信”140份，签订船舶安全责任书90份；组织人员对2013年度渔业燃油补贴对象进行核查；对55只养殖、捕捞渔船上牌、拍照、建立档案，配齐救生衣圈等安全设备；受理“三证合一”（渔业船舶检验证、渔业船舶登记证、渔业捕捞许可证三种证件合一）申请36份。2014年在官庄水库实行了休渔期制度，5月1日至7月31日禁止捕捞，休渔期间在官庄水库巡查执法2次，出动执法人员14名、车辆3次。7月4日，在官庄水库启动了鱼类人工增殖放流活动，共放流草、鲢、鳙、鲴、鲤、鲫鱼鱼苗260万尾。

【产业化建设】 2014年，成功申报生猪规模养殖场（小区）标准化建设项目资金320万元，畜禽水产品“菜篮子”扶持项目25万元，基层农技推广补助项目30万元，生猪调出大县奖励资金679万元。招商引资成立大众、汇泉、黄鹤等养殖业公司，共投入资金5000多万元发展规模化养殖。申报黄鹤生态农业发展有限公司、新浩家禽养殖农民专业合作社、大众农业发展有限公司3家为省级示范场，并于9月15日通过省考核组验收。

【养殖污染治理】 根据全市城镇规划区、居民小区、风景名胜区、饮用水源地等将市域范围划分为畜禽养殖禁养区、限养区和适养区，并以市政府通告的形式在全市张榜公布；制定《醴陵市畜禽养殖污染防治和水资源污染防治专项整治工作方案》。全年共整合生猪标准化规模养殖场建设项目资金200万元、大型规模猪场粪污治理资金323万元、生猪调出大县奖励资金320万元，支持190家规模养殖场建设粪污处理设施，共新建沼气池8150立方米、沉淀池4875立方米、堆粪池2130立方米、化尸池1690立方米、排污管道30145米、有机肥加工车间700平方米，添置干湿分离机3台、污泥泵2台。

（蒋枚丰）

移民开发

【概况】 2014年，市水库移民开发管理局设办公室和后扶股，有在职干部11人。全市有大、中型水库移民18825人，其中三峡移民375人；库区和移民安置区涉及25个乡镇、4个街道。年内，水库移民工作围绕“改善民生、维护民利”工作目标，结合党的群众路线教育实践活动，扎实推进各项工作，取得明显成效。年末，被省移民局评为“2014年度全省移民信访维稳工作先进单位”。

【后期扶持资金管理】 2014年，联合市财政局以及各乡镇、街道财政所加强对移民后扶资金的监管，采取直补到人方式，并不定期地对资金的拨付、使用情况进行检查，确保资金及时足额发放到位。全年发放后扶资金1034.6万元。

【移民开发项目建设】 2014年，以示范基地建设为重点，按照移民大户示范带动其他移民参与、共同发展的思路，组织实施一批经济开发项目。截至12月，完成投资2690万元，其中移民资金814.7万元；累计完成项目87个，新建改造道路51.5千米、水利设施19处，建立油茶、茶叶、中药种植基地各1处，面积分别为20公顷、10公顷和8.67公顷，养殖黑山羊4000头，种植葡萄40公顷。扶持移民企业3家，新增移民就业160人，解决安全饮水230人。

【移民培训】 2014年，切实做好移民培训工作，组织80人参加烟花爆竹制作、脊诊整脊等就业技能培训，完成种植、养殖、旅游等实用技术培训365人，向省、株洲市局输送移民就业培训人员16人，转移就业110人。

【移民维稳】 2014年，将移民维稳作为重点工作来抓，认真实行领导包片、机关干部包乡镇的责任制和责任追究制，将稳定关口前移，对发现的矛盾和问题依靠当地村组及时调处解决。全年接待来信上访3件，处理3件，回复3件；接待来访9批、37人次，反映的问题均得到满意答复和解决；未出现集体上访和群体事件。

【扶贫帮困】 全年资助贫困大学生就学12人，发放助学资金3.5万元；救助救灾移民家庭116户，发放特困和受灾救助资金19.2万元；恢复移民基础设施38处，投入资金117万元。 （谭　利）

气　象

【概况】 2014年，醴陵市气象局设办公室、气象台、农气资料室、防雷减灾办公室、人工影响天气办公室、气象行政执法队、气象科技服务中心。11名干部职工中有在职职工5人，外聘人员6人；其中高级工程师1人、助理工程师8人、技术员2人。

【基础业务】 2014年，继续保持地面测报台站错情率为0.0‰，天气预报5年平均晴雨准确率达95%，暴雨预报准确率达73%，农气、测报、各月、年报表质量均为优秀。自动气象站网络专线、卫星接收等现代化设备运行良好，能有效获取中小尺度灾害性天气的预警信息，大大增强全市防灾减灾的能力。

【行政执法】 2014年，开展防雷安全专项整治行动，对无防雷设施的加油站、烟花鞭炮企业不予办理安全评价和“安全生产许可证”年检及新证颁发。对新、扩、改建工程按照程序进行防雷装置设计技术评价和竣工验收检测工作，保证防雷设施的安全使用性能，促进了全市安全防雷和安全生产工作。 （周　伟　李　蕾）

水　文

【概况】 2014年，醴陵市水文局辖大西滩等5个水文站（其中大西滩站为国家重要水文站，潼塘、枧头洲、石亭、泗汾3个水文站为省级重要水文站）；3个水质监测点，2个省界河流监测站；36个雨量站，3个高山中继站和44个山洪预警测报站。全局核定编制27人，现有职工20人，退休职工3人。

【内业工作】 2014年汛期，全市降雨总量达1611.6毫米，较上年同期偏多67%，较历年同期均值偏多15.0%。降雨时空分布不均，北部比南部稍多；渌水中、上游流域较其他地区多；降雨集中期在4－6月份，占汛期总降雨量的70%。旱涝较明显，降雨集中期结束后，受副高控制，天气以晴热高温为主，7月下旬开始，全市出现不同程度干旱。受降雨影响，渌水大西滩站发生3次超警洪水（其中1次超保证水位），5月25日澄潭江潼塘站发生超历史洪水，洪水重现期略超20年一遇。汛期全市范围出现3次较强降雨过程。受降雨时空分布不均影响，全市旱情地区差异明显，全年共出现2个时段旱情。第一阶段旱情出现在8月中旬至9月24日，持续时间30多天，旱情等级为轻旱。第二阶段旱情自10月下旬开始，持续时间近2个多月，旱情等级中旱、局部达严重等级。全市主要河流水文状况为：渌水干流大西滩水文站年降雨量为1687毫米，最高水位54.29米，最大流量2700立方米/秒，均发生在5月26日；最低水位46.00米，最小流量5.10立方米/秒，均发生在10月19日。铁水泗汾水文站年降雨量为1716.1毫米，最高水位56.70米，最大流量1170立方米/秒，均发生在5月26日；最低水位50.71米，最小流量6.54立方米/秒，均发生在10月11日。南川水潼塘水文站年降水为1792.3毫米，最高水位99.84米，最大流量1720立方米/秒，均发生在5月25日；最低水位93.30米，最小流量1.21立方米/秒，均发生在10月12日。

【水情服务】 2014年，市水文局汛期每日向市防汛抗旱指挥部及时、准确通报适时雨、水情。采用短信群发报式，每日向全市各有关单位发送雨、水情信息，特别是在“5·25”抗洪中，坚持24小时值班，积极协助市防汛抗旱指挥部对可能出现的水情做出预报，当好防汛抗旱的耳目和参谋。年内，汛期中向国家防总、省、株洲市各防汛单位拍发各类雨、水情信息5230条，无一差错。每月坚持将渌水水质简报报送市政府有关领导及部门。9月，编制醴陵水资源公报并通过专家评审。 （王　尧）

工　业

【概况】 2014年，全市完成工业总产值879.4亿元，增长11.7%；实现工业增加值299.5亿元，增长11%。工业经济拉动GDP增长5.8个百分点，对经济增长贡献率达55.9%。有规模以上工业企业512家，年内新增38家；规模以上工业企业实现增加值267亿元、增长11.4%，规模工业增加值占全部工业增加值的比重达89.2%，增长2.8个百分点；规模以上工业企业累计实现主营业务收入684.18亿元、增长11.8%，实现利税49.14亿元、增长14.1%。在规模以上工业企业中，有亏损企业21家，亏损额3152万元。全市新型工业化进程加速推进，工业增加值占GDP的比重达61.3%，下降0.7个百分点；工业企业实缴税金8.9亿元，下降9.9%；规模工业全部资产利税率达29.6%；园区规模工业增加值占全部规模工业增加值的比重达38.6%；万元规模工业增加值能耗比下降14.9%；研发经费支出（全社会研究与社会发展经费为9.41亿元）占生产总值的比例为1.07%；高新技术产品增加值占工业增加值的比重达12.5%；工业固定资产投资总额达238亿元，增长23.3%；工业技术改造投资增长23.6%。　（林仕剑）

园区经济

【概况】 2014年，湖南醴陵经济开发区（以下简称“经开区”）共实现技工贸总收入298.7亿元，完成工业增加值106.4亿元，实现高新技术产值78.4亿元，累计完成固定资产投资24.7亿元，上缴税金19.7亿元。在省产业园区建设领导小组办公室发布的园区发展综合评价通报中，醴陵经开区成为株洲市除国家级园区外唯一一家跻身全省前20名的园区，在株洲市2014年园区工作考核中被评为一类单位。按照“产城一体”理念，积极与中规院上海分院对接《醴陵市城北片区战略规划及经开区控规与城市设计》编制工作。新规划紧密结合株醴新城建设和全市“一心六组团、一城三片区、一环三纵横”的城市空间布局，对经开区发展进行了科学定位。

【产业发展】 2014年，经开区促产业提质升级，产业项目全面发展。以湖南升华科技有限公司、株洲时代金属制造有限公司、醴陵市恒茂电子科技有限公司等一批新兴企业发展换挡提速，创新驱动力强劲，成为园区产业转型升级的新亮点。升华科技产值突破2.9亿元，上缴利税845.1万元；时代金属产值突破3.4亿元，上缴利税2283.5万元；恒茂电子产值突破3.6亿元，上缴利税428.5万元。新兴产业的快速发展，有力地弥补了陶瓷产业下滑带来的缺口。产业项目建设全面提速。旗滨玻璃产业项目3条生产线已经点火投产。醴陵·世界陶瓷艺术城项目完成外部建设，仍在进行内部装修，为即将举办的首届陶瓷博览会做准备。湖南升华科技有限公司扩产项目完成厂房建设，年内有2条生产线投产。株洲时代金属制造有限公司扩产项目进展顺利。釉下五彩生产基地有醴陵振美瓷业有限公司、醴泉窑艺有限公司建成投产，另有市精陶瓷业有限公司、市红玉红瓷有限责任公司等4家企业在加紧建设。湖南醴陵湘瑞电力电器有限公司扩产项目和市新天汇实业有限公司已建成投产，醴陵高强电瓷电器有限公司扩产项目已启动建设。标准厂房一期已有5家企业签约入驻，二期已完成封顶。

【基础设施建设】 2014年，伴随产业发展步伐加快，基础设施建设也全面铺开。标准厂房一期市政工程建设接近尾声，公租房一期已建成并对外出租，二期已启动建设。源门铺路已完成征地拆迁、招投标等工作。华塘安置区二期已完成征地和规划设计，正在进行土方平整。A、B区电力线路改造工程已经完成，3.5万伏石黄线搬迁已完成规划设计、施工设计，启动招投标工作。凤凰大道南段提质改造项目及“两改六化”工程全面完成，汽车零配件园主干道石宫路、釉下五彩生产基地C道路建成通车，形成多纵多横的园区道路骨架。全长26千米的横店—旗滨110千伏双回路电力工程建成通电。

【党建工作】 2014年，经开区以党的群众路线教育实践活动为切入点，大力开展反“四风”专项整治，推进作风建设深入开展。按照“以人定岗、以岗定责、以责定分、以分定奖”的原则，在机关干部中实行绩效考核制度，有效遏制少数干部朝气不足、暮气太重的“职务疲劳病”。基层组织建设不断增强。圆满完成辖区内村党支部的换届选举，成立3家非公企业党支部，联合市直机关工委举办1期入党积极分子培训班，发展新党员24名，机关支部选举产生新一届支委，组织能力明显增强。（彭轶华）

经济和信息化

【概况】2014年，醴陵市经济和信息化局（以下简称“经信局”）紧紧围绕“打造发展升级版、建好湖南东大门”的发展目标，在“工业强市”战略的统领下，以新思维、新举措，积极谋划、务实肯干，确保全市工业经济总体平稳发展。全市经济总量位列株洲市9县（市、区）首位。

【支柱产业】2014年，全市有665家陶瓷工业企业（包括陶瓷配套企业），其中规模以上企业197家；实现产值490亿元，增长15.4%；实现增加值183亿元。全年生产日用陶瓷78.8亿件、增长13.5%，其中出口29.3亿件、增长13.2%；生产工业陶瓷107.6万吨，增长13.6%。陶瓷产业上缴税金3.69亿元，下降30%。全市522家花炮企业（包括花炮配套企业），其中规模以上企业195家；实现产值175亿元，增长2.2%；实现增加值90亿元。全年生产花炮4532万箱，下降7.1%；其中出口1810万箱，下降7.5%。花炮产业上缴税金1.8亿元，下降15.5%。

【县域经济重点县项目】2014年组织申报湖南省特色县域经济强县重点县项目99个、争取资金1亿元。出台《醴陵市特色县域经济重点县专项资金项目申报支持原则》《醴陵市特色县域经济重点县专项资金项目贷款贴息补助专项资金管理办法》等文件，经验和做法在全省特色县域经济重点县进行推广。

【新型工业化】2014年，完成工业总产值879.4亿元，增长11.7%，其中规模以上工业总产值762.9亿元，增长12.2%；新增规模企业38家，完成规模工业增加值267亿元，增长11.4%；完成工业固定资产投资238亿元，增长23.3%，其中技改投资220.1亿元，同比增长24%。年内，全市在省、株洲市加速推进新型工业化考核中，位于湖南省、株洲市前列。

【服务平台建设】成立陶瓷、花炮企业互助发展协会，2014年陶瓷互助协会融资2000万元，花炮互助协会融资6150万元。促成华融湘江银行和中国银行分别针对花炮、陶瓷企业提供低利息、无抵押融资产品。全年为企业培训达2000人次，组织15家陶瓷企业赴景德镇陶瓷学院招收专业人员，选派10多位企业家到高等学府进行培训。认真搞好技术研发创新平台建设，年内申报并获批阳东磁电省级企业技术中心、陶润实业发展有限公司株洲市企业技术中心和恒茂电子株洲市工程技术中心，建成千汇实业标准化泥、釉、模配置中心。实施新设备、新工艺应用技改82个，新技术、新工艺推广项目35个，新能源（微波技术）试点1家。年内组织企业参加中国国际轻工消费品展览会暨中国陶瓷文化艺术创意设计精品展览会、景德镇国际陶瓷博览会以及中国（深圳）国际文化产业博览交易会等展会，升级新世纪陶瓷艺术馆、国瓷馆，积极筹备醴陵首届陶瓷博览会。

【小微企业】2014年7月29日，醴陵市中小企业公共服务平台正式上线，醴陵市综合平台、醴陵陶瓷产业集群、醴陵烟花爆竹产业集群3个窗口为中小企业提供在线服务。全市56家中小微企业从购置先进设备、市场开拓、信息化建设、人才培训等方面争取项目支持，争取资金近400万元。

【工业强市】拟定《醴陵市工业强市实施意见》和《醴陵市工业强市十条政策》，并明确市财政设立专项扶持资金，在企业服务、融资贷款、技术创新、市场开拓、品牌建设、项目投资等10个方面为企业提供政策资金支持。（张致轶）

国企改制

【概况】2014年，驻醴株洲市国有企业改革办公室（以下简称“市改革办”）内设办公室、资产管理组、信访维稳组和安置组，有工作人员5人。截至年末，全市共完成醴陵电瓷厂、省醴陵石膏粉厂、省醴陵陶瓷机械厂、省醴陵建材炉料总厂4家企业改制工作，安置职工5900人；有10家驻醴株洲市国有企业未完成改制，有职工14779人，其中在职职工7274人、离退休职工7505人。全年办理10家驻醴株洲市属国有企业职工养老保险，84%的职工享受最低生活保障。市改革办致力于改善和提高改制企业职工的生活水平。筹集200万元，为国光瓷业、力生瓷厂等4家企业维修道路600多米，修缮翻新房屋43栋、面积12万平方米。启动国光瓷业和新民瓷厂水改工程，其中国光瓷业第一期水改工程已经完工，780户职工家庭顺利通水，第二期水改工程年内已开工建设，新民瓷厂已完成水改勘探设计工作；完成星火瓷厂电改工程。启动8家企业11项棚户区改造工程，年内已竣工360套，完成拆迁腾地600户。开展大病救助、金秋助学等帮扶活动，发放困难职工救济金300多万元。（谢甘霖）

陶瓷工业

【概况】2014年，全市共有陶

瓷企业504家，主要有日用陶瓷、工业陶瓷、建筑陶瓷和工艺陶瓷四大类，4000多个品种，完成工业总产值489.8亿元，增长15.4%；实现税收3.7亿元，占全市税收比重达19%。陶瓷产业安排从业人员13.6万人，其中规模以上陶瓷企业安排从业人员10.5万人。全年生产日用陶瓷78.8亿件、增长13.5%，其中出口陶瓷29.3亿件、增长13.2%；生产工业陶瓷107.6万吨，增长13.6%。195家规模以上陶瓷企业完成工业总产值279.8亿元，增长18.7%。 （丁祥军）

湖南省醴陵星火陶瓷实业有限公司

【概况】 2014年，湖南省醴陵星火陶瓷实业有限公司（原湖南省醴陵星火瓷厂，以下简称“公司”）有职工2258人（含附属厂移交136人）；其中下岗职工932人，离退休人员1326人（内含离休老干部6人）。公司设党政工办公室、安置组和后勤组，有工作人员10人。企业处于改制清偿和解决遗留问题的转折时期，继续实行租赁经营模式，有大小租赁单位6家，年租金收入57.39万元。全年用于房屋、供电维修及职工生活用电亏损补贴64.98万元。

【三项改造工程】 2014年，棚户区改造一期工程完成186套，其中廉租房96套、“6+1”经适房（1－6层住房加底层杂物间）36套和电梯房11层、36套。二期已完成第一阶段22户拆搬迁工作且破土动工。53户职工旧房全面翻新改造。完成职工生活用电“一户一表”改造工程，对767户住户的用电改造共投资294万元。

【帮扶解困】 2014年，公司接受省、株洲市各级政府、党群有关机关帮扶救助金和慰问金53.1万元、物资（米油）200份。其中省政府5万元，株洲市政府、总工会为困难职工发放两节特困救济和慰问金36.2万元、物资（米油）150份，株洲市国税局为困难职工家庭发放“金秋助学金”、节日慰问金12.4万元，市民政局拨发特困职工春节边缘救助金1万元，市慈善协会给特困职工送慰问物资（米油）50份。市玉果电磁制造有限公司、瓷艺堂为17户特困职工发放慰问金0.85万元、物资（米油）17份。株洲市总工会为74名大病、特困职工发放慰问金0.98万元；公司522户困难职工家庭、1101名低保对象每月领取最低生活保障金20.74万元；公司为7名离休干部每人发放春节慰问金200元、物资（米油）1份；看望患重病职工56人次，发放慰问金1.49万元；办理职工正常退休10人，为85名死亡职工补发2011年至2014年丧葬抚恤金；为690名退休职工办理独生子女奖励金申报；为居住企业公房的537户租赁户共1405人办理廉租住房租赁补贴，享受政府发放的房补资金共67万多元；两次组织346名适龄妇女进行身体检查。

（王大平 李子群）

湖南国光瓷业集团股份有限公司

【概况】 2014年，湖南国光瓷业集团股份有限公司（以下简称“国光集团”）有职工6265人，其中在职职工3014人，离退休职工3251人；下设7个子公司，各子公司实行独立核算、自主经营，大部分子公司以租赁经营方式维持企业运转。年内，在株洲市档案局、劳动和社会保障局支持下，市政府办牵头组织市档案史志局、市劳动和社会保障局等单位开展失火毁损档案重建工作，共重建职工档案715份，使职工得以顺利退休。 （张继育）

湖南华联瓷业股份有限公司

【概况】 2014年，湖南华联瓷业股份有限公司（以下简称“公司”）完成销售收入7.16亿元，增长11.8%，争取政府项目资金1135万元，上缴税金5940万元。旗下红官窑品牌与京西宾馆、钓鱼台国宾馆等高端平台，以及五粮液、泸州老窖等高端品牌实现战略合作。红官窑成为中国陶瓷行业2015年米兰世博会唯一金牌赞助商。年内，华瓷研究所共推出新产品2017款，开发色釉2529款，自主装饰开发设计产品接单共计900多万美元；加强材料替代开发，优化4种泥料配方，从源头降低成本。红官窑以郑宁工作室为依托，推出适应国内市场的红官窑新款餐茶具47款。华联火炬成功开发500千伏无机粘接GIS出线瓷套、500千伏有机粘接变压器用瓷套，实现产品升级和技术升级。华联亿嘉开发雅韵、金色维也纳、蝶恋花、托斯卡纳等一系列产品，雅韵和金色维也纳两款产品缔造国内陶瓷网购的奇迹和神话。华联特陶开发蓝宝石退火夹具、研磨盘等陶瓷新材料产品，形成200多万元的销售。蓝思华联继续配合A公司、三星、小米等公司开发样品，A公司两款产品已经在榔梨公司量产。全年公司申请各类专利102件，获授权发明专利2件，公司被认定为国家级技术创新示范企业、高新技术企业，一套圣诞餐具获国家外观设计优秀奖，一项窑炉技术获湖南省发明专利二等奖，一项电瓷技术获株洲市发明专利奖，色釉炻瓷获“创意株洲”金奖。 （石曙光 邹 勤）

湖南泰鑫瓷业有限公司

【概况】 2014年，湖南泰鑫瓷业有限公司（以下简称“公司”）有在册职工1420人。主要生产日用炻瓷、新骨瓷、陶瓷酒瓶、釉下五彩艺术瓷、工业用系列特种陶瓷，产品主要销国内市场和欧美国家。全资子公司——醴陵千汇实业有限公司标准化泥釉模配制中心建设项目已完成建设投资9000多万元，12月底建成投产。年内，公司获“湖南省新材料企业”“醴陵出口日用陶瓷电瓷质量安全示范区示范企业”等称号。（曾日伦）

湖南正阳精密陶瓷有限公司

【概况】 2014年，湖南正阳精密陶瓷有限公司（以下简称“公司”）有员工166人，其中中级以上专业技术人员12人、技师以上专业技能人员46人。主要生产高性能纳米氧化自制陶瓷结构件，生产少量陶瓷剪刀片、陶瓷首饰件、手机配件、电子元件、精密机械零配件等。与清华大学、中南大学以及景德镇陶瓷学院等国内数家重点高校开展不同形式的产学研交流与合作。公司有30多台注射成型机、420套成型模具，12条窑炉生产线、8条排胶生产线，每月可生产SC标准陶瓷光纤套管约2000万支、非标准套管200万支、陶瓷表件4吨。5月申报的“一种氧化锆插芯及其制备方法”获得国家发明专利。（黄红卫）

湖南湘瓷科艺股份有限公司

【概况】 2014年，湖南湘瓷科艺股份有限公司以高压、特高压电真空金属化陶瓷为产业发展重点，在稳定发展国内市场的同时，积极拓宽海外销售市场，产品出口量较上年增长50%以上。全年共组织申报科研和技术改造项目4项，其中省级以上项目3个、国家级项目1个。公司省工艺美术大师杨子初的作品《釉下彩色釉玉兰茶具》获联合国教科文组织2014年杰出手工艺品徽章认证，作品《熟》获2014“金凤凰”创新产品设计大赛金奖；公司杨子初、陈金华、刘劲松3位同志被授予“株洲市第一批核心专家”称号。（陈　利）

花炮工业

【概况】 2014年，全市共有花炮企业394家，生产14大类、4000多个品种，畅销100多个国家和地区。全年花炮产业共完成工业总产值174.8亿元，比上年增长2.2%；实现税收1.8亿元，占全市税收比重达9.2%。全市195家花炮规模企业完成工业总产值156.3亿元，同比增长2.5%。花炮企业安排从业人员11.1万人。其中规模以上花炮企业安排从业人员9万人。全年生产鞭炮烟花4532万箱，下降7.1%，出口1810万箱，下降7.5%。（丁祥军）

电力工业

【概况】 2014年，国网湖南电力公司醴陵市供电分公司（以下简称“公司”）下设综合管理部、运检部、客户服务中心、发展建设部、乡镇供电管理部、电力调度控制分中心、三力公司7个部门，有滴水井变、横店村变、石子岭等23个变电站和1个10千伏开关站（五里墩）。设输配电线路班、营业班、计量班、市场班、变电修试班、物资站、变电运维一、二班8个班组和9个供电所及4个运检所；有在职人员182人，离退休人员107人，农电人员475人。截至年末，醴陵电网共有35千伏及以上变电站23座。其中220千伏变电站2座（滴水井变、横店村变），主变3台，主变容量420兆伏安；110千伏变电站7座，主变11台，主变容量390.5兆伏安；35千伏变电站14座，主变26台，容量124.45兆伏安；10千伏开关站1座，110千伏线路共13条、135.66千米,35千伏线路23条,231.24千米。全年完成售电量10.83亿千瓦时，增长0.49%；截至2014年12月31日，公司累计实现人身安全5994天、设备安全运行3853天的安全生产记录。全年解决165个台区，1.45万余户居民的“低电压”问题；完成电网建设投资5055万元；完成10千伏线路新建或改造项目16个，村网工程41个，台区增容改造和低压线路改造工程67个，配网设备健康水平显著提升。通过主网建设和农网改造升级，全市有12个乡镇达到电气化乡标准，122个行政村达到电气化村标准。（钟文丽）

中国能源建设集团有限公司湖南电力电瓷电器厂

【概况】 2014年，中国能源建设集团有限公司湖南电力电瓷电器厂有在册职工723人，其中高、中级工程技术人员80余人，占地26万平方米，固定资产2.3亿元。全年共完成工业总产值1.26亿元，增长37.30%，完成市场签约1.87亿元，实现营业收入1.31亿元，增长33%。年内，厂办大集体改革稳步推进。9月底，168名集体职工与企业依法解除劳动合同。企业制定重点发展智能配网产品转型升级规划，年内完成固体环网柜、户外真空断路器、有源电力滤波器和无功补偿装置、生产线建设等前期准备工作，初步形成生产与销售能力。全光纤电流互感器已成功申报省战略性新兴产业关键共性技术，列为省百项重点产品项目，并获市特色县域经济项目政府资金奖励。（朱冬祥）

服装工业

【概况】 2014年，全市共有服装企业125家，完成工业总产值33亿元，安排从业人员1.3万人，70%服装企业集中在船湾镇。有服装生产企业102家、服饰销售企业3家，从事服装制造、批零销售的个体户326个，配套仓储物流个体户35个，纺织服饰产业商会1个，直接从事服装加工、销售、流通的从业人员9300人。2014年船湾镇服装加工企业总产值18.5亿元，其中规模以上产值达14.8亿元，占全市规模以上服装产值的74.9%。全市服装工业产品以系列标志服为主，“韶峰”标志服被评为中国驰名商标，“帅欧”商标被评为“湖南省著名商标”，“凯瑞特”西服被评为“湖南省名牌产品”。

（丁祥军）

建材工业

【概况】 2014年，全市建材产品主要包括防水材料、玻璃、耐火材料、砖瓦砂石等制品。年内，旗滨玻璃项目首条生产线建成投产，标志着建材行业迎来跨越式发展，醴陵市将以东富工业园区为中心引进玻璃产业上下游企业，延伸产业链条，力争5年内年产值达100亿元，打造中南地区最大的玻璃工业集群。随着工业投资的快速增加，城市建设力度的不断加大，防水材料、水泥预制构件、轻质建材、耐火建材、装饰材料等生产单位迅速发展，涌现“帅旗”“神舟”“环宇”“广发”等一批规模建材生产企业。全年全市建材工业实现工业总产值近19亿元。（丁祥军）

醴陵旗滨玻璃有限公司

【概况】 2014年，醴陵旗滨玻璃公司顺利完成新厂址各项建设任务，3条生产线相继投产，日熔化量可达2200吨，超出株洲公司原有3条生产线1700吨/日生产量。旗滨醴陵基地历时1年零7个月，共开挖土石方220多万立方米，浇筑混凝土40多万立方米，已建成车间、成品库、职工宿舍等房屋面积50多万平方米，投资总额超过25亿元。7月14日，公司第一条600吨LOW-E生产线点火生产，8月12日引头子生产玻璃；8月16日第二条500吨在线阳光镀膜生产线点火生产，9月12日引头子出产玻璃；第三条生产线800吨超白玻璃生产线于12月8日点火。全年完成各类玻璃总产量294.91万重箱。

（李　凯）

机械工业

【概况】 2014年，全市共有机构制造企业143家，其中陶瓷机械企业24家、花炮机械企业92家、其他机械企业27家，实现工业总产值28亿元，安排就业人员8500人，拥有固定资产14亿元、各种机械设备2000台。湖南元创机械有限公司、湖南坜丰、湖南全盛，湖南星月等汽车零部件厂家完成产值3亿元。花炮机械产品销往全国各地花炮产区，并出口俄罗斯、印度等国家和地区。

（丁祥军）

株洲时代金属制造有限公司

【概况】 2014年，株洲时代金属制造有限公司（以下简称“公司”）大专学历以上文化程度员工比例超过40%，有国际焊接工程师10名、国际焊接技师12名，国际焊接检测师26名，国际焊接操作工近400名；有各项设计、试验、试制、生产设备500余台套，热工综合试验、三坐标仪检测、水浸超声波检测等性能达到国际一流水平；有发明专利2项，实用新型专利8项。公司全年实现产值3.8亿元，完成销售收入3.46亿元，上缴税收3180万元，发放员工工资6600万元。（唐毅荣）

采掘工业

【概况】 2014年，全市共有采矿企业39家，其中规模企业10家。实现工业总产值13.2亿元，安排从业人员5000余人。主要开采高岭土、煤炭、黄金、铅、锌、萤石、石灰岩、耐火石、硅火泥等。

（丁祥军）

醴陵中油燃气有限责任公司

【概况】 2014年，醴陵中油燃气有限责任公司（以下简称“公司”）有固定资产2亿元，日均供气量最高达72万立方米，年销气量2.2亿立方米。截至12月31日，公司累计安装居民用户6.59万户、工业用户282户、公福用户404户，其中年内新开发居民用户1.02万户、工业用户18户、公福用户107户，分别为年计划的102%、150%、254%；完成CNG母站销售1863万立方米；累计完成税收1.5亿元。年内，公司重点对旗滨玻璃高压管线、西环线二期次高压管线、醴陵大道延长线中压管线等工程进行投资建设。共计投运场站22座，铺设高压管线9.96千米、次高压管线7.8千米、中压管线86千米、庭院管网224千米；运营管理湘醴支线高压燃气管道67.2千米。

（彭　芝）

食品工业

【概况】 2014年，全市有食品制造企业16家，实现工业总产值5.2亿元，安排从业人员2000余人。其中，规模企业有湘洲、金巢、庄王米业等5家。主要产品有肉食、粮油、糖果糕点、酒、饲料、调味品、方便面等17个门类、2000余个品种，拥有“旺侬”“青泥湾”等品牌。已建立5个部省级标准化示范基地，6个株洲市级农业标准示范基地；无公害基地认定13.33千公顷、无公害农产品认证85个、绿色食品认证2个，蔬菜基地商品率达95%。

（丁祥军）

化学工业

【概况】 2014年，全市以橡胶制品、塑料制品、碳酸氢铵、碳素、金水、颜料、涂料、蚊香等为主要产品，主要分布在城区、栗山坝镇、东富镇、富里镇、孙家湾乡等地。共有化工企业40家，其中颜料企业31家，化工企业共实现工业总产值9.8亿元。

（丁祥军）

其他工业

【概况】 随着全市陶瓷、花炮两大支柱产业的快速发展，相关产业也迅速成长，冶金、窑炉热工、造纸、印刷、包装和其他加工行业大量兴起，2014年，全市其他工业实现工业总产值27.5亿元。

（丁祥军）

贸易·旅游

商　务

【概况】 2014年，全市商务工作围绕促进对外贸易、保障食品安全、稳定消费市场、建设重点项目几大主题，各项工作取得良好成效。全年新批进出口企业18家，共有自营进出口企业226家；海关企业自营进出口额为3.62亿美元，增长15.2%。全市完成外贸出口总额10.1亿美元，增长10.5%；社会消费品零售总额144亿元，增长12.7%，在株洲五县市排名第一。年末，市商务局市场监测工作获株洲市先进单位称号。

【商贸服务】 2014年，市商务局组织华联、港鹏等企业参展春秋两季广交会，实际成交1.02亿美元。其中，第116届广交会上有51家陶瓷企业、162个摊位使用醴陵窑标志及“中国醴陵·瓷彩天下”统一标识亮相，打响醴陵品牌；组织华联亿嘉、红官窑、港鹏等11家品牌陶企“抱团”亮相第22届深圳礼品展，策划组织“醴传四海，瓷满天下”醴陵专场。年内，旗滨玻璃、斯瑞特贸易公司等15家企业实现外贸业绩零突破，玉祥瓷业、至正商贸等11家企业实现业绩倍增。阳东电瓷成功申报“湖南省国际知名品牌”。截至年末，全市共有“湖南省国际知名品牌”18个。华联亿嘉成功申报省电子商务示范企业，佳盈和港鹏电子商务建设项目被列为省电子商务重点项目。全市近40家企业入驻阿里巴巴醴陵陶瓷产业带，联合“阿里巴巴”株洲产业带举办醴陵陶瓷节，成交10.5万元。华联、红官窑参加“湘品走天下”促消费对接活动；一些种养大户、农业合作社参加全国农产品网上购销对接会，搭建产销对接桥梁，成交1.8亿元。

【农贸市场提质改造】 2014年，市商务局全面推进城区农贸市场“两改六化”（城市道路、农贸市场，绿化、亮化、洁化、美化、数字化、文化），聘请杭州光影农贸市场专业设计公司进行市场专业设计。筛选16个社区建立便民服务示范菜店，改扩建阳三石石坝、西山江源、西山南门、来龙门太一4个农贸市场，新建来龙门丁家坊市场。完成5个“省为民办实事”农贸市场建设，新建、改造市场近1.5万平方米，设置摊位1320个。

【培育消费热点】 2014年，旺亿国际家居建材城、赛格数码城、金塔瓷城小镇特色商业街正式营业，人人乐超市进驻醴陵，成为新的消费热点。抓住电子商务快速发展的契机，居无忧醴陵服务站绘制全市最详细的电子消费导航图，促进消费发展。举办第五届汽车文化消费节，成交金额达4000万元。开展了中国陶瓷艺术大展暨首届湖南（醴陵）陶瓷博览会快乐购电视购物现场直播、“舌尖上的五彩醴陵”美食节两个主体活动。

【流通市场执法】 2014年，加大商贸流通领域执法力度，确保“12312”举报投诉热线畅通，市场监管公共服务体系建设项目顺利通过省商务厅验收。为打造放心安全的消费环境，加强商贸流通市场日常监管，市商务局牵头组织，构建多部门联合执法体系，积极开展定点屠宰、酒类流通专项整治。全年查处私屠滥宰点2家，缴获白板肉1500千克，查收假酒265瓶；开展成品油市场“打非治违”专项整治，取缔非法加油站（点）13家，拆除棚架5座、加油机16台，进一步整顿、净化全市成品油市场。　（谭金秀）

口　岸

【概况】 2014年，全市外贸出口总额10.1亿美元，增长10.5%。检验检疫出境产品11109批、货值2.56亿美元，产地证签证数量3018份、签证金额7534万美元，同比数量增长0.6%、金额增长3.78%。据统计，企业自营进出口货物总值3.62亿美元，其中出口3.60亿美元，进口222万美元；醴陵至盐田港五定班列共运输9985标箱、货运量26.96万吨，其中进出口货物6853标箱、货物量约18.50万吨。

【口岸服务】 2014年，市口岸办深入走访，细致调研，重点做好物流产业发展规划，切实提升企业竞争力。年初，口岸部门组织安迅物流、吉利烟花等企业对运输、出口通道等情况进行考察学习。下半年，口岸办联合太平洋保险公司在全市出口企业中大力推广出口信用保险，降低企业出口收汇风险，推动企业走出去。口岸部门先后组织对物流、陶瓷、花炮、汽配等53家企业进行了解、座谈，充分听取企业意见，并将其融入物流产业和物流园区建设的思路之中。年底，口岸办组织对全市351家规模生产企业进行物流情况问卷调查，共收回有效问卷材料262份，并聘请第三方机构启动《醴陵市物流产业概念规划研究》，该项研究已完成前期基础调研，提案报告已基本成型。

【口岸建设】 2014年，全市口岸建设成果主要在以下三个方面：一是湘东国际物流园项目建设。口岸部门在原有工作的基础上启动湘东国际物流园项目，编制《湘东国际物流园项目可行性研究》，对项目进一步分析，对发展定位、建设方向、运作方式、投资效益进行研究和明确，并按需求对项目规划进行调整。2月，口岸办随政府一行对湖南物流总部、长沙北站霞凝铁路口岸作业区、招商局保税物流有限公司、华南国际工业原料城等企业进行了考察和学习，并与港口、铁路、物流园的相关负责人交流座谈，向港口企业介绍市物流园建设设想、争取港口对醴陵市出口货运的支持。12月10日，醴陵市成功与深圳市森泰祥投资有限公司签署《投资合作开放建设醴陵湘东国际物流园项目框架协议》。二是花炮铁海联运南通道项目建设。在了解本市花炮企业的基础上，口岸部门对浏阳、上栗、万载等地的花炮生产情况进行调研，并向其介绍醴陵至深圳花炮出口通道情况，获得相关花炮生产企业、贸易公司对该通道的认可。聘请相关公司完成《醴陵花炮产业出口路径研究报告》，对花炮通道建设进行全方位的调查和研究，对醴陵花炮出口运输的现状、存在问题、通道的经济效益、建设难点和重点等进行阐述，从专业角度对花炮出口通道的运行模式、产业影响、市场带动、平台建设、通道打通等工作进行详细的分析和论证。为配合花炮通道建设，口岸办还组织拍摄《醴陵花炮产业宣传片》，并获省政府支持，年底已向广东省政府出具《湖南省人民政府关于请支持湖南烟花经深圳盐田港口岸出口外销的函》。三是B型保税物流中心申创工作。醴陵市是省批铁路二类口岸城市，为满足全市花炮大市场建设和出口生产企业的需求，结合醴陵国际贸易物流的特点，市口岸办启动保税物流中心（B型）的申创工作。年内聘请苏州西奥物流管理有限公司进行调研论证，12月编制《醴陵保税物流中心（B型）可行性研究报告》，为申报建设湘赣边境商贸物流中心确立基础。（何立志）

检验检疫

【概况】 2014年，湖南检验检疫醴陵市办事处（以下简称“醴陵办事处”）内设办公室、综合科、一科、二科、综合检测中心5个科室，有在编在岗工作人员18人、退休人员1人、聘请人员18人。年内被省直机关授予“省直文明标兵单位”称号。全市全年完成出境货物检验检疫11268批、货值2.63亿美元，完成包装鉴定2408批、410万件，出具各类证书16449份，产地证签证数量3207份，签证金额8007万美元。受出口日用陶瓷调出法检目录的影响，醴陵办事处出口检验货物减少。

【质量安全】 2014年1月22日，醴陵出口日用陶瓷、电瓷质量安全示范区通过湖南检验检疫局组织的省级出口工业产品质量安全示范区验收，成为全省首个省级出口工业产品质量安全示范区。为认真抓好质量安全工作，醴陵办事处按季度、半年、年度开展重点商品质量分析，向市政府报送质量分析报告，针对相应问题提出措施建议。《出口日用陶瓷趋势及建议》中提出的应对措施被省政府采纳，提升对醴陵陶瓷的决策影响力。组织召开质量安全座谈会，有50家出口日用陶瓷、电瓷、花炮生产企业和贸易公司的负责人以及海关、经信、商务、质监等8个职能部门代表参加。会议对首批评定的8家出口质量安全示范企业进行授牌。截至年末，全市共有4家企业被质检总局评为AA类诚信企业，6家企业被评为一类企业，另有28家出口企业获绿色通道资格。

【实验科研】 2014年，醴陵办事处重点实验室技术顺利通过中国合格评定国家认可委员会（CNAS）组织的现场复评审和扩项评审，评审认可的产品类别达13类，检测项目97项，检测标准87个，其中增加及变更的标准41个。综合检测中心承接省工商局的陶瓷地面砖委托检测业务，实验室社会影响面扩大。年内共申报国家质检总局科研课题2个，其中《陶瓷抗热震性(阶梯温差法)的研究及合格判定指标的建立》已立项；有1篇论文在核心期刊上发表；完成2013年质检总局科技计划项目《出口陶瓷安全卫生危害源控制技术的研究》的课题验收工作。（陈　诚）

海　关

【概况】 2014年，株洲海关驻醴陵办事处(以下简称“醴陵办事处”)有工作人员4名，其中主任1名，副主任1名，关员2名。醴陵市办事处围绕海关职责定位和地方经济发展思路，实施“简政放权”“区域通关一体化”等改革政策措施，全年接受进出口报关单申报459份，集装箱1213个标箱，征收税款143.4万元，企业注册备案累计达189家。年末，在全市绩效考核评比中被评为一类单位。

【进出口业务】 2014年，醴陵地区进出口货物总额为3.62亿美元，增长15.2%，其中出口3.60亿美元、进口222万美元。出口产品主要有日用瓷、陶瓷绝缘子、烟花、以太网交换机、箱包等。其中出口日用瓷2.04亿美元，增长5.1%；

出口陶瓷制的绝缘子4228.04万美元，下降0.18%；出口烟花3860.11万美元，增长37.43%；出口以太网路交换机1515.39万美元，增长74.17%；出口箱包1468.25万美元，增长19.65%。外贸企业中私营企业进出口总额为1.93亿美元，增长29.14%，占外贸总额的54.90%；中外合资企业进出口总额1.11亿美元，下降13.67%，占比31.53%，两者合计占据醴陵外贸8成以上。年内出口亚洲市场1.08亿美元，增长16%，占出口总额的30.98%，为醴陵出口第一大贸易伙伴；出口北美1.04亿美元，增长8.1%，占出口额的29.56%，为全市出口第二大贸易伙伴；出口欧洲1.03亿美元，增长16.04%，占出口额的29.34%，为出口第三大贸易伙伴，三大市场呈三足鼎立态势，合计占醴陵地区出口总额的90%以上。

【服务地方经济】 2014年，醴陵办事处积极投身于地方外向型经济发展，推进“属地申报，口岸验放”“属地申报，快速验放”“属地报关，属地放行”通关模式，运用“区域通关一体化”、企业信用管理等措施，与上海、宁波、南京等关区进行“区域通关一体化”测试3次，加强无纸化通关改革，设备到位后无纸化率达100%。组织企业政策宣讲会1次、小型的企业座谈会3次，走访企业60余家，解决企业通关问题30余个，在节假日期间解决企业口岸通关问题8个，为企业节省成本近60万元。与23家A类企业建立长期重点服务关系，落实总关“三重”（重点企业、重点行业、重点项目）服务措施。认真落实国家减免税政策，为华联、旗滨、元创汽配、时代金属、华升科技等重点企业做好了税收减免服务，促进了企业转型升级。（刘彦戎）

招　商

【概况】 2014年，市招商局内设办公室、招商股、项目股和项目策划中心，有机关工作人员10人。全市签约招商项目52个（含市签、乡镇、市直单位、园区），其中工业项目22个、现代农业项目6个、三产类项目20个、基础设施项目4个，合同引资128亿元；新开工、续建、增资扩建招商项目61个，其中新开工45个、续建4个、增资扩建12个；实际到位外资1.44亿美元，增长11.6%，利用市外境内资金33.43亿元，增长21.8%。突出产业核心、项目招商和项目落地，强力推动重点项目成果转化、签约开工转化和在谈项目向签约转化。新批总投资500万美元的中外合资企业湖南宝元汽车部件有限公司；批准了隆格佳品陶瓷、埗丰精密机械、丰德利瓷业等8个外商投资企业增资，增资总额达1700多万美元。

【三资企业】 2014年年末，全市有在册登记的外商投资企业33家，变更注册资本登记2家（变更为内资），新登记企业1家。有陶瓷企业19家（电瓷企业2家）、占外商投资企业的57.5%，烟花企业6家、占外商投资企业的18.1%，印刷企业2家，箱包企业2家，矿业企业1家，汽车零部件制造企业2家，酒业销售企业1家。

【招商举措】 2014年，全市招商工作主要通过以下三种方式开展：一是平台招商。沪洽周完成百城千镇县乡流通再造工程、枫林印象项目、中国·醴陵现代农贸商城等6个投资过亿元项目签约，合同引资101.5亿元。二是小分队招商。共组织小分队招商20批次，先后对接香港豪德、深圳豪德、浙江义乌商会等投资商。加强了对先进制造业的招商，对接洽谈动力锂电池项目。全年接待到醴陵考察客商220批次。三是商协会招商。重点围绕陶瓷、花炮和制造业协会（商会）找项目，主动对接湖南福建商会、宁波湖南商会、无锡湖南商会，获取一批重要项目资源。

【项目开发与履约】 2014年，全市策划包装重点招商项目32个，其中渌江新城招商项目11个。按照图文、影像模版同步的要求，做好两本项目手册和15个项目的影像资料，重点推出瓷城安居、玻璃产业园、国瓷商务走廊、黄乡民居等项目。株洲市项目建设年的9个重点考核项目均有到位资金，其中8个项目已注册，7个项目已开工。新签约项目花炮大市场启动规划设计工作，枫林印象到位资金2000万元，启动平基工作，新批的外资企业正在进行设备安装。

【招商管理】 2014年，市政府给全市各单位下发《关于下达2014年项目资金引进任务的通知》，分解招商引资任务。同时完善招商引资考核办法，实行日常考核与年度考核相结合、目标任务考核与引进项目相结合、项目数量与资金相结合。组织力量起草《醴陵市鼓励投资若干政策》（草案）、《进一步加强招商引资工作的意见》（草案）、《醴陵市招商引资工作考核办法》和《醴陵市招商项目评审办法》，规范引导招商引资工作。另外，市招商局组织编制投资指南，收集世界500强和国内500强企业的基本情况，按产业分别收集一批电子、陶瓷、花炮、玻璃、服饰、汽车零部件、地产（工业地产、商业地产、旅游地产）等产业中的国内知名企业基本情况，将其列入重点招商对象和攻关目标，使招商工作做到有的放矢。（易康源）

旅　游

【概况】 2014年，全市接待游客人数296.92万人次，增长16.3%；旅游综合收入21亿元，增长17.3%。中国（醴陵）陶瓷艺术城项目主体工程已全部完成。“枫林印象”项目建设初具雏形，其中集生态休闲、餐饮娱乐为一体的永盛山庄年内已对外营业，并建成枫林市乡第一家天然山泉游泳池。耿传公祠已修建完工并对外开放，通往该处的旅游专线黄獭嘴镇辖区部分已全部完工，路基基本成型通车。泗汾金湖湾生态农庄建有会议楼、餐饮楼、宾馆楼，并已开始对外营业。

【旅游宣传】 2014年11月，市旅游局联合湖南丰泽传媒有限公司、市绿酷户外俱乐部、市旅游协会举办2014年湘赣两省“千人游醴”大型旅游推介活动。活动邀请湘赣两省80余家新闻媒体，以及长沙、株洲、湘潭、衡阳、娄底、萍乡、宜春、新余等多个城市的10个旅行社踩线团、游客团队、户外运动俱乐部会员等近千人参加。活动以12台旅游巴士、摩托车队以及自行车队环城游的形式，带领游客环城一周，随后分成三组分别参观醴陵景（区）点。活动全程采用高空航拍，新华网、新浪网、红网、国家旅游网等几十个媒体均进行了报道，为宣传全市的旅游产业起到积极推动作用。组织部分涉旅企业赴江西省吉安市参加株洲旅游推介座谈会、“2014中国（广东）国际旅游交易会”、郴州市2014中国湖南第五届旅游产业博览会和国家旅游局在天津举办的第十九届北方旅游交易会。12月，由市委、市政府牵头组织旅游局等市直单位赴浏阳参加首届湘赣边区域开放合作交流会，就建立湘赣边开放合作试验区及区域基础设施互联互通、产业发展互促互进等进行协商探讨，签署《湘赣边县域城市旅游合作框架协议》等。

【队伍建设】 2014年，为进一步做好全市旅游人才队伍建设工作，市旅游局加大旅游人才培养力度。7月，举办为期20天的旅游讲解员培训班，共培训38人，邀请政协原主席陈立耀、醴陵本土文化资深人士刘放年、陈长贵以及湖南金牌导游、全国导游大赛一等奖获得者杨凯等进行授课。最终确定7名优秀学员作为全市第一批规范有序的旅游讲解员。年内，聘用的讲解员已多次担任省、市政务讲解和游客讲解，受到社会各界的认可。

【产业调研】 2014年，市旅游局为全面掌握全市旅游产业发展的优势和存在的问题，配合市政协进行为期3个月的调研，撰写了《关于发展醴陵旅游产业的调研报告》。结合醴陵独特的陶瓷旅游资源，向市委、市政府提交《关于打造以醴陵窑（沩山古窑址）为龙头景区的醴陵特色旅游产业体系的建议》和《关于开发建设“世界陶瓷文化遗址公园”（醴陵窑）项目的几点建议》。市旅游局还协助人大代表撰写《关于请求加大对醴陵旅游产业扶持力度的建议（议案）》，将醴陵旅游开发纳入省级发展大格局中，打造成湖南特色旅游目的地。

【规划修编】 2014年年初，《醴陵市旅游总体规划》修编工作通过对外招标的形式正式启动。成功竞标的北京创景天下规划设计院对全市市区及乡镇进行实地考察调研和收集资料工作，初稿于12月进行初评。“枫林印象”“黄乡民居”“官庄山水”等重点旅游项目的详规也在制订中。 （晏能飞）

供销合作

【概况】 2014年，醴陵市供销合作总社（市行业办）认真做好资产管理和供销业务、信访维稳工作，排查和化解各类企业改制的遗留问题和矛盾，扎实做好全系统的信访维稳工作。加强资产管理和安全监管，全年资产租赁收入同比增加60多万元，未发生任何安全事故，确保了资产的安全、完整和保值增值。以市农民专业合作社联合会为龙头，通过重点指导和项目引进等方式，扶持农民专业合作社的发展和提质。

【农民专业合作社】 2014年，全市恢复重建基层供销社16家，新入股、加盟农民专业合作社9家，年末，联合会成员单位已达39家。“宏宇果蔬种植农民专业合作社”和“阳东水稻种植农民专业合作社”被农业部、中华供销合作总社等九部委评为“国家农民合作社示范社”，“金桥油茶种植农民专业合作社”和“西乡油茶种植农民专业合作社”被中华供销合作总社授予“农民专业合作示范社”称号。3家农民专业合作社被湖南省供销合作总社评为“全省供销合作社系统农民专业合作社示范社”。

【项目申报】 2014年，市供销合作总社申报的“农业综合服务建设项目”“供销合作社系统基层组织建设项目”和“农资储备配送中心改造项目”已报省供销社、省财政厅审核通过。市供销社系统（包括全资、合资、参股、加盟的各类企业和农民专业合作社）共实现商品销售收入8.93亿元，实现利润总额838万元，上缴税金996万元，完成社会贡献总额4366万元，招商引资1700万元。市供销合作总社获“2014年度株洲市供销社系统综合业绩考核特等奖”。 （唐海兵）

粮油购销

【概况】 2014年，醴陵市粮食局内设办公室、政工股、调控股、监检股、行业股及财会股，辖市农鑫、粮油有限公司、金穗宾馆和来龙门超市。年内，全市共收购粮食9.71万吨，其中国有企业收购3.1万吨，非国有企业收购6.61万吨；全面完成省储粮4240吨、县（市）级储备粮1292吨的轮换工作；实现粮油加工总产值1.4亿元；完成招商引资1000万元，实现资产经营性收入80万元。年末，市粮食局获评“株洲市粮食系统红旗单位”。

【粮油保障】 2014年，市粮食局争取到省项目资金202万元用于粮仓建设。通过6个月的努力，已经全面建成长54米、宽21米、高8米、仓容量为5000吨的新库一栋。组织全市粮食生产和经营企业参加国家、省、株洲市级“放心粮油”示范企业创建，全市有2家企业通过株洲市“放心粮油”工程办审核验收，被授予株洲市“放心粮油示范企业”称号。

【党建工作】 2014年，市粮食局积极参加市委、市政府组织的大走访和党的群众路线教育实践活动。拨付2万元扶贫资金解决富里镇柏大村油麻冲组的公路硬化问题；走访慰问富里镇部分残疾人和退伍军人，协助富里镇做好“5·25”洪灾抢险工作，及时帮助解决群众存在的实际困难和问题。在党的群众路线教育实践活动中，市粮食局通过一系列助民活动，使粮食系统干部整体形象得到提升。（曾　苗）

盐务管理

【概况】 2014年，醴陵市盐务局（湖南省轻工盐业集团有限责任公司醴陵支公司、湖南盐业股份有限公司醴陵市分公司）设综合科、盐政科、仓储科、营销科，有在职干部职工27人，退休18人。全年购进各类盐3901吨、为年计划的98%，销售各类盐3809.55吨，为年度计划的83%，各类盐库存452吨，销售非盐商品308万吨，实现利税440万元。按株洲市公司统一部署，市盐务局进一步宣传、推广新品盐及高品盐，大力加强终端网络建设，督促盐与非盐两翼发展，确保市场稳定。在“3·15”消费者权益日和“5·15”防止碘缺乏病宣传日，市盐务局分别组织了机关宣传活动，提高市民对健康盐的认识。（张志军）

石油供应

【概况】 2014年，中国石油化工股份有限公司湖南醴陵市石油公司（以下简称“公司”）有在营业加油站24座，其中城区、城郊加油站7座（含半自助站1座），国道加油站7座（含全自助站1座），农村加油站10座；公司设综合办公室、财务室、直销批发配送中心，下设IC卡发卡网点3处，IC卡加油站有16座；共有员工184人，其中正式工41人（含离退休人员21人）、劳务工143人（含协解返聘人员21人）。全年销售各类成品油6.78万吨，其中零售5.66万吨、下降9%，直销批发1.12万吨、增长30.58%。实现便利店营业额476.31万元，为任务的70.5%；完成IC卡充值1.21亿元；实现总收入5.37亿元，上缴国家利税500万元，无安全责任事故。

【企业服务】 2014年，公司注重服务质量建设，服务能力不断提升。灵活运用“加油八步法”和销售技巧，在加油高峰时段主动引导车辆加油，当好客户的消费顾问，协助大客户做好用油管理和保供、送货上门等服务。在城东、碧山加油站推出“拉卡拉”便民服务，开通加油卡网上营业厅服务，为客户提供便利。（汤淑君）

烟草专卖

【概况】 2014年，醴陵市烟草专卖局（湖南省烟草公司株洲市公司醴陵分公司）内设办公室、综合室、专卖监督管理股、内管派驻组、市场服务分部、卷烟协会和株洲烟草物流醴陵中转站7个职能股室，年末有在册在岗职工64人、劳务外包人员19人。全年完成卷烟销售5.01万箱，下降3.83%；实现销售收入12.02亿元，下降1.29%；实现毛利3.13亿元，下降0.96%；上缴国、地两税8517万元，增长25.2%。

【市场建设与监管】 2014年，全市有636卷烟零售直营店1家、功能店64家、放心店283家。全年共计开展事件用烟259起。在实现第一步零售户“不需要什么就不给什么”的基础上，经专业化指导，提升零售户毛利率至11.3%，客户满意度由上年的89.76%提升至94.19%。维护市场正常秩序，加强对卷烟市场监管。开展4次“春雷”集中整治行动和真烟非法流通专项治理。制定《醴陵市烟草专卖局治理卷烟非法流通工作绩效考核办法》，从分管领导到市管员、客户经理、配送员实行连带责任制度，组织规范经营培训200场次。全年共查处烟草专卖品类案件200起，国家利益和消费者利益得到有效维护。

【行业服务】 一是推行烟草许可证“两周办结制”。优化审批流程、简化办证资料，将办证时间缩短至10个工作日，行政效能提升50%，服务更加亲民、便民，获“2013－2015年全省依法办事示范窗口单位”称号。二是建立“零售户培训机制”。对零售户进行了烟草专卖法律法规、真假烟鉴别和卷烟营销知识培训，提高零售户的经营能力。三是对弱势群体“亲情帮扶”。客户经理利用节假日为贫困客户购买日常生活用品、帮助患重大疾病客户做家务、为行动不方便的客户上门办理业务、为家庭变故的客户进行心理安抚等。

【群众路线教育实践活动】 2014年，市烟草专卖局扎实开展党的群众路线教育实践活动，建立健全17项制度。积极参与“与百姓连心，为百姓解困”大走访活动，组织15名党员干部密切配合社区、村组，走访了西山街道办事处碧山社区、碧山村1056户村民和碧山小学，向重大疾病患者、特困户捐赠5万余元，出资5万元协助五里墩村进行道路修缮，解决村民饮水和出行的问题，出资13万余元支援党建联系点建设。（李青玉）

城建·环保

城市管理

【概况】 2014年，醴陵市城市管理行政执法局内设10个职能股室，辖6个二级机构，有干部职工1600余人。年内，全局紧扣市委、市政府“新创业、新醴陵，打造发展升级版、建好湖南东大门”的战略布局，秉承“大城管，新城市”工作理念，围绕“建设四个城管，打造宜居城市”工作思路，全面推进城市管理工作加速转型、科学跨越。

【市政设施养护】 2014年，全市市政设施养护工作突出应急抢修和日常养护，市政设施状况进一步改善。重视市民应急诉求，提升应急养护服务，完善应急预案，增加应急投入，健全奖罚机制。全年共计应急出动1825人次，其中抢修“城市陷阱”421座，提供市民生活性服务帮助316次。突出养护管理，加强维修质量，提高维护标准。截至12月，全面完成全市道路、排水、桥梁等各项维护计划，重点完成左权路金牛冲段挡土墙安全隐患排除和大剧院广场路面的提质改造等工作。

【城管执法】 2014年，共开展大型集中整治行动45次。其中夜市整治22次，取缔车顿桥等4处夜市摊点，规范国瓷路、滨河路的夜市经营秩序；马路市场整治16次，重点整治太一市场等3处马路市场；机动车占道整治5次，规范人行道停车秩序，纠正乱停放摩托车3250余辆次，查处小车乱停放163辆次。处罚运输渣土严重污染路面行为25起，查处和拆除各类违章搭建广告牌匾、横幅368块。开展流动摊贩整治数次，重点加强姜湾小学、实验小学、狮子坡小学等学校周边流动摊贩管理。开展车辆停放、渣土运输和户外广告的专项治理，对全市主干道、重点商业区和部分路段进行重点监管，上门指导规范渣土运输，对违规广告宣传及时查处和拆除，对城市“牛皮癣”清除继续推行公司化运作，新增设5个广告张贴栏。强化违建查处力度。通过区域巡查、定点监控、专项拆违等措施，与市规划局、国土局、街道、社区建立健全查处违法建设网格化联防机制。全年组织强拆行动50余次，处理各类举报案件34起，共查处违法建设329户，建筑面积61833.4平方米；拆除违法建设109户，拆除面积18219.1平方米；拆除存量违法建设50户，建筑面积8535.5平方米（其中拆除历史存量违法建设37户、建筑面积6146.6平方米，项目存量违法建设13户、建筑面积2278.9平方米）；拆除新增违法建设59户，建筑面积9683.6平方米。

【绿化改造】 2014年完成渌江大道、国瓷路、凤凰大道、左权路4条主道总长14907米的绿化景观工程，以及桎木嘴、车顿桥、醴泉路和国瓷路交汇处、国瓷路中段4个交通渠化岛的绿化景观提质改造工程。重点打造以电力局、汽车站为样板的全新道路沿街游园12个，新增、改造绿地面积近30万平方米。协同株洲市规划设计院和醴陵市规划设计院，对25家机关单位和11家企业开展拆围透绿、建绿工作，共拆除围墙5000米，新增绿化面积近6万平方米，投入资金约716.3万元。完成醴陵经济开发区凤凰大道沿线11家企业拆围透绿工作，共计拆除围墙650米，绿化提质2000余米。

【景观改造】 2014年，首次在西山大桥、江源大桥推行桥面立体绿化，利用桥面围栏栽植鲜花3万多盆，采用滴灌式养护新模式，水资源利用率达95%。6月对仙山公园取水点整体改造，增装照明路灯，改良道路设计，安装取水坪凉亭，为市民创造安全便利的取水环境；12月，启动仙山公园南大门改造工程，提升景观效果。（王晓靖）

城市环境卫生

【概况】 2014年，醴陵市环境卫生管理处（以下简称“市环卫处”）内设办公室、考评股等9个部门，城区有环卫工人1000余人。主要负责城区所辖500多万平方米的街道清扫保洁和主要街道清洗，20多平方千米范围内生活垃圾清运及无害化处理，58座垃圾收集站、14座压缩式垃圾中转站和30座公厕的管养，果皮箱、垃圾桶的保洁维护和管理等工作。全市日均收集清运生活垃圾200余吨，生活垃圾无害化处理率100%。

【设施建设】 2014年，启动垃圾场二期工程建设项目，北京高能时代环境技术股份有限公司合法中标承建，年内完成调节池加盖、进场道路修缮和场内土方工程。组织开展新建站厕选址布点工作。按照创建国家卫生城市标准，针对全市站厕分布不均的状况，组织专门班子联合市创建办、规划局等单位对全市站厕新建地址进行勘察，提出工作方案，在城区确定6站、14厕的建设新址。

【城市环境卫生管理】 一是扩大城区清扫保洁覆盖面。将2012年招标以来新建、扩建的主要道路及主巷道30多万平方米逐步纳入清扫保洁范围。二是优化清洗监管机制。将有限的备用清洗车辆和现有清洗设施设备重新优化组合，延长清洗时间，增设晚班清洗监督管理人员，全程监督清洗时间和质量，提升路面洁净效果。三是继续推进垃圾收集清运“三化”（密闭化、及时化、洁净化）。扩大密闭桶的布点范围，增强密闭车清运垃圾力度，增加垃圾清运次数，做到了垃圾密封收集、密封运输、及时清运。四是实行网格管理。将城区500多万平方米清扫保洁范围按班子成员职数和工作任务分成8个板块，责任细化到人。五是强化监督管理。进一步完善考评办法，规范考评程序，对项目重复出现质量问题或缺项工作实行顶格处理。

【抗洪救灾】 “5·25”洪灾期间，市环卫处组织应急队员200余人，带领3家保洁公司、800余人投入抗洪抢险工作。出动中转车、小四轮、压缩车、侧装垃圾车、工具车51台，租用铲车、东风大货、大小四轮车92台，在城区东正街、滨河路、姜湾、南门等重灾区域巡回收集居民灾后清理出来的垃圾杂物2000余吨。出动4台洗街车、7台洒水车昼夜不停地对李畋西路、左权中路、南门、车顿桥广场等受灾严重路段进行人工清洗，对全城其他主次街道进行昼夜机械化巡回冲洗，确保全市灾后环境恢复。年内，市环卫处获评市“抗洪救灾先进单位”。（魏小平）

园林绿化

【概况】 醴陵市园林绿化管理局是负责城市绿化规划、建设、维护、管理的副科级事业单位，内设综合股、绿化股、绿线管理股、园林科研所，有干部职工190人，其中高级工程师1人、工程师12人、助工25人、技师2人。截至12月，全市园林绿地总面积870.52公顷，绿地率35.31%，绿化覆盖率40.12%，公园绿地总面积228.65公顷，人均公园绿地面积11.26平方米。全市有省级、株洲市级“园林式”单位68家，占单位总数的50%以上；有居住小区29个，株洲市级“园林式”小区15个，占居住小区总数的53.8%。

【园林建设】 2014年，以“两改六化”绿化项目为工作重点，提升城市园林绿化水平。绿化改造成果显著。完成渌江大道、国瓷路、凤凰大道、左权路4条道路全线绿化改造工程。打造以电力局、汽车站为样板的全新道路沿街游园12个，新增、改造绿地面积近30万平方米。“拆围透绿”圆满完成。从3月30日开始，协同株洲市规划设计院和醴陵市规划设计院指导城区25家单位、11家企业拆除围墙5000米，新增绿化面积近6万平方米，投入资金近716.3万元；醴陵经济开发区凤凰大道沿线11家企业拆除围墙650米，绿化提质2000余米。“四岛两游园”成功提质。完成了枉木嘴、车顿桥、国瓷路中段、醴泉路和国瓷路交汇处4个交通渠化岛以及书院社区游园、新街口游园绿化提质改造工程。

【园林管养】 2014年，对城区10个重要交通节点的花坛，采用摆、栽结合等方式进行常态化鲜花栽植，年种植地栽鲜花20多万盆。在城市四大门、仙山公园南大门广场、新街口、湘运汽车站等10余个区域，做好鲜花摆放工作，用30多万盆鲜花摆花造景，实现一季一景，鲜花四季常开的美丽景色。完成全长3千米、绿化面积2.8万平方米的滨河路风光带，全长5千米的仙山公园主干道，全长800米的状元洲公园的水网喷灌改造，安装多处消防栓和止水阀，在提高绿化养护效果的同时，保障仙山公园、状元洲公园内的单位正常用水。首次在全市推行桥面立体绿化，采用滴灌式养护新模式，长期用鲜花装扮江源大桥、西山大桥围栏，避免占用人行道影响市民出行，充分节约水资源，水资源利用率达95%。加强绿化配套建设，对城市公共绿化区域的126处健身器材、休闲座椅等服务器材及时维修更换，全年维护费用达20万元。

【园林监管】 2014年，严格执行绿线监管、绿化审批和监察制度，以先审批绿化建设项目设计方案、竣工后再验收的方式，强化对城市规划区内新、扩、改建绿化工程建设项目的监督管理。全年共查处临时占用绿地、移伐城市树木等行政许可项目3起，纠正损绿毁绿行为200余起，查处率和结案率分别达90%和100%，城市绿化及设施完好率达98%。9月19日，由市园林公司和个体花卉经营店组成的全市首个花艺协会成立，有利于加强花卉销售和技术交流，促进花卉产业快速健康发展。（翁勇）

市政工程管理

【概况】 2014年，醴陵市市政工程管理处克服多重困难，采取增加维护工班、注重养小养早、提高维修质量和维护标准等办法，完成全市的道路、排水、桥梁等各项维护计划，提高设施使用率，在株洲市县（市、区）年度检查中排名第一。一是增加应急服务投入，调配应急人员9人，购置应急车辆2台，完善应急服务预案，开通应急服务热线，健全应急出动奖罚工作机制。全年共计应急出动1825人次，其中抢修“城市陷阱”421座，为市民提供生活性服务帮助316次。二是加强对城市占破道施工的监管。对占破道施工审批项目加强审批前后监管，发现违规行为责令整改，施工结束后督促及时清理、恢复原状。三是加强市政设施安全隐患的步巡排查。全年排除设施安全隐患92处，规劝教育损毁设施人员86人，制止和查处损毁设施事件31起，整治基建占道154次，有效控制设施损毁现象。

（宋鑫魏）

住房和城乡建设

【概况】 2014年，醴陵市住房和城乡建设局内设8个职能股室，下辖市自来水公司、市建设工程质量安全监督站、市燃气管理办公室等10个二级机构；主要负责有关住房和城乡建设工作的法律、法规和方针、政策的贯彻实施，全市市政工程、重点工程建设、房屋建筑、装饰装修质量安全、建筑市场的监督管理工作。年末，全市城区建成区面积29平方千米，城市人口28.5万人，城镇化率52.9%。

【市政公用事业】 一是城市供水安全稳定。全年供水总量1932万立方米，售水量1299万立方米，水质综合合格率100%，供水管网总长590千米，用户总数71176户。完成官庄二水厂建设项目的可研、节能评估、环境评估、初步设计等前期工作。二是城市燃气不断普及。全市有燃气企业8家，拥有天然气高压管网5.6千米，次高压管网102.9千米，中、低压管网620千米，天然气储气能力7.2万立方米，实现通气企业278家，公建用户285家，居民用户5.6万余户，年销气2.5亿立方米，日均用气量70万立方米，燃气普及率88%以上。规范特许经营，成功引入新奥燃气参与醴陵天然气建设。三是污水处理能力趋升。全年完成污水处理832万吨，实现化学需氧量减排935吨，氨氮减排91吨，卫生填埋污泥2739吨，污水处理达标排放率100%，污泥规范处置率100%，污水处理厂二期项目建设土建工程已完成70%的建设任务，设备安装完成工程量达40%。四是灯饰亮化可圈可点。加大城区路灯照明维护改造力度，对城区道路、桥梁、公园等多处亮化景观设施进行提质改造，更换LED节能灯具3312套，对城区18栋临街重要建筑物实施亮化改造，路灯亮灯率、景观灯完好率在99%以上。五是市政维护不断增强。健全市政基础设施常态化巡检维修机制，及时解决城市道路破损和排水不畅等问题。完成大剧院广场、东正街连接线等沥青砼路面铺装，瓷城大道、青云路、和平街等人行道板修复，排水窨井安装安全防护网等项目。

【小城镇建设】 2014年，全市加大重点镇建设扶持力度，财政专项资金用于支持重点镇建设，促进重点镇建设全面发展。在对接石亭镇省级示范镇建设的同时，做好和省、株洲市相关部门的工作衔接，组织白兔潭镇成功申报全国重点镇。白兔潭镇的玄武大道两厢开发建设、石亭新区道路改造、泗汾镇的喜森奥特莱斯、北乡片区的黄乡民居、枫林印象、官庄山水等一批项目建设有序推进，有效提升小城镇建设档次和功能。启动小城镇污水处理设施建设，完成白兔潭、石亭2个镇的污水处理建设及配套管网建设前期工作，在白兔潭等4个乡镇排水专项规划的基础上，编制完成浦口、王仙等8个乡镇的排水规划。切实抓好农村危房改造工作，坚持按照规定程序确定危改对象，完成600户改造任务。

（周　宇）

建筑工程质量安全监督

【概况】 2014年，全市有建筑业从业人员3万余人，其中工程技术人员2600多人；有一级建造师60人，二级建造师386人；有建筑业企业49家，其中总承包企业18家、专业承包企业13家、劳务分包企业18家。全年报建工程项目33项，总面积85万平方米，总造价11亿元，实现建筑业总产值55亿元，实现利税4.3亿元，分别同比增长15.7%、22%。

【建筑市场管理】 2014年，协助泰华、瑞谦等公司申报市政工程施工二级资质，为浦建、恒昌2家商品混凝土公司申报预拌混凝土专业承包资质和检测试验室资质。共审查6个项目的建设工程初步设计。办理施工图审查备案15项，总面积近72.7万平方米。办理施工合同、监理合同、劳务分包合同备案13项，总面积近40.6万平方米，总造价5.6亿元。发布6期建设工程材料预算文件。33个报建项目均进行建筑节能设计，完成建筑节能施工面积30余万平方米。预审建设工程19项，城建档案馆藏新进馆藏案卷1400余卷。征收劳保基金940万元，同比增长39%；调处欠薪纠风51起，清理拖欠工程款2750万元，解决农民工工资2221.5万元。

【建筑质量安全监管】 2014年，全市共完成建筑施工企业质量安全标准化评审认证16家，创建省级标准化示范工程3个、株洲市标准化示范工地6个。通过出台建筑业企业目标管理考核方案、建立诚信档案、外地入醴企业备案管理和关键岗位人员现场考核等措施，强化检查考核和信息平台建设，有效遏制擅自开工、违法分包、重复压证等不法行为。组织开展质量安全季度检查、两节、两会检查、工地安全度汛检查等，下发整改通知书386份，局部停工整改通知书85份，整改合格率达96%以上，安全隐患整改到位率100%。全年开展综合执法检查8次，立案18件，处理18件，结案率达100%。

（周　宇）

城市重点建设工程

【城市门户工程】 完成醴陵大道、333省道、南北大道3个城市门户工程的一期工程建设。共计绿化改造1万平方米、排水改造900米、人行道和广场铺装6000多平方米。

【“两改六化”工程】 完成李畋东路与国瓷路交叉口、沙塘路交叉口改造，城区10栋高层楼宇亮化竣工并投入使用。

【李畋中路建设】 李畋中路建设项目东起寨子岭路，西至李畋西路与青云北路交叉口，全长912米，规划宽42米。年内，项目已完成800米道路路基及排水工程建设，姜湾小学整体搬迁，集体土地安置区交付使用。

【泉湖体育馆建设】 泉湖体育馆项目位于阳三石街道办事处泉湖村和西山街道办事处河西村，总占地面积5.14公顷，建筑面积1.03万平方米，预算投资为1.53亿元，项目累计完成投资约1.43亿元。年内，主馆主体工程建设、室内外装修等工程建设完工，电力电源设计调整仍在进行。

【体育路建设】 体育路建设项目工程于2012年9月开工，西起左权路征稽所，中段与中山南路相交，东接体育横路。规划全长1360米、宽16米，占地面积约2.2万平方米，预算造价3000万元。年内完成西段麻园段至解放桥段及东段水稳层施工，中段排水施工仍在进行。

【醴建路建设】 醴建路建设项目工程于2012年4月启动，位于来龙门街道办事处境内，南接李畋东路，北接醴陵大道，全长约813米，设计道路宽30米，于2014年12月竣工通车。

【文化北路建设】 文化北路建设项目南接李畋西路，与市姜湾小学新校区入口连接，道路全长230米，机动车道宽7米，人行道宽6米，是市姜湾小学新校区主要出入通道，于2014年8月建成投入使用。

（周　宇）

城市供水

【概况】 醴陵市自来水公司（以下简称“公司”）是一家集制水、供水、售水、工程设计与安装、纯净水生产销售于一体的国家四类供水企业。2014年，公司有职工238人，有14个二级机构，拥有固定资产约1.3亿元，狮子坡水厂日供水能力设计为6万平方米。全年完成供水量1932万立方米，实现营业总收入3176万元。截至12月，全市供水管网总长590千米，供水面积约2000公顷，有用户71176户、20.34万人，水质检测综合合格率100%。年内，公司被评为“全国县镇供水企业先进单位”。

【供水设施维护】 公司的管网抢修队伍实行24小时服务制，对“110”来电及时回复，抢修及时率达100%。年内，对市滨河路、惠济街、金塔房产、鸿运公寓等处供水管道进行了及时抢修，对丁家坊沙塘组、三刀石、河西麻园等供水水压低区域的供水设施进行了更新改造，对城区管网进行1次管道清洗。

【水质监管】 2014年，公司严格执行国家新颁布的水质检测标准，加强供水水质监管。省城市供水水质监测网醴陵监测站每天检测源水、出厂水的感观性状等9大指标，每月2次抽检10个管网末梢水7个点的检测指标，每月对水源水、出厂水和管网水进行1次常规全分析检测，确保管网水质安全。年内，出厂水质综合检测合格率100%。

【重点工程供水】 2014年，公司克服困难，按照“优质文明、快速高效”的施工要求，确保市沪昆高铁连接线、长庆大道主干道、渌江新城主干道、旗滨玻璃主管与厂区内连通、凤凰大道与岳汝高速连接等市重点工程供水工程建设进度。完成东门塘村、江源村、丁家坊村、玉屏山村等城中城郊接水工程，解决当地村民多年用水困难问题。完成国光瓷厂（部分）、东风蔚蓝国际、凤凰雅园、星火中和街棚户小区改造、星海明筑、五彩新城、新华联等房产开发小区的接水管线施工。

（邹婧滢）

城市建设投资开发

【概况】 2014年，醴陵市积极推进投融资管理体制改革，有效整合平台资源，系统推进资源资产归集与配置，在原城市建设投资开发有限公司的基础上，组建渌江投资控股集团有限公司（以下简称“渌江集团”），实现由事业法人向公司法人转型。渌江集团按基础设施建设（含片区开发）投资、国有资产及公用事业经营、房地产开发和产业投资4大业务板块，设立国有资产经营有限公司、基础设施建设投资有限公司、长庆示范区投资开发有限公司、仙岳山文化景区开发建设有限公司、保障性安居工程开发有限公司、交通建设投资有限公司和市政建设工程有限公司7家全资子公司，控股市友谊商厦公司，参股醴陵农村商业银行4.5%和醴陵沪农商村镇银行2%；设综合管理部、计划财务部等6个职能部室；有注册资本20亿元，总资产110

亿元，净资产60亿元。截至12月，实现资产租赁收入500余万元，公开拍租率达100%。

【城建融资】 2014年，由市国资局牵头，组织渌江集团于5月和9月分2次发行10亿元企业债券，标志着醴陵市在资本市场直接融资上取得突破。通过岳汝连接线、土地储备、渌江防洪堤等项目，以银行项目贷款、信托、融资租赁等方式，对接长沙银行、华融湘江银行、湖南信托等机构，全年实现融资到位资金18.27亿元，达成后续融资意向22.5亿元。

【项目建设】 11月28日，渌江新城建设项目启动，其中核心区路网梧桐路、珊田安置区建设有序推进，市民服务中心和新城新天地项目立项报批、规划设计等工作进展顺利。长庆大道、岳汝连接线、沪昆高铁连接线顺利通车，渌江防洪堤、公交客运场站、阳三路改扩建、保障性安置房建设、“两改六化”工程、小街小巷提质改造和宗教组团等项目均按计划推进。 （侯清瑞）

房产管理

【概况】 2014年，醴陵市房产管理局内设6个职能股室，辖7个直属机构和6个二级机构；有干部职工213人，其中在岗139人；局党委下辖4个党支部，有党员117名。年内，以落实政府目标责任制为核心，以强化行业管理为依托，严格履行职能，优化服务环境，有力地促进全市房地产业的健康稳步发展。年末，获市绩效考核一类单位和“人口和计划生育红旗单位”“综合治理工作红旗单位”称号。

【市场培育】 2014年，醴陵市为抓好市场监管与行业引导，规范市场秩序与环境，市人民政府出台《关于促进我市房地产业持续健康发展的若干意见》，完成《醴陵市城市住房建设规划（2014－2020年）》编制工作。全市共有开发企业45家，在建项目34个，其中新开工项目9个，新开工面积31.65万平方米，同比增长19.1%；共完成房地产开发投资18.4亿元，同比增长22.26%；商品房竣工面积30.3万平方米，同比增长32.7%；实现销售面积50.74万平方米，同比增长60.7%；商品住宅均价达3604元/平方米，增长5.51%，部分高品质楼盘销售价格达4500元/平方米，铺面价格达4万元/平方米；共完成销售产值22.74亿元，增长88%，实现房地产业及相关税收大幅度增长。

【第五届房交会】 2014年，醴陵市举办第五届房产交易展示会，展会期间，共实现房屋交易2212套，成交面积28.88万平方米，交易总额11.15亿元，比上届房交会交易总额增加3亿元。

【住房保障】 2014年，高度重视住房保障工作，基本建立“租、售、改三位一体”的住房保障工作体系。一是高质量完成保障性安居工程建设。争取中央、省保障性安居工程建设上级专项资金近7000万元，建成保障性住房11万平方米，同比增长109%。其中新增廉租住房396套、公共租赁住房768套，落实棚户区改造1410户，全面完成年度指标和任务。二是全面完成货币补贴和实物配租工作。全年发放住房租赁补贴7012户，新增廉租住房全部分配到户，惠及住房困难群体近2万人。三是不断强化住房保障工作的跟踪管理。切实加强质量、安全、后续管理，实现全年无安全事故和质量问题。同时严把申请分配关口，实施“三级审核”（保障性安居工程申请对象要经社区、街道办事处、市房产管理局三级审核）和“四级公示”（符合保障性安居工程住户名单要经社区、街道办事处、市房产管理局、政府门户网站四级公示）制度，做到“四个公开”（政策公开、价格公开、房源公开、保障对象公开）。

【房产发证】 2014年，市房产管理局共办理各类房屋登记13631宗。其中初始登记1103件，转移登记2231件，变更登记240件，抵押登记3199件，预告登记3763件（均为商品房），预抵押登记3063件（均为商品房），在建工程抵押权登记32件。解决各类房屋发证历史遗留问题287件，整理档案入库6261卷，提供档案利用37852卷次，出具无房证明1.2万余份。

【白蚁防治】 2014年，全市共完成白蚁预防施工面积34万平方米，灭治面积3.82万平方米，灭治率99%。市白蚁防治所晋升三级资质，获全国、湖南省白蚁防治行业先进单位称号。

【信息化建设】 完善房地产交易信息网，建立健全房地产信息发布制度，全面、及时、准确地发布商品住房预售、交易信息，定期发布商品住房交易及房源信息，引导市民合理消费，促进房产理性投资与开发。年内，全市全面启动商品房网签系统，完成商品房网上签约4900套。

【物业管理】 2014年，全市物业管理进一步向社会化、市场化、专业化发展。一是规范物业服务市场。指导成立市物业管理行业协会，国际新城、滨江花园等5个业主委员会和4家物业公司；完成全市第一家二级物业企业申报工作，初始审批和变更物管用房业务71宗，指导并监督前期物业管理招投标7宗。受理业主上门、电话投诉等相关物业纠纷80多起，接待上访群众300余人次。协助相关部门妥善调处物业服务费收取、开发商遗留问题、业主被盗等相关物业纠纷17起。二是规范维修资金管理。启动房屋维修资金自缴系统，归集维修资金

5245万元，累计归集维修资金1.35亿元，年内使用16.5万元。

【房屋征收】 2014年，围绕市委、市政府城市建设总体部署，多次赴株洲市荷塘区等地方考察学习房屋征拆工作经验，协助市政府出台《醴陵市集体土地上房屋安置办法（试行）》。开展纠正征收拆迁中损害群众利益行为专项整治行动，通过自查和整改规范征拆流程。全年围绕杭长高铁、高铁醴陵连接线、李畋中路、阳三路、渌江风光带等重点工程，共完成房屋征收拆迁467户、8.58万平方米，其中国有土地上房屋征收230户、2.1万平方米。

（易雪辉 谭 超）

城乡规划

【概况】 2014年，醴陵市规划局内设6个股室，下辖规划监察大队、规划设计院、规划测绘院3个二级机构。有工作人员87人，其中在编干部职工42人，聘任制人员45人（主要集中在规划设计院和规划测绘院）；有大专以上学历61人，规划专业及相关专业中级以上技术职称22人，其中注册规划师4人、二级注册建造师1人。局党总支下设3个党支部，有中共党员51人。年内，在省规划协会组织的专业论文竞赛活动中，有5篇论文获奖；在株洲市镇村规划编制工作的专项考核中，醴陵市名列各县（市）第一，并在株洲市城市建设管理工作会议上作典型发言；在醴陵市年度绩效考核中跻身全市一类单位，被推荐为2014年度株洲市文明建设先进单位。

【规划编制】 2014年，强化城乡规划对全域经济社会发展的顶层设计功能，以超前的大规划理念，进一步完善了“一城三片区”“一环三纵横”“一心六组团”的发展格局规划和长庆示范区等片区规划，加快城市交通、景观、文化等空间布局规划。编制完成《渌江新城城市设计及控制性详细规划》《城北片区发展战略规划》《醴北人家生态旅游休闲度假区总体规划》《城市色彩规划与研究》《城市书吧策划》等。进一步健全规划动态更新机制，加强战略性规划、概念性规划与专项规划、控制性详细规划的衔接，全力推进“规划电子一张图”建设，为规划建设管理提供法定依据和技术支撑。组织编制完成村镇布局规划、24个乡镇总体规划和44个中心村村庄规划。镇村规划编制注重凸显地域特色、文化特色、生态特色，坚持以产带镇、以区域为基础、以产业为纽带，采取集镇组团发展模式，形成“一心六组团”发展格局。

【规划管理】 一是强化内部管理。在全市率先推行股室绩效考核制度，市绩效考核领导小组办公室发文专题向全市各单位推介；并将绩效考核工作延伸到二级机构，在规划设计院、规划测绘院试行工作人员末位淘汰制。按照“统一审批、统一待遇、统一管理”原则，出台《聘用工作人员管理暂行规定》，规范聘用制人员管理。充分发挥专家作用，推行以政府主导、专家领衔、部门合作、公众参与的“四轮会审”制度；对重大项目、重要节点的规划设计实行事先会商制度，在专家、业主、设计单位及有关部门等多方有效衔接和充分论证的基础上，最大限度取得规划所要求的效果。二是提升行政效能。制定和完善《优化办事程序细则》，实施审批流程再造，将审批要素前置，尽量合并性质相同的审查事项，减少审查步骤，提高规划审批效率。制作《行政审批项目流程告知书》，将行政审批流程广而告之，让服务对象一目了然，避免多次补充递交申报材料。对保障性安居工程、市政基础设施工程等民生建设项目的审批开辟“绿色通道”。在满足硬性技术要求的前提下，推行“边建设边报建”的项目推进机制。为积极回应群众对提高行政许可工作透明度的诉求，将继续推行限时办结制度，全面实行行政受理书面回复制度。2014年，共核发项目选址意见书16份；核发建设用地规划许可证72本，总用地面积77.04万平方米；核发建设工程规划许可证182本，总建筑面积15.07万平方米；核发乡村建设规划许可证26本，总建筑面积29.79万平方米；发放准确率100%。

【规划执法】 严格依法依程序编制和修改城乡规划。对重大规划变更和修改自觉接受市人大常委会监督，在审批前报市人大常委会审议和报备。对批后规划管理坚持“一张蓝图管到底”“一把尺子量到底”，杜绝随意变更规划和规划实施打“擦边球”。严厉查处违规违法行为，对违规的开发项目勒令全面整改到位，对违规的私房建设一律不予规划验收。不断完善自我监督和社会监督相结合的“双重监督”模式，增强规划公开的广度和深度，自觉接受公众监督，打造阳光规划。全年共查处各类违法建设19处，拆除面积4500多平方米，负责管理的有证违法建设处于可控局面。进一步完善违法建设巡查、受理投诉举报、通报和报告等制度。与城管、国土部门和“四办两区”密切协作，构建严密的违法建设监管网络。在对城市私房建设严格控制数量，在限制性审批的前提下，坚持以人为本，通过阻疏结合，适度解决城中村村民建房诉求。

（许红英）

环境保护

【概况】 2014年，醴陵市环境保护局内设9个股室（办），辖环境监测站、环境监察大队2个二级机构，直管城区、白兔潭、泗汾、板杉4个环保中心所。有干部职工110人，其中正式职工75人，聘用人员17人，退休人员18人；在职人员中有高级工程师4人，环评工程师5人，工程师13人。全年城市环境空气质量达到和好于二级的天数343天，优良率93.9%；地表水水质保持稳定，望仙桥、枧头镇、三刀石、神福港4个水质监测断面中，望仙桥水库水质符合地表水Ⅱ类水质标准，其余监测断面水质均符合地表水Ⅲ类水质标准；城市区域声环境质量达到Ⅱ类标准。年末，被省环保厅评为湖南省环保系统先进单位，获株洲市环境监测工作一等奖。

【污染物排放控制】 2014年，市环境保护局将污染物排放总量控制纳入项目审批过程，做到排污权初始分配、排污许可量和年审许可量三项工作的有机结合，基本实现对二氧化硫、化学需氧量、氨氮和氮氧化物等主要污染物排放的总量控制。截至12月，共完成101家工业源、122家农业源和2家集中式污染源的产生量和排放量的计算、核定和统计上报；完成386家工业企业第二次主要污染物（新增氮氧化物、氨氮）初始排污权的填报、计算、核定工作，完成60家氮氧化物初始排污权交易和高佳等17家工业企业新扩改建项目排污权交易工作。完成市明阳生态农业发展有限公司等13家农业源减排项目。化学需氧量减排258.65吨、氨氮减排27吨，完成计划外淘汰燃煤锅炉5台、共计14蒸吨。

【环保审批】 2014年，市环境保护局严格执行《环境影响评价法》等环境管理法律法规，做到不违规、不越权审批，对新改扩建设项目从严把关，谨慎审批。全年共审查批准新、扩、改建设项目70项，环评审批率100%；否决不符合准入要求的项目5项。对批准的建设项目进行严格跟踪督查，完成32家建设项目的“三同时”（建设项目主体工程与需要配套建设的环境保护设施同时设计、同时施工、同时投产使用）验收，在建项目和已建项目“三同时”执行率均达到100%；新发、换发排污许可证146家。

【污染治理】 2014年，污染治理工作不断推进，区域环境质量进一步好转。活塞环行业电镀车间废水治理、洪源矿区历史遗留采矿废渣治理、千汇瓷釉膜废水处理中心3个涉重金属污染治理工程通过省环保厅的验收。欧亚陶瓷制造有限公司、醴陵市源泉瓷业有限公司等15家企业29座燃煤炉窑改造完成，拆除烟囱15根；截至12月，全市共有846座炉窑实施改造或采用余热利用技术，拆除烟囱213根，有272家企业使用天然气，年用气量达3.21亿立方米。

【环境安全与应急】 2014年，市环境保护局结合新《中华人民共和国环境保护法》的出台，配合市人大从4月至10月开展环境执法大检查，实行部门联动，对全市的环境现状、企业的排污状况等进行综合检查、调研，归纳收集问题41条，并逐条予以落实整改。开展核技术利用辐射安全综合检查专项行动，对全市涉辐射工作的30多家单位进行全面检查，责令王仙卫生院、市三医院等存在安全隐患的医疗单位采取有效措施整改到位。开展涉危、涉重金属企业专项检查，对危废处置严格实行五联单和转移报批管理。组织开展餐饮业专项调查，起草《醴陵市城区餐饮业油烟污染防治管理试行办法》报市人民政府。成立环境应急领导小组，修订《醴陵市突发环境事件应急预案》，制定《醴陵市城区空气重污染应急预案》，落实应急措施，组织相关职能部门40多人开展环境应急演练，增强突发环境事件的应急处置能力，确保辖区内无重大、特大环境污染和生态破坏事件发生。

【垃圾和污水处理】 2014年，市垃圾填埋场垃圾无害化处理率达100%，无害化处理生活垃圾8.2万余吨、垃圾渗漏液4.2万余吨，均达标排放。市污水处理厂设备运行平稳、出水水质稳定达标、污泥处置规范有序，日处理生活废水2.8万吨，城镇污水处理率85%，处理后排放的污水水质稳定，达国家GB18918–2002一级B标准。经开区污水处理厂建成，试点规划建设白兔潭、石亭等乡镇污水处理厂，污染治理基础设施逐步完善。

【环保执法】 2014年，市环境保护局开展全市环境污染隐患大排查，采取企业自查、环保部门复查等方式，共排查企业358家，对其中存在环境污染隐患的50家企业责令限期整改，对治理无望的白兔潭珍珠岩粉厂和建芳小胶水厂予以关闭，其他企业基本整改到位。组织开展涉造纸企业、涉重金属等重点行业的环保专项整治行动，严厉查处环境违法行为，重点对减排指标企业进行定期督察。全年下达监察意见900余条，查处各类环境违法行为83件；立案查处环境违法行为28起，处罚金额35.7万余元。

【污染纠纷处理】 本着对信访案件早调查、细分析、快解决、求实效的原则，对来信来访人员做到“热情接待、认真登记、迅速处理、及时回复”。2014年共受理环境信访案件263件，其中网络投诉34件、市长热线投诉53件、12369电话及来访投诉176件，结案263件，处理率100%，结案率100%，群众满意率98%以上。

【环保宣教】 2014年，结合环保工作实际，将工作动态通过广告牌、电视、报纸等媒体进行全方位报道。“六五”世界环境日期间，在市污水处理厂举行“向污染宣战”“守望湘江，保护渌江”宣传活动。学习参观新《中华人民共和国环境保护法》板报展，观摩市污水处理厂生活废水处理的工艺流程，进行“向污染宣战”的签名活动，环保志愿者协会组织开展环城宣传等活动。

【环境监测】 2014年，更新监测设备，加强、培训监测力量和人员，制定环境应急监测方案，提高监测能力。对全市城区大气质量（4个点位）、降水水质（1个点位）、渌江河水水质（4个断面、8个点位）、饮用水水源水质、交通噪声（14条道路、26个点位）进行全面的监测，对全市70多个重点污染、80多个排污口、30多台套废气与废水处理设施进行重点监控。全年环境污染隐患大排查监测和排污申报监测218家，“三同时”及污染治理设施竣工验收监测等40家，共报出监测数据4万多个。

【生态创建】 2014年，新阳乡、官庄乡成功创建“省级生态乡镇”，石亭镇开展创建全市首个“国家级生态乡镇”工作。截至12月，全市共有省、株洲市绿色学校9所、“省级生态乡镇”11个，“省级生态村”17个。（陈 莹）

交通·邮政·通信

交通运输

【概况】 2014年，醴陵市交通运输局突出抓好交通基础设施建设，加大交通运输市场管理，做好农村公路、客运站场、危桥改造以及公路桥梁养护管理等工作，落实党风廉政建设责任制，推进全市交通运输事业全面发展。年末，全市境内公路总里程3181.85千米，其中高速公路97.07千米、国道62.98千米、省道480.52千米、县道504.11千米、乡道473.37千米、村道1563.8千米。有铁路线路97.5千米，其中沪昆高铁客运专用线醴陵段34.5千米、浙赣复线电气化铁路醴陵段36千米、醴茶铁路醴陵段27千米。有班线客运企业17家，农村客运班线68条，营运客车419台；有货运企业21家，营运货车2711辆，其中危货企业4家、危货车辆237台、危险货物运输从业人员474人；有公交公司2家、其中兴达公司属民营性质，公交车辆126台、其中民营28台；有出租车公司5家，出租车400辆；有一、二、三类汽车维修企业59家、驾校7所。境内渌江水系总里程130千米，其中渌水82千米、澄水33千米、铁水15千米，渌水干流有7座闸坝；全市有渡口18处、义渡船18艘，官庄库区旅游客渡船38艘。

【交通运输网络构建】 2014年，围绕市委提出的“一城三片区，一心六组团，一环三纵横”的发展布局，组织专家和专业技术人员完善《交通运输2011－2020年规划》，科学布局园区道路、旅游公路、国防战备公路，对内启动全市联网公路工程，突出拉通断头路，打通瓶颈路，对外紧接“湘赣开发合作试验区”项目。全市高速公路覆盖东南西北四个片区，高铁与高速之间、高速与国省干线之间、国省干线与县乡村道之间实现互通互联，形成“零距离，无缝对接”的通衢交通。沪昆高铁醴陵东站的正式运营使醴陵市成功步入“长沙半小时经济圈”“南昌2小时经济圈”“杭州4小时经济圈”“上海5小时经济圈”“北京6小时经济圈”。

【干线公路建设】 2014年，“枫林印象、黄乡民居、官庄山水、沩山古窑”旅游道路项目全面建成。东城大道项目完成工可论证等前期工作，长株攸快速公路的前期工作进入工可编制评审阶段，醴娄（醴韶）高速、省道105云龙楠山铺至醴陵塘坊公路、省道205醴陵铧断坳至杉仙殿公路、枫长线、枫王线各项前期工作有序进行，城市环线(省道333)项目进入施工图评审阶段。莲株公路改扩建工程，总投资30亿元，市境内全长30.87千米，占总里程的61%。岳汝高速黎家冲至城区连接线全部完成，沪昆高铁醴陵连接线建设项目基本完成。旗滨玻璃产业项目道路建设1.86千米城市外环线完成路基及沥青路面铺设，1.46千米旗滨大道完成水稳基层铺设和车行道沥青砼路面铺设。

【民生工程】 农村公路建设方面，完成农村通畅道路总里程264千米，其中省级农村公路建设任务114千米，市级通组连通工程任务150千米。桥梁建设方面，完成危桥改造31座，其中省级危桥改造任务8座、市级危桥改造任务23座，续建危桥改造项目白兔潭广湖大桥和沈潭群英大桥建设均已完工。滩下渡口渌水大桥“渡改桥”项目完成招标，准备启动建设。完成全市17处渡口的调研论证及前期工可工作，计划用3－5年时间完成全市“渡改桥”建设，进一步完善农村路网结构。站场建设方面，完成20个农村客运招呼站建设任务，汽车南站征拆安置基本完成，汽车西站仍在进行土地报批手续，醴陵沪昆高铁站前广场农村综合枢纽站建设已完成初步选址。水运设施建设方面，投资61.2万元完成17艘渡船标准化改造。

【公路养护】 2014年，市交通运输局积极推进农村公路养护体制改革，实行管理重心下移，服务前移，对乡、村道路管养实行“以奖代拨”“身份证”管养模式，对升级省道及新增县道实行专业化养护，各乡镇成立管养机构具体负责区域内乡村公路的养护工作，实行定人、定线、定责、定标、定酬的考核奖补机制，为其提供专业技术指导。农村公路列养率达100%，常养里程县道达100%、乡村公路达70%，县乡公路优良率平均为85.5%，绿化率0.5%。创建官庄乡利川村至大坝村、贺家桥镇妙泉村至大障镇斋江村、泗汾镇至船湾镇文明示范样板路共57千米。组织资金900万元抢修“5·25”洪灾水毁道路及桥梁。加大对非法侵占路产路权行为治理，共查处毁路损路案件9起，确保建设成果久惠于民。

【交通执法】 2014年，市交通运输局积极推进行政审批制度改革，成立专门行政审批机构，全面清理和规范行政审批事项，清理后保留审批项目14项。推进行政执法行为规范和执法监督管理工作，以全国交通运输行政执法评议考核为契机，规范行政执法行为和自由裁量权使用，推进形象“四统一”（服装、标志标识、办公场所外观、证件统一）建设。开展客运站经营行为、“二客一危”（农村客运、城市客运、危险品）、出租车不文明行为等专项整治活动12次，开展为期半年的“打非治违”专项整治行动，共查处非法营运车辆115台，全系统共实施行政许可518例、行政处罚案件1300例，无一提起行政复议、行政诉讼和控告申诉案例。加强行政执法人员岗位培训，举办2期执法人员集中培训班，分批选派执法人员参加省、株洲市交通部门以及市法制办举办的执法人员培训班。

【运输服务】 2014年，根据群众生产生活需求，开通7路公交线路，对接沪昆高铁运行，延伸5路公交线路5千米；更新投入26台新型低碳环保公交车，分别投入1路、5路、7路运营；出租车更新换代工作有序进行；调整延伸醴陵至官庄农村班线。全市乡镇通班车率达100%，行政村通班车率99.3%。完成重点时段和重大活动期间道路运输保障工作，年客运量379万人次，客运周转量2184万人千米。拥有农村客运站场17家，农村客运招呼站83家，基本形成“路通班车通，乡镇有车站，途中有候车亭”的城乡交通一体化新格局。积极开展甩挂运输试点，扶持培育物流骨干企业发展，全面发展物流运输市场。

【安全维稳】 2014年，全面加强物流、驾校、客运、货运、维修等行业监管，通过教育和处罚相结合的手段，有效规范行业运行和发展。全市客运和危货车辆全部安装北斗车载仪，实现动态管理。建立水上交通安全视频实时监控平台，加强现场监管力度。开展客运站场、“二客一危”、渡船、码头、工程建设、铁路道口、校车营运线路等区域的大检查、大整治，下达整改通知书11份，排查安全隐患36处，查处违章行为33起，封堵16处非法道口。对车辆二级维护进行源头管理，打击车辆非法改装行为。开展“平安工地”“质量安全年”活动，各项安全生产指标持续保持“零事故”，建设项目合格率达100%。共举办5期出租车驾驶员从业资格培训班、培训183人，从业人员继续教育培训班11期、培训1610人，从业人员服务水平和行业素质得到提升。

【党建工作】 一是深入开展党的群众路线教育实践活动。按照中央要求和市委部署，扎实开展党的群众路线教育实践活动，认真查摆“四风”问题。针对群众反映强烈的突出问题，逐一对照整改。计划用3－5年时间完成17座“渡改桥”建设；完善公务接待、工作纪律、财务管理等方面的11项制度。年内“三公”经费同比下降40%，清理腾退办公用房1059平方米。以办证大厅和教育处罚中心两个窗口单位为重点，开展“门难进、脸难看、事难办”专项整治活动。二是深入开展党建帮扶工作。为联系点枫林市乡安排专项资金，组织群众筹资120万元，硬化村道7.7千米，为肖家冲村捐赠5000余元的办公设施，走访慰问老党员、军人，帮扶残疾病人20人，发放慰问金及帮扶款1.8万余元。三是加强领导班子和干部队伍建设。坚持抓班子带队伍，加强党委中心组学习，开展读书月活动、交通杯劳动竞赛活动。开展“连心解困”和“看交通、听民声、百名干部进乡村”大走访活动，通过走访、坐访等形式，共走访农户家庭360户，接待群众850人，解决实际问题12件。（朱小军）

中国外运长航集团
湖南外运醴陵市公司

【概况】 2014年，中国外运长航集团湖南外运醴陵市公司（以下简称“公司”）有在岗员工22人，内设办公室、财务部、业务部等5个部室。拥有仓库面积1.2万平方米（其中危险品仓库5000平方米）、集装箱堆场1.5万平方米，拥有铁路专线1360米，专线月台可全天候作业。公司拥有完善配套的装卸设备，取得烟花爆竹经营（批发）许可证、危险化学品经营许可证，3月取得危险化学品运输资质，是经南昌铁路局批准的唯一烟花鞭炮铁路整车发运点，是商检、海关同时设立监管点的监管企业。年内，公司通过火车中转烟花鞭炮等货物193卡，其中国际联运烟花93卡。（江剑阁）

交通建设质量安全监督

【概况】 2014年，醴陵市交通建设质量安全监督局内设交通建设质量监督股、交通建设安全监督股、办公室，有在职干部职工8人、退休人员6人。年内，市交通建设质量安全监督工作狠抓交通建设工程质量监督与行业管理，进一步提高交通工程建设质量安全，实施交通工程精细化管理，营造区域交通工程建设良好工作环境。全年监督修建农村畅通工程公路94千米，改造县级、省级公路50千米、农村危桥6座、中型公路桥2座，下乡监督检查60次、180人次，查处质量安全问题18项。年内全市未发生重大交通建设质量安全责任事故。

（黄其林）

公路管理

【概况】 2014年，醴陵市公路局负责境内264.76千米道路管养，其中106国道62.98千米、省道7条共计171.05千米、县道5条共计30.73千米，另接养莲易一级公路68千米。局机关设7个股室，下设路政大队（含2个中队）、养护应急中心2个二级机构。公路局管养干线和支线道路平均优良路率分别为94.87%、88.06%。完成省道313线大修17千米，启动省道313线新关桥和县道026线群力桥的拆除重建。筹资1067万元对鹅美线、符新线、大神线10.3千米路面进行大修。年末，获评省“园林式单位”，东富养护站获省“文明窗口单位”，泗汾养护站获省“工人先锋号”，泗汾养护站站长刘仕文获全国“交通技术能手”“株洲市最美班（组）长”“株洲市五一劳动奖章”称号，养护工张艳春获“湖南省养护技能比赛沥青坑槽修补第一名”。

【路政管理】 2014年，路政管理以“路域环境综合治理”为重点，依法查处2处新增违法建筑案件，清理非公路标志牌316块，拆除违法棚点17个，清除路障467处，清理106国道沿线马路市场2处。办理路政案件33起，结案33起。深化路政管理行政审批制度改革，5月实现政务服务系统网络化，涉路行政审批办理日期由原来20天缩短为10天内办结，提高办案效率。 （黄科虎 龙春林）

湖南株洲湘运集团有限责任公司醴陵客运分公司

【概况】 2014年，湖南株洲湘运集团有限责任公司醴陵客运分公司（以下简称“公司”）有营运客运车辆66台，员工110人，下设汽车北站（老站）和汽车中心站（新站）。主要经营长沙、湘潭、株洲方向班线，为二级甲等站。汽车中心站地处立三大道与106国道的交汇处，占地3.33公顷，设计日发班300余次，旅客日发送量5000人左右，属一级乙等站，经营除长沙、湘潭、株洲方向以外的其他班线，辐射湖南、广东、江西、湖北、浙江、福建等省，拥有20多条省、市、县际班线，承接旅游运输、包车、客运配载、小件托运、停车等业务。 （黎君辉）

铁路运输

南昌铁路局宜春车务段醴陵车站

【概况】 南昌铁路局宜春车务段醴陵车站（以下简称“醴陵车站”）是南昌铁路局宜春车务段管内的一个二等车站，监管东冲铺站（无人站）。中心里程为沪昆线K1060+748.9，沪昆线东端与灯芯桥车站相连，西端与东冲铺站为邻，主要办理客运业务，客、货列车的接发作业。2014年，醴陵车站有在岗职工104人，其中女职工30人、干部7人。内设客运、运转2个班组；有正线2条、到发线4条、信号楼1个，其中信号楼设有调度集中系统（CTC）车务终端，信号联锁设备采用EI32-JD计算机联锁。客运站房设候车室、贵宾室、售票厅、行包房、出站口及广播室，候车室1个、面积783平方米，旅客乘降站台3个、面积14514平方米，雨棚3座、长957.2米，行人地道及行包地道各1座。售票厅面积177平方米，有售票窗口4个，全面实现微机联网电脑售票。

【铁路运输】 2014年，醴陵车站办理列车96对，其中办理营业旅客列车33列；发送旅客66.12万人，为年计划的96.2%；实现客运收入4603.1万元，为年计划的102.6%。截至2014年12月31日18时，车站实现运输安全3562天。 （唐 海）

邮 政

市邮政局

【概况】 2014年，醴陵市邮政局内设综合办公室、市场经营部、大客户中心、代理金融中心和函件中心，辖王仙、白兔潭等19个支局、所。有从业人员220人，其中在岗职工120人、劳务工103人、劳务派遣7人。全年全市有汽车邮路20条、全程489千米，投递段道52段，农村投递线路总长3476千米。有邮政服务网点20处，其中邮储网点16处、邮政营业4处；有邮政报刊图书销售点20处，邮政信报箱群27处，邮政信筒信箱490个，信报箱格口1120个，邮政妥投点3618个。全年累计完成邮政业务收入4292万余元，较上年增加355万元、增幅13%。

【金融代理业务】 2014年末，全市邮储余额达19亿元，新增2.11亿元。储蓄网点点均新增余额1319万元，新增亿元网点5个，新增余额超过1000万元的网点11个，突破2000万元的网点3个。年内，通过开展“干部下支局”“挂点帮扶”等活动，推行“存款有礼”“抓鸡蛋”等宣传策略，落实经济效益、提升服务质量。走访活动中共计采集客户信息8万条，新增代发单位15家，新增代发户5000户，月新增代发资金同比增加750万元，揽收征地拆迁项目款3000万元。

【报刊发行】 2014年，完成报刊大收订征订流转额762万元，较上年增加42万元。党报党刊、重点畅销报刊、行业报刊、校园报刊、第三方订阅、网上订阅均超额完成计划。积极揽收重点畅销报刊，集团和省内高费率的重点品种报刊流转额达280万元，流转额和占比均创新高。积极参与图书市场竞争，实现图书馆报刊发行60万元；校园报刊市场稳步扩张，完成教育期刊流转额460万元，实现收入133.4万元。

【网点建设】 一是加大人员投入。通过开展“包村走访”等活动，落实基础客户走访政策，增强维护力度、加大余额揽收信心；通过走访、短信、电话等渠道加深与客户联系、增强对新政策宣传力度。精减后台人员，配备18名大堂经理、理财经理，有效充实一线力量。二是完善网点自助服务设施，配备ATM、CRS机13台，网银自助终端3台，补登折机11台。三是加大对中小型企业及周边商铺的余额揽收和基础客户的走访力度，稳定余额增长。

（谭冰芳）

通　信

中国电信股份有限公司醴陵分公司

【概况】 2014年，中国电信股份有限公司醴陵分公司（以下简称“公司”）内设综合部、渠道销售部、网络部和客户服务部，设3个政企分部、1个核心商圈分部、4个城市支局和21个农村支局，有在职合同制员工102人、劳务派遣工92人、退休员工88人。全市农村26个乡镇本部、188个村实现光网全覆盖，光网用户达2.7万户。为切实解决醴陵区域网络能力，扩大销售半径，光网建设引进民资合作商42个，实行宽带分成机制；城乡建成的6.8万个端口中他建他营端口1.9万个，自建及他建自营端口4.8万个。

【机构改革和人力资源转型】 2014年，公司按省、市公司人力资源综合转型工作要求，以岗位价值、价值贡献和业绩能力为导向，按照向一线倾斜、同岗同薪酬分配体系原则，完成公司机构改革和人力资源转型。12月，公司坚持市场化机制、责权统一、依法合规、防患风险的原则，将前端经营区域划小承包，使员工和企业的利益一致化，实现人力资源和成本精确化管理。

（易武林）

中国移动通信集团湖南有限公司株洲市醴陵市分公司

【概况】 2014年，中国移动通信集团湖南有限公司株洲市醴陵市分公司（以下简称“公司”）下设综合部、市场部、网络部，有员工125人。年内，公司在解放路及白兔潭核心商圈新增一级渠道12家，乡镇新增28家，渠道累计达210家；建设TD-LTE（4G）基站396个，基本实现醴陵城区及乡镇等人口密集区的信号覆盖。公司在立三路自营厅及各个营业网点提供免费4G网络体验，供客户进行软件、游戏、视频等下载，让客户直接感知4G网络高速的特性。年末，公司被株洲市、醴陵市消费者委员会评为“消费者信得过单位”，立三路营业厅被授予“株洲市巾帼文明示范岗”称号。

（龙丽莎）

中国联合网络通信有限公司醴陵市分公司

【概况】 2014年，中国联合网络通信有限公司醴陵市分公司(以下简称“公司”）下设综合部、市场营销部、客户服务部、建维部、集团部，有员工100余人；有通信基站300余个，网络覆盖率98%以上，固定电话及宽带业务覆盖城区及大部分乡镇。公司坚持以市场为导向，以效益为中心，统一规划网络建设，合理利用网络资源，保持持续、健康、快速发展。年内，通过政府招投标，成功与市政府签订第一个综合性“智慧城市”项目。（丁晓芬）

财政·税务

财　政

【概况】 2014年，醴陵市财政局内设18个股室，下辖6个全额拨款事业单位和31个财政所，年末全系统有在编干部208人。全年全市累计完成公共财政预算总收入38.43亿元，为调整预算的100.51%，比上年增加2.01亿元，增长5.54%；其中完成一般公共财政预算收入28.67亿元，为调整预算的100.55%，比上年增加8799万元，增长3.17%。完成税收收入19.54亿元，为调整预算的100.39%，比上年增加2.48亿元、增长14.57%，高于株洲平均增幅2.1个百分点，占公共财政预算总收入的比重为50.83%，比上年提高4个百分点；一般公共财政预算收入中税收收入占比为34.09%，比上年提高3.76个百分点，以上两项税收占比增幅在株洲县市区中排名均为第三。

【民生支出】 2014年，市财政支出突出体现向公共领域倾斜、向民生事业倾斜。全年完成公共财政预算支出53.73亿元，其中民生支出34.81亿元，比上年增加1.69亿元，增长5.09%，占公共财政总支出比重70.26%。一是优先发展教育事业。全年教育支出6.65亿元，比上年增加6929万元，增长11.63%。其中新增2876万元用于提高教师住房公积金缴费标准，投入1000万元用于“三名”（名学校、名校长、名教师）工程建设；重点支持姜湾小学、阳三石小学和东岸小学建设。二是支持社会保障体系建设。全年社会保障和就业支出5.78亿元，比上年增加1.30亿元，增长29.02%。全面提升并有效落实城乡低保、五保等困难群众基本生活费补助，城乡困难群体得到更好保障。三是深化医疗卫生体制改革。全年医疗卫生支出5.22亿元，比上年增加1.06亿元，增长25.57%。重点推进新农合和基本医疗支付方式改革，加强重特大疾病医疗保险和救助。四是注重财力向“三农”倾斜。全年农林水事务支出4.57亿元，比上年增加8164万元，增长21.74%。重点支持农业综合开发、农村道路、农田水利、饮水安全和农村环境综合整治工作。会同市劳动局制定《村书记、主任参加职工基本养老保险实施细则》，安排预算120万元，保障村干部离任后生活水平。向上争取“一事一议”项目资金2490万元，有效推进农村公益事业，加快新农村建设步伐。

【财政管理】 一是深入推进依法理财。全面实施乡镇国库集中支付制度改革，进一步规范资金审批、拨付程序，成为全省财政系统推广的典型。建立专项资金安排审议机制，推进29家市直单位预算公开，进一步规范津补贴发放。贯彻落实厉行节约各项政策规定，切实压缩“三公”经费和一般性支出，全年“三公”经费支出较上年下降12.9%。有序推进市教育局等6家单位预算绩效试点工作。二是强化政府债务管理。全面清理甄别全市存量债务，为将政府债务分门别类纳入全口径预算管理奠定基础。出台《醴陵市村账乡代管暂行办法》和《醴陵市2014年村级转移支付办法》，规范“村账乡代理”会计核算，加强村级财务管理，有力保障村级组织正常运行。三是强化财政监督检查。完善政府采购运行机制，创新政府采购监督方式，积极推行电子化政府采购管理，全年节约财政资金3095万元。在市财政投资评审项目操作过程中，启动并稳步推进工程造价咨询中介机构进行预算编制和结算审核服务。全年核减资金2.14亿元，市重点建设项目工程审计中心抽审157亿元，核减140万元，核减率0.91%，低于3%的许可范围。积极开展“小金库”专项治理、会计监督检查和惠农资金专项清查，追缴财政资金226.4万元，处罚款20.9万元。四是推进乡镇财政精细化管理。大力开展“标准化财政所”创建活动，乡镇财政“两基建设”（基础工作、基层建设）进一步加强。年内，东富镇、板杉乡等7个财政所被评为2014年度全省标准化乡镇财政所，其中东富镇、板杉乡、栗山坝镇财政所获评2014年度“全省标准化乡镇财政所创建工作先进单位”。

【队伍建设】 2014年，市财政局从多方面着手，强化干部队伍建设，加强作风建设，深入开展党的群众路线教育实践活动和“连心解困”大走访活动，树立财政干部新形象。注重学习培训，多次邀请领导、专家学者进行培训讲座，组织机关中层以上干部和财政所长到株洲市桥头堡廉政教育基地进行反腐倡廉警示教育，提升业务素养的同时提高干部拒腐防变的能力。注重文化引领，成功承办省财政厅举办的“中国梦·财政情”书画巡展，建设机关廉政走廊文化，营造健康向上文化氛围。注重落实执行，出台《乡镇财政所分岗考核管理办法》，加强对乡镇财政所人员的考核机制。以服务提质、办事提速、工作提效为目标，制定《醴陵市财政局服务满意度测评实施方案》并进行两次测评，切实提升财政服务质量。

2014年度醴陵市公共财政收支决算总表

表4　　单位：万元

预算科目	调整预算数	决算数	预算科目	调整预算数	决算数
一、税收收入	97720	97720	一、一般公共服务支出	81695	80033
增值税	14237	14237	二、外交支出	0	0
其中：改征增值税	1553	1553	三、国防支出	410	410
营业税	23698	23698	四、公共安全支出	18231	17128
企业所得税	7290	7290	五、教育支出	69340	66524
企业所得税退税	0	0	六、科学技术支出	3949	3723
个人所得税	2455	2455	七、文化体育与传媒支出	5607	5098
资源税	723	723	八、社会保障和就业支出	64791	57822
城市维护建设税	10802	10802	九、医疗卫生与计划生育支出	53697	52201
房产税	2561	2561	十、节能环保支出	10990	8112
印花税	1262	1262	十一、城乡社区支出	97104	96897
城镇土地使用税	2498	2498	十二、农林水支出	56591	45722
土地增值税	8006	8006	十三、交通运输支出	8840	4029
车船税	1145	1145	十四、资源勘探信息等支出	46854	42671
耕地占用税	3861	3861	十五、商业服务业等支出	2729	2087
契税	19182	19182	十六、金融支出	48	35
烟叶税	0	0	十七、援助其他地区支出	0	0
其他税收收入	0	0	十八、国土海洋气象等支出	4680	3567
二、非税收入	188946	188946	十九、住房保障支出	10251	7986
专项收入	3827	3827	二十、粮油物资储备支出	1469	1401
行政事业性收费收入	5407	5407	二十一、预备费	0	0
罚没收入	5250	5250	二十二、国债还本付息支出	0	0
国有资本经营收入	0	0	二十三、其他支出	5	5
国有资源（资产）有偿使用收入	170733	170733			
其他收入	3729	3729			
本年收入合计	286666	286666	本年支出合计	537281	495451

（杨福光）

国有资产管理

【概况】 2014年，醴陵市国有资产管理局内设办公室、行政事业资产监督管理股、企业资产和国有资源监督管理股（产权交易中心）、国有资产投资经营监督管理股（加挂资本合作股牌子）、综合财务股、政策法规股，有在编人员20人。全年全市国有资产管理紧紧围绕“资源资产化、资产资本化、资本证券化”主线，不断强化国资监管力度，全力推进投融资公司改革，资本证券化实现突破，较好完成各项工作任务，上缴财政纯收入1000万元。按照“股权多样化、经营项目化、责任层级化、管理专业化”的要求，组织国有投融资公司实现融资发债28.5亿元，较上年增长120%；组建醴陵市渌江投资控股集团有限公司，注册资本20亿元，资产规模达200亿元。年内，获“株洲市国有资产统计工作先进单位”等称号。（邹　蓓）

国家税务

【概况】 2014年，醴陵市国家税务局（以下简称“市国税局”）内设12个行政科室和稽查局，下辖5个税务分局；有在职人员192人，离退休人员51人。主要负责全市增值税、消费税、企业所得税、个人利息所得税和车辆购置税的征收管理；全市有一般纳税人1174户、个体工商户8076户。年内，受全球经济低迷、重点行业发展受阻、烟花鞭炮行业停业整顿等诸多因素的影响，组织税收收入面临严峻挑战。面对复杂形势，市国税局深入开展税源调查及监控，强化税收分析预测，准确把握税源走势，全力做好组织收入工作。全年组织国税入库收入9.23亿元，完成年度计划的100.3%，较上年增收9913万元、增长12.03%。

【税收征管】 一是提升征管质效。规范窗口和委托代开发票，开展征管竞赛和能手评比。全年系统内工作数据总量达57万笔，数据差错率居株洲地区前三低。征管考核指标除滞纳金加收率因语句问题失管外，其他“五率”（申报入库率、催报催缴率、税务登记信息完整率、税务登记信息差错率、财务报表采集率）达100%。二是深入开展税务稽查和纳税评估，提高纳税遵从度，全年入库评估、稽查税款379万元。

【纳税服务】 2014年，积极开展“便民办税春风行动”，全面推行“一窗全能”“全城通办”“一站式”服务等便民举措，落实首问责任制、局长值班制等接待制度，及时回应、处理、协调纳税人各项诉求及突发事件。开展“与税户连心，为税户解困”活动，走访全市4158户纳税人，收集各类意见建议110条，为纳税人解决实际困难96件，撰写走访日记43篇。开办8期纳税人培训班，讲政策、送服务、解难题，全面融洽征纳关系。全面落实《全国县级税务机关纳税服务规范》，统一服务标准，精简办税流程，涉税事项办理提速13%，办税速度得到全面提升。推行22项免填单服务，减轻纳税人表单填报负担。在分局大厅增设文书受理点，内部流转文书，避免纳税人重复跑、多头跑。年内，办税服务厅在湖南省国税系统纳税人满意度调查中名列全省第五，并获评“五星级办税服务厅”称号。

【队伍建设】 2014年，市国税局以党的群众路线教育实践活动为契机，全面落实中央“八项规定”，局领导班子率先垂范，切实改进工作作风，不断加强干部队伍建设。一是加强学习。开展多种形式学习教育活动，党组中心组开展专题学习10次，支部组织集中学习15次。二是强化管理。通过上级点、自身找、群众提等方式，查摆“四风”方面问题196条，领导班子以各种形式开展批评与自我批评，撰写对照检查材料，深入剖析整改。共腾退办公面积258平方米，清理办文办会24项，清理作废文件文书16项，出台整改制度及措施36个。三是提升效能。全面推进绩效管理工作，成立专职机构，制定绩效管理考评指标，建立健全绩效奖惩体系，全面细化和完善工作考量机制和管理机制。四是优化服务。进一步优化基层办公环境，为泗汾、板杉两个分局进行改造装修。关心干部冷暖，组织干部职工体检，走访慰问干部及家属50余人次，发放各类慰问救助金8万余元。组织中层骨干参加素质培训，开展知识竞赛、文体娱乐等各类活动。

2014年醴陵市国家税务局税收分行业完成情况

表5　　　　单位：万元

项　目	2014年累计入库税额	为计划的（%）	上年同期	比上年同期	
				增加额	增长（%）
各项收入总计	92298	96.85	82385	9913	12.03
一、两税合计	77596	93.15	73710	3886	5.27

续表 5－1

项　　目	2014 年累计入库税额	为计划的（%）	上年同期	比上年同期	
				增加额	增长（%）
中央级	60167	93.68	56567	3600	6.36
省 级	4357	91.36	4286	71	1.66
县 级	13072	91.37	12857	215	1.67
1. 增值税	69715	91.37	67063	2652	3.96
其中：一般纳税人	59429		56563	2866	5.07
纺织品	8		9	-1	-11.11
纸制品	809		838	-29	-3.46
服装	3063		2749	314	11.42
化学化工产品	691		956	-265	-27.72
非金属矿物制品	3206		3106	100	3.22
陶瓷制品	29518		29357	161	0.55
其中：日用瓷	19070		20838	-1768	-8.48
其他瓷	10448		8519	1929	22.64
机械制造	1252		1019	233	22.87
鞭炮烟花	4288		4974	-686	-13.79
煤炭	222		263	-41	-15.59
供电	3118		1603	1515	94.51
商业	11509		14152	-2643	-18.68
其中：批发业	7942		8975	-1033	-11.51
零售业	3567		5537	-1970	-35.58
橡胶制品	181		259	-78	-30.12
营改增	2072		475	1597	336.21
其他	9641		6738	2903	43.08
2. 消费税	7881	112.59	6647	1234	18.56
酒	0		0	0	0
鞭炮烟花	7846		6598	1248	18.91
贵重首饰	35		49	-14	-28.57
二、企业所得税	14700	122.5	8670	6030	69.55
其中：陶瓷	-19		1364	-1383	-101.39
鞭炮	17		44	-27	-61.36

续表 5－2

项　　目	2014 年累计入库税额	为计划的(%)	上年同期	比上年同期	
				增加额	增长(%)
商业	2866		1977	889	44.97
房地产	770		1435	–665	–46.34
三、个人所得税	0		5	–5	–100
四、车辆购置税	7237		6256	981	15.68
附注:					
鞭炮税收合计	12146		11616	530	4.56
其中:内销	5237	76.02	5980	–743	–12.42
外销	6909		5636	1273	22.59
工业税收	67500		59595	7905	13.26
免抵增值税	12727		12768	–41	–0.32
出口退增值税	12968		11708	1260	10.76
出口退消费税	2993		2403	590	24.55
文化建设事业费收入	45		25	20	80

2014 年醴陵市国家税务局税收分税种完成情况

表 6　　金额:万元

项目	增值税				消费税				两税合计				企业所得税			
税额 / 单位	年度计划	累计完成	上年同期	同比增长(%)	年度计划	累计完成	上年同期	同比增长(%)	年度计划	累计完成	上年同期	同比增长(%)	年度计划	累计完成	上年同期	同比增长(%)
全　局	76300	69715	67063	3.95	7000	7881	6647	18.56	83300	77596	73710	5.27	12000	14700	8670	69.55
管理一科		30032	29826	0.69		0				30032	29826	0.69		–85	1275	–106.67
管理二科		19951	17571	13.55		4651	3968	17.21		24602	21539	14.22		13470	5433	147.93
王仙分局		3502	4768	–26.55		2773	2048	35.4		6275	6816	–7.94		18	35	–48.57
泗汾分局		4814	4595	4.77		72	92	–21.74		4886	4687	4.25		31	31	0
板杉分局		1978	2014	–1.79		96	166	–42.17		2074	2180	–4.86		241	361	–33.24
渌江分局		5603	4782	17.17		243	278	–12.59		5846	5060	15.53		532	1076	–50.56
四塘分局		3476	2605	33.44		46	86	–46.51		3522	2691	30.88		493	449	9.8
稽查局		239	632	–62.18			9	–100		239	641	–62.71			3	
评估组		120	270	–55.56						120	270	–55.56			7	

(张伟淇)

地方税务

【概况】 2014年，醴陵市地方税务局（以下简称“市地税局”）内设办公室、人事教育科、监察审计室等9个科室（中心），下辖稽查局和5个税务分局，有在职干部职工142人；主要担负全市3329户企事业单位、8314户个体工商户的地方税收征收管理工作。年内，市地税局把握“信息管税、制度管人”的工作主线，依法治税，从严治队，各项工作齐头并进。年末，被评为“株洲市地税系统工作考核先进单位”。

【税费征收】 2014年，全市累计入库地方税收、教育费附加10.57亿元，比上年同期增加1.51亿元、增长16.72%。累计征收文化事业建设费25万元、社会保险基金1010万元，代征残疾人就业保障金151万元、工会经费673万元，征收水利建设基金486万元、价格调节基金102万元。全年累计征收各项税费（金）11.02亿元，增加1.55亿元，增长16.34%。

【税收征管】 2014年，市地税局强化征管巡查督办，成立两个检查组开展联合征管督查，利用大集中数据、第三方信息比对及实地核查等手段进行核实。全年共巡查500余户纳税人，有效查补征管漏洞、规范税收征管。个体户管理方面，实行城区个体户一局专管，试行小组管理，长短互补、捆绑考核，使税管员相互监督、相互激励，增强整体征管实力；推进分级分类管理，对个体重点税源户实行征管科和分局双重管理，着力打造阳光定税；开展“地毯式”摸底排查，提高个体征税面。纳税评估方面，对全市房地产企业和部分“营改增”（营业税改增值税）户、经营收入1000万元以上且税负率低于0.5%的陶瓷、化工企业和造纸、采矿等企业进行纳税评估，评估税费1360余万元。开展行业清理，对行政事业单位、驾校、宾馆等行业进行税收清理，清理税费317万元。

【税政管理】 流转税方面，成功做好营改增的移交工作和后续管理。所得税方面，加强汇算清缴，出台市地税局首个税收规范性文件《企业（个人）所得税分类预缴管理暂行办法》，以分类管理为基础，定率预缴为重点，全面实行查账征收，进一步推动中小企业建账建制。继续推广个人所得税管理系统，多渠道加强12万元以上个税申报工作，申报人数和税额实现双增长。财产行为税方面，加大土地增值税清算力度，清算审核13个开发项目，督促提交清算鉴证报告其他项目6个，查补土地增值税1624.8万元，对甲供材、视同销售收入、分红等行为补缴税款1531.7万元。

【信息管税】 一是强化数据管理。全年共清理大集中系统异常数据26851笔，清理株洲信息管税系统异常数据19547笔，有效提高了信息的准确性和可用性。二是量化征管考核。结合株洲地税信息管税系统上线，按照征管考核“七率”（登记率、申报率、入库率、滞纳加收率、处罚率、资料完整率、征管信息库入率）指标，结合实际情况对各分局设置考核分，使征管考核更合理、全面和更科学。三是强化欠税动态管理。对纳税人真实欠税数据进行清查摸底，核实并核销纳税人虚增欠税1242笔、虚增金额713.96万元。加大清欠力度，在办税大厅和网站予以公告，全年共清理入库欠税6776.24万元。

【税务稽查】 2014年，市地税局全面推进税务稽查工作，工作质效大幅提升。一是扎实开展房地产行业专项检查，督促企业自查应补税款约818万元，查处房产公司涉税大要案1起。二是严厉打击发票违法犯罪行为，与大要案查办、税收专项检查结合起来，切实做到查账必查票、查案必查票、查税必查票，查处非法发票148份。三是强化涉税案件举报管理，与公安经侦形成情况通报、工作配合等机制，进一步提升执法合力和稽查工作质效，全年查办案件13起，查补收入1459万余元。

【纳税服务】 2014年，市地税局积极落实《全国县级税务机关纳税服务规范》，响应总局“便民办税春风行动”号召，进一步精简办税流程，取消4项审批事项，前移二手房继承、赠予等交易涉税减免权限，全面执行“即时即审即办”制度，新增办理时限规定15处。落实省局9项便民举措，精简涉税资料25项，扩大免填单服务范围，减轻纳税人负担。做好网上办税服务厅推广应用工作，指定专门咨询电话和QQ群；指导纳税人进行自助办税，有效分流窗口负担，提高办税效率。深化天天在线服务品牌，开通纳税服务微博，实行局领导、中层干部办税厅轮流值班制度。

【税收宣传】 2014年，开展“双百双千税收行”大走访、电话回访活动，发放税收宣传资料，收集对便民办税等工作的意见建议。开展纳税人到办税厅当办税员、税法宣传活动日等活动，拉近征纳距离。成立全市首个青少年税收教育基地，进一步扩大“税法宣传进校园”活动的影响力。税收宣传月期间，发放宣传资料2500多份，提供二手房等各类涉税咨询解答120余条，营造良好税收环境。实行纳税人学校固定课堂与纳税人之家移动课堂相结合，举办新办证纳税人辅导班、网上办税厅培训班等，纳税人之家在北京三润投资集团南方矿业总部（醴陵）开课，得到纳税人的一致好评，进一步和谐征纳关系。

【队伍建设】 2014年，市地税局深入开展以为民务实清廉为主题的群众路线教育实践活动，严肃整改“四风”问题，加强工作考勤、着装风纪等管理，并建章立制形成长效机制。加强领导班子能力建设，制定全年干部培训计划，开展大集中操作考试、素质拓展训练、土地增值税清算和全员综合知识培训等各类培训竞赛30余次。在省、株洲市局组织的多项竞赛中成绩优异，干部获“全省系统税收业务能手”“十佳文秘”等多项荣誉，2名干部通过“注册税务师”考试。认真落实党风廉政建设责任制，层层签订党风廉政建设承诺书和干部家属廉洁自律责任书。开展“党纪条规教育年”活动，举办修身立德讲座，观看警示教育片，全局廉政文化氛围愈加浓厚，干部拒腐防变的能力明显增强。积极深化地税文化建设，创新绩效管理，制定岗位系数考核办法和“岗位标兵”评选制度，激发干部队伍争先进、比先进的活力。提炼醴陵地税文化核心理念，制作内刊《瓷城税月》，拓宽干部文化交流平台。

2014年醴陵市地方税收收入分单位收入完成情况

表7　　单位：万元

单　位	全年入库	较上年同期		年度计划	为年计划的 (%)
		增加额	增长 (%)		
合　计	105700	15143	16.72	105500	100.19
一分局	72287	13681	23.34	69772	103.30
二分局	18512	2323	14.35	19567	94.61
三分局	7054	−1043	−12.88	9469	74.5
四分局	2513	−240	−8.72	3216	78.14
五分局	3873	448	13.08	3456	112.07
稽查局	1461	−26	−1.75		

2014年醴陵市地方税收分税种入库情况

表8　　单位：万元

项　目	年度累计	较上年同期		年度计划	为年计划的 (%)
		增加额	增长 (%)		
地方税收合计	102684	14683	16.69	102500	100.18
1. 营业税	31598	7531	31.29	24589	128.50
2. 企业所得税	11327	1963	20.96	11090	102.14
3. 个人所得税	8499	396	4.89	9475	89.70
4. 资源税	964	290	43.03	740	130.27
5. 城市维护建设税	10713	1572	17.20	13500	79.36
6. 房产税	2561	841	48.90	2500	102.44
7. 印花税	1258	481	61.90	1000	125.80
8. 城镇土地使用税	3569	2337	189.69	2760	129.31
9. 土地增值税	8006	−8235	−50.71	16446	48.68

续表 8 — 1

项　目	年度累计	较上年同期		年度计划	为年计划的 (%)
		增加额	增长 (%)		
10. 车船税	1146	212	22.70	1300	88.15
11. 契税	19182	8189	74.49	13000	147.55
12. 耕地占用税	3861	–894	–18.80	6100	63.30

（朱睿敏）

住房公积金管理

【概况】 2014 年，株洲市住房公积金管理中心醴陵管理部紧扣年度工作责任目标，加强业务管理，提升服务技能，各项业务发展齐头并进。全年归集住房公积金 1.88 亿元，累计归集 9.06 亿元，余额 5.82 亿元；新增缴存单位 6 家、人数 1625 人；发放住房公积金贷款 238 户、5170.8 万元，累计 3205 人、44376.70 万元，贷款余额 20676.25 万元；逾期率控制在 0.02% 以内；实现年度增值收益 1008 万元。

【内部管理】 一是强化责任，确保目标落实。年初，召开全市单位住房公积金专管员动员大会，明确住房公积金建制、催缴工作为年度评先评优和奖励考核内容，将住房公积金归集扩面、贷款催收工作纳入对受托银行的业务考核范围，确保全年归集扩面工作稳步增长。二是提升服务品质，确保办事群众满意。以党的群众路线教育实践活动及“连心解困”大走访活动为契机，改进工作作风，提高干部服务水平。按照定岗定人定责的要求，强化责任意识，落实岗位责任制，实行按岗追责制。（孙迎军）

湖南建业会计师事务所有限公司醴陵分所

【概况】 湖南建业会计师事务所有限公司醴陵分所主要从事会计账目审查、注册资金验证、代拟财会制度等业务。2014 年有各类从业人员 16 人；其中执业注册会计师 10 人（10 人中有 7 人具备“双师”资格，其中执业注册资产评估师 4 人、注册税务师 1 人、注册土地估价师 2 人），其他各类从业人员 6 人。全年完成各类业务 190 项，其中验资业务 35 项、审计业务 74 项、专项审计业务 65 项、咨询业务 2 项、资产评估业务 14 项。（谭　娟）

金融·保险

金 融

中国人民银行醴陵支行

【概况】 2014年，中国人民银行醴陵支行(以下简称“支行”)设人秘股、国库会计股、货币信贷与统计股、货币金银股、保卫股、外汇管理股，有在职干部职工27人。年内，支行贯彻落实稳健的货币政策，着力优化信贷结构，保持信贷总量稳定增长，确保辖区金融秩序稳定、经济金融继续实现平稳运行。全市全年金融机构各项存款217.3亿元，增加28.7亿元、增长15.2 %；各项贷款余额122.4亿元，增加15.3亿元、增长14.3%。全市新增中信实业银行醴陵支行1家金融机构，顺利完成醴陵农村商业银行改制，沪农商村镇银行醴陵支行新设阳三支行。

【货币信贷】 2014年，支行严格执行稳健货币政策，创新传导货币政策方式，支持地方经济发展。一是信贷总量合理增长，投放结构明显优化。“三农”信贷扶持力度不断加大，新增涉农贷款3.5亿元、同比增长10.3%，其中新增农户贷款1.5亿元、增长12.6%。新型产业得到大力支持。新型产业全年新增贷款2.2亿元，同比增长15%。传统优势产业贷款增长较快，工业贷款余额37.5亿元，比年初增加4.9亿元，同比增长28%；陶瓷、烟花行业贷款继续呈现增长态势，贷款余额15.3亿元，同比增长22%。二是突出金融产品创新，信贷支持小微企业。“拳头”产品成果突出，全市金融机构已累计发放创新试点品种贷款突破7亿元，年内新增贷款2亿多元，受益企业40多家。“联贷联保”贷款来势好，全市金融机构向花炮企业发放“联贷联保”贷款6000余万元，向陶瓷企业发放“联贷联保”贷款1.5亿元。醴陵邮政储蓄银行、株洲浦发银行等正式实行《醴陵市集体土地上房屋抵押贷款办法》，年末该类贷款余额超过7000万元。政银企协作交流加强。4月，醴陵市举办2014年政银企对接洽谈会议暨意向融资项目签约仪式，新世纪陶瓷等10个项目在现场签约总额8.7亿元，年内10个项目资金已全部落实到位；10月，支行召集银行负责人座谈,就“9·22”浦口镇南阳花炮厂重大爆炸事故后，如何理性支持醴陵传统花炮产业等展开深入交流，并提出意见和建议报市委、市政府。为小微企业减负，促成出台《醴陵市特色县域经济重点县专项资金项目贷款贴息补助专项资金管理办法》，为33家小微企业贷款贴息1000万元。三是加大支持新型城镇化建设、“三农”和现代农业的发展力度。要求涉农金融机构与10家现代农业企业建立农业主办银行制度，签订合作协议，实行“一对一”服务企业，创新和提供便利金融服务。向上级行争取支农再贷款指标，年内新增指标0.5亿元，年末支农再贷款余额2.1亿元，全部用于支持“三农”。全市金融机构抓住醴陵融入长株潭城市群重点区域和高铁经济圈发展的契机，重点解决推动城市扩容提质、城镇基础设施建设的资金需求，全年信贷投入达10个亿。

【维护金融稳定】 2014年，支行进一步深化社会信用体系建设，金融生态环境不断优化。金融创安成果显现。3月18日，省政府正式授牌醴陵市为“省级金融安全区”。继续抓好依法维护金融债权，推进信用乡镇、信用村组、信用农户创建活动，引导金融机构加大对优质信用客户的支持力度，形成对信用环境建设的“正向激励”。年内，支行对辖内10家金融机构实施涉农信贷政策效果综合评价，并将结果在辖区通报。落实总行《关于规范金融机构同业业务的通知》要求，根据《中国人民银行金融稳定局关于督查银行业金融机构落实同业业务规范情况》安排，8月组织辖内金融机构对同业业务进行自查自纠，现场督查同业业务开展情况，下发整改意见书，取得较好效果。全年全市共有4062人次、261家次企业进行信用报告查询，同比分别增长46%、207%。社会信用观念不断增强，信用信息在地方政府、相关部门、金融机构、中介机构等范围内实现共享，年内有1名政协委员因不良记录被撤销政协委员资格。及时更新企业信息，确保全国信用信息基础数据库中信用数据及时、准确、完整上报和有效利用。全年发放机构信用代码证621份，新发放贷款卡93张，年审贷款卡306张。

为简化贷款手续，从2014年12月起取消全市贷款户的贷款卡开户、年审，方便企业、个人快捷办理各项贷款。

【金融服务】 一是加强发行库管理。2014年，发行业务总量、日最高投放、日最高回笼、年净投放等各项准备均为历史新高。共办理商业银行出入库业务2058笔，金额88.4亿元，同比增长4%；发行基金调拨9次，金额30.1亿元；收缴假币1438张。二是夯实国库业务经理基础。全年支行处理会计业务5021笔，收纳电子缴税27.8万笔，收纳预算收入金额39亿元；处理预算支出2197笔，预算支出金额49.5亿元；预算收入退库金额1.42亿元。发行国债14期，金额492.65万元。作为省内首家全面启动乡镇国库集中支付改革试点县（市），支行积极适应政策形势变化，响应政府号召，配合实行乡镇财政国库集中支付改革，确保改革任务在辖内顺利实施。三是抓好外汇政策宣传落实。全年共办理22家出口企业名录登记，累计名录登记企业177家；年检审核在册外商投资企业31家。2014年出口总额3.61亿美元（此处指自营出口），出口收汇3.59亿美元，比上年同期分别增长10%、13%；进口总额200万美元，进口付汇199万美元；办理国际收支统计业务13567笔，金额3.26亿美元，其中涉外收入12984笔、金额3.12亿美元，对外付款583笔、金额1400万美元。（凌　平）

中国工商银行股份有限公司醴陵支行

【概况】 2014年，中国工商银行股份有限公司醴陵支行（以下简称“支行”）内设营业部、营销部和办公室，辖解放路、阳三石、胜利路分理处和新街储蓄所、支行营业间5个对外营业网点，青云路和湘东医院2个自助银行，有在册员工87人。全年实现利息收入10811.17万元，实现拨备前利润6015万元，交纳各项税收2210万元。年内，成功创建安全管理星级支行，被工商银行总行和省分行分别授予“安全管理星级支行”称号。

【金融业务】 2014年，支行各项存款余额20.04亿元，较年初增加1.19亿元；其中储蓄存款余额16.98亿元、较年初增加9287.89万元，对公存款余额3.06亿元、较年初增加2580万元。各项贷款余额17.38亿元，较年初减少1.08亿元；其中公司贷款余额4.55亿元、较年初减少1.72亿元，个人贷款余额12.83亿元、较年初增加6375万元。办理票据贴现1360万元。不良贷款余额为2269万元，核销火炬电瓷和华光印刷不良贷款分别为3069万元、148.4万元。新增对公结算账户86户、个人网银6118户、企业网银证书版69户、手机银行6118户。全年营销信用卡1603张、分期4960万元，营销OBU车载电子标签1680台，完成国际金融业务1816万美元。（谭辉玲）

中国农业银行股份有限公司醴陵市支行

【概况】 2014年，中国农业银行股份有限公司醴陵市支行（以下简称“支行”）内设综合管理部、个人金融部、公司业务部、风险管理部和业务管理部，下辖支行营业部和瓷城、城东、火车站、国泰、城南、王仙、泗汾、白兔潭分理处9个营业网点，有在职员工146人。全年实现营业收入2.42亿元，各项支出1.31亿元，实现账面利润6964万元。

【金融业务】 2014年年末，支行各项存款余额28.43亿元；其中储蓄存款余额24.84亿元，对公存款余额3.6亿元。各项贷款余额12.78亿元；其中个人生产经营贷款比年初净增5.31亿元，个人住房按揭贷款余额比年初净增2969万元，助业贷款余额比年初净增1601万元。实现中间业务收入1586万元，国际业务结算量达1.1亿美元、比上年增加2063万美元。

【金融服务】 2014年，支行围绕市委金融工作重心，加大信贷投放，强力支持地方经济发展。一是积极参与市重点工程建设。向湖南醴陵釉下五彩城开发建设有限公司投放贷款1.3亿元，支持醴陵·世界陶瓷艺术城建设。二是支持中小企业发展，解决企业融资难问题。先后向18家中小型企业发放贷款2.97亿元。三是积极落实市委大走访活动。共走访白兔潭镇洙塘村254户农户，走访率达100%，捐款10.3万元，解决农田灌溉、农网改造、村级道路提质改造等典型问题十余个。（袁　霖）

中国建设银行股份有限公司醴陵支行

【概况】 2014年，中国建设银行股份有限公司醴陵支行（以下简称“支行”）内设办公室、业务拓展部、营业部，下辖中心街、火车站分理处，有在职员工41人。年末，支行一般性存款余额19.24亿元，比年初新增2.04亿元；信贷余额11亿元，其中公司贷款余额9.07亿元、个人贷款余额1.94亿元。发放贷款1.44亿元，主要用于支持市基础设施建设、产业发展及以个人住房按揭、助业、消费为主的个人贷款；不良贷款金额控制在100万元以内，不良率0.19%，其中公司不良贷款为“零”。全年完成国际结算3616.35万美元，比上年同期增加1491.40万美元，增长70.19%。（兰启祥）

中国农业发展银行醴陵市支行

【概况】 2014年，中国农业发展银行醴陵市支行（以下简称“支行”）实现各项收入8904万元，支出5778万元，赢利3126万元，同比增赢546万元。年末各项存款余额6.1亿元，比年初增加3.14亿元；日均存款余额3.3亿元，同比增加1.03亿元；人均存款1943万元。实现国际结算量145万美元，同比增加15万美元。中间业务收入230万元，同比增加154.5万元；人均中间业务收入13.53万元，同比增加9.34万元。年内，支行被总行授予“模范职工之家”称号。

【存款业务】 2014年，支行以总行存款“红五月”活动为契机，进一步加强存款组织工作。一是牢固树立“存款增效”理念，努力拓宽存款组织渠道，把落实惠农涉农资金营销、销货款回笼和企业结算账户开立作为抓负债的重要工作。二是对辖内6家企业开展销货款归行和账户管理专项检查，对检查中存在的未严格按账户管理要求规范使用账户、多头开户、销货款归行率偏低等问题下发整改通知书。三是加大宣传，高调抓财政性涉农存款营销。年初支行与政府联合召开银政恳谈会，会上将存款工作作为一项重要议程提出。全年累计吸收财政性存款19.91亿元，促成《醴陵市财政（公共）性资金存款竞争分配方案》文件的出台。四是加强同业存款的营销，支行与醴陵沪农商村镇银行及株洲市城郊信用联社签订战略合作协议，全年累计营销同业存款71笔，金额16.15亿元。五是抓费用考核奖励机制。支行加大对存款组织工作的责任考核力度，制定详细的考核奖励办法，有效调动支行及员工存款营销积极性。

【贷款业务】 一是中长期贷款实现新突破。年内，成功营销并发放高新公司物流项目贷款3亿元，国投公司渌江防洪二期项目2.5亿元，土储中心华塘医院等六地块土地一级开发项目3亿元，已投放1.5亿元。二是积极支持政策性粮油收购。累计发放中储粮醴陵购销公司粮食收购贷款7731万元，支持企业收购粮食3659万千克。三是积极支持农业“小微”企业发展，向市亿达汽贸公司续贷500万元。全年累计发放贷款7.82亿元，同比增加4.21亿元；累计收回贷款5.05亿元，同比增加2.62亿元，其中累计收回政府融资平台贷款2.8亿元。年末各项贷款余额为15.22亿元，比年初增加2.68亿元。全年共收回约期贷款2.8亿元，未出现贷款逾期或欠息现象，无新增不良贷款。

【内部管理】 2014年，支行重新修订《支行员工行为考核办法》《支行存款考核实施方案》《车辆管理办法》等制度，进一步调动员工工作积极性和主动性。严格按照《中华人民共和国会计法》和农发行财会制度，加强财会管理，严守财经纪律。加强信息调研报道，通过加大奖罚力度和行领导带头写等措施，信息报道工作有质的飞跃，全年在各类新闻媒体发稿39篇。严格落实党风廉政建设和安全保卫制度，加强重点部位和重要环节的安全防范，确保安全管理。（罗明艳）

中国银行股份有限公司醴陵支行

【概况】 2014年，中国银行股份有限公司醴陵支行（以下简称“支行”）内设综合保卫部、营业部，下辖上正街、瓷城大道、青云南路支行，年末有员工59人。支行认真落实“机构达标年”建设的要求，更新思想，转变观念，大力推进“创新发展、转型发展、跨境发展”工作进程，切实加强内部控制和风险防范，积极推进3项达标工作，持续提升综合发展能力，各项经营取得有效的发展。年末，支行实现拨备前利润4000万元。

【金融业务】 2014年年末，支行人民币各项存款余额19.76亿元，同比增加3.05亿元。其中个人存款余额14.02亿元、同比增加1.4亿元；日均余额13.95亿元，同比增加1.26亿元；人民币公司存款余额5.74亿元，同比增加1.65亿元。外币个人存款余额340万美元，同比增加88万美元；外币公司存款余额193万美元，同比增加8万美元。人民币各项贷款余额9.45亿元，同比增加1.51亿元，增长19%。其中公司贷款余额4.85亿元，同比增加1.01亿元，实际新投放4.11亿元；个人贷款余额3.72亿元，同比增加2169万元，实际新投放8515万元；信用卡透支4442万元；票据贴现余额4142万元；非应计贷款余额321万元。全年开办“票据置换通”（以一张银行承兑汇票作质押，开具多张银行承兑汇票；或以多张银行承兑汇票作质押，开具一张或多张银行承兑汇票的票据贸易结算业务）业务1200余万元，有效支持醴陵经济发展。

【跨境金融服务】 2014年，支行举办跨境金融服务宣讲活动，结合中端客户维护，举行《跨国尊享·出国金融服务》展会活动。在对出国目标国家分析、已出国人员家长回访的基础上，向意向出国人员及家长作经验分享，介绍出国中介公司情况和业务流程等，为客户提供优质出国金融业务服务。（刘宏玉）

中国邮政储蓄银行醴陵市支行

【概况】 中国邮政储蓄银行醴陵市支行（以下简称“支行”）内设综合管理部、三农金融部和公司业务部，下辖4个二级支行；有在职员工63人，其中正式员工48人、劳务派遣员工15人。年内，被省分行授予“2014年进位奖”。

【金融业务】 年末，支行个人储蓄存款余额6.84亿元，比年初净增1.01亿元，完成株洲市行下达任务的115.05%；对公存款余额2.97亿元。各项贷款余额4.16亿元，比年初净增5500万元。各项贷款中，小企业贷款结余8078万元，累计放款金额8772万元；个人类贷款余额3.35亿元，其中小额贷款结余1.16亿元、个人消费类贷款结余8150万元、商务贷款结余1.38亿元。年内，支行为烟草、石化、电信、电力等企业及全市商贸流通企业提供营业资金归集、销售货款电子结算、集团现金管理、代收客户费用、POS收单、网上银行等服务，为财政、社保、教育、住房公积金等各类单位提供代理非税、集中支付、代发工资、代发补贴等服务。开展“金融知识进千村入万户”活动，通过召开金融产品推介会、银企对接会、理财沙龙、投资者座谈会等形式，提高服务“三农”的能力。（钟　静）

华融湘江银行醴陵市支行

【概况】 2014年年末，华融湘江银行醴陵市支行（以下简称“支行”）各项存款余额为7.74亿元，较年初增加3.07亿元。其中对公存款时点余额6.53亿元，较年初增加3.03亿元；个人存款时点余额1.21亿元，较年初增加412万元。全年实现利润2064万元，上缴税款410万元。

【内部管理】 2014年，支行一方面加大信贷有效投放力度，切实加强信贷风险管理。为有效的优化信贷投向，确保贷款稳定增长，在维护老客户的同时，加强新客户的开发工作，使信贷结构趋于合理。以规范信贷行为，提高信贷管理质量为工作重点，整顿信贷秩序，降低信贷风险。另一方面围绕业务发展，不断加强内部管理。狠抓制度落实，加强督促、辅导、检查，加大日常检查监督力度，通过加强临柜业务、信贷、信息科技、安全保卫等日常工作的检查，提高管理质量和水平。（洪　珊）

湖南醴陵农村商业银行股份有限公司

【概况】 2014年12月2日，湖南醴陵农村商业银行股份有限公司（以下简称“醴陵农商银行”）成立，标志着醴陵农村信用合作联社成功改制为一家商业银行。改制后，醴陵农商银行有注册资本金4亿元，总部内设办公室、人力资源部、会计财务部、稽核审计部、金融市场部等11个部门，下辖1个营业部、29个支行、17个分理处，服务网络遍布全市城乡。年末，有在岗员工488人、退休员工106人。

【存贷业务】 2014年年末，醴陵农商银行各项存款余额75.75亿元，较年初净增10.22亿元，存款总额占全市金融机构市场份额的34.86%。各项贷款余额39.25亿元，较年初净增7.84亿元，贷款总额占全市金融机构市场份额的36.06%。存、贷余额占比均居全市金融机构之首。

【农商银行组建】 6月17日，醴陵农商银行筹建获得银监会批复。9月28日，醴陵农商银行创立大会和第一届董事会第一次会议、第一届监事会第一次会议召开，选举产生董事、监事、董事长、监事长，聘用行长等高级管理人员，审议通过相关议案，履行农商银行开业前期的法律程序。11月17日，获得湖南银监局开业批复。12月2日，醴陵农商银行正式挂牌开业，省农村信用社联合社主任李勤出席活动。

（陈　浩）

长沙银行醴陵支行

【概况】 2014年，长沙银行醴陵支行（以下简称“支行”）下设营业部、市场营销部、综合管理部，有在岗员工21人。年内，支行重点抓柜台服务，强化员工的服务意识，提高员工的服务水平，全面提升柜面的服务质量；积极开展内控文化建设，加强业务培训和内控合规学习，全年无重大差错和安全事故；抓好信贷风险的防控，连续三年无不良贷款记录。

【金融业务】 2014年年末，支行各项存款余额6.09亿元，比年初增加1.17亿元；其中储蓄存款2.11亿元，比年初增加0.35亿元。各项贷款余额4.13亿元，比年初增加0.72亿元，年内新发贷款3.37亿元；存贷比为67.82%。优化信贷投放模式，创新信贷产品，积极为地方经济和中小企业发展提供资金支持。（田国富）

保　险

中国人民财产保险股份有限公司醴陵支公司

【概况】 中国人民财产保险股份有限公司醴陵支公司有在编员工27人、营销员78人，下设车险部、非车险部、营销部、农险部、理赔分部及综合部。主要提供机动车辆保险、企业事业单位财产保险、农业保险、工程保险、家庭财产保险、国内及远洋货物运输保险、各种责任保险、人身意外伤害保险、短期健康保险等保险服务。（晏莉莎）

中国人寿保险股份有限公司醴陵支公司

【概况】 2014年，中国人寿保险股份有限公司醴陵支公司（以下简称“支公司”）下设综合部、个险部、银保部、团险部、客户服务部，有在编员工28人，专职代理人员713人。在全市设立10个农村营销服务部，并与全市各商业银行、农商行建立合作代理关系。支公司开办养老、医疗、意外、理财等5类保险，长期客户超过10万人。年内，承保学生意外保险8万人次，计划生育系列保险4万人，承保最大个人保单10年期年交保费50万元。全年实现总保费收入1.72亿元，其中寿险新单保费5978万元，个人营销和小额贷款业务绝对量在全省系统内县（市）级排名第一。

【诚信服务】 2014年，为进一步提升服务质量，支公司提高理赔时效，资料齐全且无争议的满期及理赔在3－10天内给付；提供保单借款服务，全年共借出资金超过1850万元；提供保单复效服务，全年共有1223份失效保单免息复效；加大“国寿1+N”服务力度，举办“与财富握手”“企业资产与家庭财富管理”“健康生活”讲座和VIP客户免费体检、客户节大型客户答谢会等各类服务活动20多场。全年共支付各类保险金5520万元，赔案3560起、金额982.6万元。其余团体险最大赔额60万元，个人最大赔款30万元。（刘华玲）

民政 · 社保

民　　政

【概况】 2014年，醴陵市民政局内设办公室、优抚安置股、信访法制股、救灾救济股、社会福利股、基层政权股、计划财务股、婚姻登记处；下设社会救助管理局（辖农村救助股、城市救助股、城乡医疗救助股、信息比对股）和慈善会办公室2个副科级单位；辖军休所、殡仪馆、救助站、烈士陵园、社会福利中心5个二级机构。年内，醴陵市被评为“全省第九次村委会换届选举工作先进市”；市民政局获评“全国敬老模范单位”“全国文明优抚事业单位”“全省爱国拥军模范单位”等称号。

【城乡低保】 2014年，全市有农村低保对象28158人，月人均救助水平达107元，发放低保金3884万元；有城市低保对象20738人，月人均救助水平达265元，发放低保金6958万元。年内，开展城乡低保“阳光救助”，共清退不符合条件低保对象1859人，新增城乡低保1236人。

【“五保”供养及敬老院建设】2014年，全市有“五保”对象6645人，发放资金2719万元。其中分散供养3921人，供养标准为280元/月；集中供养对象2724人，供养标准为450元/月。新改扩建东富镇第二敬老院、浦口镇敬老院、贺家桥镇敬老院3所农村敬老院，投入资金1800万元，新增床位200张。

【城乡医疗救助】 2014年，为全市42393名城乡低保对象和农村五保户参合参保，资助金额334万元；实施医疗救助3017人，发放救助资金751万元。8月启动简化医疗救助程序，开启医疗救助“绿色通道”，城乡低保对象、城市“三无”人员（城市居民中无劳动能力、无收入来源、无法定赡养、抚养、扶养人中的人员）、农村五保对象等特困人员的医疗救助可直接在民政局办理，审批周期缩至半个月，救助比例由原来的基本医疗费用内自付费用的50%提高到60%。

【救灾救济】 2014年，深入开展防灾减灾宣传活动，增强市民防灾减灾意识。建立健全《醴陵市自然灾害救助应急预案》和应对突发自然灾害紧急救助体系及运行机制。做好汛期的各项防灾救灾工作，在“5·25”洪涝灾害中，组织人员第一时间深入受灾区域，救灾、查灾、核灾，组织救灾物资救济被困居民，下拨救灾资金300万元，帮助灾民开展灾后恢复重建和生活救济。

【福利事业】 2014年，全市共销售福利彩票10324万元，增长35%，超额完成省民政厅任务2524万元，在全省95个县市中排名第五，筹集公益金710万元，市民政局就福彩发行工作经验在全省福彩工作会议上作典型发言。社会福利企业的管理进一步加强，福利企业残疾职工安置比率达25%，残疾职工上岗率达80%。

【优抚安置】 2014年，发放各类优抚对象定期抚恤补助金4023.8万元。完成857座零散烈士墓的就地保护工作，下拨资金255万元；投入近800万元完成市烈士陵园墓区建设和10处委托村级管理保护的烈士墓园新改扩建工作；在首个烈士纪念日举办全市烈士公祭活动。在石亭镇长塘村建立全市首个“退役军人之家”，为全市退役军人搭建沟通、联系平台；全年共有215名退役军人参加创业知识、电焊工培训班和学历教育培训班学习。全面启动军休综合服务中心建设，认真落实老干部政治待遇和生活待遇，军休服务管理工作得到健康发展。

【慈善事业】 全年募集慈善款物420万元，先后组织“春节慈善送温暖”、慈善医疗救助、“金秋助学”“放飞中国梦·快乐我成长”庆祝“六一”活动、“凝聚爱心力量，关爱留守儿童”、发放慈善医疗卡等救助活动，各项慈善救助款物支出412万元、救助对象8000人次。

【社区建设】 2014年，完成东富镇四杨居委会等13个无房社区服务用房建设任务，全市村务公开率达100%。完成市第九次村委会换届选举工作，全市343个村全部到位，其间，编印下发5期《村委会换届选举简报》，接待选民信访137次，解决矛盾纠纷20余起，村级民主管理水平得到有效提升。

【社团管理和区划地名】 2014年，完成设立长庆街道的申报工作，重新确定部分道路、广场名称。开展部分社会组织“直登”试点工作，简化登记手续，降低社会组织取得合法地位的门槛，大大提高登记工作效率。截至年末，全市有社会组织386家，其中社会团体108家，民办非企业单位278家；年内新增社会团体10家，民办非企业单位12家。

【老龄工作】 2014年，启动基本养老服务补贴发放工作，为790名65岁以上失能半失能的低保五保人员发放养老服务补贴18.96万元，完成省政府小康社会考核指标。办理老年证7300多本，为2308名90岁以上老人发放高龄补贴157万元。争取省民政厅第一批32个农村幸福院建设项目落户醴陵，加快推进农村社区养老服务业的发展。与中国人寿醴陵支公司联合开展“关爱老年人健康行动”，推进老年人意外伤害保险工作。

【婚姻登记】 全年依法办理结婚登记8890对、离婚登记1932对，出具“无婚姻登记证明”7090份，办理收养登记35例。全面启动新的婚姻登记服务中心建设，提高全市婚姻登记服务水平。

【殡葬管理】 2014年，对殡仪馆和殡仪服务中心进行全面维修改造，优化服务环境，群众咨询殡葬政策、办理相关业务集中在殡仪服务大厅完成，实现殡仪“一站式”服务。全年火化遗体629具，完成非税收入399万元，为困难群众减免基本殡葬服务费用137万元。

【救助管理】 2014年，救助管理工作坚持人性化救助管理原则，全年救助流浪乞讨人员1852人次，帮助96名流浪未成年人回到父母身边，为205名身患疾病的流浪求助人员提供医疗救助。启动全省“救急难”试点工作，推进全面建立临时救助制度，全年临时救助710人，发放临时救助金35万余元。规范临时救助审批，临时救助实现一站式服务。

【民政信息宣传】 2014年，加强信息宣传工作，上报各类信息96条，调研材料11篇。全年被各级媒体采用信息49条次，其中国家级3条次、省级12条次、株洲市级17条次、县级35条次。民政亮点工作先后被各级媒体推介报道，其中《中央电视台》1条次、民政部《中国社会报》2条次、《湖南日报》1条次、《株洲日报》14条次。《醴陵城乡低保调研报告》入选《湖南省为民办实事十周年专题调研报告集（2004－2014）》。及时更新政务信息，全年共向醴陵民政网页上传信息60多条。

【作风建设】 一是积极开展“优环境、提效能、促升级”专项活动，建立投诉受理台账，对“优提促”活动办交办件认真调查处理并及时回复。建立健全岗位责任制、首问责任制、服务承诺制、轮岗交流制等工作制度。利用民政网站，电视台、报刊等载体，对群众比较关心的城乡低保、医疗救助等工作全面公开办事程序、政策依据、标准等内容，全方位接受群众的监督。开展以“法治救助惠民生”为主题的宣传活动，共制作横幅100多条、展板20多块，印发宣传手册1万余份，全市398个村（居）委会共设立431块统一、固定的社会救助宣传栏，让更多的群众了解相关政策。二是走访慰问特困、重点上访和重病对象等。将季度性慰问变为常规性慰问、集中式慰问变为分散式慰问、施舍式救助变为维权式救助，增进民政干部与服务对象的感情，进一步转变工作作风。三是深入开展“连心解困”大走访活动。将大走访活动东富镇联系点的基础设施建设统筹纳入项目申报，积极与省民政厅对接争取项目资金，争取民政项目资金184万元，支持桐桥、楚东桥等8个村（居）完成6.3千米道路、8口水塘、3千米水渠硬化及清淤工作，支持新龙江化工污染环境治理和小洞塘村委会办公用房建设，为石坝上村新增2台变压器、改造线路4600米，建设农村幸福院3所。 （李四红）

劳动和社会保障

【概况】 2014年，醴陵市劳动和社会保障局设办公室、工会办、仲裁股、工资福利股、财务基金管理股、基金稽核监督股、信息中心、工伤认定股8个行政股室，辖市社会劳动保险局、劳动就业管理局、医疗保险局、工伤保险局、劳动监察大队5个二级局和城乡居民社保1个中心事业单位；有在职在编职工75人，其中劳动和社会保障局15人、社保局26人、就业局7人、医保局13人、工伤保险局6人、劳动监察大队5人、城乡居民社保中心3人。市劳动和社会保障局被人力资源和社会保障部评为“2014年度新闻宣传工作先进单位”“湖南省新农保经办管理服务工作优秀单位”，获评2014年度全市绩效考核一类单位。

【社会保险】 2014年，全市共有381家企业参加企业养老保险，参保5.22万人，基金收入4.17亿元，为2.51万名退休人员发放养老金4.53亿元。机关事业养老保险参保单位223家，参保1.14万人，基金收入1.04亿元，为6431名离退休人员累计发放离退休养老金9905万元；离退休人员养老金按时足额发放，养老金社会化发放率达100%。失业保险参保2.8万人，基金收入750万元。基本医疗保险参保单位605家，参保6.38万人，基金收入1.06亿元，支付医疗保险费1.09亿元；城镇居民医疗保险参保9.13万人，基金收入3749万元，支付医疗保险费3301万元，住院费补偿率达

70%以上。生育保险参保人数2.26万人，基金收入512万元，支付生育保险待遇317万元。被征地农民养老保险实现基金收入9483万元，全年支付征地农民养老保险费3113万元。工伤保险参保单位1017家，新增2007人，基金收入4172万元，支付工伤保险待遇3423万元。城乡居民基本养老保险参保51.33万人，基金收入4200万元，发放养老金9492万元，待遇发放率达100%。

【就业工作】 2014年，全市共新增农村劳动力转移就业4523人，失业人员再就业3730人，新增城镇就业8116人，城镇零就业家庭动态援助率达100%，城镇人口登记失业率控制在3.4%以内。全面落实小额担保贷款扶持政策，共发放小额担保贷款1540万元；健全创业培训体系，为350名劳动者提供免费创业培训。公共职介服务中心举办招聘会12场，提供就业岗位3.3万个，共为7万多人提供了就业服务，其中达成初步就业意向的有1.28万人，基本实现服务就业、服务产业、服务发展的工作目的。

【培训工作】 2014年，全市劳动力培训工作以产业结构和用人单位用工需求为出发点，共举办培训班95期，参加培训总人数5933人次，开设陶瓷、烟花、计算机、汽车驾驶、机械加工、缝纫、电焊工、摩托车维修、电子电器、保育、车工、平面设计等专业。通过培训，劳动者职业技能明显提高，参加技能鉴定的633人中有602人获技能资格证书。

【劳动关系】 2014年，市劳动争议仲裁机构处理各类劳动争议案件81起，立案率、结案率、准确率100%。工伤认定案件909起，劳动能力鉴定173件。劳动监察队共受理投诉案件149起，共为721名职工追回工资、押金283.4万元。12月，联合建设部门开展农民工工资支付专项检查行动，对全市“四小”企业的用工情况进行拉网式排查，对违规违法企业进行教育或责令整改，对情节严重者进行处罚。

【基金监督】 2014年，全市基金总收入11.7亿元，共支付各类待遇9.8亿元，争取上级转移支付或补助3.3亿元。为加强基金管理，对九大险种基金的收支、管理、运营等情况进行专项治理和现场监督，同时建立健全内控制度，堵塞基金管理漏洞，社保基金的规范运作率和安全完整率均达100%。（朱　强）

科技·教育

科　技

市科学技术局

【概况】 2014年，市科学技术局设办公室、科技成果股、科技管理股、地震办4个职能股室，有工作人员13人，退休人员9人。归口管理市知识产权局、市生产力促进中心、市老年科技工作者协会。

【科技项目】 2014年共组织企业向科技部、省科技厅和株洲市科技局申报项目34个，获得立项支持27个，其中省级县域特色经济专项7个、省级重点项目2个、省级科技支撑项目7个、株洲市级项目11个，获各级各类科技项目资金近900万元。有力地促进全市陶瓷、花炮、装备制造等主导产业的科学发展和转型升级。

【知识产权】 2014年，筛选仙凤瓷业等4家企业作为第一批知识产权优势企业进行重点培育，发挥企业自主创新的示范带动作用。全年全市共申请专利916件，同比增长19.27%；申请发明专利73件，同比增长19.67%。加大知识产权执法力度，共查处“三笑可洁可净”牙刷、“樱花雅厨”牌小熊多用刀架等假冒专利12件，协同株洲市知识产权局处理专利纠纷案件2件，提供专利咨询服务50余次。

【科技平台】 一是抓好公共技术服务平台建设。充分发挥市生产力促进中心省级示范服务平台作用，为全市企业提供项目指导、技术咨询、专利申请等全方位优质服务。依托市生产力促进中心建立的“醴陵市陶瓷产业技术创新服务平台”，被认定为首批湖南省市州、县市区科技服务与创新平台。二是抓好行业技术服务平台建设。通过醴陵陶瓷产业技术创新联盟这个平台，共组织开展产学研合作6项；组织开展技术推广5次；举办培训10次，接受培训约2000人次。三是抓企业研发机构建设。指导恒茂电子公司申报省级物流信息工程技术研究中心，陶润瓷业公司申报株洲市工程技术研究中心。

【科技推广】 2014年，全市新增高新技术企业2家，高新技术企业总产值达90.7亿元。配合农业部门组织实施一批科技新成果、新产品的推广应用。选派14名农业科技特派员到产业基地、农民专业合作组织及龙头企业进行科技服务，开展实用技术培训5场次，培训农民1000余人。建立市协力生猪养殖专业合作社等9个农村信息化站点，发布农产品信息300余条，逐步建起农村种养殖信息服务平台和农产品推广平台。

【防震减灾】 2014年，全市有2所学校成功创建株洲市防震减灾科普教育示范学校。年末，有科普教育基地3个、科普示范学校2所，基本形成以市科技局和市科协为枢纽，市直学会、协会、乡镇科协为桥梁，农村专业技术协会、学会为辐射的科普网络。

（文海艳）

市科学技术协会

【概况】 2014年，醴陵市科学技术协会（以下简称“科协”）围绕中共醴陵市委提出的“新创业、新醴陵、打造发展升级版、建好湖南东大门”的战略目标，认真谋划并取得一定成绩。“科普进校园”活动被中科协评为“2014年全国科普日优秀特色活动”；大塘生态养殖基地陈友平获“基层科普行动计划”之“全国农村科普带头人”称号；吉泰禽业养殖孵化基地被评为湖南省“科普惠农兴村先进单位”。

【科技下乡】 5月18日，市科协组织市农学会30多位农业技术专家在神福港镇开展“科技下乡”活动。活动现场，农业技术专家就植保、土肥、经作、粮油等农业技术及农业法律法规为农民朋友提供现场咨询和服务；还向到场的农民讲解10余种新型杀虫剂、杀菌剂、除草剂的使用方法；免费发放各类农资产品2000件、各类图书4000册、宣传资料5万份，接受现场咨询逾千人。8月6日，市科协在白兔潭镇开展“科技三下乡”活动。市农业局、市教育局、市畜牧局、市林业局、市疾控中心等19家单位56名科普志愿者共同参加。在白兔潭中学多媒体教室，农技专家为白兔潭、富里等4个乡镇240名学员就果蔬种植、施肥技术进行培训。

醴陵市烟花鞭炮管理局

局　长　黎志清

与熊猫集团合作开拓云南市场

产业发展研讨班

公祭爆竹祖师李畋

烟花鞭炮产品展示

首届瓷博会“欢乐瓷城”焰火晚会

醴陵市水库移民开发管理局

局　长　熊习军

局领导班子

省移民局领导到官庄库区调研通库公路建设情况

省移民局领导深入库区农户调研

水库移民农业实用技术培训

局机关干部走访官庄乡农户

醴陵市招商局

局 长 荣 伟

湖南发展集团领导到醴陵洽谈有关投资项目

首届湖南（醴陵）陶瓷博览会总结表彰会暨“招商引资年”活动动员大会

醴陵市招商项目推介暨重大项目、经贸合作签约仪式

旗滨玻璃热发电项目签约

“激情创业·勇争一流”招商引资项目签约仪式

醴陵市旅游局

局长左孟良在旅游讲解员培训班上讲话

醴陵旅游项目宣传推介活动

旅游讲解员培训班结业典礼

“5·19”中国旅游日宣传活动

组织开展湘赣两省千人游醴活动

意大利游客到醴陵参观

醴陵市国有资产管理局

局　长　钟晓林

局领导班子

党的群众路线教育实践活动动员会

国有资产项目签约

人大常委会主任李理到局调研

醴陵市渌江投资控股集团有限公司

董事长　王吉祥

2014 年年会

集团高层管理干部

产业发展中心效果图

岳汝高速连接线规划图

江源大桥夜景

醴陵市文物局

局　长　张晓根

局机关工作人员合影

中共湖南省委书记、省人大常委会主任徐守盛参观耿传公祠

2014年，醴陵市文物局在做好市博物馆、渌江书院、陈明仁故居、耿传公祠对外开放工作的同时，圆满完成了醴陵陶瓷博物馆的陈列布展任务，不断推进可移动文物普查工作，高质量做好了渌江书院的消防工程设计方案和全面维修方案。年内，醴陵市获国家重点文物保护专项补助经费2179万元。

副省长黄兰香参观耿传公祠

中国文化遗产日暨"瑞谦杯"热爱醴陵文化文物百题知识竞赛颁奖典礼

醴陵市质量技术监督局

局领导班子

局领导带队开展安全检查

开展“3·15”消费者权益保护日宣传活动

召开党的群众路线教育实践活动专题民主生活会

食品专项检查

醴陵市文化市场综合执法局

局 长 蔡家财

局领导班子

株洲市文化市场综合执法局领导到醴陵调研

全市文化市场综合执法工作会议

开展安全生产督查

“连心解困”大走访活动

创建省级卫生城市复审考核工作督查

在株洲市文化市场工作会议上领取先进奖牌

醴 陵 市 国

局 长 肖国平

局长肖国平获湖南省“五一劳动奖章”

省国税局局长皮本固到醴陵考察工作

办税服务大厅

民主生活会

办公大楼

家 税 务 局

国家税务总局领导到醴陵考察工作

党的群众路线教育专题讲座

局领导深入陶瓷企业调研

对鞭炮企业实行贴近式服务管理

“12 · 4”国家宪法日暨全国法制宣传日活动

醴陵市地方税务局

局领导班子合影

全市地税工作会议

2014 年，醴陵市地方税务局以组织税收收入为中心，牢牢把握“信息管税、制度管人”工作主线，依法治税，从严治队，深入开展党的群众路线教育实践活动，优化纳税服务，各项工作齐头并进，成效显著，全年组织税费收入共计 110152 万元，同比增加 15469 万元，增长 16.34%。被评为“株洲市地税系统工作考核先进单位”。

办公大楼

群众路线教育实践活动总结会

开展“征纳换位，便民办税”活动

办税服务厅

税法宣传进企业

醴陵市政务中心

黄泥坳街道便民服务中心（左）和贺家桥镇便民服务中心（右）

中心主任何平发指导新阳乡便民服务中心建设

2014年，醴陵市政务中心共集中审批、办证项目2068件，收取规费5240.5万元，即办件办结率和按时办结率均达100%，群众满意率达99.8%。醴陵政务网上传各类政务信息1200余条，公开重要通知、公示400余篇；在百姓呼声、本地论坛和微博等政民互动平台上，共回复网友问政留言50余批次、论坛留言20余批次、微博留言20余条。以微博“醴陵发布”为新媒体平台，传播党和政府的权威声音，年末有粉丝1.1万余人，单条微博的平均阅读量在5000次以上。年末，全市有18个乡镇（街道）建成便民服务中心，2个乡镇的便民服务中心场所仍在改造、建设中，其余乡镇（街道）均已制定具体建设方案。

中心工作人员召开早会

醴陵市水务集团

集团总经理、自来水公司经理
胡兆霖

集团领导班子

醴陵市水务集团成立于1981年，是一家集制水、供水、售水、工程设计与安装、纯净水生产销售于一体的国家四类供水企业。现有一个省级水质监测站、九个二级机构、一座水厂。一个纯净水分公司，拥有固定资产1.06亿元，职工238人。公司先后获“省供水卫生先进单位”“省集中式供水先进单位”“省供水行业思想政治工作先进单位”“省供水行业企业文化建设先进单位”和“省园林式单位”“省级模范职工之家”等称号。

市委书记周晓理、市人大主任李理一行到自来水厂调研

自来水管抢修

服务大厅一角

水质化验

农业部烟花爆竹质量监督检验测试中心（醴陵）

主　任　石勇辉

国家安全生产监督评审会专家到中心实验室调研

国家安全生产科技支撑平台现场专家评审会在醴陵召开

烟花爆竹检测

实验室

湖南醴陵农村商业

2014 年 12 月 2 日，醴陵农村商业银行股份有限公司开业挂牌仪式

左起：监事长胡戈放、董事长凌光武、行长陈桃源

领导班子成员（从左至右）：李雨洁、胡戈放、凌光武、陈桃源、唐桂夫、叶瑞香

2014 年 12 月 2 日，湖南醴陵农村商业银行股份有限公司挂牌开业（简称醴陵农商银行）。醴陵农商银行打造具有现代化企业特色的“精品银行”为中心，向“资本充足、内控严密、运营安全、服务优质、效益良好、创新能力和竞争能力强”的一流金融机构迈进。全年累计发放福祥借记卡 338570 张，开通手机银行移动客户端 18153 户、安全贴片端 2618 户，网上银行 9524 户及电话银行 16571 户，向社会全面推出 ETC 业务。截至年末，各项存款余额 75.75 亿元，较年初净增 10.22 亿元，各项贷款余额 39.29 亿元，较年初净增 7.84 亿元。存、贷款余额在全市各金融机构中稳居首位，被省联社评定为经营等级 A 级。

银行股份有限公司

第一届董事会第二次会议

第一次股东代表大会

参加株洲市农商行系统乒乓球赛获奖

党的群众路线教育实践活动调研座谈会

办公大楼

业务宣传

醴陵市新型农村合作医疗管理委员会办公室

主 任 瞿石生

组织乡镇医疗机构新农合业务人员培训

深入基层走访

办理新型农村合作医疗手续

新型农村合作医疗宣传

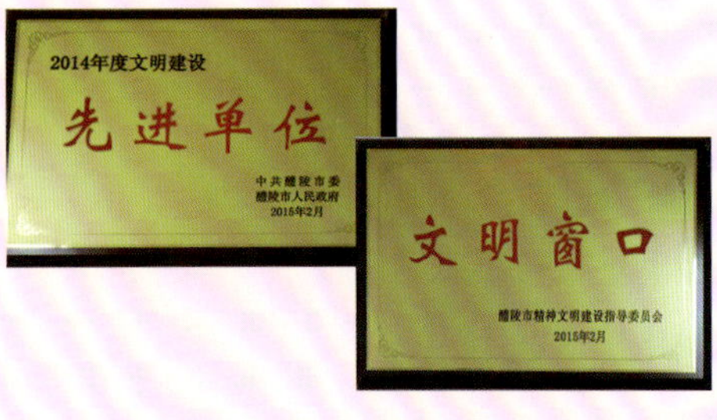

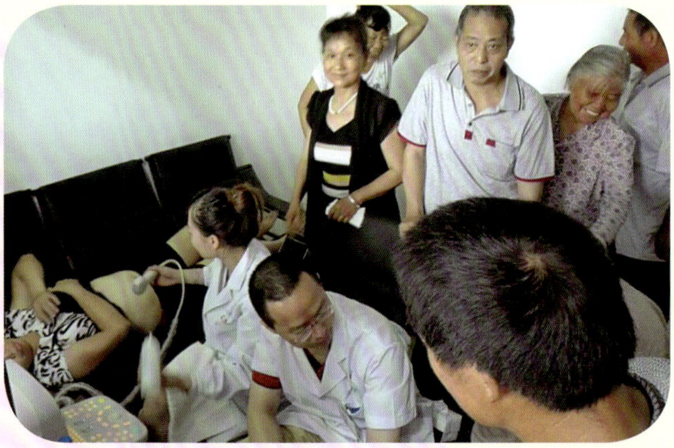

开展乡村义诊

株洲市住房公积金中心醴陵管理部

主　任　张家根

服务大厅一角

办理住房公积金业务

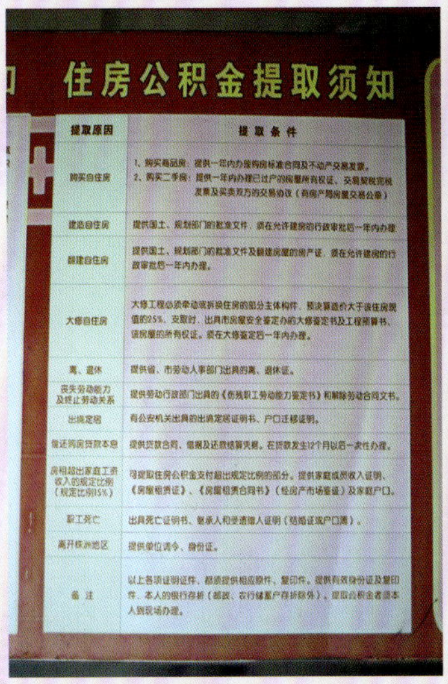

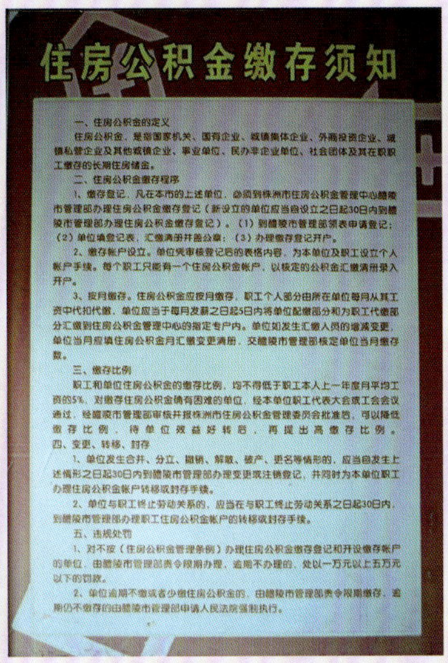

办公大楼一角

醴陵市陶瓷烟花

全国职业教育先进个人，湖南省职业教育杰出校长、省职业教育评估与咨询专家　郭米红

学校领导班子

学校获评“全国教育系统先进集体”，图为校长郭米红出席庆祝第30个教师节暨全国教育系统先进集体和先进个人表彰大会

学校第十四届技能节总结表彰大会暨元旦文艺汇演

职业技术学校

团中央书记处常务书记贺军科到学校考察“青年创业就业见习基地”建设情况

湖南省财政厅厅长郑建新在醴陵市委书记周晓理等领导陪同下到学校考察

湖南省委宣传部副部长杨金鸢到学校考察

2014 届校企人才供需见面会

学校第十二届田径运动会开幕式 ▶

◀ 高一新生军训

醴陵市第一中学

校 长 丁 平

学校行政办公会

团中央书记处常务书记贺军科一行到学校调研青年社会组织建设

首届“魅力课堂”教学竞赛

高一新生开展励志远足活动

“青春飞扬，激情 2014”合唱比赛暨第八届体育艺术节闭幕式

醴陵市妇幼保健院
醴陵市儿童医院

中国妇幼保健协会副秘书长王玲等到院指导工作

中层以上干部务虚会

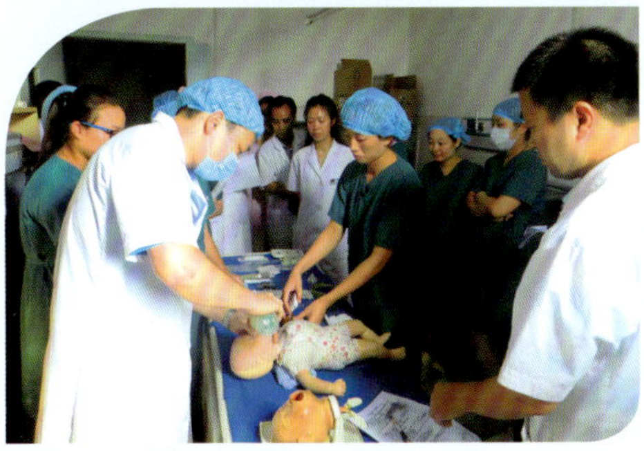
急救演练

医院开设市内最高标准无陪新生儿病房

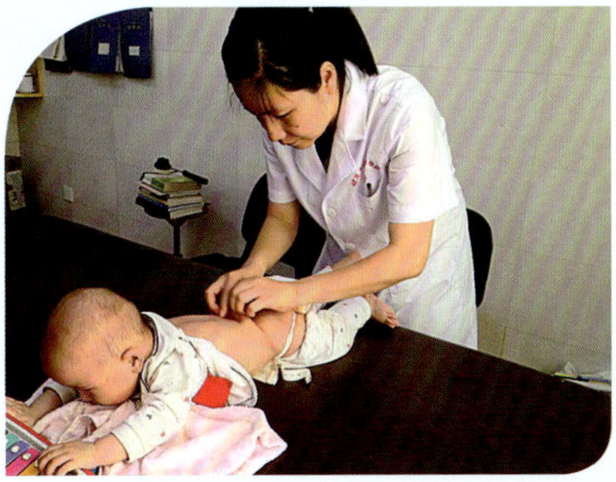
推拿疗法治疗幼儿脑损伤

株洲妇幼专家每周二到院坐诊

婚姻登记和免费婚检“一站式”服务

醴陵市长

书　记　黄振伟

主　任　郭中阁

重点工程建设动员大会

醴陵市长庆示范区东至杭长高铁站，南至渌江，北抵沪昆高速，西至320国道，总面积约26.61平方千米。托管珊田、马脑、黄沙、钟鼓、山峰、庄埠、清潭7个行政村，154个村民小组、4565户，年末户籍人口18491人。2014年，示范区完成税收3008万元；实现工业总产值16.32亿元，其中规模以上工业企业实现产值12.13亿元；完成固定资产投资6.18亿元。

党的群众路线教育实践活动动员会

市人大主任李理到区调研

庆示范区

特色产业展示

拆违行动

庄埠芋头种植基地

醴陵大道

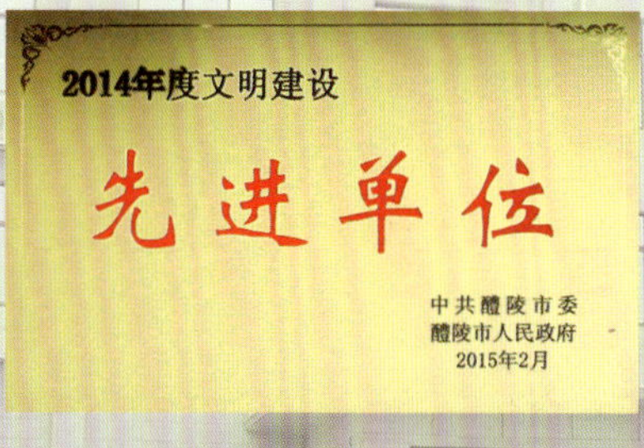

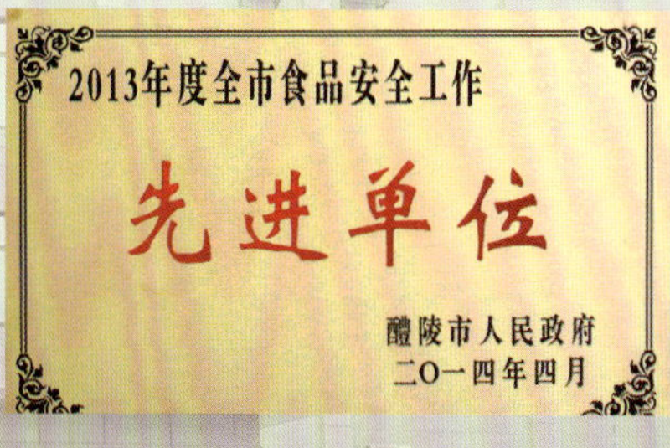

醴陵市来龙门街道办事处

省委组织部领导到办督导党建工作

领导班子专题民主生活会

道德模范基层巡讲暨十八届三中全会宣讲报告会

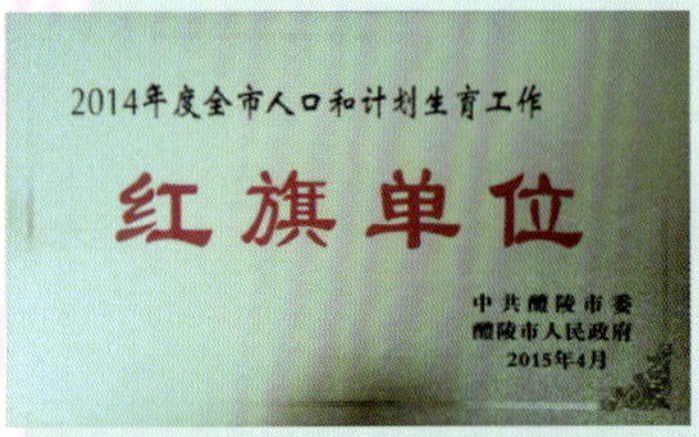

办领导慰问困难群众

赴株洲市荷塘区参观学习

铺设自来水管道，解决上洲、丁家坊村民饮水困难

此次活动出动科普大篷车1台，摆放宣传展板20块，发放各类宣传资料2.7万余份，免费发放科普书籍7500余册。

【科普宣传】 2014年，市科协主要通过以下两种方式组织、开展科普宣传工作。广场科普：在"5·12"防灾减灾日、5月份的"中国科技活动周""6·5"世界环境日、9月份的"全国科普日""12·1"世界艾滋病日等重要科普活动日，市科协组织或配合相关部门，共制作大型宣传展板7块，悬挂科普宣传挂图3套（36件），印发各类科普宣传资料25种2万余册（份），300多名科普志愿者参与科普活动。网络电视科普：9月，市科协与中国同方知网开展战略合作，签订"CNKI科普网络书屋"使用协议，向农民传播科普文化知识，帮助农民获取农业生产、科学生活等方面的知识和技术，引导广大农民建立科学文明健康的生产生活方式。10月，市科协联合醴陵电视台推出大型科普类节目"科技与生活"，以翔实的资料、精致优美的画面、通俗易懂的语言，宣传醴陵科普示范基地、科技示范户的种养殖技术和创业经验，推广先进的科技含量高的优良品种，引导农民走向绿色、环保、生态、科技发展之路，让科普融入市民日常生活，惠及民生。

【科普惠农】 2014年，市吉泰禽业养殖孵化基地被评为湖南省"科普惠农兴村"先进单位，获奖补资金10万元；大塘生态养殖基地陈友平被中国科协评为"全国农村科普带头人"，获奖励资金5万元。全市"基层科普行动计划"项目申报工作取得历史性突破。市德福青蛙蔬菜种养协会、贺家桥辣椒产业协会获株洲市先进农技协组织称号；唐丰生态种养殖科普示范基地、大众农业发展有限公司科普示范基地晋级株洲市级农村科普示范基地；黄泥坳街道办事处国光社区被命名为株洲市科普益民示范社区。市德福青蛙蔬菜种养协会、贺家桥辣椒产业协会、大塘生态养殖基地、黄泥坳街道办事处国光社区和白兔潭农产品协会钟平共5个单位和个人通过株洲市科协和财政局评审，入选省科协"基层科普行动计划"项目库。

【学术交流与科技创新】 2014年3月，市科协选送的6篇论文在株洲市第13届自然科学优秀论文评选中全部获奖，其中市畜牧兽医水产协会赵光政的《牲猪规模养殖场动源性食品安全控制监管模式的探索》获得一等奖。4月举办的第35届湖南省青少年科技创新大赛中，市实验小学学生刘雅萱的发明创造——《可控给料油漆涂料滚筒刷》获大赛小学组金牌，是株洲地区中小学生唯一一件参加全国第29届青少年科技创新大赛的作品。在11月举办的第七届全国中小学生劳动技术教育创新作品展评活动中，由市青少年科技辅导员协会选送的3件创新发明作品夺得一金二银佳绩。其中范雨朦的《塑胶跑道垃圾清理器》获金奖，刘雅萱的《双面可调式涂刷器》和彭奕文的《油烟滤清处理器》作品获银奖。市科技辅导员余进勇和廖振华被授予"全国优秀指导老师"称号。

（吴建成）

教　育

【概况】 2014年，全市共有中、小学校267所，其中小学213所（含教学点）、初中44所、高中9所（其中普高5所、中职4所）、特殊教育学校1所，在校学生102860人。有公、民办幼儿园436所（含小学附属幼儿园、学前班），在园幼儿36495人。有在编中小学、幼儿园公办教师6055人。年内，全市教育工作成绩斐然。教育督导体制改革"醴陵模式"被教育部推介。陶瓷烟花职业技术学校被评为"全国教育系统先进集体"，教师刘荣福被评为"全国模范教师"，汤其雪被评为"湖南最可爱的乡村教师"。高考二本以上（含二本）上线率54.1%，居株洲市首位，醴陵市第四年蝉联"株洲市高中质量建设先进县市"称号。渌江中学、姜湾小学分别成功创建李立三红军学校、左权红军小学。市教育局被评为"湖南省文明单位"，绩效考核蝉联全市一类单位。

【教育改革】 2014年，深化教育督导体制改革，全面落实中小学责任督学挂牌督导制度，共开展8次专项督导，覆盖全市所有中小学校。成立15个教育督导研培基地校。组织中小学责任督学挂牌督导工作述职演讲比赛。实施教育质量综合评价改革，把学生的品德发展水平、学业发展水平、身心发展水平、兴趣特长养成、学业负担状况等方面作为评价学校办学质量的主要内容。推进新课程改革。姜湾小学承办株洲市小学新课程改革联盟校2014年专题研讨会。城北中学被评为"株洲市级课改样板校"，孙家湾中学和泉湖小学被评为"株洲市义务教育课程基地建设项目校"，醴陵四中被评为"株洲市高中课程基地建设项目校"。年末，全市有湖南省课改样板校1所、株洲市课改样板校5所、株洲市课改基地校18所。

【素质教育】 2014年，新建8所乡镇学校少年宫，实现乡村学校少年宫全覆盖。全市中小学生思想道德评价合格率100%，犯罪率为零。实验小学在第七届全国中小学劳技教育创新作品展评活动中获得一金一银；姜湾小学素质教育创新项目获株洲市第三届教育工作创新奖，被评为"株洲市创新教育特色学校"。全面落实"体艺2＋1"项目，学生体质健康测试合格率达98.56%。在株洲市"三好杯"田径运动会中，醴陵市分别获得初中、高中团体总分第一名。醴陵四中学生李珩柳获得全国中学生运动会800米竞赛银牌，并达到国家一级运动员标准，破湖南省中学生运动会最高纪录。举办全市第十九届中小学生田径运动会，789名运动员参赛，11个项目破市中小学生运动会记录。组织市2014年校园科技文化艺术节，活动涵盖科技、音乐、舞蹈、美术等类别，评出各类奖项1000多个。

【各类教育发展】 学前教育普及普惠。新建东富、官庄等一批公办中心幼儿园，幼儿一年入园率100%，三年入园率98%。义务教育更加均衡。进一步缩小义务教育在城乡之间、校际之间的差距。小学六年、初中三年巩固率分别为98.89%、98.42%；初中毕业生升入高中阶段学校比例为97.7%。普高教育优质发展。各校因地制宜，准确定位，深化内涵建设，增强办学特色，形成以市一中为龙头，二中、四中齐发展的优质高中品牌团队。职成教育健康发展。加强中等职业教育基础能力和内涵建设，推进产教深度融合，校企紧密结合，构建现代职业教育体系。在湖南省2014年职业教育工作会议上，市陶瓷烟花职业技术学校作为全省中职学校唯一代表作典型经验介绍。全市在省级以上职业院校学生技能大赛中获二等奖以上258人次，学生就业率99%（对口就业率92%），市内就业率89%。大力开展全民终身学习活动，每个乡镇（街道）建好1所社区学校，全年开展各类职业技能培训2.88万人次。

【教育保障】 整体新建姜湾小学、东岸小学、龙楚学校和一中、二中、四中图书馆，对阳三石小学进行扩容改造。启动基础教育两年提升计划，投入6200多万元，全面改善中小学办学条件。拆除危房17栋，新建校舍园舍9900平方米；对17所“大班额”学校进行扩容改造，维修改造校舍1.32万平方米，新建校舍6230平方米，增加学位5000个；对51所薄弱学校进行改造；恢复农村小学（教学点）7所；更换破烂课桌椅1.3万套；新招聘教师330人。

【作风建设】 扎实开展群众路线教育实践活动。全系统收集对市教育局和各学校领导班子意见1419条，均已逐条整改落实到位。着力查找“四风”方面的突出问题，开展专项治理，创建“节约型”机关，大幅度缩减“三公”经费。制订《醴陵市教育系统关于密切联系群众切实改进作风的十条规定》，自编《醴陵市教育系统群众路线教育实践活动三字歌》，被省、株洲市推介。深化教育阳光服务体系建设。建立市、乡（镇）、校三级联动的教育阳光服务体系，公开作出“有困难，找服务站”和“5分钟对接、50分钟办结”的服务承诺。对来访群众做到“四个一”（一张笑脸相迎、一把椅子让座、一杯清茶解渴、一席话语解惑）和“四个有”（有问必答、有疑必释、有诉必查、有责必究），这一做法被上级推介。全面开展“四进三督”活动。局领导班子成员带领机关股室负责人分别到学校蹲点指导，进教室、进寝室、进食堂、进家庭，督教、督学、督管。局领导班子成员全年进教室496人次，进寝室462人次，进食堂487人次，进学生家庭343户次，与学生座谈1545人次，与教师座谈1330人次。深入开展“连心解困”大走访活动。响应醴陵市委号召，发动教育系统干部教师“走遍千山万水，访问千家万户，想尽千方百计，解决千难万困”。全系统走访学生家庭54266户次，家访率98.2%，为学生家庭解决问题8750个。

（汤向荣）

醴陵一中

【概况】 2014年，醴陵第一中学有教学班54个，在籍学生2879人，有在职教职工248人，其中高级教师70人，专任教师235人，醴陵市、株洲市级学科带头人10人。学校设党政办公室、督导室、教务处、教科室、德育处、艺体处、总务处、团委、宿管处。学校党委下辖高一、高二、高三、处室、离退休5个支部和共青团委员会、工会。年内，学校获“第十届中国青少年创造力大赛全国总决赛中国创新型学校奖”“湖南省学校心理健康教育工作先进单位”等十多项省、地市级荣誉称号。

【教学质量】 2014年，学校有930人参加高考，本科二批以上一次性上线709人（其中文化生634人，艺体等小品种专业生75人），上线率76.2%，本科一批以上一次性上线290人（纯文化生，不含小品种专业生）。600分以上总人数40人（其中文科12人，理科28人）。934人参加高中学业考试，928人一次性合格，一次性合格率达99.4%，其中上优秀线人数达760人，优秀率达81.4%，步入省级优秀行列。

【教研教改】 2014年6月，学校代表株洲市参加湖南省第三届教育科研成果评审，课题《营建校园亲情磁场，激活中学生自主责任心的实践与研究》获湖南省一等奖。教学业务竞赛获省级二等奖7人，地级一等奖1人。教师李和平等的45篇论文在省级以上刊物发表或获省级以上单位奖励。校本教材《心理健康教育校本课程》《儒家文化读本》获2014年度株洲市“德育优秀课程”。

【艺体教育】 在2014年高考中，学校共有100多人被录取到高等艺术体育本科院校，20多人考入中国美术学院、中央美术学院、武汉音乐学院等名校，7名学生通过体育特招进入华中科技大学等高校深造，其中1名学生夺得中国美院第一名、另一名学生以总分244分的高分位列省音乐联考第五名。杨杨谦言、王宇黎参加省武术比赛分获第二名和第三名。校田径队参加省中学生田径比赛和省第十二届运动会均获得好成绩，在株洲市“三好杯”田径运动会上，夺得高中男子组、高中女子组团体总分第二名的好成绩。校健美操队参加株洲市三好杯健美操比赛和湖南省2014年大中学健美操比赛，分别获得团体总分第二名和第三名。

【创新教育】 2014年，学校创新教育成果显著，获2014年度中国创新型学校奖，聂志雄等39位同学获金奖。在全国高中数学竞赛、化学竞赛、全国高中生物联赛等竞赛中，学校共有90人次获国家级、省级奖励；学生参加第66届德国纽伦堡国际发明展暨第10届中国青少年创造力大赛全国决赛获优异成绩；在全国创新英语大赛、第八届 “地理小博士全国地理科技大赛”、湖南省科技创新大赛等竞赛中，共有48人次获国家级、省级奖励。

【心理教育】 2014年，学校高度重视学生心理健康教育，建设一个较高品位的心理健康教育中心，设心理活动室、心理宣泄室等6个功能室，已成为“醴陵市未成年人心理健康辅导站”。年内，学校被评为“湖南省学校心理健康教育先进单位”。

【社团活动】 “关爱生命万里行”等精品社团得到团中央书记处书记、全国青联主席贺军科的高度肯定。2014年4月20日，“关爱生命万里行”10周年庆典在学校举行，来自全国各地的300多名志愿者欢聚一堂，共忆璀璨历程，共筑生命绿墙。

【自身建设】 2014年，学校不断改进办学条件，加强师资队伍建设。重点完成新图书馆建设工程，校园主干道沥青铺设工程，校史馆、梯云阁恢复改建工程。新图书馆设计科学合理、大气美观，融入绿色环保理念和低碳生活理念，已成为学校新的标志性建筑。学校实施“八大工程”，提升师资队伍素质，锻造敦品笃学的师资团队，涌现出一大批师德高尚、教学水平精湛、深受学生喜爱的教师。教师汤其军被评为“2014年中国创新型名师”，2位教师被评为“湖南省学校心理健康教育专业委员会先进个人”，“株洲市优秀教师”和“株洲市高考组考优秀个人”各1名，5位教师记市人民政府三等功，3位教师被评为“醴陵市三好教师”，5位教师被评为“醴陵市高考功勋教师”。

醴陵一中2014年教师获奖及论文发表情况

表9

姓　名	论文及课件名称	获奖及发表情况	颁奖及发表单位
段栋苗	《“化学与自然资源的开发利用”知识归纳》	发　表	《中学生理化报》2013~2014学年第43~50期
李和平	《跳出传统“模式” 回归能力“基点”》		《语文周报》第48期
易李平	《高中信息技术学案导学法初探》		《新课程》第293期
郭　安	《在高中体育教学中实施快乐体育》		《新课程》2014年第24期
刘艳辉	《牛津高中英语 Module 7 Unit 4 The first underground in the world(教学设计)》		《英语周报》第37期第7版
邓海兵	《准精实活：课堂有效合作学习的“四字诀”》		《中学语文教学参考》2014年11月
汤其军	《怎样使青少年科技创新之花常开》	一等奖	中国陶行知研究会
	《创新方法之六——组合法》教学设计		湖南省教育科学研究院
谢　丹	《例谈高中英语 Project 教学》		
林　煜	《生长素的法现》教学设计		湖南省教育学会
曾妞妞	《信息技术课堂主题教学法的感悟》		
骆盈盈	《The first underground in the world》教学设计		
王林波	《最近比较烦——情绪的调节》教学设计		湖南省教育学会学校心理教育专业委员会
宋惠龙	物理实验操作技能比赛		湖南省教育厅
谭　岭	全省中学物理和小学科学教师实验创新大赛		

续表 9－1

姓　名	论文及课件名称	获奖及发表情况	颁奖及发表单位
段栋苗	《新课改后农村高中化学教学现状调查及结果分析》	二等奖	湖南省教育科学研究院
刘　平	《直面挫折》教学设计		
周雄艳	《二氧化硫的制取与性质实验的微型化设计》		
翁开云 谢明桂 黄凤桥	湖南省中学生物青年教师专业素养竞赛		湖南省教育科学研究院基础教育研究所
林　煜	《生态系统的结构》教学设计		湖南省教育学会
陈　英	《在高中信息技术课堂应用探究学习的反思》		
范彩虹	《unit 3 The world online》教学设计与反思		
朱　英	《Module 5 Unit 1》教学设计		
谢　丹	《小组合作学习模式在英语词汇课中的有效运用》		
李彩平	《浅谈初中与高中语文教学的衔接》		
夏　雪	《浅谈三角函数的最值的求解方法》		
刘　平	《认识自我》教学设计		湖南省电化教育馆
王林波	《幸福是一种能力》课件设计		湖南省教育学会学校心理教育专业委员会
王林波	《青春红绿灯》教学设计	三等奖	湖南省教育科学研究院
彭会敏	《前路漫漫继续前行——〈股票、债券和保险〉》教学反思		
肖兰辉	《新鲜感、有效性、可控度——2014年醴陵一中中青年教师片段教学决赛反思》		
黄凤桥	《植物激素调节复习课设计》		
兰　健	《增强点评的效度 成就经常的课堂——〈病梅馆记〉》教学反思		
邹玲花	《生态系统的功能与稳态第二轮复习》教学设计		
张　维	《权力的行使 需要监督》教学设计		
胡志敏	《关于单克隆抗体的制备》		湖南省教育学会
汪　爽	《在信息技术课堂中巧用比赛，激发学生学习的兴趣》		
易李平	《信息技术课堂和谐师生关系的构建》		
张　维	《唯物主义与唯心主义》教学设计		
廖成辉	《地理等高线图的判读和应用》		
刘春芳	《说“木叶”》教学设计		
谢江华	《“议论文析例”课堂实录》		
彭　慧	《归真返璞——浅析文言文诵读教学》		湖南省电化教育馆
彭　利	《浅谈物理计算题格式书写功夫的修炼》		
曾　静	《Module1 Unit 3 project》教学设计		湖南省电化教育馆

续表 9－2

姓　名	论文及课件名称	获奖及发表情况	颁奖及发表单位
丁　友	湖南省首届政治思想品德微课堂教学竞赛	一等奖	株洲市教育科学研究院
刘　丹	2014 年株洲市高中语文教师课堂教学竞赛		
李　全	湖南省中学历史教学竞赛说课		

（李彩平）

醴陵二中

【概况】 醴陵二中地处醴陵南乡，坐落在泗水河畔，与106国道相邻。2014年学校共有48个教学班，在校学生3033人，在岗教职工204人，专任教师196人。校园占地总面积为74523.91平方米，绿化面积30626.32平方米，绿化覆盖率为42.5%；教学用房18568平方米，教学辅助用房6800平方米。

【教研教改】 12月，学校举行“魅力课堂”竞赛活动，评选出20堂魅力课；邀请株洲市教科院专家进行两次课堂教学督导，帮助教师打造高效课堂；23位老师通过湖南省远程教育培训，100余名老师参加上级组织的观摩课、研讨会或培训；进一步推进“青蓝工程”建设，修改《醴陵二中青蓝工程实施方案》，50位老师结下25对师徒关系，加速青年教师成长步伐；对所有新调入的教师进行了入职培训。全年选送80余篇论文或教学案例参加上级组织的论文评选，近60篇获奖。2名教师获株洲市微课比赛一等奖，2名教师获市班会课竞赛一等奖，3名教师被评为株洲市学科带头人，5名教师被评为市学科带头人，1名教师被评为市“三好”教师。

【教学质量】 2014年高考学校二本一次性上线350人，比上年净增26人，一本一次性上线53人。唐新秋、林勇、宋庆宇、张迎春、何立群等5位老师被评为醴陵市高考功勋教师。高中学业水平考试以98.1%的合格率超过省示范性中学要求。在物理、生物和化学奥赛中共有30余名学生分获各级荣誉。学生邓宇婷的“无线网络智能开关”获湖南省35届青少年科技创新大赛三等奖；朱文获五好小公民“美丽中国 我的中国梦”主题教育活动征文竞赛一等奖；徐思妮获第九届中国中学生作文大赛湖南赛区高中组全国三等奖，张健、李轩、易仁知等获省三等奖。在株洲市“三好杯”田径比赛中，学校取得团体总分女子组第五名、男子组第六名的成绩，夺女子跳高和男子4×400米接力铜牌；健美操比赛取得团体总分第三名，夺得一金一银一铜的好成绩；在市第十九届中小学生田径运动会上，取得团体总分第三名，夺得3银9铜的成绩。音乐教研组排练的《我生长的地方》参加醴陵市第十九届艺术节总决赛获得三等奖。美术教研组参加株洲市“至美杯”中小幼美术、书法、摄影作品比赛，学生获得一等奖1名、二等奖3名、三等奖3名。

【后勤服务】 严抓食堂卫生和食品安全工作，学校食堂的服务质量得到全面提升。在资金紧张的情况下，学校想方设法维修高一高二教学楼楼面，解决楼面漏水问题，更新四间物理实验室内所有仪表主板，新装备一间学生电脑室，增加3台空气能热水主机，保证全体寄宿生有充足的热水供应。学校图书馆、艺体楼主体工程如期完工并通过验收，周边绿化美化均已完成。

醴陵二中 2014 年教师获奖及论文发表情况

表 10

姓　名	论文及课件名称	获奖及发表情况	颁奖及发表单位
唐新秋	《分清介词与连词》	发表	《高中生》·高考指导
	《易出错的主谓结构》		
	《英语写作如何列提纲》		
	《别把介词当动词》		
刘志华	《高中语文课堂里如何培养学生的探究能力》		《中小学教育》

续表 10－1

姓　名	论文及课件名称	获奖及发表情况	颁奖及发表单位
欧阳中艳	《层层深入 把握地理规律》	发表	《少年素质教育报·教育艺术周刊》
唐新秋 胡艳平	《如何进行英文标题教学》		《学生双语报·教师版》
唐新秋 杨　燕	《如何做创新型中学英语教师》		
漆迎芬 李湘华	《常规关系意识：动词教学的关键》		
漆迎芬 李湘华	《高中新生不可或缺的语音课》		
刘金山	《体验学习在高中通用技术教学中的应用研究》		《新课程学习》
易昭良	《漫行德夯》		《文艺窗》·醴陵版
荣树才	征文指导	二等奖	教育部关心下一代工作委员会
何鸣镝 张迎春	《有味方有魅——高中语文课堂教学出味之策》	一等奖	湖南省教育科学研究院
谭福华	《如何在农村高中有效开展英语口语教学》		
唐新秋	《高中英语词汇教学要重视产接性》		
丁传军	《浅谈高中地理有效教学》		
唐新秋	《构建汉英词群 改善心智模式》		湖南省教育学会
彭志清	《让历史课上得有历史味》		
刘新虎	《打造高中历史高效课堂之我见》		湖南省中小学继续教育研究会
瞿明斓	《巧用“旧瓶”，也盛得“佳酿”——浅谈教师的教案、课件、教材的再利用》		湖南省基础教育学会
王建林	“为先杯”第九届中国中学生作文指导	二等奖	湖南教育报刊社
潘　赞	《高考体育专业生带训工作反思》		湖南省中小学继续教育研究会
汤雪斌	《以〈丹柯〉为例谈设置教学目标的依据》		湖南省教育科学研究院
瞿明澜	《农村高中作文教学素材积累指导初探》		
许　仙	《打好高中二次函数的教学“持久战”》		
江来香	《浅谈如何提高高中政治非选择题的答题能力》		
邓元斌 刘菊花	《小议中小学课间操内容形式的改进和研究》		
易　钢 刘金山	《倾听、欣赏、赞美学生》		
叶正云	《做好后勤服务，促教学质量提高》		湖南省教育学会
刘志华	《周密设计 灵活应对 追求完美》		
刘仕新	《高考中有关切线问题综述》		
陈　丹 吴　浩	《高中学生体育兴趣的调查研究》		
欧阳中艳	《合理运用小实验提高自然地理的教学效果》		

续表 10 － 2

姓　名	论文及课件名称	获奖及发表情况	颁奖及发表单位
瞿明斓	《把好脉，看准症，找对因，因人施教——农村高中留守学生教育初探》	二等奖	湖南省基础教育学会
杨松柏 李小珍	《浅谈如何有效提高班级高考上线人数》	三等奖	湖南省教育科学研究院
汤雪斌	《学考路上，我们做些什么》	三等奖	湖南省教育科学研究院
刘　艳	《充分利用生物教材中的图解展开学考复习》	三等奖	湖南省教育科学研究院
张志伟 谢水芳	《如何在政治教学中激发学生的学习动机》	三等奖	湖南省教育科学研究院
兰铁军	《学会知识的运用——提高第二轮复习的有效性》	三等奖	湖南省教育科学研究院
易晓玲	《浅议从兴趣入手，实现高中历史教学由有效到高效的突破》	三等奖	湖南省教育科学研究院
欧阳中艳	《紧扣学情，提高地理课堂效率》	三等奖	湖南省教育科学研究院
彭唤新	《地理探究式教学点滴谈》	三等奖	湖南省教育科学研究院
彭　波	《调节青少年高考压力的新视角：心理弹性》	三等奖	湖南省教育科学研究院
江来香	《高二哲学价值与价值观课件教学设计》	三等奖	湖南省电化教育馆
何桂平	《浅谈提高复习课效率的几点策略》	三等奖	湖南省教育学会
刘　娟	《语文课改之我见》	三等奖	湖南省教育学会
叶　玉	《浅谈文言文有效教学的实现》	三等奖	湖南省教育学会
胡艳平	《高三英语单元复习词汇复习课初探》	三等奖	湖南省教育学会
李喜欢	《How to better your ears》	三等奖	湖南省教育学会
李湘华	《谈课堂自我观察》	三等奖	湖南省教育学会
唐　英	《有效评课之思路》	三等奖	湖南省教育学会
张志伟	《浅谈探究教学策略指导下的高中思想政治教学》	三等奖	湖南省教育学会
刘仕新	《平面向量在解题中的应用》	三等奖	湖南省中小学继续教育研究会
易　钢	《高中数学教学与观察力的培养》	三等奖	湖南省中小学继续教育研究会
张雪花	《浅谈学习小组在农村高中物理课堂中的必要性及策略》	三等奖	湖南省中小学继续教育研究会
江来香	《〈价值与价值观的导向作用〉的教学反思》	三等奖	湖南省中小学继续教育研究会
陈明华	《在高中历史课堂教学中如何进行课堂观察》	三等奖	湖南省中小学继续教育研究会
唐文玲	《如何在地理课堂上建立新型的师生关系》	三等奖	湖南省中小学继续教育研究会
黎水明	“为先杯”第九届中国中学生作文指导	三等奖	湖南教育报刊社
程　林	“为先杯”第九届中国中学生作文指导	三等奖	湖南教育报刊社
王建林	“为先杯”第九届中国中学生作文指导	三等奖	湖南教育报刊社
张久林 丁佳水	《无线网络（Wifi）智能控制器》	三等奖	湖南省科学技术协会
何志刚	第28届全国高中学生化学竞赛优秀辅导奖	三等奖	湖南省高中学生化学竞赛委员会

续表 10 － 3

姓　名	论文及课件名称	获奖及发表情况	颁奖及发表单位
许　仙	《打好高中二次函数的教学“持久战”》	一等奖	株洲市中小学教师继续教育研究会
何鸣镝	《守正与革新——高中文言文课堂教学例谈》		
叶　玉	《引来现实之泉，浇出能力之花——贴近学情方能有效教学》	二等奖	
荣拥军	《初探网络环境下的高中物理教学》		
欧阳中艳	《浅析学案教学在高中地理教学中的利弊》		
易晓玲	株洲市中学历史微型课教学片断竞赛	一等奖	株洲市教育局
张　岭	株洲市青年数学教师教学竞赛		
尹小平	《学生体质健康状况之我见》	三等奖	株洲市教育科学研究院
刘小军	《浅谈硬笔书法教学的点滴体会》		

（何鸣镝）

醴陵四中

【概况】 2014年，学校有54个成建制班级，学生3207人，教职工256人，其中专业一线教师218人，有高级教师62人、中级教师110人。设党政办公室、教务处、教科室、德育处、督导室、艺体教育中心和总务处等7个处室，另有工会、团委等群团组织。

【德育工作】 2月，学校举行第二届德育年会，几位明星班主任老师现身说法，论班级管理和学生思想工作的方法与体会，心理咨询师、省学校心理健康教育学会常务理事李云希作心育报告。4月，全校开展青年教师班团活动课展示，36名青年教师参与此次活动，为青年教师研讨德育工作搭建舞台。学校选送的《团体心理辅导活动课》被评为2014年度株洲市“德育百优课程”，学校连续10年被评为“湖南省学校心理健康教育工作先进单位”。9月18日，“蓝结行动第四季——禁毒宣传进学校活动”到学校，湖南省禁毒总队副总队长唐纯洁到学校检查指导工作，对学校坚持开展禁毒教育课、落实禁毒教育宣传给予充分肯定。10月，学校接受省文明卫生单位复查。12月，接受省安全文明校园的复评，获省第二届安全文明校园成果展第一名。

【学科建设】 2014年，结合醴陵市教育局开展的“三名工程”（名校长、名学科、名教师）建设活动，学校筹划建设名师工作室，做优“青蓝工程”，选派教师参加各级各类教学竞赛。3月，教师杨娟的体育录像课获省级一等奖；4月，1名教师参加株洲市高三物理复习展示课活动获一等奖；11月，1名教师参加株洲市中学政治微课竞赛获特等奖，并代表株洲市参加湖南省中学政治微课竞赛。学校被评为株洲市高中课程基地建设项目校。3名教师获评株洲市第六届学科带头人，5名教师获评市第四届学科带头人。在2014年高考中，学校二本以上一次性上线423人，较上年增加108人，升学率较上年提高十几个百分点，学校获株洲市教育局颁发的“2014年高中教育质量突出贡献单位”奖。

【艺体教学】 7月，在上海举行的第十二届全国学生运动上，学生李珩柳以1'54.28"的成绩获得男子800米银牌，破湖南省中学生该项目纪录，是省代表团田径代表队该项目的男子最好成绩。9月，在湖南省第十二届运动会上，运动员同学夺得了五金一银五铜的佳绩。在株洲市中学生“三好杯”田径运动会上，又获得男、女团体总分第一名，并揽获14个单项冠军。在11月举行市第十九届中小学生田径运动会上，更是以绝对优势获得男女团体总分第一和16个单项冠军、破7项市纪录。学校体育教育在省内的优势更为明显，为湖南省普通高中特色教育实验学校添色不少。学校做实做优传统体育活动，9－11月成功举办醴陵四中第12届的艺体科技节，包括开幕式、闭幕式在内的22项活动将第十二届艺体科技节打造成为师生才艺的展台，人人参与其中，全体师生感受到艺术、体育和科技的魅力。

【后勤工作】 2014年，学校从多方面着手，切实加强自身建设。按照艺体教育的特殊要求，加强艺体功能室建设。在现有艺体教育设施基础上，投入近40万元，重新规划艺术功能室建设，新建音乐各模块功能室6间、排练厅1间，美术各模块功能室（含书法）12间，新辟大师工作室2间。完善图书馆阅览室、演艺厅、书吧的设施建设，改善师生的阅读环境。完成食堂的煤改气工程，为教师宿舍楼安装天然气。完成鼎新楼走廊、图书馆阳台的封闭，解决教学楼下雨就涨水的状况，完成植物园平房及其后围墙的拆建工作，对部分年岁已久、破损严重的窗户进行更新、维修，优化师生工作学习环境。加强师资队伍建设。先后组织开展评选明星班主任和明星教师活动，有32名教师被评为学校明星教师和明星班主任。李锦南、谢拥军、郭智等7名教师获“醴陵市2014届高考功勋教师”称号，郭智、汤金怀获市首批“三好教师”称号，李锦南被评为“株洲市优秀教师”。郭智老师被省教育厅评为“特级教师”。学校还利用暑假开展行政管理干部封闭式集中培训，分批次召开5次教师专业发展座谈会，开展假期读书学习竞赛活动，利用教职工例会开展教育论坛，引领教师专业成长。9月，邀请夏远景等教育名家到校讲学，11月学校教学教研和德育团队一行46人奔赴河北衡水中学等名校进行学习交流。教师撰写的教育教学经验论文中有9篇获省级一等奖，50多篇获省级二、三等奖，还有多篇发表在专业刊物上。

醴陵四中2014年教师获奖及论文发表情况

表11

姓　名	论文及课件名称	获奖及发表情况	颁奖及发表单位
谢德华	《氧化还原反应概念形成与问题解决初探》	发表	《德育报》
彭　林	《“五话”高三语文考场答题——一节高三语文考卷分析》	发表	《新课程》月刊（2014年第九期）
彭秋瑾	《运用价值澄清法，进行高中政治价值教学的实践探析》	发表 一等奖	《教师》月刊 湖南省教育科学研究院
武伟云	《情感策略在高中教学中的应用》	一等奖	湖南省教育学会
汤　琼	《以历史“美人”为鉴——把审美教育融入历史课堂》	一等奖	湖南省教育学会
胡　庆	《一个历史老师的读书感悟》	一等奖	湖南省教育学会
黄桂芬	《规划高中生活 创造幸福人生》	一等奖	湖南省教育学会
欧阳永	《“学会与父母沟通”团辅课设计》	一等奖	湖南省教育学会
李云希	《关于男生成长过程中的困惑与思考》	一等奖	湖南省教育学会
钟水泉	《让人人同享人生出彩的机会》	一等奖	湖南省教育学会
何新梅	《手机使教学更精彩》	一等奖	湖南省电化教育馆
谢拥军	《激活自主管理热情 打造优秀班集体》	二等奖	湖南省教育学会
文春霞	《高中语文教学德育举隅》	二等奖	湖南省教育学会
王小平	《构安全之盾 护佑学生成长》	二等奖	湖南省教育学会
林晓春	《抛秧理论在学生德育工作中的运用》	二等奖	湖南省教育学会
李屏泉	《让学生养成“认真”的好习惯》	二等奖	湖南省教育学会
孔淑梅	《用爱帮“学困生”脱困》	二等奖	湖南省教育学会
胡　庆	《我和399班的高三生活》	二等奖	湖南省教育学会
陈金南	《心存美好乐享幸福人生》	二等奖	湖南省教育学会
汤中文	《高一学生管理的几点体会》	二等奖	湖南省教育学会
谢利群	《严有度，爱为上》	二等奖	湖南省教育学会
易　辉	《树信心 激潜能 累积学习正能量》	二等奖	湖南省教育学会

续表 11－1

姓　名	论文及课件名称	获奖及发表情况	颁奖及发表单位
喻　盼	《女孩的心思你“得”猜》	二等奖	湖南省教育学会
罗成香	《醴陵市高中生应付方式的研究》		
张新建	《让爱的阳光照到并不起眼的角落园》		
屈明华	《在课堂教学中渗透阅读策略》		
汪建凡	《关于高考历史学科〈考试大纲的说明〉的解读》		
谭兴和	《大纵横、深挖掘、重建构——高三历史一轮复习的探索》		
陈平文	《感恩父母主题班会》		
张年英	《“积极参与国际经济竞争与合作”说课稿》		湖南省教育科学研究院
周勇辉	《“先学后教，当堂训练”模式在英语语法教学中的应用》		
黄　薇	《学会反思——在反思中实现历史教学的最优化》		
欧阳永	《关于改善高中生学习困难状态的探析》		
刘春英	《卫星远程合作让我的教学锦上添花》		湖南省电化教育馆
周勇辉	《高中英语教学中运用“导学案”所存在的问题与对策》	三等奖	湖南省教育学会
	《用心助高三学生插上腾飞的翅膀》		
黄　薇	《浅谈教师对学生情商的培养》		
吴志华	《啐啄同机 育心有道》		
谭欠汉	《浅谈调整高三学生心态的几点体会》		
郭　智	《道之所存，师之所存》		
陈觉民	《浅谈班主任工作的留白艺术》		
陈　君	《激活音美生文化学习潜力初探》		
丁江林	《拥有“四心”善待“后进生”》		
彭海波	《班级日志在班级管理中应用初探》		
吴梦琦	《摆脱应付，让学生爱上作业》		
刘春英	《做一个智慧的倾听者》		
彭辉平	《致吾儿豪健书》		
谭　桦	《高中班级管理要从学生良好习惯养成起步》		
谢　婷	《细小处有大作为》		
李凤姣	《部分学生不良心态探微及解决策略初探》		
刘云英	《如何激发女生学好物理》		
瞿　意	《激发高中音美生英语学习兴趣的策略》		
	《〈M7U3 DOING RESEARCH ON THE INTERNET〉教学设计》		
汤　琼	《历史教学渗透审美教育浅谈》		湖南省教育学会

续表 11－2

姓　名	论文及课件名称	获奖及发表情况	颁奖及发表单位
武伟云	《孩子，你慢慢来》	三等奖	湖南省教育学会
易湘礼	《用心为学生服务的几点做法与体会》		
黄桂芬	《刍议“培养学生的创新思维能力”》		湖南省教育科学研究院
张应明	《浅谈通用技术教学中学生创新能力的培养》		
汤　琼	《为什么袁世凯能“窃取”辛亥革命的胜利果实》		
瞿　意	《〈M9U3 The meaning of color Reading〉教学设计》		
刘奇云	《〈投掷实心球〉典型教学设计》		
何新梅	《浅谈实物展示台在高中物理复习中的应用》		湖南省电化教育馆
钟水泉	《浅谈高中政治导学案与多媒体教学整合的实践与思考》		
李正勇	《提高地理德育教育》	一等奖	株洲市教育学会

（何开思）

湖南轻工高级技工学校

【教学教研】 2014年湖南轻工高级技工学校为推动工学一体化教学，以课题建设、校本教材开发为核心，开展优质课竞赛，骨干教师上示范课，引导全体教师规范教学行为，提高教学技能，提升教研水平。倡导教师主持、参与课题建设。成功申报湖南省教育科研规划课题《陶瓷工艺美术专业大师导师制高技能人才培养模式研究》，研发《手绘效果图表现技法》《数控车加工》《洗车维修工艺》等工学教材。引导教师和学生积极参加各级各类竞赛，在株洲市“技能天下”职业技能电视大奖赛中，学校学生选手囊括陶瓷装饰工比赛项目前三名；在市青少年书法比赛中，1人获一等奖，1人获二等奖，3人获三等奖；在市“创新杯”说课竞赛中，教师1人获一等奖，2人获二等奖。

【技能培训】 2014年，学校完成各级各类职业技能培训6588人次；其中高技能人才培训1018人，农村劳动力技能培训1100人，阳光工程培训100人，移民培训420人，安全生产取证培训2478人，爆破员培训84人，轻盐集团培训229人，拓展培训等其他培训1100人，2159人通过了相关职业的技能鉴定考试。

【教学成果】 2014年高考中，学校一次性本科上线48人，较上年本科上线人数增长20%；其中600分以上5人，重点本科院校录取4人，对口升学上线人数由上年30人增加到46人，“普职融通”对口升学凸显优势。

湖南轻工高级技工学校2014年教师获奖及论文发表情况

表12

姓　名	竞赛（作品）及论文（课件）名称	获奖情况及发表情况	颁奖及发表单位
胡常娥	《会计电算化数据安全及对策》	发表	《数字化用户》
曹小毛	《浅谈电脑云终端组建教学办公局域网的优势》		《计算机光盘软件与应用》
石　冰	《防盗报警控制系统设计期刊上》		《电子技术与软件工程》
盛　敏	《书法扇面作品》		《美术报》
盛　敏	《篆刻作品》		《书法报》
王　芳	《父母与孩子之间的爱》	三等奖	中央电化教育馆
张　旭	《试论中职学生学习自控能力的培养》	一等奖	湖南省职业教育与成人教育学会

续表 12 — 1

姓　名	竞赛（作品）及论文（课件）名称	获奖情况及发表情况	颁奖及发表单位
盛　敏	《行书条幅书法作品》	一等奖	湖南省国资委
朱山丹	《对高考英语改革与英语教学的几点思考》		湖南省教育科学研究院
何利军	《浅谈对口高考中语文综合应用能力考查的命题立意及教学策略》		
刘　力	《技工学校班主任工作新思路与新方法》		
何井凤	《醴陵市城镇高中阳光体育运动开展的现状调查与研究》		湖南省教育学会
杨雪亭	《中餐宴会服务》		湖南省电化教育馆
夏召青	《浅谈中职语文教学中的能力本位教育》	二等奖	湖南省教科院
林秀兰	《如何提高师范类专业学生学习〈幼儿教育学〉的能力》		湖南省教育科学研究院
田赛先	《数学讲评课教学模式的探讨》		
周　秦	《高考英语阅读命题中失分原因及应对策略》		
朱石山	《中学体育教学中的学生个性培养策略研究》		
管祥久	《论李端棻的社会教育思想》		湖南省教育学会
	《太平天国运动》		湖南省电化教育馆
何利军	《清塘荷韵》		
吴利芳	《应用文写作——广告》		
刘　力	《新时代的劳动者》		
颜志康	《隶书中堂书法作品》		湖南省国资委
邓树解	《论高三班主任的角色意识》	三等奖	湖南省教育科学研究院
陈　玲	《新课程理念下高中学生解答化学实验题存在的问题及常见误区浅析》		
颜　欢	《关于专业课程作业设计的论述》		
傅晓云	《语文好声音，朗读最动听》		
肖卢国	《论化学平衡教学》		
唐　兵	《盘点高考对生态系统相关知识的考查》		
杨雪亭	《用“SWOT 分析法”看对口升学》	三等奖	湖南省教育科学研究院
江济民	《再论初高中地理教学之衔接》		
钟　伟	《谈作文指导〈人性的光辉——写出人物个性〉的教学目标的设置》		
陆　唐	《浅析技工学校学生寝室 6S 管理的推行及意义》		湖南省职业教育与成人教育学会
刘　侃	《专业教学应用虚拟机技术的探讨》		
何井凤	《株洲市广场健身舞发展现状》		湖南省教育学会
刘　力	《高中班主任心理健康教育方法探析》		湖南省教育学会
李米兰	《球》	三等奖	湖南省电化教育馆

（胡　晟）

市陶瓷烟花职业技术学校

【概况】 醴陵市陶瓷烟花职业技术学校是由市人民政府主办的公办职业学校，是国家级重点中等职业学校、湖南省示范性特色中等职业学校、国家中等职业教育改革发展示范学校，是湖南省多所中小学校学生社会实践基地、国家职业技能鉴定所、农村劳动力技能培训定点机构。2014年，学校有成建制教学班64个，有全日制学生3500余人，非全日制学生3300余人，有教职工224人，其中双师型教师97人，省工艺大师6人，省、株洲市级学科带头人8人。学校立足区域经济社会发展对技术技能型人才的需求，全力推进“1234工程”建设，“一个重点”即“以国家中等职业教育改革发展示范学校建设为重点”，“二个中心”即“陶瓷大师工作室和花炮研发中心”，“三个基地”即“中国釉下五彩陶瓷研究基地、陶艺体验馆和国家级非物质文化遗产醴陵釉下五彩瓷烧制技艺传承基地”，“四个科室”即“陶瓷烟花科、机电工程科、信息工程科、商贸旅游科”。主要开办有陶瓷工艺、花炮生产与管理等12个专业，形成以陶瓷、花炮、信息技术、建筑、汽车、机械设备、商贸旅游类专业为重点，会计、英语、工艺美术等类专业协调发展的专业架构。设对口升学班，毕业生参加对口高考一次性本科上线率达52%。学校与深圳华为、广州本田、深圳环旭、珠海伟创力、中山领航、湖南华联、湖南华天、株洲时代金属、旗滨玻璃等89家企业建立合作关系，学生就业率达100%，对口就业率达90%以上。办学经验在全省、全国推广，湖南卫视、《湖南日报》等主流媒体进行专题报道，在庆祝第30个教师节暨全国教育系统先进集体和先进个人表彰大会上，学校被授予“全国教育系统先进集体”称号，校长郭米红受到国家主席习近平等党和国家领导人的接见。

【特色办学】 始终坚持“立足园区，对接产业，服务地方经济”的办学宗旨，为醴陵地方产业和经济社会发展提供人才支撑。陶瓷工艺专业群作为株洲市及湖南省特色专业群建设项目获立项，特色品牌专业建设进一步强化。校企合作规模与领域进一步拓展，牵头成立的湖南醴陵陶瓷职业教育集团获评株洲示范性职教集团，与湖南环球烟花有限公司等企业共建生产性实训基地，与华天大酒店共建“华天班”，新增合作企业15家、合作学校3家。职业培训开展如火如荼，全年为企业和社会开展高危行业从业人员培训等职业培训4317人。社区教育再上新台阶，全民终身学习活动推进有力，共有8.4万人注册株洲终身教育网，位居株洲市各县市区第一；全市127个参学单位共977人参加干部在线网络学习，全部完成学习任务。在8月29日召开的湖南省职业教育工作会议上，校长郭米红代表全省495所中职学校作《对接区域特色产业 促进职教转型发展》典型发言，办学经验在全省推广。

【教学改革】 在2014年湖南省技能竞赛中，学校获中职建筑CAD项目一等奖，酒店服务、汽车运用与维修专业三等奖。在株洲市职业院校学生技能竞赛中，学校团体总分名列株洲市第一。学生计算机应用考试合格率达92.3%，英语考试合格率达89.7%。加强专业建设，有机电设备安装与维修立项为株洲市中等职业教育特色专业。

【德育工作】 坚持德育首位，积极培育践行社会主义核心价值观，在传授学生知识与技能的同时，高度重视学生职业素养、职业精神的培养。全面实施“五个一”德育工程，即每日一次跑操活动，每周一次升旗仪式，每月一次职业素养讲座和技能比武活动，每期一次校园文化艺术节和经典美文诵读比赛，每年一次秋季田径运动会和冬季远足活动。活动让学生收获了快乐，更为成才打下坚实基础，全校学生品德合格率100%，犯罪率为零。学生品德好，素养高，技能强，深受用人单位青睐，毕业生就业率达98.65%。

【争资引项】 全力推进国家改革发展示范学校项目建设，成功立项湖南省陶瓷工艺省示范性特色专业群等6个项目，共争取到项目资金632万元。湖南省职业教育2011年度省重点建设项目验收，被省教育厅评定为优秀。

【自身建设】 2014年，学校坚持把加强教师职业道德建设、提高业务能力放在突出位置，通过教师送培、名师工程、专业带头人选拔及“三好教师”评选等活动，促进教师队伍素质提高。1名教师获评“株洲市首批核心专家”称号，还有1人获“株洲市教学名师”称号，2人获评市“三好教师”，5人被评为株洲市、醴陵市学科带头人。2位教师参加全国中职学校“创新杯”说课大赛获一等奖，全年共有113人次获国家、省、地市奖励。2位教师受教育部派遣赴德国参加培训，有73位教师到清华大学、北京师范大学等高等院校参加培训，40位教师参加企业顶岗实践，双师型教师比例达76%。学校设施设备进一步完善，两栋新学生公寓投入使用，机电实训室成功建成，大汉陶艺馆顺利开馆。校园环境进一步美化，校道全部铺上沥青，香樟成片，绿树成荫。内涵建设进一步明显，学校被评为“全国教育系统先进集体”，陶瓷工艺专业“产品导向、项目递进”的工学结合人才培养模式研究与实践获国家级教学成果二等奖；在全国职业院校技能大赛中获建筑CAD比赛中职组二等奖；在全国中职生文明风采大赛中获全国“优秀组织奖”；还获评“湖南省安全文明校园”。先后有团中央常务书记贺军科等领导到校视察指导工作，吉林市职业教育考察团等 30 余所省内外兄弟职业院校领导、教师到校考察学习。

醴陵市陶瓷烟花职业技术学校 2014 年教师获奖及论文发表情况

表 13

<table>
<tr><th>姓　名</th><th>竞赛（作品）及论文（课件）名称</th><th>获奖及发表情况</th><th>颁奖或发表单位</th></tr>
<tr><td>易清云</td><td>全国中等职业学校语文课程“创新杯”教师信息化教学设计和说课大赛</td><td rowspan="2">一等奖</td><td rowspan="2">中国职业技术教育学会、教学工作委员会</td></tr>
<tr><td>何小乐</td><td>全国中等职业学校学前教育专业“创新杯”教师信息化教学设计和说课大赛</td></tr>
<tr><td rowspan="2">朱　虹</td><td rowspan="2">《翻转课堂教学模式在陶瓷工艺专业课中的应用——以〈釉下五彩陶瓷彩绘技术〉课程为例》</td><td>二等奖</td><td>教育部职业技术教育中心研究所</td></tr>
<tr><td rowspan="3">一等奖</td><td rowspan="2">湖南省职业教育与成人教育学会</td></tr>
<tr><td>喻　池</td><td>《兴趣引领，任务驱动，让经典焕发青春——试论“任务驱动法”在名著阅读中的运用》</td></tr>
<tr><td>侯岳峰</td><td>指导技能竞赛</td><td rowspan="2">湖南省教育厅</td></tr>
<tr><td>廖　维</td><td>职业院校信息化大赛中职组教师个人网络学习空间设计与应用项目比赛</td><td rowspan="3">二等奖</td></tr>
<tr><td>黎　亮</td><td>论文《中职学前教育专业钢琴教学的思考》</td><td rowspan="2">湖南省职业教育与成人教育学会</td></tr>
<tr><td>林芳媛</td><td>论文《现代数学实验在中职数学课堂上的运用》</td></tr>
<tr><td>陈细平</td><td>职业院校信息化大赛中职组教师个人网络学习空间设计与应用项目比赛</td><td rowspan="13">三等奖</td><td rowspan="2">湖南省教育厅</td></tr>
<tr><td>郭平凡</td><td>职业院校信息化大赛中职组教师个人网络学习空间设计与应用项目比赛</td></tr>
<tr><td rowspan="2">邓兰芳</td><td>《浅谈如何培养学生自主学习能力》</td><td rowspan="5">湖南省职业教育与成人教育学会</td></tr>
<tr><td>《关于计算机应用专业中高职衔接的思考》</td></tr>
<tr><td>黄　刚</td><td>论文《基于工作过程系统化的课程教学模式初探》</td></tr>
<tr><td>侯岳峰</td><td>《围绕地方产业发展，促进职教课程建设——机械专业课程建设的探索》</td></tr>
<tr><td>谢菲菲</td><td>《关于旅游服务与管理专业人才培养的几点浅谈》</td></tr>
<tr><td>唐　婷</td><td>《为梦想插上腾飞的翅膀》</td><td rowspan="5">湖南省职业教育与成人教育学会</td></tr>
<tr><td>王艳红</td><td>《浅谈中高职衔接中的中职教育》</td></tr>
<tr><td>林芳媛</td><td>《中高职数学教学衔接》</td></tr>
<tr><td>陈　希</td><td>《课程改革中本土文化与外来文化的冲突与整合》</td></tr>
<tr><td>肖海祥</td><td>《基于职业教育纵深发展校企合作探讨》</td></tr>
<tr><td>黄　刚</td><td>《人才需求及岗位典型工作任务调研报告》</td><td rowspan="5">一等奖</td><td>株洲市教育科学研究院</td></tr>
<tr><td>陈细平</td><td>《现代职教课堂空间化——浅谈我的空间数学课堂》</td><td rowspan="3">株洲市教育科学研究院</td></tr>
<tr><td>荣　志
朱树桃</td><td>《依托企业，培养“双师型”教师》</td></tr>
<tr><td>朱树桃
李　艳</td><td>《中职学校青年教师成长模式探究》</td></tr>
<tr><td>瞿江林</td><td>《极域电子教室在机房教学》</td><td>株洲市教师培训中心</td></tr>
</table>

续表 13－1

姓　名	竞赛（作品）及论文（课件）名称	获奖及发表情况	颁奖或发表单位
胡牡丹	《谈两点间的距离与线段中点的坐标公式》	二等奖	株洲市教师培训中心
朱　红	《浅谈职高音乐教育》		
谢菲菲	《关于旅游服务与管理专业人才培养的几点浅谈》		株洲市教育科学研究院
刘发林	《机电专业对口升学的几点思考》		
何小乐 林　洵	《浅论多媒体技术在心理健康教育课中的应用》		
张旖旎	《浅谈中职学校高一年级班干部队伍建设》		
付雪峰	《让国学文化在中职语文教学中开花结果》		
陈　敏	《新课改下中职英语教学之我见》		
陈　立 瞿　蓓	株洲市“创新杯”说课比赛		株洲市教科院
黄永固	《发挥课本例习题的作用 提高教学质量》	三等奖	株洲市教育科学研究院
文　宇 肖海祥	《关于中职学校语文课堂模式初探》		
陈　希	《浅谈课程改革中本土文化与外来文化的冲突与整合》		
董志阳	《浅谈如何构建幸福课堂》		
杨湘钧	《浅谈我的班级管理》		
朱　红	《浅谈职高音乐教育》		
晏小叶	《浅谈中职班主任关于心理健康辅导的几点体会》		
李艳枝	《浅谈中职学生合作能力的培养》		
杨晖红	《浅谈中职英语教学》		
易　慧	《浅析新时期如何有效开展中职生爱国主义教育》		
胡牡丹	《谈〈实数指数幂〉的教学设计》		
彭小平	《提升职业教育该怎样关注留守学生》		株洲市教育科学研究院
刘　方	《英汉谚语翻译中的文化差异》		
黄莉芬	《英语口语活动中学生思辨能力的培养》		
肖海祥 文　宇	《语文学科中渗透文明礼仪教育的探索》		
徐丽云	《怎样成为一名优秀的教师》		
林芳媛	《中高职数学教学衔接》		
陈　立	《中职计算机应用基础课程中的微课教学探究》		
匡传经	《家长学校现状、问题与对策研究——以醴陵市为例》		株洲市教师培训中心
	《县域义务教育均衡发展之分层划片管理模式研究》		

（陈少东）

市机关幼儿园

【概况】 2014年，醴陵市机关幼儿园有教职工60人，收托幼儿1059名。90%的幼师都毕业于幼儿师范学校，专科学历以上达95%；有中学高级教师1人，小学高级教师12人。投入资金200多万元，新建的综合楼已投入使用，对园舍进行大维修，增添多媒体设备，添置大批大中型玩具、办公用品等，学校硬件设施进一步完善。

【教育教学】 2014年，市机关幼儿园教育教学确保“四到位”。一是师资培养到位。加快教师专业发展，强化教师培训，狠抓教师的师德建设。二是常规管理到位。加强一日活动的常规管理，科学合理安排好幼儿的一日活动，做到动静结合，室内外结合。三是教学教研到位。机关幼儿园是全省贯彻《3－6岁儿童学习与发展指南》的重点实验园。在株洲市幼儿教师技能比赛中，3名教师参赛获得2个一等奖、1个二等奖；3名教师的论文参加省婴、幼特论文比赛分别获湖南省一、二等奖。教师指导的32幅幼儿绘画作品参加省“十八”中杯幼儿作品比赛分获一、二、三等奖。四是家园共育到位。积极争取家庭和社区对学前教育工作的支持，经常与家长、社区进行沟通和联系，每学期都邀请家长来幼儿园观摩教学，加强家园互动。

【保育保健】 根据幼儿营养需要，每周制定好“幼儿一周食谱”，每月组织一次幼儿会餐。根据季节及气温的变化及时更换床上用品，每月换洗一次、每周进行紫外线消毒，保证清洁卫生，卧室空调的开放做到适时、适度，给孩子一个舒适的入睡环境。为创设一个良好的生活环境，幼儿疾病防治健康率达100%，计划免疫接种率达90%，新入园的幼儿全部经过全面的健康检查，合格率100%。 （龙求凡）

市德才职业学校

【概况】 醴陵市德才外语学校是一所民办中等职业学校，2014年学校有教职工42人，其中专任教师30人，专任教师中有中学高级教师5人、中学一级教师9人、中学二级教师12人。有在籍学生520人，12个教学班。学校设商务英语专业，学制三年。按学生志愿，分设就业班和对口升学班。2014届毕业学生128人，直接就业学生70人，就业率100%，其中，9人通过选拔考试出国就业；有58名学生通过高考升入高等院校深造，升学率100%。

【教育教学】 2014年，学校主要强化四个方面工作：一是以培养学生好习惯为重点的德育工作；二是让学生在活动中学，形成勤学苦练、奋发向上的学习氛围；三是按有效、高效教学要求，探索“做中学、做中教”高效教学模式；四是坚持“校企合作，顶岗实习”的人才培养模式。年内，学校被株洲市教育局评为“骨干民办学校”（中职类），被株洲市职业教育与成人教育学会评为“先进集体”。18名教师撰写的教学研究论文分获株洲市一、二等奖，1名教师被评为市“三好教师”。学生参加全国公共英语二级考试过级率72%，参加全国信息化办公office考试过级率100%。 （顾美玲）

文化·体育·传媒

文　化

【概况】 2014年，醴陵市文化体育广电新闻出版局内设办公室和财务审计股（加挂文化产业股牌子）、行政审批股、群众文化股、群众体育股、市场管理股、广播电视事业管理股7个股室，辖市文化市场综合执法大队（局）、市文物局、市李铎艺术馆、市文化馆、市图书馆、市立三故居管理所、市体育运动学校、市电影事业管理站、市醴陵窑管理所9个二级机构。全市有基层文化站30个，民间职业剧团16个，铜管乐、电声队、锣鼓班子、腰鼓队90个，从事文艺工作人数1.2万人。开展大型文化体育活动24场次，送戏下乡140场，送电影下乡4104场，结合乡镇综合文化站建设，开展“一周一乐、半月一赛”系列活动218场次。其中市五彩艺术团参加国家体育总局举办的2014年“舞动中国—排舞联赛”总决赛获中年组大团体一等奖，市移动公司欧阳红被文化部评为全国优秀文化志愿者。

【文艺创作】 2014年，全市选送多个文艺作品赴株洲、省、国家各类文艺活动参赛，获国家级荣誉30个、省级荣誉45个、株洲级誉7个。史晓林作曲、史锐敏作词的声乐作品《雷锋矗立在我们心上》获《文化大视野全国群文系统文艺作品选集》优秀作品奖。在第十届德艺双馨中国文艺展示活动全国总决赛中，智慧树艺校创作表演的少儿舞蹈《流动娃》获少儿B组金奖。白兔潭灵感舞蹈艺校参加“第十届搜星中国全国青少年文艺选拔大赛”，《小赶海》《心翼》获金奖。在“飞翔中国”全国青少年儿童书画摄影展示交流活动中，蓓蕾艺校共获得美术类特等奖1个、一等奖15个，征文类一等奖4个，获集体三等奖。蓓蕾艺校的原创节目群舞《制》、新天娇艺校群舞《走在山水间》、水晶鞋艺校的群舞《亲亲我的小树》参加第十届《情耀中华》全国艺术成果展演湖南省选拔赛获金奖，宗宗艺校张文密老师获成人组金奖，学生文渺和钟晓轩获小学组金奖，邹家宜获小学组银奖。

【群众文化】 2014年，市文体广新局举办、承办、协办“欢乐潇湘·五彩醴陵”活动等各类活动218场次。在状元洲文化公园每周播放2场公益电影，共播放电影96场次。组织各乡镇、群众文艺团体开展文体活动100多场次。开展“我们的节日”系列活动10余场次。组织文化志愿者17人成立“自乐乐团”，利用周末在状元阁、滨河路、敬老院等群众集中地区义务为群众演奏12场次。文化馆、图书馆、博物馆、纪念馆和乡镇综合文化站全部免费开放，免费开展活动76场次。全年送戏下乡140场，送电影下乡4104场，送书下乡2700多本。

【文物管理】 2014年，文物管理工作稳步推进。耿传公祠全年接待游客量达20万人次，陶瓷博物馆陈列布展工作进展有序，为进一步充实陶瓷博物馆馆藏，向私人藏家征集醴陵陶瓷精品37件（套），向红官窑借展瓷器151件（套）。进一步加强“国保”单位渌江书院保护工作，并向国家文物局争取国家重点文物保护专项补助经费2179万元。

【文化产业】 2014年，全市文化经营单位共计323家，总收入35778万元，从业人员近万人。其中文化演出业法人单位14家，总收入756万元，从业人员247人；音像制品业法人单位13家，总收入343万元，从业人员56人；文化娱乐业法人单位76家，总收入2681万元，从业人员293人；网络动漫业法人单位125家，总收入1265.5万元，从业人员417人；工艺美术业法人单位52家，总收入13432.5万元，从业人数962人。全市已初步形成包括演出、展览、文化娱乐、工艺美术等众多行业门类的文化产业发展体系。

【文化市场】 2014年，全市文化市场有证经营户共187家，其中网吧152家、电游12户、卡厅15户、演出单位8户、新批电游1家。新闻出版市场有证经营户83家，其中印刷企业48家、打字复印企业16家、书刊及音像制品企业19家，年内新增打字复印、印刷企业各1家，变更印刷企业1家。

【非物质文化遗产】 2014年，醴陵手工毛笔制作技艺、毛瓷碗成型技艺、釉下五彩瓷雕手工技艺申报株洲市级非物质文化遗产项目处于待审阶段，醴陵皮影戏、花炮制作申报省级项目已完善相关资料，做好省级项目星子灯数字化记录保护和申报国家级项目准备工作。4月，陈扬龙釉下五彩瓷艺术中心获评国家级非物质文化遗产生产性保护基地。（黄铁力）

文学艺术

【协会发展】 2014年，醴陵市文联下辖的9个协会中，有作协、音协、舞协等6个完成换届，选举出新一届领导班子，增加了新的会员，队伍力量进一步充实。诗词楹联协会成功举办“让青春闪光”主题征联活动，共有300人的900多幅作品参加，共评出一等奖1个、二等奖3个、三等奖5个、优胜奖9个，学生及家长对句特别奖2个。市文联与市书法家协会联合东和邦郡房产举办全市青少年书法大赛。市书协在新阳乡清泥村小学举办李铎将军书法培训班，每周派出书法老师前去授课。10月，邀请著名青年书法家卿三彬到醴陵开展学术讲座，市书法界50余人参加活动。邀请著名花鸟画家胡进曦到醴陵举办花鸟画高研班，为醴陵培养高端美术艺术人才。市青年美协组织会员作品在山东菏泽博物馆进行巡展，取得良好的效果。市陶瓷艺术界在重庆市美术馆举办“五彩国瓷·绚丽巴渝”湖南醴陵釉下五彩瓷艺术精品展。舞蹈协会成果显著，11月7－11日在杭州举行的“舞动中国—排舞联赛”总决赛中，市五彩艺术团从全国88个集体舞参赛队中脱颖而出，规定节目《莉塔恰恰》和自选节目《雨中的舞动》均获得单项第一名，并最终获该组总冠军。智慧树艺校参加第十届“德艺双馨”全国总决赛获金奖。9月22日，醴陵市文化馆五彩艺术团在2014年“欢乐潇湘”湖南省第四届全民广场舞大赛中获株洲赛区第三名。市作协主办的《文笔峰》杂志全年出版6期，刊载文学作品300余篇，发行量突破3500份。（邓　丹）

2014年醴陵市文学作品一览

表14

作品名称	作者	获奖大赛（刊载期刊、出版单位）	获奖（发表）情况
《釉彩神话》诗歌	汤鹏天	《湖南日报》2014.12.28	刊发
《崀山丹霞奇观》散文		《湖南日报》2014.2.11	
《东方陶瓷艺术的高峰》	屈继元	《湖南文化遗产》2014年一期	
《云》散文	丁发明	《文艺窗》2014年第三期	
《至尊无价的梦想》散文		《文艺窗》2014年第六期	
《围墙》中篇小说	屈继元	《文艺窗》2014年第六期	
《寻找天鹅的人》寓言	肖邦祥	2014年中国当代寓言名篇	入选
《山歌唱响了宁静的风景》	桂新华	中外诗歌散文大赛	二等奖
《燕子找家》	史晓林	湖南省童谣儿歌大赛	
《故事里的人生》小说集	桂新华	南京出版社	出版
《潇湘胜景记》散文集	汤鹏天	湖南人民出版社	
《创造幸福人生的法宝》	谢九千	团结出版社	

【《醴陵文学》】 2014年，《醴陵文学》出刊6期，共计6万字。编辑部出版《醴陵风流》一书，共78万字，记录醴陵各个时期、不同领域杰出人物的创业奋斗史。《醴陵文学》执行主编黄绍纯撰写的《醴陵的孔雀袁昌英》于9月由湖南人民出版社正式出版发行。（屈继元）

图书发行

【概况】 2014年，湖南省新华书店有限责任公司醴陵市分公司（以下简称“公司”）有60余年国有图书音像出版物和文化用品发行历史，经营项目主要有中外文图书、教材、音像制品、电子出版物、文化用品、数码产品等。年末被评为市A类纳税企业和“2014年度商业统计优秀单位”。

【教材发行】 2014年，公司严格兑现“课前到书，人手一册”的承诺，在全省率先创建中小学课本免费送书上门模式，送书上门共计131车次。全力做好教材的余缺调剂工作，及时解决因学生增减而产生的课本余缺，保证学校正常的教学秩序。

【门店销售】 2014年，组织开展“阅读，时代不会辜负我们的努力”主题营销活动，销售同比增长203%；“三八”妇女节期间开展“三月女人最优阅”活动，销售同比增长77.48%；世界读书日开展“今天，你读了吗？”，销售同比增长54%；“六一”儿童节开展“童真欢乐无限，阅读伴我成长！”，销售同比增长12%。6－9月参加全省“少儿图书有奖竞销活动”，获得全省销售进步奖。在株洲地区率先开通“醴陵市新华书店”微信公众平台，吸收微信会员353人，同时首次在中秋节开展“英文互动——英汉双语话说中秋”营销活动。

【献爱心活动】 2014年，积极开展“献爱心、送温暖”活动，关心、帮助贫困学子。全年受赠特困生达674人，捐赠金额达16.4万余元。（汤海珊）

文化市场执法

【市场管理】 2014年，醴陵市文化市场综合执法局采取日常巡查、联合检查、专项检查等形式，开展网吧“扫黄打非”和打击盗窃、破坏有线广播电视传输设施专项整治，开展娱乐场所无证无照集中整治。全年共出动文化执法人员8719人次，检查文化市场经营单位2993家次，立案查处案件35件；其中查处网吧24家，娱乐场所和电游经营单位10家，广电经营单位1家。查处醴陵东风大酒店无证传输境外节目一案。落实查处举报2起，上级督查办案件2起，协助株洲市文化市场执法局对《三湘都市报》华声·株洲、《潇湘晨报》醴陵主页进行查处，2家报刊在醴均已停业。

【宣传教育】 2014年，制作500多块公示牌、提示牌，送到各网吧、娱乐场所。利用现代技术手段，提升宣传教育效果，建立网吧会员群、歌舞娱乐场所交流群等多个工作QQ群，方便发布工作信息和提示。举办两期文化市场经营业主培训班，共计200家经营业主或业务主管参加学习培训。借助新闻媒体，对集中整治行动、重点案件查处等执法动态进行常态化宣传。（王美玲）

体　育

【体育赛事】 2014年，全市举行登山比赛、机关篮球赛、老年人棋类赛等各类活动30多场次。“登仙山圣境 爱五彩醴陵”登山比赛活动共有92个单位、1600余人报名参加；“通达杯”羽毛球比赛共有来自全市各行业30个单位、202名运动员参加。第五届广场舞大赛共有29支队伍、576人参加。市五彩艺术团在杭州参加由国家体育总局举办的2014年“舞动中国—排舞联赛”总决赛，获中年组大团体一等奖、中年社会组串烧项目大集体一等奖和中年社区组规定项目大集体一等奖。

【群众体育】 2014年，市体育管理部门对全市各系统、各行业、各种所有制形式的体育场地的类型、结构、分布和使用管理等基本情况进行普查。全市共有场地767个，其中室内体育设施30个、室外体育设施737个。场地面积100.88万平方米，建筑面积26543平方米，用地面积114.70万平方米。根据第四次国民体质监测要求，在市机关幼儿园和浦口镇对相应人群进行抽样体质监测。

【“体彩”发行】 2014年，市文体广新局召开4次体彩会议，印发《体育彩票销售工作考核奖励办法》，全年增加传统店4个，新增竞彩网点5个，为12个站点安装了POS刷卡机，为销售额排前四名的站点统一配送电视机、电脑、招牌、电子显示屏。

【体育运动学校】 2014年，市体育运动学校进一步充实游泳项目的后备力量。暑期租赁国光游泳池进行游泳培训，培训学生163名，学校有注册运动员46名。体协还协助有关单位举办足球、羽毛球、门球等群众性体育竞赛活动，取得良好的社会效益。（黄铁力）

传　媒

广播电视

【概况】 2014年，醴陵市广播电视台由台机关、电视频道、广播频道、声屏广告公司、《今日醴陵》报社和湖南有线醴陵网络有限公司6个部分组成；台机关设办公室、总编室、财务审计部和人力资源部4个部室，电视频道设新闻中心（新闻部、播音组）、专题部和技术部4个部室，广播频道设广播节目部1个部室，声屏广告公司设广告一部、广告二部和广告三部3个部室，《今日醴陵》报社设综合部、采访部和编辑部3个部室；共有从业人员376人。全年开办有“醴陵新闻”“瓷城环线”“法治视点”“瓷城房产”等电视栏目，自办《记者再报告》《观点制胜》《视点锋汇》等3档编辑性节目，开办102.7MHz交通生活频道及《好车好房》《连心解困·大走访热线》等广播电台栏目，广播电视报纸年播稿量达4000余篇。全市光纤主干线达720千米，有电视用户10.5万户（其中城区数字电视用户6.9万户，农网自管有线电视用户3.6万户），宽带用户1.6万户；其中年内新发展有线电视用户5315户、宽带用户5752户，完成主营收入4781.95万元。全市广播、电视人口综合覆盖率均达100%。

【宣传报道】 2014年，市广播电视台围绕全市各项重点工作，电视频道《醴陵新闻》栏目开设《新创业·新醴陵》《落实“两会”部署·问政2014》《践行社会主义核心价值观·凡人善举》《项目建设千帆竞》《党的群众路线教育实践活动》《铁腕打非》《整改进行时》等新闻专栏近20个，策划播出系列报道26个。专题部制播《千年五彩城 湖南东大门》大型专题汇报片13个。《今日醴陵》报开设了《两会直通车》《服务群众零距离》《寻找永恒的感动》等专栏20余个，策划《破解要素制约》《醴陵花炮转型升级之路》等深度报道30余篇，发表各类评论文章60多篇。广播电台推出《讲讲醴陵事》《连心解困大走访贴吧》《拆违透绿》等专栏10余个。全年在国家级和省、株洲市等上级电视媒体发稿213条；其中在央视发稿12条，在湖南卫视、经视、都市等省级主要媒体播发稿件109条，在《株洲新闻联播》《直播株洲》等地市级综合类媒体发稿近93条。在纸质媒体和网络媒体发稿近150条；其中在国家级媒体发稿13条次，在《湖南日报》等省级主流媒体发稿30多条次，在株洲级媒体发稿100条。5月下旬，醴陵市广播电视台连续第四次获评省县级电视台“十佳通联集体”，全年发稿总时长在全省县级电视台中排名第一；新闻部主任肖华林获评“特殊贡献奖”，李欣钰被评为“优秀通联记者”；4个节目获株洲广播电视创优奖。开通《醴陵新闻》《今日醴陵》报和广播电台微信订阅号，拓展节目传播范围、扩大媒体影响力。其中《醴陵新闻》微信平台的点击量和关注度在全省媒体微谷排行榜上进入前十名。11月14日，长沙、醴陵、浏阳等18个城市的广播电视局、台成立湘鄂赣城市广播电视联盟。（刘　钚）

【媒体活动】 2014年6月，首届中国（醴陵）瓷韵天使大赛在市陶瓷烟花职业技术学校正式开幕，共有来自全市各知名陶瓷企业及全省高校初赛选手1200多人参赛，吸引2万余群众现场观看。《赢得力量》是市广播电视台推出的首档大型户外体验式教育的综艺电视栏目，自2014年6月30日开机拍摄至年末共播出12期。（王　虎　丁纪旭）

【业务培训】 2014年，市广播电视台加大对从业人员的培训力度，以内部讲座和邀请专家来台授课的方式，提高员工的新闻宣传理论水平和实践能力。有10名爱岗敬业、综合素质高的青年获得“醴陵市广播电视台2014年优秀青年”称号，10名刻苦钻研业务、优质高效完成本职工作任务的职工获“醴陵市广播电视台2014年岗位能手”称号，60多位同志获“2014年年度先进个人”称号。（刘　钚）

【《今日醴陵》】 《今日醴陵》报由醴陵市广播电视台承办，每周二、周五出刊，全年发行2万份、100期，其中增刊15期。报道内容主要围绕市委、市政府的中心工作，突出深度报道，突出典型人物，突出重大活动。年内，《今日醴陵》报在纸质媒体和网络媒体发稿近170条；其中在新浪、网易、凤凰等网络媒体发稿35条，在《湖南日报》等省级主流媒体发稿40条，在《株洲日报》等株洲市级媒体发稿95条。（周　刚）

【醴陵交通生活频道】 2014年，FM102.7醴陵交通生活频道覆盖湘东南、赣西北毗邻县市，每天不间断播出15个小时以上，节目以生活服务为主体，及时播报综合路况信息、天气预报等实用信息，综合反映全市新闻热点，成为影响力较大，贴近民生的品牌栏目。（张丽君）

卫生·计生

市卫生局

【概况】 2014年，全市共有各级各类医疗卫生机构715个，其中驻醴陵医疗卫生单位2个，市直医疗卫生单位7个，民营医疗卫生机构7个，乡镇卫生院26个，卫生院分院7个，街道社区卫生服务中心4个，村卫生室571个，诊所73个，厂矿、企事业单位医务室18个。共有干部职工4813人，在职在编1628人，离休6人，退休687人。共有高级职称218人，中级职称914人，执业（助理）医师1878人，执业护士1658人，每千人口拥有医生1.8人、护士1.6人，有编制床位数3687张。

（柳　叶）

【实施基本药物制度】 2014年，受综合配套改革滞后、中标药品价格倒挂、基层单位减收严重等综合因素影响，出现基本药物配送不到位，基层群众无药可用，医疗机构拖欠配送企业药款等突出问题和矛盾。据统计，全市可供采购配送的基本药物品种仅有200余种，西地兰等一批基层常用急救药品无法及时配送到位，基层医疗机构入不敷出，拖欠药款现象十分普遍，最严重的拖欠金额达百余万元。对此，市卫生局经过充分的前期调研论证，主推“基本药物统购”，实行以县为单位的基本药物集中网上下单采购、统一配送服务的药品网上采购服务管理模式，有力缓解基本药物实施中存在的系列问题。10月，市卫生局设立基本药物集中采购办公室和基本医药网上采购平台，配备4名专职工作人员，负责收集、汇总、审核全市基本药物采购计划，并代表基层医疗卫生机构与药品供应企业签订购销合同，负责合同的执行、配送公司的考核和资金集中支付的落实情况。市卫生局制定基本药物配送企业遴选方案，遴选湖南天士力民生药业有限公司醴陵配送站等5家公司。每周一、周二为基本药物采购计划收集日，各村卫生室将采购计划报送至乡镇卫生院，乡镇卫生院汇总辖区采购计划上报市卫生局基本药物集中采购办公室，基药采购办审核汇总后根据公司不同中标品种分配到5家配送企业。配送企业必须在3个工作日内将药品配送到各基层医疗卫生机构（含村卫生室），急救药品必须4小时配送到位，节假日正常配送。实施改革后，供采购配送的基药品种从改革前的200余种增加到700余种，采购品种满足率提升到95%以上，采购配送到位率从以往的60%上升到95%，基层医疗卫生机构和人民群众对改革的满意度以及群众在市内的就诊率均有提升。据统计，10－12月间基层住院13684人次，与上年同期相比上升0.12%。而拖欠药款现象和高价位药品的销售明显下降。药占比也有所下降。10－12月间的农合报销药占比33.09%，与上年同期相比下降6.48%，人均住院药费由原来的480.94元下降到474.56元。11月，市卫生局统一采购总金额205.6万元，较上年同期相比减少近50%。

【卫生项目建设】 2014年，全市卫生项目建设进展顺利。投入30万元，改造均楚军山分院、板杉八步桥分院等偏远地区医疗机构。5家乡镇卫生院和108家村卫生室顺利通过省卫计委标准化创建考核验收。投入1800万元，完成神福港中心卫生院、浦口镇卫生院等18个卫生建设项目主体工程。加快推进中医院、精神病医院、泰安医院等卫生项目建设，城区医疗机构服务承载力进一步增强。

【公共卫生服务】 2014年是全市“基本公共卫生服务整改年”，市卫生局认真扎实开展各项工作。组织卫生院院长和社区服务中心主任共30人赴湘乡市、浏阳市学习公共卫生工作管理经验。全市各基层医疗机构均设置1名专管基本公共卫生服务的副院长。进一步理顺机构体制，撤销6家乡镇防保站，对全市范围内乡镇卫生院和防保站进行资源整合，实现优势互补、资源共享。创新服务模式，组建由临床医师、护士、公共卫生人员、村医组成的服务团队，实行服务区域“分片包干”，具体工作任务责任到人，与村卫生室形成“一对一”工作指导模式，基本落实乡、村二级质量控制，有效促进村级服务能力的提升。积极开展“城区以社区团队、农村以乡村医师作为家庭医师”

活动，与辖区居民签约服务协议，将签约服务与基本公共卫生服务日常工作有机地结合起来。年内市已完成乡村医师签约服务10.71万户，签约率52.3%。规范基层医疗卫生机构就诊服务流程，建立基本公共卫生服务“首诊制”。对到机构内接受服务的居民先查询其是否建立健康档案，对未建档的先建档，逐步加强基本公共卫生服务与基本医疗服务对接。全面核实健康档案信息，全年共修正更新档案41.16万份，删除虚假档案2.10万份。落实重点人群健康管理，针对所有在管的重点人群规范健康随访、指导和健康干预，及时更新健康档案。强化项目培训，提高基层医务人员开展基本公共卫生服务能力，全年组织各类专干培训班850人次，有力提升专业化水平。强化项目督导考核，市卫生局会同市财政局组织上半年和年度定期绩效考核，将考核结果与经费拨付挂钩。年末，全市有常住人口96.72万人，建立辖区居民健康档案72.20万份，建档率75.37%，档案动态管理率56.8%；实施健康管理的0－6岁儿童8.90万人，健康管理率88.36%，3岁以下儿童系统管理率85.97%；管理孕产妇1.53万人，管理率95.87%，系统管理率87.81%；管理65岁以上老年人8.53万人，管理率90.25%，完成年度体检5.34万人，体检率62.54%；规范管理高血压患者4.54万人，Ⅱ型糖尿病患者1.35万人，重性精神疾病患者2354人，规范管理率分别是65.89%、65.58%和61.93%；国家免疫规划疫苗全程接种率97.5%；年内无重大传染病暴发流行。全年共为居民发放健康教育宣传资料15种、约35万份，制作及更换宣传专栏496期，开展健康知识讲座397次，公众咨询活动286次，居民健康知识知晓率86.1%，基本公共卫生服务满意度93%。（肖志成）

【妇幼保健】 2014年，全市完成免费婚检1.28万人次，婚前医学检查率86.6%。医疗机构出生活产1.29万例，共发放《出生医学证明》1.06万份。孕妇艾滋病自愿检测率达100%，孕28周前检测率78.94%。农村妇女增补叶酸的服用率明显上升，孕产妇叶酸服用率98.23%。全市共有10578名符合条件的农村孕产妇领取住院分娩补助，共领取住院分娩补助298.52万元。各产科机构无一例孕产妇死亡，孕产妇死亡率6.55/10万，5岁以下儿童死亡率5.77‰，婴儿死亡率4.06‰，围产儿死亡率7.81‰，孕产妇系统管理率95.87%，住院分娩活产率99.9%，剖宫产率35.64%，3岁以下儿童系统管理率89.57%，新生儿疾病筛查率83.99%，新生儿听力筛查率80.72%。

【疾病防控】 2014年，继续加强艾滋病、结核病、霍乱、手足口病、甲流等重大传染性疾病的防治工作，完善各类应急预案，规范处置疫情预警信息65起。组织开展人感染高致病性H7N9禽流感防控等培训班，共计培训136人次。建立了两支突发公共卫生事件应急机动队。规范各医疗卫生单位发热门诊、肠道门诊管理，全力做好“5·25”特大洪灾、“9·22”浦口镇南阳花炮厂爆炸事故的应急管理工作，确保无重大突发公共卫生事件发生。

（丁香玲）

【卫生监督】 2014年，组织开展“打击非法行医专项行动”“3·15”健康维权专项行动、“打击非法医疗广告专项整治行动”等系列整治行动，认真处理各类群众投诉，答复处理率100%。严格根据国家卫生城市标准，开展“五小”行业专项整治行动，共办理健康证6553本，培训公共场所从业人员2309人次，培训发证食品从业人员4244人次，受理发放卫生许可证1574本，从业人员体检培训率、持证率、建档率均达100%，“五病”调离率100%。（周江选）

市人口和计划生育局

【概况】 2014年，醴陵市人口和计划生育工作紧紧围绕稳定低生育水平、统筹解决人口问题工作目标，进一步夯实基层基础工作，不断提升优质服务水平，积极稳妥、扎实有序推进“单独二孩”（一方是独生子女的夫妇可以生育两个孩子）政策、城镇独生子女父母奖励制度实施，严格落实计划生育利益导向政策，全市人口和计划生育工作继续保持良好发展态势。全年全市符合政策生育率为84.49%，出生人口性别比为100∶106.21，社会抚养费征收到位率87.05%，查处“两非”（非医学需要的胎儿性别鉴定和非医学需要的人工终止妊娠）7例，统计准确率98.23%，综合治理到位率100%，开展国家免费孕前优生健康检查工作8016对、覆盖率100.45%。醴陵市继续保持“全国计划生育优质服务先进单位”“全省人口和计划生育工作模范单位”“全省‘两非’典型案例查处工作先进单位”和“株洲市人口和计划生育工作红旗单位”称号；市人口和计划生育局被评为“湖南省计划生育依法行政示范单位”“株洲市2014年度文明建设红旗单位”；市计生协会被评为“全省计划生育协会工作先进单位”。

【计生综合治理】 2014年，进一步健全完善计划生育综合治理工作机制，切实加强日常管理，认真抓好政策兼容、信息共享等工作，坚持把计划生育综合治理工作列入年度目标管理综合考核的重要内容，加大部门配合协调力度，逐步形成党政领导、部门协同、社会参与、齐抓共管的良好局面。全年公安、民政等部门运用实时通录入数据26397条，提供多条“两非”线索。

【新政策实施】 2014年，认真

做好“单独二孩”、城镇独生子女父母奖励等新政策推进工作，通过多种形式大力宣传，积极引导，主动参与，确保新政策按照既定目标要求落到实处。全年全市共办理“单独二孩”生育证427本，录入城镇独生子女父母奖励对象12838人，其中国家机关531人、事业单位1209人、国有企业及国有控股企业4066人、破产企业职工及纯居民7032人。

【惠民政策落实】 2014年，全市有计生奖励扶助对象6810人、特别扶助对象535人，发放奖励扶助金547万元、特别扶助金174万元。完善“独生子女父母光荣证”年审制度，县、乡两级严格按年审名册进行年审，做到证、册、对象档案逐一审核，无一遗漏。认真做好独生子女保健费发放对象确认工作，组织专项调查组进行抽查，确保利益导向政策执行严肃性，提高利益导向对象准确率和及时率。

【计生协会】 2014年，进一步健全计生协会组织。各村（居）委会、社区通过民主推荐、民主选举、民主监督，选举出热心计划生育事业，责任心强的人组建基层协会机构。抓好流动人口协会组织建设，在流动人口多而集中的鑫泰商场、步步高超市建立流动人口计生协会，为外来人员提供良好的计生服务。年末，全市共有乡级计生协会32个、村级计生协会398个、企业计生协会735个、流动人口计生协会2个，有协会会员83205人。

【队伍建设】 2014年，市人口和计划生育局深入开展党的群众路线教育实践活动，结合工作实际创新活动内容，机关作风建设得到强化。活动期间共解答各类咨询2.2万余条，解决实际问题520余项，建立健全制度20项。进一步加大培训教育力度，先后组织25名机关干部参加各类学习培训，不断提高机关干部职工的整体素质和综合服务能力。借力支村两委换届选举，配齐配强配优村级计生专干、组级信息员，并落实待遇薪酬。 （吴 旭）

市爱卫办

【概况】 2014年，全市爱国卫生工作坚持“政府组织、部门协调、群众动手、科学治理、社会监督”的工作方针，加强爱卫工作的组织管理，爱卫工作水平进一步提升，居民卫生意识和健康水平明显改善。市爱国卫生运动委员会办公室（以下简称“市爱卫办”）畅通群众建议与投诉平台，协调解决爱国卫生方面的问题48个，受理办结群众来信、来访和投诉电话34个，办结率达96%以上。同时深入开展爱卫宣传，充分利用乡镇、街道中心地段电子显示屏、短信平台、健康教育宣传栏等形式，开展卫生知识宣传，在全国第26个爱国卫生日开展“远离病媒侵害，你我同享健康”主题活动，普及爱卫相关知识，有效提高群众的防病意识和健康素养水平。年末，市人民政府被株洲市爱卫会评为“2014年度爱卫工作目标管理考核优胜单位”。

【卫生创建】 2014年，市浦口镇成功创建“湖南省卫生镇”，填补了株洲地区省级卫生镇创建的空白。在市爱卫办的指导下，该镇积极组织群众开展卫生村创建、清洁户家庭评选等一系列活动，并整合资金3000余万元，先后实施群众文化广场、农贸市场、集镇路面沥青改造等一大批小城镇建设项目，重点加强对“五小行业”、镇容环境卫生、100户改厕工程等难点问题的治理，集镇绿化、美化、亮化、净化水平得到大幅提高，有4个村成功创建省、株洲卫生村。全市有浦口镇贯古村等11个村成功创建省、株洲市卫生村，市经济开发区石子岭中心小学等5个单位成功创建省、株洲市文明卫生单位。

【城乡环境卫生整治】 2014年，市爱卫办始终按照常抓不懈的总体要求，坚持开展城乡环境综合整治，城乡环境卫生工作稳中有升。在城区，以城市门户形象升级改造和“两改六化”为突破口，努力提升城市品质和服务功能。下发《醴陵市2014－2016年创建国家卫生城市工作实施方案》，构建“统一领导、分级负责、条块结合、以块为主、全民参与、齐抓共建”的工作模式，始终坚持“六乱”整治不反弹和“周督查、月暗访、季考评”的卫生检查考评机制，确保城区环境卫生的常态化。在农村，与“大走访”工作相结合，积极开展“下村组，访民情，环境整治面对面”和“小手拉大手，共创文明乡”等活动。

【病媒生物防制】 2014年，市爱卫办以除害防病为目的，坚持环境治理为主的综合防制措施，发动各部门、各单位和广大群众定期开展病媒生物防控活动。在农贸市场、垃圾集散地、垃圾站、下水沟（道）等蚊蝇活动密度较高的公共区域进行全方位的药物灭蚊行动，有效预防秋冬季传染病的发生和流行。城区公共区域病媒生物防制通过公开招标，继续走市场化、专业化服务道路，除“四害”（老鼠、蟑螂、蚊子、苍蝇）活动成效明显。全年共投放灭鼠毒饵7.2吨，灭蟑胶饵5800支，强力粘鼠板48箱，溴鼠灵蜡块25箱，溴敌隆蜡丸13件，高效氯氰菊酯80千克，灭蚊幼虫药剂380千克，新增毒饵站620个，“四害”密度有效控制在国家标准之内。（杨湘云）

市妇幼保健院

【概况】 醴陵市妇幼保健院（以下简称“医院”）占地6666.67平方米，建筑面积9164.33平方米，是一所集医疗、预防保健于一体的国家二级甲等妇幼保健院。2014年医院有在职人员290人，其中高级职称11人、中级职称70人，开设床位150张，设有产科、妇科、儿科、新生儿科、儿童保健科、产后康复中心等科室，有固定资产4100万元。全年服务住院人次1.1万人次，诊疗人次13.2万人，手术2002台，总收入6700万元。年内，医院获“株洲市医药价格管理先进单位”，保健科何丽获株洲市“五一劳动奖章”。

【群体保健】 2014年，医院始终坚持以“保健为中心，保健与临床相结合”的方针。一是规范全市儿童保健门诊建设。医院组织对全市26个乡镇卫生院和4个社区卫生服务中心的能力资源配置和考核培训，制定《体弱儿管理制度》《散居儿和集体儿管理制度》等13项核心制度。为全市342个行政村各培训1名村级儿保专干，举办儿童保健知识培训班7期，培训儿保专干319人次；开展乡级培训120期，培训乡村医生2015人次，进行基层指导150余次等。12月28日，市、乡两级儿童保健规范化门诊建设工作顺利通过省卫计委评估组验收。二是重大公共卫生项目取得明显进展。农村孕产妇住院分娩补助落实到位，资金运行安全，为10578名农村孕产妇领取住院分娩补助298.52万元，占农村户籍产妇的93.88%；农村妇女增补叶酸的服用率明显上升，叶酸服用率达98.23%。三是基本公共卫生服务妇幼项目全面推进。积极开展九大基本公共卫生服务项目，按照《醴陵市2014年基本公共卫生服务项目考核办法》，定期对各乡镇卫生院开展孕期建档、产前检查、产后访视、产后42天检查、新生儿访视等九大妇幼服务项目。四是依法开展妇幼保健技术服务。免费婚检12782人次，婚前医学检查率达86.6%；共发放“出生医学证明”10560份；孕妇艾滋病免费检测率达100%。孕28周前检测率78.94%。五是孕产妇保健系统管理质量不断提升。开展市、乡、村三级保健网络，互通孕产妇信息，确保所有孕产妇不漏管；加强对高危孕产妇的管理力度，对高危孕妇进行全程监护，全年对656例高危孕妇进行重点监护，直至平安分娩。

【内部管理】 2014年，医院提出了“打造全市妇女儿童就医的首选医院”发展目标，实施“学科建设年”主题活动，稳促医院发展。确立了以产科为重点专科，儿童保健科、新生儿科、产前保健科、产后康复科、健康管理中心为特色优势专科的发展思路。积极进行院内分配机制改革，制定院、科两级薪酬福利分配方案，实行同岗同酬、多劳多得。通过学科建设管理考核和医疗质量管理考核，对科室的人才培养、学科管理、技术创新、特色项目、科室经营五大方面进行集中考核，全年共开展学科管理考核10次，其他各类检查、考核106次，医师医疗质量及安全分析会议12次，医护业务查房142次，知识竞赛2次，医务人员的知识和技能水平得到明显提升。建立病友回访中心，通过举办院科两级病友座谈、员工座谈、院长接待日等方式，多渠道收集各方面意见和建议，全年共收集病友意见建议86条、员工意见建议121条，全部回复并解决。医院制定《各种奖项评先规定》，共设置奖项11项，其中集体奖2项、专项奖4项、个人奖5项。共开展新技术及新项目16项，开展一对一陪伴导乐无痛分娩653例，开展无创DNA基因诊断产前筛查高危孕妇787例，确诊唐氏综合征23例，普及推广新生儿桡动脉采动脉血技术。11月1日，按照国家最新标准改造的新生儿无陪病房投入使用。

（漆生生）

市疾病预防控制中心

【概况】 2014年，醴陵市疾病预防控制中心（以下简称“中心”）按照“守底线，保基本”的工作要求，结合党的群众路线教育实践活动，进一步加强疾控能力建设，规范内部管理，着力抓好疾病预防控制和卫生应急工作，促进公共卫生服务均等化，各项业务工作均取得可喜成绩。年末被湖南省疾病预防控制中心授予“2014年度性病艾滋病防治综合管理工作先进单位”称号。

【免疫规划】 2014年，中心把免疫规划作为疾控工作的一条底线，规范预防接种异常反应监测，确保免疫针对性疾病不发生暴发流行。完成全市所有预防接种单位客户端软件安装调试以及历史接种数据的迁移工作，确保儿童基本信息和接种信息准确传送到省级平台系统，实现全省预防接种、疫苗流通及冷库温湿度的信息化管理。截至12月31日，儿童预防接种信息化系统共上传儿童个案132103份，其中2014年出生儿童个案信息13801份。在全市范围内开展麻疹类疫苗查漏补种和脊灰疫苗强化免疫工作。麻疹查漏补种共摸底登记儿童61130人，应种儿童5096人，除少数缓种儿童暂未接种外，实际接种5007人，接种率达98.25%。脊灰强化免疫摸底登记目标儿童57074人，第一轮应种54164人，实种53381人，缓种783人，接种率为98.55%；第二轮应种54369人，实种53285人，缓种1084人，接种率为98.01%。继续加大麻疹与AFP病例的监测力度。2014年，全市麻疹监测系统累计报告疑似麻疹37例，其中外地报告6例、本地报告31例。经实验室检测，麻疹IgM阳性6例（省儿童医院确诊5例，本级实验室确诊1例）、风疹2例，排除29例。共监测报告AFP疑似病例4例，其中外地报告1例、本地报告3例。年内无新生儿破伤风、白喉、流脑、乙脑病例报告，共计报告百日咳6例，15岁以下乙肝病例1例，均及时开展了个案调查。全市共报告AEFI（疑似预防接种异常反应）病例61例，其中2例为异常反应，其他均为一般反应病例。坚持双月冷链运转，下发疫苗，保证各接种单位需要。组织开展儿童入托入学接种证查验，共查验幼儿园和小学共计434所，查验儿童29225人，应补证725人、实补证723人，应补种4311人、实补种4259人，补证率和补种率分别为99.72%和98.79%。完成接种率调查，共调查适龄儿童210人，建卡、建证率均达98%，卡证相符率98.09%，卡介苗、糖丸、百白破、麻苗、乙肝、流脑、乙脑、甲肝疫苗单苗接种率分别为100%、100%、99.05%、99.05%、99.52%、97.14%、96.67%、96.67%，督导率达100%。“六苗”（卡介苗、乙肝、糖丸、百白破、麻风、乙脑）全程接种率为97.14%，乙肝首针及时接种率为99.05%，百白破加强免疫接种率为97.14%，麻疹类疫苗加强免疫接种率为98.09%，安全注射率为100%。

【传染病防治】 截至2014年12月31日，全市共计报告法定传染病3329例，发病率为320.10/10万，较上年同期上升11.45%；报告法定传染病死亡病例7例，病死率为0.21%；无甲类传染病病例报告。在全部法定传染病病例中，城区有617例，占比18.53%；发病病例男女比例为1.71 ∶ 1，男性发病人数明显高于女性；发病数最多的年龄组为1－2岁组，共564例，占比19.94%；职业分布以农民发病数最高，共1409例、占比42.33%，其次为散居儿童1306例、占比39.23%，与上年同期相比，散居儿童发病率有显著性提高；时间分布以4月为最高，共483例，占比14.51%。病种分布发病数居前四位的分别是手足口病1221例、占比36.68%，肺结核753例，乙肝467例，其他感染性腹泻210例。与上年同期相比，手足口病发病数增加481例，是发病数上升幅度最大的病种。年内，中心扎实开展以霍乱为重点的肠道传染病防控工作。积极开展霍乱原内外环境检索，内环境检索188份，外环境监测江河水30份、医院污水30份、水产品60份，均未检出霍乱弧菌。肠道传染病监测共分离培养肠道致病菌菌株6株，并及时送到株洲市疾控中心复核。加强人禽流感和不明原因肺炎等呼吸道传染病监测，对全市活禽交易市场开展环境标本采集，共送检环境标本样15份，检出H5阳性7份、H9阳性1份，H7未检出。全年无霍乱报告病例，细菌性痢疾80例，伤寒、副伤寒7例，均为散发疫情。认真做好手足口病监测和常规督导工作，及时有效处置一起手足口病聚集性疫情，未发生续发病例，无暴发疫情；完成一例手足口病重症病例调查处理，采集送检手足口病样本60份，其中阳性结果34份，阳性率56.67%。配合株洲市疾控中心做好流感病毒防控监测工作，全年未发生聚集性和暴发性流感疫情。及时有效排查4例外出埃博拉出血热疫区务工医学观察健康人员。进一步规范各级医疗机构狂犬门诊的规范化建设，全年无狂犬病病例报告。钩体病防治监测完成2次野鼠带菌率调查，共监测鼠肾样品100份、青蛙肾和猪肾样品各50份，未检出阳性；重点人群血清监测采样100份，检出抗体阳性样本29份。全年未发生钩体病疫情。有效处置3起散发流行性出血热疫情，做好消杀灭工作，对病例密切接触者进行应急接种共96人次。

【卫生应急】 2014年，中心完善各类应急预案，坚持24小时应急值班，及时排查处理传染病疫情预警信息180余起。共派出35人次参加上级培训学习，4次对医疗机构组织开展手足口病防控、人禽流感防控、狂犬病暴露处置技术、埃博拉出血热诊疗和防控等相关知识，共计培训256人次。对30名应急机动队员进行专题培训，完善应急装备、器械和药品储备，开展疑似人感染禽流感疫情处置模拟演练。全力做好“5·25”洪灾灾后防疫、“9·4”高桥中学感染性腹泻事件调查处置以及“9·22”浦口爆炸事件现场消毒工作。“5·25”灾情发生后，中心群发手机短信10万多条，连夜编制赶印两种灾后防病知识宣传单6万份，并组织人员免费向市民发放。为保证环境卫生消毒的需要，中心紧急筹集84消毒液320件、漂白精片50件、漂白粉1.5吨、泡腾片0.5吨、氰哌酸1件，下发到各乡镇防保站、社区卫生服务中心以及部分单位。在洪水过后，中心安排3台专车，从各科室调集20多名专业技术人员组建3支救灾防病小分队，对过水的重点区域和公共场所进行环境消毒，共计消毒170万平方米。并对各乡镇进行督查，指导防保站有序开展灾后防疫。应急办24小时专人值班，定期网上巡查疫情，及时掌握疫情动态。“9·4”事件发生后，中心立即成立应急工作领导小组，组成3支专业技术人员应急分队对湘东医院、中医院、均楚卫生院住院留观病例进行流行病学个案调查，并开展现场流行病学调查，采集水样、食品样品20余份以及病人呕吐物、排泄物等临床样品进行检测和培养。在株洲市疾控专家的现场指导下，全力以赴做好流行病学调查和卫生应急处置，未发生二代续发病例，并及时向社会公众和媒体公布信息。“9·22”事件发生后，中心组织专业技术人员对事故现场进行消毒处理，共消毒1万多平方米。

【结核病防治】 2014年，中心进一步落实结核病归口管理，加大宣传力度，充分利用村级防痨网络，实行全程督导管理。召开全市结核病防治工作会议，强化业务培训和督导管理，督导乡镇卫生院和社区卫生服务中心180余次。对肺结核患者实行打包免费治疗，全年共接诊初诊病人2160人，免费摄片2076张，免费查痰4483人次，免费治疗和系统管理的病人共计735例，完成年任务数的121.7%。年内新发涂阳262例，新发涂阳治愈率达98.8%。筛查阳性病人密切接触者511人，筛查率达100%。网络追踪网报病人到位率99.5%，总体到位率达99.6%。全球基金耐多药项目痰培养71例，有56例培养阳性送省结防所进行耐药试验，发现耐多药病人5例。结核菌PCR定量扩增19例，发现1例耐利福平患者。

【艾滋病防治】 2014年，醴陵市被国家卫计委确定为第三轮全国艾滋病综合防治示范县，进一步明确“政府组织领导、部门各负其责、全社会共同参与”的防治工作机制。中心突出宣传教育，强化行为干预，创新防治模式，认真落实政策要求，及时做好了疫情报告、随访、CD4检测，单阳配偶的检测、病毒载量的检测比例均达100%、抗病毒治疗达98.6%。社区美沙酮维持治疗新入组12人，累计入组320人，在治病人63人。全市累计发现HIV/AIDS178例，年内新报告45例，其中病人13例、死亡7例、HIV感染者20例；报告梅毒123例、淋病6例、尖锐湿疣5例。积极开展高危人群行为干预，对失足妇女、男男同性恋、吸毒人员、外来务工人员、性病就诊者等进行干预，发放宣传资料和安全套并开展初筛检测。全市8家初筛实验室共计筛查15.74万人次，确诊阳性29例。加强病人管理，落实结核病/艾滋病双向转诊制度，对病人实施关怀救助，有效防范艾滋病相关公共安全事件发生。

【监测检验】 2014年，中心加强实验室建设和实验室安全管理，积极参加各种实验室能力验证活动，考核结果均合格。加强了菌种、毒种以及危险物品管理，全年未发生实验室安全事故。全年共计完成从业人员健康检查、结核病人肝功能检测、乙肝两对半、丙肝、梅毒、血、尿常规等临床检验2万余样次，城区医疗机构消毒监测36家，托幼机构25家共采样418份，完成自来水日常监测和农村饮水安全工程水质检测共计384样次，食品安全风险监测共采集样品70份；完成疟原虫镜检、狂犬抗体检测等2000多件检测任务。

【健康教育】 2014年，中心进一步强化全市健康教育管理和健教网络建设，建立和完善培训、督导、宣教等各项工作制度。结合卫生主题日大力开展健康教育活动，印发《健康醴陵》《健康素养读本》《职业病防治》《健康知识读本》等宣传资料；深入社区、学校、企业、农村举行大型健康教育活动12次，刊出卫生知识宣传栏1000余块。定期开展督导，利用市健康教育QQ群督促、指导全市各相关单位开展工作，并及时上报各类报表。自9月开始，中心每月出版一期《健康教育简报》，开通健康知识手机短信服务，每周免费向市民发送一条健康简讯。开展健康知识知晓率和健康行为形成率调查，共调查居民1973人、学生497人、门诊及住院病人800人。调查结果显示，居民、学生，以及门诊和住院病人的健康知识知晓率分别为83.39%、90.08%、85.86%，健康行为形成率分别为70.14%、82.07%、72.43%。

【职业病防治】 2014年，中心共完成职业危害因素监测18家，监测有害作业点249个。其中采集个体粉尘样73个，有超标样9个，超标率12%；定点粉尘样91个，有超标样12个，超标率13%；噪声检测85个点，有超标样26个，超标率30%。及时向厂方出具监测报告和卫生学评价报告。完成203家厂矿企业的职业健康检查，共计体检3196人。发现疑似职业病人297人，职业禁忌症48人。2014年是矽肺监测哨点项目工作实施的第五年，中心对哨点单位的88个粉尘生产作业点进行现场采样和实验室分析，其中粉尘浓度超标点为12个、超标率13.6%，对13家哨点单位的1518名作业工人进行了职业健康检查，筛查出疑似矽肺病人255人、职业禁忌症11人，内部定诊142例。

【地方病、寄生虫病、慢性病防治】 2014年，中心组织对全市3－15岁参合儿童开展免费驱虫工作，服药人数达到10.21万人。完成地寄慢病监测任务，碘盐监测抽取居民盐样300个，合格样品289份，合格碘盐食用率为96.33%，未发现非碘盐。地氟病监测发现1例氟斑牙患者。全年共对574名“三热”患者（发热在38.5℃以上的临床诊断为疟疾、疑似疟疾、不明发热原因者）进行血检疟原虫，未发现阳性患者。开展蚊密度调查，9月、10月蚊密度有所上升。对近10年发现麻风病现症病人密切接触者进行筛查，未发现新的麻风现症病人。加强慢性病管理工作，截至2014年12月31日，全市建立居民健康档案82.73万，建档率为86.4%；共登记65岁以上老年人9.58万人，接受管理9.13万人，健康管理率95.3%。全年健康体检5.4万人，健康体检率59.2%；登记管理高血压患者和糖尿病患者分别为5.56万人、1.67万人，高血压患者和糖尿病患者管理率38.7%、24.8%，其中规范管理高血压患者和糖尿病患者4.38万人、1.33万人，规范管理率分别为78.6%、79.5%。血压控制正常3.05万人，血糖控制正常8414人，控制率分别为54.9%、50.4%。积极开展死因监测，全市共审查死

亡报告卡3483张，修订336张，删除重卡61张。（王 婷）

市卫生监督所

【概况】 2014年，醴陵市卫生监督所内设办公室、财务科、受理发证科、公共场所卫生监督科、医疗卫生监督科和稽查科，有在编人员24人，有高级职称1人，中级职称9人，初级职称9人。年内，市卫生监督所以“强化内部管理，规范监督行为，加大执法力度，推进依法行政”为主线，认真履行卫生监督职责，不断加大卫生监督执法力度，受监管行业的卫生基础设施建设得到进一步提高，全市公共卫生状况和医疗秩序有明显好转。在“与百姓连心，为百姓解困”大走访活动中，市卫生监督所将收集的98个问题全部销号，指导浦口镇成功创建省级卫生乡镇，并在“5·25”抗洪救灾、“9·22”浦口镇花炮厂爆炸事故卫生处置中，发挥了卫生监督的职能作用。

【卫生行政许可】 2014年，市卫生监督所对全市住宿业公共场所实施卫生行政许可和卫生监督量化分级管理制度，覆盖率达98%以上。按照行政许可程序对申请人的生产经营场所、布局、工艺流程及卫生设施严格审查，实行承办监督员负责制，按照“谁许可、谁监督、谁负责”的原则，严格实行行政过错责任追究制度，切实做到依法许可、依法监管。年内，全市共受理卫生行政许可申请157户，发放许可证157本；卫生知识培训6553人，其中公共场所从业人员2309人次、食品从业人员4244人次，发放健康合格证6553本，“五病”（痢疾、伤寒、病毒性肝炎、活动性肺结核、化脓性或渗出性皮肤病）调离率100%。

【医疗机构监管】 2014年，全市共受理并审核发放“医疗机构执业许可证”4本，受理换发“放射诊疗许可证”13本，共监督检查医疗机构706家，规范村卫生室设置578家。开展多项专项整治行动和传染病防治及采供血监督检查，共检查医疗机构706家、采供血机构2家、药店13家，取缔非法行医机构2家，取缔非法坐堂行医的药店6家，处罚医疗机构18家，罚款4.18万元。没收药品、消毒产品13盒，没收B超机1台，销毁非法户外广告2处。

【公共卫生监管】 2014年，市卫生监督所按照《公共场所卫生管理条例实施细则》，对全市437家公共场所进行全面的监督检查，并在2013年量化分级管理的基础上，进一步完善公共场所行业量化分级管理等级评定工作，对205家住宿和157家美容美发服务场所实施量化分级管理，监督覆盖率达100%。

【饮用水监督】 2014年，市卫生监督所对全市城乡46家饮用水供水单位开展现场监督检查，并纳入国家饮用水卫生监督网络。设92个饮用水采样监测点，丰水期和枯水期各进行一次抽样检测。加强对农村集中式供水单位的监管，年底举办一次集中式供水单位卫生监督管理联席会，对5家符合条件的农村自来水厂发放卫生许可证。

【学校卫生监督】 2014年9－11月，市卫生监督所对全市城乡456所学校、幼儿园展开为期2个月的集中卫生检查，重点检查学校疫情报告制度、入托和入学预防接种制度等是否落实，自备水源和卫生安全管理是否到位，对检查中发现的卫生安全隐患提出相应的整改意见，有效防止了学校突发安全卫生事件的发生。

【监督协管与保障】 5月、8月期间，市卫生监督所2次组织全市80名协管员进行业务知识培训考试，对考试合格者颁发卫生监督协管员证。同时，对协管单位工作每季度进行考核。在市两会和学校中、高考等重大活动期间，向会场、代表入住宾馆和中、高考考点派驻卫生监督员，严格执行卫生安全保障任务。（张 鋆）

市农村合作医疗管理办公室

【概况】 2014年，全市参合农民82.41万人，参合率98.51%，人平筹资380元，共筹资3.13亿元，其中中央配套1.48亿元、省级配套8186.6万元、株洲市级配套622.1万元、醴陵市级配套2728.8万元。上年结转1928万元（风险基金1875万元），年内可分配基金总额为31369万元。全市受益参合农民24.78万人次，受益面30.07%，整体补偿率60.02%，县乡两级政策范围内补偿率75.03%；其中住院12.65万人次，普通门诊统筹9.39万人次，定额住院分娩9725人次，大病特殊门诊1.77万人次。补偿医疗费用共计2.93亿元，其中住院补偿2.65亿元，普通门诊统筹补偿619.12万元，住院分娩定额补助840.54万元，大病特殊门诊补偿1570万元。全年全市实际住院补偿率60.02%（省实事目标60%），县乡两级政策范围内补偿率75.03%（省实事目标75%），全面实现新农合年度工作目标任务。与上年相比，参合农民住院补偿、门诊补偿比例均稳步增长，农民群众看病就医费用负担逐步减轻。推进即时结报工作落实，年内新增4家定点医疗机构，截至年末共有591家市内外定点医疗机构，获定点医疗机构补助1.32万人次、补偿金额2.16亿元。

【补偿方案调整】 2014年2月，新补偿方案出台，各级医疗机构住院报销比例均相应调整。调整后，乡镇卫生院报销比例为80%，县、市级、省级定点医疗机构分别为70%、60%、50%，湘东医院为60%，县外非定点医疗机构为40%。每人每年累计补偿封顶线12万元。继续实行保底报销，报销标准为住院总费用的20%。普通门诊统筹每户封顶线为家庭参合人数乘以15元，此金额以户为单位可结转次年。10月起，乡镇卫生院（含分院）和社区卫生服务中心起付线由200元调整至100元。

【惠民政策落实】 2014年，按照湘卫合医发〔2011〕3号文件规定，继续对14周岁以内患有先心病、白血病和0－6岁聋儿实施救治，提高儿童重大疾病保障水平。全年实施免费救治先心病患儿51名，白血病患儿71名。同时继续落实农村“五保户”和孕产妇在县乡定点医疗机构住院及分娩基本医疗费用全免优惠政策，提高“五保”对象、产妇医疗保障水平。对农村五保对象在县、乡级新农合定点医疗机构住院的基本医疗费用补助不设起付线，在市内定点医疗机构住院的“五保户”保内费用报销比例为90%，全年全市“五保户”住院9565人次，住院总费用2364.13万元，共计补偿2071.98万元。

【支付方式改革】 2014年4月，市合作医疗管理委员会组织财政、卫生、民政等相关部门，对支付方式改革进行专题调研，以农村五保户医疗补偿政策为突破口，统筹推进商业保险机构承担意外伤害补偿和扩展单病种补偿等改革。一是继续推进意外伤害由商业保险机构承办的举措。自上年4月改革以来，意外伤害补助的人次、总费用、补偿金额明显下降，进一步控制了次均费用的增加，确保了新农合基金的平安运行。二是五保户住院补偿费用采取以年度内1600元/人总额预付包干至户籍所在地卫生院（社区卫生服务中心），全年分2次预拨，超出部分由所在地卫生院和就诊医疗机构共同承担。“五保户”需到县级医院住院的，必须先到所属乡镇卫生院进行首诊（急诊危重病人除外），确实需要转上级医院的由卫生院开具转诊证明，并确定以县级定点医疗机构（中医院、妇幼保健院）为乡镇“五保户”转诊首选定点医疗机构。三是市三医院全年度住院补助采取年度总额预付包干的形式，每月初预拨10万元作为下月补偿金，预留2万元作为补偿备用金，以每月12万元封顶，年度总金额不超过144万元，没有达到144万元按实际补偿额拨付。

【基金监管】 2014年初下发的《2014年新农合工作要点》规定，各定点医疗机构严格按照工作要点要求，作为各单位年终考核的重要指标，严格控制各级医疗机构次均住院费用，自费比例、合理用药、合理医疗。加强对医疗费用情况监测，并实行定点医疗机构医疗服务信息发布制度，定期公示各级医疗机构住院相关指标。全年可报比例和受益度纳入年终考核指标，与年终考核分值和评优评先工作挂钩。重点加大稽查审核和违规处罚力度，对定点医疗机构实行动态管理。每两个月对农合定点医疗机构进行一次普查，还进行一年2次的半年全面督查。5月，市合管办对在普查和督查中存在违规补偿行为的定点医疗机构分别下发整改通知书，责令其限期整改到位。全年普通门诊补偿9.39万人次，补偿619.12万元，跟上年同期相比，补偿人次减少75.91%，补偿金额减少55.49%，有效杜绝无病拿药违规现象的出现。 （胡小康）

株洲市中心血站醴陵分站

【概况】 2014年，株洲市中心血站醴陵分站有专业工作人员8人、司机2人，配备有1台献血屋车、1座献血屋和1台流动采血车。全年无偿献血总人数为4365人，累计无偿献血量为152.54万毫升，比上年同期增长7.99%。团体无偿献血由上年的372人次、12.31万毫升增加到1201人次、43.35万毫升，一次献血达400毫升的有2213人次、占同期献血人数的51%。无偿献血报销295人次，报销金额16万元。临床用血红细胞170.70万毫升，血浆59.47万毫升，机采血小板198个单位治疗量，冷沉淀979单位，采供血比由上年的76%增加到89.9%。 （易利华）

湖南师范大学附属湘东医院

【概况】 湖南师范大学附属湘东医院是一所集医疗、教学、科研、急救、预防保健和社区服务于一体的省级综合性三级医院。为湖南师范大学临床医学硕士学位点、省住院医师规范化培训基地及省全科医生临床培训基地。2014年，医院有编制床位800张，设38个临床医技科室、10个教研室、2个研究室、1个学校重点实验室。有在职职工1060余人；其中高级职称人员140余名，硕士研究生导师12名，博士、硕士研究生40余人。全年共接诊患者57万余人次，收治住院患者3.5万余人次，完成手术6100余台次。

【医院管理】 2014年，医院管理进一步规范。抓好制度体系建设。以三甲医院评审标准为准绳，逐步建立健全符合“三甲医院”要求的制度体系，进一步规范医院管理。根据《三级综合医院评审标准考评办法》等相关规定，组织各相关职能部门召开专门协调会，严格按照“三甲医院”的要求，结合医院工作实际，制定修订制度、流程和预案等共1200余项，分块讨论、审核后汇编成册。抓好人才队伍建设。注重引进高素质人才，做好人才储备。全年共招聘医、药、护、技等应届毕业生45名。积极组织专业技术人员职称晋升和工人晋级报名与考试，共完成128人次各类专业技术职称晋升考试报名工作，其中9人晋升高级职称。向省卫计委推荐卫生系列高级职称评委51人次。加强医院教师资格审核与管理，42人取得教师资格证。

【基础建设】 2014年，以门急诊综合大楼建设为中心，提升硬件建设水平。一是完成新门急诊综合大楼的各项前期准备工作，完成项目选址范围内10栋房屋的拆迁安置，拆迁安置房建设工程已破土动工。二是完成院内教学区及职工食堂的改造，学生学习、生活、娱乐环境大大改观，职工就餐难问题有效缓解。三是投入近2000万元购买高档彩超、电子肠镜、超脉冲等离子电切镜、全自动生化仪和体外冲击波碎石机等仪器设备，利用美国政府贷款，购买64排CT，年内仍在进行CT机房改造等前期工作，医院硬件建设水平进一步提升。

【业务工作】 2014年，医院狠抓核心制度的落实，确保医护安全。一是认真按照湖南省卫计委2014年抗菌药物专项整治的要求和工作部署，加强了各科室使用抗菌药物的管理，促进抗菌药物临床合理应用能力和管理水平持续提高。进一步规范辅助用药的临床合理应用，促进临床合理用药，进一步规范临床诊疗行为，切实加强临床路径管理，确保医疗质量。二是全面提升医院护理质量与护理服务水平，为广大患者提供安全、专业、全程的优质护理服务。加强护士岗位培训，全面提升护士职业素质。全年护理部组织护理人员培训26场次，“三基”考试24场次。科室每月召开的病人公休座谈会，聘请院外第三方调查，多渠道听取病人及医务人员对护理工作的意见和建议，从中评选出病人最满意护士，并对提出的意见积极整改。三是优化门急诊流程，加大便民惠民力度。加强门诊导诊组的管理，将导诊组直接划归门诊部管理，增加导诊人员，理顺门诊导诊管理机制；建设并开通预约挂号平台，患者可通过网络、电话、自助机、窗口等方式预约挂号；加强门急诊日常管理，挂号、收费、取药等窗口实行灵活派班机制，通过增开窗口、错峰上班等措施，以保障患者排队等候时间不超过15分钟；认真做好与汝城县人民医院、岳阳市君山区人民医院的对口帮扶工作。

【科研教学】 2014年，医院获批省教育厅、卫计委等省、株洲市级课题3项，在各类学术期刊等刊物上发表学术论文40余篇。新增2名硕士研究生导师，首批招录的3名硕士研究生已经到院进入临床学习。心血管病研究室被评为湖南师范大学重点实验室，成功举办市麻醉药品临床使用与规范化管理培训班和全市首届微创介入治疗论坛，进一步提升医院区域影响力。全年共承担师大医学院临床、预防、检验等专业共165人的临床理论教学、临床见习、临床实习教学任务，接收安排其他医学院校实习生87名，接收安排各医院选送的进修人员11名，完成理论教学1095学时，临床见习2364学时。选派2名优秀教师参加学校举办的附属医院青年教师课堂教学竞赛，分别获得二、三等奖。邀请省内一批有较大影响的专家教授到医院讲学，组织各种讲座15场次，选送11人外出进修学习，组织48人次参加各类专业学术会议与业务培训。

【自身建设】 2014年，医院全面加强自身建设，积极发挥党支部战斗堡垒作用，将原有的8个党支部调整为13个党支部，设置党小组38个，选配一批政治素质好、工作能力强的同志担任党小组组长，提升支部战斗力与凝聚力。按照“照镜子、正衣冠、洗洗澡、治治病”的总要求，深入开展以“为民务实清廉”为主题的党的群众路线教育实践活动，紧密结合医院工作实际，重点解决一批群众反响强烈、影响医院建设发展的突出问题。强化内部管理，进一步规范物资设备和药品的采购和供应，杜绝商业目的统方行为。医院所有涉及人、财、物等方面的决策和执行，纪检人员均全程监督，确保公开、公正、透明。加强文化建设，提升医院形象。通过院刊、网站途径全方位提高医院知名度。制定职工协会管理办法，组织开展丰富多彩的文体活动，丰富职工文化生活。全年共组织120余名职工参加无偿献血活动，抽调60人参加全市“连心解困”大走访活动，共组织10批次、60余名青年志愿者，先后到东堡乡樟塅等10个村对800余名村民进行免费体检和健康咨询。 （晏　波）

市中（一）医院

【概况】 2014年，醴陵市中（一）医院有职工836人，其中高级技术职称人员68人、中级技术职称194人、初级技术职称405人，有硕士研究生19人；编制床位500张；收治住院病人26005人次，门诊接收203434人次，其中急诊21453人次，完成手术4891台次。年内，医院获株洲市“医药费用监测工作先进单位”称号，成功跻身国家卫计委重点支持县医院行列，院心病科、骨一科被评为株洲市首批“优质护理服务示范病房”；副院长江晓平、心内科主任彭泽龙被评为“株洲市先进中医工作者”，院感科主任廖立梅被评为“2014年度株洲市医院感染管理先进个人”，骨二科主任肖宏韬获株洲市自然科学学会二等奖。

【医改工作】 按公立医院综合配套改革要求，2014年医院药品共让利1349万元，减少大型检查项目收费55万元。全年收治农合病人较上年增加300多人次，次均费用下降200多元，收入减少400多万元。

【医疗管理】 2014年，医院120急救中心共出车接诊9089人次，抢救成功率达97.3%。处理突发事件5起、重大交通事故2起，完成市委、市政府各类会议、活动医疗保健任务112起。在“9·4”高桥中学事件和“9·22”浦口镇花炮爆炸事故中，医院启动应急预案，开通绿色通道，不惜一切代价救治学生和抢救伤员，同时做好信息报送和值班值守工作，积极配合各级党委、政府做好情绪安抚等工作。各临床科室在做好医疗服务的同时，还注重开拓创新。肛肠科成功申报了省中医药管理局的科研课题康痔丸项目；普外科成功完成一例“全结肠切除加直肠黏膜剥脱及直肠肌鞘内回肠肛管吻合术”；骨一科成功开展醴陵首例微创技术打孔钉棒内固定治疗胸腰椎骨折术和人工肩关节置放术；泌尿外科的导航B超定位、钬激光精准碎石治疗泌尿系结石均系醴陵首创。黄泥坳卫生社区引进北京世纪杨氏新药管疗法，调理哮喘、鼻炎、失眠等疾病患者2333人次，取得较好疗效。

【医疗服务】 2014年，医院全面铺开“优质护理示范工程”建设，示范病房开展率达100%。多次邀请湘雅医院与株洲市中心医院专家教授到院坐诊、查房。医院领导班子成员下乡走访乡村医师502名，组织业务骨干下乡义诊，免费为老百姓做健康体检和健康咨询达1200余人次，发放健康宣传资料1500余份。各临床科室均对口帮扶一所乡卫生院，开展“学科共建”活动。全年共完成白内障患者复明手术549例，完成高考体检3433人次。接收大专院校实习生76人次，乡镇进修医师17人次。收治接诊各类传染病病人1387例，疫情网络直报率为100%，医院感染率为2.23%，低于全国同床位数医院感染率（3.54%）。加强对医保农合政策执行力度，降低了自费药比例。

【队伍建设】 2014年，医院引进硕士研究生1人、副主任医师1人，招聘本科生7人；有8位副主任以上职称医师通过醴陵市第二届名医评选初评；晋升正高职称2人、副高职称15人。全年共派出各类业务骨干13人到省内外三甲医院进修，邀请湘雅医院和株洲市中心医院专家教授到院讲学3次，受训人数达500余人次。 （邓　纲）

市精神病医院

【概况】 2014年，醴陵市精神病医院有在编职工109人，中高级以上职称36人；有床位280张，实现医疗收入2024万元，较上年增加372万元。市急性精神病门诊、住院综合大楼累计投入1900余万元，年内已完成大部分室内装修工程。全年对医护人员进行“三基三严”（基本理论、基本知识、基本技能，严格要求、严密组织、严谨作风）训练和考核12次，共派出青年骨干医师7人到省、株洲市各医院进修学习，派出30余人次参与各类学术会议及病例讨论。在党的群众路线教育实践活动中，共收集对领导班子作风建设方面的意见20条，院领导班子对存在的问题逐一整改落实。

【重性精神病防治】 2014年，医院加强了对基层医院重性精神病管理工作的督导，共督导完成1240例个案质控评估。截至年末，全市“严重精神障碍”患者检出率达3.6‰，国网录入患者3392例，年内增录1000余例患者，修改国网逻辑错误数据78例。认真落实省政府为民办实事“救治救助重性精神疾病患者”项目。5月，医院对各基层卫生单位上报的210名需救治救助的重性精神疾病患者名单进行上门复核，按照公平、公正、公开的原则确定了64名救治救助对象。为此，医院制定了救治救助重性精神疾病患者项目的临床路径规范。截至11月，64名救治救助患者全部出院。 （陈亦雄）

南华附二醴陵兆和医院

【概况】 南华附二醴陵兆和医院（以下简称“医院”）是一家集医疗、教学、保健、康复、社区卫生于一体的二级综合医院。2014年设床位450张，有20多个临床及功能科室，有医疗业务用房2.2万平方米，有高级专业技术人员26人、中级卫技人员73人。继泌尿外科后，医院相继成立中风康复疼痛治疗中心、糖尿病专科、胃肠专科等品牌科室。通过拓展招聘渠道，新聘医师约30名，并特约湘雅医院教授担任医院的客座教授。全年先后派出21位医护人员到南华、湘雅、广州等地进修，并安排54人次进行轮科，组织业务学习10次、医护人员“三基理论”考试18次、操作考试5次，全院会诊、病例讨论40余次，医护人员的综合能力也得到普遍提升。年内，医院获“省级诚信示范民营医院”称号。 （程　洁）

泰安医院

【概况】 2014年，醴陵市泰安医院有职工人数230人，其中高级专业技术人员14人（正高4人，副高10人），有享受国务院政府特殊津贴专家2人、醴陵市首届十大名医2人。年内，医院新建一栋建筑面积为1.7万余平方米、12层高的多功能电子信息化综合住院大楼。为确保医疗质量与安全建设，医院成立质量监督考核领导小组，每月不少于2次开展各专业工作的监督、检查、指导。强调特殊用药管理，对重要岗位及工作环节进行不定期抽查，确保医疗安全。 （杨胜求）

区·街道·乡镇

长庆示范区

【概况】 醴陵市长庆示范区(以下简称“示范区”)东至杭长高铁站，南至渌江，北抵沪昆高速，西至320国道，总面积约26.61平方千米。托管珊田、马脑、黄沙、钟鼓、山峰、庄埠、清潭7个行政村，154个村民小组、4565户，年末户籍人口18491人。2014年，示范区完成税收3008万元；实现工业总产值16.32亿元，其中规模以上工业企业实现产值12.13亿元；固定资产投资6.18亿元。

【项目建设】 2014年，示范区涉及的重点建设项目有沪昆高铁站（醴陵）连接线、长庆大道、渌江新城三大项目。沪昆高铁站（醴陵）连接线起于醴陵大道与106国道接口，终止于沪昆高铁站，全长约5.04千米，全线跨清潭河大桥，高速下穿桥涵等。沪昆高铁站（醴陵）连接线新建工程于2013年9月6日开工，至2014年完成沥青砼路面约16万平方米，路基填方约120万立方米，路基挖方约220万立方米，人行道彩色透水砖约3.7万平方米，侧平石2.4万米，锁边石0.74万米，桥梁桩基约3900米，混凝土约7万平方米。2014年8月份完成路面铺设、广场绿化、亮化、公交站、垃圾站等配套设施建设，9月16日正式通车。长庆大道项目建设于6月25日第四次复开工，年内签订并拆除邦和血浆站公共厕所，完成三角坪5户拆迁、面积1893平方米，解决历史遗留问题200多个。11月28日，历时4年之久的长庆大道建成通车。渌江新城建设项目为市民服务中心、新城新天地、珊田安置区和新城核心区道路环线。年内完成拟建项目的土地和拆迁情况摸底、公示（第一榜，第二榜）。其中，市民服务中心需拆迁14户，拆迁房屋建筑面积4844.45平方米，拟安置人口49人；新城新天地需拆迁52户，拆迁房屋建筑面积23624.55平方米，拟安置人口197人；珊田安置区需拆迁10户，拆迁房屋建筑面积4017.98平方米，拟安置人口46人。分别测算3个项目征地费和拆迁安置费，制定渌江新城拆迁补偿安置方案。3个项目征拆安置费初估（含收回珊田花炮厂）在1亿元以上。

【“三农”工作】 2014年，示范区共有水稻种植面积455.33公顷，油菜种植面积20.67公顷，辖区基本上无耕地撂荒现象。示范区筹资100余万元，加固辖区水塘和修筑、清理、维修12千米水渠；抓好各水利工程的防汛工作，成立“三防”领导机构，制定防汛抢险岗位责任制，建立一支示范区、村两级约200人的防汛抢险队伍，确保防汛责任、防汛人员、防汛器材三落实。扎实有效推进森林防火，全年无火灾事故发生。

【安全维稳】 2014年，示范区着力抓好矛盾纠纷排查处置，坚持每月1次的矛盾纠纷排查调处，全年共受理各类矛盾纠纷40起，其中交通事故纠纷2起、医疗纠纷2起、征地拆迁纠纷13起、其他各类纠纷23起，调处成功39件，调处成功率达97.5%。为抓好安全生产工作，认真开展安全生产集中整治，严格执行领导干部包片、机关干部包村、村干部包组的“三包”责任制。从9月22日开始，在辖区范围内深入开展安全生产隐患大排查。清潭引线厂顺利通过上级部门验收。原辉宏鞭炮厂与金龙鞭炮厂11月底顺利换证复产。加强食品药品安全监管，开展小食品摊贩清查、地沟油违法犯罪等食品安全专项整治行动，打击非法添加非食用物质和滥用食品添加剂等专项行动，确保全年辖区无食品药品安全事故发生。对辖区内的村、企业、学校、幼儿园、道路、桥梁等开展经常性的安全隐患检查，发现隐患及时排除。

【计生服务】 2014年，全区应享受计生奖扶对象81人、特扶对象3人，其中新增奖扶13人，退出2人；独生子女保健费应享受人数118人，其中新增14人，退出27人。做好出生缺陷干预工作，完成“国免”检查180对，新生儿无一例出生缺陷发生。全区应孕检已婚育龄妇女2568人，已孕检2514人，三查率达97.9%。组织开展流动人口清查工作，共清查流出人数1385人，其中流出已婚妇女人数338人，签订流出已婚育龄妇女协议书292份；流入人数224人，其中已婚妇女人数33人，签订合同33份。年内出生250人，一孩159人、二孩85

人、多孩6人，符合政策生育率84.4%，性别比为100 ：106.4。

【城市创建】 2014年，示范区扎实开展市容环境专项整治及河流渠道垃圾清理、渣土稽查等各项创卫工作，取得良好成效。2月，马脑村被省爱卫办评为省级卫生村。3月，在辖区范围内开展一次全面的“五小”行业摸底清查，共登记“五小”行业125家，其中餐饮单位70家、小宾馆5家、小发廊9家、小网吧2家、副食品店38家、小歌厅1家。“3·12”植树节，示范区管理委员会全体机关干部、村干部和部分村民共80余人，在清潭村和黄沙村开展集体义务植树活动，共植树1200棵。

【社会事业】 2014年，辖区黄沙中学投资200余万元进行提质改造，全面启动学科基地建设，试点采用伏羲教育管理模式，年末获株洲市“中小学科技创新教育科研工作先进单位”称号。有6275人参加新型农村合作医疗，参合率达99%；8632人参加城镇居民医疗保险。共申报审批低保对象469人，启动安居工程5栋，发放临时救济金5万元、优抚金30万元、大病医疗救助21万元，新增参加失地农民保险156人。珊田村获“中国特色村”称号，马脑村获“湖南省民主法制示范村”“省级卫生村”“省级计生村”等称号；珊田村支部书记钟宏获“2014年十大杰出村官”。

【党建工作】 2014年，示范区深入开展党的群众路线教育实践活动和“连心解困”大走访活动。党工委组织全体领导班子、机关干部和各村村支两委干部开展集中学习17场次，完成学时49小时，各村支部组织党员和村民小组组长集中学习20余场次，示范区及各村支部组织主题为“做群众贴心人”“入党为什么、为党干什么”的专题讨论会10余场次；组织观看《焦裕禄》《苏联亡党亡国20年祭》等教育电影20余场次；组织大党课1次、巡回党课7次；结合各自工作实际，撰写了学习心得体会46篇；50人参加群众路线教育实践活动的基本知识测试。扎实开展“连心解困”大走访活动，认真落实党员干部“群众工作日接访制度”，共接待来访群众58人次，收集问题32个，认真解决失地农民就业增收、修路、安装自来水、天然气、建房等民生问题21个。清潭村筹资30多万元改造学校校舍和食堂，筹资10万元修建了新拦江桥。黄沙村党支部想方设法筹集资金，完成4个组200多户村民的自来水安装；天然气管道铺设覆盖全村，开户率达96%；投资20多万元，对村级主渠道进行修缮。 （朱金钱）

来龙门街道

【概况】 2014年，醴陵市来龙门街道完成规模工业总产值6.81亿元，增长26.37%；工业固定资产投资7.24亿元，是年计划的144.76%；新增规模以上工业企业3个；新增限额以上商业企业4个，限额以上商业企业销售额全年59.2亿元，增长15.1%；新增重点服务企业9个，实现税收收入1.84亿元。认真组织开展第三次全国经济普查工作，共普查登记个体户7893户、法人单位和产业活动单位760户，办事处获评“第三次全国经济普查株洲市先进单位”。加大招商引资力度，成功引进五彩台北城、人人乐超市、新华联房产开发、旗滨玻璃商住用地等项目4个，到位资金3.5亿元，是年计划的292%，增长119%。完成税收收入1.84亿元；其中国税入库5743万元、为全年任务的109.8%，地税入库1.30亿元、为全年任务的109.1%。

【项目建设】 2014年，来龙门街道全面完成丁家坊储备土地上7栋房屋的拆除和7.13公顷土地的青苗补偿、土地清表、围墙修建等工作。签订醴建路11户拆迁协议并完成拆除，实现年底通车目标。完成旗滨玻璃商住用地41.2公顷征地手续和林地报批手续，11月19日前72户、78栋房屋拆迁协议全部完成并拆除38栋，搬迁坟墓2500余座，完成拆迁安置区征地7.87公顷和82栋安置区房屋的规划、设计、财政评审、招投标等工作，启动安置区建设。组织五彩新城开发商与周边村民协商，协调解决因桩基施工造成排水不畅、周边房屋受损等遗留问题；积极协调马放塘棚户区改造项目因新华联安置房建设造成红砖楼75户房屋受损理赔工作，共理赔44户、35万余元。组织工作人员上门上户做李畋中路拆迁户思想工作，新签订拆迁协议65户。

【“三农”工作】 2014年，来龙门街道有耕地92.68公顷，种植早稻6.67公顷、瓜菜70.48公顷，除10余公顷因重点工程土地征收及施工建设破坏水系无法耕种外，辖区内无耕地撂荒现象。东岸村双季稻种植示范片大田早稻种植达100%。争取资金20余万元，在8月底前对上洲村蔬菜基地配套设施进行改造，完成6千米长的灌溉水渠整漏技改，添置1台新水泵和2台抽水机；组织人员对病险水库、山塘、山洪地质灾害隐患点、城市低洼易涝地带和危旧房屋等重点防护地段进行排查，共排查隐患2处，并及时进行整改。抓好森林防火工作，组织200多名干部、党员在丁家坊高岭、上洲人形山、东岸宋家冲等墓葬集中区域设置防火检查站，放置燃放桶，强化隐患排查，实现零火灾、零火警工作目标。

【城市创建】 2014年，街道认真组织辖区8家单位开展拆围透绿行动，新增绿化面积4000多平方米；完成小街小巷道路提质改造12条。全面实施城管“网格化”“责任田”管理机制，共拆除违章广告56块，纠正占道经营、出店经营122起，纠正乱停乱放87起，制止乱牵乱挂65处。5月26日，组织全体机关工作人员、村居干部、党员和入党积极分子对洪水退后淤泥堆积的路面开展清理，共出动铲车2台，清运、清洗车辆7台，清运垃圾、淤泥、杂物20多车，清洗路面和人行道2000余米。严格把关拆违控违工作。全年共申报建房261户，其中新建16户、拆建245户，报批47户。组织开展集中拆违行动5次，出动人员500多人次、挖机5台次，共拆除违法建设13栋、2133平方米，实现了违法建设零增长的工作目标。

【社会治安综合治理】 2014年，街道深入开展“扫黄禁赌缉毒保畅”百日整治行动，配合公安机关开展集中统一清查活动6次，共清查出租屋155户、中小旅馆133家、洗浴场所52家、电子游戏室20家、网吧36家，抓获犯罪嫌疑人1名，有效遏制刑事、治安案件的高发势头，辖区人民群众安全感明显提高。年内，共排查、调处各类矛盾纠纷83起，其中村、社区调解50起、街道办事处调解33起，调处成功率99%以上，调解履行率100%。妥善处理好环球电瓷电器厂职工上访、春天国际业主维权、中医院新住院大楼意外死亡等群体性事件，切实做到将不稳因素消灭在萌芽阶段。

【安全生产】 2014年，街道按照“全覆盖、零容忍、严执法、重实效”的总体要求，对辖区224家宾馆、超市、医院、学校及餐饮场所等进行安全大排查，共发现安全隐患11处，对其中9处堵塞消防通道、遮挡消防栓等隐患当场整改、其余2处责令限期整改。组织对辖区内13家烟花爆竹经营许可证到期的经营门店以及建国路沿线的11家喜庆用品店进行清查，其中13家许可证到期经营门店已全部关闭，11家喜庆用品店未发现有出售烟花爆竹。对辖区内1家安全生产许可证到期烟花爆竹生产企业开展检查，按要求关闭到位。全年未发生安全生产事故。

【计生服务】 2014年，街道组织310对夫妇进行国家免费孕前优生健康检查。做好已婚育龄妇女环、孕情监测，共发放免费药具1670人次。全面完成2014年“两扶”对象的摸底和年审工作，新申报特扶对象8人、奖扶对象13人。落实城镇独生子女父母奖励工作，共完成上报和录入3930人。为流出对象更换或办理“流动人口婚育证明”124本，发放生育证422本、独生子女证234本。完成母婴安康险、计划生育家庭意外伤害险、女性安康险共计4.6万元，理赔3人，赔付金额2万余元。开展“5·29”走访贫困母亲、计生贫困学子活动，共走访慰问11位计生贫困母亲、9位计生贫困学子，发放慰问金6400元；征收社会抚养费67.23万元。

【民生保障】 认真组织开展社会救助“阳光行动”，辖区内有城镇低保对象1523户、3781人，农村低保对象198户、368人，共发放低保金606万元，基本实现应保尽保。落实伤残、优抚对象203人，发放补助金近40万元；发放60周岁退役士兵补助1.5万元。全面完成农村合作医疗筹资任务，共参保8861人，筹资79.75万元，参合率达98%以上。上报医疗救助对象15人，解决重大疾病医疗补助4.5万元；重新核实精神病免费服药28人；解决临时救助0.8万元。残疾人帮扶工作不断提升，发放助残金1.2万元；组织1名残疾人员参加了株洲市残联和醴陵市残联的学习和就业培训；共发放二代残疾人证30余本。申报农村危房改造1户，解决资金1万元；新申报廉租房132户。新增就业人员2680人，新安置1420名下岗失业人员再就业，其中就业困难对象500名；新增养老保险扩面467人，失业保险134人，工伤保险扩面613人，完成工伤保险征缴金额210万元；实现零就业家庭100%就业；认真组织开展劳动力资源信息采集工作，共摸底上报365个单位、22180人；全面开展企业退休人员人脸验证及建模工作，共验证7300多人；搞好养老保障金领取资格审验工作，验证1000多人次，无一差错；办理“就业失业登记证”187本；申报小额贷款40多户，贷款金额200多万元。

【教科文卫】 2014年，渌江中学有265人被省示范高中录取，优秀率47.3%，排全市第一，渌江中学被评为株洲市2014年素质教育先进学校。办事处成功承办醴陵市第十九届中小学生田径运动会，渌江中学代表醴陵市参加株洲市“三好杯”运动会，连续第三年获男、女团体总分第一，6名队员代表株洲参加湖南省第十二届运动会，获优异成绩。

【党建工作】 2014年，街道党建工作以党的群众路线教育为重点，抓作风建设和廉政建设。组织召开党工委专题会议3次、集中学习辅导4次、专题讨论3次，组织村、社区专题会议、集中学习16次，参与党员2000多人次。强化机关干部的党性观念和纪律意识，对发现的违法违纪行为坚决查处，年内查办案件1起，给予开除党籍处分1人，开展诫勉谈话2次，对6名干部进行警示训诫。全面完成办公用房和公务用车清理工作，共腾退办公用房1层、10间，共327平方米；进一步规范“三公”经费管理，支出同比下降40%；10月13日，《株洲日报》专题报道街道党的群众路线教育实践活动取得的成效。在5月25日洪灾中，全体机关工作人员和村、社区干部积极开展自救，共排除险情20处，组织转移群众5049人，抢救各种农业设施100多处以及家禽家畜500多只，筹集资金近3万元，发放各类救灾物资3000余件。“连心解困”大走访活动中，辖区党员干部共走访村（居）民16790户，入户率96.48%；接待来访群众156人次，收集到涉及项目拆迁、信访维稳、治安管理、无人小区管理、老旧城区改造、企业改制、扶贫帮困等10余类问题2949个，已解决答复2137个，未解决问题812个。投资83万元对四塘社区便民服务中心进行全面装修改造，把四塘社区打造成全市网格化管理试点社区。认真抓好村支两委换届选举工作。2个村党组织换届选举工作全面完成，共选出党组织班子成员7名；通过直选方式产生新一届村委会班子7人，其中交叉任职5人。抓好党员发展工作，新发展党员11人，预备党员转正27人。采取“一会四评”的办法，对辖区2348名党员进行民主评议，共评议不合格党员9人，其中劝退8人、限期改正1人。继续推行在职党员到社区报到制度，年内到社区报到的在职党员共有1657人，参与党员自愿服务的有735人，组织开展自愿服务活动23次，慰问帮扶辖区困难党员群众133人次。开展“关爱老人、温馨慰问”“送温暖、献爱心”党日活动，慰问困难党员和贫困家庭300多人次，发放慰问资金和物资近15万元。（黄远水）

阳三石街道

【概况】 阳三石街道位于醴陵市城区东南部，辖阳三石、渌江、向阳3个社区居委会和泉湖、立三、阳东、企石、东门塘、玉屏山6个行政村。2014年，辖区面积21.6平方千米，户籍人口41547人，有村（居）民小组171个；有耕地面积337公顷，山地135公顷；有小（2）型水库1座。办事处有工作人员66人，其中领导班子成员17人；辖区有中共党员1395名，党总支5个，党支部42个，其中非公企业党支部28个。辖区内有立三路、青云南路、泉湖路、阳三路、渌江大道等主干道，320国道横卧东西、106国道纵贯南北，浙赣复线、醴茶铁路穿境而过，交通十分便利。辖区以炻瓷、日用瓷、箱包、机械、食品加工、房地产、物流为主导产业，有行政、企事业单位174家，有个体工商户3357户，有规模企业39家。全年完成工商税收2.96亿元，增长11%；完成工业固定资产投资总额23亿元，增长41%；招商引资1.45亿元，增长45%；规模工业总产值达81亿元，增长12%；新增规模企业3家。年内，出生435人，其中计划内出生386人，计划生育率88.74%。社会创新管理工作取得良好成效，在“平安醴陵民意调查问卷”满意度测评中获全市第一，向阳社区率先成为全市2个社会管理综合治理网格化管理试点地区之一。

【民生保障】 2014年，辖区城镇新增就业人数1760人，300名就业困难人员实现再就业，3户零就业家庭重新走上工作岗位，803名失业人员实现就业。全面完成新农保和失地农民养老保险任务，为2352户（3344人）城乡低保户和261名优抚对象发放民政救济经费46.29万元。渌江社区家长学校与株洲市工商局资助贫困学子10余名，并免费给弱势群体发放生活用品。渌江社区慈善爱心超市与辣妹子五环生鲜超市合作，增设慈善超市实体店，采取超市优惠10%、社区补贴10%的方式，让308户低保户得到实惠。

【党建工作】 2014年，街道党工委进一步强化各项管理制度，深化作风建设，密切干群关系，全面加强党的建设。在党的群众路线教育实践活动过程中，从严从实查摆问题，共征集到意见2779条、建议45条，均逐一对照整改落实。多次接受省、株洲市各级检查，并作为全市唯一乡镇（街道）参加株洲市党的群众路线教育实践活动图片展。实行年度机关绩效考核，评选出前5名及后3名，逐步打破“吃大锅饭”格局。全年街道各类会议减少43%，检查、评比、考核、表彰减少65%；与上年同期相比，“三公”经费减少10万余元，未发生一起“吃拿卡要”的现象。

（杨金花）

西山街道

【概况】 西山街道地处醴陵城区的西南。2014年，辖区面积39.36平方千米，有户籍人口42582（其中城镇人口20729人）。下辖9个行政村、4个社区，有规模企业28家、市直行政事业单位47家。街道全年完成工农业总产值35.20亿元，增长13.49%，其中规模企业总产值29.72亿元、增长13.79%；商业产值完成6.5亿元、同比增长18.37%。项目投入完成21亿元，同比增长31.25%。完成国税收入5431万元、地税8520万元，共计完成税收1.40亿元，圆满完成国地两税年度任务；城镇居民人均可支配收入和农民人均纯收入分别为36780元和21377元，同比分别增长13.8%和14.5%。

【重点建设】 2014年，街道全力推进渌江防洪堤、汽车西站和南站、污水处理厂、仙岳山文化景区等项目建设。拆除渌江防洪堤征拆范围房屋28栋，落实拆迁款3517万元；完成汽车西站国有土地报批手续，项目进入协商征地阶段；完成南站10户拆迁腾地，搞好13宗安置地基础工程；多措并举解决仙岳山文化景区征拆遗留问题，760万元征地款得到落实，12月份顺利完成景观道路建设3.42公顷征地工作；完成污水处理厂二期腾地4.33公顷，投资800万元，完成5271平方米的安置区建设。

【城市创建】 2014年，西山街道立足发展实际，加快推进城市创建工作。率先启动以“村为主”的网格责任管理和“五包一防”（包巡查发现、包教育、包制止、包拆除、包报告，防止出现反弹）的五级响应制度，将“查违控违”落实到村（社区）、（联）组，全年共组织大型拆违行动12次，拆除存量违法建设面积4385平方米，拆除新增违法面积634平方米，协助规划局拆除证后违法建设面积691平方米。大力实施“两改”（城区道路改造提质和农贸市场改造升级）、“六化”和城市门户形象提质改造工程，完成临街主次干道12个机关单位的拆围透绿工作，拆除围墙长度1148米，还绿面积1356平方米，新增绿化面积856平方米。投资120万元完成对江源、南门两大菜市场提质改造。

【社会治安综合治理】 2014年，西山街道加强防范，确保社会管理平稳有序。对辖区59名吸毒人员、13名责令社区戒毒人员，6名邪教参与人员、35名刑满释放人员、23名社区矫正人员开展走访、社区矫正等帮教活动，全面提高基层治安防控水平。澄清辖区123名涉军、4名涉诉民办教师底子，对其中的重点人员建立了“五包一”（每一名重点人员有5个人员管理帮教）稳控责任制度。严格责任追究制度，与9个村、4个居委会签订了责任状，形成齐抓共管的良好局面。对辖区“五小”场所、人员密集场所和工业企业进行经常性排查，发出整改通告50份，做到有患必除；对矿山、森林防火、建筑施工等重点领域和学校、商场、娱乐休闲等场所进行安全监督；开展“打非治违”活动，取缔8家非法采泥户，全年安全生产零事故。

【“三农”工作】 2014年，街道按照布局区域化、基地规模化、生产标准化的要求，大力提升农业产业化程度。推进滴水井和石成金的蔬菜基地、枫树塘的养殖基地、五里墩的葡萄园基地建设；狠抓粮食生产，培养种粮大户，辖区有2户被评为省级家庭农庄。林业生产方面，完成义务植树0.67公顷，三边造林20公顷，荒山造林13.33公顷；年内未发生一起森林火灾。水利建设方面，投资110万元，完成泥塘水库的除险加固，整修山坪塘13口、“五小”水利工程（小水窖、小水池、小泵站、小塘坝、小水渠）15处，确保农业生产用水，解决枫树塘、五里墩、万宜村4000余人的安全用水。

【社会事业】 2014年，落实计生经费85万元，为23835人次育龄妇女开展“三查”；落实长效措施435例、落实补救措施75例，发放各种避孕药具8237人次；为136对符合“单独二孩”生育政策的夫妇办理二孩生育证，为1667个城镇独生子女家庭进行登记与上报；征收社会抚养费共56.5万元。筹资15万元用于奖励优秀师生，对辖区156名贫困学生进行资助。筹资2万元为受洪灾的南门小学添置课桌椅，筹资2万元为碧山小学建1所多媒体教室。南门中学中考综合成绩排名全市第二。全年未出现食品安全事故，被评为株洲市“食品安全工作先进单位”。辖区五彩艺术团在“舞动中国”大联赛中获全国团体总冠军和2项单项冠军。18名合格青年应征入伍，街道获株洲市“武装工作先进单位”称号。

【社会保障】 2014年，辖区新型农村养老保险实际参保人数达8896人，征缴金额达90多万元，完成全年任务的100.52%，在全市排名第一。城镇医保参保人数达7200人，农村合作医疗参保人数达1.9万人，完成率均达100%。完成工伤保险230万元，超出任务数十万元。为推动就业工作，办事处在5个失地村和社区开展技能培训活动，帮助失地农民再就业，实现农村劳动力顺利转移。年内新增就业1660人，其中下岗工人再就业600人。在社会救助“阳光行动”活动中，共核减不符合条件的城市低保对象122人、农村低保对象42人。新增城市低保对象76人、农村低保对象64人，街道城乡低保对象共1279户、2313人，全年累计发放低保金591.4万元。临时救助特困群众256人次，支付救助金18.65万元，申办、发放重特大疾病医疗救助金额达48.6万元，发放救助物资棉袄176件，粮、油150套。

【党建工作】 2014年，街道党工委以党的群众路线教育实践活动和“连心解困”大走访为载体，推进党建工作全面开展。辖区有党员干部1451名，集中学习12次。206名干部和驻点单位领导一起共走访群众10274户、企业28家、学校5家，收集问题达1510个，当面解决495个，逐步解决销号909个，仍在解决的有106个，其中上报会签问题8个。9月，街道党工委书记代表株洲地区参加中央在湘召开的党的群众路线教育实践活动座谈会，并作为基层代表发言，着重就醴陵市结合党的群众路线教育实践活动开展“连心解困”大走访进行介绍和宣传。 （殷 想）

黄泥坳街道

【概况】 2014年，黄泥坳街道地处醴陵市城北，辖姜湾、车顿桥、国光、八里庵、五里牌5个社区居委会和老龙井、石子岭、姜村、华塘、石塅、横店6个行政村，总面积33.8平方千米，耕地面积572.4公顷，户籍人口33104人。辖区内交通便利，320国道、醴潭高速、上瑞高速、浙赣电气化铁路复线域内经过，滨河路、玉瓷路、醴泉路、国瓷路、李畋西路等构成辖区内的城区主体交通网络。全年实现工业总产值23.40亿元，其中规模工业总产值 19.58 亿元；招商引资 1.2 亿元；工业固定资产投资 6.8 亿元；新增顺通能源、华彩包装、电瓷电器 3 家规模工业企业；完成税收 10372 万元（自此以后的数据均只统计老龙井村和 5 个居委会）。顺利完成第三次全国经济普查，完成法人登记 354 家，产业活动单位 53 户，个体工商户登记 1773 家，被评为“株洲市第三次全国经济普查先进单位”。年末，街道被评为株洲市“人口和计划生育工作模范单位”、醴陵市“人口和计划生育工作先进单位”。

【重点建设】 2014 年，街道共有李畋中路拆迁、老龙井储备土地、五里牌国瓷南路储备用地、国光棚改等 7 个项目。李畋中路 15 栋（套）拆迁任务已完成 14 栋（套），安置区项目建设基本完成。完成老龙井储备土地征拆项目 2 栋房屋拆迁工作，落实征地补偿款 82 户，占总任务的 81%，砌围墙 120 米，清表 0.8 公顷。五里牌国瓷南路储备用地拆迁房屋 3 栋，落实青苗补偿 5 户，8 月已交地出让。老龙井林业棚改已完成征地清表、电杆及土地平整，星火棚改一期已交房，国光棚改一期陆续交房。

【“三农”工作】 2014 年，街道双季稻种植面积约 3 公顷；出栏生猪 2260 头，禽类 2890 羽，鱼类 45 吨，较上年都有小幅增加。重点抓好省道 313 线双季稻示范长廊建设，在老龙井村中和组种植双季稻约 3 公顷。加大森林防火宣传力度，与各村签订了森林防火责任状，强化了森林防火押金制度、责任追究制度。联合市畜牧局、城区防疫站对渌江河中的漂浮动物尸体进行无害化处理共 11 次、610 余头羽。

【党建工作】 2014 年，街道党工委组织辖区 23 个基层党组织、943 名党员开展党的群众路线教育实践活动。活动共组织集中学习 23 次。收集意见和建议 316 条；通过梳理形成 21 个问题清单，制定 21 条整改措施。对现行的规章制度认真梳理，共清理制度 10 个，修订与完善 9 个，新制定制度 8 个。街道党的群众路线教育实践活动成果在株洲各县市区巡回展示。“连心解困”大走访活动纵深推进。全年集中回访 4 次，将上年走访收集未销号的 1292 个问题全部进行答复处理，群众满意率达 99.4%。18 个群众工作日共计接访群众 332 人次，收集群众问题 109 个，已全部解决。联合办点单位对辖区贫困户开展走访慰问。建立健全在职党员向居住地社区报到、党员志愿服务制度，年内到社区报到的在职党员有 612 人。办事处指导和协助老龙井村做好村、支两委换届工作。

【计生服务】 2014 年共计出生 246 人，符合政策生育率 90.6%，无错、漏报现象，出生统计率 100%。新增计划生育奖扶对象 11 人，新增独生子女父母奖励对象 3891 人。举办早期教育培训班 3 期，指导、受训近 1300 多人次，组织各居（村）计生协会开展世界人口日主题宣传活动和“5·29”计生协成立 34 周年纪念活动，慰问贫困学子、贫困母亲 13 户，发放慰问金 6800 元。

【安全维稳】 2014 年，街道办事处加强安全监管。一是注重安全生产宣传。与辖区内各企事业单位和村（居）签订安全生产责任状 62 份，明确职责和权限。通过发放宣传资料、出动宣传车、电子显示屏、制作安全宣传板报等形式在辖区形成浓厚的安全生产氛围。二是注重安全生产检查。共检查 230 次，查出隐患 75 处，下达整改通知 42 份。全年辖区未发生火灾和校车安全事故等。三是做好食品药品监管工作。联合市食品药品监督管理局等部门对辖区餐饮行业特别是幼儿园、学校等重点场所开展了 3 次检查，下发整改通知 18 份，及时有效排除安全隐患。四是做好综治维稳工作。组织村居干部为辖区 60 多家宾馆旅店、KTV、酒吧、茶餐吧、洗浴城等娱乐场所分发“远离黄赌毒，共建平安黄泥坳”的倡议书，签订“拒绝黄赌毒承诺书”。加大打击力度，黄泥坳派出所先后破获各类刑事、治安案件 80 余起，抓获各类犯罪嫌疑人 30 多个。“扫黄禁赌缉毒保畅百日整治行动”被评为全市先进。成立专业治安巡防队，开展“大走访、大排查、大巡防、大督查”活动，机关干部下基层开展排查走访，共排查出各级各类矛盾纠纷 42 件，化解 41 件，有效减少了辖区不安定因素。

【城市创建】 2014 年，街道持续推进城市创建，促城市提质。积极开展“第 26 个爱卫月”活动和秋季除“四害”活动，发放健康宣传资料和教育宣传单 1 万余份。组织国光、车顿桥、五里牌、老龙井等居（村）用工 200 余个，定期对河道内生活垃圾进行集中清理、掩埋，定期对农贸市场、夜市排档等进行巡查整治，环境卫生得到改善。围绕违法建设“零增长”目标，认真做好防违控违工作。全年共拆除各类违法建设 7 起、857 平方米，制止违法建设 32 处，审批报送符合条件建房户 25 户，申报危房改造 2 户。抓好民生工程建设，五里牌农贸市场建设已进入土方阶段。4 家便民菜店基本达标，年内已完成验收。通过摸底，上报需安装路灯 400 盏、待改造小街小巷 122 条，均已纳入市政府安装和改造计划，其中五里牌安置区路灯已安装完毕。

【社会保障】 2014 年，“阳光行动”共核减城镇低保对象 153 人，新增城镇低保对象 13 户、27 人；核减农村低保对象 13 人，新增农村低保对象 15 户、17 人。年末，辖区有城市低保对象 1151 户、2087 人，农村低保对象 128 户、170 人，五保户 7 人，均按要求足额发放补贴。认真做好城镇大病医疗救助工作，共救助大病医疗困难群众 34 人，足额给 161 名优抚对象发放优抚金，给 5 人发放医疗救助卡；给辖区“5·25”抗洪救灾事件中的受灾群众发放救灾款7万元、棉被22床、大米525千克、油35桶；认真组织春节期间拥军优属活动，街道党工委主要领导和民政专干对315户困难群众进行走访慰问，发放慰问金11.5万元。积极开展残联工作，落实廉租房和经济适用房救助，加强殡葬管理，做好了社会保险征缴扩面和城乡统筹就业工作，积极稳妥地推进城镇居民基本医疗保险工作，并顺利完成了全年的年审工作。

【抗洪救灾】 5月25日，醴陵遭遇特大洪水，街道办事处全面实行防汛责任制，成立抗洪抢险应急分队，落实24小时值班制，储备了充分防灾物资。洪水来临后，组织力量全力解救被困群众，给他们送去食物、药品等。洪水退后，组织300多人清污队伍，出动清运车辆400多台次，对辖区42条小街小巷、18个居民区、1个大型广场开展全面清理，共清运灾后垃圾约1500吨。组织人员重点对孤寡老人、患病家庭、残疾家庭等进行灾后救助。对辖区受损的电路、水管等公共设施进行排查、修缮，对大街小巷进行消毒，开展灾后恢复工作。

（刘牡艳）

南桥镇

【概况】 南桥镇位于醴陵市东北部，东邻富里镇，南连白兔潭、浦口、王仙3镇，西接官庄乡，北界浏阳市金刚镇、杨花乡，距醴陵城区30千米。镇域面积98.7平方千米，辖15个行政村、1个居委会，有村民小组380个，户籍人口4.58万人。全镇产业特色明显，主要从事烟花鞭炮生产及黄金矿产开采，共有工业企业62家，其中烟花鞭炮企业52家、烟花鞭炮机械制造企业5家、造纸印刷企业2家、金矿3家。2014年完成社会固定资产投资6.69亿元，工业总产值58.04亿元，农民人平纯收入达16149元，实现财政税收3747万元，其中国税2028万元、地税1719万元。年末，被评为株洲市“社会管理综合治理先进单位”、醴陵市绩效考核“一类乡镇”和“醴陵市安全生产工作先进单位”。

【产业发展】 2014年，南桥镇大力进行招商引资、项目整合，围绕中州烟花公司太平基地，进一步加大基础设施投入，将高鹏公司、宏远出口烟花厂、平生出口花炮厂等企业周边共400公顷左右的区域打造成精品花炮园区。为做大花炮传统支柱产业，充分挖掘和放大资源比较优势，大力推进制筒、固口、引线、装药、结鞭等工艺机械化，普及推广无硫黄、无氯酸钾等新型安全药物，全面引进“数字网络视频监控”技术，提升产业层次和产业实力，实现占全市花炮产业1/8的企业和人员数量，创造1/4的产值和税收，成为全市花炮生产总值最大、税收贡献最多的乡镇。

【“三农”工作】 2014年，全镇实有耕地面积866.67公顷，共种植早稻14公顷、油菜13.33公顷、蔬菜200公顷、一季稻466.67公顷，其中裕民村建立66.67公顷油菜基地。师恩水稻种植合作社投资近百万元购置多种大型农机设备，提高粮食生产效率。扶持建立汇丰蔬菜种植专业合作社和清水和平蔬菜种植专业合作社，种植以反季节蔬菜为主的经济作物。重视生态公益林保护建设，全镇公益林涉及5个村，面积达164.5公顷。

【环境整治】 2014年，南桥镇农村环境综合整治工作实现常态化管理。一是明确镇级和下辖单位管理机制，细化分管领导、办点干部、专干、党员职责，划分村委会、中学、卫生院、企业等单位环境卫生整治工作责任领导和管理范围。二是开展“大手拉小手”行动。向所有在校学生家庭发放《南桥镇学生家庭环境综合整治评比手册》8000余份，村支两委对学生家庭进行打分评比，由学校对学生家庭环境卫生进行点评通报。三是加大投入，有垃圾压缩站、焚烧炉各1座，垃圾清运车辆8台，垃圾筒3000余个；村级专职保洁人员近50人，垃圾清运人员30人。四是开展义务植树，“三边”（水边、路边、城边）绿化活动。南桥、裕民、新树、将塘等村共栽植红叶石楠1500余株。五是整治烟花鞭炮、矿产、造纸等行业的排污。

【安全维稳】 2014年，按照“平安南桥，和谐南桥”的工作目标和创建要求，南桥镇狠抓安全生产和综治维稳工作。积极开展专项整治行动，重点整治企业转包分包、套标行为。全年镇安监站组织安全检查800多次，下达整改通知书820份，查出隐患1000余处。多次与市安监局、打非大队、白兔潭派出所联合执法，共计打击取缔非法生产户164户，刑事拘留1人，治安拘留20人，销毁成品半成品2万余件。按照“五包一”责任分工，督促全镇所有高危行业生产经营单位落实自查自改月报制度。湖南省、株洲市安全生产事故隐患自查自改月报制度工作现场会分别于5月21日、6月15日在镇召开。全镇投入3.5亿元，推进企业整改升级。截至年末全镇军工硝企业换证3本，烟花爆竹企业换证49本，第三轮安全生产行政许可换证工作处于全市领先地位。每月24日召开安全员例会，对安全员建立考核制度，年内企业辞退不合格安全员2名。始终保持综治维稳高压态势，各村发案同比下降30%，刑事发案率比上年下降20%。运用民主管理、群众路线方式进行社会管理。联系点党员全年共调处各类民事纠纷41起，排查各类矛盾20件，防止群体性上访12件。

【民生保障】 2014年，全镇有

5900人领取新农保养老金。解决落实安居工程户10户；新增农村“五保户”45人，发放“五保”救济金102万元；新增农村低保户1205人，发放低保金128万元。投资200万元，恢复改造星湖小学和凤形小学，完成将塘小学扩建等。年内幼儿园与适龄儿童入学率100%，初中升学率98%，重点高中录取率位于全市前列。加强文化站建设，开放文化书屋，有图书2万册，满足人们的业余文化生活需要。

【党建工作】 2014年，南桥镇党委将党的群众路线教育实践活动与“连心解困”大走访结合起来，实现作风转变。全镇接待费、会务费比上年分别下降72%、30%。在抗击“5·25”洪灾中，广大党员干部奋力抢险，积极转移困难群众，不畏疲劳，连续奋战，取得抗洪救灾的胜利。“连心解困”大走访活动中，广大党员干部共收集群众反映的各类问题2655余个，销号解决2316余个。争取农业、水利、林业等部门对全镇农村基础设施建设的支持，累计得到上级近百万元的资金扶持。

（林天慧子）

富里镇

【概况】 2014年，富里镇完成工业总产值40.4亿元，其中30家规模企业，完成产值38.78亿元，完成农业总产值2.79亿元。完成固定资产投资3.42亿元，完成招商引资任务5800万元，完成国地两税收入合计2267万元，全镇农民人均纯收入19260元。

【设施建设】 2014年，富里镇投资609万元，硬化村组道路19.3千米。投资39.6万元，清理、硬化渠道1.38万米；投资29万元，加固、硬化山塘8口；投资20多万元，修建机库20个。惠及全镇6个村、1个居委会近2万余人的饮水工程项目正式启动，年内完成一期工程的建设任务。投资300多万元，新增变压器6台，完成海棠居委会、利群、柏大、麻石、富里、双江6个村和镇政府机关院内的电网改造。投资近10万元，安装270盏路灯，完成库区内荷田、柏大两个村的亮化工程；投资20多万元，新建垃圾池200多个，引导村民进行垃圾分类处理。投资15万元，完善镇就业和社会保障中心；投资30多万元，改造财政所、计生办办公楼；投资40万元，新建占地面积400平方米的邮政所。

【产业发展】 2014年，富里镇致力于产业转型升级和农业生产提质增效。与华融湘江银行、市信用联社、中信银行、邮政储蓄等银信部门衔接，解决企业建设资金1000多万元。通过收购、兼并、重组等方式，优化资源，提高企业竞争力。科富花炮实业有限公司成功收购2家鞭炮厂，塘坊出口花炮厂与富裕花炮厂合并重组。年末，全镇有纳税过50万的企业13家，纳税过100万元的企业4家，其中科富花炮实业有限公司销售已过亿元、纳税近300万元。农业生产提质增效有突破。全镇早稻种植面积303.93公顷，有乡级种粮大户21户、市级优秀种粮大户2户。富里村作为省农调队指定的双季稻种植村，打造8公顷的机插秧连片示范点，得到省农调队认可。镇党委、政府继续加大对蔬菜产业的扶持力度，引导蔬菜终端市场开发和品牌打造，无公害蔬菜两季生产面积达500余公顷。富里的丝瓜、茄子、辣椒等在株洲、长沙马王堆、南昌等市场上具有知名度。投资近30万元，引进兼具观赏、食用及药用价值且易于种植的百合，荷田村新建一个2公顷的百合种植基地，有种植户20余户。按公司加农户的模式，成立3家专业合作社，蔬菜生产效益大幅提高，菜农平均每亩收入达1万元。

【慈善活动】 2014年，全镇各界慰问困难户、老党员、退伍军人268人，发放慰问金、慰问物资共8万余元。开展助残慰问活动，对20多位残疾人进行帮扶。组织66人参加义务献血。开展“金秋助学”活动，资助贫困大学生3人，中小学生10多人。

【社会事业】 2014年，富里镇各项社会事业全面推进。人口计生工作顺利通过了省、株洲市各项考核，成功实现进位进类目标。投资120多万元，为秀溪小学新建教学楼1栋；投资20万元，对富里小学教学楼进行全面改造；投资16万元，对柏大小学的围墙、食堂、厕所、自来水进行改造；投资3万元，为塘坊小学添置教学设备；投资3万多元，为华埠小学添置200多套桌椅。富里中学参加中考学生212人，重点高中上线93人，居全市第三。投资120万元的中心卫生院建设全面完成，新增病床20张。天马机械厂拥有“国家适用新型产品”等10多项专利，塘坊出口花炮厂、群乐花炮厂、科富花炮实业有限公司的产品获“湖南省著名商标”。

【安全维稳】 2014年，镇安监站共对企业下达“限期整改通知书”86份，整改率100%，“三超一改”（超范围、超人员、超药量，擅自改变工房用途）现象得到有效遏制。开展“零点行动”，对装药等高危工序进行零点突击检查。全年培训企业员工、特种作业人员、企业管理人员7000余人次。采取堵疏结合治理非法生产。全年共打击取缔非法生产户227户，刑事拘留4人，治安拘留18人，销毁成品、半成品2662余件，销毁余药4300余千克，销毁机械设备500余台，拆除工库房138栋、536间，非法生产得到有效遏制。开展“平安富里”创建活动。全年共打击查处涉黄案件1起、涉赌案件8起、涉毒案件13起、打掉黑恶团伙1个。开展“真情换真心”帮扶活动，对退伍军人和低保户开展“一对一”帮扶，全年赴省进京上访零登记。

【党建工作】 2014年，富里镇党建工作稳步推进。一是党风廉政建设常抓不懈，干部作风明显好转。二是党的群众路线教育实践活动有声有色，卓有成效。三是“连心解困”大走访活动成效明显。富里镇及网格负责单位参与大走访活动的干部共173人，共走访195个组、7000多户，搜集问题1600余个，已解决80%以上，《网格定责“解民困”》的经验材料在《湖南日报》上发表。四是基层建设不断加强。顺利完成村级换届选举工作，村级组织活动中心建设日趋完善。

（付海燕）

白兔潭镇

【概况】 2014年，白兔潭镇有居委会2个、行政村10个，户籍人口3.82万人。全年完成工业总产值53.44亿元，其中规模工业产值49.39亿元；实现农业产值2.9亿元；完成固定资产投资8.44亿元。7月21日，白兔潭镇被授予“全国重点镇”称号。

【项目建设】 2014年，白兔潭镇项目建设进展顺利。玄武大道一期项目共引进商户45家，涵盖酒店、餐饮、娱乐、汽车销售、家装等10多个行业。年内继续深挖106国道沿线地块价值，推动玄武大道二期项目建设，项目两厢房屋框架基本成型，销售工作进展良好。中国醴陵花炮大市场建设项目，年内完成前期各项报批工作和征地拆迁摸底工作。白金路两厢建筑基本完工。金牛购物广场已完成地下层建设。金牛路铺设沥青路面并改造人行道路，南新街全线路灯进行LED改造，南新街垃圾中转站改造等项目建设全面完成。

【安全维稳】 2014年，白兔潭镇安全维稳工作卓有成效。结合实际情况，制定乡镇综治工作责任状，加大依法治镇、治村力度，扎实开展治安防范工作。深化打黑除恶行动，重点打击涉黑涉恶、“两抢一盗”等多发性犯罪，发案率持续下降。按照“发现得早，化解得了，控制得住，处置得好”的总体要求，对排查出的矛盾纠纷及时处理。全年全镇发生刑事案件13起、民事案件30起，调处各类矛盾纠纷227起。按照责任到人、监督到位的工作要求，强化镇机关干部和村干部的安全生产责任意识，全年未发生1起安全生产伤亡事故，非法生产现象得到有效遏制。（黄　磊）

浦口镇

【概况】 浦口镇共辖15个行政村、2个居委会，有357个村（居）民小组，户籍人口4.41万人。镇党委下设党支部31个，有党员1325人。境内有行政机关、卫生院、学校、建筑房产、商业服务等行政企事业单位16个；有专业市场2个，大型超市1个，有私营企业和个体工商户2935家。浦口镇是全市工业强镇和经济强镇，有“烟花爆竹、电瓷电器、建筑建材、爆竹机械、彩印包装”五大支柱产业，是全国三大电瓷生产基地之一。年末，有各类企业250家，从业人员2.2万人，其中规模以上企业37家，产值过亿元企业3家。

【工业生产】 2014年，浦口镇实现工业总产值71.72亿元，其中规模以上工业企业产值68.29亿元。李洲村引进长沙京博化工材料有限公司投资2000万元建设电子材料厂，建成后预计可实现年销售收入6000万元；飞鹰烟花爆竹销售有限公司在合水村征地13.33公顷，投资400万元，年内已建成1条高标准鞭炮生产线；碧泉村和合水村新建2个投资600万元以上的引线厂。华鑫电瓷科技股份有限公司攻克核电设备进出线接线端子技术难关；湘印机械科技有限公司投资300多万元，和国防科工委58所合作，成功研发爆竹自动化生产流水线。李洲出口花炮厂的“金裕”商标被评为湖南省著名商标；森达纸业生产的蜂窝纸箱产品附加值大大提升。

【安全生产】 2014年9月22日，保丰村南阳出口花炮厂发生火药爆炸事故，造成13人死亡、1人失踪。事故发生后，全镇上下深刻吸取教训，采取强有力措施勒令高危企业高温期间一律停产整顿。抓住安全生产第三轮行政许可换发证契机，分批次淘汰不符合安全生产条件的企业，通过扶植一批、整合提升一批、淘汰关闭一批，促企业向安全化、规范化、规模化方向发展。截至年末，全镇有33家烟花鞭炮企业取得第三轮安全生产行政许可证。对非法生产始终保持高压态势，下发《致全镇人民的公开信》1万余份，建立有奖举报机制，联合市打非大队、派出所对非法生产进行严厉打击。全年投入资金40多万元，开展集中打非拆违行动20多批次，取缔非法生产户101家、非法生产工区6家，拆除非法生产机械552台、工房690余间，销毁余药500余千克，成品、半成品600余件，刑拘1人，治安拘留7人。截至年末，全镇101家非法生产户中有65家作坊被全部拆除，24家改行搞养殖，12家转产制筒或其他行业。6家非法生产工区部分工房被拆除，其余工房转作其他行业用房。

【“三农”工作】 2014年，浦口镇共种植早稻60.67公顷，早熟黄瓜144公顷、辣椒34公顷、葡萄、大棚西瓜等各类果蔬323.67公顷，平均每亩为农民创收7000元以上。农民种粮积极性不断提高，涌现出一批种粮大户。共完成义务植树基地建设0.67公顷，发放退耕还林和公益林补助款6.22万元，发展规模养殖户3个，建成沼气池20口，无公害畜禽化尸池4个。全年举办农业技术培训班34场次，参加人数2050人。加强农村环境卫生综合整治工作,各村聘请专职保洁员，加大硬件设施投入，全镇卫生状况发生根本转变。9月17日,《湖南日报》“美丽乡村”栏目以“腾飞浦口·醉美乡镇”为题,高度评价浦口镇在农村环境整治方面取得的成绩。11月1日，浦口镇成功创建“省卫生镇”，碧泉村和贯古村成功创建“省卫生村”。

【小城镇建设】 2014年，浦口镇立足镇情，探索出一条政府引导、项目支撑、市场运作、群众参与的发展模式，小城镇建设跃上新台阶。一是整体规划，科学布局。依据土地占补平衡和城乡建设用地增减挂钩政策，及时调整全镇土地利用总体规划，积极与国土、规划等部门沟通，新增建设用地30余公顷，作为小城镇建设用地，并为企业发展预留空间。二是着力打造新型农村社区。高标准建设李洲村居民集中居住示范小区，项目共计投资近3000万元，集超市、农贸市场、文化休闲等功能为一体，配套设施完备，年内已基本建成，并于11月6日通过株洲市商务局和财政局的湖南省十件“为民办实事”项目组验收。促成浦建集团接手浦东商贸城项目建设，投资300多万元改造官山敬老院，争取300多万元硬化茅合公路。

【社会治安综合治理】 2014年，浦口镇镇、村两级均配备专门巡逻队,设立维稳工作情报信息站，健全情报信息网络。通过建立台账、排查矛盾，镇、村共调解各种矛盾纠纷136起，其中书面协议53起、口头协议83起，全部调解成功。对于涉军、民办教师、法轮功邪教等重点稳控对象，确立稳控责任人，加大动态跟踪和敏感期间的稳控工作力度。

【党建工作】 2014年，浦口镇党的群众路线教育实践活动、“连心解困”大走访和党的基层组织建设全面推进。先后5次组织群众对镇党委、班子成员进行民主评议。创造性地推出“现场工作法”，要求党员干部在现场锻炼、问题在现场解决、经验在现场总结。全年223名各级网格责任人对11106户、220家工商企业、9所学校进行5轮集中走访，慰问困难群众1192户，解决问题1785个，化解矛盾纠纷648起。完成支村两委换届选举工作，举办支村两委任职培训班2期。对三铺村和贯古村的村级班子进行了调整和整顿。抓村级组织活动场所建设，为部分村级组织活动场所配备电教设备，将其建设成党员教育基地。（王　丽）

王坊镇

【概况】 王坊镇位于醴陵市东部，东临江西省萍乡市，西接王仙镇，南与东富镇毗邻，北与浦口镇和白兔潭镇接壤。镇政府驻地联盟村，距醴陵市市区25千米。镇域总面积48.1平方千米，辖10个行政村、2个居委会，279个村民小组，户籍人口3.30万人。王坊镇是全市烟花鞭炮主要产区之一，特别是小型旋转升空类产品独占鳌头，产品远销欧美和东南亚20多个国家和地区。年内，境内有行政机关、卫生、学校等行政企事业单位11个；有工矿企业35家,其中烟花鞭炮类企业27家、矿产企业2家、印刷企业3家、其他企业3家。

【产业发展】 2014年，镇党委、政府靠前服务，主动与相关部门协调，着力解决企业发展难题。协助新华鞭炮厂、赖记引线厂、龙坡引线厂、明连花炮厂和中兴花炮厂做好新、改、扩建征地拆迁工作；协助财金广、联盟鞭炮厂等5家企业办理银行贷款业务，为企业融资搭建平台；成立以党委副书记为组长的工作组，专门化解株洲金旺矿业有限公司与周边村民的矛盾纠纷，先后进行5次调处，确保正常生产。为克服高温停产和浦口镇“9·22”事故造成的不利影响，累计投入整改资金8900万元，16家企业取得第三轮行政许可证。农业发展坚持以“土地流转为抓手，种养大户为基础，产业基地为依托，专合组织为龙头,结构调整为主线”，因地制宜，突出特色，加快现代农业步伐。全年共流转土地200余公顷，新增农业合作社4个，辐射带动农户800余户。通过土地流转，温泉村宏光合作社种植约50公顷水稻；联盟村村民江孝春种植3.33公顷反季节大棚蔬菜，并与步步高集团签订协议，实现“农超对接”。全年农作物种植面积2844公顷，粮食总产达13309吨。

【安全维稳】 2014年，王坊镇共组织高危行业从业人员安全教育培训近千人次，向各村、企业和农户发放安全生产宣传资料5000份，在主要路口、人口密集区域悬挂安全生产宣传横幅、张贴安全生产标语。实行机关工作人员驻厂包干负责制，安监站、驻厂人员、村干部三管齐下，对企业进行安全监管。安监站及驻厂人员对辖区内烟花爆竹企业共检查1000余次，发现隐患762处，当场责令整改758处，下达整改指令4份。每月定期对马颈坳煤矿进行2次安全检查。镇打非办对辖区10个村非法生产户进行逐村逐户排查，共查处非法生产户33户，拆除工棚80余处，收缴机械设备80余台，治安拘留35人，刑事拘留5人。9月28日，由市商务局牵头，联合安监、工商、公安等部门对辖区内的安达加油站和浦东加油站2个非法加油站点彻底拆除。为打击乱采滥挖行为，明确各村支部书记为第一责任人，建立健全镇村两级监控网络，定期和不定期对重点区域进行巡查，在泮川村设立路卡，禁止运输炭质页岩车辆通行，使非法开采行为受到有效遏制。镇村干部利用“大走访”契机，下村到户进行政策宣传，共出动宣传车近百台次，张贴标语800多条，悬挂横幅30多条，制作大型固定警示牌20块，营造坚决打击非法开采的浓厚氛围。联合市专案组和市国土局共开展联合行动11次，收缴非法开采挖机17台，依法打击5人，非法开采态势得到有效遏制。全年未发生安全生产事故。加强群防群治和严打整治，始终保持对黄、赌、毒高压打压态势，加强对重点人口的教育管理工作，对全镇38名吸毒人员、6名邪教参与人员、30名刑满释放和劳动教养人员进行帮教。共调处各类矛盾65起，调解成功65起，调处率和成功率均为100%。

【计生服务】 2014年，王坊镇紧紧围绕“强基础、抓业务、建制度、求实效”的工作思路开展计划生育工作。加强对计划生育的宣传。在全镇主要路口和人口集中地张贴宣传标语120条，发放宣传资料8000余份，进一步增强广大育龄群众计划生育意识，全年新增农村计生家庭奖励扶助19人。实行计生工作的联系村考核制，把各项考核指标任务分配到村，认真落实流动人口计划生育管理责任制，加强对流动人口的持验证管理和对流动人口计划生育监控，杜绝流动人口的计划外生育。加大对违法生育案件的处罚力度，澄清两年来违法生育底册，违法生育处罚不留死角。全年共征收社会抚养费80万元，对黄木秋等3户拒不执行社会抚养费的“钉子户”申请法院强制执行，全镇生育秩序大为改观。

【社会事业】 2014年，王坊镇基础设施建设有序推进。通过自筹及争取上级项目资金等方式筹得资金510万元，硬化村组道路20.4千米；投入资金240万元，新修灌溉渠道10.8千米，硬化水塘5口、疏通水渠30千米，基本解决困扰群众的灌溉难题。配合上级主管部门开展医疗、药品、食品专项整治行动，净化医药和食品市场，全年未发生食品药品安全事故。进一步改善村级卫生室和卫生院的硬件设施，农村卫生机构覆盖率达100%。投资240余万元的王坊卫生院新综合大楼正式投入使用，新增住院床位40个，并与中医院联手，请专家免费坐诊，大大提高医疗质量。卫生院全年共接待门诊3000余人次，收住院1843多人次，无一例医疗事故发生。完善低保审批机制，实行动态管理，通过阳光清查核减低保对象73户、80人；全年发放重点优抚救助金27.44万元；为41户村民争取大病医疗救助12.58万元；完成15户危房改造任务。新敬老院正式投入使用，首批48位五保老人已经入住。全镇新型农村养老保险参保率82.9%，新农合参合率达92%、工伤保险征缴119.4万元，新增企业职工养老保险13人，转移农村劳动力就业200人。王坊中学投资300多万元对食堂、学生宿舍进行改造；王坊小学投资200余万元的新教学楼主体建筑基本完工。在2014年中考中，王坊中学中考成绩排名全市第三位。投资200余万元的荷花垅村文体活动中心已投入使用，镇文化站组织广场舞队参加全市健身舞大赛，获三等奖。镇财政向各个村下拨1万元农村环境综合整治专项经费，安排专人每季度对各村的农村环境综合整治工作进行考核排名。7月开展“农村环境综合整治月”活动，对各村的陈年垃圾进行集中清理，各村均聘请3－5人的专职保洁员进行日常保洁。

【党建工作】 2014年，王坊镇党委以党的群众路线教育实践活动为切入点，推进党建工作上台阶。全镇范围内征求对领导班子“四风”意见62条、对班子成员意见466条，梳理出班子问题21个、个人问题139个。对收集到的意见进行认真整改。为正风肃纪，镇纪委对工作失职的3名干部给予党纪政纪处分，对3名违反计划生育的党员给予开除党籍处分。5月前完成村支两委换届选举工作。新一届村支两委共49人，其中交叉任职有11人，女性12名，党员45名，5名年富力强的同志走上了村书记、村主任岗位，村级队伍活力明显增强。

（柳　华）

王仙镇

【概况】 王仙镇地处醴陵东部，东临王坊、浦口，南濒渌江并与东富镇隔河相望，西连东堡，北接南桥、官庄，106国道、上瑞高速和沪昆高铁贯穿境内，距城区仅12千米。2014年，全镇总面积68平方千米，水田903.4公顷，旱地30.6公顷；辖10个行政村、3个居委会，338个村民小组，有户籍人口3.38万人；有党支部37个，党员1616人；有中小学校6所、学生2573人；幼儿园10所、在园幼儿1600人；医院2所。有规模企业23家，从业人员1万余人，主导产业是日用瓷、电瓷、瓷泥和鞭炮。年内，李山村获评“株洲市卫生村”。

【经济发展】 2014年，全镇实现工业总产值53.16亿元、农业总产值2.70亿元、粮食总产1.43万吨。完成固定资产投资6.10亿元，全镇农民人均收入达19647元，完成税收4590万元。湘环动力机械厂环保项目，彩丰烟花鞭炮厂由生产销售改产为仓储贸易，仙凤等陶瓷企业进行了转型升级。书堂村宝源寺投入近2000万元，逐步恢复原有寺院规模，三狮村的三狮洞“海底世界”经过修缮和扩建，规模进一步扩大。2014年成功引进上海喜森奥特莱斯公司投资1.5亿元建设农贸市场，投资800万元用于恢复千年古寺天济寺。

【设施建设】 2014年，王仙镇基础设施建设力度空前。集镇建设方面，争取地市两级规划部门重视支持，对集镇及沿线的司徒村和王仙村重新组织村庄规划；投资近10万元，在106国道王仙段道路两旁种植花木，实现绿化和美化；投资15万元，在集镇两旁安装50盏LED节能路灯，实现亮化；投资12万元在106国道王仙集镇全段设置警示标语、警示牌和警示灯，测画交通路标、交通标识等，成为全市首个农村道路平安创建乡镇。全年共筹集资金1300万元，完成48千米的村组道路硬化、新建观口村和司徒村2座桥梁；完成恒泰医院立项选址征地工作；投入500万元，完成三狮小学、王仙小学、香水小学和王仙中学的改造。通过争取项目资金及村民投工投劳，硬化渠道7.8千米，疏通管道26.5千米，修复李山村洪水垮塌河堤150米；争取资金18万元，解决文辉包装厂和湘环动力线路整改问题，为王仙、观口、司徒和三狮4个村争取4台变压器；在市政法委支持下，成功解决李山、马桥村反映多年没有移动信号、通信难的问题。

【安全维稳】 2014年，王仙镇共召开高危行业服务大会14次。在停产阶段对全镇19家烟花鞭炮企业（39条生产线）共张贴封条3000张，全面实现烟花鞭炮产业整顿检查到位。全年现场检查近千次，发出整改通知200余份，现场纠正习惯性违章1200余次。对校车、运输、危爆物管理、建筑工地、消防、食品安全等领域进行分线划块落实责任，实施安全工作全面覆盖。设立安全生产举报电话，全年共接到举报5起，奖励2起，打击处理6人，其中治安拘留5人、网上追逃1人。年内安全生产零伤亡、零事故。大力开展“扫黄禁赌缉毒保畅”百日整治行动。共查处涉及黄赌毒案件5起，刑事拘留1人，治安拘留14人。深入开展文明创建活动，评选出守法之家、诚信之家、孝敬之家、爱心之家、清洁之家共计65户。11月14日上午，镇党委对五类“平安家庭”进行表彰。

【社会保障】 2014年，全镇共发放各类定补及救济款60万余元，享受农村低保535户，808人。办理农村大病医疗救助42人，完成农村危房改造拆除重建10户，修缮烈士墓37座，清退不合格低保76人等。工伤保险任务严格按照上级要求落实。

【党建工作】 2014年，王仙镇党的群众路线教育实践活动成果显著。镇党委派出6个督导组到10个村、1个居委会和24个企（事）业支部分别指导。认真梳理汇总“四风”方面存在的突出问题5大类、66条。在“连心解困”大走访活动中，市、乡两级180名走访干部共收集问题1419个，已解决问题1356个。注重化解基层信访矛盾，兽医站和变电站原征地补偿事宜成功解决，石艳村参与对越反击战老兵陈从南和“中南六省”民办教师上访牵头人张家秋最终息访。镇纪委狠抓作风建设，年内立案调查2件，结案2件，处分党员2名。（刘立群）

东堡乡

【概况】 东堡乡位于市东北部，东接王仙镇，南邻城区来龙门街道，西邻黄泥坳街道，西北介黄獭嘴镇，北邻官庄乡。行政区域面积90.21平方千米。下辖14个行政村、342个村民小组、6018户，户籍人口2.36万人。有耕地面积785.5公顷，其中水田面积682.5公顷、山地面积7333.3公顷；森林覆盖率达71%。境内106国道、上瑞高速公路穿境而过，有中型水库（望仙桥水库）1座，为全市城区居民饮用水源。2014年完成工业总产值31.91亿元，其中规模工业产值27.48亿元；完成农业总产值1.17亿元；实现固定资产投资2.12亿元；完成税收1164万元。

【党建工作】 积极开展党的群众路线教育实践活动，乡党委向全乡32个基层支部派出6个督导组指导活动开展，组织全体机关干部和新任支村两委干部前往耿传公祠、立三故居、市检察院廉政教育基地参观，使群众路线教育实践活动更加深入人心。“连心解困”大走访活动共收集问题和意见2460个，上报会签问题5个（类），其他全部解决、答复。活动期间，共为群众办好事、实事15件，总计投入资金200多万元。社会管理工作站成为服务群众“最后一公里”的良好平台。

【项目建设】 2014年，“沩山古窑”旅游环线道路建设涉及沩山、望仙桥和新庵3个村，全长1.19千米，宽7.5米，截至年末，路基工程已完成90%以上。旗滨玻璃项目乡境内征地2.8公顷，电力专线在乡境内共计架设铁塔26座，年内各项工作均已完成。乡自来水厂项目在新庵村白羊冲组征地0.67公顷，总投资600多万元，设计供水能力2000吨/日，供应居民用水3000户、厂矿企业用水20家，覆盖全乡70%人口。

【“三农”工作】 2014年，以樟椴村徐德意、文建山为代表的粮食生产大户种植早稻10余公顷。全乡共种植早稻、大棚蔬菜瓜果近200公顷。老鸦山养蜂基地有养蜂户68户，蜂箱1000余箱，年产蜂蜜1.5万余千克。漏水坪蔬菜基地共种植蔬菜2公顷，年收入近百万元。种植西瓜、苹果瓜、香瓜、莲藕等近十个品种的瓜果，总种植面积6.67公顷。在全乡开展农村污染源防治，推进节约型、生态型农业技术，规范废弃物管理，年内已完成大塘坳村1处沼气池建设。完成大林、土埠桥和樟椴等村10余处“五小”水利工程验收。在竹湖村完成义务植树约1公顷；在竹湖、沩山、漏水坪、老鸦山4个村共完成“三边”造林16.5万株。大力开展春季动物防疫工作，针对望仙桥村发生的羊瘟事件，对70多头带病黑山羊进行无害化处理。成立阳光“三农”网站建设工作小组，网站建设工作进展顺利。年内，全乡春荒救助50人、救助总金额2万元，有安居工程对象10户，90岁老人新增23人，优抚对象新增30人，新增低保对象134人、核减33人，“五保”对象新增24人、核减11人。（宋　豪）

东富镇

【概况】 东富镇行政区域面积101平方千米。辖24个行政村、1个居委会，共计456个村民小组、1.25万户、户籍人口5.07万人。2014年全镇完成税收2328万元；规模以上工业总产值41.26亿元，农民人均纯收入17325元。2014年，东富镇被评为株洲市“计生工作先进单位”“武装工作先进单位”，醴陵市“安全生产红旗单位”。

【农业生产】 2014年，东富镇紧扣农民增收的目标，创新工作思路，扎实推进农业产业化进程。全镇种植早稻1021.33公顷，种植晚稻1437.6公顷。“5·25”洪灾后，各村积极组织灾后自救，确保粮食生产遇灾不减产。全年粮食生产总量达3.3万吨。积极推行经济作物种植，建新村的蔬菜基地、荆潭村的葡萄基地、小洞塘村的油茶林基地起到带头示范作用。年内，全镇经济作物种植面积达364公顷。以“政府主导，村民自愿”为原则，积极推进土地流转，组建各类农民合作社18家。农业机械化水平稳步提高，全镇农机总量3970台（套），农机综合作业水平达76%。

【重点建设】 大力推进旗滨玻璃项目建设。完成旗滨大道补征、安置区至龙楚学校道路用地4.32公顷征地工作，完成旗滨玻璃项目11万伏双回路73座铁塔架设。基本完成了龙源小区内道路、电力、天然气、自来水、外排水和景观塘护坡等基础设施建设。7月14日，旗滨玻璃项目第一条生产线顺利点火。年内，5条生产线基本建成，已有3条生产线点火生产，日产玻璃近2000吨。

【设施建设】 2014年，组织资金120多万元，修缮渠道7.81千米。其中，投资42万元硬化小洞塘村左干渠，小洞塘、石坝上、西林等6个村1200公顷水田受益；投入资金40万元，对森冲、莲石等5个村的水利设施进行全面改造和升级，保证森冲、莲石、石坝上、横烟等5个村200公顷水田灌溉。全年硬化水塘共计55口，投入850余万元，硬化楚东桥、横烟等村水泥路面32.5千米，完成省道313线改造工程。桐桥、石坝上、森冲、凤仪塘、莲石村进行农网升级改造，新增变压器7台，新立电杆465基，提高了4601户居民的用电质量。

【安全维稳】 2014年，全镇34家烟花爆竹、引线生产企业有33家获得第三轮行政许可证。镇党委、镇政府进一步加强对高危企业的监管，对33家烟花鞭炮企业开展集中专项整治行动，严格实行干部责任管理体系，投资15万元，建成对全镇34家鞭炮烟花企业的远程监控系统。在整治行动中，下达限期整改意见书124份，责成企业完成374处安全生产隐患整改。全年共接待群众来信来访570余人次，办理信访案件50余件，调处各类矛盾纠纷50余件，处理群体性事件30余件，抓获吸毒人员8名、贩毒人员5名。为做好涉军等重点群体和重点人员的稳控工作，镇、村干部在加强沟通的基础上，对确有困难的人员适当帮扶慰问。在25个村级护林员岗位上，安排退伍军人13人。通过扎实工作、多方协调，成功化解省委书记交办的进京“非访”的积案。妥善解决了龙源安置区房屋出现的质量问题。

【计生服务】 2014年，全镇多措并举，严格落实计划生育各项工作。积极宣传“单独二孩”政策，对外出及省外流入东富镇符合二胎再生育条件对象，锁定重点人员进行全面排查。全年落实四项手术829例，其中长效节育措施694例，超出上级任务76例，完成率112.3%；完成国免检查404对，超出上级任务14对，完成率103.6%。全年社会抚养费入库173万元，发放独生子女保健费5.9万元。

【社会事业】 2014年，东富镇对学校安全隐患进行大力整治，狮湾小学“黑校车”得到有效整治，立新小学成功申创“醴陵市平安校园”。投资2000多万元，新建龙楚学校，学校建设面积23559.01平方米，建筑占地面积6843.33平方米，绿地率25.15%，集学前班与小学为一体，每间教室都安装多媒体教学设备，实验室、仪器室、图书室、语音室、多媒体室、电脑室等一应俱全。筹资930万元，高标准扩建占地2.71公顷、建筑面积3800平方米、能入住102位老人的第二敬老院。解决、落实安居工程户15户。扎实推进新农合等各项保障制度落实。全年门诊累计补助47739人次。在低保户清查中，共核减不符合条件的对象231人，新增低保户120户、425人，全年申领保障金206.42万元、医疗救助金42.59万元。

【党建工作】 2014年，东富镇以党的群众路线教育实践活动为契机，促干部作风改善。组织全镇41个基层党支部、1555名党员深入开展党的群众路线教育实践活动。认真贯彻落实党风廉政建设和反腐败工作精神，查处违纪违法党员2人，其中普通党员1名、村干部1名。共清退办公用房116平方米，上缴公车1辆，公务接待费用同比下降60%。继续落实“连心解困”大走访活动。共收集问题3364个，办结销号3049个。在2014年大走访年度工作考核中，东富镇在全市32个乡镇（街道、区）考核中排名第四。圆满完成支村两委换届。5月，24个村支村两委换届工作圆满完成，6个村选举产生新支部书记，5个村选举产生新村委会主任。

（王　璐）

孙家湾乡

【概况】 孙家湾乡地处城南，总面积52.3平方千米，有耕地1156公顷，辖文家湾、观前、龙虎湾、孙家湾、西岸、李家山6个行政村，200个村民小组，6080户，户籍人口2.30万人；有党支部21个，党员959人。2014年，全乡共有规模以上企业17家，就业职工9000余人，逐步形成陶瓷、花炮、防水、彩印包装、贸易等5大支柱产业，被誉为“中国酒容器之乡”，是湖南省文明乡镇、省级生态乡镇，2014年，被评为“全国文明村镇”。

【产业发展】 2014年，孙家湾乡充分利用区位交通优势，以龙虎湾、孙家湾、李家山村优质土地资源为依托，做强陶瓷、花炮、防水、彩印、贸易等5大产业，加强与东富工业园、服饰产业园的合作。2014年，全乡实现税收5162万元，完成工业总产值15.42亿元，其中规模工业产值12.56亿元。

【“三农”工作】 2014年，孙家湾乡因地制宜，打造“一村一品”的发展格局，强化文家湾、观前粮食生产大村地位，抓好106国道高产示范长廊建设，开启以“公司＋农户”、专业合作社为主体的土地流转模式，全乡土地流转面积达1013.33公顷，流转率达95%。加强农村环境综合整治，抓好垃圾处理，确保村民房前屋后清洁常态化。加强集镇整治，基本消除集镇“六乱”及牛皮癣现象。打造106国道示范长廊，抓好碧马线、椂泗线和各村主干道保洁日常化。扎实有效的整治工作，有力巩固了株洲市十佳乡镇成果，在6月和10月2次月考核中均获全市第一。启动龙虎湾集镇下水道改造工程，切实解决集镇排水问题。集镇天然气入户工程进展顺利，先期300余户龙虎湾集镇居民用上天然气，道姑岭、龙虎湾集镇500余户居民也已接通天然气。启动孙家湾小学改建工程，已投资200余万元，主体工程已经基本完成。文家湾小学改造工程全部完成，文家湾村200余名学生上学难的问题有望彻底解决。

【社会治安综合治理】 2014年，全面落实“村为主”的综治工作措施。乡综治维稳中心接访群众56批，共248人次，办理积案2宗，办结1宗，受理信访民事案件71宗，结案70宗，在调1宗。全年共排查矛盾纠纷40余起，成功调处33起，调解成功率达80%。深化基层平安创建活动，认真组织开展“扫黄、缉毒、禁赌、保畅”百日整治行动。组织开展专业治安巡逻，每晚对村、企业进行不间断的巡查，9月配合公安机关侦破1起流窜作案的盗窃案件。106国道沿线无重大伤亡事故发生，成为全市文明样板路。

【党建工作】 2014年，全乡6个行政村选举产生新一届村支两委干部30名，其中支委22名、村委19名。扎实开展乡村干部驻村民小组担任社会管理组长活动，全乡60名乡村干部安排到60个村民小组担任社会管理组长。抓好“四风”整治，先后组织召开党员座谈会6次，征求意见82条，梳理出“四风”方面的突出问题18条，乡党委制定11条整改措施，将责任细化到人。

（姚　耀）

泗汾镇

【概况】 2014年，泗汾镇辖12个行政村、3个居委会，总面积70.6平方千米，户籍人口4.13万人。全镇实现工农业总产值32.16亿元，比上年增长17.6%；其中工业总产值28.90亿元、农业总产值3.26亿元；完成税收2418万元；农民人均纯收入17561.2元。镇连续第五年获市“粮食生产先进单位”称号，在抗洪救灾工作中被评为先进单位。

【产业发展】 2014年，泗汾镇将招商引资和项目建设作为可持续发展的生命线，坚持用硬措施改善软环境，使企业进得来、留得住、发展好。年内，全镇引进投资项目5个，新扩改建项目10个。投资3000多万元的金湖湾休闲农庄已对外营业，投资1500多万元的顺丰烟花投产，投资1000万元的二水厂建成供水，投资2000万元的鑫荷化工喷雾造粒成球自动化生产线顺利投产，投资5000万元的奥特莱斯商业广场已有3栋封顶，农贸市场年末投入使用，投资8000万元的恒凯通电子全面启动建设。投资7000万元的湖湘防水已完成征地9.33公顷。全镇形成了以陶瓷、花炮、电器成套设备、化工等4大产业为支柱，以丰德利瓷业、明维烟花、国联电瓷、力源电器、升华瓷业、鑫荷化工等规模企业为龙头的工业企业群；工业企业发展到109家，其中规模以上企业18家。

【“三农”工作】 2014年，泗汾镇以创建“农业部整乡整建制水稻高产示范乡镇”为契机，以水稻集中育秧为突破口，促进土地流转。全镇共流转土地1000余公顷，集中育秧面积59.11公顷，扶持种粮大户44户，种植早稻面积1376.8公顷、中晚稻1953.33公顷，粮食总产量达2.7万吨。按照“一村一品”的要求，以农业专业合作社为依托，因地制宜，发展适宜镇的种养殖农业。全镇规模养殖户达142户。枧上村“两季菜秧一季瓜”的种植经营模式和牲猪养殖初显特色；农场居委会草莓、苗木基地初具规模。以金湖湾生态农庄项目为依托，发展休闲观光农业，延伸农业产业链,开发无公害蔬菜和优质水果、茶叶、水稻，建立花卉苗木基地。狠抓森林防火，成立应急扑火队伍，新增12名护林员，启动“小喇叭行动”，在重要时间节点走村串户宣传森林防火。开展植树造林，高标准完成近1公顷的义务植树基地建设，全镇15个村（居）“三边”造林共计35千米，淇田村成功创建株洲市“绿色村庄”。完成卫星水库除险加固，何家垅—石虎段铁河防洪堤加固工程；大力推进“五小”水利工程建设，全年完成山塘新开、清淤、防渗320口，完成水圳防渗28千米。集镇建设稳步推进。年内，完成枧上、经堂、泗汾等12个村31千米道路硬化；投资800万元完成经堂、石虎、茂田3个村及集镇的农网改造工程，共增加1000千伏安变压器1个、200千伏安3个、100千伏安5个，并更换部分电线及配器设备，农村用电难问题得到缓解；投资近100万元、启动106国道沿线和符马线共12千米亮化工程，安装路灯235盏；完成第二自来水厂建设工程和泗汾镇农贸市场建设；启动了陈家垅居民集中建房点——馨园小区建设；天然气入户工程管网铺设基本完成；完成陈觉大道开发规划并启动建设。集镇管理切实加强。成立综合管理大队，全面整治私搭乱建、店外经营、乱堆乱放、乱贴乱画等现象；商户严格履行“门前三包”责任制度，做到门前垃圾日产日清,镇区经营有序、环境干净整洁。环境整治有序推进，农村脏、乱、差现象得到有效整治。年内，镇政府机关申创“株洲市卫生文明单位”、石虎村申创“省级卫生村”、农场居委会及淇田村申创“株洲市级卫生村”均成功通过考核验收。截至年末，全镇已成功创建省级卫生村2个，株洲市卫生村5个。

【**社会事业**】 一是加大教育基础投入。投入200多万元完成经堂、淇田、符田3所小学的提质改造工程。经堂小学等学校增添电脑等教学设备,有效改善办学条件。全镇学前儿童入学率100%，中小学生辍学率为零。二是着力推广科技知识。全年开展3次科普推广活动，举办各类科技培训、农村闲散劳动力技能培训、新型职业农民培训等21次，培训人员达1310人次。三是全面开展文化活动。完成农场农家书屋建设，增加藏书1500余册，实现15个村（居）农家书屋全覆盖；举办端午龙舟赛、“醴陵瓷韵天使”大赛泗汾专场、广场舞比赛、篮球赛等文体活动，免费送戏、送电影下乡50余场。四是加强卫生基础建设。新建村级卫生室2个。全面完成新型农村合作医疗筹资任务，参合人数为32874人，参合率100%。五是落实社会救助政策。全年共核减农村低保对象57人，新增农村低保对象129户、271人，新增五保对象11人，农村五保对象分散供养180人、集中供养37人。做好城乡医疗救助工作，救助贫困大病对象94人。帮建安居房26户。自筹资金20余万元对困难党员、离任村干部、群众进行慰问。六是落实劳动保障政策。新农保参保人数为17203人，参保率达93.73%。企业养老保险扩面50人，新增就业200人,采集劳动力信息21824人。

【**计生服务**】 2014年，泗汾镇落实“村为主”人口和计划生育政策。截至年末，完成结扎69例、上环389例、人流36例；完成国家免费优生优育检查324对；年度内出生586人，其中政策内生育二孩182人，计划率为84.8%；征收社会抚养费72.89万元，在全市率先超额完成任务。利用固定宣传栏、出动流动宣传车进行计划生育宣传教育，“单独二孩”政策顺利实施。

【**安全维稳**】 以“平安创建”活动为抓手，落实硬措施，打好翻身仗。建立起镇、村、组三级联动维稳模式，组织人员对辖区内涉军、涉法、涉诉、刑释解教、社区矫正、吸毒等重点对象进行走访。深入基层排查化解矛盾纠纷，共调解矛盾纠纷14起，有效解决谢某某、瞿某某等上访问题。开展“红袖章”“黄马甲”“小喇叭”3大专项行动，启动“立体式”监控体系建设，在106国道沿线安装16个高清摄像头，盗窃、扒窃案件同比下降31%，交通事故同比下降40%。年内，全镇无恶性群体性事件，无重大社会治安事件，社会大局平稳可控。综治工作在年度考核中排名第十，跻身一类乡镇。严格执行安全生产的各项规章制度，层层签订责任状。认真开展“安全生产月”活动，通过发放宣传资料、悬挂横幅、张贴标语、流动车辆、展板等形式进行宣传教育；邀请专家到镇对企业职工进行安全生产培训，组织企业开展消防演练，提高群众安全生产意识。加强对烟花爆竹领域的排查及专项整治，实行领导干部带队检查安全生产工作制度和交叉检查制度，发出责令整改通知书26份，出具安全生产整改复查意见书26份，做出强制措施决定书36份。截至年末，9家烟花鞭炮企业有8家通过第三轮行政许可。大力打击非法生产，取缔无证采砂4户，爆竹小作坊2处。全年开展4次食品安全检查专项整治行动，发出整改通知书56份，收缴过期产品30千克，实现食品药品安全零事故。

【**党建工作**】 2014年，泗汾镇深入开展党的群众路线教育实践活动和“连心解困”大走访，狠抓思想、组织、作风建设，构建全方位覆盖的党建工作大格局。镇党委班子成员分别与干部群众谈心交流达1200余次，发放民意征求表8000余份，收集意见建议1653条，归纳整理为对领导班子“四风”方面的意见21条、对班子成员的意见161条。以换届为契机，选优配强村级班子，调整村支部书记5名、村主任9名。3个软弱涣散支部在调整班子后采取针对性的整改措施，一举扭转被动局面。认真开展民主评议党员活动，对5名不合格党员给予开除党籍处分。按照建设基层服务型党组织的要求，制定、实施《无职党员设岗定责分类管理办法》，无职党员分别担任防火、创卫、计生、维稳等岗位，并联系3－5户群众。举办建党对象培训班一期，培训入党积极分子29名，新发展党员12人。集中开展文风会风、“三公”经费、办公用房等10个专项整治，党员干部作风明显转变。深入开展“连心解困”大走访活动，帮助群众解决石虎村向阳河清淤、泗汾村河道采砂等问题。全镇共收集问题3394个，已解决2763个，631个暂时无法解决的问题均给予回复解释。设立便民服务中心，新增农、林、水、医保等服务窗口，为村民提供“一站式”服务；建立“一对一”结对机制，组织办事人员进行业务知识培训，每名办事人员至少掌握3个部门的基础业务知识，减少村民办事跑多次的现象；建立服务群众满意度测评制度，开展“服务之星”评选活动，每月评选出1名“服务之星”，切实提高办事效率和为民服务水平。全面实施村账乡代管，村级财务和低保、安居房、困难救助等事务由村务监督委员会讨论后公示，对党务、村务公开定期检查。全年立案3件、8人，给予党纪处分3件、8人，其中开除党籍5人、留党察看2人、党内严重警告1人。整组编制基干民兵59人，民兵应急分队44人，建立一支半专业化的森林防火队伍；加强征兵动员，全镇有66人预征报名，有17人入伍且实现“零退兵”。泗汾村作为全市4个“同心工程”示范点之一，通过与民营企业村企共建，共同发展，取得显著成效。11月通过株洲市级“同心乡村”示范点考核验收，并通过省级示范点验收。（曾　敏）

沈潭镇

【概况】 沈潭镇位于醴陵市东南部，距城区21千米。东接江西省萍乡市，南邻清水江乡，西邻泗汾镇，北连东富镇，镇域面积53.8平方千米。全镇拥有耕地面积1432公顷，其中水田1223公顷、旱土209公顷；有山地面积2200公顷。全镇辖12个行政村，3个居委会，294个村民小组，总人口2.9万余人。工业以化工陶瓷和烟花鞭炮为主，有企业近40家，从业人员近5000人；农业以水稻种植为主，畜牧业以生猪养殖为主，年出栏生猪15万头以上。2014年全镇工农业总产值12.52亿元，其中工业总产值10.02亿元；完成国地两税共计1147万元；完成固定资产投资2.91亿元。年末，沈潭镇获株洲市“计划生育工作红旗单位”“基层建设年”先进单位等称号。

【“三农”工作】 2014年，全镇完成集中育秧面积140公顷，认真搞好江口村田背组示范田种植，庞龙村双季稻全程机械化高产示范基地种植工作，连续六年获市“粮食生产先进单位”称号。全镇有14个农业合作社，有“株洲粮食生产大户”1户、“醴陵粮食生产大户”6户。所有种粮大户基本实现农业机械化。涉及新田、江口、鳌仙等8个村总投资1900多万元的“高标项目”已基本完成。鳌仙、双垅、柞市、荆仙、美田桥等村大面积种植油菜达133.33公顷；由湖南黑山羊种养公司投资1200余万元的黑山羊繁殖科研基地项目正式投入使用；省金荣新农村建设有限公司投资1000余万元建设农业休闲、种植项目。2014年镇市、乡两级种粮大户发放稻种总计6550千克，各项政策补贴资金全部及时足额发放到位。完成鹅美公路荆仙段2.3千米提质改造、双龙村7.2千米村级道路拓宽和三星里、新田村合计2.5千米水泥道路硬化；完成柞市村百盏路灯建设、柞市中学危房改造、鹅塘小学恢复重建项目及卫生院改造项目；马坡里至柞市、沈潭集镇至沈潭村厂下组的自来水管网建设年底完工；涉及庞龙、新田、江口、夏星、沈潭、新塘、鳌仙、柞市8个村万余亩的高标准农田示范建设项目年内完工，东干渠4千米续建配套工程年内完工。狠抓长效保洁，确保环境卫生整洁。严格实行奖惩制度，按季度奖励前三名的村和办点干部，对后三名的进行罚款。镇容村貌进一步改善，连续两年获评株洲市卫生乡镇。认真做好动物疫病的疫情防控、阳光三农网建设、涉农专项整治等各项工作，镇畜牧站被株洲市评为“十佳畜牧站”。

【社会治安综合治理】 一是落实人口计生政策，稳定低生育水平。发放生育证共计284本、独生子女证84本；全年共完成四项手术799例，积极组织全镇237对夫妇参加优生优育孕前检查；共征收社会抚养费46.4万元；享受奖扶、特扶122人，发放奖扶资金共计15万余元；享受独生子女奖励135人，发放资金3万多元；人口出生率始终控制在8.6‰以内，出生统计准确率达99%以上，政策内生育率达85%以上，避孕措施落实率稳定在95%以上。二是努力创新工作方法，维护社会和谐稳定。主动排查和化解矛盾，有效控制了越级上访和集体上访事件；扎实开展边界纠纷联调联防工作，11月底，中央电视台法治栏目、法制日报等中央媒体、湖南卫视联合报道了湘赣“三调联动边界行”采访活动。充分发挥镇村人民调解委员会的作用，全年共调处各类矛盾纠纷10起，调处成功率100%。三是加强安全生产监管，确保生产生活安全。严格监管措施，强化对有证企业的日常监管力度，抓好第三轮安全生产行政许可证换发工作，9家需换发证的企业已有8家完成换证，另1家已完成整改，等待验收。

【社会保障】 2014年，沈谭镇为52户困难群众发放大病救助28余万元；享受优抚对象共计135人，发放资金近70万元；发放农村低保、五保金115万元，受益人数达800多人；政府救助100余人，发放救助金7万余元。认真做好农村危房改造工作，年内共完成10户改造任务。开展“爱心助学”“爱心献功臣”等活动，为41名贫困学生每人发放500元学习和生活费用，在“八一”期间慰问退伍退役军人30余人。

【党建工作】 2014年，沈谭镇党委牢固树立“围绕发展抓党建、抓好党建促发展”的工作理念，加强基层干部党风党纪教育，积极推行政务公开、村务公开和党务公开，加强对计生、低保等重点工作的公开，增强工作透明度。开展“四风”突出问题专项整治，着力解决群众办事难，党员干部奢侈浪费、赌博风，机关干部走读风等问题，党员干部服务群众意识明显增强，干部按班住勤率达100%。沈潭、鳌仙、双垅3个软弱涣散基层党组织得到有效整顿。认真组织开展“连心解困”大走访活动，124名走访干部共走访群众7518户，累计收集整理意见和建议756条、问题4330个，问题挂号1892件，都给予了答复和解决。 （陈双春）

清水江乡

【概况】 2014年，清水江乡辖9个行政村，217个村民小组，6216户，户籍人口25629人，年内出生345人。全乡实现“村村通”水泥路目标，大部分村实现水泥路到组、到户。全年共完成工农业总产值10.99亿元，完成税收收入200万元。

【设施建设】 2014年，全乡道路、水利等基础设施建设全面推进。通过争取国家项目资金，发动群众筹资筹劳，先后拓宽全长5.7千米县道——信华公路，修通村、组级道路26千米，硬化道路22千米。被列入省级五类危桥改造计划的挂咀桥重建工作于5月正式启动，工程造价近400万元。对田心支渠、江山支渠进行全面维修和硬化，确保沿线6个村（含沈潭镇2个村）农田灌溉；筹资50万元对荆村易家水库进行提质改造，库容量达20万立方米；对国强富村三合水库、龙塘村大香塘水库和杨木档村大石塘水库进行除险加固和增容扩面；整修骨干山塘17口，其他小山塘12口，衬砌渠道16千米，形成村村有工程的火热场面。投资600余万元的自来水厂项目已完成厂房主体及附属工程建设；列入中央财政建设项目、总投资2000万元的铁河清水江段防洪治理工程全面完工，列入省级计划、总投资640万元的水土保持项目于12月启动。

【经济发展】 巩固粮食生产主导地位。将文山、清水江、东山、增加滩、国强富、杨木档等6个村列入集中育秧重点示范村，完善文山等村水稻高产示范片，积极推行集中育秧、软盘抛秧、安全齐穗技术。全乡有20%以上的水田实行统一品种、统一病虫防治、统一栽培管理，90%以上的良田实行统一配种育秧，优质双季稻种植面积达80%以上。在国家农调总队的粮食生产抽样调查中，乡粮食生产面积排全市第一。在市农机局支持下，率先在国强富村岭下组推行双季稻栽培全程机械化操作，改变水稻的传统生产模式。年末，全乡有油茶、油菜、水稻、西瓜、蔬菜、农机、黑山羊养殖等各类专业合作社26家。进一步扶持壮大总投资达1400多万元的显和氏农牧有限公司，并督促其完成总投入200多万元的排污设施处理工程；恒盛农业生态有限公司开发种植优质高产油茶达500余公顷，成为湖南农业大学的产学研基地，醴陵市“最佳户外运动基地”和“最美山地自行车赛道”，乡村旅游热点地区。年内，公司在筹建办公大楼和榨油厂，申请注册“清江坊”商标，实现深加工。整合资源，促生态旅游产业发展。着力打造清水江河畔百亩野生荷花园和万亩油茶生态园。通过招商引资组建华隆农业生态有限公司，已完成投资500万元，购置游船26条，建造码头3处，打造清水江村拦河坝至江西东桥镇水路总长3.5千米的休闲旅游观光带，先后举办了“湘赣边户外运动节暨‘清水出芙蓉’野生荷花观赏活动”和“湘赣边恒盛茶山花海帐篷节”。投资1300余万元的巨龙瓷业年内已完成厂房建设并正式投产，年产值可达3000万元。

【社会事业】 2014年，清水江乡各项社会事业全面发展。一是农村环境综合整治见成效。设立组级卫生督导员岗位、推行废品回收员补贴办法，对村级和办点干部严格考核，将农环治工作常态化、长效化，促进全乡农环治工作顺利开展。二是计生服务水平有提高。全乡共落实农村奖励扶助对象156人，139人享受到独生子女保健费政策。建立流动人口统一管理、优质服务新体制。全年共出生婴儿333人，其中计划内出生277人，计划生育率达83.2%，比上年同期提高5个百分点。三是社会保障工作有进展。实行阳光低保，全年累计发放低保、五保供养金81万余元，全乡521户低保户及181位五保户的基本生活得到有效保障；帮助59户农户申报大病救助共计11.49万元；申请危房改造16户，受助资金15.95万元。开办留守儿童祖辈家长培训班，对留守儿童数据库实施动态管理，开展各类帮扶活动。6月30日，醴陵市首届“春蕾爱心屋暑假体验营活动”在乡铁肩中学开营，《今日醴陵》、湖南教育网和《湖南日报》对活动进行宣传报道。在株洲市妇联的支持下，成功创建省级“妇女之家”。推进奖教助学，组织社会各界捐款支教，全乡教育质量稳步提升。

【安全维稳】 清水江乡党委、政府努力打造乡综治工作新亮点。将“红袖章义务巡逻队”纳入常态化管理，坚持逢集市必巡。乡界陂村、荆村村、龙塘村与江西省东桥镇建立联防联调机制，实现边界村综治、计生等信息共享。联合相关部门及时做好矛盾纠纷的调处工作，全年全乡未发生一起大矛盾纠纷和群体事件。由综治办和司法所收集整理的与人民群众生产生活密切相关的法制案例宣传书籍已向全乡所有农户发放，用生动案例向群众开展法制宣传教育。乡综治工作年度考核排名全市第二，连续第五年进入全市先进行列。在全面完成花炮企业第三轮行政许可换发证工作的基础上，进一步构建乡、村、企业安全生产责任监管体系，对所有涉及安全生产的领域全部实行“五包一”的监管措施，强化日常巡查，及时排除安全隐患。积极开展打非治违，加大对花炮企业、加油站、校车、道路和水上交通、采砂、工程施工等领域的整治力度，对违规生产实行“零容忍”，全乡未发生一起安全生产事故。

【党建工作】 深入开展“连心解困”大走访活动和党的群众路线教育活动，干部作风切实转变。乡村两级和办点单位184名干部对全乡6380户农户和所有企业、学校、卫生院、敬老院等全部进行回访。每月的坐班日，网格单位的党政一把手和副职带头坚持坐班接访，尽力为群众解决实际问题。截至年末，全乡共收集问题1252个，为百姓解决问题914个，其他因故不能办理的均耐心解释，先后为企业、学校、敬老院等解决实际问题16个。扎实有效开展党的群众路线教育实践活动。通过在全体党员干部中开展学习教育、问题征集、谈心交心，批评与自我批评以及撰写对照检查材料等，认真查摆和深刻剖析“四风”问题22项，针对问题制定具体整改措施，落实整改方案。严格按“两推一选”程序和“公开、公平、公正”原则，做好支村两委换届选举工作，将一批年富力强、政治素质过硬的参选人员纳入村级管理队伍。推行干部下村入户制度，规定每人每月下村不得少于15天。如果没有紧急事务，原则上都骑统一购置的印有“清水江乡群众工作部”标志的自行车去走村串户，进一步拉近与群众距离。印发清水江乡便民联系卡，在中小学校免费开通亲情热线电话，加强学校与家长、监护人的联系。同时，进一步改善了机关办公条件，乡机关大院2000多平方米铺改性沥青，完善了“五小”（小食堂、小澡堂、小厕所、小图书室、小文体活动室）配套设施。 （陈心怡）

船湾镇

【概况】 2014年，船湾镇镇域面积68.3平方千米，其中水田1134.33公顷，旱土92.67公顷。辖8个行政村、2个居委会，有289个村民小组；23个基层党支部，894名党员；有户籍人口数27791人。截至年末，全镇共完成工农业总产值27.65亿元，同比增长12%。其中工业总产值25.47亿元，规模以上工业产值16.37亿元，服装产业总产值突破7亿元，农业总产值2.55亿元。完成固定资产投资1.85亿元，农民人均收入16874元，实现税收收入2226万元，有银行存款余额3.75亿元。

【产业发展】 2014年，船湾镇坚持传统产业改造升级，构建特色鲜明、竞争力强的现代产业。一是加强引导扶持，促进服装产业发展。年末，全镇有服装生产厂家60家，其中12家企业新建标准化厂房，布匹批发经营户18家，辅料及其他服装周边经营户36家，从业人员5000余人。二是全力推动路桥企业资质提升。湖南省通达建设工程有限公司以主项公路工程兼项房屋建筑2项总承包施工二级资质为基础，全力拓展路桥业务，共完成总产值超过4.1亿元，实现利税达4000万元，完成税收1600万元。年内完成法人控股改革，积极筹备资质提升工作。三是全面促进农业产业结构调整。积极稳妥加速推动土地流转和农田综合治理项目，促进土地向“农业合作社、种植大户、农业龙头企业”集中。全镇共扶持种植大户20多户，流转土地2466.67公顷，其中耕地近666.67公顷，林地1800公顷。争取农田综合治理项目资金500多万元，受益面积200余公顷。其次，坚持“生态与生存并举，绿地与富民并重”的原则，加快林业产业的发展。全镇“三边”绿化植树5000多棵。

【设施建设】 2014年，船湾镇全力推进“组组通水泥路”工程，全年共硬化村级道路15千米。投入资金800多万元，完成除险加固主要山塘10座，维修硬化加固渠道12千米，灌渠防渗20千米，渠道清淤共计20千米，整修山塘50余口，新开挖山塘5口，恢复灌溉面积20公顷，改善灌溉面积100余公顷。投入400万元，完成集镇长2.13千米、宽6米主干道及人行道提质改造。道路与下水道、天然气管道等配套附属设施同步施工。投入150万元，完成集镇及村庄集中居住区亮化工程，共新装太阳能节源环保新型路灯160盏，对原有路灯进行维修。投入8万元，修建韶双路400米排水排污管道，新开排污沟300米，埋设涵管400米，水沟清淤900米。继续完善镇自来水厂供水管网铺设工程，认真做好全镇镇域总体规划和村庄布局规划编制。

【安全维稳】 2014年，船湾镇

共召开安全生产工作例会6次，开展烟花爆竹专项排查9次、安全生产全面检查6次。对于烟花爆竹企业，安排专人驻场指导，确保安全措施落实。对于服装企业，共排查整治隐患100多处，15家企业对过期锅炉进行了更换，30余家企业补充了消防设备。推行机关干部联系企业制度，建立横向到边、纵向到底的安全生产监督管理体系和监管网络。全镇共开展安全生产专题培训3次，设置固定标语100块、宣传栏3个，悬挂横幅7条，出动宣传车3次，发放宣传单1200份。围绕保增长、保民生、保稳定的总体要求，排查不稳定因素。成立矛盾纠纷排查调处中心，专门负责矛盾纠纷排查和调处。建立领导干部信访接待日制度和领导干部带案下访制度，进一步畅通了信访维稳渠道。正式挂牌成立泗汾派出所驻船湾警务室，推进镇域监控体系建设，组织协警和镇治安服务队加强巡逻，积极开展"扫黄禁赌缉毒保畅"百日整治行动。广泛开展平安创建活动，加大矛盾纠纷排查力度。全年共排查矛盾纠纷72起，调处成功率100%。积极解决进京赴省上访户生产生活困难，使其安心致富不再上访。

【抗洪救灾】 5月25日，全市普降大到暴雨，船湾镇累计被淹农田520公顷；受损鱼塘27口、渠道7500多米、河堤湖岸1000余米；道路塌方46处，道路受损1600余米；山体滑坡25处，因山体滑坡导致房屋受损9户；倒塌房屋12间；直接经济损失达420余万元。灾情发生以后，镇党委、政府立即启动防汛应急预案，全体机关干部第一时间赶赴各村（居委会）全天候值守，及时疏散转移被困群众122人。洪水退后，镇村两级干部积极组织村民开展生产自救和灾后重建工作。

【环境整治】 2014年，船湾镇坚持把农村环境综合整治与新农村建设结合起来。一是组织领导到位，责任落实到人。镇与村、村与组分别签订责任状，实行镇长负总责、班子成员包村、办点干部包片、党员组长包户制度，确保卫生工作"零死角"，同时严格执行"周检查，月考核，季奖惩"的督查制度。二是深入开展宣传教育活动。印发"船湾是我家，美丽靠大家"的公开信5000份，张贴彩色固定创卫宣传标语100条，印发宣传单3500份，组织宣传车深入大街小巷，调动广大群众参与创卫工作的积极性，引导群众树立"我参与，我受益，我健康，我快乐"的创卫意识。三是加大投入力度。全镇全年累计出动党员干部2000多人次，大型挖掘机16台次，运输车辆400多台次。投入资金近4万元，新增200个垃圾桶。在对全市近400个行政村（居委会）分季度的考核中，镇玉堂、丽山、大界3个村名列全市前30位，在11月份全市农村人居环境考核中，大界村被评为一类示范村。

【计生服务】 2014年，船湾镇坚持每月召开1次计划生育专题会议，制定《船湾镇计划生育工作考核评估方案》，分阶段制定评分细则，落实责任。开展人口计生宣传活动5次，发放宣传资料3000余份，在集镇主干道周边喷绘宣传标语100余平方米。投入资金3万元，设立金子坪、丽山等6个阳光计生村（居委会），支持韶峰服饰有限公司、阳光蓬峰服饰公司企业计生办工作经费2万余元。按照人口数据录入要求，认真做好全镇独生子女核查工作，核查已婚育龄妇女6000余人。全年共完成"三查"（查环、查孕、查病）任务3次，为213名重点已婚育龄妇女进行生殖健康检查；组织参加"国家孕前免费健康检查"208对。年内共出生356人，其中一孩202人、二孩154人，计划外出生70人，符合政策生育率80.4%，无"两非"（非医学需要鉴定胎儿性别和非医学需要人工终止妊娠）案件发生。

【党建工作】 2014年，船湾镇深入开展党的群众路线教育实践活动，推进"连心解困"大走访活动，市、镇两级走访干部共计109人，共收集问题1109个，已解决问题769个，解决率达70%。坚持把"民情大走访"活动与乡镇基层基础工作有机结合，继续深化网格化社会管理模式，抓好民情回访活动。争取资金在丽山小学新建两层教学楼，解决附近学生就学难题。针对因醴茶高速公路修建而占用毛火冲骨干山塘库容，影响和制约农业生产的情况，筹资近150万元将其建成为小（2）型水库，并从酒埠江灌区北干渠修建1条引水渠至该水库，彻底解决当地老百姓农业生产用水困难。玉堂小学六年级学生何建林，6年来照顾身患尿毒症的妈妈和年幼的弟弟，用爱心支撑起整个家庭。走访干部了解后向中央电视台、湖南经视、株洲政法频道、株洲晚报等相关媒体积极推荐，何建林先后获株洲市"美德少年""全国百优美德少年"，并被推荐参评"全国最美孝心少年"。按照"照镜子，正衣冠，洗洗澡，治治病"的总要求，收集对领导班子意见163条，归纳整理为24条，对班子成员意见共242条，均明确整改措施，进行整改。

【社会事业】 2014年，船湾镇共筹集资金100余万元，用于改善办学条件、资助贫困生。长沙仁和集团"老胡"连续8年资助贫困学生，累计捐助金额9.92万元。年内全镇重点高中上线76人，上线率达30.9%。7位教师论文获国家级一等奖。镇卫生院投资200万元新建的住院综合大楼年底已交付使用。年内全镇参合人数24225人，共补偿3536人次，其中住院补偿2954人次、补偿金额146万余元，门诊补偿591人次、补偿金额4万余元。上报新农保参保信息16124条，其中政府代缴对象100名，为4332名60岁以上的老人发放新农保养老金；完成劳动社会保障卡信息确认2000余份；全面完成劳动力信息采集工作，采集16－59周岁劳动力个人信息15069份、用人单位信息180份。对全镇范围内的787户贫困家庭进行摸底造册建档。为188名五保对象发放五保金68.69万元。玉堂村投入近10万元用于改善全市第一个村级“五保之家”的基础设施。全年救助低保对象771人，发放农村低保金94.4万元；救助家庭困难的大病医疗对象26人次，发放大病医疗救助金7.27万元；发放90周岁以上老人补贴56人、合计4万元。圆满完成了民兵整组任务，编组了40人的应急分队1个、190人的步兵分队2个。在森林防火活动中，共组织50余名次民兵巡防守卡，有效地遏制了森林火灾的发生。年内，往部队输送新兵14人，其中大学生1人、高中生11人。 （张丽敏）

大障镇

【概况】 大障镇辖16个行政村，4个居委会，443个村民小组，总人口5.1万人，总面积110.3平方千米，中共大障镇党委下设27个党支部，有1869名党员，拥有耕地1851.4公顷，其中水田1775.67公顷，旱土75.73公顷。2014年，实现工农业生产总值达12.62亿元，其中工业生产总值9.26亿元、农业生产总值3.36亿元；完成固定资产投资7100万元；农民人均纯收入达15228.4元；完成税收收入1997万元。

【项目建设】 2014年，大障镇以项目建设为突破口，以“一二三四”工作思路，推进项目建设。启动喜森奥特莱斯商贸城的招商引资项目。投资20余万元，完成大障镇敬老院改造，五保老人集中供养条件进一步改善。投资250万元，完善大障镇卫生院配套设施建设，该院成为全市高标准高规格的中心卫生院之一。完成江边铺村、西林村村级活动中心建设。投资近千万元的符马线提质改造工程圆满完成。投入资金近80万元，进行集镇街面的修复工程，完善2000多米下水管道铺设；完成大障至罗夹口全长近2.3千米水泥硬化；拓宽罗夹口至贺家桥的省道线路。投入140万元，完成大障中学、马恋中学、大障小学教学楼、宿舍楼和食堂等改造；瑞丰烟花投入3000万元，建设全市第一家国家安全二级标准厂房。江洲引线厂加强整改，吉泰禽业建设东江分厂。在白果居委会启动大障文体中心建设，完成盐山村农贸市场升级改造和文化广场建设，发展攀桂园农业科技园，抓好高产粮田示范工程。提质改造南四区苏维埃纪念馆，新建申明村、柴冲村烈士墓园，着手恢复南四区万人大会场云峰寺会议旧址。

【“三农”工作】 2014年，全镇集中育秧大田示范面积806.53公顷，耕地流转新增186.33公顷。早稻集中育秧工作被推荐为湖南省100个示范乡镇之一，被评为市粮食生产红旗单位。按期完成陶家垅村上板塘水库、马恋村鹤栖塘水库等5座水库的除险加固。33处“五小”工程通过现场验收。全面完成市林业局下达的“三边”造林、油茶造林工作任务，其中“三边”造林和面上造林206公顷，油茶造林30余公顷，义务植树示范基地植树近1公顷。柴冲村和双桥村获评省级绿色村庄。全面启动“阳光低保”清查，共清理各类人情保、关系保158户、174人。9个村的“一事一议”项目全部通过检查验收。全镇新农保续缴21621人，缴费金额达222.65万元，到龄享受待遇7500余人。新农合缴费金额392.43万元，参合率达95.8%。大病救助93人次，救助金额13.63万元。临时救助168户，救助资金8万余元。完成散葬烈士墓就地保护135处，新建24户安居工程。

【社会治安综合治理】 2014年，全镇共调处各种矛盾纠纷28起，受理信访案件6件。组建40人的村级专职巡逻防控队，配齐相应设备，在全镇辖区内进行巡护。全力以赴抓好安全生产工作。对全镇的非法生产户进行全面摸底排查并登记造册，建立打击处理台账，对非法生产进行2次地毯式排查，全镇8家烟花爆竹企业有5家通过第三轮行政许可；万冲坡煤矿和北冲煤矿投资近千万元进行安全设施升级改造，并通过省煤监局和株洲市安监局的行政许可和升级改造验收；天马料石厂投资200余万元形成梯级开采，通过第三轮安全生产许可验收。全年安全生产形势总体平稳可控，未发生安全生产事故。计划生育稳步推进。积极宣传“单独二孩”政策。新增奖扶对象73人、特扶对象2人，全镇奖扶对象共计395人、特扶对象共计22人。2014年，全镇新出生人口789人，其中政策内659人，符合政策生育率83.5%，男女性别比100 ∶ 100.75。

【党建工作】 2014年，大障镇以“为民、务实、清廉”为主要内容，深入开展党的群众路线教育实践活动。班子成员开展“做一天支部书记，做一天城管队长，做一天敬老院长”的活动，机关支部开展了“三个一”（吃一天农家饭，做一天农家事，住一天农家屋）活动，进一步拉近干部与群众距离。扎实有效开展“连心解困”大走访活动，总计收集问题5233个，解决5079个。各走访单位共投入资金109.8万元，办好事、实事78件，解决水利、道路、困难救助等问题。

（陈　晓）

贺家桥镇

【概况】 贺家桥镇辖9个行政村、2个居委会，150个村民小组，5301户，户籍人口2.41万人，其中非农业人口325人。镇域面积62.48平方千米，有耕地795.8公顷，其中水田669.13公顷，旱土50公顷，山林面积2879.85公顷，森林覆盖率达70%。

【经济发展】 2014年，全镇实现工农业总产值5.94亿元，其中工业总产值4.56亿元、农业总产值1.38亿元；实现税收收入177万元。为进一步推进烟花鞭炮企业第三轮行政许可换证工作，共投入整改资金600多万元，对厂区进行规范化建设，年内有5家企业取得安全生产许可证，另有1家企业完成整改，等待验收。加快发展现代生态农业。在水口山村、新台村、贺市村新建3个辣椒产业基地，面积130余公顷，新扶持1家辣椒企业，通过“公司+农户+基地”模式，实现统一种植、统一加工、统一销售，取得良好规模效益。引进药材种植公司落户档梓山村，流转和开垦农田约50公顷，并已全部种上药材苗。新建油茶种植基地1个、黑山羊养殖合作社1家。全镇形成了辣椒、葡萄、药材、橘子、西瓜5个特色农业板块，成为农业增效的新亮点和农民增收的新途径。

【设施建设】 2014年，贺家桥镇加大投入力度，加快基础设施建设步伐，镇村面貌进一步改观。投资60多万元，拓宽硬化组级道路5千米，对破损严重、四处坑洼的村级主干道进行修复，对损毁的石板桥、高峰桥进行维修，全镇道路交通网络进一步完善，群众出行条件有效改善。投资180多万元，突出抓好病险水库、渠道、河坝、河堤的维修建设，共清淤、疏通、硬化渠道5.6千米，修复向阳河河坝3座，加固水损河堤1500米，维修龙龟山水库及枧冲水库，在琥玛村新挖渠道1200米，将山泉引到田间灌溉，新增灌溉面积30余公顷。完成藕塘水库自来水厂建设和寺冲安全饮水工程，彻底解决了附近近1万人的吃水问题。投入资金20多万元，在寺冲村新装路灯70多盏。完成对寺冲村和新台村电网改造，新增变压器3台。

【社会保障】 2014年，全镇累计发放五保供养金48万元、低保补助金89万元，落实安居工程24处，实施大病救助42户，发放特困慰问资金12万元、优抚金22万元、助残资金1.5万元。加大对空巢老人的关爱力度，在水口山、档梓山、新台、贺市等村建设老人之家，为空巢老人提供集中的休闲娱乐场所。新农合参合人数为19812人，参合率达95.5%；新农保参保率达到95%，发放养老金260余万元。投资150万元，新建卫生院住院大楼，新增病房6间，住院床位18张，群众住院就医条件得到有效改善。投资60多万元，对镇计生国策楼危楼进行拆除重建，设立便民服务中心，实现“一站式”行政办公，行政效率进一步提升。

【社会事务】 2014年，全镇各项社会事务统筹发展。进一步做好计生基础工作，加强流动人口的管理和村级计生阵地建设，全镇符合政策生育率为84.36%，人口出生率14.83‰。征收社会抚养费56.6万元，发放各类奖扶资金16.5万元。投入资金120万元，完成镇中学运动场改造；投资60多万元，完成贺市小学、梓山小学、新台小学维修改造，添置教师办公桌椅36套。教学质量显著提高，中考成绩重点高中上线人数达40人，创近年新高。全镇先后投入防火资金30多万元，设立大小户外宣传牌70余块，发放禁火令、防火宣传单8000多份，张贴标语800多张，重点时段每天出动流动宣传车下村入户巡回宣传。聘请护林员17名，组建巡逻队9支，分片划区每天对各地块、山头进行拉网式排查，在山岭交界处修建防火隔离带35千米，添置扑火设备280余套。实现由火灾重灾区到“零火灾”乡镇的突破性转变。抓好植树造林工作。新引进2家造林公司，按照“农户流转、公司承包、专人管护、定期分红”的模式在万亩火烧荒山上种植油茶、国外松等经济林木。突出抓好“三边”绿化、河道整治、垃圾填埋场地建设，环境治理工作居全市前列，有8个村、1个居委会进入全市季度考核前30名。

【安全维稳】 2014年，贺家桥镇共组织开展“打非”行动6次，开展校车、交通、企业安全生产集中专项整治行动8次，下达整改通知书17份，实现安全生产事故的“零发生”。深入开展平安创建活动，积极开展治安隐患和不稳定因素的排查工作，认真抓好矛盾纠纷的调处，全年共化解各类矛盾纠纷30余件，调解成功率达100%。突出抓好藕塘水库自来水厂、镇卫生院住院大楼征地建设矛盾纠纷协调处理，确保工程顺利推进。在“连心解困”大走访活动中，收集的154个问题，解决138个，上报会签16个。

（陈　立）

嘉树乡

【概况】 嘉树乡辖12个行政村，208个村民小组，5632户，户籍人口2.55万人。2014年，全乡有基层党组织30个，其中党总支2个，村级党组织12个，非公有制经济党组织11个；有中共党员1172人。全年实现工农业总产值52.58亿元，其中工业总产值51.27亿元，农业总产值1.30亿元；完成税收收入7930万元，实现固定资产投资9.74亿元。年末被评为株洲市“人口与计划生育工作红旗单位”，醴陵市“与百姓连心，为百姓解困”大走访活动考核第一名、“安全生产先进单位”“社会管理综合治理先进单位”。

【“三农”工作】 2014年，全乡培育2个市级种粮大户；荷树村创建了全市唯一的26.67公顷梅花基地，积极策划“梅花节”，开辟特色农业新路子。完成乌石自来水厂、北干渠枫林村境内2.2千米的箱涵和衬砌工程，完成山塘清淤20口，新开山塘10口，渠道清淤衬砌5千米。以治理养殖场周边环境为重点抓好动物防疫工作，改造养殖场化粪池220口，全年未发生1起疫情。投资120万元进行了嘉泗公路维修改造，全年全乡共投资350万元硬化道路11.5千米。抓好农村环境综合整治。杉仙、嘉树等村将保洁工作公司化运作。投资80多万元改造升级乌石农贸市场，投资15万元对玉茶工业垃圾场进行路面硬化并建设沉淀池。

【安全维稳】 2014年，嘉树乡在全乡各主干道均设有固定宣传牌，将安全宣传手册和新《中华人民共和国安全生产法》下发到各企业和农户；每月对全乡企业、道路、食品药品安全进行1次排查，不留任何安全隐患。联合相关部门每月对全乡校车厂车运营情况、食品药品安全进行检查，依法收缴乌石村豆田集镇4个南杂批发店过期食品。开展“延伸网格管理触角，创新社会治理体制”活动，召开村组干部大会，对评选出来的24名“最美村民组长”进行表彰，被省社会管理网作为典型推介。分别于5月和8月启动“平安企业”和“平安家庭”创建活动，20家企业纳入创建范围，5286户家庭被评为“文明家庭”。集中开展矛盾纠纷和不稳因素排查18次，解决杉仙村袁玉明山林权属纠纷、荆林长石粉厂员工身体损害赔偿纠纷等39起。在综治工作年度考核中，嘉树乡排名全市第三。

【社会事业】 2014年，嘉树乡圆满完成计划生育工作任务。进一步完善高峰、益嘉、华联等企业计生办及嘉树、里都等“阳光计生”村建设。全年出生361人，计划生育率为84.5%。教育卫生事业亮点纷呈。投资70余万元的农村学校教师宿舍改造项目、投资20万元的国家级农村学校青少年宫建设项目和投资120余万元的玉茶标准化小学建设项目，使全乡教育教学条件进一步改善；乡卫生院投资100余万元，新建住院楼1栋，添置设备20多套；新型合作医疗参合率达99%以上。

【党建工作】 2014年，嘉树乡突出抓好精简文件、会议，会议精简30%，发文数量同比下降35%；严格规范“三公经费”预算和支出，“三公经费”支出同比下降35%；清理办公用房8间，改造办公用房4间，处理公车2辆；加大基层走访调研力度，8月开展1次集中走访，共解决个性问题268个、共性问题135个。继续强化党风廉政建设，加大案件查处力度，共查办案件2起，处理违纪党员2人。抓好村“两委”换届选举，共选举产生村支两委成员44人，其中女性干部12人，大专文化以上2人，中专、高中文化7人。（江育静）

均楚镇

【概况】 均楚镇辖17个行政村，2个居委会，399个村（居）民小组，有户籍人口4.32万人，有农村劳动力2.5万人；镇域面积为167平方千米，有耕地2330公顷。均楚工业以电瓷制造、采矿、造纸、鞭炮烟花为主。2014年，全镇共计完成农业总产值16.86亿元，其中规模企业产值12.31亿元；固定资产投资2.68亿元；完成税收981万元；农民人均纯收入达14469元。

【农业生产】 2014年，均楚镇水稻种植面积超过4000公顷，其中优质稻种植面积比上年同期有大幅增长。大力开展集中育秧，全镇集中育秧约25公顷，流转农田1200余公顷，扶持市级种粮大户6户、乡级种粮大户42户。全年在青山村、赵公岭村、黄田村、黄谷村、老湾村、均楚桥居委会等落实酒用高粱、玉米，棉花、桑葚种植等项目，流转土地533.33公顷。全面改造均楚的农田土质结构，全镇有2066.67公顷农田施石灰2550吨，有266.67公顷农田施绿色肥料105吨。加快农业集约化经营，新立红薯种植基地、樟桥油茶基地，周坊村茶叶基地有新发展。年内共购置高速插秧机3台、手动插秧机7台、收割机28台、履带式旋耕机8台，新注册成立农机合作社3家，农业现代化水平进一步提高。

【设施建设】 2014年，全镇硬化乡村道路40多千米，其中日新桥村硬化3千米，军山村硬化3.02千米，赵公岭村硬化1.85千米。镇村两级共投资78万元，重建周坊村牛形桥；日新桥村投资15万元，新建擂打石桥。全年维修“五小”工程项目35处，完成渠道清淤5千米，修复渠道6.5千米，黄谷村上水冲水库和樟桥村南冲水库已纳入维修计划。开展亮化工程，对集镇33盏路灯进行全面维修，架设专线1.5千米，新增主干道路灯63盏。

【环境整治】 2014年，均楚镇投入资金近30万元，添置垃圾桶280余只，完成青山村至潘家冲村主干道绿化，新增村道路灯36盏，共拆除“牵挂式”广告招牌、横幅96处，清除“粘贴式、喷涂式”广告130余处，整治不规范废旧物资收购点2处，整治养殖户直排问题2处。开展集镇专项整治，拆除集镇乱搭乱建30余处，集镇形象得到极大改善。突出抓主要河道清理整治。先后投入劳动力420多人次，对周坊至均楚桥段、军山水库至岱兴桥段、潘家冲至黄谷段等主要河道实施杂树杂草、生活和建筑垃圾的清理，确保河道畅通。加强督查评比，每季度对19个村（居）委会公布排名。对在季度考核中排名前一、二、三、四、五名的村（居）委会，分别奖励1000元、800元、600元、400元、200元，排名倒数一、二、三名的村分别罚款1000元、800元、600元。

【安全维稳】 2014年，均楚镇在全镇范围内开展安全生产大检查及隐患排查自查自改工作。对辖区内的高危企业进行全方位的监督检查，共出动人员162次、411人次对企业进行检查，共下达现场检查记录文书521份、责令限期整改文书342份，检查中共发现各类隐患423条，年内已整改到位411条，其余11条仍在整改。浦口“9·22”事故发生后，辖区高危企业全部停产整改，年内有5家企业通过复产验收。综治维稳工作以平安建设为中心，以创新社会管理为突破，强化矛盾纠纷排查力度。年内解决2个遗留问题，未出现进京非访情况。司法所为68人次提供法律咨询，发放《平安手册》等资料1万余份。对留守儿童、刑释人员、吸毒人员、邪教人员等积极落实办点干部、村组干部、家属集中帮教的措施。年内全镇未发生1起安全生产事故，社会治安平稳可控。

【社会保障】 2014年，均楚镇认真落实各项惠农政策，利用“一卡通”的方式发放各类粮食直补资金360余万元、农机补贴162.3万元、水库移民后期扶持资金100.9万元、公益林补助249.6万元、退耕还林补助50.6万元。镇劳保站对信息错误、手续变更、缴费遗漏等问题进行全面清查，确保信息准确无遗漏。全镇新农保应保人员参保率在90%以上，工伤保险缴费38万元，新增企业养老保险人数40余人，完成危房改造19栋。

【计生服务】 2014年，全镇有318对夫妇接受国家免费孕前优生健康检查。年内新增奖励扶助对象72人、特别扶助对象4人，落实调查城镇独生子女父母奖励对象73人，申办独生子女保健费252对。

【党建工作】 2014年，镇党委扎实开展党的群众路线教育实践活动、“连心解困”大走访和支村两委换届选举工作，党建工作全面开展。1－11月“三公经费”支出13.19万元，为上年同期的40.5%。对超标超编公务用车进行清理，上交公车1辆，解聘专职司机。在“连心解困”大走访活动中，针对群众反映比较强烈的低保不公问题，自5月上旬开始，组织128名镇村走访干部用1个月时间，对全镇1396户困难户进行走访。在1169户低保户中，清退仍享受低保的死亡对象48人，取消家庭条件转好不符合享受低保政策的对象87户。全镇17个村顺利完成支村两委换届选举工作。共选出新一届支部委员68人、村委会成员52人，有34位支委兼任村委；新任村党支部书记2人、村主任6人、会计6人。 （刘礼英）

石亭镇

【概况】 石亭镇辖12个行政村、1个居委会，户籍人口4.01万人，行政区域面积107平方千米，有耕地面积2101.1公顷，其中水田2020公顷、旱土81.1公顷，山林5571.3公顷，森林覆盖率达98%；有小（1）型水库2座，小（2）型水库11座。全镇种养业经济以优质稻、荸荠、湖鸭、鲜蛋、黑山羊、蓝莓、葡萄、油茶为主产品，工业产品以鞭炮、烟花、化工产品为主。2014年被推选为“第四届全国文明村镇”，镇政府机关被评为“湖南省文明卫生单位”“株洲市计生先进单位”。

【农业生产】 2014年，石亭镇共有水田面积2020公顷，早稻种植率86%，早稻产量达10423吨；共流转土地800公顷。依托优质粮油棉、畜牧、水产、蔬菜和瓜果五大优势产业，加大农业产业结构调整力度，建立多个农民专业合作经济组织。上保村旺达水稻种植合作社种植水稻73.33公顷，并申请了绿色无公害产品及注册商标。年末全镇生猪存栏4万头，有专业养殖户200余户，家禽60多万只；有兼顾灌溉和养鱼的山塘、水库650余口，水面面积达300余公顷，发展网箱养鱼，初步形成水产养殖合作经营。建立了以永红居委会为中心的66.67公顷蓝莓种植基地和以长岭、花溪、苏家垅、樟树为主的万亩油茶基地；长塘村投资2000万元，以大众农业公司为龙头，开发集观光、休闲、旅游为一体的农业生态示范基地。年内引进珠海中南汇公司建设千亩蓝莓基地。项目第一期8.67公顷种植基地开工建设，上半年完成育苗3万株、养苗1.6万株。醴陵大众农业发展有限公司投资2200万元，建成黑山羊羊舍3000平方米，能饲养山羊2000头；开坡造梯栽种果树26.67公顷，已栽种软籽石榴树6.67公顷，蜜柚树13.33公顷。原长岭乡人唐自然创办的油茶林种植公司引进资金500万元，种植油茶100公顷。完成周坊水库主干渠道4千米清淤工程，完善和新建水利设施75处，投入资金达350余万元。

【集镇建设】 2014年，石亭镇下大力气抓集镇建设，投入资金30万元，铺设老集镇管网400米；投入资金100余万元，启动集镇污水管网建设。投入80余万元，修葺石亭大道；投入30万元，扩增集镇绿化面积600平方米，补植桂花树100余株；投入20万元，在石亭大桥新装路灯20余盏；投资10万余元，更换集镇新区路灯。建立垃圾分类回收点8个，成立由10人组成的卫生保洁队伍，组织10名集镇群众成立石亭集镇管理中队，加强集镇秩序的管理。大力整顿交通和集市秩序，针对道路两侧乱停乱放和占道经营乱象，集镇办联合管委会一手抓劝导，一手抓执行，集镇秩序明显好转。

【安全维稳】 2014年，镇党委、

镇政府竭力抓好安全生产，加大宣传力度，严格执行高危企业高温期间停产的有关规定，年内有石亭出口花炮厂等4家企业完成第三轮行政许可换证工作，全年实现了全镇安全零事故。全面提升社会管理能力，对重点稳控人员建立“五包一”责任制和信访维稳联络员制度，确保信访问题妥善处置，信访案件较上年下降42%。扎实开展禁毒、交通安全、打击黄赌毒专项整治，做好闲散青少年、留守儿童、服刑在教人员未成年子女的教育和服务工作。开展平安村建设，全年共调解各种民间纠纷54件，促进了社会和谐稳定。

【计生服务】 2014年，石亭镇计划生育工作继续推行“村为主”工作机制，严格实行计生工作月考核奖惩制度和计生工作责任逆向追究制度，对工作失职、渎职的2名村干部进行了诫勉谈话，42名镇村干部受到经济处罚。

【环境整治】 2014年，石亭镇投入6万元，购买200个垃圾桶，并聘请专人负责垃圾清运。将313省道沿线卫生清洁分包给专业队伍，调动群众创建积极性。

【社会保障】 2014年，石亭镇核减低保对象45户、五保对象14户，新增低保对象12户、五保对象27户，民政救助准确到位。半年办理大病救助39人次，新增各类优抚对象13人，完成417名优抚对象身份证信息录入工作，完成12座烈士墓修缮工作。协助市残联办理残疾证56人次，发放残疾人辅助器械12人次，完成残疾人无障碍改造摸底和困难残疾群众摸底工作。

【党建工作】 2014年，石亭镇紧扣“为民务实清廉”主题，扎实开展群众路线教育实践活动，干部作风明显好转。6月1日完成全镇的村支两委换届选举工作，13个村（居）委会共选举出支委39人、村委40人，其中新进支委5人、村委8人，13个村中有10个村更换书记或主任。通过换届选举，村级班子得到优化，村级班子战斗力得到提升。深入开展“连心解困”大走访活动与走访办点单位一道，为群众排忧解难。（肖雅惠）

栗山坝镇

【概况】 栗山坝镇地处醴陵市西南部，辖12个行政村、3个居委会，339个村民小组，户籍人口3.68万人。镇域面积101平方千米，有耕地面积1800公顷，其中水田1530公顷、旱地270公顷，山地面积7000公顷，森林覆盖率达57%。农业以种养业为主，主要农产品有水稻、茶油、茶叶、辣椒、柑橘、生猪、鲜鱼、黑山羊等。2014年有规模企业11家，主要经营橡胶、坩埚、水泥、石灰、硅火泥、鞭炮、耐火材料、防水材料等项目。

【经济发展】 2014年，栗山坝镇实现工农业总产值16.18亿元，其中工业总产值13.91亿元、农业总产值2.27亿元；完成税收收入848万元；实现固定资产投资1.08亿元。“三六橡胶”“三九硅火泥”两家公司完成技改，企业生产成本大幅降低，经济效益明显提高。鑫湘科技公司与株洲南车集团签订协议，引进1个高新技术生产线，累计投资3500万元，年内已正式投产。加快土地流转，鼓励规模经营。年初镇政府出台奖励政策，对耕地流转大户每亩补助20－50元，引进蓝鑫水稻种植合作社、志强和旭日农民专业合作社等，共流转耕地833.33公顷，流转林地333.33公顷。东岗村将流转土地集中种植千亩油菜，实现流转土地综合性盈利模式。大力推进基础设施建设，加快推进乡村公路通组到户工程，全年硬化村组道路20.5千米；硬化渠道13.5千米，新建加固硬化山塘22口，改造新建机埠电排河坝10处。大力推广优质稻和集中育秧，重点抓好神马线沿线7个村的双季稻示范长廊建设，确保粮食总产稳步增长，全镇早稻种植面积1400公顷，晚稻种植面积1533.33公顷。筛选一批互补性强、优势明显的农业合作项目对外招商，引进2个生态、高效、有机的农业项目。积极扶持唐丰养殖合作社、新世纪油茶种植合作社、康民合作社，实现农业产业多元化发展。

【安全维稳】 2014年，栗山坝镇安全生产坚持“防打结合”，重预防，严打击。浦口“9·22”事故发生后，镇党委、政府坚决贯彻落实上级停产整顿会议精神，每天对企业进行巡查，确保100%停产到位。结合全市打非治违行动，在全镇境内进行摸底排查，查处烟花爆竹非法下单现象3起，行政拘留1人。全年花炮、矿山企业未出现1起安全事故。认真抓好食品、交通及校车安全管理。开展10余次校车突击检查，查处超载等违规情况；全面排查境内校车途径路段安全隐患。强化水上渡船安全，坚决制止超载行船和病船行渡行为，投资2万余元，更换双滂村渡船。做好涉军群的稳控工作，“八一”期间召开退伍军人座谈会，安排7名退伍军人担任护林员，有效稳控涉军群体。全面推行巡逻制度，东岗村成立全市第一所村级警务室，每天安排4名辅警骑摩托车在全村24小时巡防。依法依规开展农民工维权工作，追讨农民工工资300余万元。镇司法所远赴外地协商事故赔偿，累计追讨农民工工资、工伤赔偿款等达200余万元。积极稳妥处置矛盾纠纷，全年共化解矛盾纠纷220余起，避免群体性上访事件5起。

【社会事业】 2014年，全镇各项社会事业蓬勃发展。一是计划生育服务水平不断提升。全年新出生497人，符合政策生育率达83%。发放独生子女费27120元，新增农村计划生育奖励扶助对象84名、特扶对象1名，年审达100%；加强流动人口管理，台账清楚，流动人口登记办证4082人，办证率100%。二是文教卫再创佳绩。镇文化站主体工程已全面完成，认真组织“醴陵好声音”走进栗山坝大型活动，东岗村新农村建设文化活动情况被多家媒体报道。认真落实农村义务教育经费保障政策，落实“两免一补”资金18万元，中小学适龄人口入学率达100%、中小学辍学率为零。教学质量不断提高，栗山中学中考综合成绩排名全市第一。卫生院新住院大楼全面竣工；新型农村合作医疗健康运转，参保人数34956人，参保率达95%。完成15个村养老保险参保工作，参保人数达12338人。三是开展社保阳光行动。经审核，镇享受城镇低保对象31户、48人，农村低保对象778户、1332人。“五保”分散供养222人，集中供养233人，敬老院和村级“五保”之家入住率达100%。解决大病救助85人，向受洪灾群众、困难党员发放帮扶资金1.5万元。四是农村环境整治成效显著。投资30余万元，将垃圾清理工作承包，关闭整治村组垃圾场2处，村容村貌得到改变。

【党建工作】 2014年，栗山坝镇严格执行“连心解困”大走访“群众工作日”坐班接访制度，排查矛盾纠纷23户，登记群众诉求896个，解决困难和问题755件，结对帮扶贫困户95户、帮扶专业户15户，解决民生实际问题18件。深入开展党的群众路线教育实践活动，加强作风建设。出台《镇机关干部绩效考核办法》《村干部绩效考核办法》，坚持值班制度，干部作风明显转变。加大村级组织活动场所建设和维护改造力度，12个村均建设村级组织活动中心。利用支村两委换届契机，强化对软弱涣散村党组织整顿。对上湖村、茶溪村存在的问题进行整改。东岗村通过换届配强班子，各项工作均有起色，获“湖南省美丽乡村”等称号。全年新增52名入党积极分子，发展党员8名。向36名贫困党员发放慰问金1.2万元。 （易　倜）

神福港镇

【概况】 2014年，神福港镇实现工农业总产值2.75亿元，其中工业总产值1.04亿元、农业总产值1.71亿元；完成税收收入401万元；实现固定资产投资1.16亿元；社会消费品零售总额7748万元。

【“三农”工作】 2014年，神福港镇采取政府实施、村组连片、大户集中3种方式进行早稻集中育秧，全镇共设集中育秧点9个、6.02公顷，抛栽大田190.47公顷。全镇有省、市、乡级种粮大户1户、4户、29户，流转土地800余公顷，在313省道沿线7个村创建双季稻高产示范片，种植水稻2165.33公顷，产粮1.78万吨。全力打造以汤家坪为中心、辐射长沙岭和枫树山的莲藕种植基地，面积达146.67公顷；以下三洲为中心、辐射铁河口和枫树山村的蔬菜种植基地面积达66.67公顷；以铁河口为中心、延伸至长沙岭和大西垅等村的瓜果种植基地面积达100公顷。健全森林防火制度，镇上组建一支30人以上的应急队伍，各村相应成立扑火应急小分队。严格责任追究，对工作不力导致失火的长沙岭居委会主任和分管林业的副主任实行追责，作出党内警告处分。完善山塘、水库、河坝度汛计划和抢险应急预案，全力做好“5·25”抗洪抢险工作，洪水期间全体机关干部24小时对水库、堤坝、山塘值守和巡查，共转移受困群众2000人次，发送救灾食品价值2万余元。全面完成动物防疫免疫工作，确保免疫密度达100%。各村以分片包干的形式落实责任，推动环境整治和日常维护，基本上做到了家园清洁、村容整洁。

【安全维稳】 2014年，神福港镇组织力量对危化物品、烟花爆竹、建筑施工、道路交通等重点领域进行了安全大检查。联合市交警三中队，对非法车辆营运、三轮车接送学生进行多次专项清理，查扣非法运输车辆10余辆，处理涉事人员15人。发放“致家长的一封信”7000余份，提高家长和学生的安全乘车意识。全镇安全生产连续六年零事故。共调解大小矛盾纠纷72起，调处成功率100%。全年未发生赴省进京的越级上访事件。抓好学校周边环境和校车整治。加强对校园周边商店的食品安全检查，确保食品安全。加强对流动人口、出租房屋和娱乐场所的规范管理，严厉打击“黄、赌、毒、邪”等现象。积极开展帮扶教育。结合“连心解困”大走访活动，在各村成立矫正小组，预防和减少矫正对象重新犯罪。开展法治教育。对新上任村干部进行法律知识培训。

【设施建设】 2014年，神福港镇村两级多方筹资280余万元，硬化渠道总长7.77千米、整修山塘32口，维修机埠15座，渠道清淤2千米，在筱溪、转步、铁河口、枫树山、西塘坪等村，除险加固渌江和铁河防洪堤11千米，改善农田灌溉面积150余公顷。硬化村组道路23.7千米，完成灵公桥改造。在长沙岭集镇投资70万元，修建1条全长1300米、宽1米、深0.6米的下水道，解决排水问题。按照统筹城乡建设的要求，多方筹集资金加快推进集镇交通、亮化、供水、污水处理等基础设施建设。长沙岭集镇开发工作接近尾声，转步小集镇建设仍在进行，镇政府广场连接线已经建好，神福港居委会集镇2千米范围内已完成路灯安装。

【计生服务】 2014年1—9月，神福港镇上报出生人口378人，人口出生率12.6‰；上报死亡人口176人，人口死亡率5.9‰；人口自然增长率6.7‰，均在年度目标责任范围内。出生人口中政策内出生314人、政策外出生64人，符合政策生育率83.1%；出生男孩190人、女孩188人，出生人口性别比为100∶101。

【社会保障】 2014年，神福港镇全面落实各项社会保障措施。集中供养五保老人133人，分散供养119人。投入10万余元，对神福港第二敬老院提质升级，除亮化、绿化外还购置健身器材，进一步丰富五保老人物质、文化生活。加大慰问力度和走访范围。全年走访慰问122户困难户，发放慰问金5万元，为35户困难户申请救济金1万元、为12户残疾家庭申请救济金4800元，大病救助102人，发放慈善医疗卡5张、价值2500元，为5名贫困大学生解决学费2万余元。洪灾过后，筹集救灾资金20万元，有效解决受灾群众生产生活困难。对全镇低保对象实行阳光救助，全年共核减低保对象41户、62人，新增低保对象105户、140人。全镇新型农村养老保险参保14550人，缴费率达90%以上；参合人数为23812人，筹集参合资金2214.21万元。

【党建工作】 2014年，神福港镇深入开展党的群众路线教育实践活动和“连心解困”大走访活动。全镇17个基层党组织、900多名党员积极参与教育实践活动，开展“连心解困”大走访，为群众解决实际问题。顺利完成支村两委换届选举工作，全镇9个村选举产生村委会成员27人，男、女各占66%和34%，基层干部的性别和年龄结构进一步优化。

（谢玲芝）

板杉乡

【概况】 2014年，板杉乡辖19个行政村，403个村民组，户籍人口4.35万人，总面积102平方千米。有耕地面积1966.67公顷，其中水田1813.33公顷、旱土153.33公顷；山地面积407.2公顷，森林覆盖率达58.5%。境内以陶瓷、烟花鞭炮产业为主，有企业22家，其中规模企业8家。年内，全乡实现工农业生产总值12.94亿元，其中工业总产值10.79亿元，农业总产值2.15亿元；完成固定资产投资总额1.86亿元；实现税收收入1128万元；新引进工业企业4家，完成招商引资4500万元；农民人均纯收入达15647元。

【“三农”工作】 2014年，板杉乡着力打造以杨家湾村和大屋垅村为示范带、其他16个村为重点的双季稻高产示范片，共有高产示范带水田面积540公顷。培植寨下村“丰联”实业为株洲市级种粮大户，全部实行农业机械化作业，早稻种植面积达35.75公顷。培育醴陵市级种粮大户7户、乡级种粮大户119户。年末全乡共有30个农民专业合作社。擂鼓桥村“醴陵金桥生态林农实业有限公司”采取“公司+基地+农户”的模式，发展油茶种植面积866.67公顷，并成功注册“湘醴”牌油茶商标。擂鼓桥、八步桥、大石桥、杨家湾等村引进竹柳，种植面积有100余公顷。擂鼓桥村新增20公顷的香莲种植面积，竹花山村、大石桥村新种植的葡萄园与古城村百亩葡萄基地相呼应，枫树桥村、寨下村、八步桥村、东冲铺村新开垦40余公顷油茶基地。荷花盛开时节，擂鼓桥村吸引大批游客，莲蓬每亩创收5000元以上。组织开展“洁净板杉”专项集中整治活动，对全乡18个村分三批次进行专项整治，整治期间乡机关干部全部都下到村组，带领村组干部和群众对村级主干道等公共区域和农户屋前屋后的垃圾进行大清扫、大清运。八步桥村和擂鼓桥村分别成功创建省级和株洲市卫生村。

【设施建设】 2014年，全乡共投入1000余万元，提质改造乡村道路36千米；投资60万元对“七柳线”耿境高桥、长坡口东风桥、大屋垅牛王庙桥3座桥梁进行修缮；投资300余万元，硬化渠道8000米，新修机埠3座、水圳2000余米，加强山塘除险加固和渠道清淤工作；投资近400万元，对竹花山村66.67公顷农田进行全面整理。投资120多万元，新建七里山集贸市场，该市场占地面积4380平方米，搭建钢结构屋面2600平方米，混凝土硬化地面及道路560立方米，有停车场1500余平方米，有标准化摊位400余个，彻底解决了原马路市场阻塞交通、影响集镇环境卫生的老大难问题。完成枫树桥、八步桥、古城、长坡口、大石桥、擂鼓桥等村的安全饮水工程，解决6000多人饮水困难。4个村安装路灯300余盏。

【安全维稳】 2014年，全乡共有花炮企业13家，为搞好企业安全生产，广泛宣传安全生产知识，悬挂横幅30余条，发放安全生产相关手册1500余份。7月初到9月底，不间断安排人员到花炮企业检查停产情况，并利用高温停产期间督促企业整改换证，强行关闭不符合安全生产条件又无力整改的3家烟花鞭炮厂，完成9家烟花鞭炮企业的第三轮行政许可换证。全年到企业安全生产巡查300次以上，发现安全隐患162处，下达整改指令115份，未发生大小安全事故。4月开展对辖区非法挖矿、采砂整治，14家非法挖矿洗砂点全部被取缔，先后刑拘3人，收缴挖机、装载机10台次，乱采滥挖现象得到遏制。全年共调处矛盾纠纷90件，防民事转刑事案件2件，共打击犯罪分子62人，有效维护社会稳定。加强特殊人群管理。截至12月，全乡先后接受社区矫正人员76人，谈话教育帮助836人次，帮助教育刑释解教人员31人，走访帮教吸毒人员38人，安置帮教邪教人员11人，协助有关部门严厉打击“门徒会”与“全能神教”等邪教组织。关注青少年和留守儿童的教育，加强学校及周边治安环境整治，全年无青少年犯罪发生。

【社会事业】 2014年，板杉乡出生人口585人，其中计划内出生487人、计划外64人，计划生育率86.8%，符合政策生育率91.8%，出生率为12.6‰，人口自然增长率7.4‰。在稳定低生育同时，加大对违法生育对象查处和社会抚养费征收力度。全年上报法院强执案件9例，行政拘留5人，共征收社会抚养费80.65万元。八步桥等5个村安装无线广播，建立村级广播站；乡广场舞队进入了全市广场舞大赛决赛，八步桥和大屋垅村建设了群众公共健身设施。大力扶持硬件设施较薄弱的学校，唐家冲、简家冲、流碧桥等学校进行了改建。投资200多万元新建的板杉卫生院门诊住院大楼年内投入使用。新型农村合作医疗参保率在95%以上。对130名低保对象进行动态调整，评定1354名低保对象；对296名“五保”对象进行集中供养或散户供养；486名优抚对象得到救助；22栋农村危房得到改造。为部队输送合格新兵11名。“与百姓连心，为百姓解困”大走访活动取得实效。全乡回访村民4523户，收集2847个问题，已办结销号2775个，72个仍在处理中；回访企业13家，解决问题147个，梳理信访突出问题16件、解决14件，有2件仍在处理中。唐家冲村在三级网格责任人和新任村支两委带领下，多方筹措资金100多万元，硬化村组道路3千米，受到群众好评。

（龙　鹏）

新阳乡

【概况】 新阳乡乡域面积64平方千米，户籍人口2.55万人，辖10个行政村，235个村民小组。有耕地面积1200公顷，林地面积3382公顷。乡党委下辖15个基层党组织，815名党员；有学校5所，其中小学4所、中学1所，卫生院1家。2014年，全乡完成招商引资总额1500多万元，完成税收收入227万元，农民人均纯收入达16120元。

【产业发展】 2014年，全乡第一、第二、第三产业齐头并进，稳步发展。引进一家电磁电器厂。逐步形成以防水材料为龙头、烟花鞭炮、陶瓷企业为主体的产业结构。着力加快农业产业结构调整，积极推广新技术，培育新产业，全面升级现代农业。建设占地330余公顷，集生态农业、休闲度假、旅游观光、餐饮娱乐为一体的高端生态养老基地——“楠竹山泽域美景生态园”。升级以猪肉、鱼类、家禽、腊制品、蔬菜、油茶、水果等一站式产品的“青泥湾品牌”，开设“清泥湾生态生活馆”；推进占地面积约70公顷，投资总额1亿元的德福居生态园建设，计划打造成为湖南领先的生态农业示范园。（彭丽娜）

仙霞镇

【概况】 仙霞镇镇域面积58.7平方千米，辖9个行政村、1个居委会，户籍人口2.26万人，处于长株潭“两型社会”核心实验区内。全镇主导产业有北部的陶瓷花炮及南部的花木。2014年，在北部狮形岭和油田村投资1500余万元，规划用地113.33公顷，建立仙霞镇中小企业产业园。在南部成功引进醴陵市联亚、长沙楠木、长沙万碧3家苗木基地，开发约70公顷山岭土地，移栽近20余个品种。全年，实现工农业总产值5.43亿元，完成税收收入163万元，年末存款余额为1.62亿元。

【农业生产】 2014年，仙霞镇深入推进农村综合改革。在示范长廊区和玉潘村由村级采取统一翻耕、统一购种、统一育秧、统一播种的方式落实早稻种植面积约70公顷，种植率达95%以上，沿线各村早稻生产种植率达90%。助推农业技术和产业发展，产业结构调整日显成效，德福青蛙养殖在中央二台《致富经》栏目播出后，已初具品牌效应，各地来考察和拜师学艺的络绎不绝。

【设施建设】 2014年，在集镇沿线新装60盏路灯，对农贸市场进行改扩建，新修1条120米长、3.5米宽的水泥道，启动富华商业街及中心集贸市场规划建设。清安铺村1.2千米通乡公路几近竣工，东江冲村3千米村道改乡道已完成基础工程，赵高塅村至玉潘村1.3千米村道改县道已立项，涉及6个村的8处水损道路得到全面维修。赵高塅村寒婆坳山塘水库和仙霞村王皮塘完成硬化扩容，新修清安铺村河道水闸，油田村郭家坡组新建灌溉水渠，整修清淤狮形岭村泄洪渠道。

【安全维稳】 2014年，仙霞镇严格落实安全生产责任制。镇、村两级严厉监管，坚持对高危企业高温期间停产情况进行督查，企业投入资金200多万元、按上级要求进行安全整改。强化责任管理，狠抓网络建设。组建一支15人的巡防小分队，常年对全镇进行巡逻；积极配合上级部门成功稳控涉军、民办教师和渌江桥算命先生等重点群体，主动走访涉核、结扎后遗症等重点老上访户。全年辖区范围内未发生重大的群体性事件、安全生产事故、自然灾害事故和重大的刑事案件。

【计生服务】 2014年，仙霞镇

紧扣稳定低生育水平这一工作主线，扎实做好各项基础工作，加大社会抚养费征缴力度，打造优质服务环境。全年共出生人口332人，其中政策内生育277人，符合政策生育率83.43%，全镇已婚育龄妇女孕检率达97.1%；完成国家免费孕前优生健康检查198对。投资100余万元新建面积达700平方米的计生服务大楼全面投入使用。

【社会保障】 积极开展农村低保“阳光行动”清查工作。共计清退低保人员36人，新增109人，新增五保老人15人，在全镇范围内对享受低保对象进行公示，实行动态管理，促进公开公平。落实农村危房改造工程26户，切实解决贫困人口温饱及住房问题。开展《社会救助暂行办法》的宣传活动，共计制作宣传板11块，发放宣传册40本。全年共向全镇685名低保对象、133名五保对象、236名优抚对象发放各类生活补贴200余万元。落实63户城乡医疗救助，总计落实大病救助21万余元；走访慰问困难家庭、五保对象、贫困残疾家庭共计375户，发放慰问金8万余元，棉被150床，食用油30桶。为6名残疾人申请到盲人手机、盲杖等助残器，引导8名残疾对象参与相关机构开展的业务技能培训。“连心解困”大走访活动共为贫困学生、留守儿童、困难军属等筹集慰问金近10万元，解决了部分群众生产、生活困难。（易灿南）

黄獭嘴镇

【概况】 黄獭嘴镇地处醴陵市北部，辖10个行政村、2个居委会，277个村（居）民小组，总人口2.4万人。镇政府驻黄獭嘴集镇，距市区18千米，集镇建成区面积0.5平方千米。全镇有耕地981公顷，林地2775公顷。

【农业产业】 2014年，黄獭嘴镇坚持农业基础地位，推进以村（居）委会或合作社为主的农田集中流转，基本实现双季稻种植全覆盖，共流转达530余公顷。完成“三边”造林和宜林荒山造林近300公顷，累计栽种桂花树、樟树、杜英等树苗约1.2万株。加大对病险水库、山塘、渠道的修复，隆兴坳村漆家老屋组硬化700多米的河堤，站湘湾组新修2座水坝；大湾、台洲、双井3个村加固1100多米的渠道。黄居、社居、杨家垅等村开挖20余口山平塘，保证农业灌溉。启动了畜禽粪污清洁处理和水资源污染治理工作。加大对种养大户的培植力度，培育壮大一批西瓜、丝瓜蔬菜种植大户，浪林油茶合作社和将军山省级合作社的油茶、茶叶、蜂蜜等品牌效应不断扩大，销售渠道进一步拓宽。“云霄山牌”醴陵白芽和醴陵皇菊分别种植45.33公顷和6.67公顷，实现销售额1500余万元。

【项目建设】 依托耿传公祠推动辖区旅游业发展。建设黄乡民居旅游环线，连接耿传公祠、樟仙岭森林公园和东堡乡。对耿传公祠附近28户房屋采用徽派建筑风格统一装饰，并统一安装路灯；年内已完成两户样板建设。扶持耿氏庄园、罗自然土菜馆等农家乐建设，打造具有农家特色的“黄乡民居”。加快推进旗滨集团矿业公司建设。该公司在杨家垅、双井、台洲等村新建采矿区和加工区2个基地。年内，采矿区道路、厂区建设已基本完成，年底正式投产，年产值可达4600万元。妥善处理杭长高铁项目遗留问题，“三改”（改变损毁河道水系、改变损毁道路、改变损毁耕地类型）工程基本结束。

【安全维稳】 2014年，黄獭嘴镇加强对烟花爆竹、非煤矿山、客运等重点领域行业监管，严查企业“三超一改”，发现问题限期整改。全年共排查各类安全隐患100余起，实现安全生产零事故。联合市交警五中队，对非法营运车辆、“三无”（无车牌、无行驶证、无养路费）三轮车以及非法营运校车进行4次专项清理，查处非法营运校车3台。联合国土局执法大队，打击非法采矿行为，没收挖机2台，刑拘1人。查处取缔2家非法石油、液化气经营点。排查化解矛盾纠纷12起。对原民办教师、涉核部队、七九对越作战、非法传教等重点人员极力做好思想稳定工作。全年全镇未出现群体性越级上访、恶劣治安刑事案件和非正常死亡案件。

【社会保障】 做好“五保户”集中供养和分散供养工作，全面落实各项优抚优待政策。1－12月共发放农村低保金107万元，发放五保供养资金86万元，救助低保、五保、特困群众1072人，发放医疗救助资金50万元；元旦、春节期间，向敬老院、困难家庭、优抚对象、孤儿发放慰问金、补贴5万元。（张都陵）

枫林市乡

【概况】 2014年，枫林市乡辖9个行政村，有户籍人口1.84万人。完成工农业总产值2.58亿元，其中工业总产值9895万元，农业总产值1.60亿元；完成固定资产投资9342万元；实现税收收入136万元。招商引资成果显著。成功引进东胜园生态农业有限公司，总投资超5000万元，年内完成投资近3000万元。引进永盛生态农业有限公司落户唐家坳村，建成了全乡第一家天然山泉游泳池；引进2公顷的果木林基地落户枫林市村。有机农业产业基地、千亩玫瑰花、33.33公顷薰衣草基地和新能源风力发电项目也在洽谈考察中。

【项目建设】 2014年，枫林市乡境内各项重点项目进展顺利。杭长高铁、岳汝高速顺利通车，高速收费站运转有序，项目遗留问题均获解决。东盛园生态农业有限公司与上市公司——湖南发展集团达成框架协议。旅游专线枫林大道建设年内完成路基拓宽2千米，新建路基1.36千米。

【“三农”工作】 2014年，枫林市乡种植早稻面积约70公顷，打造唐家坳村早稻生产示范片。通过土地流转，在白眉冲村建立面积约3公顷蔬菜基地，在马家冲村建立面积约2公顷西瓜基地，在唐家坳、五石村建立面积10余公顷油菜基地，在黄村建立约30公顷苗木花卉基地。全乡农民人均纯收入达14980元。投资140万元，硬化县道五杨线与醴官线接口处的1.1千米路面；提质拓宽改造村组道路9.45千米，硬化36.7千米；在枫林市村和黄村安装235盏太阳能立杆路灯，肖家冲村集资150万元，硬化9.7千米组道。加固水坝3座，清淤整治水塘2口，清淤硬化渠道1600米。开展环境卫生整治，筹资近10余万元，完善五石村环保焚烧炉建设；筹资60余万元，对五石集镇市场进行改造，彻底取缔马路市场。在浏醴高速出口处义务植树1公顷。

【社会事业】 2014年，枫林市乡敬老院建设基本竣工，有102张床位，配套生活设施一应俱全。10月底，已经安排老人入住。在村级设立便民服务站，每周二安排民政、计生、农保业务干部坐班，让村民在家门口咨询和办理业务。全乡新农保参保人数8294人，征缴费用84.92万元；完成新农合资金收缴139.42万元。全年审查清退低保对象57人，新增“五保”对象11人；对困难群体开展救助行动，大病救助31户，危房改造12户，新增60岁农村退伍兵生活补助6人。慰问困难群体、残疾人及退伍军人等189人，合计发放慰问金5.27万元；临时救助74人，发放救助金2.12万元。全年全乡共出生297人，其中计划内出生252人，符合政策生育率84.8%。枫林市中学通过市教育局“平安校园”的验收；全面启动“春苗”学生营养餐工程，新建“春苗营养厨房”，保障少年儿童的营养健康。

【安全维稳】 2014年，枫林市乡充分发挥各村调解委员会和纠纷信息员的作用，做到小问题不出村，大问题不出乡，全乡全年共调解矛盾纠纷57起，调解成功率100%，涉及金额达300多万元。成功化解一起省政府交办的长达27年的信访案件。加强对辖区娱乐场所、建筑工地、非煤矿山的安全生产检查，将安全隐患排除在萌芽阶段。乡烟花爆竹企业全部完成第三轮行政许可换证工作。全年安全生产零事故，获“株洲市安全生产示范单位”称号。

【党建工作】 2014年，枫林市乡党委以改革创新的精神全面推进党的建设。启动以“群众个个都是枫林印象主人，党员个个都是枫林印象代表”为主题的文明家庭创建活动。全力抓好党的群众路线教育实践活动，组织村干部到市委党校培训，到长沙市望城区光明村和株洲市荷塘区仙庾村学习参观。对照“四风”问题深入查摆，自我剖析，及时整改落实。落实离退休村干部补贴，增强村级干部工作热情。在枫林市村率先推行党员网格化管理制度，将全村党员分为6小组，每个小组12名党员，每个党员定点联系6户村民，将管理工作细分到全村党员。5月，全乡9个行政村支村两委换届选举工作圆满完成。全乡新一届支村两委班子成员共40人，平均年龄48岁，比上届班子平均年龄小3岁；高中以上学历30人，其中7名是大专以上学历；10名女性同志通过换届选举进入支村两委班子。在“连心解困”大走访过程中，坚持实行“五制”（解决问题责任制、解决问题限时制、解决问题反馈制、解决问题挂号销号制、解决问题结果考核排名制）原则，确保走访活动长效性。并在走访中坚持做到“三访”（访社会弱势群体，访企业单位，访征地拆迁矛盾、老上访户），全力解决基层矛盾。截至年末，共回访村民3975户，占村民总户数的94%，夜访率达到45%；共收集问题1225个，其中已经办理销号1195个，问题解决率达97.5%。

（黎　华）

官庄乡

【概况】 官庄乡位于醴陵市北部，行政区域面积183.4平方千米，辖14个行政村、310个村民小组，户籍人口1.85万人。2014年，全乡完成工业总值6.18亿元、农业总产值1.04亿元，招商引资6500万元，农民人均收入12838元，完成税收收入233万元。年末被评为醴陵市“安全生产示范乡镇”“森林防火红旗单位”等。

【项目建设】 2014年，按照市委“官庄山水—黄乡居民—枫林印象”旅游规划，启动旅游专线官庄段路基建设。年末，涉及大横江、鹅颈2个村共11.8千米的路基已基本成形。醴陵第二自来水厂落户官庄，占地8.98公顷，设计供水能力达10万立方米/天，征地工作涉及长连、大坝2个村3个组共301户，已全面完成。12月20日自来水厂建设正式启动。

【“三农”工作】 2014年上半年，官庄湖申报国家湿地公园通过初步审查及公示期，进入试点期建设。根据《湖南醴陵官庄国家湿地公园总体规划（2014－2021）》，拟建湿地公园土地面积1363.7公顷、湿地面积为795.9公顷，规划期限为2014－2021年，分两期建设，前期建设期限为2014年－2017年，后期建设期限为2018年－2021年。3－

8月，完成第一期封山育林工作，10月起实施第二轮封山育林计划，并聘请35名护林员，做好森林防火等工作。全乡新培植幼林100余公顷，实现"零火灾"目标，瓦子坪等7个村被评为"株洲市绿色村庄"。潭塘村13.33公顷百合种植基地、鹅颈村泺玮金银花绿色种植基地不断发展壮大。斥资10万元，购买约200万尾鱼苗投入官庄水库。完善14.5千米环库公路排水沟、护坡等附属设施；硬化长连、大口坪、瓦子坪、新桥、利川等村村组主道15千米，拓宽桃花、小横江等组道8千米。全面维修潭塘村水损桥梁、水坝；筹资100万元，完成新桥村丛光冲、黄泥坪、坝塘3个组的堤坝加高加固及道路硬化，解决库内百余村民因涨水出入难的问题。深入推进民生保障工作。全年发放各类救济600余万元，落实农村危房改造安居工程83户，慰问五保户、特困户110余户，在大坝、瓦子坪、利川村新建"五保之家"3处，集中供养39位老人。农村危房改造工作被列入株洲市唯一整体推进示范乡镇，两年内解决危房改造指标200户。"连心解困"大走访活动共解决问题200余件，慰问困难群众160人次，化解矛盾纠纷12起；解决新桥村、利川村涨水淹路问题；新修潭塘村水损大桥和2000米水渠；官庄中心幼儿园正式投入使用，解决学龄前幼儿入园难问题。

【安全生产】 2014年，官庄乡有正冲、恒石、金莎3个金矿，2个鞭炮厂和41艘游船。年初组织全乡800多名厂矿企业管理及生产人员进行安全生产培训，严格要求持证上岗。开展打非治违和打非清剿行动，取缔烟花非法储存点2处。抓好船舶安检、驾驶员培训、安全教育工作，乡政府和学校专人负责学生上下学，做到定点定时定人安全接送。全年全乡未发生安全事故。

【计生服务】 2014年，全乡出生192人，计划生育率达85.42%，共有142对夫妇接受优检检查。

（阳　丹）

人　　物

先进人物

郭米红　女，1967年12月出生，中共党员，研究生学历，中学高级教师，醴陵市陶瓷烟花职业技术学校校长、市教育局副局长、市第十三届政协常委、中国共产党株洲市第十一次代表大会代表、株洲市中小学校长理事会理事，是醴陵市十佳机关干部、株洲市十佳校长、湖南省德育工作标兵、省职业教育杰出校长、全国最具影响力的职业院校校长、全国职业教育先进个人。

在郭米红担任校长的几年里，市陶瓷烟花职业技术学校成功创建为国家级重点中等职业学校、湖南省示范性（特色）中等职业学校、国家中等职业教育改革发展示范校，获“全国教育系统先进集体”“大国教育之声——全国最具影响力的职业院校”“黄炎培职业教育优秀学校”“地方产业人才突出贡献奖”等多项荣誉，并被中央电视台、湖南卫视、《湖南日报》《中国青年报》等多家主流媒体专题报道。

2010年，市陶瓷烟花职业技术学校曾经陷入发展的低谷，差点退出职业教育的舞台。受命于危难之际的郭米红励精图治、积极作为。她经过调研，面对湖南省打造千亿陶瓷产业集群和五百亿花炮产业集群的机遇，提出“立足园区,对接产业,服务地方经济”的办学宗旨,积极改进办学模式，让学校焕发出无穷生机与活力。先后将湖南醴陵红玉红瓷研究中心、渌顺进口汽车维修中心、御品坊等6家企业引入学校，成为学校的生产性实训基地，学校的课堂变成了车间，上课变成了上岗，作业变成了产品，学生的技能水平得到极大提升。学校还牵头组建湖南陶瓷职业教育集团，实现学校与园区产业对接，成为全国典范。学校成功承办了2011年株洲市中等职业教育校企合作现场会和2012年湖南省职业教育与成人教育工作会议，学校《对接区域特色产业　促进职教转型发展》的典型经验在社会上推介，受到一致好评。

钟　宏　男，1964年12月18日出生，醴陵市来龙门街道办事处珊田村人，中共党员，大学文化，株洲市第十二届、十三届人大代表，十四届省人大代表。1985－1989年从事个体汽车运输工作，1990年加入中国共产党，1990－1992年任醴陵市龙塘出口花炮厂厂长，1993－1998年任珊田村村主任，1998年至今任珊田村党支部书记，从2003年起兼任湖南涟博贸易有限公司和醴陵珊田农科苗木种植公司董事长，2010年起兼任湖南四环有色金属股份有限公司董事长，2011年起兼任醴陵沪农商村镇银行执行董事。2014年任湖南珊田投资发展集团股份有限公司董事长。

钟宏任村支部书记16载，当人大代表十余年，始终牢记责任和使命，以宏图大志的思维、敢为人先的勇气和服务民生的理念，带领全村干群闯出一条新农村建设的科学发展之路。珊田村由一个名不见经传的普通村一跃成为“全国民主法治示范村”，“省级文明村镇”，株洲市“计划生育村民自治模范村”“民主管理村务公开示范村”，醴陵市“十佳魅力新村”“小康文明信用村”。2014年钟宏当选为全国村长论坛执委会委员，并在河南漯河举行的全国村长论坛上获“全国十大杰出村官”称号；5次被株洲市人大评为“株洲市人大代表活动积极分子”，并先后获评“株洲市文明建设先进个人”“醴陵十大杰出青年”“醴陵市首届十佳党支部书记”“感动醴陵十大风范人物”等称号。

逝世人物

邓文德　男，汉族，1926年1月生，湖南醴陵人，中共党员，原醴陵市黄泥坳街道办事处副县级离休干部。1949年6月参加工作，1949年6月加入中国共产党；1949年8月－1950年5月在醴陵城关区政府先后任文书、工作组长；1950年5月－1952年12月先后在醴陵城关镇、渌口镇委员会任宣传干事；1953年1月－

1955年7月任渌口镇公所代镇长、镇长；1957年1月－1958年2月任县生产办副主任；1958年3月－1962年12月任畜牧水产局副局长；1963年1月－1971年2月在县良种场任场长、劳动干事；1971年3月－1980年12月任板杉公社农科站站长、革委会主任、党委副书记；1980年12月－1984年7月任八里坳区公所副区长。1984年7月离休，享受副县级待遇。2014年12月15日因病去世，享年88岁。

古恢安 男，汉族，1930年11月生，湖南醴陵人，中共党员，原醴陵市人大常委会副县级离休干部。于1949年8月参加工作，1950年8月－1951年6月，在白兔潭区公所工作；1951年6月－1952年8月在浦口区公所工作；1952年8月－1956年1月在王仙区公所工作；1954年4月加入中国共产党；1956年1月－1965年5月在粮食局工作，任采供股、业务管理股股长，南桥公社粮食部长、副局长等职务；1965年5月－8月任孙家湾公社党委书记；1965年8月－1968年2月任八里坳区委委员；1968年2月－3月任孙家湾公社革委会主任；1968年3月－1970年12月任八里坳区革命小组成员；1970年12月－1977年12月任醴陵四中革委会主任、党支部书记；1977年12月－1981年2月任仙霞公社革委会主任、党委书记；1981年2月－1984年11月任茶山岭区委书记；1984年11月－1991年任人大常委会办公室副主任、主任。古恢安经受住各个历史时期的考验，在茶山岭、市人大常委会工作期间，年年被评为先进工作者，并3次立功受奖，1991年1月离休。2014年12月12日因病去世，享年84岁。

龙汉熊 男，汉族，1930年5月18日生，湖南醴陵人，原醴陵市四中副县级退休老师。龙汉熊出生于醴陵高桥乡黄谷田村普通的农民家庭，自幼酷爱学习，醴陵一中高中毕业后，考上长沙高等工业专科学校。1950年8月参加工作，被分配到一机部所属的哈尔滨盘石县某矿区工作，任技术员。不久上调到一机部沈阳无线电研究所任职，后又调到北京机械部情报研究所，兼任部分翻译业务。之后转调上海，先在仪表研究所工作，后转到真空研究所，任研究室主任、高级工程师、副县级干部。于1987年2月回到醴陵，分配在醴陵第四中学任英语老师。1990年1月在醴陵四中退休，享受副县级待遇。2014年9月29日因病去世，享年84岁。

何少乔 男，汉族，1923年10月14日生，湖南醴陵人，中共党员，原醴陵市四中副县级离休教师。何少乔出生于醴陵县盘石乡（现属株洲县），1946年9月－1947年1月在湖南省立第一师范学习，1949年2月参加工作，担任过衡阳广德中学图书管理员、盘石乡中心小学教员；1949年2月加入中国共产党后从事党的地下工作；1949年8月－1949年9月任盘石乡第三中心小学校长。1949年9月－1953年10月先后在醴陵县五区、八区、十一区、九区任组织干事、副区长、区长等职。1953年10月后，重返教师队伍，先后在醴陵县三中、清安完小、醴陵四中等校任教任职，曾担任醴陵四中副校长、工会主席等职。1983年12月在醴陵四中离休，享受副县级待遇。2014年11月15日因病去世，享年91岁。

（李春玲）

荣 誉 谱

先进集体

2014年醴陵市所获综合荣誉

表15

获奖单位	奖励（命名）名称	授予（命名）单位
醴陵市	全国粮食生产先进县（市）	农业部
	全国“平安农机”示范县（区、市）	农业部、国家安全监管总局
	全国新型职业农民培育示范县	农业部科技教育司
	西部计划优秀等次服务县	全国大学生志愿服务西部计划项目管理办公室
	省级金融安全区	湖南省人民政府
	全省人口和计划生育工作模范单位	中共湖南省委员会办公厅、湖南省人民政府办公厅
	全省加速推进新型工业化二等奖	湖南省人民政府办公厅
	全省新农保经办管理工作优秀单位	湖南省人力资源和社会保障厅
	2014年度全省乡村财务精细化管理工作先进单位	湖南省财政厅
	全省第九次村委会换届选举工作先进市	湖南省民政厅
	全省居民家庭经济状况核对先进单位	湖南省财政厅、省民政厅
	2014年度湖南省计划生育依法行政示范单位	湖南省人口和计划生育委员会
	全省“两非”典型案例查处工作先进单位	湖南省人口和计划生育领导小组
	全省计划生育协会工作先进单位	湖南省计划生育协会
	湖南省养殖业工作目标管理先进市	湖南省畜牧水产局
	湖南省重大动物疫病防控工作目标管理考核优胜市	湖南省防治重大动物疫病指挥部
	2014年度爱国卫生工作目标管理考核优胜单位	株洲市爱国卫生运动委员会
	2014年度株洲市畜禽水产品质量安全监管工作红旗单位	株洲市人民政府
	2014年度株洲市重大动物疫病防控工作红旗单位	
	株洲市高中质量建设先进县市	株洲市教育局

2014年全国(条线)先进单位、集体

表16

获奖单位	奖励(命名)名称	授予(命名)单位
市人民检察院	全国“模范检察院”	最高人民检察院、人力资源社会保障部
市公安局交警大队车辆管理所	全国优秀县级车辆管理所	公安部
市人口和计划生育局	全国计划生育优质服务先进单位	国家卫生和计划生育委员会
市教育局	全国青少年五好小公民“美丽中国行我的中国梦”主题教育活动先进集体	教育部关心下一代工作委员会
市劳动和社会保障局	《中国劳动保障报》新闻宣传工作先进单位	人力资源和社会保障部办公厅
市烈士陵园	全国文明优抚事业单位	民政部
市自来水公司	全国县镇供水行业先进单位	中国城镇供水协会县镇工作委员会
市房产管理局白蚁防治所	2014年度白蚁防治先进单位	中国物业管理协会白蚁防治专业委员会
市孙家湾乡	2014届全国文明村镇	中央精神文明建设指导委员会
市烟花鞭炮管理局	2014年度花炮行业先进集体	中国日杂品流通协会
市工商行政管理局	全国消协组织新闻宣传先进集体	中国消费者协会
市统计局	统计宣传工作先进单位	中国信息报社
市第一中学	中国地理学会地理科普教育先进单位	中国地理学会
	第十届中国青少年创造力大赛全国总决赛中国创新型学校奖	中国智慧工程研究会
	第十届中国青少年创造力大赛全国总决赛团体金奖	中国智慧工程研究会
市第四中学、市科学技术协会	全国科普日活动优秀特色活动单位	中国科学技术协会办公厅
市陶瓷烟花职业技术学校	全国教育系统先进集体	人力资源和社会保障部、教育部
	第十一届全国中等职业学校“文明风采”大赛优秀组织奖	全国中等职业学校“文明风采”竞赛委员会
	2014年全国职业院校技能大赛二等奖	全国职业院校技能大赛组织委员会
市黄獭嘴镇文化站	二级乡镇综合文化站	文化部
农业发展银行醴陵市支行	模范职工之家	中国农业发展银行工会

2014年湖南省(条线)先进单位、集体

表17

获奖单位	奖励(命名)名称	授予(命名)单位
市人武部	全面建设先进单位	湖南省军分区
市委老干部局	全省老干部宣传工作先进单位	湖南省委老干部局
市人口和计划生育局	全省人口和计划生育工作模范单位	中共湖南省委、湖南省人民政府
	2014年度湖南省计划生育依法行政示范单位	湖南省人口和计划生育委员会

醴陵市黄泥坳街道办事处

党工委书记　荣树伟

主　任　杨　璟

市委书记周晓理到办调研计生工作

杨璟主任调研农业产业

深入开展党的群众路线教育实践活动动员大会

2014 年度工作总结大会

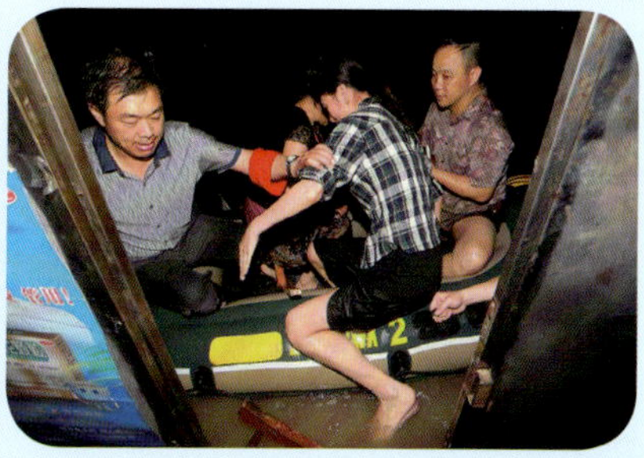

5 月 25 日晚，办事处干部利用皮划艇救助被洪水围困的群众

醴陵市阳三石

左起依次为人大工作室主任杨占文、党工委书记肖建辉、主任李友鹏、政协联络工作主任委员杨金花

班子成员

株洲市委副书记阳卫国到办考察

企石村支部换届选举会

党的群众路线教育实践活动动员会

街道办事处

党建培训

班子成员民主生活会

办领导带头清扫市场

拆违行动

安全执法检查

五环都会小区一角

醴陵市西山街道办事处

党工委书记　程高翔

主　任　姚　武

深入农户走访

人大工作室主任　赖怡麦

政协联络工作主任委员
黎建辉

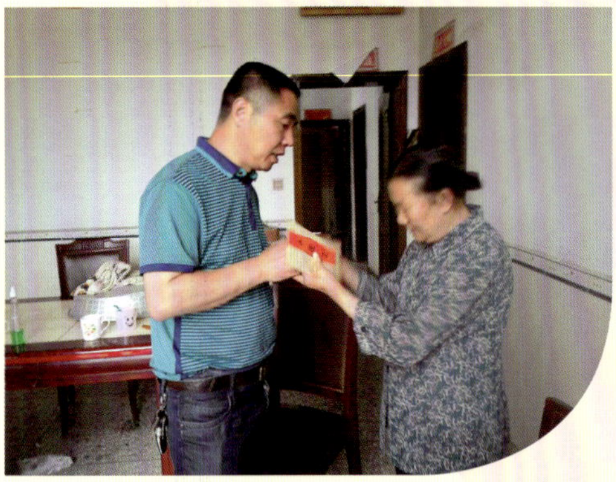

慰问五保老人

工作总结暨综治工作会议

打非拆违现场

醴陵市南桥镇

人大主席　王生如

党委书记　陈朝科

镇　长　邓元新

全市烟花爆竹产业发展座谈会

党的群众路线教育实践活动总结大会

“七一”表彰大会

“打非拆违”行动动员

办公大楼一角

醴陵市富里镇

人大主席　付建安

党委书记　余建明

镇　长　刘北斗

政协联络工作主任委员
姚　瑾

企业安全税收工作会议

镇领导深入村组调研

镇领导一线指挥救灾抗洪

湘赣边界“打非治违”清零联合行动

醴陵市白兔潭镇

党委书记　赖　洪

镇　长　肖小武

市长康月林到镇调研

荣兴花炮厂

白兔潭小哈佛幼稚园

集镇全貌

醴陵市王坊镇

镇机关工作人员

镇书法协会成立，图为会员向书法爱好者传授书法知识

镇代表队参加市广场舞比赛

拆除非法加油站

境内杨林水渠整修

拆除非法生产工棚

开展道路交通整治

醴陵市王仙镇

党委书记 刘高飞

镇 长 彭庆纪

上级领导到镇调研

安全生产百日整治宣传

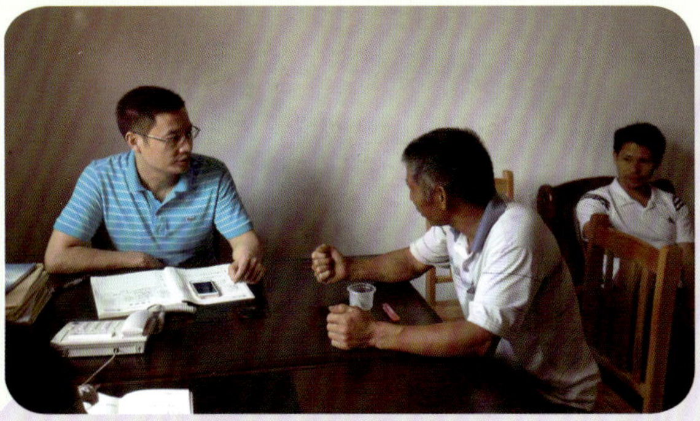

镇领导接待来访群众

打非行动

党建工作研讨会

森林防火动员

醴陵市东堡乡

党委书记　谢辉荣

乡　长　张友学

综治工作创新汇报会

湘东医院医生到乡义诊

乡领导考察沩山旅游公路拓宽改造工程

乡领导一线指挥山体滑坡抢险

大林村义工队开展志愿服务活动

新建的东堡自来水厂

醴陵市东富镇

人大主席　程许芬

党委书记　曾　敏

镇　长　陈振江

"五问工作法"汇报会

庆"七一"活动

镇第二敬老院

镇、村干部参观旗滨玻璃生产车间

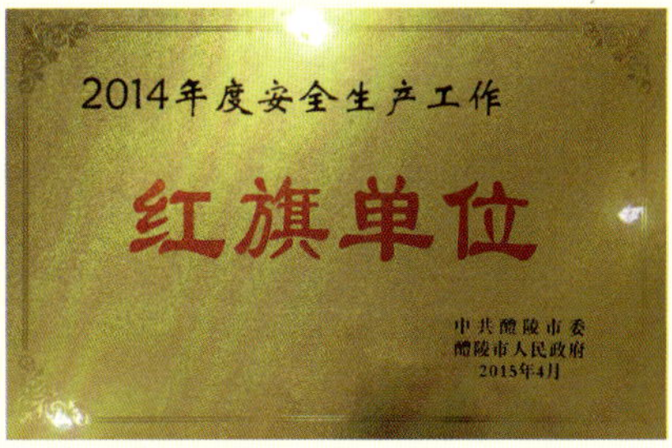

醴陵市泗汾镇

左起依次为镇长欧阳未来、党委书记杨冬发、人大主席张卫根

镇班子成员

安全生产月企业员工培训暨安全生产知识竞赛

改造后的经堂小学

“五问工作法”集中汇报会

水稻集中育秧基地

金湖湾生态农庄

醴陵市沈潭镇

人大主席　谭新建

党委书记　杨　翔

镇　长　尹依文

镇领导班子

省司法厅领导到镇调研

上级领导到镇检查

政务服务中心一角

市经信局领导到辖区企业走访调研

镇领导与群众座谈

醴陵市船湾镇

人大主席　张　坚

党委书记　唐哲明

镇　长　姚飞勇

上级领导到镇服装企业考察

盛凯祥服饰
产品展示厅

服装培训学校就业培训

盛凯祥服饰大楼

硬化加固后的北干渠四方段

农田基础设施建设项目

醴陵市大障镇

市委书记周晓理一行到辖区神马花炮有限公司检查安全生产工作

党委书记朱思球给村支两委及机关干部上党课

党的群众路线教育实践活动动员会

“转作风、惠民生、促工作，做群众贴心人”大讨论

新建的镇敬老院

市人大代表到盐山村农贸市场调研

镇文体中心

醴陵市贺家桥镇

人大主席　王邦铁

党委书记　陈云涛

镇　长　陈长贵

乡村道路亮化工程

药材基地

改造后的高标准学校运动场

森林防火宣传

乡村道路绿化工程

乡村道路硬化工程

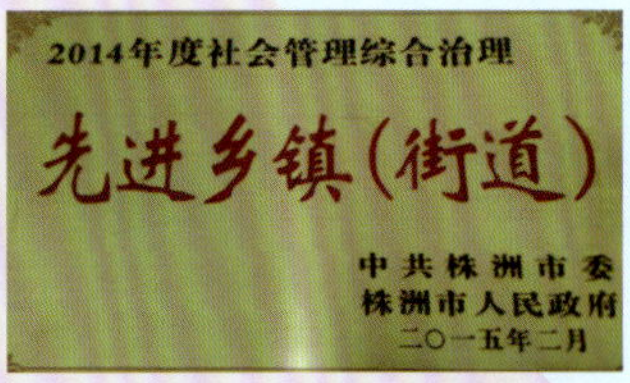

醴陵市嘉树乡

人大主席　钟　敏

党委书记　周海军

乡　长　郭　晖

乡政务中心

"延伸网络管理触角、创新社会治理体制"活动小结暨全乡村民组长集中培训会议

辖区台资企业——高峰陶瓷制造有限公司

乡自来水厂

醴陵市均楚镇

党委书记　丁武华

镇　长　苏继峰

镇机关大院

现代电瓷工业有限公司

水稻种植基地

电瓷产品

醴陵市石亭镇

市领导到镇指挥抗洪救灾

党的群众路线教育实践活动动员大会

开展“缅怀革命先烈，重温党的群众路线”活动

举办“关爱留守儿童献爱心”活动

参观廉政警示教育基地

醴陵市栗山坝镇

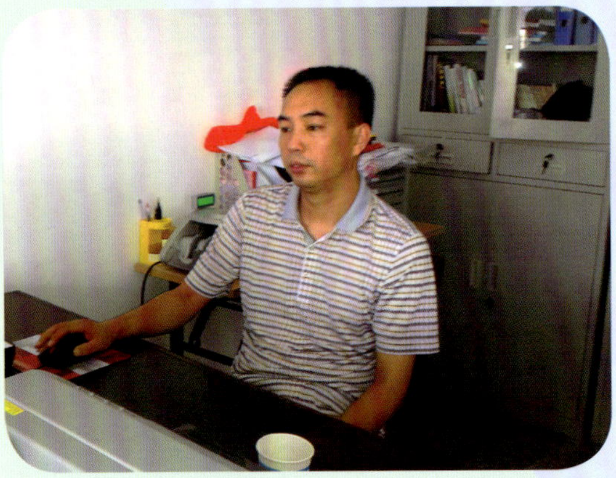

党委书记　王　宇

庆祝建党九十四周年暨落实“五问工作法”大会

镇　长　汤　文

龙井河整治前后

重温入党誓词

镇办公楼

醴陵市神福港镇

人大主席　邱红星

党委书记　周绪球

镇　长　颜少龙

市领导到镇调研

西乡片大走访工作调度会

镇政务中心一角

镇领导接待来访群众

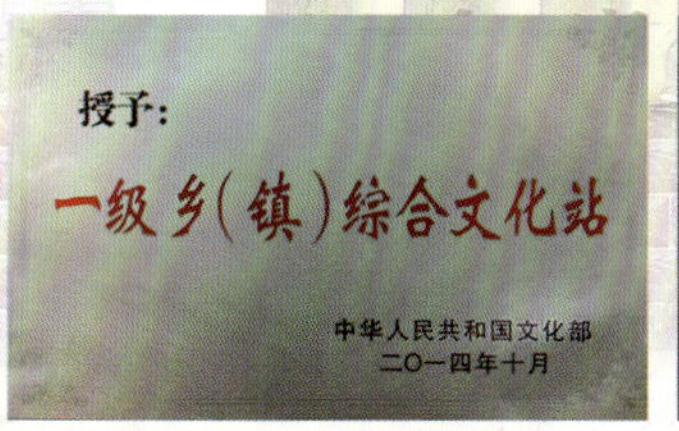

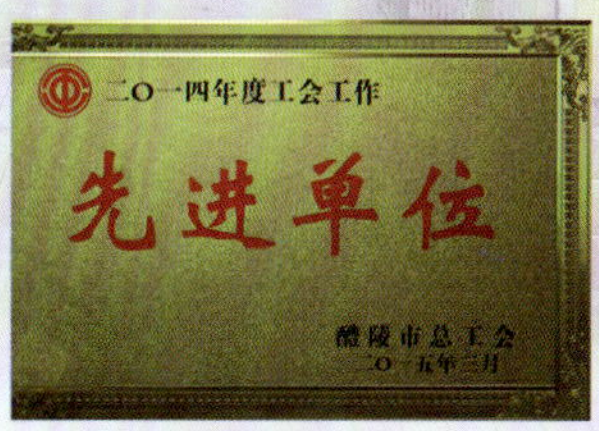

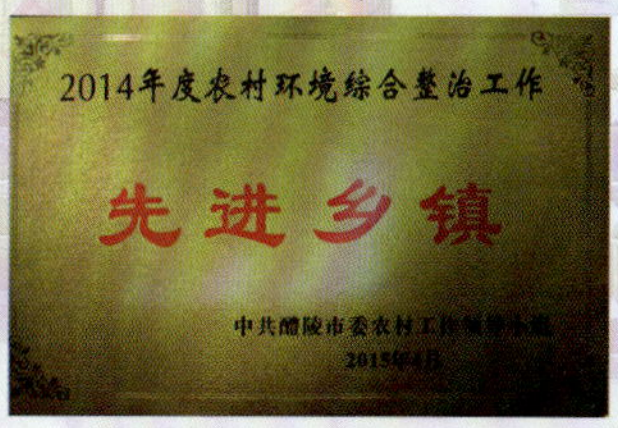

醴陵市板杉乡

党委书记　王太忠

乡　长　彭卫东

乡领导班子

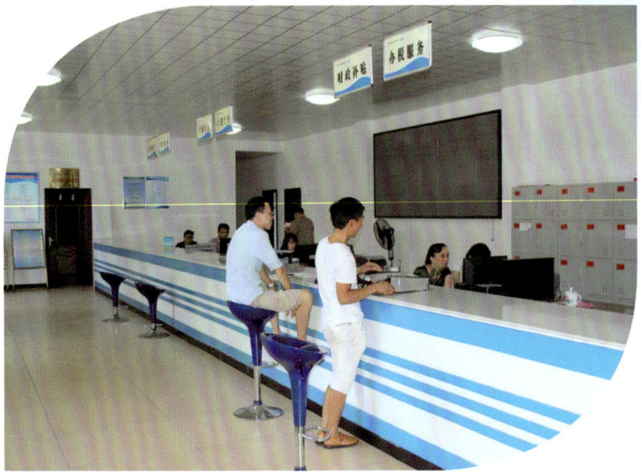

政务大厅一角

建党对象培训

莲藕种植基地

表彰优秀党员

醴陵市新阳乡

左起依次为人大主席刘铁强、党委书记何柢、乡长苏凯、政协联络工作主任委员谭宏治

“五问工作法”汇报会

乡领导班子工作会

李铎将军回乡

庆祝中国共产党成立 94 周年大会

醴陵市仙霞镇

党委书记　孙　平

镇主要领导合影

市委书记周晓理到镇调研

镇领导班子工作会

镇领导下村进行法治宣传

专题民主生活会

市领导到镇指导乡村公路建设

政务大厅

2014年度社会管理综合治理

先进乡镇(街道)

中共株洲市委
株洲市人民政府
二〇一五年二月

醴陵市黄獭嘴镇

人大主席　甘飞兵

党委书记　夏春良

镇　长　陈　林

镇班子成员

市委书记周晓理一行到镇调研

省农办领导到镇考察油茶种植

隆兴坳村种植的黄菊

隆兴坳村种植的“醴陵白牙”获“第九届国际名茶评比金奖”

庆祝建党 93 周年暨总结表彰大会

耿飚之女耿莹一行参观耿传公祠的合影

醴陵市枫林市乡

从左至右依次为政协联络工作主任委员陈云峰、乡长钟洁、党委书记高开军、人大主席邹培锋

市长康月林到乡主持召开北乡片区工作调度会

安全生产工作紧急会议

市委书记周晓理到枫林市村考察

年终总结暨表彰大会

乡村干部赴株洲市荷塘区仙庾镇参观学习

乡领导考察枫林市村村道建设

乡领导慰问老党员

醴陵市官庄乡

人大主席　李明林

党委书记　吴礼阳

乡　长　汤铁龙

市委书记周晓理到乡调研

市政协主席杨龙到乡调研

乡领导考察官庄水库环库公路建设现场

官庄水库鱼类人工增殖放流活动

开展文娱活动

官庄水库风光

中国移动通信集团湖南有限公司株洲市醴陵市分公司

4G 网络建设专题会

省公司计划建设部领导到公司调研

解放路营业网点

白兔潭营业网点

移动 4G 基站抢修

立三路旗舰营业厅星级客户服务区

深入社区，农村惠民服务促销活动（图为开展光宽带业务小区营销）

新装修的立三路营业大厅外景

集团客户经理到单位开展营销活动

醴陵市第二人民医院
醴陵市白兔潭中心卫生院

开展党的群众路线教育实践活动

湘鄂两省疾控中心主任到院考察调研

医院地处醴陵东部白兔潭镇，是萍、浏、醴三市交界地带一所规模最大、功能最齐的综合性医院，占地面积约53顷，业务用房面积8000平方米，辖区内辐射医疗卫生服务人口近20万人。现有在职职工232人（外聘专家6名），其中专业技术人员200人、高级职称8人、中级职称45人。开设病床316张，设内一科、内二科、普外科、泌尿外科、烧伤科、骨科、妇产科、产后康复中心、儿科、精神科、中医科、口腔科、中医门诊、公卫科、急救中心、检验科、放射科、心电图室、B超室、胃肠镜室等临床医技科室。连续多年被评为省级文明卫生单位及价格计量信得过单位。

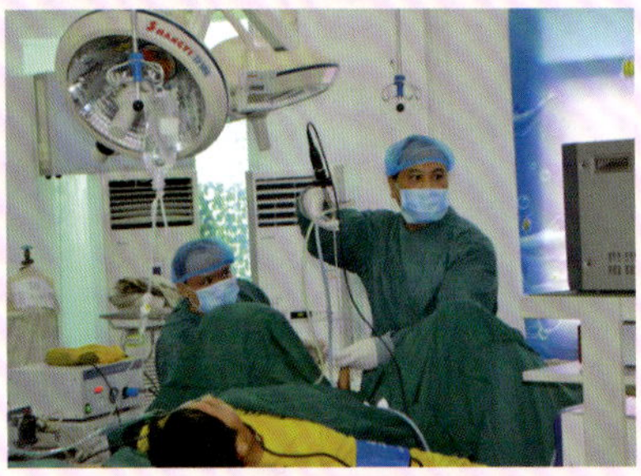
泌尿外科

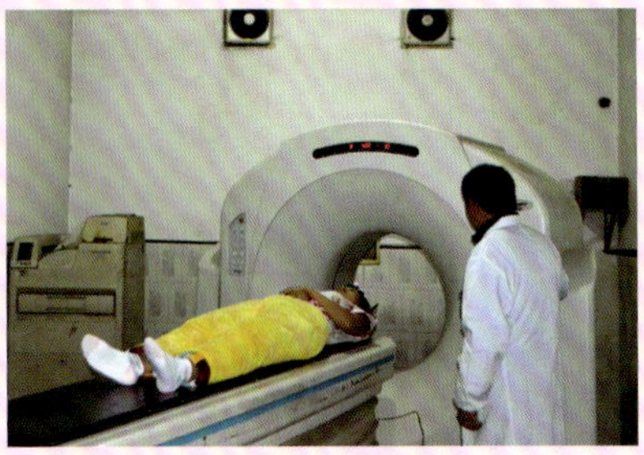
螺旋CT

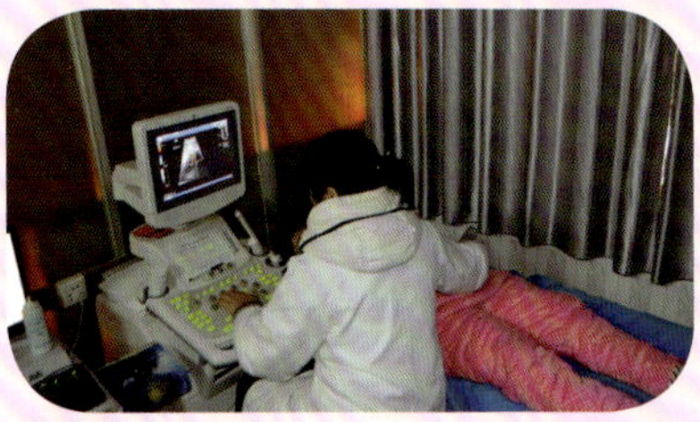
彩超

蓝光治疗仪

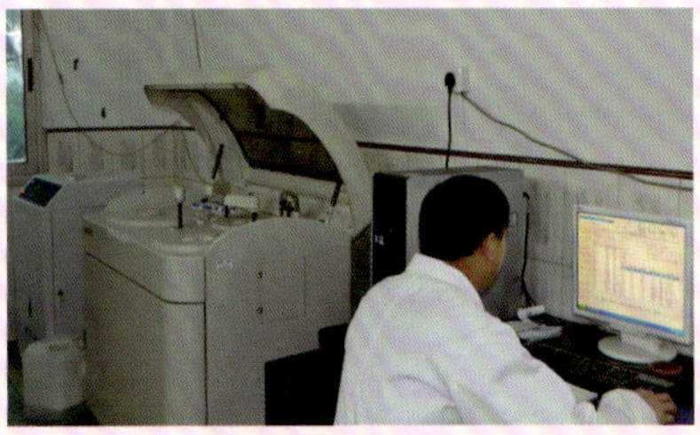
全自动生化分析仪

市卫生局邹柏柯局长到院调研

醴陵市长庆示范区珊田村

村党委书记　钟　宏

村党委书记钟宏获“全国十大杰出村官”称号

醴陵市长庆示范区珊田村位于市东郊，浙赣铁路、320国道、醴陵大道、长庆大道穿村而过，村域面积4.6平方千米，有13个村民小组、646户、2760人。2013年5月9日，经中共醴陵市委批准，珊田村党支部升格为珊田村党委。

全村有29个村集体和私有、合伙及股份制企业，率先在全市成立村级集团股份有限公司。经过40多年的发展，珊田村已成为“生产发展、生活富裕、乡风文明，村容整洁”的新农村典范，先后获“全国民主法治示范村”“湖南省文明村”和株洲市“计划生育村民自治模范村”，与“中国农村经济十强村”华西、长江、永联、航民等村结为友好村。2014年，全村实现总产值20亿元，农民纯收入达22034元。

珊田安置区开工建设启动仪式现场

珊田集团股份有限公司成立悬牌仪式

集中发放珊田集团村民股权证

湖南阳东磁电股份有限公司

法人代表、董事长
李蔚霞

公司领导赴上海参加产品展销会

产品展室一角

省政协主席陈求发到公司考察

湖南阳东磁电股份有限公司是以市阳东电瓷电器有限公司为基础成立的一家民营股份制企业，主要从事电瓷电器产品、微波高温烧结工业窑炉、微波生物质气化炉、磁性材料的生产、销售和高新材料开发、微波技术研发等。市阳东电瓷电器有限公司、湖南阳东微波科技有限公司和湖南阳东磁性材料有限公司三家（全资或控股）子公司。是湖南省新材料产业协会常务副会长单位、省电瓷电器商会副会长单位和省稀土行业协会会员单位。是省内最大的高压电瓷支柱绝缘子和全国最大的线路柱式绝缘子生产企业。公司“CLD”商标是中国“驰名商标”和湖南省“国际知名品牌”；220千伏以下开关支柱在国内拥有1/4以上的市场份额；线路瓷及支柱产品主要出口到美国、俄罗斯、南美、欧洲、非洲、中东、东南亚等国家和地区，约占同类产品国际市场的1/3。公司是国内最早将微波高温烧结和裂解技术应用于工业化生产的新型能源装备研发制造企业之一。获国家专利35项，其中发明专利10项。

科技创新表彰大会

公司开展职工文体活动

朝气蓬勃的阳东人

生产车间一角

湖南丰德利瓷业有限公司

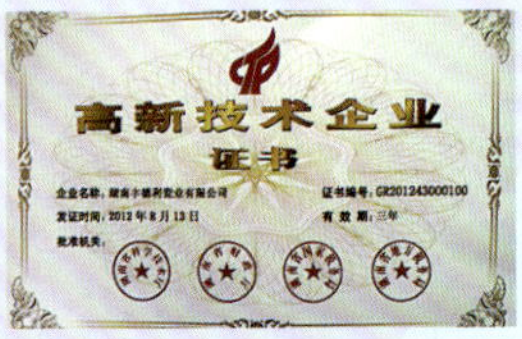

湖南丰德利瓷业有限公司是由香港丰年华集团公司独资兴建的高级日用瓷企业，地处湖南省醴陵市泗汾镇，紧邻106国道和岳汝高速公路，交通十分便利。

公司注册资金6025.34万元，总资产9047万元，占地16万平方米，厂房面积4万平方米，专业从事陶瓷研发、生产和销售。公司通过了ISO 9001 ：2008质量管理体系认证和ISO 14001 ：2004环境管理体系认证，拥有“输美陶瓷认证证书”和“出口产品质量许可证”，是湖南省“高新技术企业”“质量信用AAA企业”和第七届陶瓷行业协会理事单位。

公司技术力量雄厚，设备先进、齐全、自动化程度高，年生产能力3000万件，产值8000万元。主要产品有7—12吋盘类、3—9吋碗类、各型咖啡杯碟类产品以及套具，与国际著名零售商沃尔玛、CK等公司建立良好合作关系，长期为宝洁、高露洁、黑人牙膏、伊利牛奶等著名企业提供产品服务。

公司地址：湖南省醴陵市泗汾镇茶埠塘村

电话：0731—23526880 23523529 传真：0731—23523488 23526996

网址：http//hnfengdeli.com

续表 17 — 1

获奖单位	奖励（命名）名称	授予（命名）单位
市人口和计划生育局	全省“两非”典型案例查处工作先进单位	湖南省人口和计划生育领导小组
	全省计划生育协会工作先进单位	湖南省计划生育协会
市财政局	全省财政监督检查工作先进单位“二等奖”	湖南省财政厅
	2014 年度全省国外贷款管理工作先进单位	
市劳动和社会保障局	湖南省人力资源和社会保障宣传信息工作先进单位	湖南省人力资源和社会保障厅
市林业局	2014 年度生态公益林保护建设为民办实事工作先进集体	湖南省林业厅
	2014 年度产油大县	湖南省林业厅、湖南省财政厅
市信访局	全省信访工作“基层基础建设年”活动标兵单位	湖南省信访局
市委党校	湖南省县级党校行政学校先进单位	中共湖南省委党校湖南行政学院
市妇女联合会	湖南省妇联系统宣传工作表现突出单位	湖南省妇女联合会
市统计局、国家统计局醴陵调查队	湖南省第三次全国经济普查先进集体	湖南省第三次经济普查领导小组
市民政局	全省社会事务工作优质服务先进单位	湖南省民政厅
	2014 年度全省福利彩票销售工作先进单位	
	2014 年度全省福利彩票销售工作 70 亿贡献奖	
	全省民政新闻宣传信息工作先进单位	
	全省爱国拥军模范单位	
市慈善办	2014 年度县市区慈善工作先进单位	
市救助管理站	全省殡葬改革工作先进单位	
市殡仪馆	全省社会事务工作优质服务先进单位	
市委农村工作部（市政府农村工作办公室）	全省农村集体“三资”管理与农村审计先进单位	湖南省农村经营管理局
市水库移民开发管理局	全省 2014 年度移民信访维稳工作先进单位	湖南省水库移民开发管理局
市畜牧兽医水产局	湖南省养殖业信息宣传工作先进单位	湖南省畜牧水产局
	2014 年度湖南省养殖业工作目标管理先进单位	
	2014 年度湖南省重大动物疫病防治工作目标管理考核优胜单位	湖南省防治重大动物疫病指挥部
市农业机械管理局	全省农机工作先进单位	湖南省农业机械管理局
	全省农机购置补贴工作先进单位	
	全省水稻育插秧机械化技术推广先进单位	

续表 17 — 2

获奖单位	奖励（命名）名称	授予（命名）单位
市农业机械管理局	全省农机安全生产目标管理先进单位	湖南省农业机械管理局
	全省油菜生产机械化工作先进单位	
市交警大队	全国“五十百千”示范单位	湖南省公安厅
市交警大队女子中队	湖南省优秀护学岗	湖南省“四赛两创”办公室
市孙家湾乡	2014 年全省安全生产示范乡镇	湖南省人民政府办公厅
	全省计划生育协会先进单位	湖南省计划生育协会
	全省平安农机示范乡	湖南省农业机械管理局、湖南省安全生产监督管理局
市新阳乡、官庄乡	省级生态乡镇	湖南省环境保护厅
市黄獭嘴镇	全省农村宣传工作红旗单位	湖南省农村新闻中心
市官庄乡	湖南省旅游名镇	湖南省旅游局
	法治湖南诚信守法共建单位	湖南省委法治办公室
市科学技术协会	湖南省“科普惠农兴村”先进单位	湖南省财政厅、湖南省科学技术协会
市陶瓷烟花职业技术学校	湖南省安全文明校园	湖南省社会治安综合治理委员会、湖南省教育厅、湖南省公安厅
市房产管理局白蚁防治所	湖南省 2014 年度白蚁防治先进单位	湖南省房地产协会白蚁防治专业委员会
市公路局	湖南省工人先锋号	湖南省总工会
市疾病预防控制中心	2014 年度性病艾滋病防治综合管理工作先进单位	湖南省疾病预防控制中心
市国家税务局	全省国税系统优秀领导班子	湖南省国家税务局
市国家税务局办税服务厅	五星级办税服务厅	
中国民主促进会醴陵总支委员会	民进湖南省委先进基层组织	中国民主促进会湖南省委员会
市广播电视台	湖南省“十佳通联集体”	湖南省广播电视台
市教育局	2014 年度湖南省基础教育信息化宣传先进单位	湖南省教育厅
	2014 年湖南省农村中小学劳动实践场所建设合格单位	
市第一中学	湖南省教育科研成果一等奖	湖南省教育厅
	湖南省安全文明校园	
	湖南省中小学教师培训基地学校	
	湖南省高中语文和心理健康教育“中小学教师培训中心”	
	湖南省学校心理健康教育工作先进单位	湖南省教育学会
市第四中学		

续表 17－3

获奖单位	奖励（命名）名称	授予（命名）单位
市国家税务局	湖南省文明标兵单位（2014 年复查认定）	湖南省精神文明建设指导委员会
市人民检察院	2012 届文明标兵单位（2014 年复查合格）	
市财政局	湖南省文明单位（2014 年复查认定）	
市人民检察院 湖南华联瓷业有限公司	2010 届文明单位（2014 年复查合格）	
市农业发展银行、地方税务局、株洲时代金属制造有限公司	2012 届文明单位（2014 年复查合格）	
市孙家湾乡	2010 届湖南省文明村镇（2014 年复查合格）	
市石亭镇	2012 届湖南省文明村镇（2014 年复查合格）	
市长庆示范区珊田村	2014 届湖南省文明村镇	
盛世华庭小区	2009 届湖南省文明小区（2014 年复查合格）	
世纪花园小区	2011 届湖南省文明小区（2014 年复查合格）	
市公路局	湖南省文明窗口单位	
市石亭镇政府机关	湖南省文明卫生单位	湖南省爱国卫生运动委员会
市浦口镇	湖南省卫生镇	
市浦口镇贯古村、浦口镇碧泉村、泗汾镇石虎村	湖南省卫生村	
南华附二醴陵兆和医院	省级诚信示范民营医院	湖南省民营医院协会

2014 年株洲市（条线）先进单位、集体

表 18

获奖单位	奖励（命名）名称	授予（命名）单位
市板杉乡	株洲市人口和计划生育工作模范单位	中共株洲市委、株洲市人民政府
市清水江乡	株洲市人口和计划生育工作先进单位	
市黄獭嘴镇	株洲市人口和计划生育工作先进单位	
	安全生产示范乡镇	株洲市人民政府
市人武部	军事训练先进单位	株洲市军分区
	安全管理先进单位	
	新闻报道先进单位	
共青团醴陵市委	株洲市优秀青年志愿集体	共青团株洲市委
市民政局	2014 年度全市民政工作先进单位	株洲市民政局

续表 18 — 1

获奖单位	奖励（命名）名称	授予（命名）单位
市妇幼保健院	株洲市医药价格管理先进单位	株洲市物价局
市中（一）医院	株洲市医院费用监测工作先进单位	
	五四红旗团支部	共青团株洲市委员会
市中（一）医院心病科、骨一科	株洲市首批优质护理示范病房	株洲市卫生局
市人口和计划生育局	株洲市 2014 年度文明标兵单位	株洲市精神文明建设指导委员会
市来龙门街道、工商行政管理局、公安局、规划局、城市管理行政执法局、华鑫电瓷科技股份有限公司、湖南新世纪陶瓷有限公司、湖南升华科技有限公司、白兔潭镇金牛居委会	株洲市 2014 年度文明单位	
市黄獭嘴镇、枫林市乡枫林市村、栗山坝镇东岗村	株洲市 2014 年度文明村镇	
市黄泥坳街道凯旋城小区	株洲市 2014 年度文明小区	
国网湖南省电力公司醴陵市供电分公司中心营业厅、市交通运输局	株洲市 2014 年度文明窗口	
福启沅大酒店	株洲市 2014 年度文明餐饮示范店	
朱桂云、刘起道家庭，王仕连、许建新家庭，魏和平、杨合云家庭	株洲市 2014 年度文明家庭	
市委组织部、市石子岭中心小学	株洲市无烟管理示范单位	株洲市爱国卫生运动委员会
市石子岭中心小学、南桥镇政府机关、泗汾镇政府机关	株洲市文明卫生单位	
市浦口镇官山岭居委会、浦口镇三铺村、泗汾镇农场居委会、泗汾镇淇田村、来龙门街道上洲村、仙霞镇赵高塅村、孙家湾乡西岸村、王仙镇李山村	株洲市卫生村	

2014 年醴陵市级先进单位、集体

表 19

获奖单位	奖励（命名）名称	授予（命名）单位
市东富镇、孙家湾乡、西山街道、市公安局	2014 年度安全生产工作红旗单位	中共醴陵市委、醴陵市人民政府
市白兔潭镇、王仙镇、南桥镇、枫林市乡、东堡乡、嘉树乡、神福港镇、贺家桥镇、来龙门街道、食品药品监督管理局、交警大队、广播电视台、教育局、交通运输局、房产局、商务局	2014 年度安全生产工作先进单位	
市东堡乡	2014 年度醴陵市社会管理综合治理工作红旗单位	

续表 19 － 1

获奖单位	奖励（命名）名称	授予（命名）单位
市人口和计划生育局、财政局、人事局、水利局、教育局、交警大队、民政局、交通运输局、卫生局、农业局、农机局、工商局、地税局、公路局、信用联社、醴陵中油燃气公司	2014 年度醴陵市社会管理综合治理工作先进单位	
市东富镇、东堡乡、纪委（监察局）、人口和计划生育局、林业局、公安局刑侦大队、来龙门街道四塘社区、官庄乡大横江村、湖南仙凤瓷业有限公司、市富里镇利民出口花炮厂	醴陵市 2014 年度文明建设红旗单位	
市官庄乡、新阳乡、市委农村工作部（市农办）、房产管理局、交通运输局、信访局、劳动和社会保障局、民政局、人事局、住房和城乡建设局、人民法院、农村商业银行、市委组织部组织科、经营管理局、灯饰管理所、国土资源局地籍股、公路局路政大队、环境监测站、价格监督检查局、计划生育服务站、植保植检站、孙家湾乡中心学校、新型农村合作医疗管理委员会办公室、重点建设项目审计中心、产权交易中心、国家外汇管理局醴陵支局、公安局黄泥坳派出所、来龙门街道上洲村、黄泥坳街道车顿桥社区、黄泥坳街道中心学校、西山街道河西村、株洲金阳置业有限公司、阳三石街道立三村、中国能源建设集团有限公司湖南电力电瓷电器厂、长庆示范区马脑村、经开区石塅村、烟花爆竹总商会南桥分会、白兔潭镇黄甲村、浦口镇碧泉村、王坊镇渌石村、东堡乡大林村、东富镇小洞塘村、醴陵陶润实业发展有限公司、湖南丰德利瓷业有限公司、沈潭镇双垅村、清水江乡界陂村、醴陵神马花炮有限公司、贺家桥镇档梓山村、嘉树乡荆林村、神福港镇龙虎村、均楚镇军山村、栗山坝镇梅筱村、石亭镇长岭村、板杉乡擂鼓桥村、新阳乡陈家湾村、仙霞镇清安铺村、黄獭嘴镇樟仙岭村、枫林市乡白眉冲村	醴陵市 2014 年度文明建设先进单位	
市嘉树乡、来龙门街道	2014 年度醴陵市人口和计划生育工作红旗单位	
市神福港镇、孙家湾乡、栗山坝镇、官庄乡、阳三石街道、黄泥坳街道、黄獭嘴镇、沈潭镇、枫林市乡、均楚镇	2014 年度醴陵市人口和计划生育工作先进单位	
市房产局、阳三石街道阳东村、长庆示范区马脑村、经开区石子岭村、王仙镇新民居委会、泗汾镇农场居委会、大障镇双桥村、栗山坝镇营田村、均楚镇李婆塘村、黄獭嘴镇台洲村、官庄乡大坝村	2014 年度醴陵市计划生育综合治理红旗单位	
市教育局，劳动和社会保障局，民政局，人民法院，来龙门街道文庙居委会，黄泥坳街道八里庵居委会、姜湾居委会，西山街道碧山居委会，阳三石街道向阳居委会，南桥镇花麦村，白兔潭镇蛇青村，浦口镇大桥居委会，东富镇花木村、潭湾村，泗汾镇林田居委会，船湾镇金子坪居委会，沈潭镇夏星村，贺家桥镇寺冲村，栗山坝镇大石桥村，神福港镇转步村，均楚镇青山村，石亭镇长岭村，仙霞镇东江冲村，东堡乡东坑村，孙家湾乡孙家湾村，清水江乡垅塘村，嘉树乡渗泉村，板杉乡上坪村、枫树桥村，新阳乡陈家湾村、青泥村，官庄乡半边山村，枫林市乡白眉冲村、马家冲村	2014 年度醴陵市计划生育综合治理先进单位	中共醴陵市委、醴陵市人民政府
市来龙门街道上洲村、黄泥坳街道石子岭村、南桥镇裕民村、王仙镇李山村、大障镇盐山村、嘉树乡乌石村、均楚镇黄谷村、石亭镇永红村、新阳乡将军村、官庄乡潭塘村	醴陵市 2014 年度精神文明创建活动文明村	

续表 19－2

获奖单位	奖励（命名）名称	授予（命名）单位
市嘉树乡便民服务中心、交警大队车辆管理所、劳动保障监察大队、新型农村合作医疗管理委员会办公室	醴陵市 2014 年度精神文明创建活动文明窗口	
市来龙门街道胜利社区、西山街道书院社区、阳三石街道向阳社区、星海明筑小区、三力小区	醴陵市 2014 年度精神文明创建活动文明社区（小区）	
市住房和城乡建设局机关、民政局机关、枫林市乡人民政府机关	醴陵市 2014 年度精神文明创建活动文明机关	
张荷香、张卫兵家庭，肖卉、王建山家庭，叶瑞湘、陈铁辉家庭，唐星光、龙春风家庭，林迪辉、周莲香家庭，罗自然、漆西林家庭，汤向荣、彭回春家庭，谢国、李金云家庭，刘纪平、肖建平家庭，苏先禾、苏艳桃家庭	醴陵市 2014 年度精神文明创建活动文明家庭	

先进个人

2014 年全国（条线）先进个人

表 20

获奖个人	奖励（命名）名称	授予（命名）单位
温国战	全国农村五保供养工作先进个人	民政部
刘荣福	全国模范教师	人力资源社会保障部、教育部
欧阳红	全国优秀文化志愿者	文化部
郭米红	全国职业教育先进个人	教育部
潘尧生	2014 年中国好人榜“身边好人”	中央精神文明建设指导委员会
何建林	2014 年“全国百名美德少年”	
丁　平、杨　军	2014 年全国创新型校长	中国智慧工程研究院
汤其军	2014 年全国创新型优秀教师	
刘晓军	2014 年度白蚁防治先进个人	中国物业管理协会白蚁防治专业委员会

2014 年湖南省（条线）先进个人

表 21

获奖个人	奖励（命名）名称	授予（命名）单位
温国战	2014 年度全省福利彩票销售工作先进个人	湖南省民政厅
谭克俭	全省社会事务工作优质服务先进个人	湖南省民政厅
汤其雪	湖南最可爱的乡村教师	湖南省教育基金会
郭　智	特级教师	湖南省教育厅
田春燕	民进湖南省优秀会员	中国民主促进会湖南省委员会

续表 21－1

蓝　秀	民进湖南省委先进个人	中国民主促进会湖南省委员会
李忆湘、雷向军	民革湖南省优秀党员	中国国民党革命委员会株洲市委员会
瞿孝林	湖南省优秀盟务工作者	中国民主同盟湖南省委员会
刘晓军	湖南省 2014 年度白蚁防治先进个人	湖南省房地产协会白蚁防治专业委员会
王林波、刘　平	湖南省学校心理健康教育专业委员会先进个人	湖南省教育学会学校心理健康教育专业委员会
陈　鑫、黄桂芬	湖南省心理健康教育先进个人	湖南省教育学会

2014 年株洲市（条线）先进个人

表 22

获奖个人	奖励（命名）名称	授予（命名）单位
王爱国	株洲市第三届道德模范—敬业奉献模范	株洲市精神文明建设指导委员会
朱光喜	株洲市第三届道德模范—见义勇为模范	
唐建辉、杨占文、张战明、姜　丹、陆小林、龙小刚、马润年、邹青山、匡曦云、丁云峰、胡戴民、刘锡清、徐慧明、姚红波、高　琦、陈贤忙、顾福生、李艳平、金永忠、何建辉、李红霞、付志仁、朱光喜、潘尧生	株洲市 2014 年度文明公民	
李忆湘、雷向军	参政议政先进个人	中国国民党革命委员会株洲市委员会
	民革株洲市优秀党员	
瞿孝林	株洲市优秀盟务工作者	中国民主同盟株洲市委员会
宋　喧	株洲市优秀盟员	
肖宏韬	株洲市自然科学学会二等奖	株洲市人事局、株洲市科学技术协会
廖立梅	2014 年度株洲市医院感染管理先进个人	株洲市感染管理质量控制中心
江晓平、彭泽龙	株洲市先进中医工作者	株洲市卫生局
何　丽	株洲市五一劳动奖章	株洲市卫生局、株洲市人口和计划生育委员会、株洲市总工会
何立海	株洲市高考组考优秀个人	株洲市教育考试院
付跃东、李锦南	株洲市优秀教师	株洲市教育局
郭　智、彭秋瑾、曾立霞	株洲市学科带头人	株洲市教育学会

2014 年醴陵市级先进个人

表 23

获奖个人	奖励（命名）名称	授予（命名）单位
张明义、肖建纯、陈升泉、兰　林、朱纪平、邓阳晖、贺明星、刘天建、瞿友顺、宋海军	醴陵市 2014 年度精神文明创建活动文明公民	中共醴陵市委、醴陵市人民政府

续表 23 — 1

刘高飞、周海军、瞿运生、黄志成、彭　新、刘　敏、吴海江、付　权、张国亮、余波玲、付益田、李友鹏、刘　森、钟光荣、程许芬、何文立、郭米红、黄先晃、宋水良、彭任任、潘　真、罗月虹、曾文初、陈振宇、丁小波、王新桥、何平发、张晓根、刘　斌、温水淋、欧阳建新、龙汉元、周江龙、谢逢线、易擎龙、廖志高、谭怀民、叶家富、欧阳国启、瞿孝林、潘　良、张发明、王茹辉、吴　剑、郭　媛、刘　练、刘春梅、杨　博、欧阳可战、陈方圆、朱小军、谢甘霖、张致轶、易康源、刘红平、晏能飞、谭金秀、刘礼江、刘昌全、张　倩、王光明、肖祥友、李锦田、李　红、黄铁力、陈志坚、晏守明、巫建龙、刘媛英、殷　维、官昌罗、陈　华、郭卫丰、傅礼平、刘发祥、程寿生、何秋花、杨　坚、郭拥军、周春芳、胡小玲、张　玲、黄　颖、徐建分、黎洪波、顾伟成、邓春霞、彭　莉、李蔚霞、肖茶花、杨梦雄、王伟宏、田瑞宜、曾桃红、黄米军、赖　年、李　田、吴同兵、易显舟、肖祥早、钟　刚、黄碧桃、黄　波、谭玮玮、何继承、周宝林、唐运军、邹伏德、陈建华、王　璐、曾木玲、张际德、顾　劼、刘利平、陈光林、钟水生、丁水亮、宋海龙、欧阳立新、瞿志英、范　义、胡冬生、李芳华、杨建林、贺中全、黄建雪、许均朋、唐亚旭、易文奎、郭三伏、谭海迪、文万财、阳建业、向　前、肖知音、陈正伟、罗立新、沈正豪、文岳明、匡　理、刘福波、邓　婷、江召录、杨　为、朱德明、程求英	醴陵市 2014 年度文明建设先进个人	
付兴乾、刘三忠、刘春梅、肖小武、邹青山、周述尧、姚红波、郭米红、廖　莉、黎迎春	醴陵市“十佳机关干部”	
邓　枫、叶敏洁、伍　剑、刘　欢、李桂明、杨　坚、张宇翔、张璐璐、傅志高、漆文亮	醴陵市“十佳平安卫士”	
王大丰、付志仁、李红霞、肖祥早、张谷穗、易作岗、周　丽、郑国荣、钟　宏、曾艳辉	醴陵市“十佳村（居）”干部	
田安平、黄铁山、程高翔、唐哲明、张承谊、彭亿安、王太忠、周细平、夏春良、丁武华、杨　翔、高开军、何　文、杨　杰、刘道平、汤　文、朱庆祝、李自力、汪年春、瞿名辉、罗明波、李石明、谭　华、何　军、张友琴	2014 年度醴陵市社会管理综合治理工作先进个人	

（廖际标）

文件选登

中共醴陵市委 醴陵市人民政府 关于印发《醴陵市科级领导班子和领导干部绩效考核办法（修订）》的通知

醴发〔2014〕9号

各乡镇党委、人民政府，各街道党工委、办事处，长庆示范区党工委、管委会，市直各单位，驻醴各单位：

现将《醴陵市科级领导班子和领导干部绩效考核办法（修订）》印发给你们，请认真贯彻执行。

中共醴陵市委

醴陵市人民政府

2014年5月27日

醴陵市科级领导班子和领导干部绩效考核办法（修　订）

一

第一章 总　则

第一条　为全面贯彻落实科学发展观，建立客观公正的考核、评价和使用干部的机制，根据《中华人民共和国公务员法》《党政领导干部选拔任用工作条例》等有关法规、文件要求，结合我市实际，制定本办法。

第二条　本办法所指绩效考核，是指考核组织通过对考核对象的工作实绩和工作效率进行考察、核实，以百分制的形式进行综合评价，作为对领导班子和领导干部评价、奖惩和任用的依据。

第三条　绩效考核工作遵循常态考核与集中考核、定量考核与定性考核、组织评价与社会评估、公正公开与注重实绩相结合的原则。

第二章 考核范围和分类

第四条　本办法适用于考核全市正科级单位的领导班子和领导班子成员，副科级单位的正职。

驻醴单位的领导班子参照本办法进行考核，不对其领导班子成员进行考核。

第五条　领导班子的绩效考核分为乡镇（街道、长庆示范区）、市直单位和驻醴单位三类，分别进行计分排队。

第六条　领导班子成员的绩效考核分类进行计分排队：

（一）乡镇（街道、长庆示范区）党（工）委书记；

（二）乡（镇）长、街道办事处（长庆示范区）主任；

（三）乡（镇）人大主席、街道人大工作室主任；

（四）乡镇（街道）政协联络工作主任委员；

（五）乡镇（街道、长庆示范区）领导班子其他成员（含党（工）委副书记、副乡（镇）长（副主任）、党（工）委委员、其他副职4类）；

（六）市直单位行政正职；

（七）市直单位党组织正职；

（八）市直单位领导班子其他成员（含行政副职、其他副职、副科级单位正职3类）。

下列人员的绩效考核按以下办法计分排队：

（一）市委常委所在单位（机关）的领导班子只考核不排队，其领导班子成员参加市直单位领导班子其他成员类别的考核排队。

（二）市城管委和市花炮检测中心的副职参加市直单位领导班子其他成员类别的考核排队。

（三）兼任两个以上科级领导职务的干部，根据其担负主要工作的职务参加相应类别的考核排队。

（四）市人大、市政协和经开区内设委、办、局的科级领导干部由市人大常委会党组、市政协党组和经开区党工委参照本考核办法自行组织考核。

考核排名结果报市绩效办备案，不纳入全市绩效考核的统一分类排队。

（五）单位内设机构的副科级干部原则上不纳入绩效考核范围。

（六）年度内任职不满6个月和因外出学习、借调或病、事假累计超过6个月的科级领导干部原则上不纳入绩效考核范围。

第三章 考核结果的产生

第七条 领导班子绩效考核由常态考核和集中考核组成，分别占年度绩效考核权重的40%和60%。结合加减分因素，确定领导班子绩效考核最后得分。

根据被考核单位领导班子绩效考核最后得分，分乡镇（街道、长庆示范区）、市直单位和驻醴单位三类分别排出一、二、三、四类。一类单位比例为25%，二类单位比例为65%，三类和四类单位比例各占5%。排名在最后10%的单位，得分在95分以上的，可评为二类；排名在最后5%的单位，得分在90分以上的，可评为三类。

其中，乡镇（街道、长庆示范区）领导班子按区域划分为东乡片、南乡片、西北乡片和街道片（含长庆示范区）4个片区，一类单位名额按照东乡片2个、南乡片2个、西北乡片3个、街道片2个进行分配，其他二类以下单位按照综合得分统一进行排名；市直单位分为经济管理部门、社会事业发展部门、执法监督部门、党群政务综合部门四类按照综合得分进行排名（具体分类见附件1）。

驻醴单位领导班子绩效考核最后得分由集中考核生成。

第八条 领导班子年度绩效考核中几种具体情况的认定：

（一）对因人口与计划生育、社会管理综合治理、安全生产三项年度工作中有被“一票否决”或“黄牌警告”“重点管理”的单位，领导班子不得进入一类，领导班子不得授予综合性荣誉称号，取消其评先评优资格。

（二）对因人口与计划生育、社会管理综合治理、安全生产三项年度工作全部被“一票否决”的，当年领导班子直接确定为四类。

（三）纳入株洲市绩效考核的单项工作在五县市排名最后一名的单位领导班子、党政正职和分管副职不得评为一类。

（四）领导班子成员中有因违纪违法受到党纪、政纪处分或被司法机关依法处理的，在领导班子考核总分中扣减1分，该领导班子不得进入一类。

第九条 领导班子正职的绩效考核由常态考核和集中考核组成，分别占年度绩效考核权重的40%和60%。结合加减分因素，确定领导班子正职绩效考核最后得分。领导班子其他成员的绩效考核结果由集中考核生成。

根据被考核者的绩效考核得分，按第六条之规定分别排出一、二、三、四类。班子正职和班子其他成员一类的比例分别不超过被考核者的20%和15%。三类和四类比例各占5%。排名在最后10%，得分在95分以上的，可评为二类；排名在最后5%，得分在90分以上的，可评为三类。

第十条 领导干部年度绩效考核中几种具体情况的认定：

（一）对因人口与计划生育、社会管理综合治理、安全生产三项年度工作中有被“一票否决”或“黄牌警告”“重点管理”的，党政正职和分管副职不得确定为一类。在一年内不得评选综合性荣誉称号和立功受奖。

（二）对因人口与计划生育、社会管理综合治理、安全生产三项年度工作全部被“一票否决”的，其党政正职和分管副职实行降免职；同一工作连续两年被“一票否决”的，分管副职实行免职。

（三）连续两年被评为三类的领导干部当年直接确定为四类。

（四）班子成员中有受到党内严重警告或行政记大过及以上处分的，其党政正职个人考核不能确定为一类。

第十一条 领导班子和领导干部的年度绩效考核排名结果在集中考核完成后公布，集中考核结果不另行通报。

二

第四章 领导班子常态考核

第十二条 常态考核的范围为市管正科级领导班子，驻醴单位不纳入常态考核范畴。常态考核全年进行两次，分别于第二季度、第三季度各进行一次。

第十三条 对领导班子的常态考核按百分制考核，由工作目标完成情况、领导班子和干部队伍建设、党风廉政建设和作风建设三部分组成，所占分值权重分别为：80%、10%、10%。

第十四条 “工作目标完成情况”的考核承办（认定）单位为市委办、市政府办和市绩效办，其中，市委办负责市直党群部门，市政府办负责市直单位，市绩效办负责乡镇（街道、长庆示范区）；“领导班子和干部队伍建设”的考核承办（认定）单位为市委组织部；“党风廉政建设”和“作风建设”的考核承办（认定）单位为市纪委。

第十五条 常态考核时，各项考核指标的得分分别乘以分值权重后相加，确定领导班子常态考核最后得分，并排出一、二、三、四类。一类单位比例为25%，二类单位比例为65%，三类和四类单位比例各占5%。排名在最后10%的单位，得分在95分以上的，可评为二类；排名在最后5%的单位，得分在90分以上的，可评为三类。

领导班子常态考核的成绩即为该领导班子正职的常态考核成绩，领导班子正职常态考核不评定等次。

第十六条 每次常态考核成绩占年度考核总成绩的比例相同，分别按照20%的比例计入年度绩效考核的成绩。

每次常态考核结束后及时公布结果，发放常态考核奖金。每次常态考核奖金的基数按照对应类别年度考核奖金基数的20%计算或根据实际情况酌定。

三

第五章 领导班子集中考核

第十七条 领导班子集中考核按百分制考核，由工作目标完成情况、社会公认评估情况和综合评价三部分组成，权重分别为：

（一）乡镇（街道、长庆示范区）工作目标完成情况占75%，社会公认评估情况占20%，综合评价占5%。

（二）市直单位、驻醴单位工作目标完成情况占65%，社会公认评估情况占30%，综合评价占5%。

第十八条 年度工作目标的制定方式如下：

确定单位工作目标主要依据：全市经济社会发展总体目标；市委全会精神；人民代表大会通过的政府工作报告、国民经济和社会发展计划报告、财政预决算报告；市委、市政府的年度工作任务、中心工作和单位的主要职能。工作目标的确定要体现科学合理性和综合平衡性。

工作目标制定的基本程序是：

（一）被考核单位领导班子根据本单位有关目标责任状、工作职责以及市委、市政府下达的中心工作任务，研究提出本单位全年工作目标建议方案；

（二）市委、市政府分管领导审查并签署意见；

（三）市绩效办汇总、形成初稿；

（四）提交市政府常务会议审核；

（五）提交市委常委会审定后，由市绩效办正式发文确定。

单位工作目标确定后原则上不作调整，由于上级政策调整、机构职能变化等需要个别调整的，可依照上述程序进行调整。

第十九条 乡镇（街道、长庆示范区）集中考核的基础分为100分，其中，工作目标完成情况占75%，社会公认评估情况占20%，综合评价占5%。

（一）工作目标完成情况得分根据各单位《绩效考核工作目标》的考核得分折算。

（二）社会公认评估由领导评价、基层评价和人民群众评价三个部分组成，分别占6分、6分、8分的分值。

参加“领导评价”的人员为市“四套班子”班子成员。

参加“基层评价”的人员为机关干部、村（居）干部、企事业单位和部门负责人、辖区内“两代表一委员”、离退休干部代表等。

“人民群众评价”采取调查问卷的方式，由市绩效办统一组织实施。

（三）乡镇（街道、长庆示范区）领导班子集中考核得分＝工作目标考核得分 ×0.75+ 社会公认评估得分＋综合评价得分。

第二十条 市直单位和驻醴单位集中考核的基础分为100分，其中，工作目标完成情况占65%，社会公认评估情况占30%，综合评价占5%。

（一）工作目标完成情况得分根据各单位《绩效考核工作目标》的考核得分折算。

（二）社会公认评估由领导评价、基层评价和人民群众评价三个部分组成，分别占10分、5分、15分的分值。

参加“领导评价”的人员为市“四套班子”班子成员。

参加“基层评价”的人员为机关干部、下设机构负责人、离退休干部代表等，单位人数较少的，全体人员参加。

参加“人民群众评价”的人员为全体市委委员、候补委员和市纪委委员，乡镇（街道、长庆示范区）和市直副科以上单位的正职，部分“两代表一委员”，离退休老同志代表，服务对象代表等。

对乡镇（街道、长庆示范区）有评分责任的市直单位，由乡镇（街道、长庆示范区）的领导班子成员进行评价，占该单位“人民群众评价”5分的分值。

当年被列入行风评议的单位，行风评议结果占该单位“人民群众评价”3分的分值。行风评议结果由市纪委（监察局）提供。

（三）市直单位和驻醴单位领导班子集中考核得分＝工作目标考核得分 ×0.65+ 社会公认评估得分＋综合评价得分。

第二十一条 综合评价得分由考核组在年终集中考核的基础上提出计分建议，由带队领导最终审定。

综合评价在具体量化计分上，按优、良、中、差四个档次评定，分别对应计5、4、3.5、2.5分。考核评价为优档的领导班子不超过同类别的25%。

第六章 领导干部集中考核

第二十二条 领导班子正职集中考核的基础分为100分，由履行岗位职责得分和民主测评得分两个部分组成，分别占60分、40分。

（一）履行岗位职责得分按领导班子集中考核的得分折算。

（二）民主测评得分由市领导测评分、班子成员测评分、基层评价测评分三个部分组成，分别占10分、5分、25分。

市人大常委会对市政府工作部门行政正职的评议情况计入民主测评分值。当年被评议对象的民主测评分由市领导测评分、市人大常委会评议分、班子成员测评分、基层评价测评分四个部分组成，分别占10分、5分、5分、20分。

（三）领导班子正职集中考核得分＝领导班子集中考核得分 ×0.6+ 民主测评得分。

第二十三条 领导班子其他成员集中考核的基础分为100分，由履行岗位职责得分和民主测评得分两个部分组成，分别占60分、40分。

（一）履行岗位职责得分由分管工作目标完成情况得分和领导班子集中考核折算得分两个部分组成，分别占30分、30分。

分管工作目标完成情况得分由《绩效考核工作目标》中分管项目考核得分折算。如分管工作在《绩效考核工作目标》中未占分值，则该部分的得分按领导班子集中考核得分折算。

（二）领导班子其他成员民主测评分由正职测评分、班子成员测评分、基层评价测评分三部分组成，分别占15分、5分、20分。

（三）副科级单位正职履行岗位职责得分由归口管理部门对该单位的考核计分折算。民主测评得分由市领导测评分、归口管理部门正职测评分和机关干部职工测评分三个部分组成，分别占10分、10分、20分。

（四）领导班子其他成员集中考核得分＝履行岗位职责得分＋民主测评得分。

四

第七章 加减分办法

第二十四条 领导班子年度绩效考核加减分办法

（一）当年受到国家级、省（部）级、市（厅）级综合性表彰的，在总分中分别加2分、1分、0.5分。属单项表彰的，分别加1分、0.5分、0.25分。中共中央、国务院表彰的为国家级；省委、省政府、中央各部委表彰的为省部级；株洲市委、市政府、省直部门表彰的为地厅级。

（二）对年度内受到国家级、省（部）级、市（厅）级和醴陵市委、市政府通报批评的，在总分中分别扣除2分、1.5分、1分、0.5分。单项工作因失职或违法违纪，造成重大经济损失或恶劣影响的；被中央新闻媒体曝光造成不良影响的，扣除涉及项目50%以上的分值。

（三）由市委书记、市长对年度内工作整体完成情况好的领导班子进行奖励加分，分值为2分，市委书记、市长各占50%，奖励加分的范围不超过被考核领导班子数的25%。

第二十五条 领导干部年度绩效考核加减分办法

（一）年度内受国家级、省（部）级、市（厅）级表彰的先进个人，分别加1分、0.8分、0.5分；年度内受国家级、省（部）级、市（厅）级和醴陵市委、市政府通报批评的，分别扣减2分、1.5分、1分、0.5分；年度内被纪检、组织部门诫勉谈话的，扣减1分；年度内受党内警告或行政警告处分的，扣减2分；年度内受行政记过处分的，扣减3分；年度内受党内严重警告或行政记大过以上处分的，考核直接定为四类等次。

（二）对乡镇（街道、长庆示范区）人口与计划生育、社会管理综合治理、安全生产三项工作，年终集中考核排在全市第一名的分管副职在个人总分中加计0.25分。

第二十六条 当年受表彰或通报批评项目加减分统一由市绩效办核定。同一事件受到国家级、省（部）级、市（厅）级表彰或通报批评的，按最高级别加减分。

加减分申报有效时间截至次年1月底，逾期的可在次年考核时申报。

第八章 考核结果运用

第二十七条 领导班子绩效考核结果的运用。

（一）推荐出席株洲市级以上的先进单位原则上从一类单位中产生。

（二）与单位公务员年度考核“优秀”等次比例挂钩。评优比例为：一类单位15%，二类单位12%，三类单位8%，四类单位5%。

（三）与单位工作人员绩效考核奖金挂钩。绩效考核一类的单位以规定标准为基数人平计发120%；二类单位人平计发100%；三类单位人平计发80%；四类单位人平计发60%。奖金基数由市委常委会一年一定。

各单位要根据本单位工作人员绩效考核情况，在奖金总额不变的前提下，拉开发放档次。

驻醴单位绩效考核排名一类的，给予其领导班子成员适当奖金奖励，奖金由市财政列支。

（四）驻醴单位的考核结果以市委、市政府名义向其上级主管部门通报。

第二十八条 领导干部绩效考核结果的运用。

（一）绩效考核结果作为干部评先评优、提拔重用的重要依据。

（二）在公务员年度考核中评定为优秀等次的领导干部，原则上从一类中产生；被评定为三类的领导干部，在公务员年度考核中确定为“基本称职”等次；被评定为四类的领导干部，进行诫勉谈话，在公务员年度考核中确定为“基本称职”及以下等次。

（三）评定为三类的领导干部，其年度绩效考核奖金减半发放。评定为四类的领导干部，不得发放年度绩效考核奖金。

（四）对当年绩效考核列为四类单位的党政正职进行诫勉谈话，并限期整改。

（五）实行末位淘汰。对当年绩效考核结果排名四类，且得分处于末名的各类领导班子正职（参见第六条之规定），由市委常委会票决出最后1名予以调整或降免职。

对当年绩效考核结果排名四类，且得分处于末名的各类领导班子其他成员（参见第六条之规定），由市委常委会票决出最后2名予以调整或免职。

领导班子连续两年排名四类的，其正职按规定程序予以调整或降免职。

领导班子成员连续两年排名四类的，按规定程序予以调整或降免职。

第九章 考核组织

第二十九条 绩效考核工作在市委的统一领导下进行。成立市绩效考核工作领导小组，组成单位为市纪委（监察局）、市委办公室、市委组织部、市委宣传部、市委政法委、市政府办公室、市审计局、市统计局等。主要职责是：研究和决定全市绩效考核工作中的重大问题，组织协调绩效考核工作，对各单位的工作目标、绩效考核结果、奖惩方案进行审查，报市委常委会审定。

领导小组下设办公室（设市委组织部）。其主要职责是：提出全市绩效考核工作方案，具体组织考核的实施，综合考核情况，提出考核等次和奖惩建议方案等。

第三十条 绩效考核全年进行三次（常态考核2次和集中考核1次），按以下步骤进行：

（一）年初各单位提出工作目标，市纪委（监察局）、市委办、市政府办、市绩效办等考核承办（认定）单位组织评审，分管市领导审查，市政府常务会审核，市委常委会审定。

（二）各常态考核承办（认定）单位按照相关规定制定考核细则，根据平常掌握的情况、工作台账等，按目标进度分季度进行常态考核，并将考核排名结果报市绩效办备案。市绩效办及时公布半年度、三季度考核结果，兑现奖罚。

（三）年底市绩效考核工作领导小组组建考核组对各单位全年工作目标完成情况进行考核，组织社会公认评估和民主测评工作。

（四）市绩效办综合考评情况，提出年度考核结果类别评定意见和奖惩方案。

（五）市绩效考核工作领导小组审查考核结果、考核等次和奖惩方案，报市委常委会审定。

（六）市委、市政府召开绩效考核结果讲评大会，公布年度考核结果，兑现奖惩。

第十章 考核纪律与监督

第三十一条 考核人员要认真履行职责，按照规定的程序和要求实施考核，要全面、准确、细致地了解和客观公正地反映考核对象的情况。

第三十二条 实行绩效考核工作责任制。参加考核人员和考核组组长要在考核材料上签名，对考核材料和考核报告负责。

第三十三条 在考核工作中，考核人员、考核对象、有关部门和人员必须遵守以下纪律：

（一）不准弄虚作假，向考核组织提供虚假数据和情况；

（二）不准干扰和妨碍考核工作；

（三）不准泄露考核机密；

（四）不准借考核之机谋取私利。

第三十四条 对违反第三十三条规定的，视其性质、情节轻重和造成的后果，进行批评教育或给予党纪、政纪处分。造成考核严重失实的，宣布考核结果无效，重新组织考核。

第三十五条 加强对绩效考核工作的监督。在市纪委（监察局）设立绩效考核工作监督举报电话，负责受理举报。

第十一章 附 则

第三十六条 本办法由市绩效办负责解释。

第三十七条 本办法自公布之日起实行，原《醴陵市科级领导班子和领导干部绩效考核办法》（醴发〔2008〕10号）和《醴陵市科级领导班子和领导干部绩效考核实施细则》（醴办发〔2008〕9号）同时废止。

附件：

1．全市纳入绩效考核范围的单位名单及分类

2．考核指标有关情况说明

全市纳入绩效考核范围的共有143个正科级以上单位。

附件1

全市纳入绩效考核范围的单位名单及分类

一、乡镇（街道、示范区）32个

南桥镇、富里镇、白兔潭镇、浦口镇、王坊镇、王仙镇、东堡乡、东富镇、孙家湾乡、沈潭镇、清水江乡、泗汾镇、船湾镇、大障镇、贺家桥镇、嘉树乡、神福港镇、栗山坝镇、均楚镇、石亭镇、板杉乡、新阳乡、仙霞镇、黄獭嘴镇、枫林市乡、官庄乡、来龙门街道、阳三石街道、西山街道、黄泥坳街道、长庆示范区、经济开发区

二、市直单位80个

（一）经济管理部门（26个）

市经信局、市发改局、市财政局、市交通运输局、市农业局、市林业局、市水务局、市畜牧局、市农机局、市商务局、市招商局、市旅游局、市粮食局、市统计局、市住建局、市房产局、市国资局、市城投公司、市花炮局、市招投标局、花炮检测中心、市市场服务中心、市农开办、市行业办（供销合作总社）、市改制办、市两型办

（二）社会事业发展部门（18个）

市科技局、市民政局、市文体广新局、市教育局、市卫生局、市劳动保障局、市档案史志局、市广播电视台、市人口计生局、市人防办、市移民局、市陶瓷烟花职校、市一中、市二中、市四中、市中医院、市疾控中心、市妇幼

（三）执法监督部门（14个）

市公安局、市检察院、市法院、市司法局、市交警大队、市审计局、市环保局、市物价局、市规划局、市安监局、市城管局、市国土资源局、市食药监局、

市文化市场执法局

（四）党群政务综合部门（22个）

市纪委（监察局）、市委办、市委组织部、市委宣传部、市委统战部、市委政法委、市委农村工作部（市农办）、市编办、市委党校、市委老干局、市接待办、市政府办、市人事局、市信访局、市法制办、市总工会、团市委、市妇联、市残联、市工商联、市文联、市科协

三、驻醴单位（31个）

市国税局、市地税局、市邮政局、市电信公司、市供电公司、市信用联社、市公路局、市石油公司、醴陵调查队、市住房公积金中心、市人民财险公司、市人寿保险公司、市联通公司、市移动公司、市人民银行、市工商银行、市中国银行、市建设银行、市农业银行、市农业发展银行、市邮政储蓄银行、新华书店、市气象局、市工商局、市质监局、市烟草局、市盐务局、醴陵检验检疫局、醴陵海关、市水文局、市消防大队

附件2

考核指标有关情况说明

1. 考核指标分为定量指标和定性指标。定量指标以绝对值（相对值）或增长率（平均值）的形式表示；定性指标指难以用数值界定，需要依据进度、质量、标准或要求、效果进行评估的指标。

定量指标分为正指标和逆指标，计分方法为：

（一）正指标得分=完成值÷目标值×项目分值。

（二）逆指标得分=〔1-（完成值÷目标值-1）〕×项目分值。

定性指标应逐项制定具体的扣分办法和标准。完成或超额完成的计基本分；没有完成的按要求实施扣分。

2. 领导班子社会公认评估分为满意、较满意、基本满意、不满意四个档次，分别确定1.0、0.8、0.5、0的系数。

每部分评估得分=（“满意”个数×1+“较满意”个数×0.8+“基本满意”个数×0.5+“不满意”个数×0）÷四个档次个数总和×所占分值。

3. 领导干部民主测评分为优秀、称职、基本称职、不称职四个档次，分别确定1.0、0.8、0.5、0的系数。

每部分测评得分=（“优秀”个数×1+“称职”个数×0.8+“基本称职”个数×0.5+“不称职”个数×0）÷四个档次个数总和×所占分值。

中共醴陵市委
关于加强市委常委会自身建设的意见

醴发〔2014〕10号

市委常委会是全市的领导核心，常委会班子是全市各级党组织和领导班子的标杆，常委会的工作直接关系市委工作成效，影响全市发展大局。当前，醴陵正处于加快转型升级的关键期，全面建成小康社会的攻坚期，市委常委会肩负着团结带领全市各级党组织和广大干部群众打造发展升级版，建好湖南东大门，实现全市人民小康梦、两型梦、现代化梦的历史重任。面对新形势新任务，常委会必须切实加强自身建设，不断提高领导科学发展的能力和水平，着力建设成为政治坚定、开拓创新、一心为民、团结和谐、求真务实、清正廉洁、奋发有为的坚强领导集体。现就加强市委常委会自身建设，提出如下意见。

一、高举旗帜，坚定正确的政治方向

1. 始终与党中央保持高度一致。高举中国特色社会主义旗帜，深入学习贯彻党的十八大精神，坚持以邓小平理论、“三个代表”重要思想、科学发展观为指导，坚定不移地走中国特色社会主义道路，坚定理论自信、道路自信、制度自信，坚定正确的政治方向。着力加强常委会班子的思想政治建设，讲政治，讲大局，讲纪律，坚决维护中央、省委、株洲市委的权威，始终在思想上、政治上、行动上与以习近平同志为总书记的党中央保持高度一致。要坚定政治立场，在党性原则的重大问题上立场坚定，在大是大非面前旗帜鲜明，在关键时刻头脑清醒，经得起风浪考验。

2. 自觉加强党性修养，坚定理想信念。常委会成员要自觉加强党性修养和党性锻炼，进一步完善《市委理论学习中心组学习制度》，认真学习习近平总书记系列重要讲话精神，用马克思主义中国化的最新成果武装头脑，切实解决好世界观、人生观、价值观这个“总开关”问题，进一步增强对马克思主义的信仰，增强“政治定力”，强化执政意识和

党员意识，模范遵守党章，注重个人的政治理论修养、组织纪律修养、思想作风修养和社会道德修养，带头践行中国特色社会主义核心价值体系，始终保持党的先进性和纯洁性。

3. 切实增强政治责任意识。常委会成员要始终忠诚于党，忠诚于事业，忠诚于人民，以对党的事业高度负责、对醴陵人民高度负责、对历史高度负责的态度，恪尽职守，奋发有为，扎实工作。要着力提高政治敏锐性和政治鉴别力，善于从政治上观察问题、分析问题、处理问题，坚定不移地贯彻执行中央的路线、方针、政策和省委的重大决策部署及重要指示，确保中央、省委、株洲市委的各项决策部署在醴陵不折不扣得到贯彻落实，确保政令畅通，确保醴陵工作的正确方向。

二、改革创新，着力提高领导科学发展能力

4. 坚持以经济建设为中心不动摇。始终坚持把发展作为第一要务，坚持以发展为大，紧紧扭住经济建设这个中心不动摇，自觉服从和服务于经济建设这个中心，自觉服从和服务于发展这个最大的政治、最大的大局。市委常委会各方面的工作都要紧紧围绕加快醴陵发展这个最大的政治，集中精力面向经济建设主战场，切实找准工作定位，发挥自身作用，真正做到心系发展、支持发展、服务发展，凝聚起全市各方面的力量，聚精会神搞建设，一心一意谋发展。

5. 打造发展升级版，建好湖南东大门。切实把握醴陵所处的历史方位和发展阶段的新特征，顺应全市人民的新期待，深入贯彻落实省委“三量齐升、四化两型、五个发展”和株洲市委“三个率先”的战略部署，紧扣“新创业、新醴陵”的总目标，大力强化工业强市、城镇带动、环境保障“三大战略支撑”，突出深化改革、突出市场融资、突出征地拆迁、突出项目建设、突出社会管理，全面拉开“一城三片区”“一心六组团”“一环三纵横”建设，推动醴陵经济转型升级，打造发展升级版，建好湖南东大门。

6. 着力提高领导科学发展的能力。把提高领导科学发展的能力作为提高执政能力的首要任务。要树立强烈的机遇意识，增强知识恐慌、本领恐慌、能力恐慌意识，加强学习，勤奋学习，注重研究和把握科学发展规律，学习和掌握科学发展方法，以只争朝夕的紧迫感抢抓机遇，加快发展。要树立强烈的忧患意识，时刻保持清醒的头脑，科学分析、准确把握、积极应对发展中的新情况、新问题、新挑战，努力克难攻坚、开拓进取。要树立强烈的创新意识，自觉把中央、省委、株洲市委精神同醴陵实际紧密结合起来，创造性地开展工作。要进一步解放思想，大力弘扬创新创业创优精神，全面推动观念创新、体制创新、机制创新、政策创新和管理创新，以创新精神解决新情况新问题，坚决破除一切阻碍醴陵发展的思想观念和体制机制弊端，以更大的勇气和魄力，推进改革开放，做到改革不停步，开放不止步，以改革破解难题，以开放聚集优势，以创新提升素质，坚定不移地走具有醴陵特色的科学发展之路。

7. 坚定不移深化改革。要以改革统揽全局，向改革要“红利”。要突破重点，集中体现在经济体制改革和转变政府职能改革两方面。要掌握节奏，既要大胆探索，又要审慎稳妥，做到蹄疾而步稳。要立足当前，从最紧迫事项、最期盼领域、最突出问题改起，力求尽快取得实效、看到变化。按照“能简则简、能省则省、能并则并”的原则，深化行政审批制度改革，确保审批事项100%进入市政务大厅；启动市民服务中心建设。坚持“资源资产化、资产资本化、资本证券化”理念，推进投融资体制改革，整合现有平台公司，重组成立渌江投资控股集团。创新征地拆迁模式，推行农民福利计划，真正实现土地变股份，农民变股民，农村变城市，让农民享受改革发展成果。推进项目建设体制改革，落实“权力下放、任务下沉、人员下移、利益下得”机制，调动基层干事积极性。按照“运作市场化、作业精细化、管理网格化、考核常态化”思路，将清扫保洁、灯饰维护、物业管理等城市管理事务全面推向市场，推进城市管理体制改革。稳妥推进农村经济体制改革，启动农村土地承包经营权确权登记颁证试点工作，赋予农民更多财产权利。

三、践行宗旨，一心为民

8. 坚持走群众路线。要始终把人民放在心中最高位置，把人民群众对美好生活的向往作为奋斗目标，把群众呼声作为第一信号，把群众满意作为第一标准，真正解决好“为了谁、依靠谁、我是谁”的问题，抓一批群众反映强烈的热点问题，竭尽全力为全市人民办实事、解难事、做好事，积极为全市人民谋福祉。要站稳群众立场，增强群众观念，真正在感情上贴近群众，时刻把群众的冷暖安危放在心上。对群众的疾苦，绝不能麻木不仁；对群众的利益，绝不能漠视不顾；对群众的呼声，绝不能置若罔闻；对损害群众合法权益的失职渎职和违法违纪行为，绝不能姑息迁就。要坚持问政于民、问需于民、问计于民，充分调动人民群众的积极性和创造性，从人民群众中吸取智慧和力量，使常委会的各项工作获得广泛的群众基础和力量源泉。深入开展以“为民务实清廉”为主题的党的群众路线教育实践活动，坚持“按照标准改，兑现承诺改，雷厉风行改，整章建制改”的原则，突出抓好整改落实和建章立制环节的工作，切实提高做好新形势下群众工作的能力。

9. 切实保障和改善民生。坚持以民生为重、民生为先，在加快发展的基础上，不断提高全市人民的生活水平。下大力气解决人民群众在就业、就学、住房、医疗、社保等方面的实际困难，让全市人民劳有所得、学有所教、病有所医、住有所居、老有所养、弱有所护。要高度关心困难群众、弱势群体和贫困地区的生产生活，维护社会的公平正义，让发展成果更多更公平地惠及全市人民，不断提高全市人民的生活质量和幸福指数。

10．健全群众工作制度。进一步建立健全党员干部直接联系群众的相关配套制度，始终保持党员干部同人民群众的血肉联系。市委常委坚持每月接访日活动，进一步明确党政主要领导信访包案责任制，处理信访积案问题。继续推行市级领导“七个一”联系活动，即联系一个乡镇（街道）、联系一个村（社区）、联系一个（批）重点项目、联系一家企业、联系一个“三创”点、联系一所学校、帮扶一户特困户，每年深入联系点不少于2次。完善常委会成员基层蹲点调研制度，常委会成员每年至少进行1次为期3天的“驻村蹲点”，直接倾听群众呼声，了解利益诉求，发现和化解矛盾，帮助群众解决实际问题。

四、加强和创新社会管理，维护社会和谐稳定

11．坚决落实维护稳定第一责任。认真分析把握新形势下稳定工作的特点和规律，正确处理好改革、发展、稳定三者关系，深入推进平安醴陵建设，不断增强维护社会稳定的能力。带头落实维护稳定责任制和责任追究制，健全重大涉稳问题市委常委分工负责制度，协调解决影响社会稳定的突出矛盾和问题。全面实行重大项目决策前社会稳定风险评估机制，加快构建社会矛盾纠纷预防化解工作体系，着力强化源头预防、排查调处、稳控化解、应急处置、督促检查工作机制。切实抓好安全生产和监督管理责任落实，坚决防范和遏制重特大事故发生，确保社会和谐安定。

12．提升社会管理能力。深入开展“连心解困·大走访”活动，强化基层，夯实基础，努力推进社会管理创新，培育公序良俗。加强对新形势下社会管理工作的分析研究，加快形成党委领导、政府负责、社会协同、公众参与、法治保障的社会管理格局。完善社会管理的统筹协调机制、政策创新机制、投入保障机制、综合服务机制和监督考核机制。高度重视基层基础工作，促进社会管理重心下移。牢牢把握正确的舆论导向，规范和加强网络虚拟社会管理，认真做好各类社会热点问题和重大公共突发事件的新闻报道和舆论引导，不断提高舆情处置的及时性和有效性。

13．加快推进法治醴陵建设。带头增强法律意识和法治观念，把法治醴陵建设摆在更加突出的位置，作为一项重要工作来抓。不断提高运用法治思维和法治方式深化改革、推动发展、化解矛盾、维护稳定的能力，全面推进政治、经济、文化、社会和生态领域的法治化进程，引导全市上下自觉维护宪法、法律的权威和尊严，做到依法决策、依法行政、依法办事。通过法治维护人民群众的合法权益，维护经济社会发展的良好秩序，维护全市的和谐稳定。

五、认真贯彻民主集中制，提高科学民主决策水平

14．充分发挥领导核心作用。坚持总揽全局、协调各方的原则，管全局、把方向、谋大事、抓关键，从思想上、政治上、组织上加强对全市工作的领导，不断提高科学执政、民主执政和依法执政的水平。坚持党的领导、人民当家做主和依法治国的有机统一，不断改革和完善党的领导方式和执政方式，进一步从制度上、程序上规范市委与人大、政府、政协、司法机关以及人民团体的关系。发挥市委的领导核心作用，支持市人大及其常委会依法行使职权，支持市政府履行法定职责、依法行政，支持市政协围绕团结和民主两大主题履行职能，支持市人武部履行职能使命、推进国防后备力量建设，支持审判机关和检察机关依法独立公正行使审判权和检察权，支持工会、共青团和妇联等人民团体依照法律和各自的章程开展工作。

15．推进科学、民主、依法决策。改革和完善党委的决策机制，严格遵守《醴陵市委常委会议事规则》及“十个不准”规定，严格执行集体领导、民主集中、个别酝酿、会议决定的党委内部议事和决策的基本制度，进一步完善市委常委会的议事决策机制和程序，充分发扬党内民主，集思广益、科学决策、民主决策、集体决策，不搞独断专行，不允许个人凌驾于组织之上。发挥市委常委会对重大问题的决策作用，凡重大问题都要广泛听取意见，协商于决策之前，通过集体讨论决定，坚决防止和克服违反民主集中制的个人独断专行和软弱涣散的现象。对涉及经济社会发展全局的重大事项，广泛征求意见，充分进行协商协调，认真开展合法性论证；对专业性、技术性较强的重大事项，认真组织专家论证、技术咨询、决策评估，进行多方案比较决策；对与群众利益密切相关的决策和重大民生决策，实行公示听证制度，扩大人民群众的参与。加强市委的决策咨询工作，建立健全人民群众参与决策机制、人民意志表达机制、决策信息反馈机制、重大事项公示和听证机制等，推动各种渠道之间的民主交流，做到没有经过调查研究的不决策，没有经过充分咨询论证的不决策。进一步健全集体领导与个人分工负责的制度，常委会成员要积极参与集体领导，关心全局工作，切实抓好分管工作，认真执行集体作出的决策。

16．树立正确的用人导向。按照信念坚定、为民服务、勤政务实、敢于担当、清正廉洁的“好干部”标准，着力加强领导班子和干部队伍建设。进一步规范干部选拔任用工作，抓好已出台的市管干部选拔任用流程、个别提拔任职考察、破格提拔、竞争性选拔、加强和规范事业单位公开招聘工作等文件规定的贯彻实施。健全目标考核体系，完善“三结合三为主”的考察办法（集中考察与常态考察相结合，以常态考察为主；日常工作考察与重点工作考察相结合，以重点工作考察为主；年度工作考核与年底政绩考核相结合，以政绩考核为主），综合运用民主测评、民意调查、实绩分析、个别谈话、综合评价等方法，全面考察干部综合素质，大力提拔重用谋划发展有思路、开拓创新有实效、推进项目有业绩、稳定安全有办法、忠职担责有勇气、攻坚克难有突破、务实干事有激情、扎根基层有耐心、不事张扬有贡献、团结协作有胸怀的“十类人才”，真正让讲大局的干部受器重、敢担当的干部担大任、有本事的干部有舞台、肯吃苦的干部会吃香。建立健全市直机关职能股室干部（中层干部）交流制度，制定和完善科级领导班子及科级领导干部绩效考核制度、干部人事工作纪律制度。自觉遵守党的组织人事纪律和政治纪律，按照领导职数和选拔程序，把好领导干部选拔任用关。

六、坚持求实、务实、落实，切实改进工作作风

17. 着力改进工作作风。常委会成员以身作则、率先垂范，坚决贯彻执行中央、省委、株洲市委和醴陵市委关于改进工作作风、密切联系群众的规定，切实改进调查研究，精简会议活动和文件简报，改进新闻报道，规范出访活动，加强督促检查，坚决防止和克服形式主义、官僚主义、享乐主义和奢靡之风。强化廉洁自律意识，加大党风廉政建设工作力度，研究制定整治公款送礼、公款吃喝、公车私用、奢侈消费等行为的具体办法；重点整治行政执法中作风粗暴、滥用职权行为；查处搞暗箱操作、权力寻租等行为。大兴艰苦奋斗之风，始终牢记“两个务必”，树立过“紧日子”的思想，5年内全市党政机关一律停止新建、扩建、迁建和购置楼堂馆所，突出抓好对存在问题楼堂馆所相关项目的整改并追究相关人员的责任。建立健全《醴陵市党政机关公务接待管理实施细则》，切实规范公务接待，严格公务接待标准，严格控制接待经费支出，坚持勤俭办一切事情，带头反对铺张浪费和大手大脚。切实加强乡镇干部队伍作风建设，着力解决干部“走读”现象。建立和完善乡镇干部住宿、值班、请销假、走访恳谈、民情日记、民情台账、一人学一技、工作考核等制度和乡镇干部“走读”问责制度，由相关部门开展不定期明察暗访，加大对“走读”行为的惩处问责力度，形成乡镇干部“驻乡”长效机制，让乡镇干部变“走读干部”为“住读干部”，真正静下心来，把根扎在基层，把心思放在谋划发展上，把精力放在干事创业为民服务上。深入开展“优环境、提效能、促升级”专项活动，切实整治“庸懒散拖”现象和行政审批程序不合规，全力整治“门难进、脸难看、事难办”，严肃查处“上有政策、下有对策”的人和事，提高行政效能，优化发展环境，以作风大转变促进发展大升级。进一步改革和完善突出科学发展导向的年度绩效考核制度和工作目标，建立不唯GDP的发展成果考核评价体系，促进各级领导干部树立正确的政绩观，推动经济社会科学发展。

18. 带头真抓实干。坚持实事求是，真抓实干，做到察实情、讲实话、鼓实劲、出实招、办实事，以奋发有为的精神状态谋发展，潜心谋事、扎实干事、用心成事，以踏石留印、抓铁有痕的劲头抓工作，以“钉钉子”的精神抓落实。常委会成员对各自分管的工作，要敢抓敢管，敢于担当，敢于碰硬，积极主动地解决复杂矛盾和问题。市委常委会对看准了的事要果敢大胆决策，定下的事要雷厉风行，抓紧实施，部署的工作要一抓到底，务求实效。常委会成员对急难险重的任务要身先士卒、靠前指挥，关键的时候要勇于担当。要把工作激情和工作规律结合起来，既不懈怠，又不蛮干，善于底线思维，统筹当前长远，抓一批事关醴陵经济社会发展全局的重大课题，多做打基础、利长远，增后劲、惠民生的实事，真正经得起实践、群众和历史的检验。要加强执行力建设，对安排部署的各项工作，都要一项一项地分解落实，抓好工作调度和指导，确保每项工作落到实处，求得实效。

19. 深入调查研究。完善常委会成员调查研究制度，每位常委到基层调研每年不少于30天，每年都要确定1－2个事关改革发展稳定全局的重大课题，深入调查研究，全面摸清情况，拿出有分量的调研报告，提出建设性意见和建议，为市委重大决策提供参考。坚持理论联系实践，指导实践，推动工作，把学习理论与贯彻中央、省委、株洲市委和醴陵市委各项重大决策部署相结合，与“打造发展升级版、建好湖南东大门”相结合，增强发展使命感、紧迫感和责任感，提高决策能力和指导实际工作的水平。

七、精诚团结，增强班子凝聚力和战斗力

20. 切实维护领导班子团结。倍加珍惜、精诚维护班子团结，带头遵守常委会建设的有关规定，着力营造团结和谐、风清气正、心齐气顺干事创业的浓厚氛围。常委会成员之间要加强沟通协调，分工不分家，大事讲原则，小事讲风格，相互尊重，相互理解，相互支持，相互配合，遇事多商量，多担待，相互多补台，切实做到思想上齐心、行动上合力，带动市几大家班子之间、上下级之间、党群干群之间的大团结，努力创造“既有集中又有民主，既有纪律又有自由，既有统一意志又有个人心情舒畅的那样一种生动活泼的政治局面”。

21. 健全组织生活，加强沟通交流。坚持民主生活会制度、谈心交心制度，积极开展批评和自我批评，营造党内不同意见平等讨论的环境。坚持和完善谈心谈话制度，每年市委书记与常委会成员、常委会成员之间谈心谈话不少于2次；市委书记同下一级党政领导班子主要负责同志谈话每年至少1次，其他常委会成员同所分管部门的领导班子主要负责同志谈话每年至少2次。

22. 不断加强基层党组织建设。坚决履行党要管党、从严治党的政治责任，切实抓好基层党组织建设和基层党员干部队伍建设。加强基层党组织书记队伍建设；深化在职党员进社区工作；实现乡镇（街道）、村（社区）服务中心和村（社区）活动场所全覆盖；进一步提高村（社区）党组织运转经费标准；巩固提高村（社区）干部待遇和解决村（社区）干部出路问题；重点打造一批市级和基层党建示范点；整顿一批软弱涣散、后进基层党组织，充分发挥党组织的战斗堡垒作用和党员的先锋模范作用。选优训强基层组织带头人，增强基层党员干部带动一方、影响一方、致富一方的能力。

八、秉公用权，确保清正廉洁

23. 自觉做廉洁从政的表率。把清廉作为从政的第一操守，作为为官做人的根本。常委会成员带头做廉洁从政的表率，严格遵守廉政准则和廉洁自律的各项规定，常存敬畏之念，敬畏人心、敬畏权力、敬畏法纪、敬畏人民，时刻警醒自己，坚守做人、处事、用权、交友的底线。要正确行使权力，决不允许把手中的权力当作谋取私利和为少数人谋利的工具。要保持高尚的精神追求，培养健康的生活情趣，慎重对待朋友交往，近贤者，远小人，始终做到自重、自省、自警、自励。

24. 扎实做好党风廉政建设和反腐败工作。进一步健全对权力运行的监督和制约机制，严格“按制度办事、靠制度管人、用制度防腐”。坚持标本兼治、综合治理，惩防并举、注重预防，健全教育、制度、监督并重的惩治和预防腐败体系，形成不敢腐的惩戒机制、不能腐的防范机制、不易腐的保障机制。制定醴陵市优化经济发展环境十条禁止性规定、醴陵市作风建设情况报告通报制度和醴陵市党政机关工作人员作风问责暂行办法，加强领导干部任期经济审计，从根本上有效遏制权力滥用和腐败现象。建立健全群众测评制度，把群众的标准作为考核党员干部德能勤绩的重要依据，把群众工作状况作为考核的重要内容，切实把权力关进制度的笼子。常委会成员带头落实党风廉政建设“一岗双责”制度，自觉承担起推进反腐倡廉的政治责任和领导责任。坚决不搞特权，不违反组织人事纪律，不干预工程招投标、经营性土地使用权出让、房地产开发等市场活动，不收取礼金、有价证券和贵重物品，不干预司法机关公正司法，不个人决定人事、财政、编制等重大事项，不利用职权为配偶、子女、亲友以及身边工作人员谋取私利。

25. 主动接受社会各界监督。进一步完善监督制度，自觉接受党内监督、群众监督、民主监督和舆论监督，牢固树立法律面前人人平等、制度面前没有特权、制度约束没有例外的观念。认真落实民主生活会和双重组织生活制度，严格执行党员领导干部报告个人有关事项、述职述廉等制度，在监督下开展工作，让权力在阳光下运行，确保干部清正、政府清廉、政治清明。

中共醴陵市委

2014年10月21日

(此件发至各乡镇、街道，长庆示范区，市直各单位，驻醴各单位)

中共醴陵市委
关于印发《党委(党组)贯彻执行民主集中制的实施办法(试行)》的通知

醴发〔2014〕11号

各乡镇党委，各街道党工委，长庆示范区党工委，市直各单位、驻醴各单位党组织：

现将《党委(党组)贯彻执行民主集中制的实施办法(试行)》印发给你们，请结合实际，认真贯彻执行。

中共醴陵市委

2014年10月21日

党委(党组)贯彻执行民主集中制的实施办法(试行)

第一章 总则

第一条 为进一步加强全市各级党委(党组)民主集中制建设，根据《中国共产党章程》《中国共产党地方委员会工作条例(试行)》《中国共产党党内监督条例(试行)》《中共湖南省委关于党委(党组)贯彻执行民主集中制的基本规则(试行)》及有关规定，结合我市实际，制定本办法。

第二条 民主集中制是党的根本组织制度和领导制度，是领导班子的根本工作制度。民主集中制的本质是民主基础上的集中和集中指导下的民主相结合，民主和集中辩证统一、不可分割。

第二章 基本要求

第三条 党委(党组)贯彻执行民主集中制的基本要求是：

(一)坚决维护中央权威。严格遵守党员个人服从党的组织、少数服从多数、下级组织服从上级组织、全党各个组织和全体党员服从党的全国代表大会和中央委员会的基本原则，自觉在思想上、政治上、行动上与党中央保持高度一致，坚决维护中央权威，坚决贯彻中央和省委、株洲市委和市委的决策部署，确保政令畅通。

（二）自觉坚持集体领导。严格执行集体领导和个人分工负责相结合的制度，凡属重大问题都要按照集体领导、民主集中、个别酝酿、会议决定的原则，由党委（党组）集体研究决定。领导班子每一位成员都要积极参与集体领导，自觉服从集体决定。

（三）严格按规则程序办事。党委（党组）决定重大问题，必须召开正式会议充分讨论，按照少数服从多数的原则有效表决，不得以文件圈阅、个别征求意见、现场办公会等形式来代替，不能个人或者少数人说了算，不能随意简化或者变通决策程序。

（四）充分发扬党内民主。发扬党内民主，充分体现广大党员干部的意志和愿望，为实行正确集中打下坚实基础。认真落实党代表大会代表任期制，更好地发挥党代表作用；积极推行党务公开，建立健全情况通报和社情民意反映制度，促进权力运行公开透明；扩大干部工作中的民主，提高选人用人公信度；坚持民主生活会制度，用好批评与自我批评武器，增强领导班子解决自身问题的能力。

（五）切实提高决策水平。党委（党组）议事决策，必须坚持以人为本、执政为民，始终把人民利益放在第一位，切实做到为民、务实、清廉。必须坚持从群众中来到群众中去，深入调研论证，广泛集中民智，充分酝酿讨论，切实加强对决策事项的合法性、合规性审查，努力实现科学决策、民主决策、依法决策。

第三章 决策范围

第四条 党委（党组）按照民主集中制原则议事决策，主要事项范围是：

（一）贯彻落实党的路线方针政策、党和国家重要法律法规以及上级党组织的重大决策、重要工作部署的意见和措施；

（二）经济建设、政治建设、文化建设、社会建设和生态文明建设以及体制机制改革、规划编制调整等方面的重要问题；

（三）党的建设特别是干部任免、奖惩，以及党风廉政建设方面的重要问题；

（四）涉及干部群众切身利益的重要事项；

（五）关系社会大局稳定的重要问题；

（六）职责范围内的其他重要事项。

全市各级党委（党组）应当根据自身实际情况，科学合理地确定应当由党委（党组）集体研究决定的重大事项具体内容。

第四章 决策程序

第五条 党委（党组）按照民主集中制原则议事决策，主要过程分为 3 个阶段、10 个步骤：

（一）会前准备阶段

1. 提出议题。议题由有关牵头部门以书面形式提出，经分管领导同意后，按照程序报党委（党组）书记审定。党委（党组）书记应当对议题严格把关。

2. 调研论证。议题确定后，党委（党组）应当明确有关领导和部门深入调查研究，广泛听取意见，必要时举办咨询会、论证会或者听证会，进行科学分析论证，开展决策风险评估。

3. 拟订方案。有关部门根据调研论证情况，拟定具体方案，必要时应当提出 2 个以上可供比较的方案。

4. 会前酝酿。对拟提交会议研究的议题方案，必要时，会前应当征求下级党组织和有关方面的意见，再由党委（党组）书记与有关班子成员进行酝酿，或者由书记委托有关班子成员进行酝酿，但会前酝酿不得以任何形式代替党委（党组）会议决定。

5. 会议通知。会议召开的时间、议题，一般应当在会议召开前 1–2 天通知到与会人员，议题材料应当同时送达。与会人员应当认真做好参会准备。

（二）会中决策阶段

6. 会议讨论。召开会议必须符合规定人数，应当按照规定议题和议程进行。因故未能到会的同志可用书面形式表达意见，但书面意见不得计入表决票数。会议根据需要可以邀请有关人员或者代表列席。讨论之前由议题提出部门作情况说明，然后由与会人员充分发表意见，党委（党组）书记应当末位表态，综合各方面意见提出建议方案，提请会议表决。

7. 会议表决。表决可以根据讨论事项的不同内容，分别采取口头表决、举手表决或者投票表决的方式进行，以赞成票超过应到会人员的半数为通过。会议决定多个事项的，应当逐项表决。对意见分歧较大的议题，除了在紧急情况下必须按多数意见执行外，应当暂缓作出决定，待进一步调查研究、交换意见后，提交下次会议表决。对会议讨论和决定的事项应当及时形成会议纪要。

（三）会后实施阶段

8. 组织实施。对会议决定的事项，党委（党组）按照分工负责组织实施，党委（党组）书记对组织实施工作负总责，有关责任领导和部门应当周密制定执行方案，抓好贯彻落实。

9. 监督检查。党委（党组）应当明确专门机构跟踪督办决策执行落实情况。除依法依规应当保密的外，决策执行落实情况应当在相应范围内公开，接受社会监督。

10. 调整完善。党委（党组）应当及时了解掌握决策实施过程中的新情况、新问题，必要时可以按照程序对有关具体事项予以适当调整完善，确保决策顺利实施。

讨论决定干部任免事项，应当严格执行《党政领导干部选拔任用工作条例》以及有关规定。

如遇突发事件或者抢险救灾等紧急情况，来不及召开会议集体决策的，党委（党组）书记事后应当及时向领导班子其他成员通报。

第五章 决策配套制度

第六条 党委（党组）按照民主集中制原则议事决策，应当建立健全以下配套制度：

（一）重大决策调研和咨询论证制度。对重大事项，决策之前应当进行充分调查研究，其中对涉及群众切身利益或者专业性、技术性强的事项应当进行充分咨询、论证或者听证，并形成报告一并提交会议进行讨论。

（二）重大决策风险评估制度。对重大事项，决策之前应当开展风险评估，预测风险系数，制定应对预案，为科学决策提供准确依据。

（三）决策全程纪实制度。对决策过程中的具体情况，特别是领导班子成员的发言内容、表决意见等，应当全部如实记录。

（四）决策事项督办制度。对党委（党组）研究决定的事项，应当明确专人和专门机构进行跟踪督办，确保决策落实到位。

（五）责任追究制度。对违反民主集中制原则和议事决策规则，或者程序合法但决策失误，造成严重后果的，应当根据有关规定严肃追究相应责任。

各级党委（党组）应当根据议事决策的需要，按照有效管用、简便易行的原则，加强制度创新，建立健全议事决策配套制度。

第六章 党委（党组）书记、成员的责任

第七条 党委（党组）书记应当在领导班子贯彻执行民主集中制中以身作则，发挥表率作用。应当带头坚持集体领导的原则，自觉置身集体领导之下，不擅自决定重大问题；带头发扬党内民主，正确对待不同意见，不独断专行，不搞“一言堂”；带头实行正确的集中，在集思广益的基础上果断决策，防止议而不决、决而不行；带头执行规章制度，自觉接受上级组织、党员干部和群众的批评与监督；带头维护班子团结，善于发现和解决苗头性问题，促进领导班子健康有序运转。

第八条 党委（党组）书记应当切实履行抓班子带队伍的责任，加强对领导班子成员贯彻执行民主集中制的监督。应当支持领导班子成员在职责范围内独立负责地开展工作，注重教育引导和建章立制，督促领导班子成员熟悉民主集中制的规则，掌握民主集中制的方法，增强贯彻执行民主集中制的自觉性；严格党内生活，积极开展批评与自我批评，促进党性基础上的团结；坚持原则，对违反民主集中制的行为敢于批评纠正。

第九条 党委（党组）成员应当认真履职尽责，在贯彻执行民主集中制中发挥积极作用。应当积极参与集体领导，按照集体决定与分工履行职责；坚持从大局出发，维护集体权威，对集体决定如有不同意见，在坚决执行的前提下可以保留，也可以向上级党组织报告，但不得公开发表违背集体决定的意见，不得在行动上违背集体决定；自觉服从党委（党组）书记的领导，积极支持党委（党组）书记的工作，自觉接受党委（党组）书记对自己分管工作的检查、督促；领导班子成员之间应当密切配合，相互支持，形成工作合力。

第七章 监督检查

第十条 上级党委（党组）以及纪检监察机关、组织人事部门，负责对所管辖领导班子及其成员贯彻执行民主集中制情况进行检查指导和考核评估。领导班子中分管纪检监察、组织人事工作的成员，协助党委（党组）书记对所在领导班子贯彻执行民主集中制的情况进行监督和把关。

第十一条 监督检查的重点对象是各级领导班子和党委（党组）书记。监督检查的重点内容包括：

（一）贯彻落实中央、省委、株洲市委和市委重大决策部署的情况；

（二）建立健全议事规则和决策程序的情况；

（三）坚持集体领导和按规则程序进行重大决策的情况；

（四）党委（党组）书记科学、民主、依法决策的情况；

（五）重大决策执行落实的情况；

（六）干部选拔任用的情况；

（七）发扬党内民主，保障党员民主权利的情况；

（八）对决策失误、工作失职、用人失察等问题进行追责的情况。

第十二条 党委（党组）领导班子及其成员每年应当就贯彻执行民主集中制情况进行一次自查，自查情况应当作为民主生活会和年度工作总结的重要内容，接受干部群众评议。领导班子自查情况应当向上级党委（党组）报告。

第十三条 党委（党组）以及纪检监察机关、组织人事部门，每年应当对领导班子及其成员贯彻执行民主集中制情况进行一次检查考核，一般与年度考核、领导班子考察、党风廉政建设责任制考核一并进行，必要时单独进行。检查考核主要采取民主评议、民主测评、个别谈话、查阅会议记录等方式进行，其中民主测评分为“好”“较好”“一般”“差”4个等次。检查考核结果应当适时通报，并作为奖励惩处、选拔任用的重要参考。

第十四条 在贯彻执行民主集中制检查考核中，对领导班子民主测评得“差”票超过三分之一、经组织核实确有问题的，应当将党委（党组）书记调离现岗位或者改任副职、领导班子成员中有关责任人调离现岗位或者改任非领导职务；党委（党组）书记民主测评得“差”票超过三分之一、经组织核实确有问题的，应当调离现岗位或者改任副职；领导班子成员民主测评得“差”票超过三分之一、经组织核实确有问题的，应当调离现岗位或者改任非领导职务。

第十五条 党委（党组）书记违反民主集中制原则，造成决策失误，产生重大损失或者恶劣影响的；领导班子成员不执行集体决定，不按集体决定和分

工履行职责，造成重大损失或者恶劣影响的，依据《中国共产党纪律处分条例》《关于实行党政领导干部问责的暂行规定》等严肃追究责任。

第八章 附则

第十六条 本办法由市委组织部负责解释。

第十七条 本办法自发布之日起施行。

中共醴陵市委 关于印发《中共醴陵市委“三重一大”事项集体决策办法（试行）》的通知

醴发〔2014〕12号

各乡镇党委，各街道党工委，长庆示范区党工委，市直各单位、驻醴各单位党组织：

现将《中共醴陵市委“三重一大”事项集体决策办法（试行）》印发给你们，请遵照执行。

中共醴陵市委

2014年11月12日

中共醴陵市委 “三重一大”事项集体决策办法（试行）

为严格执行民主集中制，进一步规范决策行为，提高决策水平，防范决策风险，实现市委重大事项决策、重要干部（人事）任免、重大项目安排和大额度资金使用（简称“三重一大”）事项决策的科学化、规范化、制度化，根据《中国共产党党内监督条例（试行）》《党政领导干部选拔任用条例》《中共中央办公厅印发〈关于党的基层组织实行党务公开的意见〉的通知》《中共湖南省委办公厅关于党委（党组）领导班子贯彻落实“三重一大”事项集体决策制度的若干意见》等文件精神，结合我市实际，制定本办法。

一、重大事项决策

（一）贯彻落实党的路线方针政策、党和国家重要法律法规以及上级重大决策、重要工作部署的意见和措施；全市党的建设重大事项；本区域的发展方向、实施方针，由市委常委会研究决定。

（二）涉及全局性的机制、体制、制度改革以及机构编制设置、调整，由市委常委会研究决定。

（三）全市的经济社会发展中长期规划编制、年度发展计划制定；重大建设项目、重大投资项目、重大活动安排；大宗国有资产、物资的采购和处置；国有资产权重大变更和国有企业改组改制的重要政策；重大公共应急预案的制定及调整；土地总体规划、城市总体规划的编制和调整等重大事项，由市政府常务会研究提出意见，提交市委常委会研究决定。

（四）年度财政预算的编制及调整，由市政府常务会讨论后，提交市委常委会研究，并按程序提请市人民代表大会审查批准。

（五）涉及全局的重大维稳事件处置，由相关职能部门提出建议处理方案，提交市委常委会审定；如遇紧急突发情况，市委书记可临机处置，事后再向其他常委通报。

（六）国有资产、债权债务的处置，重大经济合同的签订等重大事项，由市政府常务会研究后报市委书记，由市委书记视情况，决定是否需要召开市委常委会研究决定，对不召开市委常委会决定事项，由市委书记向其他常委通报情况。

（七）特别重大事项需经市委全委会研究决定。

（八）支持人大及其常委会依法讨论、决定本行政区域内各方面工作的重大事项，特别是关系国计民生和涉及全局的、根本的、长远的事项，以及人民群众普遍关心，迫切需要解决的问题。

二、重要干部（人事）任免

（一）市委管理干部的任免、调整、交流，由市委组织部提出原则意见，进行组织考察，拟定初步方案，经市委组织部部务会讨论，征求市纪检监察机关的意见后，提交市委书记、市长、市委副书记、市纪委书记、市委组织部部长“五人小组”会议讨论，再提交市委常委会研究决定。

（二）市委后备干部人选的确定，由市委组织部考察，提出建议方案，并征求市纪检监察机关的意见，报市委书记审定后，提交市委常委会研究决定。

（三）公开招考副科级以上干部，由市委组织部提出建议方案，提交市委常委会研究决定。公开招考副科及以上干部的任命，按干部任免程序确定。

（四）市委管理干部因违法违纪需要立案查处的，按《中国共产党纪律检查机关案件检查工作条例》及上级有关规定执行。

三、重大项目安排

（一）年度重大项目的安排，包括列入上级、市本级重点工程建设项目，由相关部门根据全市经济社会发展规划，提出建议方案，经分管副市长、市长审核后，由市政府常务会研究，提交市委常委会研究决定。

（二）政府部门和政府平台公司实施的重大建设项目或融资担保，以及年中增加或设计变更的建设项目，由市政府常务会研究，报市委书记或报市委常委会研究决定。

（三）旧城区改造项目，由市发改、房产、住建、规划等相关职能部门提出改造方案，由市政府常务会研究后，提交市委常委会研究决定。

（四）政府重大投资项目的规划设计、融资方式和运作模式，由市政府牵头组织市发改、财政、规划、国土、城投、国投等相关职能部门提出方案，由市政府常务会研究后，提交市委常委会研究决定。

（五）其他重大活动安排，包括文化、体育、旅游等重大活动和节庆活动，由市政府常务会研究后，提交市委常委会研究决定。

四、大额度资金使用

（一）年度财政收支预算，由市财政部门编制年度预算草案，由市政府常务会研究后，提交市委常委会研究，按程序提请市人民代表大会审查批准。

（二）年底财政收支预算调整方案，由市财政部门制定收支预算调整草案，市政府审查后提交市委常委会研究，再按程序提交市人大常委会审查批准。

（三）未列入年度财政预算的临时性投资项目或公共性资金安排，需要以国有资产抵押的大额度贷款与融资，较大额度资金处置、经济和社会矛盾纠纷、防汛救灾除险等事项，由市政府常务会研究后，提交市委常委会研究决定，需要提请市人大常委会审查批准的，按有关程序办理。

（四）预算外大额度资金的支出，由市政府常务会研究提出建议，提交市委常委会研究决定。

（五）大额度资金的物资购置、资金调度方案的变更、政府部门和政府平台公司资金的使用、上级专项资金的支出等，由市政府常务会研究提出意见，提交市委常委会研究决定。

五、执行要求与责任追究

（一）“三重一大”事项决策前应广泛调查研究、充分听取各方面的意见，对专业性、技术性强的事项，应进行专家论证、技术咨询、决策风险评估等，对与人民群众利益密切相关的事项，应实行听证和公示，也可通过新闻媒体、网络等向社会征求意见。

（二）建立“三重一大”事项通报制度，凡“三重一大”事项集体决策前应当征求市人大、市政协的意见，决策的结果应当向市人大、市政协进行通报。

（三）“三重一大”监督检查工作，实行市委统一领导、党政齐抓共管、部门各负其责的领导体制和工作机制。市纪委（监察局）承担“三重一大”事项的日常监督工作。

（四）“三重一大”事项的会议决策应形成会议决定，并以书面形式通知相关单位，执行决策的牵头领导和单位负责人应及时向市委、市政府报告决策的执行进度和落实情况，并作为班子民主生活会和述职述廉的重要内容，特别重要的情况还应向市委、市人大、市政府、市政协报告。

（五）个人对集体决策有不同意见的，可以保留，但在没有作出新的决策前，应无条件执行。同时，可按组织程序向上级组织报告。

（六）“三重一大”事项的决策、执行情况应报告而未报告，以及未按程序决策、决策执行不力或错误执行并造成严重后果的，根据《关于实行党风廉政建设责任制的规定》《中国共产党纪律处分条例》《行政机关公务员处分条例》《关于实行党政领导干部问责的暂行规定》等，严格实行责任追究。

六、附则

（一）各乡镇（街道、长庆示范区）、经开区、市直各单位参照本办法根据各自实际制定本部门本单位“三重一大”事项集体决策办法。

（二）本办法由市纪委、市委组织部负责解释。

（三）本办法自印发之日起施行。

中共醴陵市委办公室 醴陵市人民政府办公室印发《醴陵市关于分类推进事业单位改革的实施意见》的通知

醴办发〔2014〕12号

各乡镇党委、人民政府，各街道党工委、办事处，长庆示范区党工委、管委会，市直各单位，驻醴各单位：

市编办报来的《醴陵市关于分类推进事业单位改革的实施意见》已经市委、市人民政府同意，现印发给你们，请结合实际认真贯彻执行。

中共醴陵市委办公室
醴陵市人民政府办公室
2014年4月13日

醴陵市关于分类推进事业单位改革的实施意见

根据《中共中央国务院关于分类推进事业单位改革的指导意见》（中发〔2011〕5号）、《中共中央办公厅国务院办公厅印发〈关于进一步深化事业单位人事制度改革的意见〉的通知》（中办发〔2011〕28号）、《国务院办公厅关于印发分类推进事业单位改革配套文件的通知》（国办发〔2011〕37号）、《中共湖南省委湖南省人民政府关于分类推进事业单位改革的实施意见》（湘发〔2013〕8号）、《中共湖南省委办公厅湖南省人民政府办公厅关于印发分类推进事业单位改革配套文件的通知》（湘办〔2013〕53号）等文件精神，经市委、市人民政府同意，现就我市分类推进事业单位改革提出如下实施意见。

一、指导思想、基本原则和总体目标

（一）指导思想。高举中国特色社会主义伟大旗帜，以邓小平理论、"三个代表"重要思想、科学发展观为指导，深入贯彻落实党的十八大精神，按照政事分开、事企分开和管办分离的要求，以促进公益事业发展为目的，以科学分类为基础，以深化体制机制改革为核心，分类推进事业单位改革，进一步增强事业单位活力，不断满足人民群众和经济社会发展对公益服务的需求。

（二）基本原则。坚持以人为本，把提高公益服务水平、满足人民群众需求作为出发点和落脚点；坚持分类指导，根据不同类别事业单位的特点，实施改革和管理；坚持开拓创新，破除影响公益事业发展的体制机制障碍，鼓励进行多种形式的探索和实践；坚持着眼发展，充分发挥政府主导、社会力量参与和市场机制的作用，实现公益服务提供主体多元化和提供方式多样化；坚持统筹兼顾，分级组织，循序渐进，注意与行业体制改革、政府机构改革等相衔接，妥善处理改革发展稳定的关系。

（三）总体目标。2013年底前基本完成事业单位分类工作。2015年底前完成改革阶段性任务，其中承担行政职能事业单位和从事生产经营活动事业单位的改革基本完成，从事公益服务事业单位在人事管理、收入分配、社会保险、财税政策和机构编制等方面改革取得明显进展，管办分离、完善治理结构等改革取得较大突破，社会力量兴办公益事业的制度环境进一步优化，为实现改革的总体目标奠定坚实基础。到2020年，全面完成分类推进事业单位改革任务，建立起功能明确、治理完善、运行高效、监管有力的管理体制和运行机制，形成基本服务优先、供给水平适度、布局结构合理、服务公平公正的公益服务体系。

二、主要任务

（一）科学划分事业单位类别

1.划分现有事业单位类别。在清理规范基础上，按照社会功能，将现有事业单位划分为承担行政职能、从事生产经营活动和从事公益服务三个类别。划分类别时，不得附加其他条件，不得把经费供给方式、人员是否参照公务员法管理和机构名称作为划类标准。对承担行政职能的，逐步将其行政职能划归行政机构或转为行政机构；对从事生产经营活动的，逐步将其转为企业；对从事公益服务的，继续将其保留在事业单位序列、强化其公益属性。今后，不再批准设立承担行政职能的事业单位和从事生产经营活动的事业单位。

2.细分从事公益服务的事业单位。根据职责任务、服务对象和资源配置方式等情况，将从事公益服务的事业单位细分为两类：承担义务教育、基础性科研、公共文化、公共卫生及基层的基本医疗服务等基本公益服务，不能或不宜由市场配置资源的，划入公益一类；承担职业教育、非营利医疗等公益服务，可部分由市场配置资源的，划入公益二类。

（二）推进承担行政职能事业单位改革

1.严格认定标准和范围。根据国家有关法律法规和中央有关政策规定，按照是否主要履行行政决策、行政执行、行政监督等职能，明确承担行政职能事业单位的具体认定标准和备案程序，做好认定和备案工作。

2.区分不同情况实施改革。结合行政管理体制改革和政府机构改革，推进承担行政职能事业单位改革。涉及机构编制调整的，不得突破政府机构限额和编制总额，主要通过行政管理体制和政府机构改革中调剂出来的空额逐步解决。对部分承担行政职能的事业单位，要认真梳理职能，将属于政府的职能划归相关行政机构；职能调整后，要重新明确事业单位职责、划定类别，工作任务不足的予以撤销或并入其他事业单位。对完全承担行政职能的事业单位，可调整为相关行政机关的内设机构，确需单独设置行政机构的，要按照精简效能的原则设置。已认定为承担行政职能、但尚未调整到位的事业单位，在过渡期内继续按照现行法律法规和政策规定履行职责，使用事业编制且只减不增，人员只出不进，人事、财务、社会保险等依照国家现行政策规定实施管理。

（三）推进从事生产经营活动事业单位改革

1.推进转企改制。周密制定从事生产经营活动事业单位转企改制工作方案，按照有关规定进行资产清查、财务审计、资产评估，核实债权债务，界定和核定资产，由财政部门依法核定国家资本金。转制单位要按照规定注销事业单位法人，核销事业编制，进行国有资产产权登记和工商登记，并依法与在职职工签订劳动合同，建立或接续社会保险关系。事业单位转企改制后，要按照现代企业制度要求，深化内部改革，转变管理机制，并依照政企分开、政资分开的原则，逐步与原行政主管部门脱钩，其国有资产管理除国家另有规定外，由履行国有资产出资人职责的机构负责。

2.完善过渡政策。为平稳推进转制工作，可给予过渡期，一般为5年。在过渡期内，对转制单位按照国家有关规定给予适当保留原有税收等优惠政策，原有正常事业费继续拨付。在离退休待遇方面，转制前已离退休人员，原国家规定的离退休费待遇标准不变，支付方式和待遇调整按国家有关规定执行；转制前参加工作、转制后退休的人员，基本养老金的计发和调整按照国家有关规定执行，保证离退休人员待遇水平平稳衔接。在医疗保障方面，离休人员继续执行现行办法，所需资金按原渠道解决；转制前已退休人员，转制后继续按规定享受职工基本医疗保险、补充医疗保障等待遇。有条件的转制单位，可按照有关规定为职工建立补充医疗保险和企业年金。要进一步做好离退休人员的服务管理工作。

（四）推进从事公益服务事业单位改革

1. 明确改革目的。强化事业单位公益属性，进一步理顺体制、完善机制、健全制度，充分调动广大工作人员的积极性、主动性、创造性，真正激发事业单位生机与活力，不断提高公益服务水平和效率，促进公益事业大力发展，切实为人民群众提供更加优质高效的公益服务。

2. 改革管理体制。实行政事分开，理顺政府与事业单位的关系。行政主管部门要加快职能转变，创新管理方式，减少对事业单位的微观管理和直接管理，强化制定政策法规、行业规划、标准规范和监督指导等职责，进一步落实事业单位法人自主权。对面向社会提供公益服务的事业单位，积极探索管办分离的有效实现形式，逐步取消行政级别。

3. 改进和完善事业单位机构编制管理。对不同类型事业单位实行不同的机构编制管理，科学制定机构编制标准，建立总量控制和动态调整机制，加强事业单位机构编制执行情况评估工作，强化监督管理。

4. 建立健全法人治理结构。面向社会提供公益服务的事业单位，探索建立理事会、董事会、管委会等多种形式的治理结构，健全决策、执行和监督机制，提高运行效率，确保公益目标实现。不宜建立法人治理结构的事业单位，要继续完善现行管理模式。

5. 深化人事制度改革。以转换用人机制和搞活用人制度为核心，以健全聘用制度和岗位管理制度为重点，建立权责清晰、分类科学、机制灵活、监管有力的事业单位人事管理制度。加快推进职称制度改革。对不同类型事业单位实行分类人事管理，适当考虑事业发展需要，赋予单位相对灵活的人事管理权，依据编制管理办法分类设岗，实行公开招聘、竞聘上岗、按岗聘用、合同管理。

6. 深化收入分配制度改革。以完善工资分配激励约束机制为核心，健全符合事业单位特点、体现岗位绩效和分级分类管理要求的工作人员收入分配制度。结合规范事业单位津贴补贴，全面实施绩效工资。加强对事业单位工资收入分配的宏观调控和管理，探索对不同类型事业单位实行不同的绩效工资管理办法，分步实施到位。完善事业单位工资正常调整机制。

7. 推进社会保险制度改革。完善事业单位及其工作人员参加基本养老、基本医疗、失业、工伤、生育等社会保险政策，逐步建立起独立于单位之外、资金来源多渠道、保障方式多层次、管理服务社会化的社会保险体系。事业单位工作人员基本养老保险实行社会统筹和个人账户相结合，养老保险费由单位和个人共同负担，个人缴费全部记入个人账户。逐步实现养老保险基金单独建账，实行省级统筹，基本养老金实行社会化发放。实行“老人老办法、新人新制度、中人逐步过渡”，对改革前参加工作、改革后退休的人员，妥善保证其养老待遇水平平稳过渡、合理衔接，保持国家规定的待遇水平不降低。建立事业单位工作人员职业年金制度。统筹考虑企业、事业单位、机关离退休人员养老待遇水平。

8. 加强对事业单位的监督。建立事业单位绩效考评制度，考评结果作为确定预算、负责人奖惩与收入分配等的重要依据。加强审计监督和舆论监督。面向社会提供公益服务的事业单位要建立信息披露制度，重要事项和年度报告要向社会公开，涉及人民群众切身利益的重大公益服务事项要进行社会公示和听证。

9. 全面加强事业单位党的建设。按照党章和有关规定，及时调整党的组织设置，理顺隶属关系，选好配强党组织领导班子，加强党员教育、管理、服务，做好思想政治工作，推进精神文明建设，领导工会、共青团等群众组织开展工作，充分发挥党组织在促进事业发展、完成本单位中心任务中的领导核心或政治核心作用，保证党的基本路线方针政策在事业单位的贯彻执行。

（五）构建公益服务新格局

1. 大力发展公益服务。适应经济社会发展和人民群众需要，不断拓展公益服务领域，增加公益服务品种，扩大公益服务供给总量。发挥政府主导作用，引导社会力量广泛参与，引入市场竞争机制，充分调动各方面积极性，不断增强公益事业发展活力。通过改革，实现提供主体多元化和提供方式多样化，建立符合市情、覆盖城乡、可持续的公益服务体系。

2. 强化政府责任。按照逐步实现基本公共服务均等化的要求，优先发展直接关系人民群众基本需求和国家安全、社会稳定的公益服务，促进公益服务公平公正。缩小城乡之间、地区之间公益服务水平差距，切实满足广大农民和城市低收入群体医疗、教育、文化等公益服务需求。优化公益服务资源配置，合理规划布局，科学设置事业单位，打破条块分割和行政区划界限，推进资源共享。创新公益服务提供方式，完善购买服务机制，提高服务质量和效率。建立科学的公益服务监测评价体系。

3. 鼓励社会力量兴办公益事业。完善相关政策，放宽准入领域，推进公平准入，鼓励社会力量依法进入公益事业领域。对社会力量兴办公益事业的，在设立条件、资质认定、职业资格与职称评定、税收政策和政府购买服务等方面，与事业单位公平对待，并切实加强监管，引导其健康发展。完善和落实税收优惠政策，鼓励企业、社会团体和公民个人捐赠公益事业。大力倡导和发展志愿服务。

4. 充分发挥市场机制作用。完善扶持政策，充分发挥市场在公益事业领域资源配置中的积极作用，为社会资本投资创造良好环境，推动相关产业加快发展，满足人民群众多层次、多样化服务需求。

（六）完善支持公益事业发展的财政政策

1. 加大财政对公益事业发展支持力度。加快建立健全公共财政体系，调整支出结构，加大投入力度，着力构建财政支持公益事业发展长效机制。制定和完善支持社会力量兴办公益事业的财政政策，形成多渠道筹措资金发展公益事业的投入机制。对事业单位的财政资金使用情况进行绩效考评，严格资金管理，提高使用效益。

2. 改革和完善财政支持方式。按照国家政策和以事定费的原则，结合不同事业单位的具体特点和财力，对不同类型事业单位实行不同的财政支持办法，合理制定标准，实行动态调整，健全监管制度，充分发挥财政资金的效用。对公益一类，根据正常业务需要，财政给予经费保障；对公益二类，根据财务收支状况，财政给予经费补助，并通过政府购买服务等方式予以支持。

3. 推进预算管理、政府采购和国有资产管理改革。研究建立事业单位资产配置标准体系，促进资产管理与预算编制有机结合，强化事业单位政府采购预算管理与执行，规范政府采购操作执行力。加强行政事业性收费管理，严格收费项目和标准审批。建立健全事业单位财务会计和国有资产管理制度，加强财务监督，确保财政资金和国有资产使用规范、安全和有效。

三、实施步骤

在全面完成事业单位清理规范工作的基础上，全市分类推进事业单位改革工作采取分步实施、稳步推进的办法，具体分三个阶段。

（一）分类定位阶段（2013 年 12 月底前）。市机构编制部门根据中央精神和省里制定的事业单位分类意见，商有关部门，结合我市实际研究细化分类标准，拟订分类目录，制定分类方案。我市事业单位的分类，由市机构编制部门商组织、财政、人事和劳动社会保障部门提出初步意见，按规定程序报批。

（二）改革实施阶段（2014 年 1 月—2015 年 12 月）。主要任务是推进承担行政职能和从事生产经营活动事业单位改革。对于承担行政职能事业单位的改革，要严格审核，逐级备案。我市承担行政职能事业单位改革由市委、市政府负责。改革过程中涉及机构编制调整的，要按规定程序报批。过渡期内使用的事业编制，由机构编制部门按照有关规定权限和程序实行严格管理。对于从事生产经营活动事业单位的改革，要按照分级组织的原则，周密制定转制方案并组织实施，按照现代企业制度指导深化内部改革，转变运行机制，落实好过渡政策。

（三）深化改革阶段（2016 年 1 月—2020 年 12 月）。主要任务是推进从事公益服务事业单位改革，进一步深化事业单位人事制度改革。根据批准的事业单位类别和有关管理体制改革政策，推进法人治理结构建设试点，加强和创新机构编制管理；组织实施财政配套改革，加强事业单位财务和资产管理；深化人事制度改革，建立完善聘用制度和岗位管理制度，全面推行公开招聘、竞聘上岗，严格考核奖惩，转换用人机制；深化收入分配制度改革，建立符合事业单位特点、体现岗位绩效和分级管理要求的岗位绩效工资制度；全面推进事业单位养老保险制度改革，建立独立于单位之外、资金来源多渠道、保障方式多层次、管理服务社会化的养老保险体系。

四、组织实施

（一）统一思想，提高认识。分类推进事业单位改革事关经济社会发展全局，是一场广泛而深刻的变革，任务复杂艰巨。各单位要坚决贯彻执行中央、湖南省关于分类推进事业单位改革的重大决策，提高对改革的重要性和必要性的认识，各级领导干部要进一步增强政治意识、大局意识和责任意识，高度重视，精心组织，确保各项改革目标和任务落到实处。

（二）加强领导，明确责任。成立由市委副书记、市长、市编委主任任组长，市委副书记、市委组织部部长、市政府分管人事劳动工作的副市长任副组长，市委组织部、市委宣传部、市编办、市人事局、市劳动和社会保障局、市财政局、市国资局为成员单位的分类推进事业单位改革工作领导小组，负责统筹协调改革的各项工作，研究决定改革的重大政策问题，审定并组织实施改革方案。领导小组办公室设在市编办，由市编办主任兼任办公室主任，负责承担具体日常工作，交流改革情况，研究共性问题，提出工作建议，协调组织落实各项改革任务。领导小组成员单位要密切配合、形成工作合力。各成员单位的主要职责：组织部门负责研究和指导加强事业单位领导班子和人才队伍建设、党的建设等工作；宣传部门负责引导社会舆论等工作；机构编制部门负责清理规范和分类、机构编制调整、经费渠道核定、职责调整等工作；财政和国资部门负责制定配套财政政策，做好事业单位机构整合过程中国有资产清算、移交和债务清理等工作；人事和劳动社会保障部门负责研究制定人事、收入分配、社会保险制度改革方案并组织实施。

（三）稳步实施，严肃纪律。一是要认真贯彻落实中央和省关于分类推进事业单位改革的政策，坚持分类指导、分业推进、分级组织、分步实施的工作方针，注意把握节奏，加强统筹协调，做到条块结合、上下结合，条件成熟的可率先改革，暂不具备条件的允许过渡，不搞“一刀切”。二是要继续深化改革试点，不断总结试点经验，不断完善相关政策措施，建立健全相关制度体系。三是要严肃政治纪律、组织纪律和改革工作纪律，严禁突击提拔干部、严禁超职数配备干部或违反规定提高干部职级待遇、严禁违规增加机构编制、严禁擅自或超编进人，对违反纪律的行为，要依法依规严肃追究有关人员的责任。四是要加强新闻宣传和舆论引导，增强广大干部职工的改革意识，做好各类人员的思想政治工作，搞好政策解读，营造良好改革氛围，确保社会和谐稳定，确保国有资产不流失，确保公益事业健康发展。

醴陵市人民政府关于印发《醴陵市政府投资项目审计监督办法》的通知

醴政发〔2014〕4号

各乡镇人民政府、街道办事处，长庆示范区管委会，市直各单位，驻醴各单位：

现将《醴陵市政府投资项目审计监督办法》印发给你们，请认真遵照执行。

醴陵市人民政府
2014年6月3日

醴陵市政府投资项目审计监督办法

第一章 总 则

第一条 为加强政府投资项目的审计监督，规范投资行为，提高投资效益，促进廉政建设，根据《中华人民共和国审计法》《中华人民共和国审计法实施条例》《湖南省国家建设项目审计监督办法》《株洲市国家建设项目审计监督办法》等法律法规，结合本市实际，制定本办法。

第二条 本办法所称政府投资项目包括全部或部分使用财政性资金、政府性融资资金、公益性援助资金及其他依法应当接受审计监督的建设项目。

第三条 审计机关依法对政府投资项目进行事前、事中、事后全过程的审计监督，对建设、勘察、设计、施工、监理、供货、招标代理、造价咨询等单位取得项目资金的真实性、合法性和效益性进行审计监督。

第四条 审计机关依法独立行使政府投资项目审计监督职权。政府有关部门应当在各自的职责范围内协助审计机关做好建设项目审计监督工作。任何单位和个人不得拒绝、阻碍审计机关依法进行审计。

第五条 审计机关和审计人员办理审计事项，应当客观公正、实事求是、廉洁奉公、保守秘密。

第二章 项目前期审计监督

第六条 本办法所称项目前期审计监督，是指审计机关在项目开工前对其前期准备工作、前期资金运用情况、建设程序、施工图预算的真实性、合法性和效益性进行的审计监督。

第七条 项目前期审计监督的主要内容：

（一）项目建设规模、内容和标准是否符合经批准的项目计划；

（二）项目预算是否符合概算内容及范围；

（三）项目征地拆迁、勘察、设计、监理、咨询服务等前期工作相关资金运用的真实性、合法性；

（四）项目前期财务收支的真实性、合法性。

第八条 政府投资项目工程预算由财政部门进行评审，审计机关有计划地进行审计。审计机关参与重大投资项目设计方案的论证、招标控制价的确定、项目招标投标过程的监督及中标单位与建设单位施工合同签订的审核。

第三章 项目跟踪审计监督

第九条 本办法所称项目跟踪审计，指审计机关对政府投资项目在实施过程中影响工程造价的现场签证、设计变更、设备以及主要材料采购核定价格、工程结算以及与项目有关的财务收支的真实性、合法性和效益性进行的审计监督。

审计机关对政府重点投资项目以及涉及公共利益和民生的城市基础设施、保障性住房、学校、医院等工程，应当有重点地对其建设和管理实施跟踪审计。

第十条 审计机关进行项目跟踪审计监督时，建设单位应主动向审计机关及时报送相关资料，并对资料的真实性、完整性负责，审计机关有权对资料的真实性进行核查和论证。

第十一条 实施政府投资项目跟踪审计监督，主要监督下列事项的真实性、合法性和有效性：

（一）项目投资规模和投资计划；

（二）建设施工图纸的经济性和适用性审查、评定；

（三）设计变更及现场签证情况；

（四）项目设备、材料等物资采购和工程管理情况；

（五）项目的勘察、设计、施工、监理、咨询、代理等单位资质等级及其收费标准；

（六）项目的财务收支情况。

第十二条 实施跟踪审计的政府投资项目，建设单位应及时通知审计机关核实影响工程造价的工程量、主要材料价格、设备采购价格、设计变更和现场签证、隐蔽工程施工等情况，重要且影响造价的隐蔽工程部位应同时拍照或摄像作为影像资料存档。

第十三条 项目施工过程中的变更按醴陵市重点工程项目管理相关办法执行。未按规定申报审批的项目变更，结算评审和审计时不予认可。

第四章 项目结（决）算审计监督

第十四条 政府投资项目工程结算审计实行审计机关审定制。财政部门进行初审，审计机关进行复审。财政部门和业主单位以审计机关的审计结论作为结算付款依据。

项目工程结算初审后，财政部门和业主单位应及时将相关资料（含业主报送资料和初审过程资料及电子文档）和初审结果送审计机关进行复审。

第十五条 工程结算复审，是指审计机关在财政部门初审基础上，对单位工程竣工验收后工程所涉及的现场签证、隐蔽工程记录、设计变更、设备材料采购、合同执行等内容及工程造价的真实性、合法性进行审计监督。

第十六条 审计机关出具项目工程结算或竣工决算审计结论前，财政部门和业主单位应当按照项目工程总造价预留不少于25%的工程款。

未经审计机关复审而结清工程款项的，市人民政府将对相关单位及主要负责人进行通报批评和相应处分，并责成其将超额支付的工程款项予以追回。

第十七条 列入年度决算审计计划的建设项目完成后，审计机关应及时进行项目决算审计，或委托有资质的中介机构进行决算审计。

建设、监理、施工等与项目建设相关的单位，应当按照审计机关的要求及时报送相关资料，并对资料的真实性、完整性负责。

第五章 法律责任

第十八条 因勘察、设计单位的过错或故意行为而造成项目预算失控和重大投资损失的，审计机关应当报告市人民政府责成建设单位或者项目法人依法追究勘察、设计单位的赔偿责任；情节严重的，应当建议有关部门依法降低其资质等级或者吊销其资质证书。

第十九条 建设单位擅自扩大建设规模、提高建设标准以及建设计划外工程的，审计机关应当建议有关部门对负有直接责任的主管人员和其他直接责任人员予以追究。

设计变更、现场签证未经规定程序审批的，或出现乱签证、签假证等违法行为，审计机关应当建议有关部门对负有直接责任的建设业主方现场管理人员和其他相关责任人予以追究。

第二十条 工程结算中多计工程款项的，审计机关应当责令建设单位和施工单位予以调整；已签证多付工程款的，建设单位应在审计机关规定的期限内收回。

施工单位偷工减料、虚报冒领工程款金额较大、情节严重的，依照前款规定处理，并依法追究责任单位或者直接责任人的相关法律责任。

第二十一条 审计机关必须加强对社会中介机构的监督。相关社会中介机构和人员有下列行为之一的，审计机关应当建议建设行政主管部门依据相关法律、法规的规定给予处罚，或取消该公司在本市进行中介服务的资格：

（一）出具虚假审计报告的；

（二）故意少算或高估冒算工程造价的；

（三）其他违法违规行为的。

第二十二条 审计机关必须加强对审计人员以及聘用的专业人员的监督。审计人员以及聘用的专业人员有下列行为之一的，应当依法给予行政或者纪律处分；构成犯罪的，依法追究刑事责任：

（一）明知与被审计单位或者审计事项有利害关系而不主动回避造成严重后果的；

（二）泄露国家秘密或者被审计单位商业秘密的；

（三）索贿、受贿的；

（四）隐瞒被审计单位重大违法违纪违规行为的；

（五）滥用职权、徇私舞弊、玩忽职守的；

（六）其他影响公正执行公务造成严重后果的。

第二十三条 审计机关在履行政府投资项目审计职责时，应自觉接受监察机关、项目建设单位和社会公众的监督。

第二十四条 本办法自发布之日起施行，以往有关规定与本办法不相符的，按本办法施行。

醴陵市人民政府
关于公布行政审批项目目录的决定

醴政发〔2014〕5号

各乡镇人民政府、街道办事处，长庆示范区管委会，市直各单位，驻醴各单位：

为进一步贯彻落实党的十八届三中全会精神，深化我市行政审批制度改革，促进政府职能转变，提高行政效能，打造醴陵发展升级版，按照国务院、省政府的统一部署和简政放权的要求，对市本级行政许可和非行政许可项目进行了集中审查清理。经市十五届人民政府第17次常务会议研究，市政府决定：我市继续实施的行政许可项目199项（含继续实施的行政许可项目183项和下放醴陵市实施的行政许可项目16项）；我市转报上级部门审批的行政许可项目54项；我市继续实施的部分非行政许可项目18项；我市取消的行政许可项目11项。本决定未公布的行政许可项目不得作为市本级行政审批项目实施审批。

各有关部门要认真做好落实工作，切实加强后续监管。要按照深化行政管理体制改革、转变政府职能的要求，规范审批流程，创新审批方式，健全行政审批制约监督机制，加强对行政审批运行的监督。

附件：

1. 醴陵市继续实施的行政许可项目目录
2. 下放醴陵市实施的行政许可项目目录
3. 醴陵市转报上级部门审批行政许可项目目录
4. 醴陵市继续实施的部分非行政许可项目目录
5. 醴陵市取消的行政许可项目目录

醴陵市人民政府

2014年8月21日

附件1

醴陵市继续实施的行政许可项目目录

序号	项目名称	实施机关	设立依据	备注
		醴陵市人民政府（8项）		
1	校车标牌核发	县级人民政府	《校车安全管理条例》（国务院令第617号）	市教育局、市公安局交警大队、市交通运输局承办
2	华侨华人祖屋、祖墓的迁移、挖掘审批	县级人民政府	《湖南省实施〈归侨侨眷权益保护法〉办法》第十五条	市政府办承办
3	供地许可	县级人民政府	《中华人民共和国土地管理法》第四十四条、《湖南省实施〈中华人民共和国土地管理法〉办法》第十五条	市国土资源局承办
4	临时用地许可	县级人民政府	《中华人民共和国土地管理法》第五十七条、《湖南省实施〈中华人民共和国土地管理法〉办法》第三十条	市国土资源局承办
5	集体建设用地许可	县级人民政府	《中华人民共和国土地管理法》第五十九、六十、六十一、六十二条、《湖南省实施〈中华人民共和国土地管理法〉办法》第三十一、三十二条	市国土资源局承办
6	渡口审批	县级人民政府	《中华人民共和国内河交通安全管理条例》（国务院令第355号）第三十五条	市交通运输局承办
7	水域滩涂养殖许可证核发	县级人民政府	《中华人民共和国渔业法》第十一条、《水域滩涂养殖证登记办法》第三条	市畜牧兽医水产局承办
8	环境污染限期治理项目延期完成治理任务审批	县级人民政府	《中华人民共和国环境保护法》第二十九条、《中华人民共和国水污染防治法实施细则》（国务院令第284号）第十六条	市环境保护局承办
		市发展和改革局（2项）		
9	工程建设项目招标方式、招标组织形式和招标范围核准	市发展和改革局	《中华人民共和国招标投标法实施条例》（国务院令第613号）第七条	

序号	项目名称	实施机关	设立依据	备注
10	重大和限制类企业投资项目核准	市发展和改革局	《国务院关于投资体制改革的决定》（国发〔2004〕20号）第二点第一条	依据湘政发〔2013〕33号文，取消子项：省政府投资主管部门权限限额以下企业投资教育、卫生、文化、广播电影、人口和计划、新闻出版领域的项目核准。增加子项：1. 小型水库项目核准；2. 磷肥中20万吨及以上、普钙30万吨及以上、镁磷肥及钾肥20（含）—50万吨（不含）项目核准；3. 除中央企业投资外的企业投资现代物流项目；4. 除中央企业投资外的城市及干线公路加油站、加气站项目核准；5. 城镇生活污水处理项目核准；6. 总库容500万立方或日处理垃圾400吨以上的城镇生活垃圾无害化处理项目核准；7. 除跨市州或跨越湘、资、沅、澧四水干流通航段外的城市桥梁、隧道项目核准；8. 除省属项目外经济适用房项目核准；9. 总投资1亿元及以上娱乐场所项目核准；10. 总投资5000万元及以上体育馆、中心、训练基地项目核准；11. 不新建输变电设施、接入35千伏及以下电网的分布式风电项目核准；12. 除中央在湘企业以外的220千伏以下电网项目核准；13. 煤矿瓦斯发电项目核准；14. 河流或库区非跨市州的水电项目；15. 总投资5000万元以下（不含）国家重点风景名胜区、国家自然保护区、全国重点文物单位区域内的旅游开发和资源保护（含世界自然和文化遗产保护项目），总投资3000万元以下的项目核准。
市教育局（3项）				
11	实施学历教育、学前教育、自学考试助学及其他文化教育的民办学校的设立、分立、合并和变更名称、层次、类别审批	市教育局	《中华人民共和国民办教育促进法》第十一条	

序号	项目名称	实施机关	设立依据	备注
12	民办学校聘任校长、变更举办者核准	市教育局	《中华人民共和国民办教育促进法》第二十三、五十四条	
13	教师资格认定	市教育局	《中华人民共和国教师法》第十三条	
市科学技术局（5 项）				
14	科技类民办非企业单位设立登记审查	市科学技术局	《民办非企业登记管理暂行条例》（国务院令第 251 号）第三条	
15	建设工程抗震设防要求审批	市科学技术局	《中华人民共和国防震减灾法》第三十五条、《地震安全性评价管理条例》（国务院令第 323 号）第十八条、《湖南省实施〈中华人民共和国防震减灾法〉办法》第十六、十八、十九条	
16	在地震监测设施和地震观测环境保护范围内进行工程建设核准	市科学技术局	《中华人民共和国防震减灾法》第十五条、《湖南省实施〈中华人民共和国防震减灾法〉办法》第十二条	
17	实行大型爆破作业备案	市科学技术局	《湖南省实施〈中华人民共和国防震减灾法〉办法》第十六、十八、十九条	
18	省外单位来湘从事地震安全性评价工作备案	市科学技术局	《湖南省实施〈中华人民共和国防震减灾法〉办法》第十七条	
市公安局（8 项）				
19	集会游行示威审批	市公安局	《中华人民共和国集会游行示威法》第六条	
20	第三类易制毒化学品经营、使用备案	市公安局	《易制毒化学品管理条例》（国务院令第445号）第二十二条第一、二款	
21	大型群众文化体育活动安全许可	市公安局	《国务院对确需保留的行政审批项目设定行政许可的决定》（国务院令第 412 号）第 33 项	
22	金融机构营业场所、金库安全防范设施建设方案审批及工程验收	市公安局	《国务院对确需保留的行政审批项目设定行政许可的决定》（国务院令第 412 号）第 41 项	
23	边境管理区通行证核发（不含深圳、珠海经济特区）	市公安局	《国务院对确需保留的行政审批项目设定行政许可的决定》（国务院令第 412 号）第 57 项	
24	民用爆炸物品购买、运输许可	市公安局	《民用爆炸物品管理条例》	
25	烟花爆竹道路运输许可	市公安局	《烟花爆竹安全管理条例》	
26	焰火燃放许可	市公安局	《民用爆炸物品管理条例》	
市公安局交警大队（4 项）				
27	机动车、非机动车登记、临时通行牌证核发	市公安局交警大队	《中华人民共和国道路交通安全法》第八条、第十八条	
28	机动车检验合格标志核发	市公安局交警大队	《中华人民共和国道路交通安全法》第十三条	
29	机动车驾驶证核发、审验	市公安局交警大队	《中华人民共和国道路交通安全法》第十九条、第二十三条	
30	影响交通安全的道路施工许可	市公安局交警大队	《中华人民共和国道路交通安全法》第三十二条	
市消防大队（1 项）				
31	公众聚集场所使用或者开业前的消防安全检查	市消防大队	《中华人民共和国消防法》第十五条	

序号	项目名称	实施机关	设立依据	备注
市民政局（3 项）				
32	民办非企业单位成立、变更、注销登记	市民政局	《民办非企业单位登记管理暂行条例》（国务院令第 251 号）第五条、第十九条	
33	全市性社会团体及分支机构（代表机构）设立、变更、注销登记	市民政局	《社会团体登记管理条例》（国务院令第 250 号）第三条、第二十八条	
34	社会福利企业申办、年检、变更资格认定审核审批	市民政局	《福利企业资格认定办法》（民发〔2007〕03 号）第 5 条	
市财政局（1 项）				
35	会计代理记账机构执业资格	市财政局	《中华人民共和国会计法》第三十六条、《湖南省〈中华人民共和国会计法〉》第二十条	
市机构编制委员会办公室（1 项）				
36	市管事业单位法人设立（备案）、变更、注销登记（备案）	市机构编制委员会办公室	《国务院关于修改〈事业单位登记管理暂行条例〉的决定》（国务院令第 252 号）第八、十三、十四条	
市人事局（1 项）				
37	设立人力资源服务机构许可	市人事局	《国务院对确需保留的行政审批项目设定行政许可的决定》（国务院令第 412 号）第八十六、八十八项	
市招标投标管理局（1 项）				
38	招标核准（负责项目审批机关核准以外的项目的招标核准）	市招标投标管理局	《工程建设项目施工招标投标办法》第十条	
市档案史志局（1 项）				
39	向各级国家档案馆以外的任何单位或者个人出卖、转让或者赠送属于集体所有、个人所有以及其他不属于国家所有的对国家和社会具有保存价值的或者应当保密的档案的审批	市档案史志局	《中华人民共和国档案法》第十六条、《中华人民共和国档案法实施办法》第十七条	
市劳动和社会保障局（3 项）				
40	特殊工时制度审批	市劳动和社会保障局	《中华人民共和国劳动法》第三十九条	
41	设立民办职业培训学校许可	市劳动和社会保障局	《中华人民共和国民办教育促进法》第十一条	
42	职业介绍机构资格审批	市劳动和社会保障局	《中华人民共和国就业促进法》第四十条、《就业服务与就业管理规定》第四十七条	
市国土资源局（4 项）				
43	国家基础测绘成果资料提供、使用许可	市国土资源局	《国务院对确需保留的行政审批项目设定行政许可的决定》（国务院令第 412 号）第 453 项	

序号	项目名称	实施机关	设立依据	备注
44	采矿权许可、采矿权的转让审批	市国土资源局	《中华人民共和国矿产资源法》第三条、第十六条、《湖南省矿产资源管理条例》第五条、十七条、十八条;《中华人民共和国矿产资源法》第六条、《湖南省矿产资源管理条例》第五条、第二十四条、《探矿权采矿权转让管理办法》(国务院令第242号)第三条、第四条	
45	划拨土地使用权转让、抵押审批	市国土资源局	《中华人民共和国城镇国有土地使用权出让和转让暂行条例》第四十五条	
46	出让土地使用权改变用途许可	市国土资源局	《中华人民共和国土地管理法》第五十六条	
市规划局(5项)				
47	建设项目选址意见书核发	市规划局	《中华人民共和国城乡规划法》第三十六条	
48	建设用地规划许可	市规划局	《中华人民共和国城乡规划法》第三十七条	
49	建设工程规划许可	市规划局	《中华人民共和国城乡规划法》第四十条	
50	临时建设许可	市规划局	《中华人民共和国城乡规划法》第四十四条	
51	乡村建设规划许可	市规划局	《中华人民共和国城乡规划法》第四十一条	
市住房和城乡建设局(7项)				
52	建筑工程施工许可	市住房和城乡建设局	《中华人民共和国建筑法》第七条	
53	挖掘城市道路	市住房和城乡建设局	《城市道路管理条例》第三十一条、第三十三条	
54	因施工、设备维修等停止供水和因工程建设改装、拆除或者迁移城市公共供水设施审批	市住房和城乡建设局	《城市供水条例》(国务院令第158号)第三十条	
55	燃气经营许可和燃气设施改动审批	市住房和城乡建设局	《城镇燃气管理条例》(国务院令第583号)第十五条、第三十八条	
56	城市排水许可证核发	市住房和城乡建设局	《城镇排水与污水处理条例》(国务院令第641号)第二十一条	
57	建设工程初步设计审批	市住房和城乡建设局	《湖南省建设工程勘察设计管理条例》第二十九条、第三十条	
58	建设工程档案预验收审批	市住房和城乡建设局	《城市建设档案管理规定》(建设部令第90号)第八条、第九条	
市房产管理局(2项)				
59	商品房预售许可	市房产管理局	《中华人民共和国城市房地产管理法》第四十五条	
60	划拨土地使用权和地上建筑物、其他附着物转让、出租、抵押审批	市房产管理局	《城镇国有土地使用权出让和转让暂行条例》(国务院令第55号)第四十五条	
市城市管理行政执法局(11项)				
61	依附于城市道路建设各种管线、杆线等设施审批	市城市管理行政执法局	《城市道路管理条例》(国务院令第198号)第二十九条	

序号	项目名称	实施机关	设立依据	备注
62	临时占用街道两侧和公共场地许可	市城市管理行政执法局	《城市市容和环境卫生管理条例》（国务院令第 101 号）第十四条	
63	临时占用、挖掘城市道路审批	市城市管理行政执法局	《城市道路管理条例》（国务院令第 198 号）第三十一条、第三十三条	
64	临时占用城市绿地、改变绿地规划、绿化用地的使用性质审批	市城市管理行政执法局	《城市绿化条例》（国务院令第 100 号）第二十条	
65	城市绿化设计方案及工程建设项目附属绿化工程设计方案审查	市城市管理行政执法局	《城市绿化条例》（国务院令第 100 号）第十一条	
66	砍伐、修剪、移植城市树木（非古树名木）审批	市城市管理行政执法局	《城市绿化条例》（国务院令第 100 号）第二十一条	
67	大型户外广告设置审核	市城市管理行政执法局	《城市市容和环境卫生管理条例》（国务院令第 101 号）第十一条	
68	从事城市生活垃圾经营性清扫、收集、运输、处理服务审批	市城市管理行政执法局	《国务院对确需保留的行政审批项目设定行政许可的决定》（国务院令第 412 号）第 102 项	
69	关闭、闲置、拆除城市生活垃圾处置设施、场所核准	市城市管理行政执法局	《城市生活垃圾管理办法》第十三条、《固体废物污染环境防治法》第四十四条	
70	城市建筑垃圾处置核准	市城市管理行政执法局	《城市建筑垃圾管理规定》第七条	
71	履带车、铁轮车和超重、超高、超长车辆在城市道路（含城市桥梁）上行驶审核	市城市管理行政 执法局	《城市道路管理条例》第二十八条	
市交通运输局（14 项）				
72	公路建设项目施工审批	市交通运输局	《中华人民共和国公路法》第二十五条	
73	道路旅客运输经营行政许可	市交通运输局	《中华人民共和国道路运输条例》第十条	
74	道路运输客运站经营行政许可	市交通运输局	《中华人民共和国道路运输条例》第四十条	
75	道路货物运输经营行政许可	市交通运输局	《中华人民共和国道路运输条例》第二十五条	
76	道路运输货运站（场）经营行政许可	市交通运输局	《中华人民共和国道路运输条例》第四十条	
77	机动车驾驶员培训经营行政许可	市交通运输局	《中华人民共和国道路运输条例》第四十条	
78	机动车维修经营行政许可	市交通运输局	《中华人民共和国道路运输条例》第四十条	
79	港口区域以外的码头建设审批	市交通运输局	《湖南省水路交通管理条例》第十三条	
80	设立、变更、取消水路客运航线、班次、始发时间、停靠点审批	市交通运输局	《湖南省水路交通管理条例》第二十二条	

序号	项目名称	实施机关	设立依据	备注
81	占用、挖掘公路或者使公路改线、跨越、穿越公路修建桥梁、渡槽或者架、埋设管线设施，在公路建筑控制区内或者公路用地范围内架、埋设管线、电缆等设施，在公路用地范围内或在公路上设置非公路标志、平面交叉道口、在中型以上公路桥梁跨越的河道上下游各 1000 米范围内抽取地下水、架设浮桥等活动的审批	市交通运输局	《中华人民共和国公路法》第四十四、四十五、五十四、五十五、五十六条，《湖南省实施〈中华人民共和国公路法〉办法》第十九条、《公路安全保护条例》第十九条	
82	可能损害公路路面的机具在公路上行驶、超限运输车辆行驶公路审批	市交通运输局	《中华人民共和国公路法》第四十八、五十条，《湖南省实施〈中华人民共和国公路法〉办法》第十九条	
83	更新砍伐公路护路树木审批	市交通运输局	《中华人民共和国公路法》第四十二条、《湖南省实施〈中华人民共和国公路法〉办法》第十九条	
84	出租汽车车辆运营证、经营资格证核发	市交通运输局	《国务院对确需保留的行政审批项目设定行政许可的决定》（国务院令第 412 号）第 112 项	
85	出租汽车驾驶员服务资格证核发	市交通运输局	《国务院对确需保留的行政审批项目设定行政许可的决定》（国务院令第 412 号）第 112 项	
		市公路局（9 项）		
86	在公路用地范围内或在公路上设置非公路标志审批	市公路局	《公路法》第五十四条，《湖南省实施〈公路法〉办法》第十九条第五项，《路政管理规定》第十四条	
87	跨越、穿越公路修建桥梁、渡槽或者架、埋设管线设施审批	市公路局	《公路法》第四十五条、《公路安全保护条例》第二十七条第二项、《湖南省实施〈公路法〉办法》第十九条第四项、《路政管理规定》第十条	
88	在公路建筑控制区内或者公路用地范围内架设、埋设管线、电缆等设施审批	市公路局	《公路法》第四十五条、第五十六条，《公路安全保护条例》第二十七条第三项、第七项，《湖南省实施〈公路法〉办法》第十九条第三项，《路政管理规定》第十条	
89	占用、挖掘公路或者使公路改线审批	市公路局	《公路法》第四十四条第二款、《公路安全保护条例》第二十七条第一项、《湖南省实施〈公路法〉办法》第十九条第一项、《路政管理规定》第九条	
90	在公路上增设平面交叉道口审批	市公路局	《公路法》第五十五条，《湖南省实施〈公路法〉办法》第十九条第八项，《公路安全保护条例》第二十七条第六项。《路政管理规定》第十五条	
91	在中型以上公路桥梁跨越的河道上下游各 1000 米范围内抽取地下水、架设浮桥等活动的审批	市公路局	《公路安全保护条例》第十九条第二款	
92	可能损害公路路面的机具在公路上行驶审批	市公路局	《中华人民共和国公路法》第四十八、五十条，《湖南省实施〈中华人民共和国公路法〉办法》第十九条	

序号	项目名称	实施机关	设立依据	备注
93	更新砍伐公路护路树木审核	市公路局	《中华人民共和国公路法》第四十二条、《湖南省实施〈中华人民共和国公路法〉办法》第十九条	市公路局及市公路管理处按照级别管辖范围分别实施
94	利用公路桥梁、公路隧道、涵洞铺设电缆等设施的审批	市公路局	《公路安全保护条例》（国务院令第 593 号）第二十七条	
市水利局（13 项）				
95	水工程防洪规划审批	市水利局	《中华人民共和国防洪法》第十七条、《中华人民共和国水法》第三十八条	
96	取水许可	市水利局	《中华人民共和国水法》第四十八条、《湖南省实施〈中华人民共和国水法〉办法》第二十四条	
97	入河湖排污口的设置和扩大审核	市水利局	《中华人民共和国水法》第三十四条、《中华人民共和国河道管理条例》（国务院令第 3 号）第三十四条	
98	开发建设项目水土保持方案审批及设施竣工验收	市水利局	《中华人民共和国水土保持法》第十九条	
99	河道管理范围建设项目审批	市水利局	《中华人民共和国防洪法》第二十七条、《湖南省实施〈中华人民共和国水法〉办法》第十四条	
100	河道范围内采砂等生产作业许可	市水利局	《中华人民共和国水法》第三十九条、《中华人民共和国河道管理条例》（国务院令第 3 号）第二十五条	
101	水利基建项目初步设计文件审批	市水利局	《国务院对确需保留的行政审批项目设定行政许可的决定》（国务院令第 412 号）第 172 项	
102	水利水电建设项目环境影响报告书（表）审核	市水利局	《中华人民共和国环境影响评价法》第二十二条、《中华人民共和国环境保护法》第十三条、《建设项目环境保护管理条例》第十条	
103	水库大坝注册登记	市水利局	《水库大坝安全管理条例》第二十三条、《水库大坝注册登记办法》第三条	
104	洪泛区、蓄滞洪区内非防洪建设项目和避洪设施建设审批	市水利局	《中华人民共和国防洪法》第三十三条	
105	占用农业灌溉水源、灌排工程设施审批	市水利局	《中华人民共和国水法》第三十五条	
106	江河（含洞庭湖）的故道、旧堤、原有的工程设施等填堵、占用或拆毁审批	市水利局	《中华人民共和国河道管理条例》第二十九条	
107	防洪大堤堤顶或戗台兼作公路审批	市水利局	《中华人民共和国河道管理条例》（国务院令第 3 号）第十五条	
市农业局（3 项）				
108	主要农作物种子生产、经营许可证核发（含草种）	市农业局	《中华人民共和国种子法》第二十、二十六条	
109	占用农用地的建设项目农业环境保护方案审核	市农业局	《基本农田保护条例》第二十四条、《湖南省农业环境保护条例》第十四条	

序号	项目名称	实施机关	设立依据	备注
110	在基本农田保护区集中处置或者堆放固体废弃物审核	市农业局	《湖南省农业环境保护条例》第十三条	
		市农业机械管理局（2 项）		
111	拖拉机、联合收割机及其驾驶员牌证照核发	市农业机械管理局	《中华人民共和国道路交通安全法》第一百二十一条、《农业机械安全监督管理条例》（国务院令第 563 号）第二十一条	
112	农业机械维修技术合格证核发	市农业机械管理局	《农业机械安全监督条例》第十八条	
		市畜牧兽医水产局（7 项）		
113	水产苗种生产审批	市畜牧兽医水产局	《中华人民共和国渔业法》第十六条	
114	宠物健康合格证核发	市畜牧兽医水产局	湖南省实施《中华人民共和国动物防疫法》办法第二十三条	
115	兽药经营许可证核发	市畜牧兽医水产局	《中华人民共和国兽药管理条例》（国务院令第 404 号）第二十二条	
116	动物诊疗许可证核发	市畜牧兽医水产局	《中华人民共和国动物防疫法》第五十一条	
117	动物防疫条件合格证核发	市畜牧兽医水产局	《中华人民共和国动物防疫法》第二十条	
118	渔业捕捞许可证核发、渔船及其船用产品法定检验、渔业船舶登记发证、牌照核发	市畜牧兽医水产局	《渔业捕捞许可管理规定》（农业部令第 6 号）第十二条、《中华人民共和国渔业法》第二十六条、《中华人民共和国渔港水域交通安全管理条例》(国务院令第 38 号)第十二条、《湖南省渔业条例》第六条、《渔业船舶检验条例》（国务院令第 383 号）第二条、《中华人民共和国渔业船舶登记办法》(农业部令 2012 第 8 号）第四条	
119	渔业船舶船员证书核发	市畜牧兽医水产局	《中华人民共和国渔港水域交通安全管理条例》（国务院令第 38 号）第十四条	
		市林业局（6 项）		
120	木材采伐许可证核发	市林业局	《中华人民共和国森林法》第三十二条	
121	木材运输证核发	市林业局	《中华人民共和国森林法》第三十七条	
122	30 亩以下临时占用林地审批	市林业局	《中华人民共和国森林法实施条例》（国务院令第 278 号）第十六、十七条	
123	植物检疫许可证核发	市林业局	《中华人民共和国植物检疫条例》第三条、第七条、第十一条	
124	野外用火许可证的核发	市林业局	《中华人民共和国森林法》第二十一条、《湖南省森林防火实施办法》第十八条	
125	农村居民建自用住房占用林地审批	市林业局	《湖南省林业厅关于进一步规范和加强林地使用审核审批管理工作的通知》（湘林资〔2013〕14 号）	省林业厅下放审批权
		市招商局（1 项）		
126	外商投资企业设立、变更许可	市招商局	《中华人民共和国中外合资经营企业法实施条例》（国务院令第 311 号）第三条、《中华人民共和国外资企业法实施细则》（国务院令第 301 号）第六条	

序号	项目名称	实施机关	设立依据	备注
市文化体育广电新闻出版局（11 项）				
127	设立娱乐场所经营单位审批	市文化体育广电新闻出版局	《娱乐场所管理条例》（国务院令第 458 号）第九条	
128	娱乐场所改建、扩建营业场所或者变更场地、主要设施设备、投资人员，或者变更娱乐经营许可证载明的事项审批	市文化体育广电新闻出版局	《娱乐场所管理条例》（国务院令第 458 号）第十二条	
129	设立互联网上网服务营业场所经营单位审批	市文化体育广电新闻出版局	《互联网上网服务营业场所管理条例》（国务院令第 363 号）第四条	
130	电影放映经营许可证核发	市文化体育广电新闻出版局	《电影管理条例》（国务院令第 342 号）第三十八条	
131	一次性内部资料出版物准印证核发（含有民族宗教内容的、印数超过 3000 册的，跨地区印刷除外）	市文化体育广电新闻出版局	《印刷业管理条例》（国务院令第 315 号）第十八条	
132	注册资本 500 万元以下的包装装潢企业和其他印刷企业设立、变更、兼营、兼并或合并、分立审批	市文化体育广电新闻出版局	《印刷业管理条例》（国务院令第 315 号）第九条、第十一条	
133	设立出版物零售、投递、出租单位审批	市文化体育广电新闻出版局	《出版物市场管理规定》第十一条	
134	设立打字、复印、丝印企业审批	市文化体育广电新闻出版局	《印刷业管理条例》第七条、第八条和《印刷业经营者资格条件暂行规定》第八条	
135	电子出版物发行单位审批	市文化体育广电新闻出版局	《电子出版物管理规定》第六十三条	
136	音像制品零售、出租审批	市文化体育广电新闻出版局	《音像制品管理条例》第三十一条	
137	举办健身气功活动及设立站点审批	市文化体育广电新闻出版局	《国务院对确需保留的行政审批项目设定行政许可的决定》（国务院令 412 号）第 336 项	
市卫生局（7 项）				
138	医师、护士执业注册及执业证书核发许可	市卫生局	《中华人民共和国执业医师法》第十三条、《中华人民共和国护士条例》（国务院令第 517 号）第七条	
139	母婴保健技术服务机构及服务人员执业许可	市卫生局	《中华人民共和国母婴保健法》第三十二条	
140	医疗机构设置及执业许可	市卫生局	《医疗机构管理条例》（国务院令第 149 号）第九条	
141	公共场所（除公园、体育场馆、公共交通工具）卫生许可	市卫生局	《公共场所卫生管理条例》（国务院令第 24 号）第四条	
142	饮用水供水单位卫生许可	市卫生局	《公共场所卫生管理条例》（国务院令第 24 号）第八条	
143	放射诊疗技术和医用辐射机构及 X 线放射诊疗许可	市卫生局	《放射性同位素与射线装置安全和防护条例》（国务院令第 449 号）第八条	

序号	项目名称	实施机关	设立依据	备注
144	消毒产品生产企业（一次性使用医疗用品的生产企业除外）卫生许可	市卫生局	《国务院对确需保留的行政审批项目设定行政许可的决定》（国务院令第 412 号）第 200 项	
市地方税务局（5 项）				
145	印花税票代售许可	市地方税务局	《中华人民共和国印花税暂行条例施行细则》第 31 条、《国务院对确需保留的行政审批项目设定行政许可的决定》（国务院令第 412 号）第 235 项	
146	对纳税人变更纳税定额的核准	市地方税务局	《中华人民共和国税收征收管理法实施细则》第 47 条	
147	对采取实际利润额预缴以外的其他企业所得税预缴方式的核定	市地方税务局	《中华人民共和国企业所得税法实施条例》第 128 条	
148	对纳税人延期申报的核准	市地方税务局	《中华人民共和国税收征收管理法》第 27 条	
149	发票使用和管理审批	市地方税务局	《中华人民共和国发票管理办法》第十六条	
市环境保护局（5 项）				
150	权限内建设项目环境影响报告书（表）审批及环境保护设施验收	市环境保护局	《中华人民共和国环境影响评价法》第十六条、第二十二条	
151	防治污染设施的拆除或闲置许可	市环境保护局	《中华人民共和国环境保护法》第二十六条	
152	排污申报登记和排污变更申报登记	市环境保护局	《中华人民共和国环境保护法》第二十七条、《排污费征收使用管理条例》第六、七条	
153	排污许可证（大气、水）核发	市环境保护局	《中华人民共和国大气污染防治法》第十二、五十六条、《中华人民共和国水污染防治法》第二十条、《中华人民共和国水污染防治法实施细则》（国务院令第 284 号）第十条	
154	权限内危险废物经营、转移许可	市环境保护局	《中华人民共和国固体废物污染环境防治法》第五十九条、《危险废物经营许可证管理办法》（国务院令第 408 号）第四、五、七条	
市工商行政管理局（3 项）				
155	企业核准登记（含企业集团核准登记和企业名称预核准）	市工商行政管理局	《中华人民共和国公司法》《中华人民共和国个人独资企业法》《中华人民共和国合伙企业法》《中华人民共和国独资企业登记管理办法》《中华人民共和国合伙企业登记管理办法》《公司登记管理条例》《企业法人登记管理条例》	
156	食品流通许可证核准登记	市工商行政管理局	《中华人民共和国食品安全法》第二十九条、第三十一条、《中华人民共和国食品流通许可证管理办法》	
157	户外广告登记	市工商行政管理局	《国务院对确需保留的行政审批项目设定行政许可的决定》（国务院 412 号令）第 243 项、《户外广告登记管理规定》	
市质量技术监督局（1 项）				
158	计量器具强制检定核准	市质量技术监督局	《中华人民共和国计量法》第十九条	

序号	项目名称	实施机关	设立依据	备注
市食品药品监督管理局（3 项）				
159	药品零售企业《药品经营许可证》核发	市食品药品监督管理局	《中华人民共和国药品管理法》第十四条	
160	Ⅱ、Ⅲ类医疗器械经营企业许可（零售）核发	市食品药品监督管理局	《医疗器械监督管理条例》(国务院令第 276 号）第二十四条	
161	餐饮服务许可证审批	市食品药品监督管理局	《中华人民共和国食品安全法》第二十九条	
市安全生产监督管理局（2 项）				
162	烟花爆竹零售许可证申报审核	市安全生产监督管理局	《烟花爆竹安全管理条例》第三条、第十八条、第十九条及《安全生产许可证条例》第二条、第六条	
163	危险化学品（乙种）经营（除气体、带仓储的门点外）许可证	市安全生产监督管理局	《危险化学品安全管理条例》第三十三条、第三十四条、《危险化学品经营许可证管理办法》第五条	
市人民防空办公室（5 项）				
164	拆除、改造、报废人防工程审批	市人民防空办公室	《中华人民共和国人民防空法》第二十八条	
165	单独修建人防工程立项审批、设计审查、竣工验收	市人民防空办公室	《湖南省实施〈中华人民共和国人民防空法〉办法》第十三条	
166	结合民用建筑修建防空地下室设计审查竣工验收、省管建筑工程项目防空地下室（人防工程建筑面积在 1500 平方米以下）设计审查竣工验收认可	市人民防空办公室	《湖南省实施〈中华人民共和国人民防空法〉办法》第十八条、第十九条	
167	城市地下空间开发利用审批	市人民防空办公室	中共中央、国务院、中央军委《关于加强人民防空工作的决定》第九条	
168	拆除、迁移防空警报通信设施审批	市人民防空办公室	《湖南省实施〈中华人民共和国人民防空法〉办法》第二十八条	
市民族宗教事务局（3 项）				
169	成立、变更、注销宗教团体审批	市民族宗教事务局	《湖南省宗教事务管理条例》第八条	
170	宗教活动场所登记和举办大型宗教活动审批	市民族宗教事务局	《宗教事务管理条例》第十五条、第二十二条、《湖南省宗教事务管理条例》第三十二条	
171	筹备设立（改建、扩建）宗教活动场所审批	市民族宗教事务局	《宗教事务管理条例》第十三条、《湖南省宗教事务管理条例》第十二条、第十三条	
市文物局（6 项）				
172	在市级文物保护单位建设控制地带内的建设工程设计方案审核	市文物局	《中华人民共和国文物保护法》第十八条	
173	市级文物保护单位修缮或实施原址保护措施审批	市文物局	《中华人民共和国文物保护法》第二十、二十一条	

序号	项目名称	实施机关	设立依据	备注
174	国有省级以下文物保护单位和其他不可移动文物改变用途审批	市文物局	《中华人民共和国文物保护法》第二十条	
175	由当地人民政府出资帮助修缮的非国有不可移动文物转让、抵押或者改变用途的审批	市文物局	《中华人民共和国文物保护法》第二十五条	
176	国有文物收藏单位之间因举办展览、科学研究，非国有文物收藏单位和其他单位举办展览，需借用国有馆藏文物审批	市文物局	《中华人民共和国文物保护法》第四十条	
177	博物馆处理不够入藏标准、无保存价值的文物或标本审批	市文物局	《国务院对确需保留的行政审批项目设定行政许可的决定》（国务院令第 412 号）第 465 项	
市盐务局（1 项）				
178	食盐零售许可证核发	市盐务局	《湖南省盐业管理条例》第十七条	
市气象局（3 项）				
179	防雷装置设计审核和竣工验收	市气象局	《国务院对确需保留的行政审批项目设定行政许可的决定》（国务院第 412 号令）第 378 项《中华人民共和国气象法》第三十一条	
180	升放无人驾驶自由气球、系留气球活动审批	市气象局	《通用航空飞行管制条例》（国务院、中央军委令第 371 号）第三十三条	
181	建设项目大气环境影响评价使用气象资料、大气环境影响评价使用非气象主管部门提供的气象资料审查	市气象局	《中华人民共和国气象法》第三十四条	
市烟草专卖局（1 项）				
182	烟草专卖零售许可证	市烟草专卖局	《中华人民共和国烟草专卖法》第十六条	
市司法局（1 项）				
183	基层法律服务所设立业务接待站（点）审查	市司法局	《湖南省基层法律服务所条例》第九条《基层法律服务所管理办法》（司法部令第 59 号）第六条、第十三条	

附件 2

下放醴陵市实施的行政许可项目目录

序号	项目名称	实施机关	设立依据	备注
1	城市养犬审批	市公安局	《中华人民共和国传染病防治法实施办法》	株洲市人民政府令第十四届第 1 号文件下放项目
2	旅馆业特种行业许可	市公安局	《旅馆业治安管理办法》《国务院对确需保留的行政审批项目设定行政许可的决定》（国务院令第 466 号）	株洲市人民政府令第十四届第 1 号文件下放项目

序号	项目名称	实施机关	设立依据	备注
3	公章刻制业许可证核发	市公安局	《国务院对确需保留的行政审批项目设定行政许可的决定》（国务院令第412号）	株洲市人民政府令第十四届第1号文件下放项目
4	建设公墓、殡仪服务站、骨灰堂、殡仪馆、火葬场审批	市民政局	《殡葬管理条例》（国务院令第225号）	株洲市人民政府令第十四届第1号文件下放项目
5	非国家重点保护野生动物狩猎许可证核发	市林业局	《中华人民共和国野生动物保护法》《中华人民共和国陆生野生动物保护实施条例》	株洲市人民政府令第十四届第1号文件下放项目
6	省管林场林木采伐证、木材出省运输证核发	市林业局	《中华人民共和国森林法》《湖南省林业条例》	株洲市人民政府令第十四届第1号文件下放项目
7	设立营业性文艺表演团体审批	市文化体育广电新闻出版局	《营业性演出管理条例》	株洲市人民政府令第十四届第1号文件下放项目
8	演出经纪机构举办组台演出活动审批	市文化体育广电新闻出版局	《营业性演出管理条例》	株洲市人民政府令第十四届第1号文件下放项目
9	占用非营业性演出场所举办营业性演出活动审批	市文化体育广电新闻出版局	《营业性演出管理条例》	株洲市人民政府令第十四届第1号文件下放项目
10	再生育审批	市人口和计划生育局	《中华人民共和国人口与计划生育法》第十八条、《湖南省人口与计划生育条例》第二十条	株洲市人民政府令第十四届第1号文件下放项目
11	实施恢复生育手术许可	市人口和计划生育局	《湖南省人口与计划生育条例》第二十三条	株洲市人民政府令第十四届第1号文件下放项目
12	计划生育技术服务机构执业许可证核发	市人口和计划生育局	《计划生育技术服务管理条例》	株洲市人民政府令第十四届第1号文件下放项目
13	计划生育技术服务机构设立许可	市人口和计划生育局	《计划生育技术服务管理条例》（国务院令第428号）	株洲市人民政府令第十四届第1号文件下放项目
14	个体工商户登记	市工商行政管理局	《中华人民共和国民法通则》《个体工商户管理条例》《个体工商户登记管理办法》	株洲市人民政府令第十四届第1号文件下放项目
15	宗教团体和宗教场所举办宗教教职人员、教徒培训班审批	市民族宗教事务局	《湖南省宗教事务管理条例》	株洲市人民政府令第十四届第1号文件下放项目
16	粮食收购资格认定	市粮食局	《粮食流通管理条例》第九条	株洲市人民政府令第十四届第1号文件下放项目

附件3

醴陵市转报上级部门审批行政许可项目目录

序号	项目名称	设立依据	实施机关
1	1亿美元（不含1亿美元）以下的鼓励类和允许类外商投资项目核准	《指导外商投资方向规定》（国务院令第346号）第九条、十条、十二条	市发展和改革局
2	普通护照核发及变更加注	《中华人民共和国护照法》第四条、第十条	市公安局

序号	项目名称	设立依据	实施机关
3	往来港澳通行证核发及签注	《中华人民共和国出境入境管理法》第十七条	市公安局
4	内地公民前往港澳定居通行证核发	《中华人民共和国出境入境管理法》第十七条	市公安局
5	大陆居民往来台湾通行证核发及签注	《中国公民往来台湾地区管理办法》(国务院令第 93 号)第三章、第五章	市公安局
6	保安服务许可	《保安服务条例》	市公安局
7	典当业特种行业许可	《典当管理办法》	市公安局
8	互联网上网服务营业场所安全许可	《互联网上网服务营业场所管理条例》	市公安局
9	剧毒化学品公路运输通行证核发	《中华人民共和国道路交通安全法》第四十八条	市公安局交警大队
10	采集、出售、收购国家二级保护野生植物采集证审核	《中华人民共和国野生植物保护条例》第十六条、《农业野生植物保护办法》第十五条	市农业局
11	职业资格证书核发	《中华人民共和国劳动法》第六十九条	市劳动和社会保障局
12	三级物业管理企业资质认定	《物业管理条例》(国务院令第 379 号)第三十二条	市房产管理局
13	二、三级房地产估价机构资质认定	《国务院对确需保留的行政审批项目设定行政许可的决定》(国务院令第 412 号)第一百一十项	市房产管理局
14	进入环保部门主管的自然保护区的实验区开展参观、旅游、在缓冲区从事非破坏性的科学研究、教学实习和标本采集活动的审批	《中华人民共和国自然保护区条例》(国务院令第 167 号)第二十八条	市环境保护局
15	Ⅲ类射线装置的辐射安全许可	《中华人民共和国放射性污染防治法》第二十八条、《放射性同位素与射线装置安全和防护条例》(国务院令第 449 号)第五条	市环境保护局
16	在文物保护单位的保护范围内进行其他建设工程或者爆破、钻探、挖掘等作业审批	《中华人民共和国文物保护法》第十七条	市文物局
17	改变国有文物保护单位管理体制审批	《湖南省文物保护条例》第十五条	市文物局
18	文物商店审批	《湖南省文物保护条例》第五十三条	市文物局
19	林木种子生产、经营许可证审核	《中华人民共和国种子法》第二十、二十六条	市林业局
20	建设工程占用林地、30 亩以上临时占用林地审核	《中华人民共和国森林实施条例》(国务院令第 278 号)第十六、十七条	市林业局
21	森林经营单位修筑直接为林业生产服务工程设施占用林地审核	《中华人民共和国森林实施条例》(国务院令第 278 号)第十八条	市林业局
22	林区经营(加工)木材审核	《中华人民共和国森林实施条例》(国务院令第 278 号)第三十四条	市林业局
23	移植古树名木(城市除外)审核	《湖南省林业条例》第十四条	市林业局
24	森林公园建设项目的定点和设计方案审查	《湖南省森林公园管理条例》第九条	市林业局
25	采集、出售、收购国家二级保护野生植物审核	《中华人民共和国野生植物保护条例》第十六、十七、十八条	市林业局

序号	项目名称	设立依据	实施机关
26	出售、收购、利用国家重点保护陆生野生动物及其产品的审核	《中华人民共和国野生动物保护法》第二十二条	市林业局
27	运输、携带国家重点保护陆生野生动物及其产品出县境的审核	《中华人民共和国野生动物保护法》第二十三条	市林业局
28	驯养繁殖重点保护野生动物许可证的审核	《中华人民共和国陆生野生动物保护实施条例》第二十二条、《湖南省野生动植物资源保护条例》第十七条	市林业局
29	计量标准器具核准	《中华人民共和国计量法》第十九条	市质量技术监督局
30	计量检定员资格核准	《中华人民共和国计量法》第二十条	市质量技术监督局
31	特种设备作业人员资格认定	《中华人民共和国特种设备安全法》第五条、十四条	市质量技术监督局
32	种畜禽生产经营许可证核发	《中华人民共和国种畜禽管理条例》（国务院令第 153 号）第十五条、《种畜禽管理条例实施细则》第二十五条	市畜牧兽医水产局
33	无公害农产品产地认定和产品认证审查	《无公害农产品管理办法》第十四条	市畜牧兽医水产局
34	超限运输车辆行驶公路审批	《中华人民共和国公路法》第四十八、五十条，《湖南省实施〈中华人民共和国公路法〉办法》第十九条	市公路局
35	二级建造师注册初审	《注册建造师管理规定》	市住房和城乡建设局
36	高危企业的主要负责人和安全生产管理人员的安全资格认定	《中华人民共和国安全生产法》第二十条	市安全生产监督管理局
37	烟花爆竹生产企业安全生产许可证申报初审	《安全生产许可证条例》第七条	市安全生产监督管理局
38	生产、储存危险化学品企业新建、改建、扩建项目的审批	《危险化学品安全管理条例》（国务院令第 591 号）第六条	市安全生产监督管理局
39	危险化学品安全生产许可证、安全使用许可证、安全经营许可证核发	《危险化学品安全管理条例》（国务院令第 591 号）第六条	市安全生产监督管理局
40	烟花爆竹批发、经营许可	《国务院关于第三批取消和调整行政审批项目的决定》《烟花爆竹安全管理条例》（国务院令第 455 号）第三条	市安全生产监督管理局
41	非煤矿山安全生产许可证申报初审	《安全生产许可条例》《非煤矿山企业安全生产许可证实施办法》	市安全生产监督管理局
42	煤矿矿长资格证初审	《中华人民共和国煤炭法》第二十三条	市安全生产监督管理局
43	煤炭矿长安全资格证初审	《中华人民共和国安全生产法》《煤矿企业安全生产许可证实施办法》	市安全生产监督管理局
44	煤矿安全生产许可证申报初审	《中华人民共和国安全生产法》《煤矿企业安全生产许可证实施办法》	市安全生产监督管理局
45	非煤矿山建设项目安全设施审批	《安全生产许可条例》《非煤矿山企业安全生产许可证实施办法》	市安全生产监督管理局
46	酒类经营许可	《湖南省酒类管理条例》《酒类流通管理办法》	市商务局
47	成品油经营资格审批	商务部《成品油市场管理办法》	市商务局

序号	项目名称	设立依据	实施机关
48	生猪定点屠宰点设立	国务院《生猪屠宰管理条例》、湖南省《生猪屠宰厂（场）设置管理办法》	市商务局
49	基层法律服务所设立、变更、注销登记	《湖南省基层法律服务所条例》第九条《基层法律服务所管理办法》(司法部令第59号）第六条、第十三条	市司法局
50	基层法律服务工作者执业核准	《国务院对确需保留的行政审批项目设定行政许可的决定》（国务院令第 412 号）第 75 项	市司法局
51	公证机构设立审批	《公证法》第七、九条和《公证机构执业管理办法》第十四条	市司法局
52	公证员执业审批	《公证法》《公证机构执业管理办法》	市司法局
53	企业印制发票审批	《中华人民共和国税收征收管理法》第 22 条《中华人民共和国发票管理办法》第 7 条	市地方税务局
54	延期缴纳税款申请	《中华人民共和国税收征收管理法》第 31 条第 2 款	市地方税务局

附件 4

醴陵市继续实施的部分非行政许可项目目录

序号	项目名称	实施机关	备注
1	政府出资的投资项目（项目建议书、可行性研究报告或资金申请报告）的审批	市发展和改革局	
2	制作、复制国家秘密载体定点单位认定	市国家保密局	
3	民政福利企业享受税收优惠及民政福利工业企业生产增值税应税货物退税审批	市民政局、市国税局	
4	权限内房产税困难减免（10 万元以下含 10 万元）	市地方税务局	
5	权限内资源税困难减免（10 万元以下含 10 万元）	市地方税务局	
6	权限内城镇土地使用税困难减免（10 万元以下含 10 万元）	市地方税务局	
7	权限内符合条件的土地增值税减免（计税金额 2500 万元以下）	市地方税务局	
8	权限内契税减免（计税金额 2500 万元以下）	市地方税务局	
9	支持和促进重点群体创业就业税收优惠政策对个体经营、商贸企业、服务型企业等减免税的审批	市地方税务局	
10	退役士兵自谋职业税收优惠审批	市地方税务局	
11	行政事业单位账户设立审批	中国人民银行醴陵支行	
12	机关事业单位机构编制审批	市机构编制委员会办公室	
13	农用地转用及土地征收审查	市国土资源局	
14	建设项目用地预审	市国土资源局	
15	实行政府定价、政府指导价的商品和服务价格的制定、调整审批	市物价局	
16	住房公积金提取、使用审批	市住房公积金中心	
17	销毁国有企业资产与产权变动档案备案	市档案史志局	
18	城市建设档案利用服务	市住房和城乡建设局	

附件 5

醴陵市取消的行政许可项目目录

取消的依据是：株洲市人民政府令第十四届第 1 号文件

序号	项目名称	实施机关
1	为保证管线的安全使用需要修剪城市树木审批	市城市管理行政执法局
2	城市新建燃气企业审批	市住房和城乡建设局
3	水利工程开工审批	市水利局
4	在宗教活动场所管理的范围内改建或者新建建筑物、设立商业服务网点、举办陈列展览、拍摄电影电视片、广告片等审批	市民族宗教事务局
5	承担国家法定计量检定机构任务授权	市质量技术监督局
6	计量器具新产品型式批准和样机试验合格证书核发	市质量技术监督局
7	特种设备制造安装、改造、维修监督检验及定期检验	市质量技术监督局
8	场（厂）内机动车辆制造、改造、维修、使用、检验许可	市质量技术监督局
9	医疗广告证明审核	市卫生局
10	征用蔬菜基地审核	市农业局
11	省重点保护的野生动植物猎采许可证审核	市林业局

醴陵市人民政府
关于公布实施醴陵市城镇基准地价更新成果的
通　知

醴政发〔2014〕10 号

各乡镇人民政府、街道办事处，长庆示范区管委会，市直各单位，驻醴各单位：

随着我市社会经济的快速发展，城区基础设施不断完善，城市规划功能布局和土地区位条件均发生了变化，2011 年发布的醴陵市城镇基准地价已不能客观反映我市当前的地价水平。根据《国务院关于加强国有土地资产管理的通知》（国发〔2001〕15 号）、《湖南省国土资源厅办公室关于全面建立全省城镇基准地价体系的通知》（湘国土资办发〔2006〕90 号）、《湖南省国土资源厅办公室关于限期完成城镇基准地价更新工作的通知》（湘国土资办发〔2013〕109 号）等文件精神，我市已完成新一轮的城镇基准地价更新工作，工作成果已通过省级验收。现将醴陵市城镇基准地价更新成果予以公布，本次基准地价更新成果自本通知发布之日起施行。

附件：醴陵市城镇基准地价更新成果一览表

醴陵市人民政府

2014 年 10 月 28 日

附件

醴陵市城镇基准地价更新成果一览表

一、基准地价内涵

醴陵市城区商业、住宅、工矿仓储用地基准地价内涵

级别	土地权利	开发程度	商业用地		居住用地		工业用地		基准日
			年期	容积率	年期	容积率	年期	容积率	
一	出让土地使用权	五通一平	40 年	2.2	70 年	2.5	50 年	1.0	2014.1.1
二	出让土地使用权	五通一平	40 年	2.0	70 年	2.2	50 年	1.0	2014.1.1
三	出让土地使用权	五通一平	40 年	1.8	70 年	2.0	50 年	1.0	2014.1.1
四	出让土地使用权	五通一平	40 年	1.5	70 年	1.5	50 年	1.0	2014.1.1
五	出让土地使用权	五通一平	40 年	1.0	70 年	1.0	50 年	1.0	2014.1.1

醴陵市建制镇商业、住宅、工矿仓储用地基准地价内涵

级别	土地权利	开发程度	商业用地		居住用地		工业用地		基准日
			年期	容积率	年期	容积率	年期	容积率	
一	出让土地使用权	五通一平	40 年	1.5	70 年	1.5	50 年	1.0	2014.1.1
二	出让土地使用权	五通一平	40 年	1.2	70 年	1.2	50 年	1.0	2014.1.1
三	出让土地使用权	五通一平	40 年	1.0	70 年	1.0	50 年	1.0	2014.1.1

二、级别范围

醴陵市城区土地级别描述

级别编号	范　　围
Ⅰ	1. 瓷城大道 (青云北路—醴陵市第四中学) 南侧侧 100 米； 2. 瓷城大道（青云北路—信用联社）北侧 100 米 3. 青云北路（城管局—云盘山公园入口）以东 100 米 4. 青云北路—李畋西路—文化路—美食街—滨河路—瓷城大道—青云北路（除二级地区域） 5. 青云北路—先农坛路—文化路—瓷城大道—青云北路（除二级地区域） 6. 文化路南段以西 40 米，瓷城大道（文化路—西山大桥桥头）两侧 100 米
Ⅱ	1. 李畋西路以北 50 米 2. 青云北路（云盘山公园入口—桥头）东侧 100 米 3. 青云南路两侧 40 米 4. 泉湖路（左权中路—立三路）两侧 40 米 5. 阳三路（立三路—车站东路）两侧 40 米 6. 立三路两侧 40 米 7. 陶瓷烟花鞭炮市场现状区域、醴陵火车站以及站前广场区域 8. 李畋西路以南，李畋中路以南，李畋东路以南，国瓷南路，瓷城大道，滨河路，李畋西路（除一级地区域） 9. 滨河路，先农坛路，青云北路，瓷城大道，滨河路（除一级地区域） 10. 青云北路，瓷城大道，车站路，狮子坡路，瓷城大道（除一级地区域） 11. 青云北路以东，瓷城大道以南狮子坡路以南，云盘山公园以北（除一级地区域）

级别编号	范围
Ⅲ	1. 江源路以西 40 米区域 2. 左权中路以西 40 米区域 3. 西山桥头，江源路，江源桥头，财源塔路，西山桥头 4. 左权中路以北，泉湖路以北，青云南路以西（除二级地区域） 5. 左权南路，规划碧山路，立三路，泉湖路，左权南路（除二级地区域） 6. 青云南路以东，阳三路以北，车站东路以西，阳三路以北，车站东路以西（除二级地区域） 7. 立三路，阳三路，车站东路，碧山路，立三路（除二级地区域） 8. 规划路未名路，碧山路，规划路未名路，渌江大道、规划路未名路（除二级地区域） 9. 渌江大道（立三路—左权南路）两侧 40 米区域 10. 渌江大道南侧（立三路—阳三石路口）40 米区域 11. 三刀石，滨江北路，浙赣线以西，车站路，狮子坡路以南，云盘山公园以北区域 12. 浙赣线以东，规划未命名路，320 国道以西，醴陵大道以南，浙赣线以东 13. 李畋中路、李畋西路、滨河路、醴泉路、醴陵大道、浙赣线以西、李畋东路、李畋中路（除二级地区域） 14. 醴泉路，醴陵大道，浙赣线，凤凰大道，玉瓷路，醴泉路（除四级区域） 15. 玉瓷路以南，规划陶工路，渌江边（除五级区域） 16. 凤凰大道，玉瓷路，规划陶工路，规划未命名路，凤凰大道
Ⅳ	1. 浙赣线，凤凰大道，玉瓷路，规划未命名路，规划陶工路，浙赣线 2. 浙赣线，凤凰大道，规划未命名路，城北二路，320 国道，醴陵大道，浙赣线 3. 醴陵大道以南，迎宾路以北，320 国道以东，醴陵大道 4.320 国道以南，规划未命名路，滨江北路，浙赣线，规划未命名路，320 国道 5. 车站东路，滨江南路，320 国道，106 国道，阳三石路，车站东路 6. 碧山路，立三路，渌江大道，阳三石路，碧山路(除二、三级地以外区域) 7. 碧山路，左权南路，渌江大道，立三路(除二、三级地以外区域) 8. 南北大道，规划瓷兴路，渌江大道，南北大道 9. 规划江南大道以东，规划未命名路，南北大道，规划江南大道 10. 规划江南大道以北，左权南路以西，左权中路以北，江源路以北（除五级外区域） 11. 渌江大道（320 国道—交通运输局）以东 40 米区域 醴陵市政府、教育局、醴陵市交警大队、玫瑰园等现状除三级地以外区域
Ⅴ	评估区域内除一级、二级、三级、四级土地的区域。

三、城区基准地价

醴陵市城区级别基准地价表

土地级别	商业		住宅		工业	
	元/平方米	万元/亩	元/平方米	万元/亩	元/平方米	万元/亩
Ⅰ	3920	261.33	1641	109.40	531	35.40
Ⅱ	2735	182.33	1217	81.13	442	29.47
Ⅲ	1752	116.80	861	57.40	371	24.73
Ⅳ	1135	75.67	610	40.67	307	20.47
Ⅴ	671	44.73	424	28.27	251	16.73

醴陵市城区商服用地路线价表

单位：元 / 平方米

级别	编号	范　围	路线价
一级	A101	瓷城大道（西山桥头 – 醴陵市第四中学）	6860
	A102	青云北路（佳茂银座 – 食品城）	6525
	A103	文化路北（文化路北段 – 瓷城大道）	4315
	A104	文化路南（瓷城大道 – 司法局）	4236
	A105	青云北路（食品城 – 醴陵大桥桥头）	4336
二级	A201	青云北路 (李畋西路 – 佳茂银座)	4212
	A202	文化路北段 (李畋西路 – 文化路北段)	3108
	A203	姜湾路 (李畋西路以南)	3225
	A204	美食街	3348
	A205	李畋西路	3546
	A206	滨河路 (李畋西路 – 渌江桥头)	3025
	A207	胜利路	3656
	A208	先农坛路	2758
	A209	车站路 (瓷城大道 – 狮子坡路口)	2875
	A210	国瓷南路（李畋东路 – 醴陵火车站）	3786
	A211	国瓷南路（李畋东路 – 醴泉路口）	2864
	A212	李畋东路	3125
	A213	青云南路	3552
	A214	泉湖路	3202
	A215	阳三路	2912
	A216	立三路	3021
	A217	瓷城大道（醴陵市第四中学 – 醴陵火车站）	4855
三级	A301	滨河路 (李畋西路 – 江源桥头接醴泉路)	2215
	A302	醴泉路	3186
	A303	醴陵大道（国瓷南路 – 浙赣铁路）	2756
	A304	国瓷路（醴泉路口 – 城北路口）	2034
	A305	玉瓷路（醴泉路口美世界家居广场 – 红官窑）	2217
	A306	玉瓷路 (红官窑 – 凤凰大道)	1895
	A307	国瓷路（城北路 – 醴陵世界陶瓷艺术城）	1896
	A308	左权北路	2314
	A309	江源路	2019

级别	编号	范　围	路线价
三级	A310	左权中路	2879
	A311	左权南路	2052
	A312	车站东路	1912
	A313	车站路（狮子坡路－滨江路）	2235
	A314	迎宾路（国瓷南路佳新楼 -320 国道入口）	2185
	A315	姜湾路(李畋西路以北－滨河路)	2431
	A316	渌江大道（左权南路路口－立三路口）	2489
四级	A401	醴陵大道（浙赣铁路－科教一路）	1662
	A402	迎宾路（320 入口－东方家园）	1705
	A403	阳三石路	1521
	A404	渌江大道（立三路口－顺达加油站）	1895
	A405	江南大道（桎木嘴转盘－仙岳景区入口）	1324
	A406	南北大道（桎木嘴转盘－飞鹰驾校入口）	1443

四、建制镇基准地价

醴陵市建制镇土地分等结果

等 别	建 制 镇 名
一等	白兔潭镇
二等	浦口镇、泗汾镇、王仙镇
三等	大障镇、石亭镇、东富镇、黄獭嘴镇、船湾镇、南桥镇、均楚镇
四等	神福港镇、沈潭镇、栗山坝镇、贺家桥镇、王坊镇、富里镇、仙霞镇

醴陵市一等建制镇级别基准地价表

级别	一级		二级		三级	
	元 / 平方米	万元 / 亩	元 / 平方米	万元 / 亩	元 / 平方米	万元 / 亩
商服用地	1120	74.67	716	47.73	562	37.47
住宅用地	710	47.33	526	35.07	326	21.73
工业用地	316	21.07	245	16.33	190	12.67

醴陵市二等建制镇级别基准地价表

级别	一级		二级	
	元 / 平方米	万元 / 亩	元 / 平方米	万元 / 亩
商服用地	915	61.00	578	38.53
住宅用地	626	41.73	412	27.47
工业用地	286	19.07	216	14.40

醴陵市三等建制镇级别基准地价表

级别	一级		二级	
	元 / 平方米	万元 / 亩	元 / 平方米	万元 / 亩
商服用地	806	53.73	526	35.07
住宅用地	530	35.33	387	25.80
工业用地	240	16.00	195	13.00

醴陵市四等建制镇级别基准地价表

级别	一级		二级	
	元 / 平方米	万元 / 亩	元 / 平方米	万元 / 亩
商服用地	684	45.60	453	30.20
住宅用地	510	34.00	324	21.60
工业用地	230	15.33	186	12.40

醴陵市人民政府
关于划定畜禽养殖禁养区、限养区和适养区的通告

醴政告〔2014〕3 号

为了确保全市人民生产、生活及饮用水安全，有效减轻畜禽养殖污染，推进农村环境综合治理，加快新农村建设步伐，根据《中华人民共和国环境保护法》《中华人民共和国水污染防治法》《畜禽规模养殖污染防治条例》《株洲市人民政府关于划定市区畜禽养殖区域的通告》（株政告〔2012〕3 号）等有关规定，结合我市实际，划定我市畜禽养殖禁养区、限养区和适养区。现将有关事项通告如下：

一、划定区域

（一）禁养区范围。

1. 城市规划区核心范围内区域，包括来龙门街道的四塘、狮子坡、马放塘、北门、胜利、文庙、

丁家坊7个社区居委会，阳三石街道的阳三、渌江、向阳3个社区居委会和泉湖、立三2个行政村，西山街道的财源塔、书院、南门、碧山4个社区居委会和碧山、河西、江源3个行政村，黄泥坳街道的姜湾、车顿桥、国光、八里庵、五里牌5个社区居委会和老龙井行政村，长庆示范区的珊田、马脑2个行政村，经开区的石子岭、姜村、华塘3个行政村。

2. 饮用水源保护区，乡镇村集中采水点，市域内大中型水库、小一型水库，包括官庄、望仙桥、周坊、雪峰山、藕塘、荷田、寺冲、焦坑等水库周围500米范围内和官庄、雪峰山、望仙桥等水库入水干流两侧500米范围内区域。

3. 渌江干流及其一级支流沿河两岸500米范围内区域。

4. 全市大中型水库主干渠。

5. 名胜旅游区，仙岳山森林公园的核心区和缓冲区。

6. 乡镇集镇建成区、科教文化区（学校、医院）、居民小区等人口集中区周围500米范围内区域。

7. 法律、法规规定其他需要特殊保护的区域。

（二）限养区范围。

1. 城市规划区范围内除禁养区外的其他区域，包括来龙门街道的上洲、东岸2个行政村，阳三石街道的阳东、企石、东门塘、玉屏山4个行政村，西山街道的万宜、石成金、石门口、滴水井、五里墩、枫树塘6个行政村，长庆示范区的山峰、钟鼓、黄沙、庄埠、清潭5个行政村，经开区的石塅、横店、土株岭3个行政村。

2. 禁养区周界1000米之内的区域。

3. 铁路、高速公路、国道、省道和市乡公路主干道沿线两侧500米范围内区域。

4. 村庄人口居住密集区。

5. 渌江干流及其支流沿河两岸500米范围外1000米范围内区域。

6. 根据城镇发展规划和区域污染物排放总量控制需要，应当限制畜禽养殖的其他区域。

（三）适养区范围。

禁养区和限养区以外的其他区域为适养区。各乡镇在行政村规划时可划出一定的生产区域用于建立畜禽养殖小区或规模化养殖场，实行污染物集中治理和废弃物综合利用。

二、具体要求

（一）禁养区内禁止建设畜禽养殖场、养殖小区。禁养区内原有的畜禽养殖场、养殖小区，由市人民政府制定整治方案，依法予以关闭或搬迁。到2015年底全市基本实现禁养目标。

（二）限养区内逐步控制和削减畜禽饲养总量，特别是不得新建、扩建畜禽养殖场、养殖小区。限养区内原有的畜禽养殖场、养殖小区要严格落实污染防治措施，实现污染物达标排放。

（三）适养区内实行畜禽标准化规模养殖，优化养殖小区布局，实行污染物综合治理、达标排放。新建、改扩建畜禽养殖场必须符合城镇总体规划和土地利用规划，严格执行环境影响评价制度。

三、本通告自发布之日起执行。

醴陵市人民政府

2014年11月20日

醴陵市人民政府
关于第二轮封山育林的通告

醴政告〔2014〕4号

为贯彻落实党的十八大及十八届四中全会精神，加快生态文明建设，进一步巩固封山育林成果，保护和培育森林资源，促进经济和社会生态环境的协调发展，根据《中华人民共和国森林法》等有关法律法规的规定，结合我市实际，市人民政府决定全面实行第二轮封山育林。现将有关事项通告如下：

一、封山育林时间：2015年1月1日至2029年12月31日，时限15年。

二、封山育林范围：全市除竹林和过熟林地外的林业用地。

三、在封山育林区封育期内，严禁从事下列活动：

（一）砍伐（除林农生活用材和低效林改造等特殊用途需要砍伐外）、非法采挖树木和非抚育性修枝；

（二）吸烟、燃放烟花爆竹、烧荒、烧香、烧纸、野炊等野外用火行为；

（三）未取得狩猎证或者未按狩猎证规定猎捕野生动物；

（四）非法开垦、采石、采矿、采砂、采土、掘根等其他毁林活动；

（五）擅自移动或者毁坏封山育林标牌等设施的行为；

（六）其他破坏封山育林的活动。

四、封山育林实行政府负责制，各乡镇人民政府

（街道办事处）负责本辖区封山育林工作；市林业行政主管部门负责封山育林监督检查工作；市发改、财政、公安、农业、国土、水利等部门要紧密配合，协同做好封山育林工作。

五、对违反本通告第三条规定或阻碍国家机关工作人员依法执行职务的，严格按照《中华人民共和国森林法》《中华人民共和国森林法实施条例》《中华人民共和国治安管理处罚法》等法律法规严肃处理；触犯刑律的，移交司法部门追究刑事责任。对因不作为或乱作为致使封山育林工作不到位的，坚决追究有关单位和人员的责任。

六、本通告自2015年1月1日起施行。

特此通告。

醴陵市人民政府
2014年12月23日

2014年度中共醴陵市委、市委办公室重要文件目录

表24

文　号	文件标题
醴发〔2014〕9号	关于印发《醴陵市科级领导班子和领导干部绩效考核办法（修订）》的通知
醴发〔2014〕10号	关于加强市委常委会自身建设的意见
醴发〔2014〕11号	关于印发《党委（党组）贯彻执行民主集中制的实施办法（试行）》的通知
醴发〔2014〕12号	关于印发《中共醴陵市委“三重一大”事项集体决策办法（试行）》的通知
醴发〔2014〕13号	关于深化投融资管理体制改革的意见
醴办〔2014〕4号	关于党政机关清理办公用房的通知
醴办〔2014〕7号	关于对全市简报进行全面清理和规范的通知
醴办〔2014〕18号	转发《政协醴陵市委员会关于委派政协委员担任民主监督员的实施办法（试行）》的通知
醴办〔2014〕20号	关于进一步加强信访维稳工作的意见
醴办〔2014〕38号	关于印发《醴陵市作风建设情况报告通知制度》的通知
醴办〔2014〕40号	关于印发《醴陵市烟花爆竹生产企业十条禁令》的通知
醴办〔2014〕41号	关于进一步健全市常委与党外代表人士联谊交友制度的意见
醴办〔2014〕45号	关于印发《中国共产党醴陵市代表大会代表联系党员和群众暂行办法》的通知
醴办发〔2014〕12号	印发《醴陵市关于分类推进事业单位改革的实施意见》的通知
醴办发〔2014〕18号	关于印发《醴陵市党政机关公务接待管理实施细则》的通知
醴办发〔2014〕19号	关于印发《醴陵市党政机关工作人员风向问责暂行办法》的通知
醴办发〔2014〕20号	关于印发《醴陵市市直机关事业单位中层干部交流管理实施办法（试行）》的通知

2014年度醴陵市人民政府、政府办公室重要文件目录

表25

文　号	文件标题
醴政发〔2014〕2号	关于印发2014年《政府工作报告》重点工作任务分解表的通知
醴政发〔2014〕3号 LLDR-2014-00001	关于进一步规范非税收入征收管理的通知
醴政发〔2014〕4号 LLDR-2014-00002	关于印发《醴陵市政府投资项目审计监督办法》的通知

续表 25－1

文　　号	文件标题
醴政发〔2014〕5 号 LLDR-2014-00003	关于公布行政审批项目目录的决定
醴政发〔2014〕9 号 LLDR-2014-00005	关于印发《醴陵市优化经济发展环境十条禁止性规定》的通知
醴政发〔2014〕10 号	关于公布实施醴陵市城镇基准地价更新成果的通知
醴政发〔2014〕14 号 LLDR-2014-00009	关于印发《醴陵市最严格水资源管理制度实施方案》的通知
醴政发〔2014〕15 号 LLDR-2014-00011	关于印发《醴陵市城市规划区范围内征地拆迁预留地管理办法（试行）》的通知
醴政告〔2014〕3 号 LLDR-2014-00006	关于划定畜禽养殖禁养区、限养区和适养区的通告
醴政告〔2014〕4 号 LLDR-2014-00008	关于第二轮封山育林的通告
醴政告〔2014〕5 号 LLDR-2014-00010	关于严格控制城市环线（S333）沿线建设活动的通知
醴政办发〔2014〕1 号	关于印发《醴陵市征地拆迁与房屋征收资金管理办法（试行）》的通知
醴政办发〔2014〕2 号 LLDR-2014-01001	关于印发《醴陵市烟草制品零售点合理布局规划》的通知
醴政办发〔2014〕3 号	关于印发《醴陵市行政审批制度改革工作实施方案》的通知
醴政办发〔2014〕5 号 LLDR-2014-01003	关于印发《醴陵市集体土地上房屋拆迁安置办法（试行）》的通知
醴政办发〔2014〕6 号	关于转发《湖南省安全生产监督管理职责规定》和《株洲市安全生产监督管理职责规定》的通知
醴政办发〔2014〕7 号	关于印发《醴陵市行政事业单位办公用房管理暂行办法》的通知
醴政办发〔2014〕8 号 LLDR-2014-01004	关于转发《因公临时出国经费管理办法》的通知
醴政办发〔2014〕9 号 LLDR-2014-01005	关于印发《醴陵市湘江保护和治理第一个“三年行动计划”实施方案》的通知
醴政办发〔2014〕11 号 LLDR-2014-01006	关于建立低保家庭经济状况核对机制的通知
醴政办发〔2014〕13 号 LLDR-2014-01007	关于印发《醴陵市突发性气象灾害预警应急预案机制》的通知
醴政办发〔2014〕14 号 LLDR-2014-01008	关于印发《醴陵市重度残疾人护理补贴制度实施细则》的通知
醴政办发〔2014〕15 号 LLDR-2014-01009	关于印发《醴陵市实行最严格水资源管理制度考核办法》的通知
醴政函〔2014〕17 号	关于印发《醴陵市乡镇财政国库集中收付制度改革工作方案》的通知
醴政办函〔2014〕18 号	关于进一步规范我市内销鞭炮烟花税费统征资金管理有关问题的通知
醴政办函〔2014〕22 号	关于印发《醴陵市人民政府办公室会议制度》和《醴陵市人民政府办公室公务活动制度》的通知
醴政办函〔2014〕29 号	关于印发《醴陵市乡镇（街道）便民服务中心建设实施方案》的通知

（吴远香　丁鑫禹）

市党政军及各部门单位负责人名录

（以 2014 年 12 月 31 日任职为准）

一、党政军及市直单位

中共醴陵市委

书　　记　周晓理
副 书 记　蔡周良　林伯芝
常　　委　周晓理　蔡周良　林伯芝　刘湘林　向　平　丁奇志　汤云辉　廖宏力　易文星　李云星
秘 书 长　廖宏力
副调研员　谭书龙　龙映秋
副县（处）级职级　李志龙　彭德清　钟武查

市委办

主　　任　（空　缺）
副 主 任　吴远香（女）　吴冬升　刘　敏　张　文（兼）

市委政策研究室

主　　任　（空　缺）

市保密局

局　　长　（空　缺）
副 局 长　叶　红（女）

市委机要局

局　　长　凌树生

市直机关工委

书　　记　胡修文

市委督查室

主　　任　刘铁华

中国共产党醴陵市纪律检查委员会

书　　记　易文星
副 书 记　唐　飞　易祖斌　彭　新（女）
常　　委　周述尧　彭秋生　王喜桂　骆仕良　陈嗣佳
办公室主任　彭晓明
执法监察室主任　（空　缺）
纪检监察室主任　罗　谷
纠风室主任　（空　缺）
行政效能监察室主任　张　韬
案件审理室主任　程　新
宣教室主任　罗楚雄
干部室主任　（空　缺）
党风廉政室主任　易祖海

市纪委派出第一纪工委

书　　记　（空　缺）
副 书 记　阳继先　谭春艳（女）

市纪委派出第二纪工委

书　　记　（空　缺）
副 书 记　金　志　邹木蒲

市纪委派出第三纪工委

书　　记　（空　缺）
副 书 记　付　颖

市纪委派出第四纪工委

书　　记　（空　缺）
副 书 记　张昌仁　曾　勇

市委组织部

部　　长　刘湘林
副 部 长　邓少仁　盛　勇
　　　　　何文立（兼）　付　权
　　　　　李子平（兼）
　　　　　钟建山（兼）
工会主席　王成根

市党员教育中心

主　　任　（空　缺）

市委党建办

主　　任　袁　亮

市委党代表联络办

主　　任　黎　波

市委宣传部

部　　长　（空　缺）
副 部 长　余波玲（女）　匡兴武
　　　　　郭　健（兼）
　　　　　张　斌（兼）
工会主席　钟淑秋（女）

市社会主义精神文明委员会办公室

主　　任　余波玲（女、兼）
副 主 任　周　玲（女）

市网宣办

主　　任　张　斌

市委统战部

部　　长　（空　缺）
副 部 长　付益田　喻　平
　　　　　张海涛（兼）
工会主席　杨水玉（女）

市台办

主　　任　付益田
副 主 任　丁桂华（女）　易恒珍

市民族宗教事务局

局　　长　喻　平

市委政法委

书　　记　丁奇志
副 书 记　张国亮　邓元卫
　　　　　尹惠京　彭开仁
　　　　　张龙新

市综治办

主　　任　张国亮
副 主 任　周文锋

市反邪教办

主　　任　邓元卫（兼）

市维稳办

主　　任　（空　缺）
副 主 任　马　牛

市委老干局

党支部书记、局长　钟建山
党支部副书记、副局长　黄玲香（女）
副 局 长　全小云（女）

市编办

主　　任　何文立
副 主 任　刘　薇（女）　周玉梅（女）

市事业单位登记管理局

局　　长　刘　薇（女）
副 局 长　欧智文

市委党校

校长、党支部书记　邹明麟
常务副校长　何　智（女）
副 校 长　刘海波　王主民
校务委员　曾玄风

醴陵市人大常委会

主　　任　李　理
副 主 任　刘跃峰　李亿平（女）
　　　　　乔德良　翁菊清
　　　　　汤乐田

办公室

主　　任　甘　毅
副主任　邓卫群　陈　灏

任免联络工作委员会

主　　任　陈治平(女)
副主任　文南英(女)

农业和农村经济工作委员会

主　　任　张水良
副主任　汪海雕

财政经济工作委员会

主　　任　黄升开
副主任　廖　军

教科文卫工作委员会

主　　任　宋文革(女)
副主任　杨宗香

内务司法工作委员会

主　　任　张柏花(女)
副主任　汪长科

城乡建设环境资源保护工作委员会

主　　任　瞿运生
副主任　谢　诚

机关党总支

副书记　丁立平

醴陵市人民政府

市　　长　蔡周良
副市长　向　平　汤云辉　李忆湘(女)　李荣佳　贺小玲(女)　颜文明
党组书记　蔡周良
党组副书记　向　平
党组成员　汤云辉　李荣佳　贺小玲(女)　颜文明　刘新华　郭向晖　李志龙　彭德清　谢圣才　唐　飞
秘书长　谢圣才
调研员　廖达全
副调研员　易声告　巫栽清

市人民政府办公室

主　　任　谢圣才
市长助理　谢圣才　李志龙　彭德清
副主任　吴海江　阳自力　聂　淼(女)　何柳望　黄志强　何平发　王纪军(兼)　张　文(兼)　陈　杰(兼)　黎　俊　陈培建　林德建　李　辉(女)　米　佳(女)　文　庆
工会主席　易迎春(女)

市人民政府研究室

主　　任　何柳望
副主任　万丽娟(女)

食品安全委员会办公室

主　　任　吴海江
副主任　丁光源

重点工程建设管理办公室

主　　任　吴文辉

市人民政府口岸办公室

主　　任　王纪军

应急管理办公室

主　　任　吴集兴

爱国卫生运动办公室

副主任　黄志强

城市创建工作领导小组办公室

主　　任　(空　缺)
副主任　李　兵　金宇辉　巫学文

金融证券办公室

主　　任　黎　俊

政协醴陵市委员会

主　　席　杨　龙

副主席 陈建军 易磊 唐青柏（兼） 钟富强（兼）
秘书长 何春辉

办公室

主任 陈德政
副主任 刘桂平

学习文史委员会

主任 陈彰伟
副主任 谭湘辉（女）

经济科学委员会

主任 柳才军
副主任 王睿婷（女）

联谊联络群团法制委员会

主任 卢炼钢
副主任 唐彩霞（女）

提案工作委员会

主任 黄志成
副主任 （空缺）

醴陵市人民武装部

部长 李云星
政委 徐兆纯
副部长兼军事科长 喻巍
政工科长 黎建
后勤科长 傅为

湖南醴陵经济开发区

党工委书记 江曙明
管委会主任
党工委副书记 郭向晖
党工委委员 李启福 胡应建 林志祥 程曙光 廖胜云
副主任 李启福 胡应建 林志祥 廖胜云
纪工委书记 程曙光

党政办公室

主任 曾桃红
副主任 叶冠勇

产业发展局

局长 黄小龙
副局长 周应和 姚宁

招商合作局

局长 刘松波
副局长 易桢华（女）

社会事务管理局

局长 刘道平（女）
副局长 黄永辉 丁力

规划建设局

局长 谭志红
副局长 朱湛军 江南

高新技术发展中心

主任 汤建武
副主任 颜艳军

陶瓷研究中心

主任 刘锡清
副主任 陈蓉军

财政金融所

所长 刘勇

工会

主席 （空缺）
副主席 张新潮

市城区管理委员会

书记 谢圣才
主任 翁菊清
副主任 邓沸涛 唐琼（女）

市总工会

主席 宋友红
副主席 刘海平 刘醴谦（女）

团市委

书记 彭湘陵（女）
副书记 彭任任（女） 吴文戈

市妇联

党支部书记、主席　丁　瑜（女）
副　主　席　王小兰（女）
唐仁芳（女）

市残疾人联合执行理事会

理　事　长　傅益秋
副理事长　张建国　易冬连（女）

市工商联

会　长　钟富强
党组书记　张海涛
副　主　席　谢湘灵（女）　邱长青

市文联

主　席　唐青柏
党组书记　匡兴武

市科协

主　席　廖善民
副　主　席　吴文辉（女）　席小斌

市民革

主　委　李忆湘（女）
副　主　委　雷向军（女）

市人民检察院

党组书记、检察长　王友武
党组副书记　汪建国　罗月虹
副　检　察　长　汪建国　罗月虹　易召群
陈志高　杨林英（女、兼）
彭跃云
党组成员　陈志高　杨林英（女）
彭跃云　王　剑　李　立
欧阳向辉（女）
纪检组长　欧阳向辉（女）
反贪局局长　王　剑
反渎职侵权局局长　彭　巍
政工科长　李　立
检察委员会专职委员　黄建辉　胡春花（女）

市人民法院

党组书记、院长　高建明
党组副书记　兰文勇
副　院　长　兰文勇　潘　真　傅梓仁
汤金球　何　文
党组成员　潘　真　汤金球　何　文
王　昊　胡建群（女）
方建良　熊益民
纪检组长　胡建群（女）
政工科长　方建良
执行局局长　王　昊
法警大队大队长　陈仕龙
工会主席　熊益民
审判委员会专职委员　张华生

白兔潭法庭

庭　长　熊伟平

板杉法庭

庭　长　易　平

泗汾法庭

庭　长　晏宇清

茶山法庭

庭　长　邓　芳（女）

市发展和改革局

党支部书记、局长　徐　辉
党支部副书记、副局长　邹汉华
副　局　长　贺胜炎　柳许辉　刘小刚
吴文辉（兼）

“两型社会”建设综合配套改革领导小组办公室

主　任　罗才高
副　主　任　郭彩华（女）　徐　昂

市监察局

局　长　唐　飞
副　局　长　黄向阳（女）　彭秋生

第一监察分局

局　长　（空　缺）
副　局　长　阳继先　谭春艳（女）

第二监察分局

局　长　（空　缺）

副局长 金志 邹木蒲

第三监察分局

局长 （空缺）
副局长 付颖 邓勇航

第四监察分局

局长 （空缺）
副局长 张昌仁 曾勇

市经济和信息化局（陶瓷产业局）

党委书记、局长 刘金堂
党委副书记、副局长 陶瓷产业局局长 曾文初
副局长 王传文 王喜丰 朱虹
工会主席 徐瑾（女）

市教育局

党组（委）书记、局长 钟国建
党组成员 张孝强 向光 王清波 丁小波 郭米红（女） 易湘军
副局长 张孝强 王清波 丁小波 郭米红（女） 江汉云（兼）
联合工会主席 叶瑞根
市纪委派驻纪检组长 向光
市政府教育督导室总督学 方勇
市政府教育督导室主任督学 张孝强
市政府教育督导室副主任督学 易湘军 张锐

市科学技术局

局长 李忠业
副局长 贺光亮 张明波 巫杨（女）

市知识产权局

局长 贺光亮（兼）

市民政局

局长、党组（总支）副书记 温国战
党组（总支）副书记 彭国平
党组成员 刘仕永 何新民 邹宏进 丁光勇 匡辉平 刘开曙 谭芬芬（女） 丁云峰
副局长 刘仕永 邹宏进 何新民 匡辉平
市纪委派驻纪检组长 丁光勇
工会主席 刘开曙

市救助局

局长 谭芬芬（女）

市慈善办

主任 邱再华（女）

市公安局

党组（委）书记、局长 颜文明
政委 刘炳炎
党组（委）副书记 刘炳炎 杨乐玉
党组成员 张敏 黄连招 陈亚波 欧阳立敏 朱云云 杨杰 阎恕鹃
党委委员 张敏 黄连招 陈亚波 欧阳立敏 朱云云 易朝华 杨杰 阎恕鹃 王新桥
副局长 杨乐玉 张敏 黄连招 陈亚波 欧阳立敏 朱云云 易朝华（兼） 杨杰
纪委书记 朱云云（兼）
工会主席 熊世军

政工监督室

主任 文秋鹏
教导员 王邦武

刑事侦查大队

大队长 郭蛟龙
教导员 张志梅

网络安全保卫大队

大队长 宋学文
教导员 杨辉

指挥中心

主任 （空缺）
教导员 彭述军

国保大队

大　　队　　长　蔡志宏
教　　导　　员　廖木玲（女）

危爆大队

大　　队　　长　程　潇
教　　导　　员　邓文平

禁毒大队

大　　队　　长　巫红刚
教　　导　　员　文　雨

治安管理大队

大　　队　　长　易志红
教　　导　　员　龙九大

巡特警大队

大　　队　　长　蔡洪涛
教　　导　　员　石光辉

法　制　室

主　　　　　任　易　锋
教　　导　　员　罗红透

警务保障室

主　　　　　任　邓日兴
教　　导　　员　朱德中

人口与出入境管理中心

主　　　　　任　张申密
教　　导　　员　汤白琼（女）

看　守　所

所　　　　　长　姚战国
教　　导　　员　张小细

拘　留　所

所　　　　　长　侯卫星
教　　导　　员　易秋林

经侦大队

大　　队　　长　颜严广
教　　导　　员　邱飞跃

来龙门派出所

所　　　　　长　张　铝
教　　导　　员　李新年

阳三石派出所

所　　　　　长　文武全
教　　导　　员　黄启良

西山派出所

所　　　　　长　张海宏
教　　导　　员　王　昕

黄泥坳派出所

所　　　　　长　蒋一青
教　　导　　员　苏升起

富里派出所

所　　　　　长　何凯良
教　　导　　员　胡艳梅

白兔潭派出所

所　　　　　长　唐开孝
教　　导　　员　何新武

浦口派出所

所　　　　　长　邓　晖
教　　导　　员　杨宗军

王仙派出所

所　　　　　长　邹达峰
教　　导　　员　陈永全

东富派出所

所　　　　　长　邓金平
教　　导　　员　邓先明

泗汾派出所

所　　　　　长　贺新宇
教　　导　　员　邓星振

大障派出所

所　　　　　长　丁立新
教　　导　　员　钟定福

神福港派出所

所长　刘晓山
教导员　李　强

均楚派出所

所长　程寿生
教导员　（空　缺）

板杉派出所

所长　邓　攀
教导员　（空　缺）

黄獭嘴派出所

所长　王　勇
教导员　（空　缺）

市森林公安分局

局长　张　哲
政委　戴茂林

市公安局交通警察大队

大队长、政委　刘建文
副大队长　陈历纯　李桂明　黄显兵　彭昕炜　张根明
纪检员　漆　荣
工会主席　梁　剑

车辆管理所

所长　李建国
教导员　刘耀谷

市司法局

党支部书记、局长　杨　鹏
副局长　匡曦云　朱赛平
工会主席　江东风（女）

市财政局

党组（委）书记、局长　王志强
党组（委）副书记、副局长　柳林祥
党组成员　王可清　彭建云　张和平　吴祖燕　谭铁涛　王建刚　汪爱江　朱小强　龙理真
副局长　王可清　彭建云　张和平　谭铁涛
市纪委派驻纪检组长　吴祖燕
工会主席　汪爱江
总会计师　王建刚

市税费统征局

局长　彭建云
副局长　陈逾峰

市契税耕地占用税征收管理局乡镇财政管理局

局长　杨柳青

市国库集中支付核算局

局长　刘育艳（女）

市非税收入征收管理局

局长　朱小强

市融资管理办（市农业发展有限公司）

主任（经理）　龙理真（兼）

市财政监督局

局长　朱华山

市人事局

党支部书记、局长　李子平
副局长　孙开满　陈彩霞（女）
工会主席　钟　华（女）

市人才服务（考试培训）中心

主任　李俊军

市劳动和社会保障局

党组（支部）书记、局长　徐德军
党组（支部）副书记、副局长　潘　英（女）
党组副书记　田伟明
党组成员　张朝文　王天平　易理文
副局长　张朝文　陈振宇（兼）
市纪委派驻纪检组长　王天平
工会主席　易理文

市医疗保险局

局长　陈振宇

市工伤保险局

局　　长　李　健

市社会劳动保险局

局　　长　何志新

市劳动就业管理局

局　　长　张　维

市劳动保障监察大队

大　队　长　黄林培

市国土资源局

党组书记、局长　陈　佳
党组副书记、副局长　朱宗宪
党组成员　张　勇　王寿喜　吴建民
　邹建军　易建新　瞿海华
　凌　斌(女)
副局长　张　勇　王寿喜　吴建民
　刘雪龙(挂职)
纪检组长　邹建军
工会主席　易建新
执法监察大队大队长　瞿海华
总工程师　凌　斌(女)

市住房和城乡建设局

党组(委)书记、局长　凌　伟
党组(委)副书记 副局长　杨光秋
党委副书记　帅百灵
党组成员　胡兆霖　帅百灵
　张利华(女)　叶　敏
　朱发平　杨雪安
副局长　帅百灵　叶　敏
市纪委派驻纪检组长　张利华(女)
总工程师　朱发平
联合工会主席　邹　萍(女)

市建设工程质量安全监督站

站　　长　刘凌云
党支部书记　易比年

市燃气办

主　　任　杨雪安

市灯饰管理所

所　　长　钟　颖

市环境保护局

局长、党总书记　张国文
副局长　彭邵陵　马明仲　钟　鸣
党组成员 市纪委派驻纪检组长　龙丽虹(女)
总工程师　苏利玲(女)

市交通运输局

党委书记、局长　谢洪华
党委副书记、副局长　刘运桃(女)
副局长　曾秋明　马运年
　张文君(女)　张志军
工会主席　张妍明(女)

市运管所

所　　长　刘　军

市公路管理站

站　　长　(空　缺)
支部书记　孙云建

市城市客运管理中心

主　　任　黄　靖

市农业局

党总支书记、局长　易拔山
党总支副书记、副局长　丁铁钢
副局长　乔德良　刘月球　潘其明
工会主席　刘平辉
总农艺师　匡建业

市农业技术推广中心

主　　任　邓立平

市农产品质量检验中心

主　　任　吴明灿

市林业局

局长、党组(委)副书记　张有余
党组成员　杨冬伟　龙小刚　谭书良
　陈建勤　易树定　付若林

党组成员 张 哲 钟金平（女）
副局长 杨冬伟 龙小刚 魏碧云（女） 谭书良
市纪委派驻纪检组长 陈建勤
总工程师 易树定
工会主席 付若林
绿委办主任 龙自启
林业综合执法大队大队长 叶鹏凌
山林纠纷调处办公室主任 张钢林

市水利局

党委书记、局长 丁 辉
副局长 李龙山 谢晓平（女） 罗细平 唐益丰
总工程师 唐益丰
纪检组组长 钱素芳（女）
工会主席 邱道绵
防汛抗旱办主任 易向阳
官庄灌区醴陵管理所所长 凌相龙
酒埠江灌区醴陵管理所所长 王宏耀

市文化体育广电新闻出版局

党委书记、局长 易小龙
党委副书记、副局长 杨若邻
副局长 张晓根（兼） 姚武飞 汪年春
工会主席 谢莉萍（女）

市文物局

党支部书记、局长 张晓根

市李铎艺术馆

馆长 李拥军

市卫生局

党组（委）书记、局长 邹柏柯
党组（委）副书记副局长 龙树密 周云辉
党组（委）副书记 瞿石生
党组成员 漆 付 刘淑平（女） 林仁和 郭朝发 周权林
副局长 刘淑平（女） 林仁和 郭朝发 巫绍中（兼）
市纪委派驻纪检组长 漆 付
工会主席 涂雪菁

市新型农村合作医疗管理委员会办公室

主任 瞿石生（兼）

市卫生监督所

党支部书记、所长 杨晓希

市人口和计划生育局

党总支书记、局长 李冬汉
党总支副书记、副局长 廖传飞
党总支副书记 钟向阳
副局长 谭亦农 廖长江 贺其佳 胡江文
工会主席 肖 燕（女）
计划生育执行局局长 贺其佳
计生协会常务副会长 钟向阳
计生协会秘书长 肖 燕（女）

市审计局

党支部书记、局长 丁全生
党支部副书记、副局长 张咏梅（女）
副局长 程建毛 姚建军
工会主席 杨 进
总审计师 张剑辉
任期经济责任审计科科长 朱家福
重点建设项目审计中心主任 刘建国

市商务局

局长 吴均成
副局长 吴洪波 廖湘文 娄 霞（女）
工会主席 乐 琴（女）

市安全生产监督管理局

党支部书记、局长 田安平
副局长 朱三田 丁作敏 程 潇（兼）

安全生产执法大队大队长　程　潇（兼）

市统计局

党支部书记、局长　朱卫兵
副局长　晏波宁　阙红丹（女）
总统计师　瞿秋圆（女）
经济社会调查中心主任　郭晓芳（女）

市食品药品监督管理局

党组书记、局长　谢新国
党组成员　黄小敏　张正金
副局长　黄小敏　张正金
　　　　胡　婧（女）
工会主席　陈铁乔

市粮食局

党委书记、局长　苏承蒲
党委副书记、副局长　胡更新
副局长　付竹生　姚　丹（女）
工会主席　宋岸平

市信访局

党支部书记、局长　张　文
副局长　邹青山
工会主席　文喜良

市委农村工作部（市政府农村工作办公室）

部长（主任）　殷　辉
副部长（副主任）　许忠凯　梁平辉

市经营管理局

局长　程邦汉

市农村能源办

主任　李荔枝

市农业综合开发办

党支部书记、主任　陈锰陵
副主任　贺红岩　刘善林
工会主席　文以祥

市物价局

党支部书记、局长　欧阳启明
副局长　陈韶军　刘建成　张立峰
工会主席　高　柳（女）
价格监督局局长　姚爱民

市人防办

党支部书记、主任　宋水良
副主任　宋护林　陈永红

市接待办

主任　漆振洪
副主任　杨　芷（女）　温晓文（女）

市法制办

主任　陈　杰
副主任　卢启宇　骆　伟（女）

市规划局

党总支书记、局长　丁际秋
党总支副书记、副局长　文晓琼（女）
总规划师　廖中欣
副局长　徐大春　徐赞钦　徐达庆
　　　　朱湛军（兼）
工会主席　丁　玮（女）

市广播电视台

台长　郭　健
党委书记　张龙兵
副台长　钟　颉　刘柏乔　陈晓军
编辑委员会副总编辑　张申明
工会主席　孙恢宏
新闻中心主任　陈雪球

市文化市场综合执法局

局长　蔡家财
副局长　李剑波　许志良

市畜牧兽医水产局

党总支书记、局长　张先华
党总支副书记、副局长　戴海龙
副局长　廖建群　金建军
　　　　易康飞
工会主席　聂振宇

市档案史志局

党支部书记、局长　杨月香（女）
党支部副书记、副局长　杨水生

副局长 晏才进 刘玲（女）
工会主席 廖际标

市农业机械管理局

党委书记、局长 何春伟
党委副书记、副局长 何细珠
副局长 旷劲松 易恢春
总工程师 喻兰（女）
工会主席 张勋

市房产管理局

局长、党委副书记 黎平华
党委副书记、副局长 帅年祥
副局长 王文明 瞿名辉 吴远征
总经济师 吴晓红（女）
工会主席 顾掌生
国有土地上房屋征收办公室主任 曾明强

市城市管理行政执法局

党委书记、局长 余汉平
党委副书记、副局长 金鑫 张战明（兼）
副局长 付耀武 钟飞跃 殷建湘（兼） 余志勇（兼） 吴同寨 张青松
工会主席 肖瑛（女）
城市管理行政执法大队大队长 余志勇
查处违法建设监察大队大队长 王志良

市园林绿化管理局

党支部书记、局长 张战明

市环卫处

主任 殷建湘
党支部书记 刘江洪（女）

市招商局

党支部书记、局长 荣伟
副局长 龙毅旭 江娅（女）
工会主席 文娟（女）

市旅游局

党支部书记、局长 左孟良
副局长 张俊林 邱素纯（女）
工会主席 杨柳青（女）

市烟花鞭炮管理局

党支部书记、局长 黎志清
副局长 周小炎 文海贵
工会主席 田花龙

市水库移民开发局

党支部书记、局长 熊习军
副局长 金立明 邓绍山 黄冬明
工会主席 吴湘玲（女）

市国有资产管理局

党组（总支）书记、局长 钟晓林
党组（总支）副书记、副局长 田佩峰
党组成员 朱永春（女） 钟昱 邓少富
副局长 朱永春（女） 邓少富
市纪委派驻纪检组长 钟昱

市招投标管理局

党支部书记、局长 周承进
党支部副书记、副局长 方家乐
副局长 黄钺 殷献忠
工会主席 李洁（女）

市渌江投资控股集团有限公司

（2014年合并重组）

董事长 王吉祥
总经理 黄小勇
监事长 徐鹏祥
工会主席 邓金泉
副总经理 易勇 张重次 凌伟
财务总监 李运良

市市场服务中心

党支部书记、主任 黄铁山
副主任 孙宇先 蒋申慧（女）

农业部烟花爆竹质量监督检验测试中心(醴陵)

主　　　任　石勇辉
副　主　任　肖湘杰　唐炳祥
纪　检　员　邹海峰
工　会　主　席　李　刚

市第一中学

校长、党委副书记　丁　平
党　委　书　记　罗东红
副　校　长　汤银洁　杨红科
苏鹄鸿
杨　军
工　会　主　席　郭光文

市第四中学

党委书记、校长　江汉云
党　委　副　书　记　曾祥平
副　校　长　刘醴湘　张建伟
彭秋瑾(女)
工　会　主　席　周庆东

市第二中学

党总支书记、校长　易　军
党　总　支　副　书　记　何　俏
副　校　长　荣树才　黎　明
王建林
工　会　主　席　叶正云

市陶瓷烟花职业技术学校

校　　　长　郭米红(女)
党　总　支　书　记　钟国建
党　总　支　副　书　记　郭金秋
副　校　长　张龙光　肖红卫　李　文
荣　志　汪小干
工　会　主　席　谢从文

市中(一)医院

院长、党委副书记　巫绍中
党　委　书　记　张海军
党　委　副　书　记　王柏强(女)
副　院　长　蒋俊娟(女)　谭伟明
江小平　李崇红(女)
总　会　计　师　史　坚
工　会　主　席　陈仕恒

市供销联社(市行业管理办公室)

主　　　任　张永辉
副　主　任　郭建新　曾凡好

驻醴株洲市国有企业改革办公室

主　　　任　汪　洋
党　支　部　书　记　杨水根
副　主　任　彭承根

市水务集团(自来水公司)

经　　　理　胡兆霖
党　总　支　书　记　巫值良
副　总　经　理　廖建良

市妇幼保健院

院　　　长　邹家全
党　支　部　书　记　贺逢春(女)
支部副书记、副院长　谢建良

市疾病预防控制中心

主　　　任　刘学礼
党　支　部　书　记　陈冬梅(女)
党支部副书记、副主任　贺高虎

市政务中心

党支部书记、主任　何平发(兼)

潘矿离退休人员管理办公室

主　　　任　何宗和

二、示范区、街道、乡镇

长庆示范区

党　工　委　书　记　黄振伟
主　　　任　郭中阁
党　工　委　副　书　记　郭中阁　朱庆祝　付华德
副　主　任　徐甘泉　胡　斌
党　工　委　委　员　胡　斌　胡金文
李　京(女)
纪　工　委　书　记　李　京(女)

来龙门街道办事处

党　工　委　书　记　李华定
主　　　任　刘天汉

人大工作室主任 钟光荣
政协联络工作主任委员 王伏云（兼）
党工委副书记 刘天汉 钟光荣 唐海涛 黄志凯 李丹
纪工委书记 黄志凯
副主任 王伏云 胡秋良 马提云（女）
党工委委员 王伏云 胡秋良 李启木 杨蒲珍（女） 王云芝（女）
人大工作室副主任 兰久林
人民武装部部长 唐海涛
工会主席 熊波
办公室主任 汤其良

阳三石街道办事处

党工委书记 肖建辉
主任 李友鹏
人大工作室主任 杨占文
政协联络工作主任委员 杨金花（女、兼）
党工委副书记 李友鹏 杨占文 杨金花（女） 王文开
纪工委书记 杨金花（女）
副主任 黄湘礼 陈大兵 汤必成
党工委委员 黄湘礼 陈大兵 周美华 王伯贵 贺志辉（女） 黄蔚 欧阳芳（女）
人大工作室副主任 张重权
人民武装部部长 黄蔚
办公室主任 钱明
工会主席 郭湘伟

西山街道办事处

党工委书记 程高翔
主任 姚武
人大工作室主任 赖怡麦
政协联络工作主任委员 黎建辉（兼）
党工委副书记 姚武 赖怡麦 黎建辉 宋恒 黄茂群
纪工委书记 宋恒
副主任 唐伏华 龙汉元
党工委委员 唐伏华 张圣密 唐峰 朱玉婷（女） 张海宏（兼）
人大工作室副主任 周亚鹏
人民武装部部长 唐峰
工会主席 钟峰

黄泥坳街道办事处

党工委书记 荣树伟
主任 杨璟（女）
人大工作室主任 李小林
政协联络工作主任委员 李自力（兼）
党工委副书记 杨璟（女） 李小林 李自力 方国华
副主任 许建平 周江龙 谭小林 陈蒙 江文佳
党工委委员 许建平 周江龙 谭小林 陈金林 柳略涛 朱启才
人民武装部部长 方国华
办公室主任 黄艳平（女）

南桥镇

党委书记 曾敏
镇长 邓元新
人大主席 王生如
政协联络工作主任委员 赖艳霞（女、兼）
党委副书记 邓元新 邓实奇
纪委书记 高英（女）
副镇长 赖艳霞(女) 徐依军
党委委员 曾祥军 高英（女） 胡战坚
人民武装部部长 胡战坚
办公室主任 陈波（女）

富里镇

党委书记 余建明
镇长 刘北斗
人大主席 付建安
政协联络工作主任委员 姚瑾（女、兼）
党委副书记 刘北斗 杨成
纪委书记 刘海
副镇长 张家富
党委委员 姚瑾（女） 刘海 罗明
人民武装部部长 罗明
办公室主任 付海燕（女）
工会主席 陈桂发

白兔潭镇

党委书记 赖 洪
镇长 陈朝科
人大主席 肖小武
政协联络工作主任委员 文洪国(兼)
党委副书记 陈朝科 罗明波
纪委书记 张昌来
副镇长 唐安邦 周远志
党委委员 文洪国 张昌来
欧阳戈德 沈贤陆
廖志高 唐开孝(兼)
人民武装部部长 廖志高
工会主席 陈利华(女)

浦口镇

党委书记 彭亿安
镇长 王 平
人大主席 蒋红专
政协联络工作主任委员 罗宏龙(兼)
党委副书记 王 平 黄永刚
纪委书记 吴拥军
副镇长 汪 洋 章 佳(女)
党委委员 罗宏龙 吴 敏(女)
吴拥军
工会主席 胡望华(女)
办公室主任 林 涛

王坊镇

党委书记 周细平
镇长 张 辉
人大主席 陈 琪
政协联络工作主任委员 田芳宇(兼)
党委副书记 张 辉 吴德根
纪委书记 金小平(女)
副镇长 易辉平 陈友水
党委委员 田芳宇 金小平(女)
赵西京 黄先海
人民武装部部长 赵西京
办公室主任 宋喜炎
工会主席 柳 华

王仙镇

党委书记 刘高飞
镇长 彭庆纪
人大主席 邹政大
政协联络工作主任委员 刘 举(女、兼)
党委副书记 彭庆纪 钟显亮
纪委书记 尹杰斌
副镇长 刘 举(女) 石金细
党委委员 黄念军 尹杰斌
刘立群(女)
邹达峰(兼)
杨 智
人民武装部部长 杨 智

东堡乡

党委书记 谢辉荣
乡长 张友学
人大主席 唐建辉
政协联络工作主任委员 陈水云(女、兼)
党委副书记 张友学 邹曼莉(女)
纪委书记 谢敬华
副乡长 谢缝线 黄 睿(女)
党委委员 陈水云(女) 金俊雄
谢敬华
工会主席 向唯端
办公室主任 陈 炎

东富镇

党委书记 (空 缺)
镇长 陈振江
人大主席 程许芬(女)
政协联络工作主任委员 瞿海翔
党委副书记 陈振江 付兴乾
副镇长 易惠超 李 森
党委委员 瞿海翔 阳自更
邓金平(兼)
人民武装部部长 阳自更

孙家湾乡

党委书记 张承谊
乡长 樊光群
人大主席 刘新建
政协联络工作主任委员 陈海燕(女、兼)
党委副书记 樊光群 翁 琼(女)
纪委书记 杨春雷
副乡长 陈仕良 易康广
党委委员 陈海燕(女) 杨春雷
罗家田 谭怀民

人民武装部部长 谭怀民
工会主席 易悠悠（女）
办公室主任 高东帅

泗汾镇

党委书记 杨冬发
镇长 欧阳未来
人大主席 张卫根
党委副书记 欧阳未来 叶建明
纪委书记 叶家富
副镇长 宋艳红（女） 林波
党委委员 何宗和（兼） 叶家富 程海波 贺新宇（兼）
人民武装部部长 叶家富
办公室主任 曾敏
工会主席 刘威

沈潭镇

党委书记 杨翔
镇长 尹依文
人大主席 谭新建
党委副书记 尹依文 邓丽君（女）
纪委书记 方卫东
副镇长 苏赤明 易虎龙
党委委员 方卫东
办公室主任 殷红如（女）

清水江乡

党委书记 谢建林
乡长 刘淼（女）
人大主席 宋勇
政协联络工作主任委员 郭陆军（兼）
党委副书记 刘淼（女） 何泽华
纪委书记 易开春
副乡长 郑鹏 晏小虎
党委委员 易开春 刘雪平
人民武装部部长 刘雪平
工会主席 郭陆军

船湾镇

党委书记 唐哲明
镇长 姚飞勇
人大主席 张坚
政协联络工作主任委员 周卫东（兼）
党委副书记 姚飞勇 邓日云
纪委书记 李顺
副镇长 刘传许 谭运喜
党委委员 周卫东 林威 李顺
人民武装部部长 林威
工会主席 瞿孝林
办公室主任 周伟祁

大障镇

党委书记 朱思球
镇长 张静文
人大主席 余波
政协联络工作主任委员 刘斌（兼）
党委副书记 张静文 李国平（女）
纪委书记 陈晓（女）
副镇长 漆骋 易擎龙
党委委员 刘斌 程正良 钟方 陈晓（女）
人民武装部部长 钟方
工会主席 刘海林
办公室主任 王成龙

贺家桥镇

党委书记 陈云涛
镇长 陈长贵
人大主席 王帮铁
党委副书记 陈长贵 欧阳建新
纪委书记 漆锦江
副镇长 晏振方 黄韬敏
党委委员 漆锦江 邓达
人民武装部部长 漆锦江
办公室主任 谢玲（女）
工会主席 陈湛

嘉树乡

党委书记 周海军
乡长 郭晖
人大主席 钟敏
政协联络工作主任委员 万里鹏（兼）
党委副书记 郭辉 温水淋
纪委书记 杨建文
副乡长 万里鹏 巫立新
党委委员 谭跃龙 杨建文 兰礼平（女） 贺林
人民武装部部长 贺林

办公室主任　肖　维

神福港镇

党委书记　周绪球
镇长　颜少龙
人大主席　邱红星
党委副书记　颜少龙　黄　唯（女）
纪委书记　宋　鹏
副镇长　钟　征　王丽芳（女）
党委委员　易学均　宋　鹏　钟志远（女）
人民武装部部长　易学均
工会主席　杨　昆
办公室主任　谢玲芝（女）

栗山坝镇

党委书记　王　宇
镇长　汤　文
人大主席　文放武
党委副书记　汤　文　段辉建
纪委书记　王智辉（女）
副镇长　文启华　王　振
党委委员　王智辉（女）　周华林
人民武装部部长　周华林
工会主席　王佑来
办公室主任　陈　勇

均楚镇

党委书记　丁武华
镇长　苏继峰
人大主席　朱印飞
政协联络工作主任委员　杨少武（兼）
党委副书记　苏继峰　赖洪彰
纪委书记　廖松华（女）
副镇长　王　华　李潜滋（女）
党委委员　杨少武　廖松华（女）　马楚坚　易　文　刘礼英（女）　程寿生（兼）
人民武装部部长　易　文
办公室主任　陆小林

石亭镇

党委书记　胡炼红
镇长　孙　勇
人大主席　黄志敏
政协联络工作主任委员　田春耕（兼）
党委副书记　孙　勇　杨升良
纪委书记　黄日强
副镇长　田春耕　王波涛
党委委员　黄日强　李治国　袁智恒
人民武装部部长　袁智恒
办公室主任　郭　钫
工会主席　张劲夫

板杉乡

党委书记　王太忠
乡长　彭卫东
政协联络工作主任委员　王　军（兼）
党委副书记　彭卫东　何春泉
纪委书记　邓秋德
副乡长　郭　雄　付暑炎
党委委员　王　军　邓秋德　欧阳国启
人民武装部部长　欧阳国启
工会主席　钟　琼（女）
办公室主任　施　展

新阳乡

党委书记　何　柢（女）
乡长　苏　凯
人大主席　刘铁强
政协联络工作主任委员　谭宏治（兼）
党委副书记　苏　凯　唐　勇
副乡长　刘宁波　曾　亮
党委委员　谭宏治　宋瑶琳
人民武装部部长　宋瑶琳
工会主席　高明月（女）

仙霞镇

党委书记　孙　平
镇长　文志勇
人大主席　董秋平（女）
政协联络工作主任委员　文万艳（兼）
党委副书记　文志勇　姜　丹（女）
纪委书记　张洁玉（女）
副镇长　陈庆军　丁亚军
党委委员　文万艳　张洁玉（女）　高　剑
人民武装部部长　高　剑

办公室主任　胡　广
工会主席　易灿南（女）

黄獭嘴镇

党委书记　夏春良
镇长　陈　林
人大主席　甘飞兵
政协联络工作主任委员　瞿孝桂（兼）
党委副书记　陈　林　施祖泰
纪委书记　易传凤
副镇长　贺志刚　廖　勇（女）
党委委员　瞿孝桂　易传凤　王　勇（兼）
办公室主任　易理政
工会主席　张　健（女）

枫林市乡

党委书记　高开军
乡长　钟　洁（女）
人大主席　邹培峰
政协联络工作主任委员　陈云峰（兼）
党委副书记　钟　洁（女）　李建伟
纪委书记　赵金亮
副乡长　巫启军　徐达兵
党委委员　陈云峰　赵金亮
人民武装部部长　赵金亮
工会主席　黎　华（女）

官庄乡

党委书记　吴礼阳
乡长　汤铁龙
人大主席　李明林
党委副书记　汤铁龙　易爱玲（女）
纪委书记　王英春（女）
副乡长　黄定峰　李星霖
党委委员　王英春（女）　刘　勇　付伟文
人民武装部部长　刘　勇
办公室主任　肖铁华
工会主席　刘　赞

三、驻醴单位

市工商行政管理局

党组书记、局长　许君明
党组副书记、副局长　康人清
党组成员　王湘彪　杨　宏　陈　宏　汪再忠　刘　武
副局长　王湘彪　杨　宏　陈　宏　汪再忠
纪检组长　刘　武

市国家税务局

党组书记、局长　肖国平
党组成员　丁爱民（女）　谢开发　郭业林　何本波　曾　闻
副局长　丁爱民（女）　谢开发　郭业林　何本波
纪检组长　曾　闻

市地方税务局

党组书记、局长　刘迎春
党组成员　李永清　荣耀康　朱华南　邹铁牛　申群明
副局长　李永清　荣耀康　朱华南　邹铁牛
纪检组长　申群明
工会主席　师杏凡

市质量技术监督局

党组书记、局长　刘奇湘
党组成员　张卫平　易建业　汤其良　黄　博　张华珍（女）
副局长　张卫平　易建业　汤其良　黄　博
纪检组长　张华珍（女）

市公路局

党总支书记、局长　欧国荣
党总支副书记、副局长　何建红
副局长　芦慧星　颜文华　邓鸣九　易进秋
纪委书记　刘　鹏
工会主席　夏耀钢

市烟草专卖局（湖南省烟草公司醴陵分公司）

党组书记、局长、经理　李建明
党组成员　赵旭江　潘　柏
副经理　赵旭江
副局长　潘　柏　袁建华

纪检组长　袁建华

国网湖南电力公司醴陵市供电分公司

总经理　黄先晃
党总支书记　唐赞宜
党总支副书记、工会主席　刘文忠
副经理　何　克　王　锟

中国电信股份有限公司醴陵分公司

党委书记、经理　黎　明
副经理　游有根　肖建军

市邮政局

党委书记、局长　易合超
副局长　肖云辉　李　陵

市气象局

党支部书记、局长　瞿优超
副局长　周　伟　邓丰年

中国石油化工有限公司醴陵市支公司

经理　彭　治
党支部书记　朱世平
副经理　杨慧荣　孙　华
朱鸿博
纪检员　杨慧荣
工会主席　朱世平

湖南省新华书店有限责任公司醴陵市分公司

党支部书记、经理　陈科朴
副经理　汤海珊（女）　丁　勇

国家统计局醴陵调查队

党支部书记、队长　汤建军
副队长　李金陵
纪检员　张建平
办公室主任　谢　薇

湖南师范大学附属湘东医院

院长　汤建国
党委书记　王自明
党委副书记　刘可安　张见日
副院长　周钢铁　孙志宏　周春芳
纪检书记　刘可安
院长助理　董彩梅（女）

湖南出入境检验检疫局醴陵办事处

党支部书记、主任　岳德安
纪检组长　陈国清
副主任　孟长胜

中国储备粮管理总公司醴陵购销公司

党委书记、总经理　汪西伟
总经理助理　刘新民

株洲海关驻醴陵办事处

主任　熊少宾
副主任　刘彦戎

市盐务局（湖南省轻盐集团有限责任公司醴陵市支公司）

局长（经理）　叶山石
党委书记　黄　凯
副局长（副经理）　张纪元

市交通建设质量安全监督局

局长　晏春华
副局长　童金奇

中国人民银行醴陵支行（国家外汇管理局醴陵市支局）

党组书记、行长（局长）　黄立春
副行长　贺广迪　王伟锋

中国银行股份有限公司醴陵支行

党支部书记、行长　沈头华
副行长　黄艳玲（女）　丁建军
中级经理　张平洋（女）

中国农业银行股份有限公司醴陵市支行

党委书记、行长　罗双文
副行长　文　明　陆　颉　谢维生

中国农业发展银行醴陵市支行

党支部书记、行长　龙　海
副行长　段　沣　夏　衍（女）

中国工商银行股份有限公司醴陵支行

党组书记、行长　唐志坚
副行长　杨　军　郭礼成　曾龙启
纪检组长、工会主席　丁胜春

中国建设银行股份有限公司醴陵支行

党支部书记、行长　丁鸿飞
副行长　朱湘文　肖　洁（女）

湖南醴陵农村商业银行股份有限公司

党委书记、董事长　凌光武
党委副书记、行长　陈桃源
纪委书记、监事长　胡戈放
副行长　唐桂夫　李雨洁（女）
工会主席　唐桂夫
行长助理　叶瑞香

华融湘江银行醴陵市支行

党支部书记、行长　张　敏（女）
副行长　阳　敏（女）　洪　珊（女）

中国邮政储蓄银行醴陵市支行

党支部书记、行长　田来喜
副行长　王　超　李　洁（女）

长沙银行醴陵支行

行长　蒋麦秋
副行长　刘　军（女）

上海农商村镇银行醴陵支行

行长　傅礼平
副行长　唐　斌

中国人寿保险股份有限公司醴陵市支公司

党支部书记、经理　刘华玲（女）
副经理　易艳华（女）　黄　涛
纪检员　易艳华（女）

中国人民财产保险股份有限公司醴陵支公司

经理　罗红英（女）
副经理　胡大生　谭为民

株洲市住房公积金中心醴陵管理部

党支部书记、主任　张家根
副主任　郭香云（女）

醴陵中油燃气有限责任公司

党支部书记、总经理　李宝奎
副总经理　赵志珂　姜文喜　吴　清（女）
财务总监　聂卉娟（女）

中国移动通信有限责任公司醴陵市分公司

党支部书记、经理　王小佩（女）
副经理　杨　璞　周维安

中国联合通信有限公司醴陵市分公司

党支部书记、经理　张　雷
副经理、办公室主任　彭小平

市水文局

党支部书记、局长　贺明春
副局长　王英和　王　尧　刘跃刚

湖南省轻工高级技工学校

党委书记　王鹤高
校长　邹仁义
党委副书记　邹仁义　唐金跃
纪委书记、工会主席　唐金跃
副校长　汪宏伟　唐忠民　严安兵

消防大队

党委书记、教导员　游新军
大队长　杨　彬

南昌铁路局宜春车务段醴陵车站

站长　车　飞
书记　钟志勇
副站长　谢福强

醴陵火车南站（货运站）

站长　黄爱军
书记　董团青
副站长　罗玉贵　邹铁军

醴陵市地方海事处

处长　蒋洪庆

醴陵东站（高铁站）

站长　王庆国
副站长　于　翔　周继伟

（周海波）